云南省社会科学院名家文丛

杨福泉论文选

杨福泉 ◎ 著

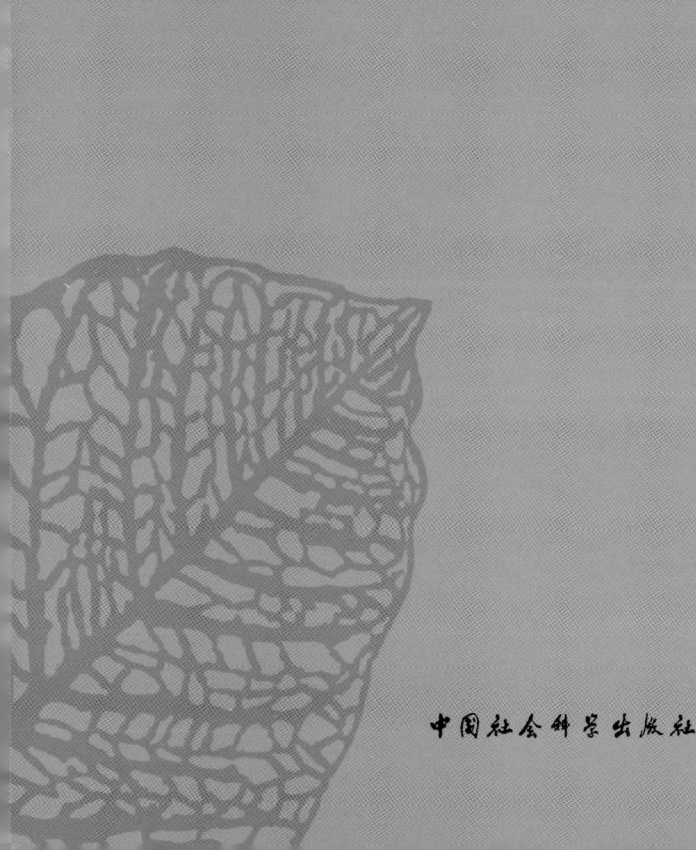

中国社会科学出版社

图书在版编目(CIP)数据

杨福泉论文选 / 杨福泉著 .—北京：中国社会科学出版社，2020.2
（云南省社会科学院名家文丛）
ISBN 978-7-5203-6132-3

Ⅰ.①杨⋯　Ⅱ.①杨⋯　Ⅲ.①民族学—文集②宗教学—文集
Ⅳ.①C95-53②B920-53

中国版本图书馆 CIP 数据核字（2020）第 042027 号

出 版 人	赵剑英
责任编辑	任　明
责任校对	张依婧
责任印制	郝美娜

出　　版	中国社会科学出版社
社　　址	北京鼓楼西大街甲 158 号
邮　　编	100720
网　　址	http：//www.csspw.cn
发 行 部	010-84083685
门 市 部	010-84029450
经　　销	新华书店及其他书店
印刷装订	北京君升印刷有限公司
版　　次	2020 年 2 月第 1 版
印　　次	2020 年 2 月第 1 次印刷
开　　本	710×1000　1/16
印　　张	33.25
插　　页	2
字　　数	545 千字
定　　价	148.00 元

凡购买中国社会科学出版社图书，如有质量问题请与本社营销中心联系调换
电话：010-84083683
版权所有　侵权必究

云南省社会科学院名家文丛
编委会

主　任：何祖坤

副主任：沈向兴　边明社　王文成　陈利君　黄小军

委　员：(按姓氏笔画排列)

马　勇　王文成　王育谦　邓　蓝　孔志坚
石高峰　边明社　任仕暄　杜　娟　杨　晶
何祖坤　余海秋　沈向兴　陈利君　郑宝华
赵　群　郭穗彦　黄小军　萧霁虹　董　棣
雷著宁

编　辑：任仕暄　马　勇　袁春生　郭　娜

前　言

这本论文选是从我发表过的学术论文中选出来的一部分，第一部分选了迄今从没有结集出版过的一些涉及民族学、宗教学和旅游探讨的专题研究论文，其中有的聚焦传统的民间信仰，有的聚焦在传统与变迁和现实问题的研究方面，所论述的问题随着时间的推移，有的已经发生了变迁，比如云南的旅游等方面，但有些问题依然存在且面临更多的挑战，比如少数民族文化的保护传承等。为保持这些论文发表时的具体历史时段问题的针对性和真实性，我没有进行修改，保持了论文的原样。

本书所收的一些论文发表后产生了较大的社会影响，比如《论火神》被《新华文摘》1993年第11期全文选载，并入选中国科学院编《中国八五科学技术成果选（1990—1995年）》。《茶马古道研究和文化保护的几个问题》《少数民族文化保护与传承新论》发表后被《新华文摘》摘载。发表于1995年的《生态旅游与云南的旅游资源保护》是国内最早的研究生态旅游的文章之一，原载《云南社会科学》1995年第1期，被《中国人民大学报刊复印资料·旅游经济卷》1995年第2期全文转载。1999年由美国学者贝尔曼（M. L. Berman）翻译成英文。发表于1998年的《论我国现代化进程中的少数民族文化保护》，较早提出了少数民族文化保护传承的问题，与笔者后来写的一系列民族文化保护传承的论文产生了较大的社会影响。

《正在消失的手上的文化》在中国科学院的《人与生物圈》发表后，入选了中学语文教学资源网教学文摘的散文、随笔扩展阅读（人教版高三备课资料），《"文化焦虑"弥漫当前社会》在《人民论坛》发表后，随后有几十家媒体转载，"爱思想"网转载为首页头条；中国共产党新闻网也转载了此文，湖南衡阳市还把此文作为高中毕业考试卷题。

第二部分之所以题为"纳西学新论"，是因为我所选的是近年来所发表的纳西学论文，其中论述的有东巴教和民俗、社会文化变迁等。这些论文不包括我在 2009 年出版的《杨福泉纳西学论集》中所收的论文。从这次收入这本论集中的这些纳西学论文中，可以看到我这几年的学术兴趣点和关注点，所论述的纳西东巴教本土神祇、民间信仰的民族保护神三多神、东巴教性质的新思考、纳西族巫师桑尼所用的卷轴画考释、关于纳西东巴文献释读刊布和再创新的一些思考、东巴教的"威灵""威力"崇拜、东巴教的"派"或"教派"刍论、纳西族的三多神信仰、纳西族祭天仪式的女性禁忌及其变迁、东巴教的"还树债"及其口诵经、东巴教神幛画开眼仪式及其口诵经、历史上纳西人对东巴教的认同及其变迁，以及德国、法国和西方国家的纳西学研究的历史和现状。历史学方面的几篇论文，论述了纳西族与理塘巴塘的关系，纳西著名土司木增的一些史事考辨，饶有特色的茶马古道"房东贸易伙伴"民俗。有的论文讲述了笔者在丽江进行民族民间文化传承的实践和对面临的挑战的一些想法，这都是一些比较新的论题，我有些心得体会，提出来就教于方家。

除了收进这本书的这些学术论文，我在报刊上还发表了比较多的谈论现实问题的随笔和杂文，鉴于篇幅，这部分就没有选收进去了。学海无涯，永无止境。收在这本书中的论文是我从事学术研究的一部分成果，是学海思考和探索的一些印记，汇聚成册，与师友们交流。

杨福泉

2018 年 8 月 11 日

目　录

民族学、宗教学、旅游研究

论我国现代化进程中的少数民族文化保护 …………………………（3）
呼唤更为整合和互补的当代中华文化精神及其教育 ………………（12）
少数民族文化保护与传承新论 ………………………………………（25）
生态旅游与云南的旅游资源保护 ……………………………………（35）
略论云南名村名镇的保护 ……………………………………………（46）
探寻文化资源与民族文化产业发展之间的平衡
　　——以云南为例 …………………………………………………（58）
略论云南民族文化强省建设的标志及其与"示范区建设"的
　　关系 ………………………………………………………………（68）
略论滇西北的民族关系 ………………………………………………（79）
民族和睦：云南藏区和谐稳定的重要因素 …………………………（90）
藏族、纳西族的人与自然观以及神山崇拜的初步比较研究 ………（103）
茶马古道研究和文化保护的几个问题 ………………………………（113）
略论"大香格里拉"品牌及丽江市、迪庆州文化与旅游的互动
　　发展 ………………………………………………………………（123）
论火神 …………………………………………………………………（135）
汉族灶神与中国少数民族灶神的比较研究 …………………………（146）
意大利乡村"生态博物馆"对云南乡村文化产业的启示 …………（162）
正在消失的手上的文化 ………………………………………………（168）
"文化焦虑"弥漫当前社会 …………………………………………（173）

纳西学新论

关于东巴教性质的几点新思考 ………………………………………（179）

东巴教的"威灵""威力"崇拜 …………………………………（195）
略论东巴教的"还树债"及其口诵经 …………………………（213）
东巴教神幛画"开眼"仪式及其口诵经 …………………………（224）
本土与外来宗教思想的融合
　　——纳西族巫师桑尼所用的一幅卷轴画考释 ………………（234）
纳西族祭天仪式的功能和特点 …………………………………（245）
纳西族祭天仪式中的女性禁忌及其变迁 ………………………（255）
论纳西族的三多神信仰 …………………………………………（267）
略论东巴图画象形文字的象征意义 ……………………………（283）
关于当代纳西东巴文献释读刊布和创新的思考 ………………（298）
东巴教的"派"或"教派"刍论 …………………………………（309）
多元因素影响下的当代"纳族群"认同及变迁 …………………（324）
略述丽江古城及茶马古道上的"房东伙伴"贸易 ………………（341）
德国的纳西学研究学术史述略 …………………………………（356）
巴科的《麽些研究》与法国的纳西族研究 ………………………（369）
近年来西方纳西学研究进展述略 ………………………………（377）
略论艺术与纳西人的殉情悲剧之关系 …………………………（393）
社会与文化变迁对民族宗教文化认同的影响
　　——纳西人对东巴教的认同及其变迁研究 ………………（407）
略论纳西族与理塘巴塘之关系 …………………………………（419）
纳西土司木增史事考辨 …………………………………………（434）
在丽江进行民族民间文化传承的实践和面临的挑战
　　——应用人类学的社区实践 ………………………………（454）
略论纳西族饮食习俗的文化意蕴 ………………………………（468）
再论纳西族的"黑""白"观念 …………………………………（482）
论传统村落保护发展的问题与路径
　　——以云南丽江的几个传统村落为例 ……………………（496）

附录：深钻细研勤治学，中西融合辟蹊径
　　——杨福泉研究员学术研究访谈录 ………………………（511）

民族学、宗教学、旅游研究

论我国现代化进程中的少数民族文化保护

一

中国各少数民族在改革开放十多年来，在经济上有了长足发展，生活得到了很大的改善，但如果从文化的发展上看，在现代工业社会文化潮流的冲击下，体现民族特色的传统文化正大量流失，不少民族的服饰、语言、传统民居、歌唱艺术、民族舞蹈、礼仪习俗等民族文化遗产，有可能在20—30年或在更长时期内大部或全部消失。

最典型的例子之一是基诺族。基诺族是1979年经国务院确认的一个单一少数民族，亦是中华人民共和国成立迄今最后识别的一个少数民族。改革开放十多年来，基诺族在社会经济上有了长足的发展，而其传统文化却日益衰落。杜玉亭教授多年进行跟踪调查，曾在1990年作预测：适应热带山区的基诺族传统竹楼有可能在10年内被内地汉族式砖木结构平房和钢筋水泥结构楼房所取代。颇具特色的基诺族民族服装可能在20年内消失。由于传统的上新房、过年、成年礼等一系列仪式已从1959年起革除，历史、文化的传承中断，通晓民族传统历史、习俗的长老多已故去，尚存的歌手已十分有限，而青年人对此又不热心，如不采取有效措施抢救，世代口耳相传的基诺族传统历史文化有可能在30年内消失。由于学校只教现代流行歌舞，影视传播的是现代流行的歌舞，还由于擅长基诺族传统歌舞者已寥寥可数。如不采取积极有效的措施加以挽救，与生命过程相伴随的基诺族歌舞有可能在30年内消失。由于学校只使用汉语课本，且小学生到家长多习惯用汉语，影视节目也是汉语，所以青少年多习惯于讲汉语而不讲基诺语，如不采取有效措施扭转，既是民族特征之一又是无文字民族传统文化载体的基诺语言也有可能在50年内消失。

事隔6年，基诺族长老们根据近几年的发展趋势，对传统文化丧失时间的预测如下：鉴于中青年已不穿或压根儿不再有传统民族服装，甚至有些老年人也跟随时尚穿上西装，所以民族传统服饰有可能在 10 年左右消失；民族口碑文史及其风俗传承机制，有可能在 20 年内消失；民族传统歌舞有可能在 20 年内消失；作为民族传统文化载体且是民族特征之一的语言，有可能在 30 年内消失。基诺族长老的预测与杜玉亭教授 6 年前的预测相比，多数传统文化内容的消失时间都大为提前，由此可见民族传统文化消失的速度在现代趋同浪潮中正在加剧。①

当前中国各民族传统文化的衰落消亡是普遍性的，笔者考察过云南不少民族地区，并多年在纳西族地区做田野调查，感触良多。纳西族东巴文化举世闻名，是现代和当代国际纳西学热和纳西族地区旅游大潮汹涌的一个最重要的促成因素。但是，目前这一推动了纳西族的国际知名度和当代社会经济发展的文明瑰宝正在民间不断绝迹，所剩无几的东巴多至耄耋之年，且无人传承。英国《独立报》曾刊登《最后的东巴正处于消失的危险中》（Last of the Dongbas in Danger of Fading Away），惊呼纳西东巴文化即将在这个星球上消失，此非危言耸听，如照目前各地所剩无几的老东巴无传人的情况发展下去，十多年之后，将不复有东巴文化活动存活民间，被视为丽江旅游一个支柱人文资源的东巴文化将只存在于博物馆、研究所而成为死去的文化，东巴文化将只是一门钻故纸堆的学科。目前丽江洞经音乐的传承办得有声有色，学员众多，听众如云。从纳西人有广采博纳外来文化之长的恢宏气度这一点来说，这是好事；但可叹的是对外来文化的传承与自己传统文化的传承相比反差太大。不少民族地区正在上演着这种"中原所失之礼得于野，而'野'之礼乐则丧于野"的文化悲剧。

其次，纳西族民间丰富多彩的民俗活动正日趋衰落，传统文化的重要载体民歌谣谚舞蹈衰微没落，民间歌手寂寥冷落，年轻的民歌手如凤毛麟角。年青一代痴迷于影视流行歌曲歌舞，过去遍布城乡的歌手一唱三叹，听众如醉如痴，很多人能出口成章（民歌），甚至年轻人以即兴编歌斗歌谈情说爱的盛况已成如烟往事。电视文化对过去民间故事、礼俗谣谚的家庭传承的冲击犹如风卷残云。此外，传统民居、服饰、节庆等正在咄咄逼人的"现代趋同"浪潮冲击下消失和隐退。

---

① 参看杜玉亭主编《传统与发展》，中国社会科学出版社 1990 年版；杜玉亭《从基诺族例看世纪之交的中国民族学》，《民族学》1997 年第 2 期。

在丽江城区、坝区等经济较为发达的地方，教小孩从小就学说汉语已成风气，用母语能妙语连珠地向后代传授传统文化知识和智慧的祖父母一辈现在只能与仅会讲汉语的孙辈结结巴巴地对话的窘况已司空见惯；即使在尚操母语的青年人中，大量丰富的传统文化词汇正在消失。[①] 这种年轻一代忽略母语，甚至不屑于说母语的现象在云南经济较发达地区的很多少数民族中普遍存在。

丽江古城在1997年经联合国评审入选《世界文化遗产名录》，首开中国历史文化名城获此殊荣的记录。入选的原因，除了古城水系等特点突出的建筑风格外，最关键的是因为它是一个有千年文明史，至今仍然活着的少数民族的古城。很多中外人士认为，丽江古城的魅力主要在于它是一个活生生的"民族之城"，有那么多纳西民众每天休养生息其中，满目可见淳厚的民风民俗。而如今丽江古城虽然尚有不少保留唐宋流风余韵的建筑群、留有中原之古音的洞经音乐等多元文化的宝藏，但就本土民族传统文化和不少融佛、道、儒等文化因素于一体的民俗风情而言，正处于因文化变迁而日益脆弱、消失的危境，纳西语言、传统艺术、服饰、节庆、信仰等这些最能体现民族特征的无形和有形文化在古城正急剧衰落，如不力挽危机，数年后，有可能出现个别外来文化因有传承而繁荣，但本土文化和其他多元文化却因无人传承而消逝的结局。

民族服饰是民族传统文化的重要构成部分，是体现民族文化个性魅力的外化特征，目前，这一习俗也普遍面临危机。在不少民族地区，少数民族青少年不屑于穿本民族服装的现象十分突出。如在麻栗坡、河口等地传统习俗保留较多的蓝靛瑶中，现在青年男子已很少在日常生活中穿本民族服装，甚至出现了一些妇女在日常生活中也不穿民族服装的现象，意味着当地瑶族的服饰正向着逐渐消亡的趋势发展。[②] 笔者在1994年曾到保留传统习俗较多的西盟佤族自治县岳宋乡，见到不少佤族妇女已改穿现代汉装。

这些都说明经济的发展并不是衡量一个民族发展和繁荣的唯一标准，如果忽视文化的发展，单纯经济上的增长不一定能促成一个民族真正意义

---

① 杨福泉：《盛名之下的忧思》，《丽江报》1997年2月26日。
② 黄贵权：《云南瑶族语言和文化变迁》，郭大烈主编《云南民族传统文化变迁研究》，云南大学出版社1997年版。

上的发展和繁荣，也无从谈起在我国建立有各个民族卓具特色的文化，各民族社会、经济和文化共同繁荣发展的社会主义。因此，我们讲发展，除了以经济发展和收入指标衡量各民族的发展状态外，不能忘了该民族的文化发展状况。假如汉民族在某一天其经济技术水平已发展到与西方发达国家一样的水平，但自己民族的传统文化已经全面衰落而全盘西化的话，这样的发展是喜是悲，不言而喻。很多在西方发达国家的华人极力地在保护和维持本民族的文化特征，也可见现代化并不意味着文化非要趋同不可。

  我在1992年访问过加拿大十几个印第安人部落，他们如今都住着和白人民居相差不多的洋房，大多数年轻人身着洋装，说着英语，很多人有汽车。如果仅仅从物质生活上衡量，他们无疑已经发展到了相当发达的现代化社会阶段。但如果你与部落民众深入交往，就会发现有一种苍凉而铭心刻骨的痛苦在折磨着这个民族的心灵，这是一种深入神髓、地老天荒般的精神痛苦。这痛苦又是与一个民族的发展繁荣极端背离的。如今，加拿大境内很多部落50岁以下的印第安人，已不会讲自己的母语。20世纪70年代以前的数百年间，白人社会以他们的发展观和文明观强制性地改造印第安人社会，对他们实行同化政策，很多印第安孩子从小就被强行安置在"寄宿学校"，剥夺了讲母语的权利，变成只会讲英语的印第安人，传统的民族文化知识仅仅保留在少数白发苍苍的耄耋长老口中。几乎我所接触到的每个部落的酋长，一谈到目前印第安人的文化现状，无不怅然心痛。民族文化的全面丧失给印第安人带来了永难磨灭的心灵创伤，在白人文化氛围中长大的不少年轻人丧失了精神家园，对自己民族的前景悲观失望；长期固守保留地的封闭生活，又使他们中的很多人难以适应时代的种种变迁，于是，酗酒、自杀等一系列社会问题便接踵而来。越来越多的印第安人痛切地感到，仅仅过上白人式的"现代化"生活，并不意味着自己民族的振兴和幸福，本民族传统文化、语言的全面丧失，将使当代和后世的部落民众留下永恒的精神痛苦。从这一角度看，物质生活上有了较大发展的北美印第安人并没有获得民族的发展繁荣，相反是逐渐走向被白人同化的民族消亡之路。[①]

---

① 杨福泉：《苦斗不息的酋长们》，《光明日报》1997年6月11日。

二

邓小平同志说:"加速现代化建设,促进各民族共同繁荣。"[1] 这是马克思主义发展观和民族观在当代中国的具体实践。只有各个民族在物质文明和精神文明两方面都得到繁荣的发展才是真正的社会发展。[2] 社会主义制度为各个不同民族的共同繁荣创造了良好条件,1949年中华人民共和国成立后,实施尊重各民族文化习俗的国策和一系列的民族自治政策,结束了旧中国统治阶级歧视少数民族的漫长历史,取得了世所公认的成就。社会主义为各民族的繁荣发展创造了优越的条件,如今面对商品经济大潮对各民族传统文化的冲击,如何使各民族在社会主义现代化建设中获得经济和文化的共同发展繁荣,是我国各级政府、民族工作者和民族学家当前所面临的另一重大研究课题和重要工作。

一个民族的传统文化是该民族有别于其他民族的最本质的特征,他凝聚着一个民族在其历史的自我生存发展中不断形成的智慧、理性和创造力,以及自我约束力。在适应本民族特殊的自然环境和社会环境方面具有独特的价值和功能,具有自己的独创性。传统文化中的这种心智之光曾经引导出人和自然的和谐、人与社会的协调的明智之路。

比如,过去各民族都有传统的道德伦理观和习惯法,构成本民族社会卓有成效的自我约束机制,规范着人们对自然界和社会的行为,如傣、基诺、哈尼、傈僳、壮、侗族等族都有神林、神树崇拜;藏族有神山、神林和神湖崇拜;这些山林湖泊禁忌砍伐和污染,因此周围的生态环境都保护得比较好。纳西族、藏族还有在每年特定时期封山禁猎禁伐的习俗,对保护当地生态环境大有裨益。藏族人传统的禁忌杀生习俗也有利于保护野生动物。纳西族有与本民族宗教东巴教密切相关的把自然和人类视为一对兄弟的哲学观念体系,认为人与大自然之间的关系犹如兄弟相依互存,人与自然只有保持这种兄弟似的均衡关系,人类才能得益于自然。在这种理智的认识基础上,纳西族民间产生了一整套保护自然生态的习惯法,以此制约着人们对待自然界的行为。长期以来,这种基于纳西先民人与自然的观

---

[1] 《邓小平文选》第3卷,人民出版社1993年版,第407页注94。
[2] 参看杜玉亭《发展与各民族共同繁荣论略》,《民族研究》1997年第2期。

念规范着人们开发利用自然资源的生产活动，逐渐形成了一些大大有益于自然生态环境和人们生活的社会规则、禁律。东巴经中常见的禁律有：不得在水源之地杀牲宰兽，以免让污血秽水污染水源；不得随意丢弃死禽死畜于野外；不得随意挖土采石；不得在生活用水区洗涤污物；不得在水源旁大小便；不得滥搞毁林开荒。立夏是自然界植物动物生长发育的关键时期，因此，立夏过后相当长一段时期内禁止砍树和狩猎。纳西族的这种传统习惯法已升华为一种道德观念。过去，在纳西人的观念中，保持水源河流清洁，爱护山林是每个人都必须履行的社会公德。纳西族主要聚居区丽江不仅各乡各村都有保护山林水源的乡规民约，而且，各村寨定期推选德高望重的老人组成长老会，督促乡规民约的实施。少年儿童自小就由上辈人谆谆告诫，不得做任何污染破坏自然环境的事。丽江古城居民在五六十年代都直接在河里挑水饮用，因为很少有人会往河里扔弃污秽物品。黑龙潭游鱼如梭，有不少甚至游到古城的河沟里，但也没人抓捕。如果有谁触犯保护水源山林的乡规民约，不管其来头多大，都要受罚。笔者就曾调查到几则有关村寨豪绅因触犯乡规民约而受到村民处罚的事例。由此可见传统文化积极的社会功能作用。

正是由于有了这种相沿千百年的民族传统生态道德观，丽江才赢得那一片青山绿水，那家家流水、户户花圃的自然谐和美景。直至50年代早期，丽江还保持了全部土地面积中有73%的林地和12.8%的草山草坡，森林覆盖率达53.7%。

如今对传统信仰、传统生态道德观的漠视破坏了很多民族这种明智的自我约束机制，导致了急功近利意识的恶性膨胀和严重破坏自然生态的行为，导致了很多民族地区生态环境和社会环境的恶化。如丽江不少村寨在20世纪80年代曾有过一次次乱砍滥伐风，森林资源损失惨重，对村寨的可持续发展带来不可估量的负面影响。重塑各民族传统的生态道德观有赖于弘扬各民族传统文化中那充满智慧和理性而如今正在全面没落的人与自然观及在此基础上产生的自我约束意识。

传统文化的流失使有些民族的传统道德伦理体系受到强烈冲击，市场商潮和泛滥成灾的影视俗流把赌博等恶劣世风带进很多少数民族的村寨，因赌博而倾家荡产者已普遍见于过去受传统道德律制约而从未有赌博之风的少数民族村寨。过去，在很多少数民族村寨都有禁赌博的村规民约，而如今不少村镇居民在余暇时间热衷于聚众打麻将，赌博已形成风气。笔者去年在西双版纳著名的景点八角亭见到，不少傣族小和尚亦热衷于参与设在寺外赌摊上的各种赌博游戏。由此可见边地民族地区赌风之盛。

不顾各民族长期积累而形成的传统智慧和特色，盲目照搬某种文化模式也将导致恶劣的后果。比如，云南一些热带地区的民族本来有干栏式民居，现在则盲目模仿城市钢筋水泥房屋建筑，传统干栏式建筑原来是根据当地湿热的生态特点而设计，能保持通风和房子干燥，有利于防止风湿等疾病的发生，而现在时兴的新房直接与地面接触，必将给当地人的健康带来不良影响。又如在民族地区风景区依照城市模式建盖豪华的楼台亭阁，而不是在当地民族建筑的风格形式上加以改造，往往导致影响旅游景点魅力的"煞风景"结果。

我国各少数民族的传统文化在人类文化史和当代国际社会中有举足轻重的地位和影响。比如，以藏传佛教文化为核心的藏族文化中那种不重现世功利，重在信仰和精神追求的特质，对许许多多身心困扰于现代工业文明种种流弊的中外人士有很大的吸引力，很多人甚至把西藏视为"当代人类精神领域的最后一块净土"。当代国内外的"藏学热""西藏文学热""西藏旅游热"等即与此有密切关系。又如纳西族的东巴象形文字因尚有东巴能识读而被国际上誉为"世界上唯一活着的象形文字"，用这种象形文字写成的数万卷东经成为像敦煌画卷、古籍一样的人文宝藏而备受国际学术界瞩目；保留了很多多元文化遗风的丽江也一时成为很多人心目中的"文化圣土"。在少数民族传统文化宝藏中，类似的例子是很多的。我国少数民族的这种传统文化瑰宝极大地丰富了中华民族文化神奇瑰丽的内蕴，增强了中华民族文化在人类文化史和当代国际上的地位。如果中华民族的文化只是一种单一的文化，那是不会有这样的地位的。

在当今世界面临精神生活贫乏、环境污染、物欲横流等种种劫难之时，包括汉族在内的各民族传统文化中一些朴实而澄明的智慧和理性之光，不是能给现代人以很多启迪，解一些当今人类的困惑和难题吗？因此，避免各民族文化在当今工业社会中盲目而畸形的趋同之风，是各民族都面临的世纪性大问题。

三

据在丽江等地用问卷等方式对很多国内外游客的调查结果表明：有美

丽的自然景观优势但无民族传统风情文化魅力的地区对游客的吸引力、特别是对国外游客的吸引力是不大的。

目前我国不少民族地区制定了充分利用民族文化优势来发展各种形式的旅游以促进经济发展的战略，拥有25个少数民族的云南省即是典型之一。根据改革开放以来云南主要基于民族人文资源而蓬勃兴旺的旅游发展态势，云南省委和省政府制定了将云南建成民族文化大省和旅游大省的战略决策，这是一项旨在以丰富的民族文化资源来促进民族地区的脱贫和经济文化的发展，促使云南形成可持续发展良好态势的举措。但在当代文化变迁的潮流冲击下，云南这块红土地上很多民族的传统文化正在不断衰落，向当代千篇一律的城市文化模式趋同的态势越发突出，很多民族的传统建筑、服饰、语言、民俗、信仰、民间文学艺术等最能体现民族文化特征的人文景观正不断消逝。如今我们在无数民族村和影视的汪洋中所领略到的云南民族风情有不少实际上是已不存在或正在消亡的传统文化的复制，是一种在当代商品经济潮流中应运而生的变异形态，不是原生的形态，华丽有余而真实不足。如果现在不采取有力措施保护住当前民间尚存的民族传统文化的"残山剩水"，建立民族文化大省就无从谈起，失却了民族人文景观魅力的云南要成为"旅游大省"也就要大打折扣了。据笔者所知，现在国内外来云南旅游和研究的人士有不少是抱着"此时不来，盛况难再"这种心情而来的。作为旅游大省的云南的魅力能持续多久呢？

旅游能产生很大的经济效益，能转化成少数民族地区现代化进程的一个巨大的推动力，旅游对很多目前贫困问题还相当严重的少数民族地区来说是一个重要的脱贫和发展的途径，是一个举足轻重的产业，但旅游只有形成可持续发展的产业，才会形成真正推动民族地区现代化发展的强大动力。旅游的可持续发展就有赖于自然和人文景观资源的保护和再生能力。如果任现在民族传统文化不断流失和趋同的状况发展下去而不采取有效措施加以保护，民族地区的旅游热潮是不可能持久的，那无异于是听任一种与我国现代化事业息息相关的资源白白地丧失。[①]

从上述论述中可以看出，现代化与传统文化之间不仅不是水火不相容，甚至传统文化中的很多优良成分对于促进社会主义现代化的健全发展，建设社会主义的精神文明大有裨益。固然，各民族的传统文化中都难

[①] 参见杨福泉《生态旅游与云南的旅游资源保护》，《云南社会科学》1995年第1期。

免有一些应该淘汰的消极因素,但如果各民族传统文化中的精粹部分得以大力弘扬,其糟粕毕竟是会逐渐被清除出去的。中华人民共和国成立多年来,各民族传统文化中的一些糟粕不是已经在社会改革和变迁中逐渐销声匿迹了吗?关键的问题是要留住在各民族传统文化中占主流的精粹。

我国自古以来就是一个地域辽阔、民族众多的国家。任何一个民族的文化都是中华文化的重要组成部分,要辩证地看汉文化和少数民族文化的相互影响。历史上,中原汉文化给各少数民族的经济和社会发展带来活力,而中国很多少数民族的文化又给中原汉文化不断输入新鲜血液,使之不断更新而保持活力。历史上,汉族和少数民族的先民一直进行着各自文化的双向交流和传播,双方互有影响。中华民族的文明是一个多元的统一体。中国各民族的多元文明之间的优势互补始终贯穿着中华民族的整个发展史,这种优势互补是促进中华文明进步和繁荣的关键因素。在中华民族的发展史上,如果只有单一而非多元的文明,它是不可能形成洋洋大观而又丰富多彩的中华民族文化大观的。就社会主义社会中各民族的文化发展前景而言,应有一个如民族学家费孝通先生所说的结局,即"中华民族将是一个百花争艳的大园圃"。[①] 只有这样,中华民族多元一体的文化才会在人类文化的百花园中具有举世瞩目而永恒的地位。

原载《思想战线》1998年第5期

[①] 费孝通:《中华民族的多元一体格局》,《北京大学学报》1989年第4期。

呼唤更为整合和互补的当代
中华文化精神及其教育

一 对中华民族文化的准确定义和认知，
是促使中华民族文化认同的前提

中华民族文明没有中断的重要原因，就是中国各民族文化的互补和相互交融，各民族文化不断进行相互的吸纳和更新。中华民族的认同和国家认同的一个重要内容，就是中华民族文化的认同。对中华民族文化的正确认知和定义，有利于民族团结，边境稳定；有利于我国各民族对定义准确的中华民族文化和中华民族精神的认同。

我认为，不应把中华民族文化的认同等同于对传统的汉文化的认同。在当代中国，谈到中华传统文化的重新认知和学习，谈到传统文化的教育，一般多谈到"国学"，谈到"四书五经"。重读"四书五经"在很多学校里已经成为一种时髦的浪潮，有的学者不遗余力地鼓吹：应该让包括"四书五经"在内的传统经典，尽早回到中国中小学生的课堂。希望中国政府尽早启动这项影响中国前途和命运的改革工程，尽早颁布法律，肯定传统文化经典在基础教育中的地位。把中国传统文化的复兴和教育，简单地等同于重新把"四书五经"搬到课堂和对"国学"的弘扬光大。

我并非完全反对在学校里读"四书五经"，我主张对"四书五经"首先应精选地读，不能忽略读"四书五经"，要剔除其中的糟粕。我在这里更想说的是，中华民族文化的经典不仅仅就只有"四书五经"，56个民族有着非常丰富的经典，有很大的互补性。汉族之外的很多少数民族在生态伦理道德、婚姻伦理道德、敬老爱幼、两性平等等方面，有非常丰富的内容，有的在人性化方面远远超过儒家典籍的经典，但很多学者习惯了汉学典籍至上主义的传统思维方式和观念，翻来覆去老是在说那个实际上不过是部分"汉学典籍"的"国学",好像中华民族的传统文化就只有这个"四书五经"。其实,鲁迅、胡适等一批中国新文化的先驱,早已经看到了以"四书五经"等为载体的中国汉学典籍的大量糟粕,所以才振臂呼唤引进"德先生"和"赛先生",五四以来的新文化运动使中国博采众长,吸收了西方的科学和民主精神,才创新而形成了绵延至今的中国新文化。

假如没有五四以来的这种对"德先生"和"赛先生"的吸收和学习,依旧拘泥于经过历代封建专制者利用而变异的儒家典籍的故纸堆中,我不知今天的中国文化会是一个什么格局。至少我们可以从以"四书五经"为主要教育内容的旧中国封建专制下的教育和社会体制等情形推断,其结果不是使人乐观的。鲁迅先生等一代哲人那些深沉理性的警示和呼喊,今天这些享受着他们创造和引进的新文化福音和果实的我们,不应忘记先哲前赴后继的努力。

"四书五经"的不少篇章确实包含了古代汉民族先人对宇宙、自然、社会、人生的深入思索,包含着先哲对道德伦理的深刻思考,但也有很多美化封建特权阶层、崇尚专制独裁、歧视体力劳动、宣扬愚忠愚孝等的论述,对当代中国年轻人来说,有害的糟粕还是不少的。不应泛泛地鼓吹将良莠不齐的"四书五经"重新普遍地在当代中国的课堂上灌输。

二 将"国学"等同于中华民族传统文化不利于中国文化认同

关于"国学",目前争论颇多,我有一些想法,在此也谈谈自己的观点。

何谓"国学"?1989年版的《辞海》的记载是这样说的:"国学。①犹言国故,指本国固有的学术文化。②西周设于王城和诸侯国都的学校。英文里对应的"国学"一词一般翻译为"Sinology",实际上多指的是汉学。

"国学"一词实际上是在中国封建王朝的语境影响下产生的一个特殊学术词汇。它是受中国封建社会"夏夷"之说的影响而形成的。中国封建王朝统治者和那些时代的士大夫们是不把研究中国汉族的民间社会、平民文化视为"本国固有的学术文化"的,更没有把丰富多彩的中国少数民族文化视为中国文化的一部分。而20世纪初叶提出"国学"概念的中国汉学家们则是受到这种传统观念的影响,将以研究儒学经典为核心的"汉学典籍"的一门狭窄学问就冠之以"国学",邓实对国学的定义便可见当时的汉学家对"中国之学"的片面理解,他说:"国学者何?一国所有之学也。"①显然把经史子集等汉文典籍视为就是"一国所有之学"。

在中国学术史上,因为这种观念的影响,对中国丰富多彩的社会、平民文化和民间文化的研究非常薄弱,如"二十四史"基本上就是在讲封建王朝继替的历史。

由于"国学"的谬见,现在国内写过一些研究经史子集的学者就常常被冠之以"国学大师",这样使国外不是从事汉学的学者误以为这是中国学术界认定的研究"中国学术"或研究中国的权威学者。

由于这种谬见相沿至今,很多近现代深入研究历来被"国学"排斥在外的中国平民社会、民间文化的学者,如费孝通、钟敬文等一批优秀的中国学者,自然就不能算在国学家的队伍里。最近认为季羡林先生也不是国学家的观点,是把研究印度与研究中国作为划分是否"国学家"的分野,那么,问题是,如果把"国学"视为研究中国之学,难道就只是指那些只研究经史子集等传统汉学典籍的学问吗?如果说过去的学者受历史的局限而把这门狭窄的学科自诩为"国学"情有可原,但在今天,传统"国学"的内涵在现代社会还能标榜是"中国之学"吗?如果不能,当代的中国学者是否应该考虑对这种非常不准确的学术术语定义进行一些改进。

传统国学观念导致的另一个不良后果,就是如今对青少年的"国学"教育也局限在"读经"上,一说中国传统文化教育就是读"四书五经"等典籍,以为这就是中国传统文化的精华或代表。"国学"一词颇能蛊惑人心,"读经"成了对中国年青一代进行中华民族优秀传统文化教育的代名词。

"国学"的提法导致的另一个不良后果,就是在国际上很容易混淆"中国学"与"汉学"之间的区别,我常有机会到国外进行学术交流,经常碰到外国不同学科的学者问的一个问题:你们的"国学"究竟是指的中国学还是汉学,或者是古典汉学?"国学"一词语焉不详。也许"国学

---

① 邓实:《国学讲习记》,《国粹学报》1906年第19期。

家们"认为这是老外不懂中国文化历史的幼稚问题，但中国是在进步的，一些不准确的学术定义难道不应在新时代的学人手中得以更正吗？非常容易从字面上就误会这是指"中国学"的一个陈年词语，我们难道不应有所拾遗补阙，不应有所更新吗？难道还要让国外学术界认为今天的中国学者还是摆不脱一种以"大汉族主义"的观念来审视和定义中国的学问和学科吗？

在当代中国，"国学热"一浪高过一浪，但今天所说的"国学"，其实是囿限在汉学典籍的范围内，而且将其等同于中国传统文化和中华民族文化，将儒家典籍等同于整个中华民族的传统文化典籍，其实这些汉学典籍仅仅是中华民族典籍的一部分而已。我们今天是否应该反思，中华民族是由56个民族构成的国家，每个民族都有非常丰富的文化遗产，我们今天呼唤和要弘扬的中华民族文化，应该是集中了56个民族的精神和文化精华的文化，而不应该仅仅就是我们今天津津乐道名曰"国学"而实则是"汉学典籍"的这部分古典文化，我认为，如果我们到今天还将中国传统文化仅仅局限在过去眼界狭窄的旧时代学者所说的"国学"，将其视为"一国之学"，那对由56个民族构成的中华民族多元一体的文化和中华民族精神的认同是非常不利的。

除了汉学典籍，中国还有其他55个民族的典籍，它们都是当今"中华之学"的组成部分，它们都蕴含有"四书五经"所缺少的很多智慧和知识以及人文精神，我觉得今天应该是重新审视"国学"、审视如何建构当代中华文化的时候了，不要让国内外的年青一代以为中华民族的"国学"就只是我们今天在国内的高等学校和国外的"孔子学院"里讲授的孔孟典籍和"四书五经"。我多年致力于在国外讲授和交流中国少数民族文化，对此有深切的体会，中国文化的伟大和具有吸引力，其实是以这种丰富多彩的多元文化为根基的，过去我们对汉族之外的少数民族文化介绍、宣传和传播少，很多外国朋友都说，中国开放以后，他们才逐渐知道中国的文化原来是这样多样化、多色彩。

我认为，如果所谓"国学"远远没有包容研究中国的内容，那就没有资格至今仍然称之为"国学"，国学从对应的英文词汇来说，应该是研究中国的整体、研究中华民族，即"The Chinese Nation"的学问；应该是集中国各个民族所创造的精神文化遗产于一体的"中华民族之学"；这样才配称为"国学"。我认为，在我们现代学者的手上，应该正误，正历史之误、正旧学者之误，而不是墨守成规，一成不变地将它用来代表"研究中国的学问"。像中国人民大学这样的中国名牌大学，成立"国学院"的初衷如果不是致力于研究"中国学"，而仅仅是以研究传统的所谓"国学"为己任，那名之曰"汉学院"或者"古典汉学研究院"等更为确切，这样也能显示一点当代中国教育界、学术界的求真求实、锐意改革的精神。也能使中国众多应该是"中国学"的重要内容而历来被排斥在"国学"之外的学科和民族能看到当代中国学术界的进步。

我觉得，我们在大中小学传授中华民族传统文化，应该重新走一条新的路，一条创新的路子，中华文化的教育应该包括各民族的文化精粹教育。即不要局限在只从汉学的典籍诸如"四书五经"里挑好文章，应该从56个民族的文字或口传的典籍里精选一些经典，精选那些有益于学生的身心健康、精神熏陶和人格培养的内容，从中华民族各民族的传统文化遗产里精选经典之作，一是会避免过去仅从汉学典籍里挑教材的狭窄之弊病，广采博纳必将起到各民族文化互补的作用；二是这也有利于中华民族的文化认同，不至于在55个民族中造成因为只提在学校里进行四书五经等儒家典籍的教学而引起的逆反或反感的心理。

过去，中国封建专制社会统治者带着大文化沙文主义的眼光看中国少数民族文化，鄙视他们眼中的"蛮夷"文化，往往用"用夏变夷""以夏变夷"的强制性手段"移风易俗"，固然，被革除的有陋习，但也有很多优良的人性化的少数民族习俗因为被戴着有色眼镜的流官们看不入眼，视为"鄙陋"而被革除，典型的诸如"改土归流"后中央王朝对纳西等一些藏缅语族民族火葬习俗的严厉禁止；基于儒家父系宗族伦理观而对男子上门入赘等传统习俗的禁止，以及对各民族妇女基于三纲五常伦理的种种限制和压迫。

三 整合各民族的优秀文化遗产，重构完整的中华民族文化观念

中华民族是多元一体的民族，中华文明是由56个民族构成的辉煌博大的文明；中华民族精神也是融会了56个民族优秀的精神伦理道德的一种精神。因此，我们谈论中华民族文化，就必须有这样宽阔宏大的眼光，整合各民族优秀的文化遗产来进行中华民族传统文化的教育，而不是囿限

在一些汉学古典里来谈中华民族的传统文化并以此为基础在大中小学里进行以偏概全的"中国传统文化教育"。下面仅从一些民族的伦理道德方面来看中华民族文化的丰富性和汇聚各民族文化于一体建构中华民族文化正确观念的重要意义。

丰富深刻的生态伦理道德观

中国各个民族都有卓有个性特点的文明和文化遗产，比如说到生态道德伦理观，在中国很多少数民族中就非常突出。很多少数民族生活在自然资源有限，人的生产生活要依赖自然环境的区域，因此，探索如何与天地山川和谐相处、如何善待自然，以求得到大自然更多的恩惠，这是很多少数民族宇宙论和信仰思想的重要内容。

以纳西族为例，仅仅纳西族东巴古籍中反映人与自然关系的典籍就有数百部之多，比如纳西人通过东巴教的宗教圣典和仪式，阐明了这样一个简单而深刻地哲学思想和生态伦理观念：人与大自然之间的关系犹如兄弟相互依存，人与自然只有保持这种兄弟似的均衡关系，人类才能得益于自然。如果破坏这种相互依存的谐和关系，对大自然巧取豪夺，那无异于伤了兄弟之情，会招致自然的报复。这是纳西先民在漫长的生产生活实践中得出的宝贵经验和深刻的认识。在这种理智的认知基础上，纳西族民间产生了一整套保护自然生态的习惯法，以此规范制约着人们对待自然界的行为。东巴经中常见的禁律有：不得在水源之地杀牲宰兽，以免让污血秽水污染水源；不得随意丢弃死禽死畜于野外；不得随意挖土采石；不得在生活用水区洗涤污物；不得在水源旁大小便；不得滥搞毁林开荒。立夏是自然界植物动物生长发育的关键时期，因此，立夏过后相当长一段时期内禁止砍树和狩猎。

藏族有神林、神树、神山和神湖崇拜，在这样的宗教信仰基础上形成了他们的生态伦理道德观，他们所崇拜的山林湖泊禁忌砍伐和污染，因此，藏区的神山、神林和神湖周围的生态环境都保护得比较好。纳西族和藏族还有在每年特定时期（如立夏时期）封山禁伐、禁猎的习俗，藏族传统的禁忌杀生习俗也有利于保护野生动物。傈僳族认为，自然物如山、石、树、水等皆有生命、有灵魂，因此要善待之，人在自己的生活中不能过分索取这些自然物。

傣族认为人是自然的产物，森林是父亲，大地是母亲，天地间谷子至高无上；认为人与自然一定要有和谐共处的关系，他们对自然、人和农业有这样的排列顺序：林、水、田、粮、人。"有了森林才会有水，有了水才会有田地，有了田地才会有粮食，有了粮食才会有人的生命。"基于以上认识，傣族人认为人类应该保护森林、水源和动物。①

说到生态伦理观，基于特定的宗教信仰的自我制约传统道德伦理观也是很多少数民族重要的内在文化机制之一，值得把它的优良部分纳入中华民族的传统道德观中来。宗教是中国传统文化的重要组成部分；宗教道德是中华民族传统文化精神资源的重要一环。我国有56个民族、12亿人口。其中，55个少数民族一般有自己信仰的宗教，有的甚至全民族信仰同一种宗教。我们在上面说到了藏族的神山信仰与保护习俗、纳西族基于大自然神信仰的生态保护系习俗等，这些都是至今仍然在起着重要作用的自我约束、自我规范的民族文化机制。

哈尼族主要通过原始宗教的寨神崇拜进行森林和村寨等的管理，哈尼族村寨一般建在背靠原始森林，面向平缓山坡的半山上，村落以下直至山脚河谷，都是层层梯田。背靠的原始森林被认为是寨神"昂玛"的栖息地，是凡人不能进入的圣地，林中的一草一木，都被认为具有神性而不能攀折，违者定将受到惩罚。这种信仰有效地保存了哈尼族地区的高山水源林，使其得以常年保持"山有多高、水有多高"的灌溉用水，维系了梯田的命脉。

家庭、婚姻和男女两性相关的道德伦理

再说到与家庭、婚姻和男女两性相关的道德伦理，在众多少数民族中有很多非常符合人性的道德观念，可以说是一种非常宽松的以人为本的观念。它与封建社会时代汉族的封建纲常伦理婚俗相比，就显得很人性化。汉族社会经历漫长的封建社会形态，逐渐形成了一整套制度化了的以包办、买卖为主要特点的封建婚姻制度，男女青年的婚姻决定于"父母之命，媒妁之言"。"父母之命不可违"，"嫁鸡随鸡，嫁狗随狗"，"嫁出去的女，泼去的水"，是女性必须恪守的信条。过去，汉族社会的封建统治者说夫妇为人伦之始，夫妻名分一定，就终身不能改变。为了正名分的大

---

① 郭家骥：《云南少数民族生态文化考察写真（傣族）》，《云南日报》2001年10月11日。

事，妇女要保持贞节，"从一而终"，不能再嫁，即使家贫无以为生，也要按照宋儒的"饿死事小，失节事大"的伦理，不能再嫁。倘若第二次结婚，就会低人一等，受到各种打击和侮辱。

与此相反，很多少数民族青少年在未成家之前，都有着比较自由的社会交往活动，父母不加干涉，社会也认为是不违背礼俗的事情。与汉族过去在封建道德伦理观支配下的"男女授受不亲"以及"待字闺中"的女子不能与陌生男子接触和交往等观念全然不同。寡妇再嫁、夫妻离异再行婚嫁等，在很多少数民族中是很正常的事，完全没有过去的汉文化那种"饿死事小，失节事大"等极端观念。在云南等地，不少与少数民族混居的汉族，在婚恋习俗等方面受惠于当地少数民族的道德伦理观的不少，比如妇女不缠脚，婚恋不必完全听命于家长，男女可以自由谈恋爱等。比如丽江古城是一个在明清两朝容纳了很多汉族移民的城镇，汉族移民进入其中后，入乡随俗，因此就没有遭受到缠脚等汉文化陋习的折磨。

又如傣族的尊老爱幼、男女平等道德观念非常突出。这些民族传统除了社区传承的道德教育、社会舆论监督外，也与法律的支持分不开。古代和近代法律通过对订婚、离婚和离弃的规定，保证了家庭婚姻道德观的实行。如近代法律规定"订婚后不按期结婚，逾期可另找对象"。如果订婚时女方接受聘礼，后又不愿结婚，跑到心爱的人家去住，法律规定只罚女方 2 元了事。傣族的法律还体现了社会尊重婚姻当事人双方的意愿，不强迫任何一方结婚的道德观，充分保护妇女的婚姻自主权，如规定"如女方不喜欢，强求订婚，女人又离家，家长把聘礼退回后，不罚"，如果是"男女双方同意，但父母不同意，后来女人也变更，罚女方 7 元"。法律还规定"夫妻生活在一起，吃的穿的都由男的负责，如彼此闹意见或离婚，女的不应赔款"。离婚若是男的不要女的，规定男方给女方 12 元补偿，另罚 1.5 元给头人；如果是女方对男方不好，且不要男方，规定女方给男方 15 元。因西双版纳傣族社会的结婚居住方式是以从妻居为主，法律还规定"如果男方对女方的父母不好，被女方的父母赶走，男的可带走他原来从本家带来的东西"。①

又如在待人接物的道德方面，拉祜族人尊敬老人和长辈，老人住的位置要在表示尊位的房子中柱旁火塘边；吃饭、吃茶、吃烟都要先递给老

---

① 罗阳：《西双版纳傣族传统道德的维持机制》，《云南社会科学》1999 年第 1 期。

人。逢年过节，要给老人拜年。社会交往中，小辈应主动给老人让位；不在老人面前说不礼貌的话和有不礼貌的行为。拉祜人热情好客，礼仪待人。家中来了客人，无论相识与否，都热情接待。主人把最好的东西给客人吃，拿最好的东西给客人用。纳人（摩梭）母系大家庭对家中老人的尊敬和礼遇习俗更是闻名遐迩。因此，有的学者在长期研究纳人的社会后，提出这样的观点，纳人的母系制文化，在一定程度上能妥善处理当今社会的一些难题，比如提到这样的难题：（1）老人不受尊重、被遗弃，现代人面对衰老和孤独的焦虑；（2）两性在社会地位、感情空间方面的权利不均；（3）现代人在性魅力上的沉重压力和在亲密关系里的占有与矛盾；（4）性骚扰、强奸等性犯罪以及偷窃拐骗、打家劫舍、杀人放火等犯罪行为；（5）现代社会人际疏离、自我偏执、心灵空虚；（6）婆媳、妯娌、亲子、兄弟姐妹之间的家庭纠纷与矛盾。[1]

我对纳人（摩梭）社会也做过一些调研，感觉到纳人的母系制文化在增强家庭和社会群体的凝聚力、制约个人占有欲的恶性膨胀，促进两性的平等互敬，推进社会的安定和谐、社区内人际关系的和睦友好，以及减少性和婚姻方面的纠纷等，确实有非常突出独到的功能。

如果说到团结互助的社会道德，中国少数民族中有不少值得借鉴的优良道德习俗。比如彝族家支由众多的个体家庭所构成，但作为一个以父系血缘为纽带，并以一定地缘关系为联结的共同体，彼此之间有密切的联系和浓厚的亲情。无论在生产和生活方面，家支内部都自发地共同协作、团结互助，保证了本家支的延续和发展。从生产劳动方面看，在广大彝民中，种田有"俄撒"和"俄字"形式的互助惯例。"俄撒"意为请求帮助，即缺乏劳动力的农户请求有劳力者给予帮助，不付报酬，至多提供伙食；"俄字"意即抵偿或换工，即换工互助。放牧则有"把尤"的托养制度。即矮山区有牛羊的住户在5月间把牛羊赶上高山，交与高山户代为牧养，9月间赶回矮山；反之，高山区的牛羊群在9月赶下矮山，其主户也可托给矮山户代为牧养。上山狩猎，凡集体出猎所得的猎物，不分老幼，一律按人均分配，甚至路遇行人，见者有份。表现在日常生活中，一家有事，全家支相帮；一家修建房屋，全家支义务帮工；一家娶亲嫁女，全家支人都去恭贺；一家死了人，全家支人都自动到丧家帮忙料理死者的后

---

[1] 周华山：《无父无母的国度？》，香港同志研究社2001年版，第70页。

事，抚养家支内遗孤。这些都体现了家支内部的协作精神和互助原则。因此，彝族十分强调团结互助。①

在云南不少地方，相邻而居的民族结成了一种常年互助、相互依存的"一家人"，比如，居住在红河沿岸的哀牢山区呈立体分布的傣族和哈尼族，在长期的农业生产活动中结成了相互依存的"牛马亲家"，这种"牛马姻缘"一般以居住在河谷热带地区的傣族为一方，居住在山区的哈尼族为另一方，双方为适应立体气候所带来的农事节令的差异并有利于牲畜的繁殖，经相互协商而结成。这种关系一旦确定下来后，山坝不同民族的两家人便如亲戚一样地频繁交往。初春，河坝地区气候温和宜人，青草嫩绿，正是傣族人撒秧栽插之季，于是耕牛驮马下山由傣族人喂养并使用。4—5月间，傣族农闲，而山区哈尼族正是犁田栽秧的时候，耕牛驮马上山归哈尼族喂养和使用。6—7月份，哈尼人稻秧栽完，河坝傣族又要栽插晚稻了，耕牛驮马又下山归傣家使用和管理。晚稻栽完，河坝炎热，而山区气候暖和，草木青青，耕牛驮马上山来避暑养肥。10月以后，山区气候转冷，草木干枯，而河坝仍然气候温和，耕牛驮马又下山来由傣族管理饲养过冬。母畜生产的牛崽和马驹属双方共有财产，出卖或宰杀皆相互平分。②

再如，纳西族与藏族之间有源远流长的经济和文化交流，两个民族在很多方面保持着水乳交融的亲密关系，在20世纪50年代以前，有的纳西族村子还专门请相邻社区的藏族人担任管山员，丽江古城近郊的束河村就有这样的习俗。这基于以下考虑：一是外来人亲属关系单纯，在管山中不会受到原住民那样复杂的亲属关系的制约；二是纳西人历来认为藏族人性情耿直、豪爽，能忠心耿耿地保护集体利益。束河村是在滇川藏地区卓有盛名的"皮匠之乡"，他们生产的藏靴、藏钱包、藏腰带、皮口袋、皮条索在藏区深受欢迎，束河的纳西人与藏族民众在商贸方面的交往源远流长，不少束河人与藏族人通婚，一些藏民先后到束河落户。20世纪50年代以前，仁里村、文明村、松云村都曾请藏族人当管山员。③

白族的民间谚语说："一根麦秆编不成一顶草帽"；"有花才有蜜，有

---

① 王路平：《试论彝族传统的道德价值观》，《云南教育学院学报》1995年第4期。
② 郭家骥主编：《云南的民族团结与边疆稳定》，民族出版社1998年版，第128页。
③ 杨福泉：《纳西族的社区资源保护》，《思想战线》2000年第3期。

国才有家";"不怕巨浪再高,只怕划桨不齐";"一根藤容易断,十根藤比铁坚"。白族村寨中谁家盖新房,其他人便会主动前往帮助,有力出力、有米拿米,有的家庭或村寨中发生火灾,远近的村民闻讯后,都会主动拿出自家的粮食、衣物、木材等前去帮助受灾的村民;谁家有喜事或丧事,都被看成大家的事,家人、亲友、村人几乎有钱出钱,有粮出粮,有米献米,有力出力,使当事人能顺利地把事情办妥。在春耕生产和秋收秋种中,更是体现了白族传统的互助原则。每当春耕生产大忙时,全村人均会互相帮忙,有的是几个家庭结合在一起,有的是整个村落分成几个互助协作组,送肥下田,送完一家再送一家;栽插也如此,栽完一丘再栽一丘,直到全部栽完为止。尤其对那些体弱多病或家庭中主要劳动力亡故的困难家庭,村落里的人们便会相互邀约一起去帮助其适时播种、栽插、收割,对村寨中的孤寡老人,白族传统家庭道德要求对其负有赡养、关心、照顾的责任。[1]

　　类似的例子比比皆是,但在目前讨论中华民族经典文化和中华民族精神时,我们为什么就很少思考如何从各个民族的传统智慧、丰富多样的典籍中汲取营养,重新创造和熔铸出当代新的中华民族文明和中华民族精神呢?为什么我们老是囿于传统的一些汉学典籍来谈论和界定"中国传统文化",何不也关注一下汉族的民间文化呢?为什么要忽略古代汉学典籍文化也是经过历朝历代封建王朝的阉割、唯统治者所用的改造,实际上是良莠共存,精华与糟粕同在的呢?

　　总之,中国作为一个由56个民族构成的泱泱大国,其精神文化资源非常多元和丰富多彩,这为提供一种取长补短的社会制约机制创造了相当有利的条件。在历史的长河中,各个民族的文化都在发展着、变迁着,有变异,有传承。比如儒家思想在没有被历代封建统治者不断为其政治统治目的所利用而发生异化之前,有很多非常合理的因素,后来才逐渐畸变出许多有违人性、有悖常理的糟粕,而留存于少数民族中的很多非常以人为本的道德伦理就可以取代类似孔孟之道中的非人性因素在当代社会的遗留,使我们的社会在道德伦理观方面产生出更为健全的优胜劣汰的机制。同样,如果某一个少数民族的当代社会中还留存着一些对本民族发展不利的本民族道德伦理的束缚,就大可借鉴国内外其他民族的道德伦理优秀因

---

[1] 孙雅丽、杨国才:《试论白族传统家庭及其道德观》,《云南学术探索》1998年第5期。

素，逐渐取代其糟粕。只有形成这样一个"各美其美，美人之美，美美与共"的机制，中国的社会才会在一种各民族互动互励、互补互学的机制上不断发展。本文谈到的过去那种在道德伦理观念上的"唯我为大"文化沙文主义和存在于各民族中的封闭保守、不思改变的习俗，都是与构建当代中国的和谐社会的目标相抵触的。只有进行整体意义上的中华民族优秀道德整合，才会使中华民族的文明和民族精神不断焕发出勃勃生机。

四　中华民族文化教育应该包括讲授各民族优秀文化

多年来，我们强调振兴中华民族文化时，常常忽略了古代汉学典籍文化经过历朝历代封建王朝的阉割、唯统治者所用的改造等等，实际上是良莠共存，精华与糟粕同在。现在学术界一谈到"中国传统文化"，往往就只谈"儒家之学""孔孟之道""四书五经"，而很少想到由56个民族汇聚而成的中华民族多样化的原典文化，传统文化应该是包括除汉族之外的55个少数民族的，我们常常以汉学典籍代表中国传统文化、忽略少数民族文化，甚至忽略汉族丰富多彩的民间文化，我们是否意识到这样来理解"中国文明""中华民族文化"，未免太狭隘了一些呢，是否有不利于中华民族文化认同和各民族互补互学之弊呢。

我认为，在大中小学传授中华民族传统文化，应该重新走一条更为胸怀博大且准确的创新之路，即不要就局限在就只从汉学的典籍诸如四书五经里挑好文章，不要老是囿限在传统的一些汉学典籍里来谈论和界定"中国传统文化"！应该从各个民族的传统智慧、丰富多样的典籍中汲取营养，重新创造和熔铸出我们当代新的中华民族文明和中华民族精神。从56个民族的文字或口传心授的文化遗产里精选有益于学生的身心健康和人格培养的内容，从中华民族各民族的传统文化遗产里精选经典之作，精粹之作，广采博纳必将起到各民族文化互补的作用；这也有利于中华民族的文化认同，不至于在55个民族中造成因为只提在学校里进行四书五经等汉学典籍教学而引起的反感的心理。而是通过各民族文化在我国学校教育平台上的相互学习和补充，构建互补和互学的中华民族文化精神新格局。

此外，中华民族文化和中华民族精神还应该有一种"世界眼光"，以一种博大的胸怀来博采众长，融入自我，当年"五四"的先贤们吸收了来自国外的"德先生""赛先生",形成了具有蓬勃生命力的新文化,它们已经成为中华民族文化的有机构成部分。对中华民族来讲,自尊自信但又冷静虚心、实事求是的眼光是非常重要的。我觉得在挖掘和弘扬我们56个民族的优秀文化遗产和精神的同时,还应该去发现更多国家的长处,努力学习。同时,认真总结发达国家成功的经验和他们在发展中的教训,我们是发展中国家,认真总结发达国家在发展过程中的种种教训,引为我们的前车之鉴,这是很重要的。我们也应该看到,西方发达国家也在不断地调整自己的发展道路和国策,在不断克服资本主义制度的种种弊端,甚至从社会主义制度中汲取了不少合理和人性化的因素,所以,我们所讲的资本主义制度的国家,也在不断地变迁中,因此,我们向发达国家学习,也应该有一种动态的眼光和相应的思路、方法,而不是抱着过去相沿下来的陈旧观念来看待今天的西方世界。这样,我们才能具备一种理性的客观的世界眼光,不断建构蓬勃向上、活水长流的中华民族文化和精神,最终走向如费孝通先生所说的"各美其美,美人之美,美美与共,天下大同"的境界。

原载宋敏主编《边疆发展中国论坛文集》(2010)"发展理念篇"
中央民族大学出版社2012年版。

少数民族文化保护与传承新论

笔者近年来对少数民族文化的传承和保护进行了比较多的研究，并且也牵头组织了一些旨在培养少数民族文化传人和在云南少数民族地区乡村小学进行传统文化教育的项目。[①] 在研究和实践中有了一些新的体会和观点，现写成这篇文章，就教于同行、理论界和从事民族文化保护传承实际工作的同人。

一 活着的民俗活动是民族民间文化传承的根本

民族文化，既是一个民族精神世界的写照，又是这个民族所创造的物质文化和精神文化的结晶。在中国尤其是在西部不少地区，民族民间文化已经成为一种重要的促进社会和谐、经济发展、改善人民生活和陶冶情操的动力，所以，在社会文化变迁相当剧烈、全球一体化潮流席卷世界的今天，保护和传承当下中国各个民族优秀的民间文化，已经成为一个迫在眉睫的重要任务。

从多年的调研中，笔者深切感到，要保护和传承好各个民族优秀的传统文化，最关键的一条，是首先要保证这些文化艺术有好的赖以生长发育的土壤和环境，即"文化生境"。

要保护好民俗这块土壤，必须让民众从民俗活动中感受到生活的愉悦、快乐和乡情亲情，让他们在世代相传的民俗文化活动中感受到独特的文化情致和魅力，感受到传统文化与他们的生活的密不可分。如果有了这一点，各种乡土艺术、民间信仰等，都会融入民众的日常生活中，成为他们日常生活的一部分。下面举几个例子来说明这个观点：

---

① 杨福泉主编：《策划丽江——旅游与文化篇》，民族出版社2005年版；杨福泉主编：《丽江市玉龙纳西族自治县白沙完小乡土知识教育的实践》，云南科技出版社2006年版。

丽江市玉龙纳西族自治县塔城乡的署明村是个著名的东巴文化之乡，离丽江古城180多公里。该村和其周围的一些村子至今仍保留着非常传统的民族文化习俗，比如传统的祭天仪式、祭大自然之神署的仪式、丧葬仪式、取名、婚礼、占卜等。笔者参加过该村的祭天仪式，仪式上，年轻人从祭祀过程中学到很多本民族的传统知识，比如从东巴吟唱的《创世纪》中知道自己的祖先如何解释天地山川鬼神人类等的来历，了解自己的祖先如何战胜种种困难娶得天神之女，繁衍出纳西、藏、白民族的传说等。因此，该仪式极大地促进了纳西传统文化的传承。另外，署明村现在还保留着东巴教的"还树债"仪式，该仪式在纳西语中叫"子趣软"，意思是"偿还树木的债"。当某人或某家庭有了什么病灾，经东巴占卜，认定是因为违规乱砍了树木或污染了水源的时候，便请东巴在砍了树的地方或水泉边举行这个仪式，用供品向"署"告罪，向其偿还所欠之债。这个仪式非常有意思，不仅大人虔诚地参与，很多小孩也要参加，笔者也亲自参加过。在祭祀过程中，小孩好奇地问大人这个仪式的种种含义，大人一一作答，这实际上也促进了传统的生态伦理道德和生态信仰的教育。①

又如，云南省大理白族自治州大理市的洞经音乐至今在民间还非常流行，1998年，大理市被国家文化部授予"中国民间艺术洞经音乐之乡"的荣誉称号。据笔者2007年4月在大理的调查，全州境内有300多支洞经音乐队，仅仅大理市登记在册的就有90支。洞经音乐之所以能保存至今，主要原因是大理白族民间无论城镇还是乡村，举凡婚丧嫁娶、盖房子、逢年过节等，民众都喜欢演奏洞经音乐来助兴和渲染气氛，这一民间民众生活的需要，促进了洞经音乐在大理州的长盛不衰。

白曲即白族民间歌谣，大理州剑川县有"白曲之乡"的美称，该县著名的青年民间歌手姜宗德告诉笔者说，他和连年在剑川石宝山赛歌会上夺得"歌后"桂冠的李宝妹所唱的剑川"白曲"受到白族民众的广泛欢迎。有些老奶奶来街上买卖货物，听到商铺里在放着白曲的光盘或磁带，会驻足听上半晌，流连忘返；有的听一会儿后，就买一盘带回家。

笔者深深感到，通过各种形式和途径的引导，留住乡村城镇各种有利于人们的身心健康和社会和谐的、优秀的民俗活动是保证各种民间文化艺术有土壤和载体的必要条件。各种民俗一旦消失或者被外来文化或主流文

---

① 参看本书所收论文《略论东巴教的"还树债"及其口诵经》。

化同化，那人们就再也不会有对传统文化的特别需求，这就很难做好"不离本土的文化传承"。

比如，在丽江山区一些还保留着东巴祭仪民俗的村寨，东巴文化的传承就比较容易，而在丽江坝区的很多乡村里，目前已经很少保存有日常状态的东巴文化的民俗，在这些地方进行东巴文化传承就成为很困难的事，除非类似祭天、祭自然神这样的民俗节庆活动逐渐恢复了，相应的东巴文化传承才会得到新生。

云南省迪庆藏族自治州德钦县位于著名的藏区大神山卡瓦格博峰脚下，有非常丰富的自然和人文资源。相对而言，这里较少受到外来文化等的强力冲击。根据2007年4月笔者在德钦的田野调查，民间还普遍保持着传统的种种民俗，所以，乡村里各种自发的民间歌舞活动非常活跃，弦子舞、锅庄舞等闻名遐迩，广为群众喜闻乐见。民间艺人层出不穷，现在在香格里拉县普遍开展的"藏族家访"旅游活动中的青年民间艺人，绝大多数来自德钦县。在这里，藏族传统文化得到了很好的继承。

而上述这些优良文化生境的形成，与各种因素密切相关，除了传统文化的作用外，其中最重要的一个因素是来自国家各级政府层面的鼓励和支持。

比如前文说到的丽江玉龙县塔城乡署明村的例子，该村著名东巴和顺在1982年参加了由丽江地方政府组织，有来自北京、昆明、丽江等地很多著名学者和艺术家以及有近百个老东巴参加的丽江东巴文化座谈会后，受到极大的鼓舞，觉得东巴文化已经开始被党和政府所重视，东巴文化复苏的春天要来了，所以他一回到村子里，就开始筹划组织东巴文化传习班，该村先后有十多个年轻人参加了这个传习活动，他把自己丰富的东巴文化知识传授给了和秀东、杨玉华等一批年轻东巴。同时，在该村恢复了祭天仪式等很多重要的东巴教活动，后来与东巴教密切相关的其他民俗节庆活动在这个村子里也逐渐恢复。署明村逐渐成为广受纳西地区文化界和国外学术同行瞩目的纳西东巴文化传承地。笔者主持的一个东巴文化传人培养的项目也在这个村子选了四个东巴，请当时还健在的老东巴和开祥、和即贵按照东巴授徒的传统方式进行东巴文化的传授。这个村子里的中青年东巴和贵华、和秀东、杨玉华等频频参加了各种国内国际的东巴文化活动，甚至漂洋过海到美国、中国台湾等地去展示和交流纳西族东巴文化，成为民族文化乡土专家和使者。2006年，丽江市文化广电新闻出版局资助该村成立了"署明自然村东巴文化传承点",该村民众传承纳西族东巴文化的热情受到更大的鼓舞。

从20世纪80年代早期开始,由云南省委批准,成立了丽江东巴文化研究室。丽江地方政府出资,把十多个老东巴请到东巴文化研究室,发给他们工资,和学者们一起进行东巴经典的翻译,通过20多年的努力,翻译出版了100卷近千册东巴古籍。此外,由地方政府主持,连续举办国际性的东巴文化艺术节和一系列学术活动,这些措施极大地鼓舞了东巴们的热情,并使得不少村寨里,已经消失的不少与东巴文化密切相关的民俗活动得以复苏。

如果说丽江的洞经音乐(纳西古乐)的繁荣发展和闻名遐迩主要借助了丽江火爆的旅游市场的话,大理民间洞经音乐的进一步复兴,则与政府的大力推动支持密切相关,比如,近年来,大理州政府出资在三月街上专门修建了洞经古乐演奏舞台,每年在三月街民族节期间举办"洞经古乐演奏比赛",并在大理古城设立大理州群艺馆大理古乐示范培训站,多次举办了洞经古乐方面的国际学术研讨会。这些活动,极大地促进了民间对洞经古乐的关注,鼓舞了民众学习传承的热情,形成了很多村都有洞经音乐队,有的大村甚至有一个以上的洞经音乐队的可喜局面。

再举迪庆州德钦县的例子,德钦县委县政府充分利用德钦民间活跃的传统歌舞活动,通过各种方式扶持和推动这些民间艺术活动进一步发展,比如,鼓励各个乡镇开展类似"德钦弦子擂台赛"等活动,对得胜者进行奖励,大大地鼓舞了民众的参赛热情。

一种民俗活动,会随着社会的、文化的变迁而产生变异,会随着国家权威机构的态度而发生重大的变化,因此,来自政府层面的推动和支持,会有力地促成传统民俗活动的恢复、发展和繁荣。有了民俗活动这块土壤后,文化传人就有了显身手的天地,民间歌舞艺术就有了发展传承的条件,反过来,这块土壤自然地也就有了富足的养料,能滋养出优秀的民间文化传人,滋养出传承民间文化的精英。

二 社区民众的"文化自觉"至关重要

费孝通先生提出"文化自觉"的问题,依笔者的理解,其中一个重要的内涵,应该是指拥有和传承着一种文化的民族、社区或者个人,一定要对自己的文化有一种自觉的意识，能冷静地看到自己文化的利弊，学习异文化的长处优点。在正确认识的基础上，懂得自己的文化，热爱自己的文化，认识到自己文化的真正价值，这样才会珍惜它、爱护它，并采取正确的方式方法来保护它、发展它。如果没有这种文化的自觉，文化毁灭在自己的手上了，可能还很难意识到。

我国自20世纪80年代以来，在城市大规模现代化的改造中，很多珍贵的历史文化遗产毁灭在自己的手里，这除了片面追求经济指标等因素，关键的一点，就是因为缺乏文化自觉，说严厉点就是对祖国文化的无知而导致的结果。记得冯骥才先生尖锐地说过这样一段话："我们的后代将找不到城市的根脉，找不到自笔者的历史与文化地凭借。当他们知道这是我们的所作所为……是我们亲手把一个个沉甸甸的、深厚的城市生命变成亮闪闪的失忆者，一定会斥骂我们这一代人的无知与愚蠢。"[①] 这段话一针见血地指出了我国当代有些城市建设的设计者和决策者因缺乏对本民族文化的一种"文化自觉"而导致的"破坏性建设的文化灾难"。

我们应该认清这样一个基本的事实：民众的文化品位、认识水平、时尚潮流是需要正确地加以引导的，需要长期的文化熏陶才能对特定文化遗产的价值有一定的识别能力。特别是处在周围是一片大文化（或是称之为主流文化、强势文化）的海洋的环境下，对本民族文化的认同意识会趋于衰微。如一味迎合所谓民众的意愿，有时会导致真正有长久魅力和价值的多元文化的灾难。近十多年来丽江古城的保护实践就是一个比较典型的例子，由于受当时城市建筑时尚潮流的影响，很多居民过去都想掀掉传统的土木建筑的民居改建钢筋水泥房，认为这才是进步的、"现代化"的房子，有很多人甚至已经开始动手拆除。有的人包括一些领导认为古城的石板路很落后，发生了火灾连消防车都开不进来，于是就有人动议拆掉石板路，改建水泥路，使消防车能够畅通无阻地进入。如果不是城建部门的行政干预、古城保护法规的威力和后期有关如何看待文化传统的大力宣传和引导，丽江古城早已面目全非。丽江古城几度在为数不少的干部和民众的这种意识和意愿中濒临危境。

再如在丽江古城被评为世界文化遗产之前，丽江有条建于20世纪70年代，两旁钢筋水泥高楼林立，一直通连四方街的水泥路，它把原来丽江

---

① 冯骥才：《文化遗产日的意义》，《新华文摘》2007年第7期。

古城著名的"玉河烟柳"景观破坏殆尽。因它出于当时当地主要领导人的决策，因此被人讥为"书记路"。在申报世界文化遗产的工作开展后，丽江县政府部门下决心改建此路，由于要拆除很多还完好无损的高楼大厦，因此很多当地民众想不通，认为是劳民伤财、"发疯"，对决策者说了很多难听的话。后来一条传统的以五花石铺地，两边以传统的庭院式民居取代了钢筋水泥大厦的道路建成后，吸引了大量的游客。每天直至深夜都有游客流连忘返，成为国内外游客交口称赞的古城一景后，很多当地民众才意识到过去那条钢筋水泥高楼大厦挤压下的"书记路"对于古城的风貌说来是多么煞风景，对发展旅游是多么不利。

2007年4月，笔者随同云南省政协民间文化保护和传承调研组在大理调研，长年研究大理文化的当地学者张锡禄先生在座谈会上举了一个例子，大理古城有座元代赛典赤时期建的清真寺，已经有700多年的历史，里面还有一块古老的碑。最近有些回族民众出于爱教的心愿，觉得这个楼太老太旧了，想重新修建，计划把寺庙整个往后移，资金已经差不多到位了。别人去制止，他们也不理解。

在大理，不少历史比较久远的本主庙年久失修，所以看去比较破旧，白族民众想彻底修整乃至重建，但他们这样做，往往就把文化遗产的历史价值破坏掉了，而很多群众一点没有意识到这是"好心办坏事"，出发点很好，但却把自己最有历史文化价值的东西毁在自己的手里。西双版纳傣族园坐落于素有"孔雀羽翎"之美称的橄榄坝，是西双版纳州精品旅游线——东环线的主要旅游区，国家4A级旅游景点。傣族园中的五个傣族村寨曾是西双版纳傣族传统民居保护得最为完好的。但自2002年以后，傣族园五个村寨都先后出现了村民自行建盖的小洋楼，仅2005年一年，景区内就建盖起了七栋完全或者半异化的民居建筑。2006年，还有不少村民相继提出了建砖混结构房屋的请求。村民们不懂他们自己园林式的傣家竹楼是吸引无数旅游者前来观光的重要文化资源，不知道正是自己祖先传下来的这些民居建筑瑰宝，带给了他们滚滚的财源。而当他们因旅游等致富后，却因没有正确的"文化自觉"意识而把这些文化旅游资源给破坏了。

类似例子在今天的云南是相当多的，无数事实说明，当前中国的文化建设最为迫切的一件事就是，加强整个民族的"文化自觉"意识，加强各民族优秀传统文化的再教育。在广采博纳其他民族优秀文化的基础上，提高对本民族优秀文化的自识自重自尊意识,只有这样,才能避免上文所举的"文化灾难"。

三 民间文化的保护需要多元化进行

从目前云南的情况看,民间文化艺术的传承,也要走多样化的道路,首先,政府的扶持非常重要,目前在很多不能完全凭借旅游带动民间文化保护的地方,政府的扶持是至关重要的,而在一些旅游业发展快的地方,则可以采取政府、私营企业、个人扶持相结合的方式。

1. 政府扶持

如前所述,政府扶持比如云南省大理市政府扶持成立了"苍洱艺术团",其宗旨主要是培训民间艺人,2005年3月成立,所请老师的工资由文化馆来发,受培训的学生不收学费。学生毕业后,发给艺人证书。

云南省大理州剑川县教体局也采取类似的方式扶持民间艺术,根据笔者2007年4月在大理的田野调查,他们从县财政扶持非物质文化遗产的经费中拿出4万元,把剑川青年歌手李宝妹和姜宗德聘为职工,每月发1100元的工资,请他们专门培训乡村民间歌手,每年办三期,培训地点不局限在文化馆。两个艺人常常走村串寨去培训学生。县文化馆订了一些考核指标,如果两个艺人成功培养出一个乡土艺术人才,就奖励300—500元。

2. 民间人士的自发培训

民间人士自发进行举办文化传习班培训,也是卓有成效的一种方式。比如,大理市的民间艺人张亚辉,酷爱白族民间歌舞艺术,15岁时就开始学习。他看到白族艺术后继无人的状态,便自筹资金,从1986年开始办培训班传授白族民间文艺。每期为时8个月,开始时只有3个学生,现在发展到每期有五六十人。至今已经培养了将近3000人,主要传授白族大本曲、唢呐、三弦等技艺,现在学生遍及昆明民族村、苍洱艺术团、洱海旅游游船等。几乎所有的学生都能凭借自己学到的才艺找到一份工作。

有些私营企业家对民间艺术特别感兴趣,有的也把民间文化艺术作为自己的经营内容。因此,他们舍得花钱培养和聘请民间艺人。比如,获得了国家4A级著名旅游景点丽江市玉龙县白沙乡"玉水寨"的老板和长红,利用"玉水寨"一泓远近闻名、充分体现了纳西人传统生态保护文化的圣水灵泉,开展了一系列东巴文化和纳西民间艺术传承活动,为求真求实地营造景观,曾邀请丽江著名东巴和开祥以及一些学者作顾问,为"玉水寨"各项文化旅游活动的内容出谋划策,并从四乡聘请了一些真正的东巴长住"玉水寨",在这个灵地进行东巴教祭天、祭大自然神"署"、祭风等重要仪式。他还把获得云南省文化厅颁发的"民间工艺师"等称号的民间工匠艺人也聘请到"玉水寨"中来,进行东巴文书写、传统东巴纸的制造、纳西族的民间酿酒。此外,还聘请了一些著名的乡土乐手歌手,进行纳西古乐"白沙细乐"的演奏和传承等活动。此外,他还牵头组织成立"纳西族东巴文化协会"、组织东巴文化知识竞赛等,有力地推动了当地纳西族传统文化的传承。

面对民间艺人也必须考虑的生计问题,想凭借自己的一技之长改善生活这个客观情况,在政府不可能把所有的民间艺人都养起来的现实情况下,这种借助民间企业的力量来进行文化传承的方式,应该大力支持。但借助企业进行在经营前提下的传承活动,必须要采取一些必要的措施和机制,促成相关专业人士要与企业主进行密切合作,避免把这些活动蜕变成过分突出的商业性行为,避免把民间文化艺术操作为哗众取宠、失去其本真魅力的商品,影响到民间艺术真实性的延续和传承。

3. 家庭传承

这种传承方式也是比较普遍的一种,特别是对于一些民间特殊行业诸如宗教专家、民间工艺的绝活、与经营密切相关的民间工艺、医药等,就常常采取这样的传承方式。比如纳西族的祭司东巴、彝族的祭司毕摩、哈尼族的贝玛等,按照传统是实行父传子的传承方式。比如大理周城的白族扎染、新华村的银器制造业、丽江市玉龙县白沙乡的古老铜器业、民间的不少草医等,都采取家庭传承的方式。丽江的纳西族民间音乐"白沙细乐"的传人和茂根先生,也曾经长期实践过家庭传承的方式。

笔者在 2007 年的调查中得知,2002 年 4 月被联合国教科文组织授予"民间工艺美术大师"称号的鹤庆县标祥九龙工艺品加工厂厂长寸发标,擅长制作银器铜器工艺品,他设计制作的九龙壶、九龙火锅等银器深受国内外人士的欢迎,而他的技艺就是靠家庭代代相传,他是第六代传人。如今,他在家里又带着 20 多个徒弟。被授予"云南省工艺美术大师"称号的迪庆州德钦县银制品厂厂长洛桑扎西,是一个藏银传统制作工艺师，他家在德钦羊拉村，祖祖辈辈是藏银工艺制作世家，传到他已是第 14 代。香格里拉著名的尼西陶器制作，名师也都是出自家庭传承。

此外，据了解，像大理州白族大本曲的著名艺人，过去多是家庭传承，现在有家庭传承和拜师学艺两种。民间草医进行家庭传承的例子，在各个民族中更是非常普遍的现象。

4. "不离本土"的传承与强化培训传承方式的结合

如果把文化传人的培养与社区民众的日常生活割裂开来，进行封闭式的传人培养，那是很难成功的。如音乐家田丰先生在昆明市安宁县郊区举办的"民间文化艺术传习班"，对从各个民族中选拔出来的年轻人进行封闭式培训。

对这种方式，学术界颇有微词，认为这是"把鱼儿捞出了它赖以生活的水"的培养方式。从理论上讲，培养民族文化传人确实应该是在他们从小成长生活的家乡进行。但笔者也理解田丰先生的苦衷，他是在无奈下采取这种方式的，因为他看到了中国乡村在主流文化和"全球一体化"浪潮影响下正发生着巨大的文化变迁。也许在这些"鱼儿"生活的"水"里，村民们可能在为日常生活的奔波中无暇学习自己的传统艺术，或者他们已经无法学习到自己民族的艺术，而需要专门到一个有老师的训练班里进行强化训练。所以，笔者认为，"进行不离本土的培养"，这个提法是对的，但首先有个前提是他们的本土应该具有能够培养他们的条件，即文化资源、文化环境；第二，他们必须有相应的条件能安心学习自己的传统艺术。如果村民每天生活的环境里已经全然没有能够滋养民族文化发展的养料，那"鱼儿"也必须搬家。

田丰的方法，应该说是当下挽救中国濒危的民间文化及培养其传人的方式之一，这种封闭式的强化学习训练如果能够和在乡村进行的日常状态的民间艺术活动有机地结合起来实施，那无疑是非常有用的。

下面举一个笔者主持的培养纳西族东巴文化传人的例子来说明上述这种强化学习训练和不离本土的学习实践相结合的效果。上文提到的丽江市玉龙纳西族自治县塔城乡署明村在和顺东巴大师去世后，年轻东巴的进一步学习深造成了问题，仅仅依靠已经学到的那些知识，还不可能成为出色的东巴传人。因此，笔者和东巴文化研究院的同人合作，争取到国际基金会资助，从署明村挑选了四个中青年东巴，再加上从其他村寨物色来的四个青年东巴传人，离开村子，来到丽江东巴文化研究院，由两个在东巴文化研究院工作的东巴大师完全按照东巴传承的传统方式言传身教，进行严格的传授，并定期考核。在进行这"离开本土"强化学习的同时，也让这些学生定期回到他们的村子，参加各种日常东巴文化活动，为村民举行各种仪式，这样就巩固了从东巴大师那里学到的各种知识，并且将这些知识及时地运用到现实生活中。①

四　制定地方性法规和条例进行保护之必要性

云南省迄今已经由云南省人大常委会颁布了一些旨在保护民族民间文化的地方性法规，比如 2000 年 5 月 26 日颁布的《云南省民族民间传统文化保护条例》、2005 年 12 月 2 日颁布的《云南省纳西族东巴文化保护条例》等，这些法规条例在法律的层面为保护云南民族民间文化起了很大的作用。现在有待完善的几个问题是：一是要尽快制定出相关保护法规的可操作性强的实施细则，有了细则和措施后，才能有望在基层一一落实；二是云南有 8 个自治州和 29 个自治县，18 个少数民族实行了区域自治，各地都可以制定一些保护和传承本地民族传统文化的地方性法规、条例，从法律的角度来保障民族优秀文化的传承发展，如迪庆州维西傈僳族自治县制定了《维西傈僳族自治县民族民间传统文化保护条例》（草案），将传统文化的保护传承经费纳入财政预算，保护项目有资金投入，民间文化传人有生活补助。如果全省各地都能够制定一些行之有效的地方性条例，那对民族文化的保护传承肯定会起到非常好的作用。此外，任何民族文化都需要有不断的创新，即在传统文化基础上进行当代再创造、创新，这样，一个民族的文化才会永远焕发出蓬勃的生机与活力。限于篇幅，这个问题不在本文论述。

原载《云南社会科学》2007 年第 6 期，《新华文摘》2008 年第 7 期摘载（论点摘编）。

---

① 杨福泉主编：《策划丽江——旅游与文化篇》第四章，民族出版社 2005 年版。

生态旅游与云南的旅游资源保护

一 生态旅游的定义与云南的自然环境问题

云南省地处中国向东南亚、南亚开放前沿地带，是世界上面积较大的气候宜人的地区，全省大多数地区每年有300天左右气温在10℃—30℃，素有"四季如春"之美称。云南独特神奇的自然生态环境和人文生态环境形成了丰富的旅游资源；全省有6个国家级风景区，10个省级风景区，有"世界第一奇观"之称的石林和"世界第一大峡谷"之誉的虎跳峡；有玉龙雪山、梅里雪山、金沙江、澜沧江等名山大川；有滇池、泸沽湖、抚仙湖、洱海等数十个美丽的高原湖泊。云南被称为动物王国、植物王国，民族文化宝库等，中国有56个民族，而云南就分布有25个，为全国居住民族最多的省份。云南丰富多彩的社会人文环境与自然生态环境交相辉映，吸引了越来越多的中外游客。云南的旅游业近几年来不断发展，至1992年，云南旅游业收入进入全国前10名。云南省政府在制定全省发展规划时作出了把云南建成旅游大省的决定。①

日益繁荣的旅游业促进了云南的经济发展，改善了旅游区各民族的生活，提高了云南在中国和世界的知名度。因此，促进云南旅游业的发展是一项事关国计民生的大事，而云南旅游业发展繁荣，保持其永续性（sustainability）的根本点在于如何长久地保持云南的旅游资源优势，保持和增进它的诱人魅力。如上所述，云南的旅游资源优势在于它神奇独特的自然和人文生态环境，因此，我认为大力发展生态旅游是促进我省旅游业发

---

① 这里说到的各种遗产地种类和相关数据，是根据1994—1995年时的情况。此后有变化，比如增加了世界文化遗产和自然遗产等。文章中提到的一些自然和人文环境的问题，有的现在也有不少改善和变化，但此处为了保留论文的原貌，没有改动。

展繁荣，长保其优势的重要因素。当今全球最关注的重大问题之一是人类赖以生存的生态环境的改善和保护，没有一个良好的自然生态环境，人类的生存就危机四伏。"生态旅游"这一概念及旅游方式即是在举世关注生态问题的国际大背景下产生的，顾名思义，它是与保护生态环境密切相关的旅游活动，这种旅游活动对于云南这种主要以生态环境优势构成旅游优势的地区来说更具有重要意义。

生态旅游（Eco-tourism）在西方国家是一项早已在开展的旅游项目，而这一名称的正式提出是 1986 年在墨西哥召开的一次国际性环境保护会议。这一概念提出后，在世界上许多国家立即得到积极的响应，国际上各种绿色和平组织和旅游组织、大学、研究机构等采取各种形式进行生态旅游的宣传和组织，许多大学开设了有关生态旅游的课程和研究班，越来越多的人成为"生态旅游"的实施和组织者，有关生态旅游的国际学术会议也不断增多。

简单地讲，生态旅游是旨在保护旅游区生态环境的旅游形式，是由游客的旅游活动和旅游区政府、民众的旅游组织工作有机结合而形成的一个统一体。它强调游客和旅游区的当地人密切配合协作，在保护当地自然景观和人文景观的完整性这一前提下发展旅游业，不以人为的方式去破坏景区的自然风貌，如在景区盲目地建盖与环境和地方文化不协调的大饭店、游乐场、缆车等。当地的旅游开发者首先要根据本地的自然和人文环境作出能充分保护当地旅游资源的详细计划并付诸实施；旅游者在旅游过程中要扮演当地生态环境的欣赏者和保护者双重角色，而不仅仅是一个远道而来的消费者，游客既是来游览观光，同时也是来接受地方文化的教育，他应该熟悉和尊重当地的风俗习惯。笔者在加拿大西门·弗雷泽大学曾参加生态旅游研究班的师生的座谈，看到了生态旅游者在旅游区深夜守护正在下蛋的海龟，不使之受干扰等生动的照片。

生态旅游包括自然生态和人文环境两方面的内容，开展生态旅游业的一个关键是旅游区的当地人如何与游客相互协作配合，保持和促进当地作为旅游资源的生态环境，使之能长期地吸引更多的旅游者。1980 年 9 月在马尼拉举行的世界旅游会议上通过的《马尼拉宣言》强调："自然资源是吸引旅游者最根本的力量。"当前国际旅游业中最流行的一个口号是"回归大自然"，亦表明保持优良生态环境的大自然是旅游业赖以繁荣的重要根基。

从目前云南的情况看，大力宣传生态旅游，开展生态旅游已是刻不容缓的事。因为云南的旅游业资源面临着不容乐观的严峻局面和衰落的危机。从自然生态环境方面来说，在云南可以展开森林旅游、山川江河探险旅游、自然地理、野生动植物、花卉观赏、考察和研究相结合的旅游，这些都是生态旅游的重要内容。但目前在云南省很多地区，自然生态环境的恶化已十分严重，危及云南省欲建旅游大省的前景。由于自（20世纪）50年代后期以来，有一系列违反客观规律的决策性失误，诸如"大跃进"时期的"全民大战钢铁铜"，人民公社化初期的"大办食堂"，"文革"时期的"围湖造田"和长期以来的滥伐森林、毁林开荒、毁草开荒等，极严重地破坏了云南省的生态平衡。改革开放以来迅速扩张的工业生产体系在给我省带来可观的经济效益的同时，工业"三废"排放成为对大气、土地和水域的主要污染源。云南环境污染的突出问题之一是城市附近河流和湖泊的水污染呈加剧趋势，城市和部分城镇的大气污染逐渐加重，乡镇企业的迅速发展使环境污染向农村蔓延，随之而来的是云南省大面积的旅游资源也遭到了被污染的命运。如昆明是闻名中外的著名旅游城市，现在又在滇池畔建起了国家级旅游度假区，但近年来这个作为云南旅游中心的城市的大气污染和水域污染日益严重，往日秀美的滇池几乎成为城市的纳污地，严重地影响了旅游胜地昆明的风貌。云南省其他著名旅游区的不少名山胜水也处于伤痕累累的生态恶化困境。据云南省环境科学学会的研究，云南省生态破坏最轻的主要在滇西北迪庆州、丽江地区一带。这些地区都是旅游资源十分丰富的云南省重点旅游区，但在这些地区，生态环境的恶化也在不断加剧，如迪庆州位于由联合国教科文组织提出建议，经我国国务院1988年批准而划定的"三江（金沙江、澜沧江、怒江）并流"著名风景区腹地，但近年来该地区森林采伐和水土流失严重，发生了多次严重的泥石流。云南省主要旅游点西双版纳的森林覆盖面积由50年代的50%下降到70年代的30%，山地生态系统退化，濒危动植物种类增加，近40年来，有几百个物种已从本区消失，而受威胁的物种可能超过15%。[①] 热带森林面积已由中华人民共和国成立初期的1740万亩锐减到

[①] 九三学社云南省委：《对我国大西南沿边地区热带雨林保护与修复的建议》，打印稿，1992年11月。

1982年的777万亩，减少了55%。① 云南省另一重点旅游区丽江县②的森林资源由1947年的63%降至1985年的37.8%。大理、德宏等著名旅游区的森林植被、生态环境的恶化也十分突出。

珍稀动植物和高原草场、湖泊是进行生态旅游的一个重要资源，云南省珍稀动植物和高山草场、湖泊等面临的危机也是危及旅游业和民众生活的一个重大问题。如迪庆州现知的国家重点保护植物有31种，占全国重点保护植物总数的7.9%，云南总数的20%，重点保护的动物有48种，占全国重点保护动物总数的25.1%，云南总数的49.5%，多年来盲目的捕杀砍挖已使迪庆州的珍稀动植物资源遭到严重破坏，有的种类已到枯竭的边缘。如中甸县③有神湖之称的那帕海，由于过去盲目扩大农田，环湖群山的森林遭到严重破坏，湖面缩小湖水变浅。国家一级保护动物，被联合国列为世界濒危物种的黑颈鹤到纳帕海越冬者已从原来的几百只减少到现在的二三十只。④ 永宁泸沽湖周围的森林也受损严重，极大地影响了泸沽湖的整体魅力。丽江著名风景区"玉柱擎天"在50年代初还是有文物古迹、寺观、灵泉、林木茂密，野兽出没之地。由于多年来的乱砍滥伐，现在已是寺毁林秃，游人稀少。丽江国家级风景区玉龙山自然保护区的森林在以往长年的乱砍滥伐中也受损不小，原始林已保存不多，山的中下部野生动物逐年减少。丽江过去雉鸡的种类很多，据国际山地协会主席艾弗思（Jack. Ives）教授介绍，其中一种被西方学者称为"丽江雉鸡"（Lijiangensis Crossoptilon）是目前世界上少有的珍稀雉类。⑤ 国际雉鸡研究协会曾托他考察丽江雉鸡的现状，他们认为丽江是一个很理想的雉鸡观赏旅游之地。但毋庸讳言，由于森林锐减，再加上屡禁不止的滥捕，丽江目前的雉鸡数量和种类已比前大大减少。目前丽江城乡携犬驾鹰捕杀雉鸡者甚

---

① 朱平主编：《云南山区经济发展研究》，云南人民出版社1989年版，第120页。
② 丽江地区在2002年12月26日撤地改市，所辖县区包括古城区、玉龙纳西族自治县、宁蒗彝族自治县、永胜县、华坪县。原来的丽江纳西族自治县分为玉龙纳西族自治县和古城区。
③ 2001年12月17日，经国务院批准，中甸县更名为香格里拉县。
④ 潘发生：《试论中甸生物资源开发的历史现状及其将来》，《中甸县志通讯》1987年第3期。
⑤ 叶光裕：《开发利用云南高原湖泊当议》，《云南省经济社会科技发展战略讨论会文集》，云南省人民政府经济技术研究中心编。

众,如不采取有力措施,则这珍贵的自然资源将在不久的将来消失。[1]

洱海是云南省重点旅游区大理的主要景观,可近年来洱海附近的工厂每天向洱海排放含汞、砷、氰、酚等有害物质的废水达万吨多。全国第二大深水湖抚仙湖逸流区森林破坏也十分严重,据1975年的统计数字,覆盖率只有78%。生态环境的破坏使湖泊水位下降:在云南省许多重点旅游区,都存在着湖泊水位下降,湖面缩小流泉干涸的情况,严重危及丰富的旅游资源。

因此,要把云南建成旅游大省,保持旅游资源优势的持续性,就必须首先从改善生态环境,保护旅游资源入手,如果包括旅游资源在内的旅游环境一旦遭到破坏,旅游业就成了无本之木。我们已不能盲目地沾沾自喜于云南目前的生态状况和旅游业的发展,要看到发展下面潜藏着的种种危机。旅游业的持续发展有赖于游客和地方社区的默契配合,而在保护好旅游资源,改善生态环境这一方面,需要旅游区的地方政府和民众作出主要的努力。1990年在加拿大召开的Globe/90国际大会对持续旅游的内容从五个方面作了表述,其中第一点是:增进人们对旅游所产生的环境效应与经济效应的理解,强化其生态意识;第五点是:保护未来旅游发展赖以存在的环境质量。[2] 生态旅游的宗旨就是通过游客与旅游区政府和民众的密切配合,促进旅游区生态环境的改善。目前,需要在全省特别是在主要旅游点促成保护生态环境的意识,并采取相应的措施。云南省人民政府已颁布了一些旅游度假区环境保护的规定,如《云南省阳宗海旅游度假区环境保护规定》等,并发布了《云南省本届政府(1993—1998年)环境保护目标与任务》,省人大通过了《云南省环境保护条例》,在发展云南省旅游业时,应配合这些法规的实施贯彻,以保护和改善生态环境促旅游,大力开展旨在保护和改善旅游资源的生态旅游活动。

二 生态旅游与云南的人文环境问题

人类生态学认为,人类和其他生物一样存在于一定的自然环境中,人

---

[1] 这些是当时丽江面临的情况。

[2] Turgut Var, "Sustainable Tourism Development", *Animals of Tourism Research*, Vol. 18, No. 2, 1991.

类的社会文化是人类群体努力适应环境的方式。人与人、人与环境相互作用产生了文化，并导致文化的改变。生态旅游所注重的另一面即是人类在具体的自然生态环境中所创造的文化，亦可称为人文生态。人文生态是旅游业赖以发展的另一重要资源，与自然生态资源相辅相成。根据国家旅游局近几年的调查和外国旅游者的反映，国外旅游者对我国社会民俗民情的兴趣高于对自然风光和名胜古迹的兴趣。云南省的人文资源最有优势的是由 25 个民族构成的丰富多彩的风情民俗，这些多元的民族文化形成云南独特的旅游魅力，使云南建成旅游大省具备了良好的基础。近年来云南旅游业的蓬勃发展除了依赖于山水之胜外，另一重要动力即是这人文之奇。若无这人文之奇，云南的旅游业是不可能发展的，更谈不上建成旅游大省。目前需要引起我们警觉的是，云南的民族传统文化也正面临着衰退变迁的困境。我们现在已不能陶醉在"云南有丰富多彩的传统文化"这一过去的声誉中。经过长时期的历史文化变迁，云南各民族的生活方式和文化都在发生着重大的变化。由于过去对各民族的传统文化重视不够，各民族文化中最有特色，最吸引游客的传统文化习俗正在衰落、消失和变化。如驰名国内外的纳西族东巴文化多年来吸引了无数的中外学者和游客到丽江来探奇访胜，甚至有的旅游投资者也是慕这一人文奇观之名而来。但目前丽江这一重要的文化遗产和人文资源正面临着消亡的危机，熟谙东巴经典和古风民俗的老东巴已所剩无几，向老东巴学习民族传统文化知识的年轻人亦寥寥可数，作为纳西族民俗重要组成部分的东巴教活动在民间已非常稀少，如不采取紧急措施抢救和振兴，再过几年，纳西族地区将只剩下一些东巴古籍和文物，而没有活生生的东巴民俗活动及其传承者，一个事关旅游业兴衰的重要人文资源也将丧失。

像东巴文化这样面临着衰落境地的各民族传统文化在云南是十分普遍的，在不少地区，民族传统的山歌小调、舞蹈等正在消失或失传，熟谙民族传统艺术的民间艺人日渐稀少，很多少数民族的青少年已不懂民族传统艺术，民间的对歌、赛歌等活动的参与者多是年纪较大的人。在作为我省主要旅游区的一些民族地区，青少年对唱"卡拉 OK"和跳现代流行交谊舞十分热衷，但对本民族的歌舞却不屑一顾，青少年中普遍存在着对本民族传统文化茫然无知的现象。

少数民族服饰是对游客具有很大吸引力的传统民俗重要构成部分，目前，这一习俗也普遍面临着危机。在不少民族地区，少数民族青少年不愿意穿本民族服装的现象十分突出，如在丽江古城，即使在逢年过节也难得碰上穿着本民族服装的纳西族青年，以致有不少游客误将当地常身着本民族服装的白族青年当作纳西青年。红河县浪堤等乡的叶车人原来有民族特色十分突出的服饰，现在已被作为"陋习"而革除。[①] 西盟佤族极富特色的妇女服饰也正在逐渐消失，笔者最近到保留传统习俗较多的西盟佤族自治县岳宋乡，见到不少佤族妇女已改穿汉装。景洪县基诺族青年除逢年过节外，平时流行穿汉装或西装。从云南省目前的趋势看，如不对民族传统服装进行适当改良并大力提倡，很多民族的服饰习俗将趋向汉化或西化，这样也就失去了重要的民族特色。

除民族传统服饰习俗的衰落外，民族传统居住习俗也在产生重大的变迁。很多地区的少数民族正普遍地以内地汉式砖木结构平房和钢筋水泥结构楼房取代自己的传统民居，本民族原有的民居特色正在逐渐丧失。

民俗是旅游业的重要资源，现在，云南省各民族极有特色的传统节日、礼俗也正日趋衰落。如丽江纳西族过去最大的民族节日祭天已基本消失。现在，纳西族的民族节日是农历二月八的"三多节"，很多到丽江的游客都想一睹这一民族节日在民间的盛况，可惜民间祭"三多"的民俗活动在大部分地区已不复存在。又如基诺族很有特色的上新房和过年礼、成年礼等也已消失。现在不少电视电影所反映的云南民俗活动有很多都是人为地复原组织的，已不是存活于民间的具有生命力的民俗活动。

各民族卓有特色的传统文化习俗的日趋衰落正在使欲建成旅游大省的云南面临着人文旅游资源持续性的危机，如不采取措施振兴优秀且具有特色的民族传统文化，云南人文之奇在不久的将来会永远成为过去。旨在于保护自然和人文景观的生态旅游如能在云南普遍地展开，将会对保持我省旅游资源优势持续性起到很大的作用。世界各地的经验证明，健康发展的旅游业对促进当地经济发展，促进地方民族传统文化的复苏和保护会起到较大的作用，关键是旅游区的决策部门和民众首先要有旅游的发展取决于生态环境，保护自然和人文生态环境即保护旅游资源的意识。不能看着一时的旅游繁荣现象就忽略了潜在的巨大危机。据笔者所知，目前有不少国内外游客到云南来旅游都有一种想法，即认为如果现在不来看云南山川民族之奇，随着日益加剧的文化变迁，以后将再也看不到今天的云南风貌。

---

① 张赛：《应重视民族传统文化的保护与开发》，《云南日报》1994年5月23日。

游客这种赶时间抢机会来旅游的心理亦从另一面表明了保持旅游资源持续性的重要意义。

三　云南发展生态旅游的几个问题

我们之所以提倡生态旅游，其目的是减轻和杜绝旅游业可能对地方自然和人文生态环境带来的不良影响，因为生态旅游的目的是要通过旅游活动保护旅游区的自然和人文环境。众所周知，旅游业虽然被称为"无烟工业"，有促进地方经济发展和文化交流的正效益，但亦会对旅游区产生一些负面影响，如游客对旅游区生态环境的影响。在云南不少风景名胜区，游客造成环境污染的现象十分突出，如丽江玉龙山自然保护区的云杉坪是著名风景区，但不少国内游客在路上和景区随意扔弃饮料瓶、塑料袋、纸屑等垃圾，不仅严重污染了景观，而且直接危害了当地村民的生产生活，当地彝族村寨的不少牛羊因在山上吞吃了游客丢弃的有食物残渣的塑料袋而死亡。中甸县（今香格里拉县）开放以后，随着游客的增多，碧塔海、那帕海等著名风景区也出现了这种随地乱扔垃圾的旅游污染现象。永宁泸沽湖、路南长湖等地的旅游垃圾污染也很突出。据调查，造成这种污染的多是国内游客。国外游客在这方面是比较自觉的，他们把用过的废弃物放进小包从景区带回来恰当处理。这里就显露了一个旅游者的文化修养和社会道德水准的差异问题。因此，除了把提高国民的道德修养作为一个长期的工作抓之外，要加强旅游区的管理，制定和完善旅游区的管理条例，把它作为大力开展生态旅游的一个有力措施。

旅游业给生态环境带来的另一不良影响是游客偷窃生态资源的现象。这类现象在近几年时有发生，国内外游客都有借旅游之名来偷窃生态资源者。如仅在1988—1991年期间，在丽江就查获了七起游客在玉龙山自然保护区偷窃珍稀蝴蝶、昆虫、植物种子等事件，这些假借旅游之名来偷盗地方资源者来自日本、澳大利亚及东欧等地。他们有的自己潜往自然保护区采捕，有的花钱雇当地人当向导或雇请当地农民为其采捕。这种借旅游之名偷采盗捕动植物的行为对当地生态环境的危害性不小，尤其是当事者以金钱诱惑当地人为其采捕动植物的行为更是贻害无穷，如蔓延发展下去，必将助长当地人为牟利而不惜破坏地方资源、出卖资源的风气，危及地方生态环境。此外，随着旅游业的发展，一些人借旅游之名非法收集采购民族文物的现象也在不断增多。据笔者所知，仅在丽江就已有不少珍稀东巴文物落入来历不明的游客之手。因此，防止民族文物的流失亦是保护我省人文资源的一项重要工作。旅游业既有刺激地方传统文化复苏，推动社会形态发展和提高开放意识等积极的作用，但也会对地方人文生态环境造成一些不利的影响，如国内外游客所带来的不同文化观念和生活方式对地方文化的冲击，加剧本地文化与外来文化的冲突。1980年9月菲律宾马尼拉世界旅游会议通过的《马尼拉世界旅游宣言》"保护原则三"中，对旅游业的持续发展提出了如下具体措施：教育国内外旅游者"维护、保护并尊重其旅游地区的自然、人文及人际环境。"生态旅游正是本着这样的宗旨促进地方自然和人文生态环境的改善，因此，在云南大力开展生态旅游有助于保护地方旅游资源。

旅游促成的地方民族传统文化商品化也可能导致它的庸俗化，并出现假冒伪劣文化商品的现象，影响到人文旅游资源的长久开发及其声誉。如纳西族东巴文化因有"世界上唯一活着的象形文字"和"人类文化史奇观"之誉，很多游客非常喜欢购买东巴和纳西族艺术家创作的当代东巴书画作品，于是，市场上也就出现了不少粗制滥造的伪劣之作，影响了东巴文化的声誉。为使民族传统文化更好地为经济建设服务，保持其吸引游客的持续性，此类文化商品需要由有关部门认真监督，加强管理，防止随意性地粗制滥造。各地在鼓励当地民族开发人文旅游资源的同时，要注意保持本民族传统文化的原生形态和纯正性质，不使之庸俗化，过分商品化地走样，丧失最吸引人的文化特色，只有这样，才能使该民族丰富的人文资源具有长盛不衰的优势和吸引力，更好地为促进地方经济发展和改善民众生活起到它的作用。保持旅游设施与特定的自然生态环境和人文环境的和谐、协调是保护旅游资源持续性和吸引游客的重要一环，也是生态旅游所强调的原则之一。因此，在旅游区兴建旅馆、饭店、游乐场等要十分慎重地选择地点和形式，从外观和内部设施上都应尽量突出民族特色，使之与自然景观和社会人文景观融为一体。不应在主要景区建盖千篇一律的现代模式建筑物和与地方文化特质格格不入的游乐场所，那种与西式或内地趋同的旅游设施反倒会失去对游客的吸引力。如国际上不少有识之士就很不赞成在离丽江古城并不远的玉龙雪山景区腹地盖现代化宾馆、游乐场等，认为这样会造成严重的景区污染，与玉龙山的自然景观也不协调。笔者曾听不少国外学者和游客说起，如果他们想打高尔夫球，就没有必要千里迢迢地跑到云南来。

国外友人曾就我国西安、洛阳、成都等历史文化名城搞千篇一律的现代建筑样式，造成与古城风貌极不协调的现象坦诚而痛心疾首地提出呼吁，指出："对一个历史文化名城来说，古老不仅意味着地理上的一个固定的位置和种种历史事实，更重要的是还要有古老的风貌、古老的传统和古老的艺术珍品。"① 云南有好几个国家级历史文化名城，是云南省重要的旅游区，在这些文化名城的建设问题上，上述这点亦值得我们思考，众所周知，今天的昆明城在拆旧建新的热潮中不是也越来越多地在失去历史文化古城的风貌吗？

国内外成功的经验证明，利用各民族传统民居的形式建立民俗村或建盖旅馆、饭店、游乐园等，会因其突出的特点和异地情调吸引众多游客。笔者在加拿大曾考察过仿印第安人传统民居"冬屋"和"木楞房"的形式建成的宾馆，美观、舒适而极富民族特色，每年都有不少游客来此领略印第安人风情。云南省丽江古城的传统民居、西双版纳景洪县曼景兰村的傣族民居都是吸引游客的成功范例，在这样的民居形式上建盖富有特色的宾馆、小旅店等并非难事，大理古城的居民庭院小饭店等都很受游客欢迎。由云南省社会科学院和加拿大西门大学牵头搞的中加合作丽江"工合"发展项目最近在丽江筹建"国际合作丽江发展研究中心"，加方提出中心总部应是在纳西族"三坊一照壁"的传统民居中，有很多到丽江的国外游客表示想在纳西族民居中住宿，这对我们发展旅游业也是一个启迪。

云南旅游业生命力的根基在于它独特而神奇的自然生态环境和人文环境构成的旅游资源优势，因此，云南在发展旅游业的同时，必须大力抓旅游资源的保护和改善，发展生态旅游，通过进行生态旅游使当地民众和游客形成保护生态环境的共识。除了制订和落实必要的规章制度，宣传保护旅游资源的重要意义，加强管理外，还应致力于利用和重塑各民族传统的生态道德观和保护生态的习惯法，如藏族有神林、神树、神山、神湖崇拜，这些山林湖泊禁忌砍伐和污染，因此，藏区的神山、神林和神湖周围的生态环境都保护得比较好。历史上纳西族、藏族还有在每年特定时期封山禁猎的习俗，对保护当地生态环境大有裨益。藏族人传统的禁忌杀生习

---

① ［美］柏萨拉：《一个美国人对中国旅游资源的意见》，《旅游天地》1986年第5期。

俗也有利于保护野生动物。纳西族亦有与本民族宗教东巴教密切相关的传统生态道德观和习惯法，有两整套把自然和人类视为兄弟的哲学观念体系。这些民族文化中的有利因素都可以充分发扬光大，以其促进旅游环境的保护。在发展旅游业的过程中也应将这些传统生态道德观和习惯法向游客多加宣传，使游客了解当地风土人情，与当地人共同协作，搞好旅游区的环境保护，这些有益于生态环境的民族文化因素一旦予以发扬光大和宣传，必将吸引大量的生态旅游爱好者前来，由此也可以寻找与国外有关组织合作开展促进生态旅游和环境保护的机会。

原载《云南社会科学》1995年第1期，《中国人民大学报刊复印资料·旅游经济卷》1995年第2期全文转载。1999年由美国学者贝尔曼（M. L. Berman）翻译成英文。

略论云南名村名镇的保护

一

每个国家、民族和地区的文化,都有具体的承载、传承、发展所依托的社区,而乡村和城镇,就是最基本的文化传承和发展的社区。

村落文化是民族文化的基本单位和具体表现。村落文化不仅充当着民族村寨聚落的精神纽带和内聚核心,而且具有鲜明的民族性、差异性、和容性、未分化性等特征,是一个自成体系且不断发展建构的动态范畴。在中国,除了北方的游牧民族之外,其他少数民族大部分以固定的村寨作为主要生活空间,因此其民族文化也主要通过村寨文化得以体现。中华人民共和国成立以后,民间社会的"小传统"至今依然根深蒂固。改革开放以来,民族村落文化再次依靠自身的调适与建构机制,以兼具传统性与现代性的外显形式和内在功能,不断满足着少数民族村民的现实生活需求。与此同时,国家权力对民族村落的影响也从政治控制逐渐转向经济导向和文化扶持,通过对民族村落文化资源的征用、引导和再建构使之成为服务于国家现代化建设和地方社会经济发展的有效资源,民族村寨文化也因此在国家主流话语格局中重新获得继续生存的合理性依据和合法性空间。[1]

联合国教科文组织在《文化多样性宣言》里开宗明义地指出:"文化在不同的时代和不同的地方具有各种不同的表现形式,对人类来讲,就像生物多样性对维持生物平衡那样必不可少。"云南各个民族各具文化特色的村镇,就是这种文化多样性的一个个载体。

文明是一代代的人不断积累的,后人在继承祖先所创造的文明基础上

---

[1] 肖青、李宇峰:《民族村寨文化的理论架构》,《云南师范大学学报》(哲学社会科学版)2008年第1期。

不断地进行原创的再创造，以延续自己的文明，但都需要承载和创造文明的平台，也可以说是"文明的家园"，而村落和乡镇，是我国最基本的一个社区承载体，一个平台。很多古村镇是人类文明的载体，一座有历史文化价值的古村镇，往往就是社会和历史发展的缩影。它既作为一个人类文明的展示平台（有历史见证、历史记录的价值、有文化价值、审美欣赏价值），同时又是一个文化再创造的平台和民众身体及精神的栖身之地。而且正是这些多样的价值，使它们也具有了吸引游客发展旅游的价值，如果伤害了那些文化价值，那发展旅游的价值也就不复存在。因此，要发展村镇旅游和文化产业，首先就需要保护好当地文化资源。

在村镇文化中，特别是历史文化名镇名村文化的保护和传承，对弘扬传统文化、提高地方竞争实力，促进当地经济和社会发展具有不可替代的积极作用。迄今为止，我国各级政府在这方面的认识不断提高，也推出了一些举措。

国务院总理温家宝签署了第524号国务院令（《历史文化名城名镇名村保护条例》）。该条例已经于2008年4月2日国务院第3次常务会议通过，自2008年7月1号起施行。

中华人民共和国建设部、国家文物局在2003年10月8日正式公布了《关于公布中国历史文化名镇（村）（第一批）的通知》，决定从2003年起，在全国选择一些保存文物特别丰富并且具有重大历史价值或革命纪念意义，能较完整地反映一些历史时期的传统风貌和地方民族特色的镇（村），分期分批公布为中国历史文化名镇和中国历史文化名村，并制定了《中国历史文化名镇（村）评选办法》，共12个村。第二批2005年9月16日公布，共24个村。第三批2007年6月9日公布，共36个村。

国务院《历史文化名城名镇名村保护条例》中对历史文化名城名镇名村的内容有这样的说明："具备下列条件的城市、镇、村庄，可以申报历史文化名城、名镇、名村：（一）保存文物特别丰富；（二）历史建筑集中成片；（三）保留着传统格局和历史风貌；（四）历史上曾经作为政治、经济、文化、交通中心或者军事要地，或者发生过重要历史事件，或者其传统产业、历史上建设的重大工程对本地区的发展产生过重要影响，或者能够集中反映本地区建筑的文化特色、民族特色。"

二

　　截至2007年底，云南省共有16座历史文化名城（其中5个被国务院批准公布为国家历史文化名城），32个历史文化名镇、名村（其中5个被国家建设部、国家文物局公布为国家历史文化名镇、名村），一个历史文化街区。

　　关于历史文化名镇（村）的确认和命名，建设部和国家文物局的有关规定主要着眼于两个方面：其一，是在一定历史时期内对推动全国或某一地区的社会经济发展起过重要作用，具有全国或地区范围的影响，或系当地水陆交通中心，成为闻名遐迩的客流、货流、物流集散地；在一定历史时期内建设过重大工程，并对保障当地人民生命财产安全、保护和改善生态环境有过显著效益且延续至今；在革命历史上发生过重大事件或曾为革命政权机关驻地而闻名于世；历史上发生过抗击外来侵略或经历过改变战局的重大战役以及曾为著名战役军事指挥机关驻地；能体现我国传统的选址和规划布局经典理论，或反映经典营造法式和精湛的建造技艺，或能集中反映某一地区特色和风情，民族特色传统建造技术。其二，是该镇（村）所拥有的建筑遗产、文物古迹和传统文化比较集中，能较完整地反映某一历史时期的传统风貌、地方特色和民族风情，具有较高的历史、文化、艺术和科学价值，现存有清代以前建造或在中国革命历史中有重大影响的成片历史传统建筑群、纪念物、遗址等，基本风貌保持完好。[①]

　　显然，国家有关部委对"历史文化名镇（村）"的确认，主要视其建筑遗产等物质文化遗留的价值来定，毫不涉及古村镇所蕴藏的丰富而独特的非物质文化遗产。民间文化学者刘锡诚教授就这一点曾指出："'历史文化名镇（村）'作为传统文化的重要载体，既负载着丰厚的物质文化遗产，又负载着丰厚的非物质文化遗产，这两种形态的传统文化遗产构成了'历史文化名镇（村）'独特的历史文化价值。这些属于具有独特价值的物质文化遗产的村落布局、民居建筑、戏楼，庙宇等古遗存，一般说来是直观的、具形的，它们是看得见、摸得着的；而属于非物质文化遗

---

① 中华人民共和国建设部、国家文物局：《中国历史文化名镇（村）评选办法》，2003年10月8日。

产范围的文化遗存,如民众传承的口头文学、表演艺术(这里的"表演艺术"指民间戏剧、曲艺、音乐及舞蹈)、民间美术和造型艺术、民俗和仪式(包括节日);传统体育和竞技、民间知识等,则是看不见、摸不着的。相对于普通的村落群体而言,举凡历史文化名镇(村),往往由于历史的原因,如血缘和姓氏群体的繁衍、战争和灾害、政治和经济移民、商业或运输等,在其历史发展的长河中形成了特殊的传统文化,保留下来更多更有价值的文化信息。所以我们说,一座有历史文化价值的古村镇,往往就是一个社会和一段历史的缩影。这两种不同形态的文化遗产,在历史风云的销蚀中,都在经历着被损毁和逐渐式微的过程,有些甚至面临着中断或消亡的命运。可以说,'历史文化名镇(村)'具有物质文化遗产和非物质文化遗产的双重文化价值,因而也面临着双重的保护任务。任何只重视物质文化遗产保护而轻视或忽视非物质文化遗产保护的观念,都将因保护不善而导致文化遗产的流失、甚至断流的严重后果。"[①]

2006年2月8日国务院下发的《关于加强文化遗产保护工作的通知》中,对"历史文化名镇(村)"的保护范围作了新的阐述。《通知》说:"在城镇化过程中,要切实保护好历史文化环境,把保护优秀的乡土建筑等文化遗产作为城镇发展战略的重要内容。"这里涉及两个重要的概念:一是要保护好"历史文化环境";二是要保护好"优秀的乡土建筑等文化遗产"。刘锡诚认为,国务院文件中所指的"历史文化环境"与联合国教科文组织《保护非物质文化遗产公约》第二条第一款所规定的"文化空间"(又译为"文化场所")是大体同义的或大体相当的词汇,前者所涵盖的内容,甚至要比后者更为宽泛。"文化空间"已被纳入我国政府的文件,被承认属于非物质文化遗产。《公约》写道:"'非物质文化遗产'指被各社区群体,有时为个人视为其文化遗产组成部分的各种社会实践、观念表述、表现形式、知识、技能及相关的工具、实物、手工艺品和文化空间。"[②]

这就是说,作为文化遗产的"历史文化名镇(村)"所要保护的,

---

① 刘锡诚:《论古村镇的非物质遗产保护》,《浙江师范大学学报》(社会科学版)2007年第3期。

② 联合国教科文组织:《保护非物质文化遗产公约》(中文本),中国民族民间文化保护工程国家中心:《中国民族民间文化保护工程普查手册》,文化艺术出版社2005年版,第199页。

既包括优秀的、有地域文化特色的古代民居建筑群,也包括在这些聚落里蕴藏着的传承既久的乡土建筑之外种种其他形态的非物质文化遗产。非物质文化遗产对于古村镇的历史文化内涵,在某种程度上也许并不比物质文化遗产逊色。①

我们论述云南名村名镇的保护和发展,是指包括了物质文化和非物质文化两方面的保护和发展。由于年久日深遭受自然的损坏和人为的破坏,一方面由于传承人的自然衰亡规律和现代文化变迁中人们观念的变化,使物质和非物质文化遗产都处于濒危和无人传承的状态,因此首先要进行大力的保护,使我们的优秀文化传统传承和延续下去,这样也才能有在继承基础上的当代发展。名村名镇所具有的物质和非物质的文化遗产比一般村镇更集中、更典型,因此更应把对它的保护置于重要地位。名村名镇的保护任务是物质文化和非物质文化的双重保护,在云南的村镇里,较文化变迁剧烈的我国内地村镇而言,非物质文化遗产更为丰富多彩。

云南70%以上的人口在农村。云南的几大支柱产业都和"农"字有关。云南经济和文化的发展,都与乡村有密切的关系。保护好乡村文化,是云南省建设"民族文化大省"并向"民族文化强省"迈进的根基和各民族文化赖以持续发展的平台。

村落和小镇历史文化遗产和民俗文化等的保护,应首先在一些具体的、有特色的点上做起,比如把保护的目标定位在一些"名村名镇"上即是当前云南进行村落文化保护的举措之一。云南的地方历史文化积淀是非常深厚的,与全国25个少数民族丰富多彩的文化相比,云南的村镇文化,具有了一种全国其他省区很难相比的文化多样性和村镇文化的独特性。很多民族的村落从它的社会结构、亲属制、村民的来历等,都可以看出该地的民族迁徙、民族融合等历史轨迹。如云南丽江市古城区的束河、大理州云龙县的诺邓、保山市腾冲县的和顺、大理州鹤庆县的新华村等。或很多方面皆具特色,或在某一方面独领风骚,如香格里拉县以制土陶著称的尼西村等。总之都是各地各民族本土文化的集大成者。保护和发展好各民族和各地的名村名镇,就可以引领其他大量的村落和小镇的文化保护和在保护基础上的创新和发展。所以,名村名镇文化的保护和当代发展的

---

① 刘锡诚:《论古村镇的非物质遗产保护》,《浙江师范大学学报》(社会科学版)2007年第3期。

研究，我觉得对云南这样的民族文化大省来讲，是至关重要的。

作为中国著名的"民族文化大省"，云南省委省政府也意识到，随着经济和社会的发展，城镇化进程的不断推进，云南省的历史文化名城、名镇、名村和历史文化街区的保护工作出现了一些突出问题，主要体现在：保护与开发建设的矛盾突出，保护意识不强。特别是当经济建设、城镇建设与历史文化资源保护产生矛盾时，一些地方建设性破坏的现象时有发生；保护和整治资金的投入严重不足。历史文化名城、名镇、名村和名街的保护是一项投入大且不一定处处都能有明显的直接经济效益的工作，保护、整治资金需求量很大，但目前尚未建立合理的保护资金投入保障机制，影响了保护工作的开展；保护工作的法制建设严重滞后。将保护工作纳入法制化轨道已十分迫切。因此，云南省十届人大常委会第三十二次会议审议通过了《云南省历史文化名城名镇名村名街保护条例》，并规定从2008年1月1日起施行。

该《条例》主要内容包括：规定历史文化名区的保护工作各主体的职责和义务；建立长效稳定的资金投入机制；明确规范历史文化名区的申报条件、要求及程序；制定了相关严格的管理措施，将历史文化名村保护范围内建设专案的管理纳入了法制轨道。

《云南省历史文化名城名镇名村名街保护条例》共七章四十四条，内容涵盖了保护管理的各个环节，具有较强的针对性、可操作性和前瞻性。在《云南省历史文化名城名镇名村名街保护条例》中的第一章第二条对"历史文化名城、名镇、名街"做了这样的定义："本条例所称历史文化名城、名镇、名村、名街，是指经国务院或者省人民政府批准公布的具有重大历史、科学、文化价值或者纪念意义的城市、镇、村、街区。"条例中对"名街"的强调是云南的一个特色和创新。如今，云南省的历史文化名城已经很少了，但还有大量的历史街区散布在各个城镇中，迫切需要保护这一大批现存的历史街区，使之成为历史文化名街。[①] 2003—2005年云南省经过普查以及申报审核，有27个少数民族以聚居村寨列入省级保护名录。

---

① 张雁群：《解读云南四大新法规》，云南日报网，2008年1月3日，http://www.yn.daily.com。

三

尽管云南省推出了这些名村名镇文化保护条例，对以后村镇文化保护提供了法律和制度的保障，但因这些条例关注的仅仅是有特别规定内涵和门槛的"名村名镇"，而且尚无更为具体的实施细则，因此对云南的村落文化、小镇文化的保护和传承所起的作用还会有一个比较长的过程。

目前不能不引起我们警觉和正视的一点是，云南的很多乡村在急剧的社会变迁中、在主流文化、外来文化的冲击下发生着变化，村寨民俗、歌舞艺术、节庆、传统民宅等有形和无形文化、风采卓然的村寨个性特点在逐渐悄悄地衰落、失落。云南作为一个广为人知的"民族文化大省"，旅游经济等支柱产业的发展又在很大程度上依靠文化资源。因此，云南村落文化的保护就更显得比其他很多地方迫切和重要。重视保护和发展云南的"特色乡村文化"，是促成云南民族文化强省建设的重要条件和关键的基础工作。

而云南民族文化强省的建设，其根基和主要的平台是云南承载着各民族多元文化的众多村镇。我们只有先把民族文化保护和传承的工作植根于这广袤的乡村社区，云南民族文化强省的建设才能落到实处。

本文所指的"名村名镇"，包括两方面的含义：一方面是国家或省已经正式授予"历史文化名镇名村"等称号的村镇；另一方面，也包括那些虽然还没有获得这些官方授予的荣誉，但在本地已经很有知名度，在历史文化遗产和民俗文化的各个方面或某个方面已经形成突出特色和优势的村镇。如我主持的云南省哲学社会科学十五规划项目《云南名村名镇与云南民族文化强省建设的关系研究》里所选的研究案例维西县的塔城村等，又如丽江市玉龙纳西族自治县以传承东巴文化见长的塔城乡署明村、以古民居为亮点的建水县团山村、以摩梭母系文化和生态保护为突出特点的宁蒗县永宁乡扎实村等。

目前建筑学界对物质和非物质文化遗产研究与调查中，涉及村镇时，常常用到"古村落"这个词，国内建筑学界对"古村落"这个词的定义主要有以下内容：所谓古村落是指民国以前建村，保留了较大的历史沿革，即建筑环境、建筑风貌、村落选址未有大的变动，具有独特民俗民风，虽经历久远年代，但至今仍为人们服务的村落。作为完整的生活单元，它们由于受历史发展中兴衰因素的影响，至今空间结构保持完整，留有众多传统建筑遗迹，且包含了丰富的传统生活方式，成为新型的活文物。1997年我国建设部将一些文物古迹比较集中，或能较完整的体现出某一历史时期的传统风貌和民族特色的街区、建筑群、小镇、村寨等，根据他们的历史、科学、艺术价值核定为历史文化保护区。因此我们目前所见到的古村落是可以亲历的生命史中的一个阶段，与遗址不同，是农村乡土环境的重要活见证，对历史文化区的保护工作具有典型的指导意义。我们在此所做的评价目的不是分清他们在生活方式、文化传统方面的优劣，而是能正确的、以可度量的标准为基础，判定古村落的当前状况，为保护发展做准备。经过几百年的演变，传统的乡土建筑疮痍满目，基础设施陈旧，改造势在必行。但改造应小心谨慎，以免不可再生的历史文化遗产遭到损失。评估的目的在于尽量避免决策的随意性，为科学决策奠定基础，我们现在的主要工作不是在古籍中寻章摘句，而是要正确处理保护和发展的关键矛盾，并逐步引导乡土建筑和环境的保护进入正轨。[1]

我在这里所论述的名村名镇，都属于古村落的范畴，只不过相对来讲，在本地和外界有很高的或比较高的知名度，有的则列入了国家或省授予的"名村名镇"称号。

从云南村镇的情况看，有这么几种情况：

一种情况是周围的环境大多是本民族的社区聚落，受外来文化的影响不大，因此，这样的村落，往往保留本民族的"原生文化形态"比较多。[2]

另一种情况是有的村落在逐渐形成的过程中，有不同的民族逐渐迁徙居住一起，因此一个村落有多种民族成分，反映在文化上，也就形成了文化的多元状态。

还有一种情况是由于云南各民族的不少村落还有与其他民族毗邻而居，因此，在文化习俗上也相互借鉴和相互影响，形成一种"你中有我，我中有你"的多元文化格局，但主导的文化还是以本民族的文化为主体。

---

[1] 朱晓明：《试论古村落的评价标准》，《古建园林技术》2001年第4期。
[2] "原生态"的说法，学术界有争论。这里指的"原生形态"，指基本上还被本地人认可和认同的、保留了文化遗产"原真性""本真性"（authentic, authenticity）特质的文化，即没有为迎合商业运作等原因而刻意变化了的因素。

说到小镇，由于各地小镇的形成总是与商贸经济的交流密不可分，因此小镇的文化和社会的多形态、多样化往往就比较突出，文化的融合、整合现象也比村落要突出得多。典型的如丽江古城（大研镇），就是纳西、汉、白、藏等多民族融合和多元文化融合的突出例子。

云南的历史文化名镇名村的物质和非物质文化遗产资源非常丰富多彩，既有浓郁的本土"土著文化"的特点，又有浓郁的多民族多元文化历史积淀，外来文化与本土文化的交融和整合。比如丽江古城和丽江束河古村落的文化，就典型地融会了纳西族和明清传入的汉文化以及在各个历史时期融汇进来的藏文化、白族文化等。

它们一方面传承着历史文化信息，另一方面与当地的文物古迹、区域环境风貌相辅相成，构建出城市、村镇文化的深厚底蕴，体现一个历史文化名城、名镇、名村的"韵味"所在。因此，历史文化名城、名镇、名村保护的不仅仅是文物古迹、传统建筑，还包括蕴含其中的非物质文化遗产。

云南乡村的物质和非物质文化遗产资源非常丰富多彩，既有浓郁的本土"土著文化"的特点，又有浓郁的多民族多元文化历史积淀，外来文化与本土文化的交融和整合。它们一方面传承着历史文化信息，另一方面与当地的文物古迹、区域环境风貌相辅相成，构建出乡村文化的深厚底蕴。因此，乡村文化保护的不仅仅是文物古迹、传统建筑，还包括蕴含其中丰富多彩的非物质文化遗产。

村落和小镇，是传承民族文化的基础平台，是培养本土文化人才、精英乃至大师的摇篮，不仅本土文化传承的根基在村落和小镇里，很多本土的文化精英也都是从村落里成长和培养出来的。如各种民间宗教专家、工艺师、歌手、民间草医等，无一例外。从目前的情况看，云南很多国内外驰名的文化品牌都要依托农村。

以我国著名舞蹈家杨丽萍领衔、在云南少数民族传统艺术根基上新创的《云南映像》为例，它现在已经成为当代云南文化的一张名片，也成为我国一个极具民族特色个性、雅俗共赏的艺术杰作，而它所依托的恰恰是云南各民族的乡村文化，假如没有云南迄今仍然鲜活存在的农村民间艺术，没有那些来自各民族村寨的土生土长的乡土艺人，就不可能形成《云南映像》这种浓郁的云南本土民族特色和独特风格。没有各民族村落这样的平台，就不可能培养出自然天成、带着"泥土气息"的各族乡土艺术家，也就无从谈起创造出这样一块靓丽隽永的文化品牌，没有鲜活的乡土艺术，再有杨丽萍这样的杰出艺术家，也会回天乏术。

云南乡村文化是当地民间艺术的活水源头，绝不能让它枯竭。像杰出彝族民歌手李怀秀、纳西族歌手和金花等人一样，在她们的村子及附近村落里，当今能把"海菜腔""嫁女调"等极有本地本民族突出特色的民歌唱得很地道的青年人，为数很少，民间艺术的薪火相传已经有了正在濒临中断的现象。乡村文化能否得到保护与传承，关系到类似云南的各民族文化能否可持续发展，也关系到各种云南的文化品牌能否长久保持其魅力。

又如列入"世界记忆名录"，作为丽江重要文化产业和旅游依托的纳西族东巴文化，其根基和土壤是在乡村，只有土壤和根基保护得好，不断产生优秀的乡土文化传人，东巴文化这张在全世界独树一帜的文化品牌才能长久地打下去，否则，那在丽江古城范围内繁荣一时的东巴文化产业就不可能持久发展，会日益成为一种仅仅是表演性的、商品化的民间艺术展示。国内外的很多经验表明，这种仅仅是展演性和商品化的民俗文化，是不会有强大持续的生命力的。

作为各民族文化的载体，村落对各民族传统文化的保护、养育和传承至关重要，没有这些文化的载体，就谈不上文化的保护和传承，也谈不上各民族传统文化在当代原有基础上的再创新和发展。如无村寨文化载体，也不可能形成具有鲜明的地方民族特色，与活生生的民众日常生活场景融为一体的文化产业基地。假如没有云南大理白族自治州鹤庆县新华村这样的白族银器铜器手工业文化名村，仅仅只有村子旁边那个貌似热闹的销售银器铜器超市，那就不可能形成一种吸引人的白族手工业文化氛围和土壤，新华村这样的村落是维系白族银器铜器手工艺文化灵魂和生命的土壤。

可以断言，如果大力推动村落的民族文化保护传承工作，将会对云南以文化为灵魂的旅游和文化产业的持续发展起到一种"活水长流"的功能作用。无论在学术文化界、还是在大众旅游市场上，想到云南的乡村领略一下活着的民族乡土文化的人是很多的，我们应该致力于营造更多这样的文化名村名镇，保持云南乡土文化土壤的持续丰饶。

因此，保护好村落的文化土壤，才有可能不断地产生民间文化精英，民族文化才会后继有人。只有保护好村落的民族文化，并将其传承好，我们的文化创新才能有取之不竭的素材、资源和养料。

四

每个民族在历史过程中所创造的村镇文明,都与该民族生存的自然环境、文化、社会、宗教、经济之间有密切的关系,与各个村落在历史上的文化交流、文化融合和变迁密切相关。今天的村落文化变迁,也与当代的社会经济发展状态和全球的经济、社会和文化的影响密切相关。

比如当代的旅游大潮对丽江束河、腾冲和顺、鹤庆的新华村等地的各种影响,带来了当地的生活、经济发展等方面的巨大变化,因此,如何在当前文化变迁剧烈的当下保护好云南的名村名镇文化,也要有与时俱进、针对现实问题的举措和方法。

云南要保护好名村名镇,也要多借鉴国际国内的各种保护方式,如冯骥才先生曾说,在国际上,古村落的保护有三种模式:一是像乌镇那样,不进行变动,老百姓照样在里面生活,游客买门票进去;二是民居博物馆形式,如山西的大院,把相关的摆设平移、集中起来进行展示;三是新区与老区分开,居民可以搬到新区去住,也可以留在古村区。开发的时候,一定要请专家论证,一个古村落原本的文化内涵是哪些内容,应该如何进行展示,都要有科学的论证。要把开发的过程,视为整理、保护古村落的过程,可以进行修缮,但不能破坏或粉饰,改变它旧有的形制和体量。①

《中共中央、国务院关于推进社会主义新农村建设的若干意见》中指出,要"加强村庄规划和人居环境治理。村庄治理要突出乡村特色、地方特色和民族特色,保护有历史文化价值的古村落和古民宅"。云南作为一个广为人知的"民族文化大省",旅游经济等的发展又在很大程度上依靠文化资源,当前又在奋发努力向"民族文化强省"迈进,在这方面的保护就更显得比其他很多地方迫切和重要。因此,在目前的社会主义新农村建设的实践中,重视保护和发展云南的"乡村特色文化",应该列为其中的重要内容。

最近,云南省委提出了推进云南民族文化大省向民族文化强省迈进的目标。自从1996年云南省委、省政府提出"建设民族文化大省"的战略以来,云南省充分利用丰富而异彩纷呈的多民族文化资源优势,以一种

---

① 陈瑾:《旅游经济中,我们如何对待古村落》,《旅游时代》2005年第11期。

"敢为天下先"的精神、眼光和魄力,制定了各种有效的政策和措施,把云南的文化事业和文化产业工作做得红红火火,推出了一个个精彩纷呈的文化创意,创造了一个个个性卓然的文化精品。以云南民族文化唱主角的很多国际性文化活动也为国争了光。可以说,云南省委省政府在此时提出推进云南民族文化大省向民族文化强省迈进的出新目标,正是充分利用天时地利人和的有利条件,充分发挥云南独一无二的文化优势,以实际行动贯彻落实党的十七大精神的具体举措。

原载《西南民族大学学报》(人文社会科学版) 2008 年第 11 期。

探寻文化资源与民族文化产业发展之间的平衡
——以云南为例

引 言

云南的民族文化多样性成为目前促进文化产业和旅游发展的重要资源,丰富多样的文化资源造福地方、造福民众,成为云南建设民族文化强省的重要成就之一。而另一方面,在文化产业的开发行为和旅游发展中,也存在诸如对文化资源欠缺理性规划的滥用,导致民族文化被庸俗化地泛滥于市场;过分热衷于市场上表演化、展演化的商业运作方式,导致了对民族文化本真价值的保护和研究不够,民间文化精英传承和培养断层等问题。

本文利用云南的案例来分析当前普遍存在的问题,探寻文化资源与民族文化产业发展之间如何保持有利于可持续发展的平衡,使文化资源能长久地促进民族文化产业的发展,造福社区民众,成为促进社会和谐发展的动力。

一 云南文化资源的丰富独特及其裨益民生

云南是个文化资源非常丰富的省份,这可以从以下几个方面做一简略介绍。

1. 世所罕见的文化多样性

云南共有 26 个世居民族,每一个民族又有众多的支系,每一个民族的每一个支系又因各自生活的自然地理环境的不同而表现出不同的文化特征,因而是一个世界罕见的多民族多元文化汇聚之地。各个民族既有丰富多彩的原始宗教，又有异彩缤纷的民间文化。此外，在云南长期边缘化的历史发展中，内地许多早已失传的文化在边地云南得以存活下来，使云南民族文化的独特性更为鲜明。

云南各民族在适应多样化的生态环境和开发利用多样化的生物资源以求得生存与发展的过程中，创造了多样性的民族文化，这多样性的文化又反过来裨益于各民族适应环境而生存。

改革开放以来，云南的文化产业有了长足的发展，特别是近年来，云南省文化产业以年均近20%的速度持续快速发展，增幅远远高于同期经济增幅。2009年，全省文化及相关产业增加值364亿元，比2005年的183亿元翻了近1番，在GDP中的比重提高到5.9%。2011年，文化产业增加值占全省生产总值比重达6.3%[①]，云南与北京、上海、广东、湖南、湖北一起，成为全国6个文化产业增加值在GDP中的比重超过5%的省市之一，居全国第5位。2011年，云南文化产业发展增加值占全省生产总值比重达6.3%，发展较快的丽江市，文化产业增加值在GDP中的比重已超过11%，昆明市超过8%，成为当地重要的支柱产业和重要的经济增长点。

2. 文化产业与旅游互动成为云南的重要优势和特色

云南是旅游大省，多年来旅游的繁荣发展，有赖于多样化的自然资源特别是文化资源，文化引领云南的旅游，成为云南旅游的灵魂，著名的旅游名胜之地丽江古城、大理古城、香格里拉、腾冲县和顺乡、西双版纳等，无一不是以个性魅力突出的地方文化、民族文化形成强大的吸引力，丰富多彩的文化促进了旅游的长足发展。2011年，云南接待海内外游客1.67亿人次，旅游总收入超过1300亿元。[②] 而旅游的长足发展反过来又促进了文化的繁荣、文化遗产地的保护和文化传人的培养等。

云南充分运用文化资源促进旅游发展，通过旅游的发展使民众受益；通过发展旅游来促进历史文化遗产的保护。结合云南拥有丰富民族文化资源的实际情况，把各地的文化资源、新兴的文化产业和已经较为成熟的旅游产业尽力地整合起来，起到相互促进的作用。

---

① 云南省委副书记、代省长李纪恒在云南省第十一届人民代表大会第五次会议《政府工作报告》，2012。

② 同上。

3. 在"文化惠民，文化富民"方面取得了突出成效

文化资源造福社区民众在云南也比较突出，比如丽江市古城区束河镇的广大居民是束河文化产业与旅游发展主体的最终受益者，束河古镇坚持以人为本的原则，最大限度地让当地居民受益，共安排解决了 326 个失去部分土地农民的就业问题。积极引导和鼓励失地农民投身旅游业，使古镇居民成为旅游业的参与者和受益者。已有 60 多户本地居民从事旅游餐饮业，其中有明显效益的有 40 多户；已有 150 多户本地居民出租自家房屋参与商铺经营，仅此一项每年的纯收入在 2006 年就达 700 多万元。通过古镇的开发，不仅使当地居民经济得到发展，生活得到改善，而且还带动了丽江周边的大理、迪庆等地的部分民众参与到束河古镇的旅游服务业经营之中，并且产生了较好的经济效益。居民人均年收入从 2002 年的 800 元，上升到 2005 年的 4000 多元，每年递增一倍。[①]

云南省文化厅采取"村级申报、县级推荐、州市审核、省厅确定"的程序，分四批在 174 个村开展文化惠民示范村创建活动。2009—2011 年三年期间创建了 124 个"文化惠民示范村"。[②]

二 文化资源开发方面存在的问题

1. 对文化资源的庸俗化滥用

在文化产业和旅游的开发中，对文化资源滥用的情况比较突出，比如，云南泸沽湖边闻名遐迩的"东方女儿国"保存了古老的母系制和在人类情爱史上非常独特的情人"走访"习俗。

然而，摩梭人母系制和"走访"（走婚）文化在市场上被过分商业化和庸俗化地宣传和渲染，一些人打着摩梭走婚文化的牌子牟利，导致不少人对摩梭文化误解。如今有不少怀着猎奇心理的游客一到此地，就迫不及待地向当地人询问怎么"走婚"和怎么找"阿夏"等问题。笔者曾在泸沽湖边的一些酒吧的留言簿上，读到一些男性游客因为在这里没有"艳遇"而失望、懊丧甚至愤怒的留言，认为自己"受了骗""白来了一趟女

[①] 杨福泉等：《云南名村名镇的保护和发展研究》，中国书籍出版社 2010 年版，第 206—226 页。

[②] 云南省政府信息公开门户网站，http://www.yn.gov.cn/wap/。

儿国"。到丽江去寻找"艳遇"和到泸沽湖去"走婚"成为不少游客想入非非的目标，而这与旅游广告和一些出版物的误导有密切关系。

经营家庭旅馆的落水村的摩梭青年村民尔青和次仁多吉对这种游客对摩梭文化的误读和曲解有深刻的感受。在与游客的接触中，他们注意到，一些导游为了增加趣味性，在介绍摩梭文化时并不尊重事实，个别媒体对摩梭文化的报道也颇有偏差。次仁多吉说："提起摩梭人，许多人随即想到的就是神秘的'走婚'，仿佛摩梭文化中就只有'走婚'；仿佛摩梭男女对待感情特别不专一，'走婚'甚至成为混乱性生活的代名词。"[1]

在一些少数民族地区，有的人打着"体验本地民俗"旗号，哄骗或引诱游客玩所谓"娶新娘"的民俗游戏，这种做法是在旅游市场上践踏民族文化尊严的案例，不仅在云南，在全国不少的民族地区旅游项目中都存在。笔者在云南曾多次陪客人去旅游地，就常常被导游领去看这些"风情园"。这种用不正当的手段进行"拉郎配"的旅游项目往往给客人留下很不好的印象。我国少数民族的婚恋习俗充满了奇情异彩的魅力，也有深厚的文化内涵和人情味。但当下旅游市场上这种变换各种花招骗客人掏钱的做法，把民族风俗庸俗化和丑化了。另一方面，这种"旅游节目"也助长了如新加坡的杨永欣先生在他的文章中所说的一些游客借机对"新娘"动手动脚"揩油"的不雅行为。如果任这种庸俗且有骗人之嫌的旅游节目泛滥，不仅对民族旅游地民俗文化魅力的保持非常不利，而且会对游客客观真实地理解我国本来淳厚质朴的各民族婚恋习俗产生非常不良的影响，会误导人们以为少数民族的文化习俗就是可以这样任意贱卖赚钱的，是没有什么尊严和自重的。[2]

2. 重市场的文化销售而轻精英传人的培养

在不少地方，民族文化被过分商业化地用于旅游市场，而忽略了对民间文化精英的培养；忽略了对融于日常生活中的乡村信仰、民俗的原真性的保护。比如丽江的旅游市场上可以看到数以百计的"东巴"，虽然其中也有不少是在认真学习东巴文化知识的，但知识渊博、熟悉东巴教仪式的

---

[1] 丁耘、施思思、李怀岩：《中国摩梭人自建唯一母系氏族社会民俗博物馆》，新华网，2009年5月18日。

[2] 杨永欣：《民族风情园另有"风情"和风度》，新加坡《联合早报》2009年8月27日；杨福泉：《再说守住民族文化的尊严》，《中国民族报》2009年12月8日。

东巴则为数很少，因为一个东巴大师的培养成才是需要十多年功夫的。如果欠缺对东巴教的信仰和十年寒窗的学习精神，就不会下苦功去学习和苦读，而是急于将学到的一点点东巴歌咏书画的知识尽快在旅游市场上出售，或满足于在旅游市场上的"展演"。再如，获得全国"青歌赛"银奖的纳西族青年歌手金花最为人所称道的是她所唱的《嫁女调》，由于这首民歌地方风格突出，而唱法也非常不易，迄今尚无第二人能像她那样唱出那种韵味。纳西族老歌手李秀香的"古气"等需要即兴创作的纳西对歌，在中青年歌手中也是后继无人。如何培养这些需要长期在民间文化氛围中熏陶和学习才能成就的民间艺术精英，也是目前一个迫切的问题。

大量的田野调查表明，云南各民族的民间文化精英普遍存在着青黄不接、后继无人的情况。据几年前云南省民族工作部门的统计，该省无文字民族的优秀民间艺人现仅有500多人，再过十余年，他们当中的绝大多数将过世，如果不抓紧时间组织人力物力把这些无文字民族的口碑文化记录抢救下来，云南的一笔笔宝贵的文化遗产将永远离我们而去。

3. 社区民众的"文化自觉"意识薄弱

费孝通先生提出"文化自觉"的问题，依我的理解，其中一个重要的内涵，应该是指拥有和传承着一种文化的民族和社区，或者个人，一定要对自己的文化有一种自觉的意识，能冷静地看到自己文化的利弊，学习异文化的长处优点，在正确认识的基础上，懂得自己的文化，热爱自己的文化。此外，要能够准确地认识到自己文化的真正价值，这样才会珍惜它、爱护它，并采取正确的方式方法来保护它、发展它。如果没有这种文化的自觉，文化毁灭在自己的手上了，可能还不会意识到。

比如西双版纳傣族园坐落于素有"孔雀羽翎"之美称的橄榄坝，是西双版纳州精品旅游线——东环线的主要旅游区，国家4A级旅游景点。傣族园五个傣族村寨是西双版纳傣族传统民居保护得最为完好的村寨。自2002年以后的几年里，傣族园五个村寨都先后出现了村民自行建盖的异化建筑小洋楼，仅2005年一年，景区内就建盖起了七栋完全或者半异化的民居建筑，2006年，还有不少村民相继提出了建砖混结构房屋的请求，他们完全不懂他们自己园林式的傣家竹楼是吸引无数旅游者前来观光的重要文化资源，不知道正是自己祖先传下来的这些民居建筑瑰宝，带给了他们滚滚的财源。而当他们因旅游致富后，却因没有正确的"文化自觉"意识而把这些文化旅游资源给破坏了，类似的例子在今天的云南是比较多的。事实说明，当前中国的文化建设最为迫切的是加强整个民族的"文化自觉"意识，和各民族优秀传统文化的再教育。

在广采博纳其他民族优秀文化的基础上，提高对本族优秀文化的自识自重、自尊意识，只有这样，才能避免上面所举之例那样的"破坏性建设"导致的文化灾难。

另一方面，上面所举的傣族园的例子也提示我们，传统民居的保护固然是很重要的，但我们也不能要求傣族民众就一成不变地住在饮食起居欠缺现代化舒适度的传统竹楼里，需要思考如何在传统竹楼的基础上创造一种既保留了傣家竹楼的建筑风格且里面又有各种现代化设施的新民居形式。从丽江古城、束河等地的实例看，将民族特色与现代化设施和谐并存的当代民居设计并非很艰难的事。所以，在原有的文化资源基础上进行有创新的保护，也是我们需要思考的问题。

云南省宁蒗县永宁乡落水村是泸沽湖边一个著名的旅游文化村。1994年，联合国教科文组织（UNESCO）的一个发展项目曾把该村选为全球50个"模范社区"之一，其关键原因正是摩梭人独特的母系制和贯串在整个社会中的"尊崇母亲""重女不轻男""家庭生活和睦""社区生活和谐"等母系文化特色。联合国教科文专家建议母系制文化的传承和保护应该依托古村落。而落水村因为多年来建盖了大批与传统建筑的风格不相吻合的家庭客栈，使不少民居失去了原来古朴原真的民居风貌。

除了民族地区的原住民要有"文化自觉"意识外，外地来文化名城进行文化产业经营的人也应当有这样的意识。举例说，丽江古城目前的"酒吧一条街"（新华街）那种满街"大红灯笼高高挂"的装饰，也是有悖于丽江古城传统文化习俗的。此外，我在丽江市的调研中发现一个比较普遍的现象，一些外地商人租了丽江古城的纳西民居后，对庭院和内部下了很大的功夫装潢，有不少庭院装修成了某种江南或其他的"古典风格"，雕梁画栋都与丽江建筑文化的本土特色相去甚远；有的还在庭院里开辟了水塘，上面搭上木桥等，乍看似乎也古色古香，但按照世界文化遗产保护"原真性"的原则，这样的大动干戈装修显然是不符合这种保护原则的。丽江民居建筑特点在长期的历史发展过程中因其本土和外来建筑艺术的结合而形成了自己隽永的特点，列入世界文化遗产后，不应随意改变这种风格。我们不仅要保护民居外观的原真性，也要保护内部装修的原真性，这就需要在现有古城保护条例下制定更为细致的实施细则，加强督促监管的措施。

三 "文化生境"对文化保护和传承至关重要

通过各种形式和途径的引导,留住乡村城镇各种有利于人们的身心健康和社会和谐,又有利于传承优秀的民族民间文化的民俗活动,是保证各种民间文化艺术传承的土壤和载体。各种民俗一旦消失或者被外来文化或主流文化同化了,人们就再也不会有这样的需求,这就很难做好"不离本土的文化传承"。云南在这些方面做得比较好。

笔者从多年的调研中深切感到,要保护好和传承好各个民族优秀的传统文化,最关键的一条,是要保证有这些文化艺术赖以生长发育发展的土壤和环境,即"文化生境"。要保护好"文化生境"这块土壤,让民众从民俗活动中感受到生活的愉悦、快乐和乡情亲情,让他们在代代相传的民俗文化活动中感受到独特的文化情致和魅力。

丽江市玉龙纳西族自治县塔城乡的署明村是个著名的东巴文化之乡,离丽江古城180多公里。由于这个村子和周围的一些村子保持着非常浓郁的传统文化氛围,很多民俗活动都离不开东巴祭司,比如该村至今仍然保留着传统的祭天仪式、祭大自然之神的仪式。我参加过他们的祭天仪式,现场热热闹闹,洋溢着传统节日的气氛。

我还参加过这个村子的东巴主持举办的"还树债"仪式。该仪式在纳西语中叫"子趣软"(zzerq qul ruaq),意思是"偿还树木的债"。当某人或某家庭有了什么病灾,经东巴占卜,被认定是因为违规乱砍了树木或污染了水源,便请东巴在砍了树的地方或水泉边举行这个仪式,用供品向"树"告罪,向其偿还所欠之债。而上述这些土壤和养料的形成,与各种催动和滋养的因素密切相关,其中最重要的一个因素,我认为除了来自学者的调研和具体的保护传承策划外,来自国家各级政府层面的鼓励和支持也是非常重要的。比如,2006年,丽江市文化广电新闻出版局资助成立了"署明自然村东巴文化传承点",给该村民众传承纳西族东巴文化以很大的鼓舞,激发了群众传承文化的热情。

云南省迪庆藏族自治州德钦县位于著名的藏区大神山梅里雪山卡瓦格博峰脚下,有非常丰富的自然和人文资源。相对而言,这里较少受到外来文化和全球一体化等的强力冲击，民间还普遍保存着传统民俗文化。所以，无论逢年过节还是民间的各种生活礼仪习俗中，乡村里各种自发的民间歌舞活动非常丰富，弦子舞、锅庄舞等闻名遐迩，广为群众喜闻乐见。而当地政府也因势利导，组织各乡各村弦子舞的擂台赛等，推进了它在民间的蓬勃发展。现在在香格里拉县普遍开展的"藏族家访"旅游活动中的青年民间艺人，绝大多数来自德钦县。

1. 文化生境包括自然和人文两个方面

促成文化生长繁荣的除了上述民俗生境之外，也与自然环境密切相关。比如水是丽江旅游的灵魂之一，丽江古城的潺潺溪流、清澈洁净的水，促成了丽江丰富多彩的水文化，包括水的信仰，使用水的各种民俗；管理水的各种方法等。因此，能否保持活水长流，保护好水源地等，关系到丽江水文化、水景观的生命力。丽江几年前曾一度出现过不少宾馆客栈乃至家庭为了营造喷水等景观，大量挖井，严重影响了地下水的持续利用和积存量，后来有关部门断然采取封井等强硬措施，在一定程度上控制了水危机。随着全球气候转暖导致的雪山雪线上升、冰川消融等环境和自然资源的变化，丽江一些重要水源的出水量受到影响，结果，丽江古城流水潺潺的美景也受到了很大的影响。因此，我们在营造各种旅游文化景观方面，不能不直面现实，认真考量文化景观与自然资源环境的平衡，在很多方面需要有节制地思考，诸如用水、游客流量与环境承载量等的平衡关系，制定出切实可行的措施。

2. 文化资源的再生与再创造

有些文化资源是不可再生的，比如考古遗址、文物等；而有些诸如民俗文化资源，则需要面对在传统基础上的变迁趋势，思考在当代的再创新。这里举个例子，丽江洞经音乐按传统习俗，过去有哪个社会阶层人士可以参加哪种乐队等社会等级观念，妇女不能参加演奏。而现在随着这个禁律被打破，产生了不少非常好的女乐手。

现在，很多云南少数民族歌手在传统民间歌调的基础上进行再创新，创作出了不少具有浓郁的民族特色和风格而又不拘泥于传统民歌的作品。比如当代纳西青年歌手肖煜光的纳西语歌曲专辑《纳西净地》，把纳西母语、传统纳西音乐与现代摇滚乐等音乐因素融合在一起，由于语言生动平实，音乐节奏活泼明快，广受年轻人欢迎，甚至成为鼓舞很多纳西族年轻人重新学习纳西语的一种媒介。该专辑畅销十多万张。

此外，由于旅游的繁荣发展，像丽江古城、大理古城等地传统民居也成为一种可以换来经济效益的文化资源，再加上游客流量过多导致的喧嚣，因要遵守世界文化遗产地和历史文化名城而必须遵守的各种规定而导致生活不便等诸多因素，很多居民把自己的住宅租给外地经商者而自己搬到城郊新区居住。而新的外地人不断进入丽江古城，他们有的是来经商的，有的是因为喜欢丽江而打算长期在丽江居住的，其中有不少从事手工艺、绘画等新移民。无疑，丽江古城的人口在悄然发生着置换，如何面对这一变迁来思考文化资源的保护和再生等问题呢？

面对当代的社会和文化变迁，一方面要尽力保护名村名镇卓有特色的传统文化，另一方面，我们也不能忽略在传承传统文化的基础上再创造，要充分考虑到当代年轻人的兴趣爱好而进行传承基础上的再创造。上述纳西歌手肖煜光的例子以及丽江的"现代东巴画"、当地纳西木雕、纳西银器制作、东巴拉围巾等民族纺织制品、当代纳西乐舞等，说明了这种传统与创新有机结合的成功之处。我们如果做好了传统与创新的有机统一，文化资源就可以呈现一种活水长流般的状况，不断焕发出新的再生活力。古城新的移民可以既学习原住民文化又在此基础上进行创造，营造出在传统基础上的新意和新内涵。以电视节目而论，玉龙纳西族自治县电视台和丽江市广播电视台制作了一个纳西语电视栏目"可喜可乐秀"，这是丽江第一档纳西语电视栏目，每周日晚在玉龙县电视台首播。主持人和继军用纳西语特有的魅力"说新闻、道旧事"，每期一个主题，现场观众与主持人深入互动，生动活泼，自2012年7月开播以来，受到全市观众的广泛好评。这是相当富有创意的电视文化本土化的尝试，既推动了纳西语的传播和传承，又寓教于乐，使市民获得电视艺术的享受。

3. 城市民族文化资源的利用和传承

居住在城市的少数民族如何在传统文化基础上发掘自己的文化资源，营造自己认同的文化生活，也是当下云南民族文化资源研究的新内容。在云南，各民族都有大批成员居住在昆明，是昆明的新移民，各民族都有自己的文化研究会或"学会"，每年隆重地过自己的节日，这是昆明市珍贵的文化资源，如果能充分挖掘和促进，无疑有利于提升昆明市的多元文化魅力。昆明市委、市政府力图将昆明打造成面向东南亚、南亚等地区域性国际城市。作为一个中国民族最多和正在致力于建设"民族文化强省"的省会城市，它的城市文化形象应该有云南少数民族文化的内涵。

经过各界人士长期的呼吁和行动，保护城市的老街老屋古建筑、寺观庙宇、名人故居和各种非物质文化遗产已经逐渐成为大家的共识。社会各界都在尽力做着不少亡羊补牢的事，但对当下城市里一些文化现象和平台的创造性应充分重视。比如一些艺术家利用昆明市一个旧的机模厂车间改造而成的"创库"，它定位于工作室、画廊、展览馆、乐队演出以及私人俱乐部之间。这里展出的东西包括观念、美术、摄影、行为艺术以及音乐等。昆明"创库"被美国《国家地理》杂志列入国际通用旅行手册的目的地之一，成为世界关注的中国及云南最前沿的艺术文化社区。

2006年，笔者参加了在丽江举行的"第二届欧亚世界遗产城市国际会议"，在为期三天的会议中，80余名来自中国、俄罗斯、美国等15个国家遗产城市的市长；遗产保护和旅游文化领域的专家就欧亚遗产城市在发展过程中面临的重要课题展开研讨。这次会议特别提出一个主题："青年和文化遗产"，会议提出，"文化遗产是需要年轻人来传承的"。由此可见，世界文化遗产城市的生命力和魅力的延续，与年轻一代的文化自觉和文化创造力密切相关。所以，要充分调动年轻人的积极性参与文化保护、传承和再创造的热情和创新活力。

原载《中央民族大学学报》（哲学社会科学版）2013年第2期

略论云南民族文化强省建设的标志及其与"示范区建设"的关系

1999年,早在西部大开发战略实施之初,"建设民族文化大省"就被云南省委、省政府作为云南发展的三大战略目标之一,列入国民经济和社会发展规划中。

2000年5月,云南省第九届人民代表大会常务委员会第十六次会议审议通过并颁布了《云南省民族民间传统文化保护条例》,首次把云南省民族民间文化保护工作纳入了法制轨道,这是全国范围内在民族民间传统文化保护领域的第一个地方性法规。2007年,云南省委、省政府又提出了推进云南民族文化大省向民族文化强省迈进的新目标。

云南省充分利用丰富多彩的多民族文化资源优势,制定了各种有效的政策和措施,将云南的文化事业和文化产业工作做得务实、实在,促进了云南民族地区社会经济的发展,使各民族群众从文化发展中得到了实惠,同时也促进了云南社会和经济的发展。

一 探索云南建设民族文化强省的标志与意义

云南省致力于建设民族文化大省、民族文化强省已经多年,迄今已经取得了在国内外颇有影响的成就,成为中华文化一道卓有魅力的风景线。云南文化使世界充分领略到中华文化多元一体的魅力,看到了中国少数民族文化丰富多彩的个性和魅力,云南文化使世界看到中国共产党和中国政府尊重各民族文化多样性,扶持各民族文化共同繁荣发展的政策及其实施的良好效果。

现在,我们需要对云南民族文化强省建设的标志进行探讨,以推进建设民族文化强省的工作,更加目标明确地把云南建设成为民族文化强省,为中华文明和中国文化增光添彩,为世界提供文化多样性保护发展的范例。

标志一：云南文化多样性的保护、繁荣、发展为世界提供有说服力的范例。

云南各民族和谐共处共同发展，文化多样性共存和繁荣，为世界上各民族文化多样性如何实现相互尊重与和谐发展，提供了可资借鉴的经验和做法！云南的经验和做法在国内外产生了一定的影响，但要达到使云南成为对世界有说服力的范例和标杆之一，还需要做很多努力。因此，云南民族文化强省建设的重要标志之一，就是在文化多样性保护、多民族文化共同发展繁荣方面为世界树立良好形象，提供更加有说服力和可资借鉴的范例，使世界了解26个民族的文化共同繁荣发展；各民族的文化事业和文化产业惠及民生、促进社会和谐安宁的云南。

标志二：不断彰显云南各民族文化的共同繁荣及其对社会和谐的促进作用，提供我国民族政策成功的范例。

云南在民族和宗教问题、多民族和谐共处方面取得丰硕成果和诸多经验，云南经验是重要的中国经验之一。云南26个民族实现文化的共同繁荣发展，文化促进各民族的和谐发展，有力地证明新中国成立后特别是改革开放以来，我国以民族平等、民族团结、民族区域自治和各民族共同繁荣为基本内容的民族政策的成功，我国尊重民族文化的国策促成云南民族文化多样性的保护和发展，而云南的民族文化也为我国的国际形象增添了不少独特的光彩！云南民族文化强省建设的重要标志之一，就是不断彰显和加强云南各民族文化的共同繁荣及其对民族团结、社会和谐的促进作用，从而提供更多有说服力的我国民族政策成功的范例。

标志三：文化提升民众的精神生活，提高民众的幸福指数。

"文化是民族的血脉，是人民的精神家园，是国家发展的重要支撑。"文化能塑造民族精神，培育科学的民族信仰，促成一个民族和国家的凝聚力，而民族精神是一个民族兴旺发达的精神动力，是一个民族赖以生存发展的精神支撑。文化最重要的功能，是对国民的心灵教育和精神熏陶。

民族精神的提升、人的全面发展是社会主义强国的内核，而民族精神的提升是一个综合性的过程，它包括国民道德修养、文明素质的提高，包括国家的政治文明、生态文明的不断完善。

建设民族文化强省的重要标志之一，就是全省各族人民通过文化建设，精神境界不断提高，形成良好的社会风气和人际关系，各民族有益于社会和民生的道德伦理得以加强，民众的幸福感能充分体现高尚、高雅的精神追求与比较富裕的物质生活的统一，形成和平安宁的社会风气和淳厚朴实的民风！不久前，联合国大会通过了由不丹王国提出的一条非约束性决议，即将幸福这一概念纳入国家"发展指数"的考核中。将幸福纳入国家发展指数的想法源于不丹王国提出的"国民幸福指数"，这一概念用以衡量生活质量，在物质与精神之间寻找平衡。云南也可以探索通过建设民族文化强省的实践，提出具有云南特色、符合云南省情、民情实际的国民幸福指数。云南在人均生产总值和人均收入方面一时难以达到发达地区的水平，但无数事实证明，物质财富固然是提升人们幸福感的重要因素，却绝非唯一的或决定性的因素，云南人的幸福指数里，可以含有人无我有、具有云南特色、云南精神的独有因素，以此推进我国国民幸福指数丰富性的构建。

标志四：文化在物质生活上造福于民，惠及民生。

云南省委、省政府把建设民族文化强省作为经济社会发展三大战略之一，不断地把民族文化资源优势转变为经济优势，积极推动民族文化资源与旅游业相结合。文化形成旅游的灵魂而促进旅游，旅游的发展则反哺文化！各种形式的文化产业成为带动农民致富、发展农村经济的切入点，云南的文化产业在西部乃至全国有一定影响。云南文化通过各种方式，直接造福于民族地区各族人民，成为云南的一个突出特点。近年来，云南各级政府围绕"文化乐民、文化育民、文化富民"，在乡村村民委员会或自然村一级开展"文化惠民示范村"创建活动，各地都有不少文化富民的生动例子；云南各族群众充分挖掘文化资源，将其转化为经济优势，各民族在歌舞音乐、"民间手工艺""衣食住行"、文化旅游等诸多领域里推进文化富民的各种产业，各民族文化直接造福于民！在政府的引领推动下，社区民众独资运作、"公司+农户"公司与社区合作、个体与集体合作等多样化方式推进文化产业发展的例子不断增多，正形成云南民族文化产业多样化的格局，加大云南民族文化转化为经济优势的力度，让文化更广泛有效地造福民众，这应该是作为民族文化强省的重要标志之一。

标志五：文化促进面向西南开放重要桥头堡建设。

把云南建成面向西南开放的重要桥头堡，要提升到国家战略的高度来认识！当今世界，以思想和精神文化感染力、制度吸引力、价值观感召力以及社会伦理道德的影响力等为代表的软实力，已经成为一个国家整体实力和国家形象的重要内容！因此，如何树立我国更好的国际形象、充分展示我国的软实力，是至关重要的工作！顾名思义，桥头堡即国家的门户，是国际上认知中国的重要渠道，彰显区域特色和区位优势是云南桥头堡建设不可或缺的重要内容！云南的优势不仅仅是我们常常说到的区位优势，而是多方面的！以文化多样性和生物多样性而论，云南在我国具有独特的优势和魅力，在国际上也有很好的声誉。如何让云南独特的、我国其他省区所欠缺而很难替代的优势和云南的形象不断在东南亚、南亚国家深入人心呢？除了一直在大力推动的经贸、交通、旅游等诸多方面的交流与合作之外，应加大与东南亚、南亚国家之间的文化交流、生态环境保护和绿色经济、循环经济方面的合作与交流，并大力推进云南与东南亚、南亚国家之间在文化遗产保护、生物多样性保护、开发绿色产品和生态旅游、文化旅游方面的合作，让云南精彩纷呈的民族文化产业走出国门。通过文化交流与合作，吸引这一地区的各界人士和更多的游客前来云南。云南这个中国面向西南开放的重要桥头堡，应当树立充满人文魅力、生态环境魅力、多元文化"各美其美，相互尊重，和谐共存"的魅力形象，让人们通过云南认识我国在构建和谐社会造福民生、造福人类方面的亮点和长足进步。

标志六：文化促进绿色云南建设和生物多样性保护。

桥头堡建设的五大战略之一是把云南建成我国重要的生物多样性宝库和西南生态安全屏障，这与建设民族文化强省也有密切的关系。云南省各民族在世世代代休养生息和生产生活的实践中，积累了非常丰富的生态环境保护知识和地方资源可持续利用知识，有系统的生态理念、智慧和伦理道德思想，是生态文明的重要文化遗产。深入领会中共云南省委八届九次全委会工作报告中提出的"建设绿色经济强省、民族文化强省和中国面向西南开放的桥头堡"这几个战略目标相互之间的内在联系，就应充分发挥云南在发展绿色经济和低碳经济，保持良好的生态环境和生物多样性方面的魅力和优势，充分挖掘和弘扬云南各民族的生态文明知识和生态智慧，以生态文化促进云南生物多样性的保护，促进绿色云南的建设，使云南成为一个文化和生态良性互动、经济发展与生物多样性共存的典范地区。

标志七：建成文化能持续发展繁荣和充满创新精神与活力的示范区。

各民族的文化是繁荣兴旺于一时还是能持续发展繁荣、长久地造福于民，民众也从文化的传承、发展和创新中不断提升自己的素质、品格和精神境界，这是衡量云南是否是民族文化强省的一个重要标志。所以，我们应致力于推动文化事业的发展，加大培养各民族优秀的文化传人，使云南各民族的优秀文化能薪火相传。

另外，文化是不能故步自封和停滞不前的。传承和创新应该是互动的，这就意味着云南在建设民族文化强省的过程中，要传承优秀的民族文化遗产，不使之成为"绝学""绝活"。比如，云南应该有能产生优秀文化传人的基于乡土的文化土壤，又有能产生在继承传统的基础上不断推出极富云南个性魅力的艺术创新之作，不断培养出文化事业和文化产业各方面的优秀人才，使云南成为充满文化创新精神与活力的示范区。

二 "示范区"建设对建设民族文化强省的促进作用

2011年5月，国务院批准并出台《关于支持云南省加快建设面向西南开发重要桥头堡的意见》，提出"把云南建设成为我国民族团结进步、边疆繁荣稳定的示范区"的战略地位；2012年5月，中共云南省委九届三次全会通过了关于建设民族团结进步边疆繁荣稳定示范区的决议，6月，《中共云南省委、云南省人民政府关于建设民族团结进步边疆繁荣稳定示范区的意见》出台，对示范区建设做出了全面部署，7月，云南省建设民族团结进步边疆繁荣稳定示范区动员大会召开，示范区建设全面启动。

《中共云南省委、云南省人民政府关于建设民族团结进步边疆繁荣稳定示范区的意见》中，提出了具体的"十大示范"，其中第三条是"实施民族文化繁荣示范"，示范的目标是："各民族文化交流交融和共同繁荣，充分发挥文化在促进经济社会发展，提升各族群众幸福感，增进各族群众相互了解、尊重、信任和学习，增强中华民族凝聚力和影响力方面的作用。"

笔者认为，民族文化强省建设与建设民族团结进步、边疆繁荣稳定二者之间有着密切的关系，各级示范区的建设，有利于从一个个民族、一个个州市县区乃至村镇社区来扎扎实实地做起，从深层次全面促进民族文化强省的建设！云南民族文化大省到强省的建设实践表明，有了实实在在的实验和示范，有了大量成功的具体案例，做出了大家都看得见摸得着的成绩，才能以点带面带动更多的地区！在示范区建设开始之前，云南其实已经积累了很多成功的有示范意义的案例和经验，为这次"示范区"的建设奠定了坚实厚重的基础。

从我们的调研看，现在云南各州市县的民族团结进步繁荣稳定示范点，一般都选择了原来民族文化基础比较好，有突出特色的村镇社区，这样比较容易见到"示范"的效果，探索"示范"的新经验，充分发挥"示范"的功能。下面我们举一些文化方面的例子来说明这两者的关系。

丽江市是个经济发展欠发达的市，全市四个县区中有两个（宁蒗县、永胜县）是国家级贫困县。根据数据分析，丽江地区在1978—1992年的14年间，不仅工业没有获得大力发展，农业也没有得到长足发展。农业总产值与全国和云南省的差距在拉大。这个时期的丽江，未能找到符合当地实际情况的优势特色经济。[①]

从1994年起，丽江市委市政府通过扎扎实实地抓本地的东巴文化、古城文化、纳西古乐、摩梭母系制文化等文化资源优势的保护和发展，充分挖掘文化资源的潜力和活力，以文化促旅游，旅游反哺文化，走出了一条文化惠民、文化富民、文化促进地方经济社会发展的路径。丽江古城于1986年被确定为国家级历史文化名城，1997年又荣登联合国教科文组织评选的世界文化遗产之列。2003年8月30日，联合国教科文组织将纳西族的《东巴古籍文献》列入世界记忆遗产名录；2003年8月30日，该组织将滇西北"三江并流"地区列入世界遗产名录，丽江是这一世界自然遗产的重点展示示范区。丽江也因此成为中国唯一头戴三项世界遗产桂冠的世界遗产地。大研纳西古乐队20多年来应邀赴将近30个国家和地区访问演出，也成为举世闻名的文化名牌，吸引了无数游人慕名而来聆听。

2003年6月，丽江被中央有关部门列为全国文化体制改革综合试点城市，这是建立示范点以带动其他地区的举措，对云南建设民族文化强省而言，是非常必要的一种探索。丽江市根据这一机遇，发展壮大文化产业，文化产业与旅游形成了良好的互动！文化产业和旅游产业逐渐成为丽江市的支柱产业，改善了民生。在2009年，丽江通过旅游带动了本地各民族的就业，有10万多人从事与文化产业和旅游相关的工作。

伴随着文化旅游业的快速发展，丽江先后涌现了一批文化产品优势突

---

① 纳麒、李世碧主编：《丽江之路》，红旗出版社2009年版，第4页。

出，产业化经营业绩显著的文化企业，如宣科先生组织的"纳西古乐会"、丽江东巴文化博物馆、丽江木府博物院等。据统计，2007年全市文化产业经营户由2001年的840户增加到3100多户；文化产业增加值由2001年的2.35亿元增加至6.6亿元，占全市生产总值的9.8%；实现税利由2001年的2900万元增至2007年的8800多万元，文化企业从业人员达1.6万人，文化企业职工人均月收入由2001年的700元左右上升到1400元以上，高的达8000多元。① 事实说明，文化产业已真正成为丽江市新的经济增长点和支柱产业，这一新兴的朝阳产业正在丽江大地焕发出无穷的生机与活力。②

根据我们2014年的调研，丽江市文化产业增加值从2006年的6.6亿元增加到2011年的21.1亿元，比上年增长19%，占国内生产总值的11.3%，居全省首位，并连续三年（2009—2011年）被中宣部、文化部、国家广电总局、新闻出版总署评为"全国文化体制改革先进地区"。另一突出的特点是，民营企业已成为丽江发展文化产业的生力军，从事文化产业的企业80%以上是民营企业。③

下面我们举几个云南民族地区村镇社区的实例来看"示范区"建设对民族文化繁荣发展，民生幸福的案例。

民族文化强省的建设是建立在由无数文化强村强镇的基础之上的，这里首先举一个从"乱砍滥伐村"转变为文化惠民、旅游富民、生态良好的乡村之例。

调研组在2014年1月调研了丽江市的民族团结进步示范村玉龙纳西族自治县白沙镇玉湖村，笔者曾在20世纪90年代初（1992—1995年）在玉湖村长期进行调研，当时玉湖上下村的焦点问题是生态环境的恶化。玉湖村的环境恶化自20世纪80年代初以来变得日益突出，由于贫困而又没有找到合适的发展之路，村民乱砍滥伐森林的问题十分突出，成了远近闻名的乱砍滥伐村，本来民风很好的一个纳西族的"文化名村"，就逐渐

---

① 《丽江文化产业异军突起》，丽江市委宣传部编印并提供，2008年。
② 杨福泉主编：《当代云南纳西族简史》，云南人民出版社2012年版，第191页。
③ 资料和数据来自2014年1月调研丽江市文广新局提供的资料。

变成了远近闻名的"刁民村"。① 2004 年，第二届村"两委"换届了，村里的能人赵世军被选为玉湖村党支部书记，在他的倡议下，玉湖村党支部慎思明辨，立足玉湖村的自然和人文资源区位优势，结合丽江旅游业不断蓬勃发展的态势，转变观念出新招，决定成立玉湖村生态旅游合作社，建构了"党支部+合作社"的模式，引领村民发展旅游，以发展乡村旅游业为村子发展的主攻方向，按照"资源共有、利益共享、人人参与、户户受益"的原则，成立了玉湖生态旅游合作社，制定了《玉湖村旅游合作社章程》。玉湖村新的村党支部和村委会在县、乡党委的帮助下，对全村的今后发展道路进行了认真的思考和分析，认为玉湖村应走保护资源，充分利用自然和文化资源来发展旅游，促进村子发展的道路。利用玉湖村位于玉龙雪山脚下，堪称"玉龙第一村"，村子与玉龙雪山浑然一体形成独特的人文景观的特点，与蓬勃发展的丽江旅游大市场对接，发展山村生态旅游，以达到保护玉龙雪山生态资源、富村富民的目的。

在丽江市县各级党委和旅游部门的积极帮助下，村里整修了旅游线路，推出了一系列旅游景点，修建了卫生厕所、停车场、马场管理房等。紧接着全面整顿原来的旅游无序现象，建立起良好的旅游秩序。根据"资源共享、利益共享、人人参与、户户受益"的原则，由村里的旅游合作社统一安排，由村民提供马匹，牵马兼导游，以户口为准，按户轮流服务，维护旅游的良好秩序。玉湖村基于文化和生态的旅游蓬勃兴起，使全村的产业结构发生了深刻的变化。村内适龄儿童入学率达 100%，2005 年玉湖小学教育成绩名列全乡第一，在全乡率先成立了农民夜校，对全村村民进行文化知识补习、科技知识辅导等教学工作；同样对老协会工作也给予重视，每年投入 1 万元作为老协会活动经费，完成老年活动中心、图书馆、门球场等场室的建设工作。据 2014 年的调查，全村从事旅游业的人员达到 600 多人，人均纯收入 3200 元人民币。目前全村星级文明户已有 100 多户。该村致力于特色民族村寨保护与发展项目试点，认真保护村内民居建筑突出的、用冰川石（位于玉龙雪山下的玉湖村特有的一种蜂窝状石头）垒墙的建筑文化特色。

在调研中，大理州巍山县的民族团结进步示范村；回族聚居的永建镇

---

① 杨福泉：《丽江名村：玉湖村的跟踪调研和启示》；杨福泉等：《云南名镇名村的保护和发展研究》，中国书籍出版社 2010 年版。

东莲花村则展示了示范村建设与宗教文化和谐、民族和谐之间的密切关系，而这是民族文化强省建设的重要内容。这个村是茶马古道百年马帮的重要集散地，2007年被云南省政府批准为"云南省历史文化名村"，2008年被国家住房和城乡建设部、国家文物局命名为"中国历史文化名村"。

这个村所属的大理州巍山彝族回族自治县永建镇位于红河之源，有彝、回、汉、白、苗、傈僳等兄弟民族世世代代在这里繁衍生息，是云南省民族宗教大镇之一。20世纪80年代末，永建镇曾是全国的毒品重灾区之一。从1999年开始，永建镇经历了一场禁毒整治、巩固提高、产业发展的漫长过程，走过了一条脱胎换骨、重获新生之路。

包括东莲花村在内的永建镇经过多年的整治，贩毒案件逐渐绝迹。后来逐渐成为社会平安、和睦、民族团结的示范地区。在这个过程中，文化起了很重要的作用，比如当地德高望重的回族阿訇对民众依据伊斯兰教的教规教义，宣讲"贩毒是杀人，吸毒是自杀"理念，教育广大穆斯林群众增强防毒反毒意识，并在清真寺内设立法制教育课，不断强化群众遵纪守法的自觉性。深入开展模范清真寺评比创建活动，村民宗教生活严谨，经堂教育兴盛。

2012年，巍山县委、县政府把东莲花村作为云南典型、全国前列的民族团结进步边疆繁荣稳定示范区的样板和典型。2013年，巍山县委、县政府把东莲花村命名为"巍山县第一批民族团结进步繁荣示范样板区样板村"，在示范村建设的过程中，东莲花村重点抓好"四个回村"的建设，即建设富裕回村、文化回村、和谐回村、生态回村。如今这个建设都取得了显著的成绩。以"文化回村"而论，东莲花村历史悠久，是茶马古道的重要村落，马帮文化非常兴盛。我们看到村内大批融合了汉式传统建筑文化和回族文化的民居保护得非常好，村里还在传统院落里办了"滇西回族文化展览馆"，收集了不少很难得的文献资料、民俗资料，还保存了过去马帮用过的很多民俗器物，是研究茶马古道马帮文化的珍贵资料。始建于清朝初年的东莲花清真寺是村内传播回族文化的中心。经过多次扩建，在东莲花村1924年腊月竣工的东莲花清真寺礼拜堂、宣礼楼建筑风格独特，整个清真寺都是土木结构，把中国传统出阁架斗、雕梁画栋的建筑风格和回族的建筑美学观念完美地结合在一起，这和当下很多地方重新建成阿拉伯建筑样式的清真寺相比，回族文化融入中华文化的历史意蕴显得非常厚重和真实。从整个村子的建筑聚落风格、民俗等看，东莲花村完整地反映了回族人民在长期的历史发展进程中，学习和借鉴汉族和其他民族文化而形成的历史原貌。这种尊重和保留历史文化真实的做法，不仅为云南文化强省建设中的回族文化保护和建设提供了非常生动的案例，而且这种经验也是值得各地回族村镇文化建设借鉴的。

宗教信仰的文化和谐也促进了民族的团结和社会的和谐，现在，东莲花村的回族村民与周边村落的汉族和其他民族相处得非常融洽。邻村的汉族等民众赶集，到集市上交易，赶着猪、牛、马等牲畜都是穿村而过，在集市上，卖猪肉和牛羊肉的摊位也相距不远，回族与其他民族民众之间都没有因此发生过口角和争执。东莲花村与周边各族团结和睦相处的情况被传为佳话，成为一个典范。

云南有很多民族文化特色鲜明的古镇，怎样保护它的文化和在保护的同时使它发挥活力，造福于民。关键的一条是要有好的规划，统一的安排。"民族团结进步，边疆繁荣稳定"示范镇的实施，也为古镇的保护发展探索了一条有效的途径。如白族聚居的大理州大理市喜州镇是个文化名镇，2013年6月，喜州被大理市列为示范镇。在建设过程中，把尊重和弘扬本地白族民俗文化作为重要的工作之一，利用春节、绕三灵、白族本主节、回族开斋节、圣纪节等民族节日，开展丰富多彩的民俗文化活动，并大力提倡双语教学，推动各族干部群众互学语言文字，增进相互的了解和交流。喜州镇周城村是个著名的白族扎染文化大村，它围绕"民俗文化旅游业为龙头；历史文化名村保护发展为重点，餐饮服务业、旅游产品业并举，统筹城乡发展"的建设思路，不断促进文化为主体的旅游业。

在2013年和2014年的调研中，笔者一看到喜州镇由于有"示范区"建设统一的规划安排，白族的传统民居得到有效的保护，喜州镇还利用老民居办起了格调高雅、藏品丰富的古镇博物馆，而且喜州古镇周边大片的农田保护得很好，成为与喜州传统民居相映生辉的一道美丽景观，吸引了很多国内外的游客前来观光旅游，古镇文化惠民的功能和结果正日益彰显。

云南在民族团结进步边疆繁荣稳定示范区建设方面已经积累了丰富的经验和做法，而这些示范区的经验，实际上是建立在云南多年来的探索和实践基础上的，示范区的建设则使云南原有的各种做法和经验更加规范化，起到引领和示范的作用。本文仅仅就笔者所调研到的一些社区和民族，在文化建设方面做了一些分析和论述。云南目前的示范区建设涵盖面广，诸如藏传佛教寺庙的和谐示范、边境地区的民族村寨和谐示范、多民族聚居村寨的团结和谐示范；学校进行民族文化传承的示范、各种民族手工艺品制作发展的示范、民族村寨旅游示范等等。通过调研，我们感到，云南民族团结进步、边疆繁荣稳定示范区的建设正在良好的发展进程中，尽管还面临不少问题和挑战，但这一举措是建立在云南长期发展的实践基础之上，众多示范点的发展，必将推进云南全省的可持续科学发展，也将加快云南民族文化强省建设的进度。

原载《学术探索》2015 年第 2 期

略论滇西北的民族关系

中国是一个统一的多民族国家,而云南省是中国民族最主要的分布地区之一,也是民族种类最多的一个省份。滇西北(主要指丽江地区、怒江傈僳族自治州和迪庆藏族自治州)无论从自然和人文地理上讲,在中国乃至在世界上都具有非常突出的地位。滇西北地区地处青藏高原至云贵高原的过渡地带,位于喜马拉雅山东坡的横断山区域,国内外学者经过多年仔细的调研,认为滇西北是全球生物多样性最为丰富的10个地区之一,也是生物资源最为丰富的地区之一。而滇西北的民族文化丰富性、多样性亦构成了该地区的突出特色,为世界所瞩目,产生了丽江古城这样在中国古城中首开先例入选"世界文化遗产"名录的文明瑰宝。目前国内外不少专家又正为申报滇西北"三江并流"(金沙江、澜沧江、怒江)的"世界自然遗产"而努力。而且,将滇西北建成世界上最为壮观的"国家公园"的呼声在国际上也很高,目前云南省人民政府和美国大自然保护协会(TNC)致力于进行"滇西北保护与发展行动计划"(含建设大河流域国家公园)的大规模合作也是突出的一个例子。

历史上,滇西北是滇川藏三省(区)民族进行经济文化交流的重要通道,是备受国际学术文化界重视的"喜马拉雅周边文化带"的重要区域。该地区有纳西、藏、傈僳、白、彝、回、普米、怒、独龙、苗等十多个民族,其中独龙族、怒族这两个民族除少数分布于与怒江接壤的缅甸境内之外,是滇西北独有的世居民族;纳西族、傈僳族、普米族的绝大多数分布在滇西北。滇西北有两个自治州,即怒江傈僳族自治州和迪庆藏族自治州;四个自治县,即丽江纳西族自治县、宁蒗彝族自治县、维西傈僳族自治县、贡山独龙族自治县。

滇西北是历史上著名的"茶马古道"要塞,在漫长的历史发展中,滇川藏周边各民族相互间频繁地进行经济交流和文化交流,形成了一个独特的"民族文化大走廊",因此,无论在各民族成分的构成上还是在宗教、民俗、衣食住行、歌舞艺术等方面，都形成了既保留各自的特色又"你中有我，我中有你"的格局，熔铸出滇西北各民族文化特有的宽容开放精神。在历史上，由于受封建中央王朝特定边疆民族政策的影响，以及基于各民族统治者之间政治和经济利益的一些矛盾，有的民族之间也产生过一些冲突，但从总体而言，和睦相处、友好往来是滇西北各民族关系的主调。正是由于这种相互尊重，相互交流和学习的民族和睦局面，促成了滇西北地区各民族文化多样性的并存，没有被其中的任何一个民族"同化"，即使在明代纳西族木氏土司成为滇西北霸主，权倾滇川藏接壤地区之时，也没有采取强制性的民族同化政策，而是尊重各民族的文化习俗，如木氏土司在统治今迪庆州和四川巴塘、理塘等藏区时，对藏传佛教的大力扶持和弘扬便是典型的案例了。

中华人民共和国成立后，制定了民族平等、民族团结、民族区域自治和各民族共同发展、繁荣等一整套行之有效的民族政策，1979年以后中国政府实施改革开放政策，克服了在民族问题上的"左"倾错误思想和政策，探索出了一条具有中国特色的解决民族问题的道路。这一大前提，是进一步促成当前滇西北各民族和睦共处，共同发展繁荣的关键因素。

一　政治和经济方面的友好交往

滇西北纳西、藏、彝、白、傈僳、普米、怒、独龙等族都是藏缅语族族群，与西北的氐羌族群有渊源关系。这种同源共祖的历史奠定了各民族之间唇齿相依、友好相处的客观条件，并在历史发展历程中逐渐形成了同源异流、异源同流，在分化和融合中你中有我、我中有你的亲缘关系。历史上滇西北各民族形成同区域交错杂居、聚居而相安无事（除了过去因各种历史原因而产生过的一些短期民族纠纷）的格局，也是这种友好关系的反映。

纳西族《创世纪》中说藏族、纳西族和白族是同父同母的三兄弟，彝族古老的故事《居木乌乌》中说汉族、彝族、藏族是居木乌乌和天女所生的同胞。藏族传说《萨当汉·松诺罗丹》的故事，把丽江木氏土司称为萨当汉，即"丽江王"，他的藏语法名是"松诺罗丹"，意为"福柞永盛"，这些传说都反映了滇西北各民族源远流长的友好关系。唐代洱海地区"乌蛮"蒙氏土族与"白蛮"贵族联合建立多民族集合体南诏政权的历史,是滇西北不同民族联合实现地域性统一的反映。从古至今,滇西北各民族之间相互通婚者很多,从中也可以看出各民族和睦相处的传统。历史上,汉族和汉文化对滇西北各民族的影响很大,白族即僰人与到滇的汉人融汇而成的民族,南诏、大理国的整套典章礼制深受汉族政治、文化的影响;明代为滇西北霸主的纳西族木氏土司广采博纳汉族文化,大量引进中原汉族人才,极大地推动了其统治区域的经济、建筑、医药、汉传佛教和道教文化等的长足发展。各个时期的汉族移民与滇西北各民族在城乡杂居,和睦相处。少数民族学习汉文化,很多汉族移民也入乡随俗,学会了各民族的语言文字。

固然,在历史上,滇西北一些民族之间也有过因封建中央王朝的政策以及民族上层利益导致的冲突和纷争,但各民族人民之间在经济、文化上的友好交往是一直存在的。南诏统治者曾与吐蕃联盟抗唐,后又联合唐朝军队击败吐蕃;唐代麽些与吐蕃之间既有争夺盐池之战,这段历史纠葛形成藏族著名的神话诗史《格萨尔传奇·姜岭之战》的历史背景,但唐代麽些和吐蕃之间又有着密切的友好关系,吐蕃贵族与麽些酋长之间建立了姻亲关系。

据唐代《蛮书》等记载,铁桥(在今丽江塔城)上下的吐蕃与麽些等族民众之间的牛羊等商贸交往十分频繁。明代,中央王朝推行"以蛮攻蛮"的政策,扶持纳西族木氏土司,认为木氏土司"守铁桥以断吐蕃,滇南籍为屏藩"。木氏土司在明王朝扶持下多次出兵与藏族土司交战,其势力远达滇川藏三地藏族地区,战争给藏族人民带来深重的灾难,但木氏土司在促进藏族地区的佛教和经济的繁荣方面也起了较大的作用,如土司木增在明万历末年至天启年间主持刊印"丽江——理塘版《甘珠尔》大藏经";广建藏传佛教庙宇;推广较先进的农业生产方式和农作物品种;等等,都赢得了藏族人民的好感。在滇西北,既有称为"麽些古宗"的藏族,也有称为"藏纳西"的纳西族,反映了两族的相互融合和密切的关系。

滇西北各民族之间的经济贸易有悠久的历史,遐迩闻名的"茶马古道"即是滇西北各民族长期进行贸易而形成的充满活力的商业通道。历史悠久的大理三月街、洱源鱼潭会、鹤庆松桂会、兰坪营盘街、丽江三月龙土庙会、七月骡马会等,都是滇西北各民族进行贸易的集市和物资交流会。清代和民国年间,藏族、白族商人纷纷在丽江开商号,纳西族商人也在中甸、德钦等地设立很多商号。纳西族、白族商人深入傈僳族、怒族、独龙族的居住区域经商，促进了各民族之间的商贸交流。在"茶马古道"上，滇西北纳西、藏族商人还齐心协力修桥筑路，促进这条滇藏贸易通道的繁荣。如位于德钦县澜沧江上的云南进西藏重要渡口溜筒江铁索桥是由丽江纳西族商人赖耀彩在1946年倡导并出资、得到迪庆藏族商人马铸材等的积极响应而修建成的，此桥建成后，改变了过去这里只能用溜索渡江、危险异常、人畜渡江辛苦万分的原始状况，极大地促进了"茶马古道"商贸的繁荣。

历史上，丽江古城是滇藏贸易的重镇和中印贸易的枢纽。悠悠岁月中，古城迎来送往各民族的客商，藏族马帮是古城的常客。由于"茶马古道"商贸的繁荣，丽江古城中产生了不少为藏族商人而设的马店，辟出了专门的卖草场，古城很多纳西人会讲一口流利的藏语。古城中产生了不少主要与藏人做生意、走拉萨、跑印度、生意越做越大的商人，他们被称为"藏客"，在藏区建立了良好的信誉，为古城的繁荣立下了汗马功劳。在丽江古城和束河等一些历史上与藏族有着长期的商贸往来的村镇中，有不少纳西人与藏族人通婚，有的纳西人远赴藏区定居，不少藏族人落籍于丽江乡镇，双方后裔还常走亲认亲，笔者在近年来的调查中，了解到这种纳藏两族间的亲戚交往现在比过去更为频繁和密切。

大研古城是天天开市，每天来自远近各地的白、汉、彝、傈僳、普米等族农民、商贩带着各种山货特产到古城上市，买回自己的生活用品，各民族在长期的集市贸易中建立了相互间的友好关系，促进了经济、文化的交流。

在滇西北重镇丽江，过去还有一种各民族共同齐心协力管理社区山林和水资源的习俗。据笔者调查，20世纪50年代以前，在丽江一些乡村，村民采取了一种请异族人来管理山林和水资源的办法，如丽江县白沙乡的束河（今龙泉行政村）的仁里村、文明村、松云村都曾请藏族人当管山员。这基于以下考虑：一是外来人亲属关系单纯，在管山中不会受到原住民那样复杂的社区亲属关系的制约；二是纳西人历来认为藏族人性情耿直、豪爽，能忠心耿耿地保护集体利益。其他如拉市乡、黄山乡等地的一些村也采取过这种请藏族或傈僳族等族人来管山林的方式。

二　各族文化的相互影响

在长期的相互交流过程中，滇西北各民族的文化在相互影响中发展。比如宗教信仰，滇西北不少民族中都是本土和外来宗教并存，如纳西族，既普遍信仰自己的本土宗教东巴教和民间巫术，同时远至唐时就将吐蕃的苯教文化内容吸纳到自己的本土宗教中来，后又将一些藏传佛教、汉族道教的文化吸收到东巴教中，形成了东巴教这种以纳西本土文化为主，又融合了多元文化的独特的民族宗教形态。明代，在纳西族木氏土司的积极倡导下，藏传佛教噶玛噶举教派（白教派）在今丽江、维西、迪庆纳西族和藏族地区得到蓬勃发展，该教派黑帽系八世活佛和十世活佛先后到丽江，促进了藏传佛教噶举教派在滇西北的繁荣。产生了著名的噶举派"滇西十三大寺"，其中有在明代就在西藏、青海、四川和云南藏传佛教信徒中有广泛影响的"香格里牟波喇嘛寺"（即十世班禅大师为之题写"香格格措里"寺名的丽江文峰寺）和作为统管滇西北13大寺以及四川稻城等两个噶举派寺庙的活佛住锡的指云寺，在民国年间产生了圣露活佛这样闻名全国的高僧。明代，藏传佛教格鲁派（黄教）在永宁得到发展，于嘉靖三十五年（1556）正式建立了著名的黄教扎美戈寺，纳日（摩梭）人普遍信仰黄教。汉传佛教和道教也在明代传入滇西北纳西族地区，明代纳西土司木增花巨资在全国佛教圣地之一鸡足山上捐盖了规模最大的寺庙——悉檀寺，并得到明熹宗"祝国悉檀寺"的赐名。到20世纪50年代前，丽江县属的比较大的村寨几乎都有一个或几个汉传佛教寺庙。出现了妙明、正修、谛闻等省内外知名的高僧。道教在明清时期就在纳西族中广泛传播，出现了很多道观和道教洞经会。佛教道教传入纳西族地区后，与纳西族的本土东巴教和民间巫术一起在民间流行，祭司东巴、巫师桑尼、和尚、喇嘛、道士各行其道，在民间各有影响。丽江过去每逢甲子年举办甲子会，各种宗教的教徒分别在各个不同的地方举行法事，各有信徒，和平相处。有时祭司东巴、巫师桑尼、和尚、喇嘛、道士同时登场为民众举办法事。在丽江甚至出现了诸教寺庙融合一体、不同宗教教徒同堂和平共处的文化现象。如有的寺庙前院供佛、住和尚；后院供道教神、住道士。一些民间盛行的寺观节庆，不论它是属于哪一种宗教的，都会有各种宗教的僧人、道士和信徒一起来参与，共同欢庆。

　　滇西北藏族的宗教有苯教、藏传佛教宁玛派（红教）、噶举派（白教）、萨迦派（花教）和格鲁派（黄教）。同时，由于在明代长期受丽江纳西木氏土司的管辖，也受到了纳西族东巴教的不少影响。如松赞林寺（归化寺）举行一些佛事活动时，首先要请纳西东巴占卜。在迪庆州，不少村寨的藏族和彝族家庭也请东巴举行一些禳灾镇鬼和祈吉求福的法事，特别以镇鬼驱邪和求子女、求福泽的仪式为多。迪庆州的很多藏族、彝族和金沙江边的汉族十分相信纳西东巴和桑尼的占卜术，每遇婚丧嫁娶和不生育、有病灾等，常常请纳西东巴占卜。直到现在，中甸"东巴文化圣地"——三坝乡白地以及江边纳西村的东巴和桑尼常常都要接待不少来求卜的远近藏族、汉族和彝族的民众。东巴教圣地白地的白水台也成为相邻民族共同朝拜之地，特别在农历二月八祭白水台神灵之日，附近的彝族、藏族和纳西族民众一起向白水台神灵顶礼膜拜，纳西人以烧刺柏枝这种"烧天香"的方式祭祀，藏族则在白水台的神泉处悬挂经幡来表达自己对白水台神灵的祈敬之情。

　　滇西北部分藏族还信仰天主教。天主教传入迪庆至今已有100多年的历史，到1989年底，有教徒816人，占当时全州总人口的0.28%，以藏族为主。在德钦升平镇，信奉伊斯兰教的数百回民与信奉藏传佛教的藏族杂居在一起，相互通婚，共同赶马长途贩运，两种截然不同的宗教共处一地，互相尊重，相安无事。

　　普米族的宗教也是一种融相邻民族宗教因素于一体的典型。"韩规教"是普米族的一种民间宗教，"韩规"是普米人对巫师的称呼。普米语"韩"指鹦鹉，"规"含有善于辞令之意。从韩规教的内容来看，它是一种融合了原始宗教、苯教和藏传佛教内容的一种宗教形态。韩规教分为两支，一支受藏族民间苯教的影响，但这一教派并非人人可学，早期是由贵族信奉，父子传承（后亦有授业于人的），有藏文经典，但韩规用普米语拼读，使文字的音、义与藏文有别，故称为"韩规文"。韩规教使用的经典与当地藏传佛教白教派的经典"社依"相近。韩规的一部分经典是世代师徒相传的口诵经。巫师韩规称他们的教祖神是"益世丁巴什罗"，显然是苯教祖师"东巴先饶"和东巴教祖师"东巴什罗"的异读。有用藏文书写的赞颂他的经典。他们所使用的五幅冠上绘着益世丁巴什罗的像。① 韩规的另一支又被称为"佛教韩规",是受佛教影响而从苯教化韩规中分化出的一个教派。

韩规教虽然吸收了藏传佛教的很多教义,但又有明显的区别。韩规教的祭司平时参与各种生产劳动,还可参战,出面调解民事纠纷,可以娶妻生子。②

傈僳族、怒族、独龙族都有自己的原始宗教,有名目繁多的崇拜对象和祭祀仪式,但他们又信仰基督教和天主教。独龙族还深受藏族苯教的影响,苯教文化因素渗透到他们的原始宗教中。与纳西族、藏族杂居的傈僳族还信仰东巴教和藏传佛教。这外来的宗教和本土原始宗教并行不悖。普米族也有复杂的本民族原始宗教信仰,但同时又信仰藏传佛教。白族的汉传佛教信仰和"本主信仰"也长期共存于民众生活中。

由于滇西北各民族长期杂居或毗邻而居,不仅在宗教信仰等方面相互影响,在民间艺术上也相互影响,一些民族的歌舞形式流行于其他民族中,如丽江县塔城、鲁甸等地的民众多会唱跳藏族歌舞,鲁甸乡新主村的藏族舞蹈"孜日磋"(磋是跳舞之意)就很有名气,常常引来四乡的村民观看。另外,在一些民族中也产生了融本民族和相邻民族歌舞特征于一体的歌舞形式。如流行于丽江县塔城乡的民间歌舞"勒巴舞",就是一种以纳西族的古典民间舞蹈为主、吸收了藏族的民间舞蹈"热巴舞"的一些跳法而形成的纳西族舞蹈形式。有的村子跳"辽巴舞"时歌词全用藏语,藏族味很浓,有的则以纳西族传统的蛙舞、虎舞等为主体,纳西味浓于藏族。普遍流行于当地的另一民间歌舞"羊秀路",则是一个以音乐舞蹈为藏族歌舞形式,而对唱的唱词则是纳西语的特定舞种。

三 民俗、语言和工艺技术的相互交流

滇西北各民族在长期的友好交往中,相邻民族的民俗、语言等相互影响,形成了独特的民俗融合现象。从节庆习俗来看,纳西族既有与东巴教联系密切的很多传统节日,如祭天、祭地、祭祖、祭祀大自然神"署"、

---

① 杨学政:《普米族的韩规教》,《中国少数民族宗教》,云南民族出版社1993年版,第280页;《宁蒗彝族自治县县志》,云南人民出版社1985年版,第280页。
② 《宁蒗彝族自治县县志》,云南民族出版社1993年版,第237页。

五谷神、畜神等，也有与汉族大致相同的春节、腊月送灶神、元宵节、中秋、清明、中元节等。也有从汉传佛教、道教和藏传佛教演变而来的许多节日。藏族除了自己的传统节日之外，有的还隆重地欢度"汉式"春节。如在德钦奔子栏的节庆活动中，将汉、藏、纳西、白等民族文化中的佛教、东巴教、自然崇拜、祖先崇拜、中原内地祈神等活动的内容融为一体。

从饮食和居住习俗来讲，纳西族吸收了藏族的"酥油茶"及各种奶制食品。而在明代随木氏土司征战到滇川藏地区的纳西民众把开梯田种稻谷（主要是丽江的红米）的技术传到藏区，因此，滇西北的一些藏民也成为种植稻米的能手。明清之际，纳西族吸收了汉、白、藏等族的技术精粹，形成融多族建筑风格于一体、以中原古老的建筑风格为主调的格局，并保留了很多唐宋中原建筑风格的流风余韵。被称为"三坊一照壁"和"四合五天井"的砖木瓦房建筑在丽江城镇和农村普遍流行起来。大理剑川县和丽江九河白族的木雕和石雕技艺长期在纳西族地区享有盛誉，在这片地区居住的纳西人吸收了白族的不少建筑工艺技术，产生了善于建造房子和石雕的不少能工巧匠，常常被丽江城乡居民邀请去担任起房盖屋的"大师傅"。我国著名建筑学家刘敦桢在《丽江古建筑考察》一文中曾说，丽江古城及附近建筑"较昆明、大理，保存古法较多，且详部手法极富变化""（云南）省内中流住宅，以丽江县附近者，最为美观而富变化。"[①] 正是由于丽江纳西族民居和寺庙殿堂建筑保留了一种可追溯到唐宋古风且在明代广为流行的粗犷古朴风格，很多素以富丽精工、精雕细凿、圆润光洁的风格名世的白族工匠在丽江从事古建筑时，由于常与纳西工匠通力合作，潜移默化地学到这种古朴的"丽江风格"，不少常在丽江施工的白族建筑队，与纳西建筑队合作，修建了一幢幢融纳西和白族建筑风格于一体的高楼大厦或传统民居，近年重建而成的西南古建筑奇观"丽江木府"便是其中典型的一例，它是由纳西族、白族和汉族的工匠齐心协力修建而成的。据笔者了解，在建筑风格上，很多参与此项工程的白族工匠认真揣摩研究在丽江境内尚存的明代古建筑"肥梁大柱"古朴粗犷的风格和技艺，改变了自己以精巧规整、精雕细凿著称的风格。

纳西人的铜器制造在明代就闻名遐迩，于明代崇祯年间到丽江的徐霞

---

① 《刘敦桢文集》第三辑，中国建筑工业出版社1996年版，第249页。

客在其游记中记载了丽江的"铜锁"。后来，丽江的制造铜器技术传入鹤庆等地的白族中，并得以发扬光大。现在纳西族民居中普遍采用的建筑形式之一——蛮楼，据说就是纳西人在清末至民国时期从藏族商人那里引进的，因此又称"古宗楼"，其特点是将"四合五天井"或"三方一照壁"的楼房建成相互通连的建筑格局，民间称这种建筑样式为"走马转角楼"，有些跑藏区做生意的纳西商人特别喜欢建这种楼房，因为四通八达的楼房方便于存放和搬运货物，也有利于在家中借宿的客商走动和相互联系。中甸藏族则吸收了纳西和白族的民居形式。

滇西北各民族的服饰在保持自己主要特点的主调之下，在长期的文化交流中也不同程度地有相互影响的情况。如迪庆州与藏族杂居的纳西族，在服饰上受到藏族的影响，而中甸不少乡镇藏族妇女服饰也体现出以藏装为主但又吸收纳西族、白族服饰习俗的特点，将藏族传统服饰的典雅富丽与其他民族的清丽简约等特色融为一体。丽江九河等地的白族妇女也吸收了纳西族妇女以双带束于胸前的羊皮披肩服饰习俗，而当地纳西族妇女也吸收了白族的头饰等服饰习俗。永宁纳人（摩梭）男子喜穿藏装。而在数十年前移民到丽江玉龙山区域的一些藏族村落，虽然还保留着自己的宗教信仰、语言和生活习俗，但在日常的服饰上则已经纳西化，妇女平时多着纳西妇女服装。

丽江塔城乡洛固行政村的藏族与迪庆藏族自治州的藏族毗邻而居，但平时与纳西族交往多，因此村民皆会讲纳西语。金沙江边的不少汉族村落的民居和服饰习俗也深受纳西族服饰习俗的影响，居住在虎跳峡里的汉族移民中，50岁以上的妇女至今大都身着纳西妇女服饰。

木氏土司在迪庆藏区统治约两个世纪，中甸（今香格里拉市）受纳西族文化的影响特别深，中甸藏语方言中，纳西语借词占相当比例。因而中甸藏语的特点，既保留了藏族固有的古语，又吸收了纳西等各民族词汇，形成了与康方言有一定差异的、属于康方言区的南路土语群中的特殊土语。在习俗上至今仍保留有很多纳西族习俗。[①] 此外，与藏族、傈僳族等杂居的纳西族一般都能讲藏语和傈僳语，而在纳西族地区居住的白族、藏族、傈僳族、普米族一般都能讲纳西语。20世纪50年代之前，独龙江

[①] 松秀清：《浅述中甸县解放前的社会经济和政治制度》，《中甸县志通讯》1992年第2期。

上游地区的成年男子大多与西藏察瓦龙藏族有密切交往，多数人会讲藏语，会唱藏歌。"独龙语中的藏语借词，多半是宗教、商业方面的。"① 在有些多民族聚居的地方，一个民族会讲多种语言的现象十分普遍。

居住在丽江县（今丽江市古城区和玉龙县）的回族保持着本民族的生活习俗和宗教信仰，建有清真寺。但很多居住在纳西族社区的回民的语言已完全纳西化，家庭里使用的语言大多是纳西语，他们与纳西民众和睦相处。居住在丽江古城的汉族大多能讲流利的纳西话，有些在20世纪三四十年代移民到丽江古城的汉族家庭受纳西语的影响很深，这样就出现了子女向不会讲纳西语的祖父祖母和父母讲汉语；兄弟姐妹之间则讲纳西语的双语使用现象。

丽江古城现在至少有70%的填报纳西族的居民最早是在明代和清代陆续移民到丽江的汉族人，后来与纳西族通婚，由于长期与纳西族密切交往，在语言、服饰上逐渐被纳西族同化。纳西语对丽江古城汉族移民的影响，至今仍然可以看得出来。从20世纪50年代以后移居丽江古城的汉族居民，大多数已经只讲汉语，但在他们所讲的汉语方言中，有一个相当有趣的现象，即他们的汉语中借用了一些有丰富含义的纳西语语尾助词，以加强语言的表现意义。如他们说"是不是"，云南汉语方言是说"格是"，但丽江汉人则多喜欢说"格是少"？或"格是勒"？"少"（sal）和"勒"（lei）是纳西语中的语尾助词，有不同的加强语气之含义。用了"少"（sal）一词，问句中有了表示疑问、惊奇的色彩；用了"勒"（lei），问句中就有了特别希望被问的人来证实之含义。又如丽江汉语方言中有"他去了焉"一句，意为"他去了"（某处），"焉"（yai）是纳西语语尾助词，用了此词，听者就知道他也去（某处），这一行为是说话者自己亲眼所见或证实，意思比仅仅说他也去了要明晰得多。因此，汉语就借用了这一个助词。纳西语尾助词是纳西语中表达意义十分丰富的语法现象，在丽江的汉族人在长期与纳西人的交往中体会到了这一点，于是，就形成在全是汉语的句子中借用纳西语语尾助词来交流的独特现象。

---

① 多吉、孙宏开调查，孙宏开整理：《独龙语的基本特点和方言土语概况》，《独龙族社会历史调查（二）》，云南民族出版社1985年版，第156—177页。

四　结语

　　正是由于这种各民族相互尊重与长期进行经济文化交流的历史，成为现在滇西北地区各民族和睦相处的根基，而中国改革开放以来形成的开明政治格局，促成了滇西北各民族共同繁荣发展的新形势。现在，滇西北各民族在经济和文化方面的交流更为频繁和自由，各民族之间的通婚更为普遍。在丽江、中甸等滇西北政治经济文化核心地区成为汉、藏、白、彝、纳西、傈僳等十几个民族之间的经济和文化交流的中心点。各民族卓具本土特征而又你中有我、我中有你的文化多样性形成了具有鲜明的地域特色的人类文明，推动了滇西北当前蓬勃兴起的自然风光旅游和文化生态旅游的热潮。滇西北民族关系的历史与现状表明：多民族之间能和谐相处，相互学习和交流，是推动该地区经济繁荣、形成和谐的人与自然关系，推动当地持续发展的重要因素。

　　　　　　　　　　　　　　　　原载《云南社会科学》2000 年第 5 期

民族和睦：云南藏区和谐稳定的重要因素

云南的藏区主要指迪庆藏族自治州，有藏族聚居的丽江市是涉藏地区。迪庆州是云南唯一的藏族自治州，是中国 10 个藏族自治州之一。2007 年末总人口达到 37.45 万人，千人以上的有藏、傈僳、汉、纳西、白、回、彝、苗、普米等九个民族。藏族占总人数的 33.81%。云南藏区是近年来团结稳定与民族和谐做得最好的藏区之一。

笔者认为，一个区域安定和谐最重要标志之一，是生活在这个区域的主体民族和其他民族相互之间的和睦相处，相互尊重，不相互排斥。

云南藏区多年来之所以能保持一种稳定繁荣、各民族和睦共处的局面，首先是因为当地政府出台了各种卓有成效的措施，比如在 2010 年 7 月 1 日颁布施行了《云南省迪庆藏族自治州民族团结进步条例》，对加强民族干部队伍建设、发展民族教育事业、城乡社会保障事业等分别作出规定，并扎扎实实贯彻落实，将每年的 9 月确定为迪庆州民族团结进步月，将 9 月 12 日确定为民族团结进步日。开展了"千名干部进村入户（寺）送民族团结进步"活动，组织"第六届康巴艺术节暨首届迪庆州民族团结节"，为维护云南藏区的和谐发展奠定了坚实的基础。迪庆州党委政府为保持本地的稳定，也实行了不少卓有成效、以人为本的措施，受到各民族的欢迎和拥护。

此外，笔者认为云南藏区能够长期保持各民族和睦和谐相处的局面，也与历史上相沿至今的各民族相互尊重、友好相处、相互学习，在生产生活多领域里亲密合作而形成的云南藏区和谐安宁的区域风气有密切关系。因此，在云南藏区，即使因各种历史原因而有过一些民族之间的矛盾纷争，也能因为后来相互的尊重、相互的学习和互补互助而最终互相谅解，"一笑泯恩仇"，最终形成握手言欢、相互友善乃至患难与共的结局，而决不因那些特定时期的族际纷争而成为"世仇"。

云南藏区的藏族和各民族之间长期以来在精神生活和文化习俗方面的

相互的尊重和学习，日常生活方面多样化的合作、通婚等，逐渐推动云南藏区形成了长期安定和谐、精神和物质文化方面的互融、互动、整合的特点，这种族际之间友好互学互补的风气，形成了一种生机勃勃的活力，促进了云南藏区的繁荣和发展，也促进了本地各族民众一种宽容、包容的胸怀和心态，形成了云南藏区以藏族为主体的十多个民族共同建设自己的家园，共同进步的局面。

一 多民族和睦相处、互补共融的历史格局

（一）各民族同源共祖，唇齿相依

在云南藏区9个千人以上的民族中，藏、纳西、白、彝、傈僳、普米七个民族属于藏缅语族族群，与西北的氐羌族群有历史渊源。这种同源共祖的历史奠定了各民族之间唇齿相依，友好相处的客观条件，并在历史发展历程中逐渐形成了同源异流，异源同流，在分化和融合中你中有我、我中有你的亲缘关系，各民族都有相互认同为同根同源兄弟的神话传说，比如纳西族《创世纪》（《崇搬图》）其中说藏族、纳西族和白族是同父同母的三兄弟；彝族古老的故事《居木乌乌》中说汉族、彝族、藏族是居木乌乌和天女所生的同胞；藏族传说《萨当汉·松诺罗丹》的故事中，把明代丽江纳西族木氏土司称为萨当汉，即"丽江王"，他的藏语法名是"松诺罗丹"，意为"福柞永盛"。这些传说都反映了云南藏区各民族源远流长的友好关系。

在云南藏区，各民族之间的通婚很普遍。从古至今，云南藏区各民族之间相互通婚者很多，不同民族共同构成一个家庭的情况非常普遍，多民族构成的家庭是比较普遍的，如香格里拉县小中甸镇康斯村的一户藏族人家有三个儿子，大儿子娶了纳西族媳妇，二儿子娶了白族媳妇，三儿子则娶了壮族媳妇，一个八口之家就有四个民族，[①]从中也可以看出各民族和睦相处的传统。在滇西北既有称为"麽些（纳西）古宗"的藏族，指那些长期以来在生活方面受到纳西族很大影响和同化的藏族。清代余庆远《维西见闻录》中说："古宗即吐蕃旧民也，有二种，皆无姓氏，……散

---

① 勒安汪堆主编：《当代云南藏族简史》，云南人民出版社2009年版，第224页。

处于麽些之间,谓之'麽些古宗',麽些古宗大致同麽些。"①滇西北也有称为"藏纳西"(或古宗纳西)的纳西人,指那些原来是藏族,后来因为迁徙到纳西族地区,被纳西族逐渐同化的藏族,反映了两族的相互融合的关系。

笔者于 1991 年到德钦县佛山乡纳古行政村调研,纳古离德钦城有 70 多公里,坐落在澜沧江边。当时的行政村村长阿鲁是个纳西人,家在离村公所 10 公里之外的巴美村。他会讲藏语和纳西语,当地的纳西语与丽江的纳西语有一些差异,藏语口音较浓,但我们能相互听懂。阿鲁告诉我,巴美村和离村公所约 6 公里的松顶村的纳西人都是在明代随"木天王"打仗而流落到此的,他家祖上到此居住已经有八九代了。现在巴美村是藏族和纳西族杂居,以前还举行祭天仪式,到 1962 年后,就不再举行了。过去村中有东巴,现在已经没有了,17 岁以下的村民已经不会讲纳西语②。"木天王"衰落后,戍守的纳西士兵逐渐地同化于藏族中,当时在整个行政村的 805 个村民中,仍然自称是纳西人的已只有 132 人,很多人信仰藏传佛教,但村中没有寺庙,村民到江对面西藏芒康县盐井的一个寺庙里去做法事,有的村民还信仰了天主教,主要是受过去在盐井的传教士的影响。

历史上,云南藏区各民族形成同区域交错杂居、聚居而相安无事,除了过去因各种历史原因而产生过的一些短期的民族之间的纷争之外,总体来看,各民族相互尊重、和睦相处是主流。在漫长的历史发展中,云南藏区各民族相互间频繁地进行经济交流和文化交流,形成了多民族互尊互重、藏文化和其他民族文化互补、整合的格局。因此,无论在各民族成分的构成上,还是在生活、宗教、民俗、衣食住行、歌舞艺术等诸多方面,都形成了既保留各自的特色,又有你中有我、我中有你的特点,熔铸出云南藏区各民族文化特有的宽容开放的精神和互补整合的特点。

(二) 各民族居住环境的差异性构成了经济生活的互补性

云南藏区迪庆州自古以来就是多民族地区聚居和杂居的地方,其中纳

---

① (清) 余庆远撰:《维西见闻录》,希贤、沙露茵选注《云南古代游记选》,云南人民出版社 1988 年版。

② 笔者 2017 年到巴美调研,了解到村中现在还有东巴,大多数 17 岁以下的村民还都能讲纳西话。

西、彝、傈僳、白、普米、回族等自古和藏族交错居住。各民族的居住区也大体呈垂直分布状态。纳西、汉、白等族大体居住在海拔 2000 米以下的河谷区；傈僳、彝和一部分藏族居住在海拔 1900—2900 米的温带，藏族主要分布在海拔 3000 米左右的高原。

中甸县（今香格里拉市）的汉族在清朝雍正年间以前人数不多，多为驻军和逃荒至此地，活动范围较小，多住在城市及江边。清朝雍正二年（1724）后，随着中央政府对中甸的经营开发，因驻兵落籍、屯垦、开矿等移入的汉族移民渐渐增多，尤其是乾隆中期后，内地汉族"迁入者越来越多，近者来自滇、川；远者来自陕西、江西等地，以到阿墩子茂顶开矿为多"。来自湘、鄂、粤、桂等省的汉族多聚居于维西等地；部分来自南京、北京的汉人聚居于中甸、维西、阿墩子的市镇及沿江边的塘汛和交通线上，各厂矿也是其主要居住点[1]，他们或务农开荒、开矿、经商贸易，或从事文化教育，对促进云南藏区的开发和发展作出了积极贡献。移入的汉族民众带来了汉文化和汉学教育，汉文化对云南藏区各民族的生活逐渐产生了重要影响。

居住地理环境的差异等因素促成了云南藏区各民族经济和文化习俗的差异，因此也产生了其经济上的互补性和文化上的多元性，这种客观条件形成了云南藏区各民族相互之间进行经济和文化交流的必然性，这种互补性和差异性有利于云南藏区生活的可持续发展和自然资源、生活资料的各尽其用和可持续利用。藏族用高原的物产换回河谷区的大米、玉米和各种水果，而生活在河谷区的汉、纳西、白等民族，也常常从藏族民众中换取酥油、牛羊毛皮、肉、高原药材等。汉族迁到云南藏区后，传入了很多先进的农业耕作技术和工具，比如，汉族来到中甸县（今香格里拉市）三坝乡后，把月牙锄、铁板锄、鹤嘴锄等农具传入了三坝。移民到云南藏区的彝族将山地农耕使用的尖嘴锄传到云南纳西族、藏族聚居区，"尖嘴犁锄也是四五十年前由彝族传入"[2]。

云南藏区的两大世居民族藏族和纳西族在长期的经济文化交流中，在衣食住行方面也呈现出两族习俗相互融合的状况，如现在丽江大研镇民居

---

[1] 王恒杰：《迪庆藏族社会史》，中国藏学出版社 1995 年版，第 204 页。
[2] 《中甸三坝地区纳西族社会历史调查报告》，《纳西族社会历史调查（二）》，云南民族出版社 1986 年版，第 23 页。

中普遍采用的建筑形式之一——蛮楼，就是纳西人在清末至民国时期从藏族商人那里借鉴学习而建盖的，因此又称为"古宗楼"，意为"藏族楼"，其特点是将"四合五天井"或"三坊一照壁"的楼房造成相互通连的建筑格局，民间称这种建筑样式为"走马转角楼"，有些跑藏区做生意的纳西商人特别喜欢建这种楼房，因为四通八达的楼房方便于存放和搬运货物，也有利于在家中借宿的客商走动和相互联系。中甸（今香格里拉市）藏族民居则在藏式建筑风格中融进了纳西和白族的民居形式。永宁纳人（摩梭人）的生活方式在与藏族的交往中起了显著变化，不少人通过赶马经商获得了大量藏式衣物和用具，他们又把这些东西带入永宁，使得绝大多数人（尤其是男子）均以着藏式服装为美，并学会做某些藏族饮食。永宁纳人的民居形式也受到了藏族民居形式的影响，有经幡装饰的大门和藏式经堂等。

云南迪庆州与藏族杂居的纳西族，在服饰上受到藏族的影响，而中甸不少乡镇藏族妇女服饰也体现出以藏装为主，但又吸收纳西族、白族服饰习俗的特点，将藏族传统服饰的典雅富丽与其他民族的清丽简约等特色融为一体。[①]

历史上，丽江古城、中甸（今香格里拉县）古镇独肯宗，以及阿墩子（德钦）是滇藏贸易的重镇和中印贸易的重要枢纽，在这些古镇，各民族商帮进行贸易。比如，藏族马帮是丽江古城的常客，由于"茶马古道"商贸的繁荣，丽江古城中产生了不少为藏族商人而设的马店，古城中辟出了专门为茶马古道客商服务的卖草场，丽江古城的很多纳西人会讲一口流利的藏语。古城中还产生了不少主要与藏人做生意、走拉萨、跑印度、生意越做越大的商人。他们被称为"藏客"，在藏区建立了良好的信誉，为丽江古城的繁荣立下了汗马功劳。在丽江古城和束河等一些历史上与藏族有着长期的商贸往来的村镇中，有不少纳西人与藏族人通婚，有的纳西人远赴藏区定居，不少藏族人落籍于丽江乡镇，双方后裔还常走亲认亲，笔者在近年来的调查中了解到这种纳藏两族间的亲戚交往现在比过去更为频繁和密切。

云南藏区和涉藏地区的藏族和各民族之间的经济贸易有悠久的历史，

[①] 杨福泉：《略论纳西族和藏族的历史关系研究》，《云南民族大学学报》（哲学社会科学版）2004 年第 5 期。

闻名遐迩的"茶马古道"即是滇西北各民族长期进行贸易而形成的充满活力的商业通道、历史悠久的大理三月街、洱源鱼潭会鹤庆松桂会、兰坪营盘街、丽江三月龙王庙会、七月骡马会等，都是滇西北藏族与各民族进行贸易的集市和物资交流会。在清代和民国年间，藏族、白族商人纷纷在丽江开商号，纳西族商人也在中甸（今香格里拉市）、德钦等地设立很多商号。纳西族、白族、回族商人深入到藏区经商，藏族商人也来到丽江等地经商，促进了各民族之间的商贸交流。在"茶马古道"上，藏族和纳西族商人还齐心协力修桥筑路，促进了这条滇藏贸易通道的繁荣。比如位于德钦县澜沧江上的云南进西藏重要渡口溜筒江铁索桥是由丽江纳西族商人赖耀彩在 1946 年倡导并出资，得到迪庆藏族商人马铸材等的积极响应而修建成的。这座桥建成后，改变了过去这里只能用溜索渡江，危险异常，人畜渡江辛苦万分的状况，极大地促进了"茶马古道"商贸的繁荣。

木氏土司在统治迪庆藏区期间，还把核桃、玉米、蚕豆等作物及种植术，以及撮箕等生产用品引进藏区，至今香格里拉县的藏民对上述物品仍以纳西语来称呼，说明这些物品是传进去的。

在滇西北藏区，嘉靖年间丽江木氏土司攻取滇西北藏区以及西藏昌都地区的盐井一带后，滇西北藏区的可以称为"房东制"的贸易方式得到发展。①

有一份收藏在香格里拉县的藏文历史档案（第 10 号）"七世达赖颁给土司松杰的执照"中说："大皇帝之下、和硕界下、达赖喇嘛谕：阳光普照下之众生：阿里三部、卫藏四如六冈，所辖境内之喇嘛上师，王公贵族、神民户、官民户、各级官员、宗官、汉、蒙、藏三方此公文到此者，头人、办事人员、老民、百姓知照：建塘（即中甸）独肯中心属卡松杰者，自其祖辈松节衮之前，纳西王管理时期，即为藏商之房东，对藏商多有帮助……"②

从这一记载中，可知在明代木氏土司统治迪庆时期，与藏商的贸易交往是频繁的，也可以看出当时就已经有房东制的商业贸易习俗。这一贸易习俗清代以后在丽江纳西族地区蔚为大观。

---

① 杨嘉铭、琪梅旺姆：《藏族茶文化概论》，《中国藏学》1995 年第 4 期。
② 《中甸藏文历史档案辑录（之二）》，西洛嘉初、松秀清译，《迪庆方志》1991 年 2—3 合刊。

房东制贸易是滇藏贸易史上出现的一种特殊的经商形式。来自西藏、康巴的藏族商人运货到丽江、中甸等地后，就住在比较固定的"房东"家里，房东帮助藏商进行贸易。

旅店房东居中介绍、当商务经纪人的这一房东制贸易历史已久，是专门用来与藏族商人进行贸易而产生的一种经纪业务。这种房东与内地的一般客店不一样，还兼起着"牙人"的作用。旅店不收住宿费用，而是根据房东替客商出外交涉买卖，然后根据成交额来收一定的"牙钱"，一般称之为"牙用或牙佣"。房东对远来的藏商尽力协助和保护，使他们免受敲诈勒索。房东们都以照顾好自己客户为荣。藏族商人一旦与某个房东建立了信任感和友谊，就形成了固定的主顾关系，且大多终身不变。这种房东贸易制，是经纪人业务的一种衍生形态。①

（三）环境保护和社区资源管理的互助合作

藏族和纳西族关于人和自然有分界，有各自领域的观念，反映了在两个民族的宇宙观中，没有把人放在凌驾于大自然之上的地位。两族人民都认为人与自然是有分界和各自的领域的，人不是大自然的主宰。相反，人要小心翼翼地善待自然，这样才能得到大自然的恩惠和福泽。因此，云南藏区也产生了不少藏族和其他民族共同敬拜、小心翼翼地呵护的"圣境灵地"，其中有雪山、神泉、神林、神树等。②

基于相似的生态文化和生态伦理道德观念，因此，两个民族在对待自然资源和使用自然资源的方式上，也有着旨在保护社区资源和圣境（sacred landscape），有利于社区资源可持续利用的共同点。

在云南丽江纳西族中，过去还有一种各民族共同齐心协力管理社区山林和水资源的习俗，据笔者调查，在20世纪50年代以前，在丽江的一些乡村，村民们采取了一种请其他民族的人来管理山林和水资源的办法，如丽江县白沙乡的束河、今龙泉古镇的仁里村、文明村、松云村都曾请藏族人当管山员，其他如拉市乡、黄山乡等地的一些村子也采取过这种请藏族人或傈僳族等族人来管山林的方式。

---

① 王恒杰：《迪庆藏族社会史》，中国藏学出版社1995年版，第78页。
② 杨福泉：《藏族、纳西族的人与自然观以及神山崇拜的初步比较研究》，《西南民族大学学报》（人文社会科学版）2005年第12期。

这基于以下考虑：一是外来人亲属关系单纯，在管山中不会受到原住民那样复杂的社区亲属关系等的制约；二是纳西人历来认为藏族人性情耿直、豪爽，能忠心耿耿地保护集体利益。其他如拉市乡黄山乡等地的一些村子也采取过这种请藏族或傈僳族等族人来管山林的方式。

二 藏族和其他各族文化的相互交流和影响

宗教文化的相互影响

在长期的相互交流过程中，云南藏区各民族的文化在相互影响中发展，比如宗教信仰，云南藏区不少民族中都是本土和外来宗教并存，如纳西族，既普遍信仰自己的本土宗教东巴教和民间巫术，同时远在唐朝时期，就将吐蕃的本教文化内容吸纳到自己的本土宗教中来，后又将一些藏传佛教的文化吸收到东巴教中，形成了东巴教这种以纳西本土文化为主，又融合了多元文化的独特的民族宗教形态。

明代，纳西族木氏土司在明王朝鼓励和支持下频频用兵于包括今云南、四川甘孜和西藏昌都等地藏区，但木氏土司在藏区非常尊重藏文化，采取各种方式大力扶持藏传佛教。在木氏土司的积极倡导下，藏传佛教噶玛噶举教派（白教派）在今丽江、维西、中甸的纳西族和藏族地区得到蓬勃发展，该教派黑帽系八世活佛和十世活佛先后到丽江，促进了藏传佛教噶玛噶举教派在滇西北的繁荣，产生了著名的噶玛噶举滇西十三大寺，其中有在明代就在西藏、青海四川和云南藏传佛教信徒中有广泛影响的香格里牟波寺即十世班禅大师为之题写"香格格措里"寺名的丽江文峰寺和作为统管滇西北十三大寺以及四川稻城等两个噶举派寺庙的活佛住锡的指云寺等。明清时期，云南藏区纳西族中还产生了不少著名的藏传佛教活佛和高僧，木氏土司家出家为僧的也不乏其人。明代，藏传佛教格鲁巴（黄教）在永宁得到发展，于嘉靖三十五年（1556）正式建立了著名的格鲁巴扎美戈寺。纳人（摩梭人）普遍信仰黄教。

滇西北藏族的宗教信仰有本教、藏传佛教宁玛派（红教）、噶举派（白教）、萨迦派（花教）和格鲁派（黄教），同时由于在明代长期受丽江纳西木氏土司的管辖，也受到了纳西族东巴教的不少影响，据笔者调查，如松赞林寺（归化寺）在举行一般法会时，都由佛教僧人主持，但在卜算当年收成如何和念什么经书等事时，则多由小中甸等地的纳西东巴来占卜。从这种现象中可以看出过去纳西东巴教与藏族宗教活动之间密切合作的关系。在迪庆州，不少村寨的藏族和彝族家庭也请东巴举行一些禳灾镇鬼和祈吉求福的法事，特别以镇鬼驱邪和求子女求福泽的仪式为多。迪庆州的很多藏族、彝族和金沙江边的汉族十分相信纳西祭司东巴和巫师桑尼（桑帕）的占卜术，每遇婚丧嫁娶和不生育、有病灾等，常常请东巴占卜。直到当代，香格里拉县东巴教圣地三坝乡白地以及金沙江边纳西村的东巴和桑尼常常都要接待不少来求卜的远近藏族、汉族和彝族的民众。东巴教圣地白地的白水台也成为相邻民族共同朝拜之地，特别在农历二月八祭白水台神灵之日，附近的彝族、藏族和纳西族民众一起向白水台神灵顶礼膜拜。纳西人以烧刺柏枝这种"烧天香"的方式祭祀，而藏族则在白水台的神泉处悬挂经幡来表达自己对白水台神灵的祈敬之情。

丽江古城的重要水源地黑龙潭（玉泉公园），是纳西族和藏族民族共同信仰的灵泉，2008年黑龙潭曾经一度干涸，很多纳西族和藏族民众都去祭祀黑龙潭的水神，藏族民众在泉畔挂了不少用于祈神求水的经幡。

据笔者的田野调查，香格里拉县三坝乡的不少东巴过去常常给藏族民众做求生育、求福泽（尼妹哦妹）的仪式。有的东巴也常常被藏民请去做驱鬼镇邪的仪式。藏族人常常请纳西东巴为他们烧天香（"凑巴季"，指烧刺柏枝等物来祭神祈福），认为东巴烧天香很灵验。而当地的纳西也常请藏族僧人举行法事，如得病后请藏族僧人念经。在三坝纳西族乡，纳西人向藏族僧人求名的事相当多。有时，藏族僧人给藏人占卜，会告诉他，他应该取个纳西名字才会顺利，藏人就会来找东巴求名。纳西东巴给纳西人占卜，有时也会发现对方应该取个古宗名字，才会顺利，就告诉他去找古宗的活佛或高明的僧人求取名。因此，在三坝，纳西人和藏人之间相互求取名，相互认干爹干妈的不少。

云南藏区的其他各民族也普遍受到藏传佛教的影响，每到农历初十、十五或是春节，到香格里拉县独克宗古城的白鸡寺里来祈福烧香的除了藏族之外，还有本地各民族的信众；在丽江藏传佛教五大寺中，信众除了本地纳西人之外，还有生活在丽江的藏族、汉族和白族等。

清雍正年间（1725—1735），发现了马鹿场银矿，大批来自山西、陕西的回族进入这一地区。据《中甸县志》记载，清雍正六年（1728），派绿营兵驻守中甸，驻军中一部分贵族官兵落籍中甸。同期，一部分回族商人由大理进入中甸开矿、经商。乾隆年间，又有一部分山西、陕西（陕西籍为多数）回族进入中甸开采银矿，分别居住于格咱、宝兴厂、县城、在中甸县城北门街形成了一条回民街。伊斯兰教也随之传入中甸，建有清真礼拜寺。另一支进入中甸的回民来自杜文秀起义军的余部，在清同治八年（1869）进入云南藏区。① 他们后来逐渐形成具有藏、回两族文化特色的"藏回"，分布在香格里拉县一些乡村和德钦县升平镇。

在德钦县升平镇，信奉伊斯兰教的数百回民与信奉藏传佛教的藏族杂居在一起，相互通婚，共同赶马进行长途和短途贩运，两种截然不同的宗教共处一地，互相尊重，相安无事。本地信仰伊斯兰教的回族因为长期以来和藏族通婚，除了保留着自己的伊斯兰教信仰之外，有的回族也有改信藏传佛教的。在衣食住行等方面也受到藏族文化习俗的深刻影响。笔者20世纪90年代在德钦县升平镇看到，"藏回"的男子女子都喜欢穿藏式服装和藏式的绿松石、珊瑚等饰品。他们一般都会讲藏语。香格里拉县三坝乡哈巴村的回族因地处纳西族乡，还会讲流利的纳西话。"藏回"这个称呼在德钦县升平镇等地被本地回族普遍认可。

笔者在20世纪90年代在迪庆州进行田野调查期间了解到，迪庆州有的"藏回"家庭是既有信仰伊斯兰教的成员，也有信仰藏传佛教的成员。不少"藏回"民众中有到藏传佛教寺庙去烧香磕头和在家里举行藏传佛教式祭祀礼俗。

在迪庆藏族自治州的乡镇，多民族聚居和文化互渗的村镇是很多的，比如香格里拉县金江镇车轴村，就有白、汉、苗、藏等六个民族聚居，村民们会讲汉、纳西、白、苗、藏、傈僳、怒七种语言，至今村中依然在使用的有汉、纳西、白、傈僳四种语言。村中有龙王庙、玉皇阁、山神庙、北岳庙等八座庙，囊括了佛、道教和民间信仰。② 香格里拉县上江乡则杂居着藏、纳西、傈僳、白等族，这里的傈僳族既信仰藏传佛教，也信仰东巴教，同时也固守着本民族的原始宗教信仰。又如，在德钦县燕门乡茨仲村，全村有藏、白、纳西、傈僳、汉、怒六个民族，村中82%的村民信仰天主教，有的则信仰东巴教、藏传佛教和道教，甚至有的家庭同时信仰

---

① 云南省中甸县地方志编纂委员会编：《中甸县志》，云南民族出版社1997年版，第213页。

② 萧亮中：《车轴——一个遥远村落的新民族志》，广西人民出版社2004年版，第9页。

几种宗教，或一个家庭的各个成员信仰不同宗教，他们互不干涉彼此的宗教信仰，和睦共处。①

每年的圣诞节，在德钦县燕门乡的茨中天主教堂里，信仰天主教的藏族、纳西族等在里面做弥撒，本地民众用传统的哈达来教堂祈福。而在教堂外面，藏传佛教的各族信徒则烧起篝火跳起锅庄舞一起欢庆圣诞节。在19世纪和20世纪初，当天主教刚传入云南藏区不久，曾发生过藏传佛教僧人和信众的对抗和两教之间的冲突，而随着岁月的流逝和天主教在艰难中的逐渐传播，在云南藏区已经形成了两种宗教和谐共处，各民族两种宗教的信众相互尊重，共度属于两种宗教节日的和谐局面，天主教徒们也和大家一起庆祝藏传佛教的节日。天主教后来也传入了与德钦县接壤的西藏芒康县盐井乡。

多元宗教信仰也深入云南藏区的家庭中，德钦县有一户藏族家庭，夫妇和两个女儿信仰藏传佛教，而大女婿是回族，信仰伊斯兰教；小女婿是纳西族，信仰东巴教。信仰三种不同宗教的人组成了一个家庭。②

在云南藏区和涉藏地区，融会了藏族和各民族歌舞艺术特色的艺术品种也很多，比如流行在丽江市玉龙县塔城乡纳西族和藏族民众中的"勒巴舞"，就是融会了藏族热巴舞和纳西族东巴舞等的一种舞蹈形式。"勒巴蹉"是将纳西族的古典民间舞蹈和藏族的民间舞蹈"热巴舞"融为一体而形成的一个新的舞蹈品种，因此，就形成了这个舞蹈兼备纳藏两族歌舞特色的特点。过去，在塔城依陇、陇巴等地，人们跳"勒巴蹉"时歌词全用藏语，藏族味很浓。而其中有的舞蹈种类则有突出的纳西文化特征，如纳西族传统的蛙舞、虎舞等，这些舞蹈的纳西味又浓于藏族。在另一些地区，除了保留有一部分舞蹈的藏语名称外，很多唱词已经逐渐被纳西语取代。

语言方面，纳西族和藏族相互的影响也是突出的，木氏土司在迪庆藏区统治约两个世纪，中甸受纳西族文化的影响特别深，中甸藏语方言中，纳西语借词占相当比例。因而中甸藏语的特点，既保留了藏族固有的古语，又吸收了纳西等各民族词汇形成了与康方言有一定差异的，属于康方

---

① 李志农：《云南迪庆藏区宗教关系探索》，《西南边疆民族研究》2007年第1期。
② 勒安汪堆主编：《当代云南藏族简史》，云南人民出版社2009年版，第224页。

言区的南路土语群中的特殊土语。① 而纳西族在长期与藏族的经济文化交流中，也吸收了数以百计的藏语借词，东巴教中的藏语借词和借字也很多。

藏区其他民族与藏族在生产生活、文化习俗等方面长期交流中也形成了互动互补的密切关系，比如白族的铜器、银器制作工艺和用品对云南藏民生活的影响，两族之间在手工艺交易中形成了亲密的贸易伙伴关系。

结语：云南藏区的民族融合

各民族长期聚居和杂居在一个地方，由于各种因素的推动，相互发生融合现象是比较普遍的。云南藏区各民族在长期的聚居杂居过程中，在经济和文化的互动交流中，也在逐渐产生着民族的融合。比如，在云南和四川藏区，有不少逐渐融入藏族的纳西人，也有一些融入纳西族的"伙古宗""梅古宗"。"梅、伙、祀、尤"是纳西族的四个古氏族，白地的"伙古宗"与"梅古宗"之说，笔者认为可能有"随了伙氏族与梅氏族的古宗人（藏族）"之意。出生在白地波湾村的纳西青年学者和继全告诉笔者：三坝流传着这样的传说，明代，纳西族木土司叫一些纳西人移民去藏地，一些藏族则被迁来纳西地。白地有藏族后裔，送魂时送到归化寺（ggv bba），再送到尼西，从尼西送上去。这些藏族人中现在有姓和、姓墨的。他们现在已经没有东巴达几十年，送魂路亦已失去。因此随了纳西。藏人中有祭天的"比化"（bbi hual），意为"栎树群"；"拖化"（to hual），意为"松树群"。

纳藏两族融合呈现出来的情况更为典型的是两种文化的混融并存，一方融合于另一方，但自己的文化传统并没有因此完全消失。因此，就出现了两族语言、宗教、饮食、服饰、居住、婚姻等习俗共存于一体的现象，而这种文化趋同的倾斜度则取决于特定区域的主体民族，在藏区，融合于藏族的纳西人中的文化就更多一些藏文化的比重，相反，在丽江等地，融合于纳西族的藏民的文化性质就更多地接近纳西族。

在当代民族融合的过程中，也有由于区域主体民族和少数民族基于国

---

① 松秀清：《浅述中甸县解放前的社会经济和政治制度》，《中甸县志通讯》1992 年第 2 期。

家优惠政策待遇而促成融合的因素，有的少数民族成员为该区域主体民族所受到的优惠待遇所吸引，所以年轻一代就逐渐争取将自己的民族改为当地的主体民族，这样，加剧了融入主体民族的过程。如何解决这样的问题，如何保护和传承藏区各民族的物质和非物质文化遗产，多民族的多元文化对藏区的和谐安定和文化共生互补所产生的作用，如何平衡藏区内各民族共享国家优惠政策，促进各民族的和谐、共同繁荣发展，也是目前藏区需要研究的问题。

总之，要保持各个藏区的和谐稳定，除了不断推出各种有效的、以人为本、有利于民的措施和依托法律的管理措施之外，也应该认真总结过去现在的历史经验，吸取各地的成功经验和做法，推进藏区各民族之间的相互尊重、相互学习、共生互补的良好社会风气，逐渐实现如费孝通先生所倡导的"各美其美，美人所美、美美与共，和而不同"的社会格局和风气，共同推动我国藏区各民族齐心协力，建设互尊互爱、互补互助、共同繁荣、共同进步的美好家园。

原载《西南民族大学学报》（人文社会科学版）2012年第1期

藏族、纳西族的人与自然观以及
神山崇拜的初步比较研究

中国西南的不少民族历史上在宗教、文化和经济方面有长期的相互交往和融合，因此，当我们对某一种文化现象和对某一个民族的文化进行研究时，对相邻民族同类的文化现象进行深入的比较研究，有助于对这一民族有关文化主题的深入了解，以及同一地区不同民族之间文化的相互渗透和整合。

滇西北是个生物和文化多样性十分富集的区域，在各个民族的传统文化中，都有非常丰富独特的宇宙观、生态伦理道德观和社区习惯法，以及关于社区资源认知和管理的传统知识体系。历史上，藏族和纳西族有着长久的政治、经济和文化上密切的交流，两个民族在人与自然密切相关的传统宇宙观念和神山崇拜意识方面，有很多相似点和文化上的整合共融现象，值得进行深入的比较研究，本文是对此专题的一个初步探讨。

一 藏族与纳西族关于人神分界宇宙观的比较

藏族和纳西族都有人和神在自然界中有分界的宇宙观，人类应该遵守相关准则的信仰。据郭净先生等人的调查研究，滇西北藏族有这样的宇宙空间观念。

以神山信仰为中心的空间观念

在卡瓦格博地区，以明永和雨崩为代表的藏族的村落，都是永久定居点。在长期与这座山打交道的过程中，人们把它当作自己所处的宇宙来认识；他们对周围环境及其资源的了解，是以围绕卡瓦格博神山而形成的空间观念为基础的。

与卡瓦格博地区的生产和生活方式相适应，当地人民发展出了一套独特的文化—生态空间划分体系，它包括内部和外部空间以及二者之间的分界：

内部空间

主要包括永久定居的村庄以及周围的耕地。内部空间的基本特征是：

在社区的内部空间（村庄范围以内）里，每一块土地都有名称，如"新田地"（zhing gser pa，很色巴）和"东边下面"（Shar smad pa，夏米巴）。

外部空间

走出由耕地、房屋、围墙构成的社区，便是由山地、森林组成的"外部世界"。相对于内部空间的世俗和日常面貌，外部空间则呈现出野生和神圣的特性。

其一，是树木、河水、岩石、动物等野生生物生存的场所。这些野生生物既为当地人民的生活提供了基本的自然资源，也为他们的文化提供了重要的思想资源。村民在外部世界的经济活动，有着临时的特征，如伐木、采集野生菌和药材、打猎等，而且多为早出晚归。

其二，是神灵管辖的场所。这些神灵不是单一或孤独的，他们以卡瓦格博为中心组成一个山神的群体；他们和迪庆以及藏区的许多神山，又连成更庞大的神山体系。

位于德钦的卡瓦格博峰（即梅里雪山），是滇、川、甘、青、藏等省区以及国外藏民公认的神山。而与卡瓦格博峰相连的其余12峰，又被神话传说分别认定为卡瓦格博神的妻子、儿女及其卫士，由此也变成了神山。因此可以说，整个雪山的主要山峰，都是藏民心目中的神山，而明永和雨崩两个村子，便成了神山环抱的村庄。按照神山崇拜的意识，神山上的所有野兽，都是卡瓦格博神的家畜；神山上的所有树木，都是卡瓦格博神的宝伞，既不能猎取，也不能砍伐。然而，人的生存需要利用资源，为了解决既保护神山又满足人的生存需要的矛盾，藏族人民早在历史上就形成了一条"日卦"（意为封山）线，即由寺庙喇嘛和行政官员共同依海拔高低、距村庄远近等标准，为每一个村子的山林划出一条线，这条线以上为封山区，禁猎禁伐；这条线以下为资源利用区，既可打猎亦可伐木。在我们项目组调查的明永村和雨崩村这两个村子中，"日卦"线大体在海拔3000—3400米以上，当地居民规定，禁砍主要神山的树林，山上的一草一木也不可动，否则神灵会怪罪。其他的神山可以砍一些烧柴和建房用的木材，但不可乱砍，而且山上的木材不允许出售到外地，否则被罚款。明永村的制度类似。①

这种人神分界,即人与自然界神灵分界的观念与纳西族"人与自然为两兄弟,两兄弟各有自己划定的领域"的传统观念十分相似。

在长期依赖于大自然的生产生活实践中,纳西先民的自然崇拜意识上升到了对人与自然之间关系的辨证认识,人与自然之间关系的辨证认识,在泛灵观的支配下,概括出一个作为整个自然界化身的超自然精灵"署",并形成了规模庞大的"祭署"仪式。"署"是东巴教中的大自然之精灵,司掌着山林河湖和所有的野生动物。东巴经神话《署的来历》等很多讲述人与署的神话传说中说,人类与署原是同父异母的兄弟,人类在东巴经中称为"精"或"崇",他的领域是人居住的村寨和村寨周围已经开垦的土地。人能做的事是盘田种庄稼、放牧家畜等;而他的兄弟"署"的领域则是村寨之外的原野,即山川峡谷、井泉溪流、树木花草和所有的野生动物。东巴教中有个神灵叫"素"(svl),读音与自然神"署"(svg)十分接近,而这个"素"神是个地道的司掌着人类生命和人类生活领域里生命体的一个神灵,所有的都各有一个"素"神,而家畜、五谷等也都有自己的"素"神。由于家庭成员各自的"素"有形成一个集合体神灵的功能,因此有的学者又将"素"译成"家神",可以看出"素"神是与人的生活领域密切相关的一个神灵,它与司掌野生动物山川河流森林等野外空间领域的"署"是人与自然两个宇宙空间灵化信仰的象征。②

在东巴经典记载的神话和民间传说中说,人与自然这两兄弟最初各司其职,和睦相处。但后来人类日益变得贪婪起来,开始向大自然兄弟巧取豪夺,在山上乱砍滥伐,滥捕野兽,污染河流水源。其对自然界种种恶劣的行为冒犯了"署",结果人类与自然这两兄弟闹翻了脸,人类遭到大自然的报复,灾难频繁。后来,人类意识到是自己虐待自然这个兄弟而遭了灭顶之灾,便请东巴教祖师东巴世罗请大鹏鸟等神灵调解,最后人类与自然两兄弟约法三章:人类可以适当开垦一些山地,砍伐一些木料和柴薪,但不可过量;在家畜不足食用的情况下,人类可以适当狩猎一些野兽,但不可过多;人类不能污染泉溪河湖。在此前提下,人类与自然这两兄弟又

---

① 郭净主编:《卡瓦格博拟建保护区对社区的影响》,美国大自然保护协会项目,2000年。
② 参看杨福泉《原始生命神与生命观》,云南人民出版社1994年版。

重续旧好。

在不少反映人与"署"即人与自然关系的东巴古籍作品中，均反映了纳西先民的这样一种理智认识：人与大自然之间的关系犹如兄弟相依互存，人与自然只有保持这种兄弟似的均衡关系，人类才能得益于自然。如果破坏这种相互依存的谐和关系，对大自然巧取豪夺，那无异于伤了兄弟之情，会招致自然的报复。这是纳西先民在漫长的生产生活实践中得出的宝贵经验和深刻的认识。在这种理智的认知基础上，纳西族民间产生了一整套保护自然生态的习惯法，以此规范制约着人们对待自然界的行为。

东巴经中常见的禁律有：不得在水源之地杀牲宰兽，以免让污血秽水污染水源；不得随意丢弃死禽死畜于野外；不得随意挖土采石；不得在生活用水区洗涤污物；不得在水源旁大小便；不得滥搞毁林开荒。立夏是自然界植物动物生长发育的关键时期，因此，立夏过后相当长一段时期内禁止砍树和狩猎。由此可见，作为传统文化重要源头的本土宗教是不乏积极的社会功能作用的。

上述藏族和纳西族关于人和自然有分界，有各自的领域的观念，反映了在两个民族的宇宙观中，没有把人凌驾于大自然之上。两族人民都认为人与自然是有分界和各自的领域的，人不是大自然的主宰。相反，人要小心翼翼地善待自然，这样才能得到大自然的恩惠和福泽。因此，两个民族在对待自然资源和使用方式上，也有着旨在保护社区资源和生境，有利于社区资源的可持续利用的共同点。

丽江纳西族有的村子还专门请外来的藏族人担任管山员，这基于以下考虑，一是外来人亲属关系单纯，在管山中不会受到原住民那样复杂的亲属关系的制约；二是纳西人历来认为藏族人性情耿直、豪爽，能忠心耿耿地保护集体利益。龙泉村是在滇川藏地区卓有盛名的"皮匠之乡"，他们生产的藏靴、藏钱包、藏腰带、皮口袋、皮条索在藏区深受欢迎，龙泉人与藏族民众在商贸方面的交往源远流长，不少龙泉人与藏族人通婚，一些藏民先后到龙泉落户。20世纪50年代以前，仁里村、文明村、松云村都曾请藏族人当管山员。

二 "姜日木保"神山（文笔山）的纳藏文化交融

在丽江坝子西南面离城八公里处，有一座神秘的山，现在的汉语名称叫文笔山，过去，汉语又称之为"珊碧外龙山"。这座寺所在的文笔山在纳西语中有好几个名字，一个叫"珊碧日雾鲁"，意思是会发出响声的银石山（"雾鲁"一词主要指雪山，可能过去此山也常积雪）。此山另外还有一个纳西名字，称为"生笔阿纳居"，意为"珊碧地方的老奶奶山"。早在唐代，这座山就已经是在吐蕃和南诏政权境内都相当有名的神山。它象征藏人称作"日达蒙波"（gzhi-bdag-smug-po），又称为"姜日木保"（Jang-ri smun-po）的山神。这山神是"姜"地土地神的首领。而姜则是藏人很早以来就是对纳西人的称呼。纳西人则称这山神为世日曼波。在藏文经典中，山神叫德喇哈（Dra-lha），这座山称为"姜里木波"（Jang-ri-mug-po），其意为姜（Jang，即指纳西）国的紫山。[1]

据藏学专家郎达老人讲，文笔峰在藏语中又称为"姜鲁木补"，意为"姜人的紫色山，因此有"紫峰山"之意。北京雍和宫的僧人对这座山也很熟悉。八世噶玛巴和九世四宝法王都说这是"金刚亥母"修行之地。

这座山上有个文峰寺，其藏语名称为桑纳噶察林（Sang-sngags-dgah-tshal gling），意思是神秘的宗教教育寺庙和幸福乐园。古时这地方有个寺庙称灵寿寺，但后来颓败。清雍正十一年（1723），藏人喇嘛葛立布在此盖茅庐讲经。乾隆四年（1739），现今四川省甘孜州德格八蚌寺的四宝法王来到丽江，向知县管学宣要求捐款修建文峰寺，于是寺庙在五年后落成。

文笔山上有两个很著名的灵洞，一个是与藏传佛教有关的灵洞。关于这个灵洞，有这么一个传说，大宝法王噶玛巴曾经三次渡过金沙江，遍寻一个圣地，最后才发现了这个不同寻常的灵洞，相传这灵洞是南瞻部州的二十四个灵洞之一，所谓南瞻部洲是佛教徒所指有人居住的世界。

笔者在文笔山进行田野调查时，文峰寺老僧孙诺讲，这个灵洞称"内可"，与纳西人对任何宗教圣洞的称呼一样。是金刚亥母曾静坐过的地方。

灵洞附近，有一个著名的"藏钥匙圣石"。据说那神圣的开启鸡足山"佛门"的钥匙就是藏在这山岩中间的一个石头里。藏钥匙的圣者是相传

---

[1] 参看［奥地利］勒内·德·贝内斯基·沃尔科维茨《西藏的神灵》，谢继胜译，西藏人民出版社1993年版，第254页。洛克（Rock., J. F.）:《纳西人的"纳伽"崇拜和有关仪式》，(*The Na-khi Naga Cult and Related Ceremonies*)，Roma, S. M. E. O. 1952, p. 155, n. 181.

为释迦牟尼十大弟子之一的古印度摩揭陀国人迦叶尊者，又称摩诃迦叶尊者，是佛教第一次结集的召集人（即邀约弟子们集会，把释迦牟尼口述的佛经进行甄别审定，系统地把它确定下来），他持金缕僧衣，万里迢迢到云南的鸡足山来等待弥勒佛下生人间。他在到达鸡足山之前，因观丽江地灵人杰，颇有佛缘，便先在此说法讲经，并将一把钥匙留在那块山岩中的一块石头上。然后才去鸡足山，最后在鸡足山入定。从此，文峰寺就成了佛教的一大圣迹所在，凡是到鸡足山朝佛的藏、川、滇、青四省区的藏、蒙古、纳西等族香客，首先要到文峰寺灵洞里烧香敬佛，向灵石祭拜"借钥匙"，从鸡足山朝圣返回时也要到此来"还钥匙"。

文峰寺以其宗教圣者的足迹和故事，成为滇川藏信仰佛教的人们心中的一块吉祥福地，在印度、尼泊尔、缅甸等国佛教界也有较大影响。据孙诺老僧讲，1956年八月，释迦牟尼的两棵佛牙之一从缅甸迎回我国，曾在文峰寺举行盛大的迎送佛牙法会，从8月8日迎到文峰寺，25日送出，中国佛教协会、云南省佛教协会前来指导，先后参加朝佛牙法会的各地民众有十几万人。1986年10月19日，中国佛教协会名誉会长班禅额尔德尼·确吉坚赞大师视察了文峰寺，并赠送了"上师本尊诸菩萨画像"十一幅和本人的大幅肖像，并为文峰寺题字。

文笔山是藏传佛教的神山，也是东巴教的神山，从这座山可以看出纳藏两族宗教灵地圣迹信仰的融合。

在文笔山，除了上述这个佛教的灵洞，还有纳西族本土宗教——东巴教的一个著名灵洞，即汝南化村的"什罗内可"（"什罗灵洞"），此洞在文笔山后汝南化村山上，距文峰寺约有五公里山路。洞朝西，洞后有瀑布飞流。相传白地东巴大师阿明什罗的后裔阿明余勒来丽江传教，东巴经中有记载说："阿明余勒纽纽衣古堆雷赫"，意思是说阿明余勒到丽江（传教）去了。相传阿明到丽江后，先在今泰安乡汝南化村居住，后来又搬往拉市乡恩宗村。但仍然在文笔山上的这个洞中长期修行传教，故称为"什罗灵洞"。

纳西族民间和东巴中有一句俗语说："纳居雾鲁肯，什罗多拉别，盘居雾鲁肯，什罗多补别。""纳居雾鲁肯"指文笔山，"盘居雾鲁肯"指玉龙山。什罗多拉和什罗多补是过去丽江著名的东巴大师，这句话的意思是说，什罗多补在文笔山修行念经，什罗多拉在玉龙雪山念经。说明过去这两个东巴大师曾和东巴教的两个重要祖师东巴什罗和阿明什罗一样，在玉龙山和文笔山这两座纳西人的神山上的灵洞里修行过。

三　玉龙神山信仰中的纳藏文化交融

玉龙雪山是纳西族的神山，在纳西语中叫"雾鲁"，意为"银石"。它是北半球最南靠赤道最近的雪山，长江南岸第一高峰。明末清初的《天下名山志》将玉龙山列入其中。

玉龙雪山是纳西人的神山。相传纳西族全民信仰的民族保护神"三多"是玉龙雪山山神，玉龙山是他的栖息之地和化身。三多神属羊，有时会化身为一块或轻如树叶，或重如雪山的神奇白石，每逢纳西族与敌人战斗，他总是以面如白雪，目如闪电，身着白盔白甲，骑白马、持白矛的形象显灵，帮助纳西士兵战胜敌人。世世代代的纳西人都对这个雪山之神，民族之魂顶礼膜拜。

在玉龙山麓白沙乡玉龙村头，有一个供奉这个纳西民族神的"三多阁"，又名"北岳庙"。它建于唐朝大历十四年（769），是丽江最早的寺庙。每年阴历二月八日，是这个民族神的生日，各地纳西人都要祭拜他，从1987年起，每年的阴历二月八日成为法定的纳西族民族节日——"三多节"。远离玉龙神山，身在异乡为异客的纳西游子每年也都要祭"三多"，一直相沿至今。

三多是玉龙山山神，又是战神，因此，过去纳西武士出征前都要祭"三多"神，无数纳西儿女在沙场上高呼着"三多"的威名，冲锋陷阵，视死如归。

玉龙雪山又是纳西人信仰中的一座爱情圣山。

清雍正元年（1723），清朝在丽江实行"改土归流"，在施行不少有益于当地经济和教育发展的措施的同时，也极端地实施"以夏变夷"的大民族文化沙文主义，鄙视少数民族的传统文化。自此，在"三纲五常""三从四德"等封建礼教和包办婚姻的重压下，成千上万纳西族的年轻情侣沿袭了本族历史上刚直勇厉，崇勇尚武，重情义，"不畏死"的民风，"宁为玉碎，不作瓦全"，以自己年轻的生命去殉爱情的理想，对封建包办婚姻制度以死相抗。迄至20世纪40年代末，无可计数的纳西情侣殉情而死。

玉龙山作为纳西人心灵和精神的寄托，与当时那充满痛苦和非人性残酷因素的社会形成强烈的对比，给苦难的情侣们带去心灵的慰藉，它被纳西殉情者们视为青春生命和爱情的归宿，殉情者认为，在这座雪山上有一个美丽绝伦的灵域净土"雾鲁游翠郭"（一般译为"玉龙第三国"），那儿有一对爱神情侣，女的叫游祖阿主，男的叫构土西古，他们骑着红虎和白鹿，弹着口弦和竹笛，率领着无数的飞禽走兽，在云和风中不停地呼唤着人世上悲苦难脱的有情人。相传痴心相爱的情人在那里将永世不分离，生命在那里将永远年轻；那里没有蚊子苍蝇，没有如人世间那样的恶语毒话；那里晨雾流云作纱帐，绿草鲜花为地毯，日月星辰为明灯，五彩雉鸡当晨鸡，红虎当坐骑，白鹿当耕牛，獐子野驴当家狗……

过去，殉情的纳西族青年男女都要尽量争取到玉龙雪山上寻找一个传说中最接近"雾鲁游翠郭"的美好所在殉情，诸如云杉坪、牦牛坪等地就成为著名的殉情圣地。因各种条件不能到玉龙山殉情的，也要选择一个能见到玉龙雪山的地方殉情。在玉龙山中还有青年男女集体祭拜爱神游主阿祖、构土西公的地方，玉龙山西面的"花冷哺"就是其中之一。

据纳西族著名的藏文专家、曾在文峰寺出家多年，后还俗当了居士的朗达先生讲：丽江玉龙雪山也是一座佛教圣山，是一个"内"。在丽江，纳西人称神山灵山为"内"，灵洞为"内可"，在云南藏区，藏族人也称佛教圣地为"乃""乃日""乃空"，意为神住的地方或供奉圣迹之处。[①] 听很多老人讲，过去来朝拜玉龙雪山的藏族人很多，他们认为这座山也是藏传佛教的神山。

在玉龙山西麓西南侧，有一个著名的风景名胜。山脚下有一泓清池，池水清澈见底，直贯玉湖全村的一条清溪即源于此池。池畔古树参天，向上攀缘数十米，便见一峭壁，壁上镌刻有"玉柱擎天"四个大字，系清雍正元年（1723）丽江第一任流官知府杨香必题摩。其下又有雍正三年（1725）郡丞聂瑞横摩"玉壁金川"四字。摩崖之下，有一泓清泉，方圆几百里的纳西人和白族人都相信这泉水能驱邪明目，每年都有人来这里汲水洗目，临走还用瓶罐汲水而返。过去，泉水上方崖上还塑有一个称为"太子"的小孩雕像，相传他能赐子于人，远近不孕的妇女来这儿敬拜"太子"求子。

在这个著名的景点，有一个相传是噶玛巴坐禅的神秘所在。

[①] 《迪庆藏族自治州宗教志》，中国藏学出版社1994年版，第30页。

噶玛巴第十世却英多吉曾来到"玉柱擎天"上面,看天呈三角形,地呈三角形。他在此静坐,很多虎豹熊狼等在他面前俯伏于地,听他念经。有个给木氏土司放羊的人牧羊来到此地,一群羊全涌过去聚集在噶玛巴周围,听他念经,赶也赶不走。牧羊人将这个异人的情况告诉给木氏土司。木土司赶紧派他手下的重要官员来请他。至今岩上尚留着许多兽蹄印迹。

玉龙雪山上的"仙迹崖"也是一个融纳西传奇和藏传佛教文化于一体的一个神秘所在,我在1993年考察了"仙迹崖",它位于从正面看为玉龙山数峰中右面最矮的那座雪峰之下,据玉湖村老人讲,纳西族历史上最著名的明代土司木生白(一说是其父木青)人到中年,即厌倦红尘纷扰,独自隐居雪山,到处漫游。天长日久,它与山中飞禽走兽相知甚深,能识众鸟兽之语。一日,他率百兽千禽在此巨岩草甸上歌舞嬉戏,尽兴而欢,然后骑一红虎(或曰白马)腾跃过巨岩,遁入深山云雾中,从此不见踪影,岩壁上留下酷似一人骑虎的斑斑痕迹,我曾到此地考查,在白岩高处,看到上面还镌刻有模糊可辨的一些梵文(或藏文)。不知何意。后世曾有一云游僧人紧傍巨岩筑庙修行,现断壁残垣尚存。在玉龙雪山主峰之北,有一大雪峰,状如稳坐莲台的大佛,民间称之为"雪山大佛"。

位于云南藏区迪庆州德钦县的卡瓦格博(即梅里雪山)是在滇川藏甘青数省藏区都闻名遐迩的神山,在藏族的信仰里,这座神山与纳西人的神山玉龙雪山也有神秘的关系,在卡瓦格博神山的南端,有一座神女峰,藏民称之为"面茨姆",相传她是卡瓦格博的妻子,是丽江玉龙雪山的女儿,所以,她老是面向家乡。相传玉龙雪山和卡瓦格博(梅里雪山)都属羊。民间相传玉龙雪山山神(也就是纳西本土保护神)三多各有一个藏族和白族的妻子,从中也可以看出这种从神山信仰中折射出来的纳藏历史关系。

结　　论

作为在族源、语系上有同源异流关系,在历史上有悠久的政治、宗教、经济和文化交流的两个民族,藏族和纳西族的神山信仰和关于人与自然的宇宙观、人神分界观等方面,都有很多相似因素。从最早的神山信仰中，可以看出两个民族古老的原始宗教因素，提供了本教东巴教之间反映在自然崇拜方面的相互关系。在佛教传入后的神山信仰意识中，藏传佛教也深刻地影响了纳西族的神山信仰，产生了神山信仰中融两族宗教因素于一体的现象。通过对两族神山信仰的比较研究，可以探索两个民族早期很多同源异流的原始宗教崇拜因素，同时可以看出两族后来在宗教信仰方面的相互影响。

原载《西南民族大学学报》2005 年第 12 期

茶马古道研究和文化保护的几个问题

在中国西南横断山脉，从唐代起，产生了一条穿行于滇川藏交接地区、绵延数千里、以茶马互市为主要贸易内容、主要以马来长途驮载货物的交通要道。在 20 世纪 90 年代初，木霁弘等六位青年学者在他们考察的基础上于 1991 年出版了《滇藏川"大三角"文化探秘》一书，首次正式提出了"茶马古道"这个名词。① 茶马古道从横断山脉东侧的云南和四川的产茶地起始，穿过横断山脉和金沙江、澜沧江、怒江、独龙江、雅碧江等大江大河，西向拉萨，最后通向喜马拉雅西部的南亚次大陆。它是以滇藏川三角地带为中心，伸向中国内地、印度、东南亚的文明古道。一千多年来，茶马古道犹如一条吉祥的红绳，将大西南边地众多民族的生活乃至心灵世界，连接到了一起。

云南省委、省政府在打造民族文化强省的举措中，提出建设包括茶马古道品牌在内的"四大文化品牌"。而开展第三次全国文物普查以来，云南省文物局选取了七处具有代表性的茶马古道路段，打包申报"云南茶马古道"为第七批全国重点文物保护单位。2010 年 6 月 3—5 日，在普洱召开"中国文化遗产普洱论坛——茶马古道遗产保护"会议，国家文物局局长单霁翔到会并作了《守护千年古道，再书世纪新篇》的主题演讲，标志着启动了国家层面对于茶马古道的保护。同时，茶马古道沿线的各省市区在论坛上达成共识，表示将在未来加强交流，共同保护这条古道，并争取将茶马古道申报为世界文化遗产。

茶马古道是否能成功申报世界文化遗产，是否能成为长盛不衰的文化品牌、旅游精品，造福沿线各民族人民，皆取决于它能否保持长久的魅力。这就涉及茶马古道物质和非物质文化遗产的保护，以及对它的研究深度。笔者从 20 世纪 80 年代末开始至今，在茶马古道的云南区域里长期从

---

① 木霁弘等：《滇藏川"大三角"文化探秘》，云南大学出版社 1992 年版。

事人类学、民族学调研。2002年6月，笔者有机会参与由西藏昌都地区、四川甘孜州和云南迪庆州这三个藏区联合组织的茶马古道考察，从这条古道最重要的驿站之一丽江出发，向着目的地拉萨，进行了一次古道远行。沿途经过云南的中甸县（今香格里拉市）、德钦县，西藏的芒康县、左贡县、昌都县、类乌齐县、丁青县、那曲县，最后到达拉萨市。笔者将自己在茶马古道行走和调研中所见到的一些问题和思考提出来，就教于同行和方家。

一　学术研究中的遗憾

自20世纪90年代以来，茶马古道研究日益受到国内外多学科、多行业、多角度的重视，出版了不少论文和书籍。但就笔者所见，目前关于茶马古道的论著，除了部分是从历史、宗教、民族关系等角度进行研究的功力比较深厚的论著之外，更多的是边走边看边记录的游记和图文实录，而严谨地从民族学、人类学、民俗学等学科的角度进行深钻细研的学术著作和田野调查民族志等还很少，特别是对沿线的村镇、商帮及其经济和文化变迁等方面进行细致调研的还不多见。

在茶马古道沿线，有各民族很多很有特色的村落和小镇，以及各种历史文化遗产遗址（比如众多的考古遗址）、非物质文化遗产等，构成了茶马古道沿线独特的人文风景线。要把茶马古道申报为世界文化遗产，使之成为中国文明史上可以与丝绸之路媲美的文明古道品牌，笔者认为首先应该认真地做好这条文化线路遗产沿线村镇和历史遗址、考古遗址等的调研。而在当下，对茶马古道沿线很多名村名镇的基础研究非常薄弱，有很多还是空白。比如丽江茶马古道重镇束河，虽然已经出版了一些相关书籍，但还没有一本比较系统地研究这个村落群（包括其村民来历、社会组织、宗教、民俗、商帮、产业等内容）的学术著作，比如《束河村志》这样的书。

再如西藏昌都地区的芒康县，自古就是西藏的东南大门，被称为茶马古道在西藏的第一站。西藏自治区芒康县盐井纳西族乡无论从文化上，还是从地理物产上来讲，都是非常独特的神秘之地。该乡地处西藏自治区东南端，位于横断山脉澜沧江东岸芒康县和德钦县之间，平均海拔2400米左右。它在历史上是吐蕃通往南诏的要道，也是滇茶运往西藏的必经之路。盐业是盐井乡的主要经济来源，井口和盐田全分布在境内澜沧江两岸。过去西藏政府称盐井为"察洛"，而地方上的藏族则称"察卡洛"，纳西人则称"察卡"。不论是"察卡"或"察卡洛"，都是纳西语"盐井"的地名称谓。段鹏瑞在编撰于清宣统元年的《盐井乡土志》中说："土人谓木氏（笔者注：明代纳西族土司）为木天土，今尚有此名称"，"今传盐井为麽些（纳西）土所开，由谓宗崖土城为木天土所建"。居住在这里的纳西人，大多是明代随纳西土司木天土来征康巴藏区时留居在这里的士兵后裔。该盐井的盐田现在是茶马古道上唯一仍在生产的人工原始晒盐的人文景观。盐井也是在西藏迄今唯一有天主教教堂和信徒的地方。纳西族和藏族的本土文化、纳西族的东巴教、藏族的藏传佛教和19世纪传入此地的天主教，和谐地共存在这个峡谷古镇里。2002年茶马古道考察队在这里调研时，上海社会科学院旅游研究专家土大悟先生向西藏昌都政府大力提议，应该致力于将盐井申报世界文化遗产。而就是这样的一个名村，目前也还缺少从历史、民族志、盐业贸易等方面入手的系统而细致的研究。

西藏芒康县邦达乡邦达村也面临同样的问题。该村因是茶马古道上赫赫有名的西藏巨商邦达昌的发迹之地而闻名遐迩。邦达家族是西康江卡县（今西藏昌都芒康县）人，三代以前是萨迦寺在芒康的差户，出身贫寒。邦达·宜江继承父业，在清光绪年间从事贩盐、贩马、贩茶叶等的生意，后来成了昌都、芒康的头号富商。后来，印度和西藏之间商埠开通，邦达·宜江将邦达昌的商号开到了印度的噶伦堡和加尔各答。1910年十三世达赖遭遇困厄，邦达·宜江从经济上大力援助达赖，并且为他奔走效劳。达赖回到拉萨后，大力扶持邦达昌，授权其全藏的羊毛和贵重药品的独家经营权，并由西藏政府给予其免税和运输的种种便利。[①] 据丽江著名纳西族商人仁和昌、赖敬庵以及杨超然先生的回忆，邦达昌拥有的资金达1000万卢比以上。时人记载拉萨"城中之邦达昌商号，为藏中经营商业致富之第一家，远近咸知，势耀轩赫，俨然据有操纵西藏商业之地位。其所营之汇兑业与进出口货物贸易，几占全藏贸易总额之半，势力之大，可想见也"[②]。茶马古道上像这样的商号和名村，是非常值得认真地做村情

---

① 《国民政府女密使赴藏纪实》，民族出版社1998年版，第49页。
② 张忠：《西藏巨商邦达昌的兴衰与功过》，《贵州民族研究》2006年第2期。

村史的研究的，现在虽有一些研究成果，但还缺乏历史学、民族学等学科综合的系统的研究。

再如笔者在考察中去过的西藏左贡县位于怒江河谷的东坝乡至今还大量保留着一妻多夫习俗，只有个别户是一夫一妻制①。云南德钦县茶马古道沿线的一些村落的藏族，则有一夫多妻制度和习俗。像这样有突出特色的村子，可以从当地的土地资源和土地制度等入手研究这种婚俗，也可以与茶马古道沿线其他民族的婚恋习俗进行比较研究。这样的研究，无疑将会加深茶马古道在学术研究方面的多元价值和分量。

笔者在茶马古道沿线一些村落调研过关于石棺葬、土碉楼、村民和氏族、家族的来历、苯教、东巴教乃至关于文成公主、金城公主进藏，藏传佛教不同教派的活佛转世、传教等情况，老人的口述是重要的资料来源。如果不趁着很多老人还健在，抓紧时间进行记录整理，那茶马古道沿线文化的研究会留下很多遗憾。

笔者于2010年参加了丽江举办的"茶马古道文化研讨会"，注意到有些青年学者提交了一些见微知著的论文，比如杨亦花的《语言学视域中的茶与纳西文化生活的关系》，王德和、古涛的《茶马古道尔苏藏族的贞朵屋研究》，杨杰宏的《阿喜渡口民族志研究》，和红媛的《茶马古道上村落文化的变迁：以丽江市七河乡西关村为例》等，这是一个好现象，对茶马古道的研究，就应该这样严谨地从一个个社区、地点或专题做个案研究。这样的研究积累多了，才会逐渐形成蔚为大观的"茶马古道学"。

此外，对茶马古道沿线各民族的商帮、著名商人、马锅头（马帮头领）等，也应该深入研究，包括记录他们的口述资料。而现在这方面的调研还比较薄弱，就笔者所见，目前仅有周智生的《商人与近代中国西南边疆社会——以滇西北为中心》（中国社会科学出版社2006年版）、李旭的《茶马古道上的传奇家族》（中华书局2009年版）等较有分量的专著。

同时，茶马古道也是一条历史上各民族进行商贸、文化和宗教等多元交流的通道，各民族的交流又促进了茶马古道的繁荣，因此，有待于从民族关系史的角度来进行更多的深入研究。目前，茶马古道上民族关系史方面比较有深度的研究专著有入选《中国人类学民族学百年重要著作提要》

---

① 杨福泉：《西行茶马古道》，上海人民出版社2009年版，第135—138页。

的赵心愚的《纳西族与藏族关系史》（四川人民出版社 2004 年版）和笔者的《纳西族与藏族历史关系研究》①。还有，对茶马古道各民族相互之间在宗教文化上的交流，比如纳西族的东巴教与藏族苯教之间的关系，沿线藏传佛教不同教派在藏、纳西、白、普米等民族中的传播和交流等方面，都还有待于做更多深入的个案研究。

如上所述，笔者觉得对茶马古道的研究，应该有更多沿线选点和专题的个案研究，应该鼓励多个学科的学者，尤其是青年学子参与进来，这样才能逐渐建构起可以和"丝绸之路研究"相媲美并各有千秋的"茶马古道研究"或"茶马古道学"的雄厚基础。

二　文化保护实践中的不足

世界遗产委员会于 2003 年设立了文化线路（cultural routes or cultural itinerary）遗产项目申报，对陆地道路、水道或者混合类型的通道等文化线路遗产进行保护。世界遗产委员会《行动指南》中评价文化线路遗产的意义为：它代表了人们的迁徙和流动，代表了一定时间内国家和地区内部或国家和地区之间人们的交往，代表了多维度的商品、思想、知识和价值的互惠和持续不断的交流。它的本质是与一定历史时间相联系的人类交往和迁移的路线，包括一切构成该路线的内容：除城镇、村庄、建筑、闸门、码头、驿站、桥梁等等文化元素之外，还有山脉、陆地、河流、植被等和路线紧密联系的自然元素。茶马古道要申报世界文化遗产，并开辟为一条造福沿线民众的旅游热线，最关键的就是要加强对这条古道上的物质和非物质文化遗产的保护，但目前的保护还存在不少问题，包括如下几个方面。

1. 沿途历史文物欠缺规范和有效的保护

茶马古道沿线的文物遗址很多，但目前保护措施还不够专业。比如 2002 年茶马古道考察队来到西藏芒康县邦达乡的卓玛拉康寺，这是一个藏传佛教沙迎派的寺庙，寺内有然堆大日如来佛的塑像，相传是文成公主主持修建的，在"文革"时期被毁，现在正在重修。但修复后只有头部和基座是旧物，其余部分皆是新塑。考古学家霍巍认为它本来应是唐代

---

① 杨福泉：《纳西族与藏族历史关系研究》，民族出版社 2005 年版。

文物，但修复工作对文物来说实际上是一种破坏。此外，我们在茶马古道沿线乡村看到的各种民居、寺庙等建筑都非常有特色，但皆欠缺如历史文化名城、名镇等有相关规章条例的保护。

2. 对沿线的文化遗产应进行符合文化遗产修复原则的规范性保护

茶马古道上的大商帮、"藏客"等对了解各民族的社会生活、历史、人文等具有不可替代的价值。沿线每一座古城镇里的历史遗产景观，已经有一种由历史和现实相融而成的人文价值和精神魅力，不应随意地改建甚至拆迁，应该遵循"修旧如旧，整旧如初"的原则来修复，茶马古道重镇云南剑川县沙溪镇寺登街的保护就值得称道。该地在2001年10月11日入选2002年第101个世界性濒危建筑保护名录后，剑川县积极与瑞士联邦理工大学国家区域与地方规划研究所开展合作，在2002年8月签订了"沙溪寺登街街区复兴项目书"，其复兴工程包括了六个不同的项目，共同构成一个颇有远见的区域规划，包括老街修复、古村落保护、沙溪坝可持续发展、生态卫生、脱贫和宣传等。笔者在寺登街曾和项目组的负责人、瑞士学者雅克·菲恩纳交谈，当时他是世界濒危建筑基金会委托的瑞士联邦理工大学空间规划研究所的项目经理。据他介绍，寺登街的修复工作基于严格的保留历史原貌的原则，古镇现在的状貌是到哪个历史时段的，就维持在这个时段，不刻意复古。[①] 这是一种值得借鉴的经验和做法。

而部分遗产的修复则令人失望。丽江木府（木氏土司府）在修复时，对在清咸丰年间兵燹（本地民众所称的"乱世十八年"，）中幸存的土司府家庭居住的宅院"木家院"采取了全部翻新彩绘、油漆的方式，而这样就失去了原来那种历史沧桑感、劫后余生感。又如丽江市宁蒗县泸沽湖中的谢瓦峨岛（又称为蛇岛、水寨岛等）很有历史价值和人文意蕴，它曾经是民国年间摩梭人著名首领阿云山总管的别墅，著名的藏传佛教活佛罗桑益世（摩梭人）的诞生之地，著名学者洛克（J. F. Rock）、李霖灿等人也曾在此居住，并撰写和拍摄过至今有相当影响的文章和照片。"文革"时"总管别墅"被毁，岛上布满荒草灌木，但还有些断壁残垣和老树等。后来在云南省有关部门的支持下，岛上进行了恢复重建工程。可惜

---

① 李伟、俞孔坚：《世界文化遗产保护的新动向——文化线路》，《城市问题》2005年第4期。

也是全部翻新重建，没有能保留住这个岛屿文化遗址的历史原真性。

笔者曾经在瑞士苏黎世古城参观过不少据说已存在了数百年的老字号商店、饭馆和古街巷；而美国很多城市都完整地保留着具有历史纪念意义的建筑物；在瑞典首都斯德哥尔摩古城，到处都是历史建筑物，令人印象特别深刻的是一座曾经在 18—19 世纪时作为马厩的老房子，其格局和装饰都完整地保留了历史的原貌，已成功申报成为世界文化遗产。相较之下，丽江古城作为茶马古道的重镇，过去有很多马店，但如今已经没有一个保留完整的马店遗址可以供人们回顾中国西部这一段难忘的历史，不能不说是一大遗憾。

3. 沿线的重要历史遗址和文化圣迹景观鲜有标识和介绍

目前，茶马古道沿线各地的重要考古遗址、历史建筑、驿站、地方名人、著名商帮和商人的宅院等，都缺乏标识和介绍，甚至在丽江大研古城、束河古镇这样旅游产业已经很繁荣的茶马古道重地，也是这样。而云南德钦县佛山乡纳古石棺葬考古遗址、芒康县邦达昌宅院遗址、芒康县盐井乡的盐井、丽江古城区和玉龙县的一些重要考古发掘地、"四大家族"（四大商帮）老宅、在金沙江和澜沧江峡谷中残留的一座座古老的碉楼和藏区高原上的一座座古寺都在等待着对它们的图文标识和介绍。

明朝嘉靖八年（1529），纳西木氏土司在小中旬（属香格里拉县建盖了巍峨的"木天土"宫①，相传丽江版《甘珠尔》木刻雕版亦曾藏于此宫中（现在拉萨大昭寺里还珍藏有木氏土司木增奉献给大昭寺的大藏经 108 卷，是大昭寺的镇寺之宝），而数百年风雨过去，昔日这曾因高扬佛教文明之帜而在茶马古道上闻名遐迩的历史遗址，如今已只剩断壁残垣，亦没有有效的保护措施。

笔者在 2002 年的茶马古道之行中还在香格里拉县考察了一个古寺的遗址，据当地藏学家王晓松讲，这是藏传佛教噶举派的"桂齐"（藏语韵寺），在《徐霞客游记》中就记载有在中甸有高三丈的强巴佛塑像，徐想前往观之，但被木土司婉言劝止，相传佛像即是在此寺。此寺后来被烧毁，至今已有 320 多年了。笔者查阅了有关资料，认为该寺应该是嘉夏寺（又名孜夏新寺），是由明代木氏土司出资、六世噶举派红帽系活佛却吉

---

① 藏学家徐建华认为这个王宫是在木增当土司的万历年间修建的，参看徐丽华《木氏土司王宫"茶占"述略》，《中甸县志通讯》1989 年第 1 期。

旺秋指导修建的，原来占地面积有 13416 平方米，在正殿供奉有三丈六尺高的铜铸弥勒佛像一尊，是结合了汉藏建筑风格的寺庙。该寺毁于清康熙十三年（1674）蒙古和硕特部在川滇接壤地区镇压噶玛噶举派叛乱时引发的战争中。但上述这个重要的历史遗址和遗迹都缺乏文字标识和介绍，如果不由本地学者介绍，根本无从知晓其重要价值。

2003 年，笔者曾经在美国西部看到沿途的一些考古遗址，在可以遮风避雨的展示亭中都有详细的图文标识和介绍，即使无人解说，旅人也可以自己看图文了解。而国内湖南凤凰城的古宅老院在图文介绍和标识方面也做得不错，吸引了很多游客，是当地重要的旅游景观。这些做法都是值得借鉴的。

茶马古道沿线村镇，有各民族的很多圣境灵地或灵地圣迹（sacred landscape），包括神山、灵泉、圣者修行处、寺观庙宇等，仅在丽江，就有很多明代藏传佛教领袖大宝法王噶玛巴（噶玛噶举派活佛）的很多圣迹及其传说（如噶玛巴煮茶处、噶玛巴脚印、噶玛巴手杖石等），这些灵地圣迹与噶玛噶举派黑帽系十世活佛曲英多杰有关。他是在木氏土司的支持下，在丽江弘扬噶举派教义，为明代至清代著名的噶举派（白教）滇西十三大寺的形成奠定坚实基础的关键人物。甚至他的弟子杰策六世活佛诺布桑波（汉史记作"三宝法王"）也在滇西北留下了大量灵地圣迹[1]，如今也成为茶马古道上独特的宗教文化景观。此外，在茶马古道沿线，有不少具有生殖崇拜意蕴的神山、灵洞、灵泉，比如德钦县奔子栏村附近位于东竹林寺东面的日尼巴俄多吉神山，意为"心的英雄金刚"山，当地人认为它有神奇的力量，除了能给人平安吉祥之外，还能保佑人生育。山腰有个约高 8 米、状如男子性器的土柱，常常有夫妻到这里祭拜求子。在丽江、剑川、香格里拉等地，也有不少这种被认为能赐子女、赐福气的灵泉、灵洞等，比如剑川石宝山的阿秧白雕石窟、丽江玉龙县白沙乡玉湖村的太子泉、香格里拉县三坝乡白地的白水台石壁等，迄今民众都还络绎不绝地朝拜这些灵地圣迹。[2] 而迄今欠缺对这些在民间有深远影响的灵地圣迹的标识和详细的介绍。

---

[1] 杨福泉：《纳西族与藏族历史关系研究》，民族出版社 2005 年版，第 214 页。
[2] 杨福泉：《西行茶马古道》，上海人民出版社 2009 年版，第 60、80、123 页。

4. 茶马古道的影像实录资料很少

一条文化线路遗产，应该有丰富的口碑和影像资料的积累。笔者对美国华盛顿国立美国印第安人博物馆（National Museum of the American Indian）中展示的印第安老人的口述录像有非常深刻的印象，老人们用自己的母语讲述着部落、村寨的历史和他们自己的故事，而屏幕下方则用英文字幕译出这些老者讲述的内容。这种聆听当事者口述的方式与看静态展品和别人写的解说词相比，更有一种真实的现场感。在美国其他地区和加拿大，笔者也看到不少以展出老照片、传统的生产生活用具等为主的社区博物馆。茶马古道沿线有如此丰富的各民族文化遗产，但显然我们在拍摄类似口述影像方面做得还不够，除了《最后的马帮》和《茶马古道·德拉姆》等少数几部影视纪录片之外，民间文化遗产的影像记录还没有得到足够的重视。很少有将老人（包括商人、马锅头、僧人、歌手、宗教专家等）的口述拍摄成影像实录资料的。笔者 20 多年来看着茶马古道沿线（云南段）村镇的老人一个个离去，他们丰富的阅历、知识和见闻在生前都没能拍摄成人类学影像资料片，这是一种民间文化遗产的重大损失。如果我们要将茶马古道申报为世界文化遗产，要深入展开沿这条古道的文化旅游，需要通过影像实录的手段来进行沿线各民族文化的保护与传承。

5. 民俗旧器不断流失，应通过建立茶马古道沿线博物馆来抢救保存

由于茶马古道很多传统民俗器物没有列入国家的文物保护对象中，所以多年来流散亡佚甚多，或被丢弃，或被商贩买走。有些民间的有识之士，自觉地收集民间文物和民俗旧器，保住了茶马古道的一些物质文化遗产，比如丽江宁蒗县落水村村民翁基次尔青和汝亨次仁多吉从 1998 年起，在滇川两地摩梭人居住地收集摩梭人的民俗旧器，拍摄日常生活照片，办起了一个简单的陈列室，继而发展成如今内容颇为丰富的摩梭民俗博物馆，成为迄今我国唯一反映摩梭人民俗文化的乡村博物馆。博物馆占地近四亩，内有展品 800 多件和几部反映摩梭人文化遗产保护等内容的纪录片，分为民俗陈列馆、祖母房、花房、喇嘛经堂、达巴馆、图片展览馆、茶马古道馆、服饰馆等馆区，对保护摩梭文化起到了重要的作用。

原来在丽江束河古镇的鼎业集团工作的纳西文化人夫巴先生多年来也在滇川地区收集了大量与茶马古道有关的实物、照片等，在束河创办了"茶马古道博物馆"，该馆由序厅、史事一厅、史事二厅、束河厅、皮匠厅、茶马风情厅、茶艺厅、影像资料中心八个部分组成，比较系统地介绍

了茶马古道的起始时间、线路和重大历史事件，成为人们了解茶马古道历史文化的重要窗口。丽江"马帮路"民族文化艺术馆馆主牛牧先生也经过多年的艰苦努力，制作了非常全面而精良的微缩全景再现茶马古道。在丽江的台湾籍文化人于涌先生，也曾办过以陈列丽江民俗旧器为主的"绿雪斋"民俗旧器陈列室。

这些民间人士的努力，都为茶马古道文化的保存和保护做了积极的贡献。而茶马古道既然作为一条线性的文化遗产之路进入了国家文化遗产保护的视野和发展计划中，甚至已经有要申报世界文化遗产的打算，那尽快收集、抢救沿线各民族孑遗的物质和非物质文物、民俗旧器、老照片，创办更多的社区博物馆等内容，更是当务之急。否则，随着社会文化的巨大变迁，以后再来收集这些民俗旧器，会越来越困难。

总之，笔者认为茶马古道在今天被各级政府和国内外各种团体、游客高度重视，是非常难得的良机，滇川藏各地应通力合作，在国家文物局等单位的指导下制定统一的保护与开发的行动计划，用各种卓有成效的措施保护沿线物质和非物质文化遗产，使之成为我国的一宗文化线路遗产瑰宝，使这条古道在当代重新焕发出生机与活力，造福于沿线各族人民。

原载《云南社会科学》2011年第4期，《新华文摘》2011年第19期摘载

略论"大香格里拉"品牌及丽江市、迪庆州文化与旅游的互动发展

自然景观和文化景观是推动当下席卷全球的旅游的要素，其中，文化景观又包括物质和非物质文化等。一个旅游地兼具自然和文化资源两大优势，就更容易推动旅游的繁荣发展。中国云南西北部的丽江市和迪庆藏族自治州就是这样的一方宝地，其自然环境和人文环境都有突出的特色和个性，所以，多年来，无论在云南的旅游发展和文化产业发展两方面，两地都一直走在前列。云南在旅游与文化的互动互促发展方面，在国内外都获得了赞誉，而丽江市与迪庆州，在这方面则可以说是云南的佼佼者。本文既从云南的角度，也从"大香格里拉"区域的角度，从宏观和微观两方面对丽江市和迪庆州的旅游与文化互动进行一些初步的探索。

香格里拉（shangrila）一词，源于美籍英国作家詹姆斯·希尔顿（James Hilton）出版于 1933 年 4 月的小说《消失的地平线》（*Lost Horizon*）。《不列颠文学家辞典》特别称此书的功绩之一是为英语词汇创造了"世外桃源"（Shangrila）一词。国内外都普遍认为这部小说取材于 19 世纪末以来西方探险家、传教士关于中国西南部的各种描述文本，特别是美籍奥地利学者洛克（J. F. Rock）在 20 世纪 20 年代发表于美国《国家地理》（*National Geographic*）的一系列聚焦于中国横断山脉地区探险写下的系列文章，融会了汉、藏、纳西等诸多民族聚居的自然和人文地理特征以及宗教信仰、风土民情等多元文化的特点，突出地反映了一个和平、和谐、安宁的"世外桃源"般的"人间理想国"。

对于香格里拉这个世界知名品牌，四川、云南、西藏三省区的一些地方一度争得火热，都试图说明"香格里拉"这个理想境界是在自己的区域里。比如四川省稻城县亚丁也自称为"最后的香格里拉"，西藏则宣称真正的香格里拉在其昌都地区一带，丽江和迪庆州的文化和旅游界人士也在 20 世纪 90 年代曾为香格里拉究竟在哪里进行过一些争论。经国务院批

准，2001年12月17日，云南省迪庆州中甸县更名为香格里拉县。2002年5月5日，举行了更名庆典。2002年，四川省将甘孜藏族自治州稻城县日瓦乡更名为香格里拉乡。

对"香格里拉"冠名权的一些争夺，给上述地区的旅游发展造成了不利的影响，也造成了旅游资源的浪费。后来，三省区连续召开了协调会。2004年10月12—18日，在四川召开的第三届川滇藏中国香格里拉生态旅游协调会上，三方达成共识，共同发布了《旅游合作宣言》。《宣言》中划出一个大香格里拉的范围，"'中国香格里拉生态旅游区'大范围涵盖川西南、滇西北、藏东南九个地州市82个县（区），即四川省甘孜州、凉山州、攀枝花市的40个县（区），云南省迪庆、大理、怒江、丽江的24个县（市、区），西藏自治区昌都地区、林芝地区的18个县。优先开发的核心区为四川甘孜州、云南迪庆州和西藏昌都地区"。"香格里拉"地区概念的认定，有助于改变人们心目中对香格里拉模糊不清的概念，并带动大香格里拉地区经济的发展。

而2004年《中国国家地理》杂志所划定的"大香格里拉"文化圈是指东经94°—102°、北纬26°—34°所涵盖的范围。西起西藏林芝地区，东到四川的泸定，南从云南丽江一线，向北可达四川石渠县最北端。包括云南丽江市、迪庆州及怒江州，四川甘孜州、凉山州及阿坝州一部分，西藏林芝及昌都地区，以及青海玉树及果洛州一部分。南北直线距离可达1100公里，东西宽约1000公里，总面积近百万平方公里。[①]

目前所说的大香格里拉涉及的云南丽江、怒江部分区域和迪庆藏族自治州，四川甘孜藏族自治州以及西藏自治区昌都地区，其地理位置基本上为横断山脉的中段，世界自然遗产"三江并流"就位于大香格里拉的核心区域；历史上的"茶马古道"也横贯这片区域，学术界所称的"藏彝走廊"（或"藏缅语族"走廊）的部分区域也在其中；其中还包括了红军长征所经过的不少地区，也是"红色旅游"景区富集之地。因此"大香格里拉"区域的提出是一个很成功的文化创意，极大地推动了区域内旅游的发展，形成了一个充满经济活力与文化魅力的品牌。而把"香格里拉"从香格里拉县扩展为"大香格里拉"区域，应该说是一个成功的升华，摆脱了把这个虚拟的人间乐园囿限在一个当代行政区域内而难以体现

---

① 单之蔷：《八大重合横断山》，《中国国家地理》2004年第7期。

"香格里拉乐园"多元文化融合特征的理想境界的弊端。

从 2008 年以来，西藏、青海、四川、甘肃、云南五个省区社会科学院每年轮流承办有关五省区合作与发展的学术研讨会，同时展开了一些聚焦特定主题的学术研究，而大香格里拉区域的旅游与文化的调研是其中的聚焦点之一。目前滇川两省社科院对各自所属"大香格里拉"区域进行了调研，其中云南的研究聚焦点是丽江市和迪庆州，因为这两个州市的旅游与文化产业的发展在云南全省都比较突出，积累了一些成功的经验。这个品牌的创立和旅游文化互动的实践，已经对区域之间经济、文化的多样化合作和借鉴产生了良好的影响，而随之产生的一些问题也提示我们如何建立更好的合作和协调机制，共同解决存在的挑战和问题。

迪庆藏族自治州是云南藏区，有藏族聚居的丽江市是涉藏地区。迪庆州是云南唯一的藏族自治州，是中国 10 个藏族自治州之一。2007 年末，总人口 37.45 万人，千人以上的有藏、傈僳、汉、纳西、白、回、彝、苗、普米等 9 个民族，其中藏族占总人数的 33.81%。迪庆不算大，但迪庆州的自然环境和生态环境很好，森林覆盖率高达 73.9%，居 10 个藏族自治州的第一位。迪庆州委、州政府多年来一直致力于建设全国最好的藏区之一，如今，迪庆州正朝这一目标迈进。云南藏区也是近年来团结稳定与民族和谐做得最好的藏区之一。

丽江市辖古城区、玉龙纳西族自治县、永胜县、华坪县、宁蒗彝族自治县，自古就是一个多民族聚居的地方，全市现有纳西、彝、傈僳、白、普米等 12 个世居少数民族。2012 年末，全市常住人口为 126.2 万人。据 2000 年中国第五次人口普查，纳西族人口共 308939 人，其中丽江纳西族自治县（2000 年时丽江尚未撤地建市）有 201066 人，占全县总人口的 58%，占全国纳西族总人口的 68.5%。在云南，丽江和迪庆堪称旅游大市大州，又是滇西北的核心区。也是"大香格里拉旅游圈"的核心区，滇西北主要指丽江地区、怒江傈僳族自治州和迪庆藏族自治州，无论从自然还是人文地理上讲，其在云南和中国乃至世界上都具有非常突出的地位。

滇西北地区地处青藏高原至云贵高原的过渡地带，位于喜马拉雅山东坡的横断山区域，国内外学者认为滇西北是全球生物多样性最为丰富的地区之一，丽江和迪庆民族文化丰富性、多样性亦构成了该地区的突出特色。历史上，丽江和迪庆是滇川藏三省区民族进行经济文化交流的重要通道，该地区有纳西、藏、傈僳、彝、回、普米、怒、独龙、苗等民族，绝大多数属于汉藏语系藏缅语族。丽江和迪庆又是历史上著名的"藏彝走廊"和"茶马古道"的重要地段，在漫长的历史发展中，滇川藏周边各民族相互间频繁地进行经济和文化交流，形成了一个独特的民族文化大走廊。滇西北迄今产生了世界文化遗产丽江古城、"世界记忆名录"纳西东巴古籍和世界自然遗产"三江并流"等联合国教科文组织授予的世界级文化与自然遗产。自 2000 年开始，云南省人民政府和美国大自然保护协会（TNC）致力于进行"滇西北保护与发展行动计划（含建设大河流域国家公园）"的国际项目，促成迪庆和丽江成为中国国家公园建设试点省中最早建立国家公园的区域，如位于香格里拉县的普达措成为中国第一个国家公园。

民族文化与旅游的互动形成了云南建设民族文化强省过程中的一大突出特色，而在丽江和迪庆，这一特色非常显著。两地的旅游是一种壮丽山川和民族文化相得益彰的生态文化旅游性质。如丽江东巴文化生态旅游公司、丽江玉水寨、东巴谷、霞给村等都成为在云南旅游界和文化产业界有较大影响的民族文化与旅游互动的实体。丽江束河古镇的纳西民俗文化风情、泸沽湖地区的摩梭人民俗风情等民俗文化，成为国内外有较高知名度的文化旅游景区。

2013 年，丽江市接待海内外游客 2079.6 万人次，比上年增长 30%；旅游综合收入 278.7 亿元，增长 32%。在经济总量上，文化产业已成为丽江新的经济增长点。全市文化产业增加值已从 2006 年的 6.6 亿元增加到 2011 年的 20.1 亿元，比上年增长 19%，占国内生产产值的 11.3%，居全省首位，并连续三年（2009—2011 年）被中宣部、文化部等单位评为"全国文化体制改革先进地区"[①]。2013 年，迪庆藏族自治州加快旅游业转型升级步伐，主要旅游经济指标和机场年旅客吞吐量再创历史新高。全年共接待游客 1240 多万人次，同比增长 22.61%；实现旅游收入 120 余亿元，同比增长 25.76%；香格里拉机场年旅客吞吐量也突破了 50 万人次。[②]

2010 年 11 月 15 日，文化部正式批准设立"国家级迪庆民族文化生

---

① 根据 2014 年 1 月笔者在丽江调研时由丽江市文管局提供的资料整理。
② 《迪庆州 2013 年接待游客突破 1240 万人次》，《云南日报》2014 年 1 月 8 日。

态保护实验区"[①]。实验区的建设，对建立以藏族为主体的多民族文化体系，倡导、弘扬、推进多民族长期团结和睦、民族文化交融并存的格局，以及实现迪庆建设全国藏区跨越发展和长治久安示范目标具有重要的推进作用。实验区的建设，不仅对迪庆、对云南乃至对全国藏区都具有重要的现实意义和深远的战略意义。迪庆州邀请中国城市规划研究所设计了《迪庆民族文化生态保护试验区总体规划》，设计以"保护为主、抢救第一、合理利用、传承发展"十六字方针作为指导，以建立非物质文化遗产保护和传承体系，建设全州人民共有的精神家园，促进经济社会可持续发展为目的。规划的保护对象主要包括列入各级非物质文化遗产名录的项目、各级非物质文化遗产项目代表性传承人，以及与非物质文化密切相关的载体、文化场所和自然环境。规划期限为 2012—2025 年，分近、中、远三个阶段实施。

迪庆州在旅游发展中遵循了"适度开发"的发展理念，没有足够的能力保护的就不开发，比如千湖山景区，其风光不比如今的国家公园普达措弱，但至今没有开发。迪庆州对藏区著名神山梅里雪山（卡瓦格博）的保护也可圈可点，上升到了精神文化遗产保护的层面。20 世纪 90 年代，中日联合登山队和日本登山队等不顾当地藏民的反对，多次试图攀登梅里雪山，因此也导致了 1990 年 12 月中日联合登山队攀登梅里雪山卡瓦格博峰遭遇雪崩而全军覆没的大悲剧。1996 年，中日联合登山队再次攀登卡瓦格博，仍然以失败告终。这也更刺激了登山壮士要征服这座山的激情，而围绕它的争论也越来越激烈，争论的焦点为：登山是否需要尊重当地文化？山峰除了自然属性，是否有文化属性？登山除了海拔高度，是否存在文化的尊严？鉴于当地藏民的反感情绪和由此导致的潜在的社会不安定因素，2000 年 10 月，迪庆州和德钦县政府、美国大自然保护协会（TNC）、民间环保组织"绿色高原"等联合召开了"梅里雪山保护与发展国际研讨会"，中外相关专业的知名专家以及当地干部、活佛、群众参加了这次会议，达成了共识。在这次会议后不久的 2001 年，德钦县人大

[①] 国家级文化生态保护区是根据《国家"十一五"时期文化发展规划纲要·民族文化保护》中提出的"确定 10 个国家级民族民间文化生态保护区"这一目标而建设，经文化部同意建立。由于目前仍处试验性阶段，各保护区暂定为"文化生态保护实验区"，待日后条件成熟时，再正式命名为"文化生态保护区"。

常委会正式立法，禁止任何登山队伍再攀登这座永远的神山。这可能是中国乃至全世界唯一一座因为神圣而禁止人类攀登的山，是一个创举，中国的云南德钦在尊重本地神山文化的举措上率先走出了具有历史意义的一大步。①

丽江市和迪庆州在旅游和文化互动互促的实践中积累了多元化多种方式保护和发展民族民间文化的做法和经验，包括政府扶持、私营企业、民间人士的自发培训，家庭传承"不离本土"的传承与强化培训传承方式的结合等多样化的保护方式。②

丽江市还创造了被称为"2004中国经验"的束河古镇保护开发模式。它的"古村落保护和开发新区"分开实施的"双区制"模式，也得到了国内外专家的肯定和好评。"分区制"既有在传统古村落基础上的古镇拓展，建盖了不少小桥流水、青瓦白墙的纳西民居式建筑，又保留了村落的田园风光和村民传统的日常生活格局，旅客在这里可以看到真实的纳西农民的日常生活。这是最关键的一点，也是它比现在原住民不断搬走的丽江古城更具有的优势。

所以，束河古村落的文化保护及其魅力的长久保持，关键也就在于如何保留住这一片农家生活情调、活着的纳西民俗和田园风光"束河模式"还做到了以人为本，最大限度地让当地居民受益。③

丽江市玉龙县玉湖村建构了"党支部+合作社"的模式，引领村民发展旅游，按照"资源共有、利益共享、人人参与、户户受益"的原则，成立了玉湖生态旅游合作社，制定了《玉湖村旅游合作社章程》。全面整顿原来的旅游无序现象，建立起良好的旅游秩序。在党支部+合作社统一调度和安排下，群众以户为单位，提供马匹、牵马兼导游，并按照马匹编号，轮流参与旅游服务。合作社还为马夫、售票员、讲解员、游客投了人身保险，对在服务中受伤的马匹一次补助200元治疗费，如果发生马匹在旅游过程中意外死亡，则一次补助农户500元。在服务保障上，开设了游客休息室、服务热线、投诉电话、游客服务满意度测评等。玉湖村还利用

---

① 杨福泉：《怀念梁从诫先生——回忆梅里雪山下的一段往事》，杨福泉博客：http://blog.sing.com.cn/s/blog_4Ra4fi4120100mf」r.html.
② 杨福泉：《少数民族文化保护与传承新论》，《云南社会科学》2007年第6期。
③ 杨福泉主编：《当代云南纳西族简史》，云南人民出版社2012年版。

旅游发展获得的经济收入发展集体事业，现在的玉湖纳西族村公路入户率达95%，"新农村合作医疗"参保率达91%，新型农村养老保险参与率达100%，小学生入学率达100%；有一个村级卫生室和一个文化活动室；村干部全部纳入了养老统筹范围；60%以上的农户购买了现代化交通工具；自来水入户率和电视广播入户率达100%。

旅游与文化的互动，保护和利用了玉湖村的文化遗产资源，使之造福于民，也促进了本地生态环境的保护和改善。村里采取农户荒地入股、按股分红，合作社提供苗木、管理经营、适当提成的方式，联片发展了5000多亩核桃、1500亩雪桃等林果基地，形成了一批新的林果基地，壮大了集体经济、促进了农民增收。到2013年，全村退耕还林1331亩，植树造林2000多亩，并进一步抓好2800亩森林保护区和2300亩水源涵养林的保护，利用全村30000多亩的草地和草坡，大力发展牛羊养殖业。[①]

迪庆州在藏传佛教寺庙文化与邻近村落互动发展旅游，惠及民生方面做出了很好的成绩。如噶丹松赞林寺，位于香格里拉县城五公里处的佛屏山麓，是云南最大的藏传佛教寺院，著名的康区"十三林"之一，因全寺仿布达拉宫布局，依山势曲叠而上，又有"小布达拉宫"之称。小街子村坐落在松赞林寺景区内。当地村民借助松赞林寺的旅游发展，经营起刺绣、制作经幡等本地文化旅游产品。2010年，小街子村被列入全省少数民族特色村寨试点村后，云南省各级相关部门在该村相继实施了农村公路硬化建设、改厨改厕改圈、藏族特色民居装饰和人畜分居改造、民族文化陈列室建设、生态农业建设、森林植被保护、教育培训五期1500人次等项目，有力地促进了小街子村经济的发展和文化的保护。另外，松赞林寺景区对村民小组每年每户补偿5000元的资源利用费，为当地农村经济的发展增添了活力，也增加了当地群众的收入。该村的村落民俗旅游与松赞林寺的佛教旅游互动，形成藏传佛教寺庙外的另一种乡村旅游景观。

此外，迪庆州还在乡村社区与藏传佛教印经、佛教文化产品等相结合方面走出了成功的道路。比如迪庆香格里拉印经院文化旅游景区，坐落在依山傍水、风光如画的霞给村中，景区位于香格里拉县城城北18公里处，属都岗河上游，是香格里拉普达措国家公园的最后一站藏民族文化走廊，

---

① 根据2013年笔者参与的"民族团结进步，边疆繁荣稳定示范区调查"期间的调查和玉龙县政府提供的资料。

村落还有藏民信仰的神山。霞给村是一个融自然景观和人文景观于一体的藏民族自然村落,景区内保持着典型的藏民居建筑,藏家独有的生活生产习俗、藏传佛教文化、饮食文化及传统的民间手工艺。2005年,景区被评为国家AAA级旅游景区和全国农业旅游示范点,2009年,被评为云南特色旅游村。景区展示了原生态的藏民族家居生活以及生产劳动场景,并以深度挖掘和传承民族文化为宗旨,因此,被誉为"香格里拉第一村"。[①]

旅游在给地方民众带来很多利益与好处的同时,也对本地民风民俗、传统文化产生诸多潜移默化的负面影响。应该通过更多具体的案例调研,来探索旅游与文化如何互补互动,达到更高的一种境界,即文化能对规范旅游经营,促进良好的民俗民风的传承起到更好的作用,在精神陶冶、文化熏陶、文化教育等方面,对旅游的良性发展起到更积极的作用。

笔者在调研中强烈地感受到,在全球一体化和主流文化、强势文化的冲击和影响下,中国当代社会也在发生重大的文化变迁,特别是在西部少数民族地区,社会和文化变迁是非常突出的现象。以丽江古城为例,有形文化和无形文化(非物质性文化)不仅是它成为"世界文化遗产"的促成因素,也是形成旅游名胜的因素。现在需要思考的是,在当代的文化变迁中,如何保护和发展丽江古城的文化。随着旅游的繁荣,房屋出租价的提高,游人众多引发的喧哗等原因,丽江古城的原住民在不断地外迁,古城的非物质文化特别是民俗文化也随着他们的外迁在不断流失。古城的核心文化遗产除了各种民间建筑外,还有以纳西族为主要载体的原住民日常生活习俗等诸多非物质文化遗产。过去,大批纳西人的聚居使古城成为纳西族传统历史文化和民俗文化的汇聚与集中点,而随着原住民的逐渐外迁,地方传统文化也大量地失落乃至逐渐消亡。丽江古城的人口"置换"过程伴随着的是古城文化的日渐"被置换",大量的外来人口涌入古城居住,如不能"入乡随俗"地学习和在继承学习的基础上再创当代古城新文化,丽江古城的文化可能逐渐失去其魅力。

丽江古城的核心魅力鲜活地延续至今,靠的是文化的多样性、丰富多彩的纳西民俗,以及不失历史传统、依山就水绿意天成的城市空间布局和

---

① 参看刘婷《香格里拉县旅游产业与文化产业互动发展典型案例调研报告》,杨福泉主编《丽江市和迪庆州旅游与文化互动发展研究》,中国书籍出版社2015年版。

保留了"唐宋古法"的民宅结构。① 如果丽江古城完全没有了那些本土音乐老乐手,那些每天身着本族服装的纳西女人,那古城人每天使用着的纳西语和丰富多彩的民族节庆,以及具有多元文化特点的社区民俗活动,即使古城内有很多数百年的古老建筑物,活水滔滔长流,那也不是世界所瞩目的"活着的古城"。

在原住民不断外迁的情势下如何展示古城传统非物质文化? 笔者以为,一是要用各种方式鼓励丽江古城新移民学习本地传统文化的精华,致力于在传统文化基础上的当代丽江古城文化的再创造。这种当代古城文化应该是既有传统文化的底蕴、神髓,又有新的时代精神和审美情趣,充满原创文化的活力。已经搬迁到周围住宅区的古城原住民,也应通过各种途径保持各种兴趣盎然的传统习俗,比如节庆与人生礼俗等,营造纳西传统文化氛围。在丽江古城,可以通过建立古城博物馆、设置家庭作坊等方式进行传统民俗展示,并结合旅游进行纳西传统婚礼婚宴、人生礼仪等纳西文化习俗的体验活动。

二是对丽江市和迪庆州这样的世界自然遗产、文化遗产地而言,除了上述传统文化特色需要保护和传承之外,自然环境的保护也是至关重要的,它与文化的保护密不可分。随着这两地旅游和转山朝圣等活动的发展,对环境的压力也增大。2014 年 10 月 13 日,中央电视台新闻频道就曝光了雨崩景区垃圾遍地、公共卫生设施欠缺等问题。报道中称,景区随处可见方便面盒、矿泉水瓶等垃圾。而景区公共卫生设施却非常欠缺,平均每隔 200 米有一个垃圾箱,但都没有防水盖;此外整个景区没有一个公共卫生间。报道中还指出了现有垃圾处理方式、处理效率远远低于垃圾产生速度,以及客栈污水自然排放、旅游开发粗放无序等问题。② 针对媒体反映的情况,迪庆州相关部门成立了州一级的领导小组和县一级的指挥部,着手对景区展开整治、规范和提升,及时开展景区垃圾清理等工作。

笔者在 2014 年 10 月参加了梅里雪山环境和文化保护的一次调研考察活动,深感要保证梅里雪山区域的文化和旅游的可持续发展,有几点应该考虑:第一,梅里雪山作为一个以宗教文化、民俗文化和大雪山景观整合

---

① 刘敦祯:《刘敦祯文集》第二辑,中国建筑出版社 1987 年版,第 187、334 页。
② CCTV 渐闻直播间:《被垃圾围困的梅里雪山:百吨垃圾难处理——世界自然遗产蒙尘》,http://news.cntv.cn/2014/10/is/vll门413170523fi10700_shtml_。

一体的人间胜地，应该超越出将其仅仅评定为一个有"旅游级别"（如3A、4A等）景区的观念，营造品质和品位更高的旅游目的地，这样才能与其世界遗产地的品质相匹配。像梅里雪山这样自然和人文景观俱佳，且依托于藏民信仰文化的地方，应逐渐将其培育为心灵归依、精神陶冶、转山朝拜神灵、与自然对话等强调陶冶性情和提升信仰的高端旅游和朝圣目的地，形成别具特色的生态和人文旅游胜地。第二，鉴于目前梅里雪山的垃圾污染不仅仅是由游客造成的，其中还有成千上万的转山朝圣者，所以，应由藏传佛教高僧大德等多号召朝拜梅里雪山的各地藏民从不乱扔垃圾开始，呵护神山环境。逐渐让大家加强神圣之地随便乱扔垃圾是对神山的亵渎的意识。第三，各级环保部门推出处理垃圾更为科学、有可操作性的具体措施。争取进入梅里雪山不用塑料袋等，商店不卖用塑料袋装的物品。统一用可循环使用和环境友好型的包装物品。这一点，丽江很多年以前就推出市场买卖不用塑料袋装东西的做法，值得借鉴。第四，像明永村、雨崩村这样位于梅里雪山腹地的社区，应该学习和借鉴国内外一些旅游地的经营，妥善管理和可持续利用旅游资源；并从每年的旅游收入中提取一定比例的款项，用于社区的长远发展事业，包括奖励年轻人学习（学习本地传统文化和国家课程），老年人的一些补助和社区的集体事业发展等。本文第二部分提到的丽江市玉龙县玉湖村的案例在这方面有很好的做法和经验。第五，梅里雪山的各种决策，要多多听取社区民众的意见建议，通过集思广益，让本地民众加强自觉保护梅里雪山的意识。

此外，大香格里拉作为一个范围很大的区域，其中各省、州、市、县乃至乡等都要有默契的配合与协作，才能在旅游与文化的互动中共赢，保持这片区域长久的魅力。最近发生在泸沽湖上惊动甚大的一场风波中，提示了区域协作的重要性。

泸沽湖是位于滇川两省交界处的一个高原湖泊，是云南所列的九大高原湖泊中水质最好的湖泊，生活在湖畔的摩梭人（纳人）把它视为母亲湖，本地的宗教信仰与民俗都与这个湖有密切的联系。云南泸沽湖管理机构和摩梭人为了保护好泸沽湖的自然和文化环境，多年来一直固守着在湖上只用传统的猪槽船而不用机动船的做法。两岸百姓世代在湖里进行捕鱼、捞猪草等生产劳动，旅游开发后，老百姓均以村为单位，家家出船出力，运营后的收益，每家每户平均分配，融洽和谐，使泸沽湖成为一个闻名遐迩的旅游地和国内外学术界、文化界普遍关注和研究的文化热点区域。

而在2014年10月底，四川泸沽湖管理局却投放了一艘名叫"摩梭家园001号"的机动船，消息迅速在网络载体传播，立即引起当地群众的质疑和反对。11月3—4日，当地民众在泸沽湖边发起"誓死保护母亲湖""拒绝一切机动船污染泸沽湖"签名活动，反对四川方面发展机动船"拒绝机动船驶入"。① 其实早在2010年，滇川两省就共同出台了《泸沽湖保护管理公约》，里面明确规定："努力实现不让一滴污水流入泸沽湖的目标，泸沽湖水域除湖面执法和安全救护管理所需的机动船外，禁止燃油、太阳能、电瓶等动力船只行驶。"现在，四川方面却要破坏这一约定。

笔者认为，就目前中国旅游的品位和环境来说，像泸沽湖猪槽船这种旅游设施与当地民风、湖光山色和神秘的摩梭文化融为一体的已经不多了。猪槽船不仅是一种运载工具，本身就是一种文化和旅游资源，村民可凭此挣钱，同时在猪槽船上为游客讲述摩梭文化和历史，游客也可以自己参与划船感受本地生活习俗。这样的文化体验，不是机动游船可以替代的。增加机动船借口是为了增加门票和旅游收入。笔者觉得不要把所有的旅游活动都与增加旅游收入捆绑在一起。也许机动游船在盈利方面会超过猪槽船，但把机动船放进湖里，整个当地的文化景观就已经被破坏了。我们不能把这样高品位的旅游资源和旅游一味地与机械的、所谓效益高的工具联系在一起。四川省盐源县不仅要遵守川滇两省的有关条约，还要遵守大香格里拉川滇藏三省区合作开发旅游的精神，多与泸沽湖边的社区民众对话，和游客对话，听取专家学者意见，权衡各方利弊后，慎重地实施旅游的各项措施。

从各种现象看"大香格里拉"这片滇川藏青接壤地区的文化保护传承以及旅游的互动发展，需要更密切的区域之间的协作。而怎样搞好这一片民族与文化多区域之间的合作，需要在对文化资源的认知、文化与旅游的发展途径和形式等诸多方面形成多边共识，仅靠单边的努力已经难以达到"大香格里拉"地区文化与旅游互动并持续发展的良好结果。②

---

① 和慧东：《四川"房船"现身泸沽湖上，沿岸民众签名抗议》，《云南信息报》2014年11月4日。

② 钟美兰：《机动船驶入泸沽湖没有说服力》，《四川日报》2014年11月12日。

丽江市和迪庆州在旅游和文化的互动互促方面积累了不少的成功经验，推动了两地的旅游经济的发展和民族文化的传承与保护，成为"大香格里拉"旅游圈里文化与旅游互动比较成功的区域之一。同时，它也面临着各种新的问题和挑战。无论是经验、成绩，还是出现的问题，它对"大香格里拉旅游圈"都有诸多启示意义，也为我们研究旅游与文化的互动，旅游如何促进文化的保护与传承，文化如何促进旅游的良性发展提供了实证的案例。

原载《中南民族大学学报》2015年第1期

论火神

火是原始初民赖以生存和生活的重要能源，利用火是人类最初摆脱动物界的一个重要标志，是人类文明的肇始。人类最初畏惧火，后来逐渐能利用自然火，然后发展到人工生火。火那种熊熊燃烧的奇异性和它对人们生活的密切关系使原始初民形成了火崇拜的浓厚意识。火既能把大地上的草木动物等烧为灰烬，也能用来熟食，取暖和防御猛兽，它有一种不可捉摸的自然威力，人们既敬仰它又惧怕它。人类学会利用火以后，火成为人们生产生活中不可缺少的东西，人们对火又生出浓厚的感激之情，敬拜着给他们带来恩惠的自然力。对火的敬畏和感恩戴德这两种情绪形成了人们在不同时期火崇拜意识的心理基础。由于原始先民不知道自然起火的原因，认为它是和山川河流、日月星辰一样由某个神灵司掌的神异之物，于是就产生了火神。千百年来，在人们的信仰意识中，火神是与人们的生产生活关系最为密切的神祇之一。直到现代，有很多神灵已为人们所忘却，但火神仍旧稳固地盘踞在许多民族的神坛上，享受着人们的祀奉。

一　火神的特征和形象

在中外不同民族中，火神的特征各有差异，但如溯其本源，大都与火产生的几个自然因素和人工取火方法有关。古代印度人把火神阿普尼视为最高的神，在印度最古的宗教经典《梨俱吠陀》中，对他的赞歌占很大篇幅。关于阿普尼的来源有三种说法，一种认为阿普尼"在天则太阳为其本处"；一种认为来自天空中的"云中电火"；一种认为是象征地上父母的两块木片摩擦后产生的，因此火神阿普尼为太阳之火、雷电之火，木片摩擦之平常火的象征[①]。希腊的太阳神阿波罗是光与火之神，又是家中

[①] ［日］高楠顺次郎、木村奉贸：《印度哲学宗教史》，高观庐译，商务印书馆1935年版。

灶火的保护者，希腊人把他供在三脚的火盆中。①中国神话中的炎帝是火神，《史记·五帝本纪·正义》说："神农氏姜姓也……长于姜水，有圣德以火得王，故号炎帝。"《左传·昭公十七年》中说："炎帝氏以火纪，故为火师而火名。"《管子·轻重》中说："炎帝作钻燧生火。"另有一说谓炎帝为太阳，如《白虎通·五行》中说："炎帝者，太阳也。"据《山海经·海内经》记载，火神祝融是炎帝的玄孙。炎帝为太阳神和火神的两种传说以及火神与太阳神有亲缘关系的传说都反映了太阳与火的密切关系。在世界很多民族的神话中，太阳与火有很密切的联系，希腊神话中的普罗米修斯从太阳里盗火给人类；古代雅利安人的太阳节与生命节也是火节；北欧神话中的火神洛克亦被视为酷暑的太阳光。人类学家认为很多民族的火崇拜都与太阳崇拜有关，原始部落常常举行祭火仪式，用巫术的力量加强太阳的力量。每当冬至来临时，气候寒冷，北方部落就认为这是太阳正在疲倦的缘故，就点燃火堆加以鼓舞。美洲印第安人有这样的仪式，当夜晚降临时，在空地上点起一堆大火，直至天亮。庆祝者肩披长发，面部和身体涂上白黏土以象征太阳的白色，手中拿着羽毛装饰的舞棒，围着火堆跳舞，从东到西来回移动，模拟太阳的运行。跳舞者不住用羽毛球点火，象征新太阳②。北美奥吉布瓦印第安人认为日月都是神，当发生日食时，大为惊恐，说是太阳要死了。救太阳的方法是将燃烧着的炭插在箭头上向太阳射去，意思是让火重烧太阳，恢复光明③。阿尔泰人对火祈祷说：你是太阳的一部分。所有这一切都反映了人们把天上具有热能这一物质性特征的太阳与火联系起来类比联想的思维特点。从上述太阳与火及火神相联系的神话传说和习俗中，也可以看出原始初民把具有相同物质性功能的物体联系起来解释自然事象的原始思维特点。

很多民族在对火的来历迷惘地进行探索和解释时，认为最初的火是从天上来的，印度婆罗门教神话中，火神摩多利首先在空中发现隐藏着的火，他第一个从天神处取火给人类。苗族史诗《铸日造月》中说，在很

---

① ［德］施密特：《原始宗教与神话》，萧师毅、陈祥春译，上海文艺出版社1987年版，第66页。

② ［德］J.E.利普斯：《事物的起源》，汪宁生译，四川民族出版社1982年版，第328—330页。

③ 《林惠祥人类学论著》，福建人民出版社1981年版，第69页。

古的时候，火种住在哪里？宽阔的天空落下五把火，那时的火从天上来。雷电是引起自然火的原因之一，有的民族就把雷电与火神联系起来。可以看出，火神的特征首先反映了远古时人们对自然起火现象的观察和解释，反映了人们在未学会生火时对自然火所抱的敬畏心理和原始宗教中把天体崇拜和自然力崇拜交会相融的信仰意识。

火神的另一个特征则是在人们学会生火用火后产生的，如炎帝钻燧生火，阿普尼从两块木片的摩擦中生出之说，明显地反映了远古钻木和用木片相摩擦的原始取火方法。这种原始的取火方法反映在很多民族的神话故事中，而且至今仍可在中外不少民族的祭火圣典中看到，如云南佤族在新年到来之际，择吉日举行取新火仪式；到时必须采用健竹取火的方式。云南彝族阿细人在腊月二十七至二十八举行取新火仪式，届时全村男子赤裸上身，由一个男子赤裸全身钻木取火。这种圣典中的取火方法反映了人们对远祖学会的取火方法的追念。在生活环境和条件都十分恶劣的原始社会，学会取火，利用火对当时的人类来讲是一件非同寻常的大事，它从根本上改变了原始先民的生产生活状态，是人们适应和战胜自然力的一大进步，因此，这一历史性的创举发展成一种世代相沿长盛不衰的神圣礼仪，并成为火神的重要特征之一。有些民族的火神特征则反映了"石块相击"这另一取火方法的历史陈迹。如羌族神话中说，火神蒙格西与羌人女酋长勿巴吉相爱，生下了儿子热比娃，火神在天庭教儿子用两块白石互击取火。热比娃带着白石回到人间，从此人间才有了火。羌人因此奉白石为神，每家的火塘也就成为火神的留居之处。《苗族古歌》中说，火耐老公公用二石根击，迸出火苗，人们从此吃熟食了。这种以石相击取火的习俗在近现代很多民族中都还存在。信萨满教的雅库特人在祭火神的仪式上，认为只有用健石取的火才是神圣纯洁的。这亦是远古击石取火方法的历史反映，人们往往把祖先学会运用和掌握自然力的创举奉为神圣之举，一代代在宗教仪典中重演以志不忘和歌颂。

火神被赋予钻木取火，两木相摩生火和击石生火的含义，这是人类的火崇拜意识有了一个全新意义的说明，火神已不再仅仅是桀骜不驯，令人心悸的自然火的象征，它已初步具有了为人类所掌握，服务于人类的内涵。从上述火神的特征中，可以看出火神这个形象包容了人们对自然火起源的认识以及学会取火、生火等内涵，是原始先民从试图认识火、解释火到初步学会用火生火这一文化历程的缩影。从中反映了原始宗教中自然神的观念和内涵是随着人们认知自然的进程而演变发展的。

从火神的形状来看，也反映了人们对自然神的认识过程。火神首先具有火这一自然力的外形特征。首先是完全以火为火神本体形象的，如中甸、德钦的藏族和永宁纳西族、普米族在主室墙上绘供的火神为燃烧状火焰，不具人形。鄂伦春族的火神没有神像，他们认为燃烧着的火焰就是火神"透欧博如坎"的化身，每餐都要往火里放酒肉表示祭祀火神。从很多民族学资料看，最初的自然神常直接以自然力本身为其化身，如石神、树神、山神、各种动物神等，后来才随着进一步的人格化逐渐人形化。火神形象的第二步演进是人形与火合为一体，古印度的《梨俱吠陀（选歌）》中这样描写火神阿普尼："烁烁然现于众木之间，遍体呈赤色，宛如疾奔的骏马。"① 《诃利世系》中说，他以烟与旗为头饰，持火红的长枪，乘红马拉的车。② 在这里，阿普尼是一个人火形状皆具的神灵。满族火神叫突姆妈，身披光毛火发，光照中天。许多民族的火神都有"红面赤衣"这一从火之颜色衍化而来的特征，可见自然神最初产生时，不仅其本质与它所象征的自然力有密切的联系，其形貌也是从自然力本身衍化而来。但火之红色形成火神为"赤状神"的特点在一些民族中也会随该民族的文化结构而发生演变，如藏族的火神为白色，据说火神是佛教传入西藏前苯教的众神之一，白火神居众神之首。这与藏族的白色崇拜有密切关系，在藏族的信仰中，白色为神之色，因此火神也就成了白色神③。很多民族的白色崇拜与日月星辰崇拜有关，在他们的信仰中，白色是太阳的颜色，是光明的象征。④ 火崇拜与太阳崇拜，光明崇拜有密切关系，因此火神为白色也有其内在的观念联系。

随着火神人格化的不断加深，火神最后完全以人的形状出现在很多民族的神坛上，这在火神的变体火塘神与灶神的诸多形象上可以看出。一个有趣的现象是，在很多民族中，火神的形象是女性；鄂温克族认为火神是一个老妈妈；赫哲人尊称火神为"佛架妈妈"；在满族古老的萨满神喻中

---

① ［苏］谢·亚·托卡列夫：《世界各民族历史上的宗教》，魏庆征译，中国社会科学出版社1985年版，第184—185页。
② 任继愈主编：《宗教大词典》，上海辞书出版社1998年版，第22页。
③ 谢继胜：《藏族白色索尚探索》，《民间文学论坛》1986年第3期。
④ 杨福泉：《纳西族东巴经中的黑白观念探讨》，《世界宗教研究》1986年第2期。

讲到：火神是穿红袍的老妈妈。在一些萨满神喻中，火神"拖亚恩都里"的满语词，就是"火"与"母亲"两个词音的混称，译成汉语为"火母亲"[①]；英国古俗中有祭火炉女神赫斯谢的礼仪；罗马有监护家庭之火与国家灶火的女神韦斯塔；希腊有监护社团与城镇之火的女火神希斯提亚；汉族的灶神在早期的传说中多是女性形象；在西伯利亚诸民族中，家庭火塘的神灵大多为女性，如吉利亚克人的火婆婆，纳乃人、阿尔泰人的火妈妈、埃文克人的火外婆等。

国内外很多学者在论及这些现象时一般都认为是母权社会时女性地位高的反映。固然，火神为女性这一文化特征反映了一些民族早期尊重女性的社会习俗，但由此推论这是母权社会的遗风是不确切的，我认为火神为女性这一现象是火神与人类的居家生活有了密切联系后产生的，它反映了妇女在生活中因司掌烹煮食物的家务而与居家火塘、火炉和灶所产生的密切联系。一般来讲，各民族妇女与居住空间的生活范围关系密切，而火是人们居住空间生活的中心，妇女的居家生活职能形成了她们与火极密切的联系。云南不少民族在举行建房升火礼仪时，由妇女点燃火塘或灶里的第一把火，祭献火神的礼仪也多由妇女主持，但在这些民族中，妇女的社会地位并不高，有的甚至很低下。这些礼俗不过是社会性别分工在生活习俗中的反映，中外不少民族的火神为女性这一文化特征也是长期以来妇女与火（特别是家居之火）的关系密切这一点上形成的。由此可以看出自然神的形象还会随着人类社会生活的性别角色结构发生相应的变化。

二 火神内涵的多元化

随着人们能运用火、生火，火神的文化内涵日益丰富起来，特别是火被人们引进居家生活中后，火神与人类的社会生活发生了更为密切和广泛的联系，它由一种自然崇拜的形式演化为具有更为广泛的社会内容的信仰实体。

火被引进人类的居处标志着人类文明的又一个重大进步，它从根本上改善了人们的生活，而火神也随之进入人们的家居神坛。火神入室后，许多民族的家居火塘和灶就成了火神居处的标志，火神一身衍化为多神同格

---

① 富育光：《满族火祭习俗与神话》，《民间文学论坛》1986 年第 4 期。

体，如火神、火塘神、灶神。印度火神阿普尼除司自然火外，也司掌着火塘和灶里的火，人们称它为"家主"，它保护人及其家宅，并监视人的行为。希腊的光与火之神阿波罗也是家中灶火的保护者，希冀人把他供在三脚火盆中，他们并用这三脚火盆占卜，希冀得到阿波罗的赐福。罗马的火神乌尔堪与灶火有关①。中国神话中的太阳神和火神炎帝也与灶有关系，《淮南子·泛论训》中说："炎帝死而为灶。"火神祝融亦与灶有关，孔颖达注释《礼记·礼器》道："颛顼氏有子曰黎，为祝融，祀以为灶神。"在中外许多民族中，火神与家居火塘和灶都有关系，火塘神、灶神实际上都是火神的分化体。由此可以看出，火被引进民居后，原为自然火象征的火神也就成了已为人们"驯化"了的家居火的象征。

大量的民族学资料证明，世界上很多民族，特别是中国西南部的少数民族中，经历了使用火塘和使用灶这两个阶段，最早的灶即火塘，各民族使用火塘的历史相当漫长，至今不少民族仍然保留着火塘生活方式。灶是从火塘演变而来的，如纳西族古语称火塘为"刮"，象形文绘三个锅庄石的火塘状，现代纳西语称"灶"为"刮"，这也是灶从火塘演变而来的说明。火神入民居后，在有的民族中分化为火神，火塘神和灶神，在有的民族中则成为集三位于一体的司火神。火神内涵的外延反映了人类火崇拜意识的演进过程。

我们以乌蒙彝族为例对此作一剖析。乌蒙彝族有三个司火之神，火神叫多斯，火塘神叫苦鲁斯，灶神叫格白斯。他们认为灶神和火塘神是善神，专司人间温饱，对人有益无害；而火神则是恶神，常降灾于人，一切火灾都是火神降临的，因此人们十分畏惧他，敬而远之，在家里也没有安他的神位；对火塘神是敬而不祭，也不设神座；对灶神则隆重祭祀，祈求他保佑家庭灶火兴旺，煮饭多涨饭，煮酒多出酒。② 从乌蒙彝族对三个司火之神的不同态度和观念中，我们不难看出，火神是自然火的象征，是人们崇拜自然火的产物。他不入民居，在冥冥中注视着人的举动，一旦被触怒，便降火灾于人，因此人们视之为恶神，对其怀有敬畏交加的心理。这反映了远古人们未学会用火时的恐火心情。阿昌族神话中说，凶火神生性

---

① 施密特：《原始宗教与神话》，萧师毅、陈祥春译，上海文艺出版社1987年版，第66页。

② 唐楚臣：《彝族火神话与中华火文化》，《彝族文化》1985年年刊。

骄横，孕育狂风闪电，又制造多余的太阳，造成大旱，晒死生灵。彝族神话《阿普独摩》中说，人经历过九次磨难，第一次是火灾，是凶火神作祟制造出来的。傣族古歌《大火烧天》中也描述了凶火神造成的种种自然灾害。这些都反映了人们对自然火的惊惧心情。由此可以理解乌蒙彝族为何把象征自然火的火神看作恶神。火塘神和灶神则是人们学会生火用火，把火引入居室后产生的神灵，象征居家生活中经人"驯化"了的火，能给人带来实惠，是人们日常生活中不可或缺的要素，他们自然就成为善神，受到人们的祭拜。灶神产生于火塘神之后，人们最初在火塘上烹煮食物，后来才出现了火塘与灶的分工，或由火塘发展为灶。灶取代火塘烹煮食物的功能后，人们敬拜司火之神的重心也就逐渐地转移到灶神上。这种充满功利色彩的神灵信仰发展脉络是符合原始宗教观念的发展规律的。

司火神灵分化后才出现火神恶，火塘神、灶神善的观念，因为他们分别代表了三种对人的利弊和功利有差异的火。这种神灵善恶观念反映了人们在从被动地慑于火之威到主动地利用火这一生产生活实践过程中所发生发展的自然神灵认识观。在有些民族和同一民族的不同支系中，火的善恶二重性则都体现在一个司火精灵上。云南弥勒彝族支系阿细人认为火神是引发火灾的罪魁，因此在每年正月二十三至二十四举行隆重的送火神仪式，由祭司"阿吉苏"领着几个戴着面具象征鬼神的人，逐家逐户地用木棍敲打中堂的神龛，表示驱赶火神。云南富民县罗免和赤就两乡的彝族如碰到火灾，就认为是得罪了火神，火神埋了火星进行惩罚，要举行"找火星"的仪式，祭司毕摩咏诵《送火神经》。布朗族认为火神住在火塘中，他们殷勤地祭献火神，求他保佑，但他们对会导致火灾的火神也十分畏惧，每年都要举行送走为害的火神的仪式。

有的民族则根据火的利弊分化出善火神与恶火鬼或善火鬼与恶火鬼的观念，如景颇族在火塘底下埋祭火鬼的干鱼，祈求火烧得旺而不烧出火塘外，一旦失火烧了房子，就认为是为祸于人的火鬼所为，要请巫师董萨举行仪式驱走它。基诺族认为房屋失火是火鬼"米内"作祟，要在发生火灾的当天举行驱火鬼的仪式。纳西族也认为火灾是火鬼所为，火灾后要请东巴举行送火鬼仪式。这些礼俗都反映了人们基于功利目的的神灵善恶观。

人们对火神那种感恩戴德而又敬畏交加的心理深化了对它的崇拜意识，更由于火是人们居家生活的第一要素，人们的生活离不开火，因此，随着火与人关系的日益密切，火神的职能和神性不断外延和膨胀，不断地超越出他原来只象征自然力的自然神属性。

温饱是人类生活中必不可少的两个基本条件，火神最基本的一个职能是给予人们热力、温暖和光明，因此，各民族对火神的礼赞都要涉及这些最基本的功能，如彝族祭火神词中说："春天来开荒，荒地你烧熟；夏天虫吃苗，恶虫你烧死。火伴行人走，火伴家人坐，火是衣食火，火是人魂窝。"

随着神灵观念的发展、人类社会生活的丰富和人们思维想象能力的提高，火神本身的自然属性就不断地神秘化和扩大化，在各民族的神坛上成为神通广大的神祇。

很多民族把火神与家庭的财富与兴旺联系起来，如普米族对火神的祭祀在地界诸神的祭祀中最为隆重，他们把火作为光明和财富的象征，家庭繁衍兴旺的根源。川西南的纳木依人和拍木依人也认为火神主宰着家人的温暖和健康，还能使家庭富裕，能把富裕的魂请到家中来①。印度《梨俱吠陀》中的祭火词也反映同样的观念："愿能由阿普尼（火神）得到财富，每天得到富裕，声名显赫，英雄辈出。"②

火神的另一突出神性是镇妖除怪，驱邪祛恶。古突厥人认为火神可以驱走外族带来的鬼祟，因此外族使臣进入突厥境内，要先引导他们绕火驱邪，然后才能进去谒见。满族每年都举行接火神的仪式，用神火烧邪秽之气，清宅净院，讨一年的吉利。纳西族祭司东巴、彝族巫师毕摩、普米族巫师韩规等在做法事时，也要借助火神的力量驱逐鬼邪，消灾祛病。

在许多民族中，火神成为家庭的保护神。蒙古族、哈萨克族和柯尔克孜族人结婚时，新郎新娘首先要举行拜火神仪式，只有这样，新娘才算加入了丈夫的家族。阿尔泰乌梁海人也认为火神是全家的保护神，全家的衣食之源都靠火神保护。傣族在小孩出生，满月，家人远出，儿子离家入赘，女儿出嫁，招女婿，娶媳妇时都要祭火神求其保护。阿伊努人向众神祈祷保佑自己生活安宁时，首先向火炉中的女火神卡姆依、夫齐祈祷，然后再通过她向祭

---

① 何耀华：《晃宁县联合公社藏族社会历史调查》，《雅砻江下游考察报告》，中国西南民族研究学会 1983 年印。

② 金克木、巫白慧译：《梨俱吠陀》十五首，季羡林、刘安武选编：《印度古代诗选》，漓江出版社 1987 年版，第 2 页。

坛上支配自然世界和人类生存的众神祈祷。① 阿伊努人有来世观念，并相信人死后将接受高位神的审判，受审时的主要证人为火焰女神。火伴随人度过了一生，因此人死后由火神当证人也是入情入理的。火神作为人们生活中的保护神，与人的一生有着密切的联系。很多民族在神圣的人生关口都祭火神，求他护佑，如云南很多民族在火塘边举行出生礼、命名礼、成年礼、婚丧礼，祈求火神的保佑。信婆罗门教的印度人有名目繁多的人生礼仪，这些礼仪都与火神阿普尼有关，届时要安置圣火，祭火神求其保佑。②

火神还具有能帮助人们打仗，战胜仇敌的能力。中国火神祝融"杀鲧于羽郊"（《山海经·海内西经》），"降火于夏城之闲，西北之隅"，以助成汤伐夏（《墨子·非攻》）。纳西族东巴经中说，当主人家在某一天要与九个仇敌搏杀时，他们祈求火神"塔拉左木"帮助他们战胜仇敌。

火神神性之所以变得如此炫赫是与火在人类社会生活中被广泛运用密切相关的。从火神的各种神性中都可以看到火这一自然力本身功能的影子，从火能威摄野兽，杀灭害虫等功能上推衍出了火神威摄仇敌的神通；火是人们家居生活中依赖最多的自然力，因此火神就成为"家主"，家庭保护神，财富与兴旺之源；火神后来演变为灶神，据清宣统年间重镌的《灶王府真经》所载，他能保佑人们发财生子，得妻长寿，买卖兴隆，五谷丰登，身健体安，出门顺利，功名显达③，几乎囊括了人生的一切愿望。可见司火神灵在其发展演变过程中，不断地被赋予社会生活的新内容。在有的民族中，火神成为善与智慧的至尊之神，如流行于古代波斯、甲亚等地的拜火教认为以火为象征的善端最高神阿胡拉·玛兹达是智慧和主宰之神。火神所有这些显赫的神性，都发端于火与人非同寻常的密切关系。在原始宗教信仰中，人们对神的理解基于神本身所代表的自然力与人之间的关系，越是人们依赖最多的自然力，从其幻化和发展出的神灵也越为神通广大。火神从它的自然属性上衍生出多种炫赫的神性，乃至集智慧、善等抽象观念于一身，正突出地反映了自然力本身与人的关系是自然

---

① ［日］石川荣吉主编：《现代文化人类学》，周星等译，中国国际广播出版社1988年版，第72页。

② ［日］高楠顺次郎、木村奉贸：《印度哲学宗教史》，高观庐译，商务印书馆1935年版，第78页。

③ 杨堃：《灶神考》，《汉学》1944年5月第一辑。

宗教神灵观产生和演变发展的基础，自然神的神性内涵根源于它所代表的自然力本身的物质属性及其在人类社会生活中的功能作用。

三　火神与其他神灵的叠合

　　由于火神与人们的日常生活密切相关，因此与人们家居生活中的其他神灵也有了密切的联系，产生了相互叠合的现象。首先，在许多民族中，它与家神密切相关。这是因为人们把火神视作"家主"，家庭保护神，其职能与家神有共同之处，他们都是赐福和护卫一个家庭的神。藏族苯教中有家神，也称"房神"，所谓"灶神"或"火神"实际上也是家神，他们认为这个神灵在冥冥中保护家人发财致富，平安无事①。四川省盐源县左所的纳西族"纳日"人把火神詹巴拉亦视为房神。阿尔泰卡软人的火神叫查巴克托斯，每户部民皆奉之为穹庐之主。古突厥人崇拜的火神亦即帐神。四川冕宁县的纳木依和拍木依人把正房火塘的三块锅庄石作为火神的象征，但在每块锅庄石上都画有家神像。

　　除了火神与家神相叠合外，火神还与祖先神密切相关。火与祖先是人们家居生活中最为重要的两个物质和精神实体，前者产生了人们对赖以生存的自然力的崇拜，启者是鬼魂崇拜同血统因缘观念结合的产物，是人们社会生活的重要精神支柱。不少民族把祭火与祭祖融为一体。如汉族和一些少数民族所供奉的祖先"灵牌"，称为"主"，《说文》云："主，灯中火主（烛）也。"金文中的"主"是一器皿中有火在燃烧之形，故一家之主的"主"，其本义也与祀火有关。又如汉字中的"父"字，金文中多作"汉"，乃是以手举火之形，说明古代所谓的"父"，就是负责祀火奉火的人。②汉族以香烟不绝表示子孙绵延；在古希腊，人们认为守火即是奉祖，火即祖神的象征，以常燃的火为一家人乃至同一邦人的共同之祖，子孙的重要职责之一是使家火不熄。印度婆罗门教把火神与祖神等同。

　　在中国古籍中，中华民族的祖先炎帝都与火神或火神之变体灶神叠合，《太平御览》卷一百八十六引《淮南子》道："黄帝作灶，死为灶神。"在中国西南许多少数民族中，祭火塘兼有祭火神和祖先的双重含

---

①　格勒：《藏族苯教中几种神》，《民族文化》1984年第6期。
②　柯杨：《简论民族民间文学的艺术价值》，《民间文学》1982年第1期。

义，如永宁纳西族和有些地方的彝族把火塘锅庄石视为火神和祖先的象征。羌族以火塘灶上的三块白石或铁三脚的一只象征灶神"莫古依稀"[①]。

滇族古歌中说："火是先祖的胆子，火是先祖的力量，有火哈尼才活得下去，火是哈尼的亲娘。"火神与祖先神的叠合和二者的密切关系折光反映了各民族先民艰苦探索实现用火这一文明的伟大创举，反映了历史上火与人相依共存的关系。

随着锻铁业的发展，许多民族在居家火塘上安置铁三脚架，因此火神又与铁匠神发生了联系，羌族家庭的铁三脚架右上方的一脚系着一个小铁环，此即火神的象征，其含义亦包括灶神和铁匠神[②]。火神与铁匠神的叠合是火与人们的生产活动相结合过程中产生的一种文化现象，因为铁匠不仅能驾驭火，而且能锻打出火塘上神圣的铁三脚。羌族以善打大型铁三脚架著称。因此，后起的铁匠神也就成了火神的化身。高加索的奥塞梯人将锻铁业之神萨法奉为钟圣的火塘灶圈的保护神，阿昌族的火炉之神即铁匠神。希腊宗教的火神赫斐斯塔司亦是冶炼之神，掌管灶、火山、冶炼技巧和神奇手艺，制作各类武器和金属用品，被视作一切工匠的始祖。这都是火神的内涵随人们生产水平的发展而发生相应变化的反映。

从上面的论述中，可以看出火神是原始宗教火崇拜意识的产物，火神的内涵展现了人们在不同社会历史时期崇火意识的萌芽、发展和演变的全过程，它是火在人类社会生活中之重要性在宗教信仰领域里的反映。通过对火神的剖析，我们可以看出，原始宗教中的自然崇拜一旦与人的社会生活发生密切联系，它就不断地被充实进新的内容，各民族特定的社会生活在不断地改造着神灵的状貌性质，原来作为某种自然力象征的自然神也不断超越出自然力本身，其神性延展到更为广阔的社会生活领域中，并渲染上抽象的伦理观念色彩，如善、正义、纯洁、智慧等，原来原始的、拜物教的神祇就变成了有更多人文色彩和社会因素的神。

此文原载《云南社会科学》1993年第2期，《新华文摘》1993年第11期全文转载。又入选中国科学院编《中国八五科学技术成果选（1990—1995年）》

---

① 张宗南：《萝葡寨羌民的端公》，《边组服务》1943年第1卷第2期。
② 《羌族思想史资料汇编》（第1辑），西南民族学院民研所、科研处翻印，第139页。

汉族灶神与中国少数民族灶神的比较研究

火被引进人类的居住空间是一个划时代的进步。火进入人类居所后，逐渐产生了灶。火神这一自然崇拜的产物，随火一起进入民宅，与人类的物质生活和精神生活发生密切的关系，其文化内涵不断丰富。火神登堂入室后，与灶发生了密不可分的关系，灶成为它的居所。久而久之，火神就逐渐演化为灶神。中国各民族都有形状各异的灶，也都有灶神。这些灶神都是在古代火崇拜和饮食崇拜的基础上产生，但各民族的灶神却又很不相同，各有特点。他们最初产生时可能大同小异，但随着各民族社会历史和文化发展差异性的增大，灶神和其他神祇一样，都打上了本民族的传统印记。于是，各民族的灶神在其形象、神性、职司上都出现了较大的差异。中国灶神的这种差异性不仅反映了中华民族文化的多元性，而且它对于研究历史上灶神的发展演变极有价值。对不同民族的灶神进行比较研究，特别有助于理解汉文化中灶神的盛衰演变，也有助于理解神灵观念的变异与特定社会文化发展之间的关系。

一　灶神形象之比较

神灵的形象是窥探其观念内涵的一个窗口，神灵形象的演变与神灵观在特定社会历史中的发展进程有密切的关系。

不少古籍中和近现代各地所绘汉族灶神的形象，大多是方面大耳，留三绺长须，身着古代汉式官服，头戴官帽或身着道袍道冠，俨然封建社会时代的官员或道士的形象。他们与汉文古籍中所记的"著赤衣，状如美女"[①]，或"衣黄衣，披发"等尚有火崇拜外观形状的早期灶神已相去甚

---

① 司马迁注《庄子·达生》。

远，更无从寻觅具有火之形，光之义的早期灶神炎黄祝融之状貌和灶神曾为"蝉"①、"蛙"②或"兽身人面"③等古代录物信仰及动物崇拜的痕迹。那充满后世人间世俗气息的官员形象已了无灶神最初从太阳神和火神演化而来时那种神秘而眩目的神态。

如果我们考察一下我国一些少数民族的灶神形象，则可以看到灶神发展演变的一些脉络，看到灶神最初与太阳和火密切相关及其泛灵性的原初面貌。一些民族的灶神具有火这一自然力的外形特征和"光"这一火的物质属性。如永宁纳人（纳西）以火为灶神的本体形象，他们在主室墙上所供的灶神（亦为火神）为燃烧状火焰。云南迪庆藏族家庭在主室墙上所供的灶神亦为燃烧状火焰。火焰两边分别为太阳月亮。反映出灶神最初与日月崇拜和火崇拜密切相关的特点。西藏藏族的火神为白色，据说火神是佛教传入西藏前苯教的众神之一，白火神居众神之首④。这与藏族的白色崇拜有密切关系，而其根源即与光明崇拜有关。很多民族的白色崇拜与日月星辰和火崇拜有密切的联系⑤。火神为白色即有其内在的观念联系。白在甲骨文中作❍，像火苗状。白色本指火光之色，其音正是燃烧木柴时发出的"噼啪"爆裂声的记录⑥。哈萨克、鄂伦春、满、蒙古、鄂温克等族都把火神视为灶神，其中一些民族将燃烧的火焰视为火神的化身，如满族把火堆之火视为火神的象征，每年除夕要在院中架柴点火，迎接火神"突恩都里"⑦；鄂伦春族的火神没有神像，他们认为燃烧闪耀的火焰就是火神"透欧博如坎"的化身或象征⑧；另有一说谓火神（亦为灶神）是一个老妇，这是火神形体人格化后的观念。20世纪50年代前的新疆阿

---

① 参看袁珂《漫话灶神和祭灶》，袁珂《神话论文集》，上海古籍出版社1982年版。
② 参看杨堃《灶神考》，杨堃《民族研究文集》，民族出版社1991年版。
③ 孔颖达注释《礼记·礼器》："颛顼氏有子曰黎，为祝融，祀以为灶神。"《山海经·海外南经》："南方祝融，兽身人面，乘两龙。"
④ 谢继胜：《藏族白色崇尚探索》，《民间文学论坛》1986年第3期。
⑤ 杨福泉：《纳西族东巴经中的"黑""白"观念探讨》，《世界宗教研究》1986年第2期。
⑥ 徐山：《雷神崇拜》，上海三联书店1992年版，第112页。
⑦ 富育光：《满族火祭习俗与神话》，《民间文学论坛》1986年第4期。
⑧ 蔡家麒：《鄂伦春族的原始信仰与崇拜》，《中国少数民族宗教》初编，云南人民出版社1985年版，第45页。

尔泰乌梁海人也把火焰作为灶神的象征而崇拜。①中国很多民族的灶神（火神）在传说中都有"红面赤衣"这一从火之颜色衍化而来的特征，可见自然神最初产生时，不仅其本质与它所象征的自然力有密切的联系，其形貌也是从自然力本身衍化而来。汉文"赤""朱""黄"在甲骨文中都与火有关，当源于火光之色。②

　　以火焰作为灶神的化身，这是灶神崇拜的最初形式之一，它根源于先民最早的自然力崇拜。从上述这些民族的灶神形象中可以推想汉族灶神远古时的本来面目。

　　中国一些少数民族的灶神没有具体的形象，如藏族的灶神没有具体的形象，有的以锅台上边的墙为意向中的灶神神龛，倍加恭敬，若烧奶、茶等，先要向墙上泼洒一些，再让人吃喝。其他做出的食物在人享用以前，也先要献一点放在墙下的锅台上，让灶神享用。有的则以灶火本身为灶神的依附处③。羌族以火塘灶上的三块白石或铁三脚的一只象征灶神"莫古依稀"④；有的则以火塘灶铁三脚右上方一脚所系的一个小铁环象征灶神。布朗放的灶神没有具体形象，他们把火塘视为他的居所。川西南的纳木依人和拍木依人把屋中火塘上立的三块锅庄石视为火神之所在，即火神之象征。锅庄石是三条宽二三寸的长条石，一条叫呷萨呷鲁，一条叫哈萨呷鲁，一个叫呷鲁瓦移，都深埋于地下，世世代代不能动。为了求得火神的保佑，即使是不在火塘边烧火的人家，也要立锅庄石⑤。独龙族认为火塘灶是全家最大的主人，它司掌着火，也保护着全家人，一日三餐，都要由老人在象征火神的锅庄石或三脚架上放食物祭祀。

　　青海互助县土族在厨房的黑墙上，用黄泥抹上二尺多高、一尺多宽的一块，再于泥上点一些白点即成灶神灵位。有的将白点点成三角形，上尖下宽，有的完全点满。泥下放着一块供板作为点灯或供馍之用。腊月廿四日送灶时，用新黄泥在头一年抹上的黄泥和白泥上再抹上一层，便算将灶神送走了。到了腊月三十日又要迎接新灶神，即用白面在新抹的黄泥上再

---

①　何星亮：《阿尔泰乌梁海人的宗教信仰初探》，《民族研究》1986年第1期。
②　徐山：《雷神崇拜》，上海三联书店1992年版，第112页。
③　丹珠昂奔：《藏族神灵论》，中国社会科学出版社1990年版，第28—29页。
④　张宗南：《萝葡寨羌民的端公》，《边疆服务》1943年第1卷第2期。
⑤　何耀华：《冕宁县联合公社藏族社会历史调查》，《雅砻江下游考察报告》，中国西南民族研究学会印，1983年6月。

点一些白点，便算将新灶神迎回来了①。

纳西族东巴经中虽然有灶神的象形文字，但在实际生活中，人们以火塘灶象征灶神，没有灶神的神像。有些地方的纳西族认为灶神有五兄弟五姐妹，但没有他们的具体形象，人们以祭火塘锅庄石或三脚架祭祀灶神。

云南很多少数民族尚未形成有神格的具体的火神、灶神形象，一般以火塘灶整体或锅庄石、铁三脚作为他的象征。

灶神（或火神）无具体形象是人们信奉的神灵尚未发展到与人同形的人格化阶段的反映，它们有了超自然的特征，但它是泛厚的远古自然烽崇拜色彩。尽管从自然火崇拜而产生的火神已进入民居，加入了人们的社会生活，成为集灶神和火神于一身的神灵，但他们不像汉式灶神那样从头到脚全被社会化，并渗透着浓郁的世俗气息。

二 灶神神性之比较

汉族灶神和中国少数民族灶神在其神性上也有较大的差异，从这些差异中也可看出神灵观念发展的一些轨迹及神灵观与特定社会文化环境之间的关系。

各民族的灶神大都是在古代的火崇拜意识基础上产生的，在火神转化为灶神后，在人类的家居生活中，与灶神最为密切的因素首先应该是火。汉族灶神经过漫长岁月中的变迁，其神性已变得与火关系不大，原先作为火主神的特征已经淡化，而更多地折射出复杂的人际关系和社会阶层结构等。其最本质的神性已变为他是天帝派驻各家各户的"专使"，每年年底向天帝报告该户人家的举止行为，以决定施予祸福灾祥。

汉族灶神的神性异化是那错综复杂的人际社会促成的，正因为官场中因谗言诬告而导致灾祸的事例在历代社会中是如此之多，因此，作为天帝派驻人间的"特务神"，负有每年上天报告人间是非之责的灶君也就自然地被人们渲染上这种"白人罪"、打小报告的恶劣神性。这一使民间千家万户诚惶诚恐、惶惶然的神性演绎出人间那一幕幕讨好灶神或作弄灶神的复杂礼仪和毁誉不一的种种灶神传说。

---

① 《中华风俗民族辞典》，江西教育出版社1988年版，第541页。

与汉式灶神相比，很多少数民族的灶神就显得单纯多了，保持了远古自然力崇拜的一些质朴风貌。他们大多不脱离本色，其神性主要是司家中之火。因为很多少数民族所祭的是司火之神，所以，在中国绝大多数少数民族中，都有火神与灶神不分的这一信仰特点。

中国很多少数民族视火为生命之本，衣食之源，他们的祭灶神礼大都围绕其司火的神性而展开。如云南彝族于火把节前在各家火塘灶边举行祭灶礼，咏诵祭火词，祭火词首先颂扬火的功德："春天来开荒，荒地你烧熟；夏天虫吃苗，恶虫你烧死。火伴行人走，火伴家人坐，火是衣食火，火是人魂窝。"然后追述火的来历，最后表示对火的殷切祝愿："今天来祭火，火光永不灭，火光明朗朗，火光像日月；火神藏家中，人畜得安宁。"

纳西族认为火是家庭兴旺和繁荣之源，生命安康之本，所以在吃饭饮茶之前，要先往火塘灶撒点饭菜，滴一点茶水，口念敬词"蓄！"祈求灶神保佑全家衣食无虞，身健魂安。

普米族认为火神（灶神）的祭祀在地界诸神的祭祀中最为隆重，他们把火作为光明和财富的象征和家庭繁衍兴旺的标志。在祭火神的祭词中说："火神啊，让全族的人都愉快，让全家的人都平安，让新竹子接上旧竹子，让青年人继承老年人。"如果火塘灶里的火焰旺盛，火星迸溅，就象征吉祥兴旺，并预示贵客来临或财富丰裕。

川西南的纳木依人和柏木依人也认为灶神主宰着家人的温暖和健康，还能使家庭富裕，能把富裕的魂请到家中来①。

除了使人们健康、家庭富裕，帮助人们进行刀耕火种等功能，灶神（或火神）还能帮助人们进行其他生产活动。记载于纳西族东巴经的祭灶神塔拉若木努的祭词中说：当人们去山上打猎和去河谷中捕鱼时，希望灶神护佑他们。

汉式灶神虽已看不出与火的密切关系，但从其神性中仍可看出火是家庭生活最重要之因素的一面，因此，他亦为"家主"，司掌着一家人的饮食诸事，如《太平御览》卷一八六引《梦书》云："灶主食，梦者得食。"他还司掌着人的寿命、娶妻生子等，这原本是由司火之神的神通演

---

① 何耀华：《冕宁县联合公社藏族社会历史调查》，《雅砻江下游考察报告》，中国西南民族研究学会印，1983年6月。

化而来的，是火在人们生活中不可或缺之重要性的反映。只是发展到后来，灶神能给予人们的这些福慧都变成了由他奏闻天帝而由天帝所赐予，他只不过起了一种人与天帝沟通的媒介作用，不像很多少数民族的灶神一样能直接凭自己的神力赐福于人。这一点也许折光反映了历代王朝政治体制结构中皇帝一统天下，一切由他主宰的格局。

火能威慑野兽，杀灭害虫，因此，火神和灶神有威慑仇敌的神通。一些民族的灶神具有能帮助人们打仗、战胜仇敌的能力。纳西族东巴经中说：当主人家在某一天要与九个仇敌搏杀时，他们祈求灶神"塔拉若木努"帮助他们战胜仇敌。

火神和灶神的另一突出神性是能镇妖除怪、驱邪祛恶。哈萨克族直至20世纪50年代还认为：火是光明的象征，是驱除一切妖魔的神。婴儿躺进摇篮前，先用火把在摇篮里来回晃动，以驱除邪气。妇女在照料婴儿时，要把婴儿的摇篮放在靠炉灶的地方，让火光照耀着婴儿，以防邪气侵犯。满族每年除夕都举行接火神的仪式，用神火烧邪秽之气，清宅净院，讨一年的吉利。各户主人还要将炭火取回，埋在火盆中，主妇要天天添火，使之常年不灭，称为长明火[①]。永宁纳西族巫师"达巴"认为鬼邪惧怕光明，火能除邪驱鬼。在做法事时，要借助灶神（火神）的力量驱逐鬼邪，消灾祛病。如果村寨里发生了重大的瘟疫，须请达巴驱鬼。这时达巴要咏诵祭灶神经《阿依詹巴拉》，手执火把，舞刀撒沙，厉声呵斥，驱逐恶鬼，然后把代替瘟疫鬼的面偶和木牌抛入火堆中焚烧，表示瘟疫鬼已被灶神（火神）吞噬。普米族巫师"韩规"在为人消灾祛病、驱鬼除邪时，要咏诵火神的经文，借助火神之威，他们认为鬼邪畏火。

灶在很多少数民族的心灵中是一块灵光闪烁的神圣之地，那温暖而光明的火具有无比的威力，能震慑一切妖魔鬼怪，驱走一切邪秽之气，因此，当人们遇到病痛等灾难，就求助于灶这个神圣的天地，一靠近它，人们就产生出一种安全感。很多民族在灶旁驱邪祛病，驱鬼除秽，借助有灵性的灶火之威，把作祟的鬼怪邪气驱走。

尽管汉族灶神身上这种以火之威慑伏鬼邪魔怪为主要特征的神性已十分淡漠，但仍可从一些古籍记载中看到最初灶神作为司火神的这种余威。《艺文类聚》卷八十引《杂五行书》云："灶君……从灶中出，知其名，

---

① 富育光：《满族火祭习俗与神话》，《民间文学论坛》1986年第4期。

呼之，可得除凶恶。"宋祝穆《事文类聚续集》云："灶君名禅，字子郭，衣黄衣，披发，从灶中出，知其名呼也，可得除凶恶。"

如果我们回溯一下汉族古兼灶神与火神于一身的祝融，便可以进一步看到司火之神的这种强大威力。《山海经·海内西经》载，祝融曾"杀鲧于羽郊"。《墨子·非攻下》载："汤伐桀，天命融隆火于夏之城间西北隅，遂克之。"

从上述比较中，可以看出灶神在与火神融为一体或尚不失司火神特征之际，其神性中还有着突出的火之威力崇拜和火为人们衣食之源的观念，体现了火在人们生活中的重要性。从中国少数民族的灶神观念中，可以追溯汉族灶神在古时的一些风貌。

除了上述几方面的差异外，汉族灶神和中国少数民族灶神的神性也不乏共同点。如他们都是"一家之主"，很多地方的汉族人家在灶神像旁贴着上书"一家之主"的条幅。《东厨司命灯仪》云："天为百神之君，祸淫福善；灶乃一家之主，纠谬绳愆。"可见把灶与灶神视为人间万户之主。近代一些汉族地区尚保留有灶神为家庭保护神的观念，祭祀甚勤。如辽宁义县称灶神为"灶君"，俗称"灶王爷"，"为家庭之主神，家家必供之神也。神位即设厨房灶旁房壁上，朔望、年节，焚香致祭"①。黑龙江宝靖县亦称灶神为"灶君"，俗称"灶王爷"，人们"谓为家庭之主神，神位设于厨室灶旁，朔望及年节均焚香致祭焉"②。

中国很多少数民族亦把灶视为家居生活的神圣中心，全家最大的主人和家庭的象征，把灶视为家庭的保护神，一家之主等。如独龙族把火塘灶视为与天相通的神圣所在，全家最大的主人。蒙古族、赫哲族、哈萨克族和柯尔克孜族把居于家灶中的火神视为家庭保护神，当上述诸族人结婚时，新郎新娘首先要在灶前举行拜火仪式，只有这样，新娘才算加入了丈夫的家族③。阿尔泰乌梁海人也认为火神（灶神）是全家的保护神，全家的衣食之源都靠火神保护。而家中的灶是火神居住的地方，所以一切食物都必须先敬献给居住在灶中的火神，否则就是不敬，全家就得不到火神的

---

① 王鹤龄等：《义县志》，1931年铅印本。
② 齐耀斌等：《宝清县志》，1964年黑龙江图书馆油印本。
③ 秋浦主编：《萨满教研究》，上海人民出版社1985年版，18—19页。

保护。① 傣族将灶神视为家庭保护神，因此是每个家庭重点祭祀和供奉的对象。小孩出生，为小孩贺满月，亲人离家远去，儿子离家出赘，女儿出嫁，招女婿，娶媳妇，人生病等，都要祭灶神。在一些地区的傣族中，至今还有已出嫁的女儿或入赘走的儿子再回到娘家探亲时不能进入内室的习俗，因为他们已祭拜过原来的家庭保护神（即灶神），已向他告别辞行，所以不再是他保护的对象。已经入赘走的儿子，如果再迁回娘家来居住，要重新祭灶，请求灶神的允诺和保护，这样才能成为灶神保护下的正式成员。②

火巨大的不可抵御的神秘威力，几乎成了萨满教的主要神力之首。在许多萨满资料中，都证明世界上没有比火的威力更强的力量了。中国北方信萨满教的民族认为火神居住在各户的灶中，他们将各家的火塘灶与灶火视为全家族联系的中枢纽带，以灶火为中心形成家族伙居。以家庭祭灶火而论，凡是由这家灶火联结起来的家族内成员，都有权参加。③

小凉山彝族认为家中火塘灶是火神和祖先的居处，火塘灶即是家庭的神圣中心。新婚翌日，新郎家要为新娘举行"转魂"仪式。仪式由巫师毕摩主持，仪式在火塘灶边举行，毕摩手提一头捆好的活母羊，从左绕新娘头部七圈，从右绕新郎头部九圈，然后将羊杀死，将血淋入火塘，毕摩咏诵祷词曰："你（指新娘）的魂已从你父母的火塘转到了现在的火塘，你以后就要在这个火塘上吃饭了，愿你吃了这个火塘的饭后长得壮实，不生病，早生孩子。"举行完这个转魂于火塘灶的仪式，新娘的魂才算是转到了夫家，成为夫家的正式成员。新娘出嫁礼仪中的高潮也是"告别娘家火塘灶"。

由于火塘灶是家庭的象征，灶神是"一家之主"，因此，分火塘即意味着分家。如纳西族的习俗是，当儿子离开父母另组新家庭，叫"另起一个火塘灶"或"另升一塘火"。过去，蒙古族把子辈继承父辈的家业，维持祖传烟火称为"接灶火"，长子或幼子从作为家长的老父手中接续灶

---

① 何星亮：《阿尔泰乌梁海人的宗教信仰初探》，《民族研究》1986年第1期。
② 张元庆：《傣族的婚礼及其试析》，《民族调查研究》1984年第1期，云南省民族研究所编。
③ 乌丙安：《神秘的萨满世界》，上海三联书店1989年版，第45—47页。

火便意味着继承了家业。① 可见灶火是家庭的象征。汉族将分家称为"另起炉灶""分灶""分火""分烟""折烟"等，都反映了灶的家庭象征意义。

中国很多少数民族都认为灶火是千万不能熄灭的，灶火熄灭意味着这家人将有灾祸临头，因此，各民族都有十分神圣的保护灶火火种和迁灶仪式，彝族、羌族等称长年不熄的灶火为"万年火"。在北方一些偏远的萨满文化区内，至今邻里之间不和相互诅咒的话语就是："你家的灶火熄灭了！"这等于咒对方大难临头遭不幸。蒙古人家如果幼儿遭到不幸，有的地方家人就说："家里的灶火灭了！"② 近现代某些地区的汉族说某家"倒灶""即指该家灭绝，这仍是上古的遗风"③。在希腊人中，"熄灭的火"和"熄灭的氏族"是同义语④。可见灶为家庭氏族之本的观念，中外皆然。

汉族灶神被尊为"司命灶君""东厨司命主"，与人们的命运休咎、祸福灾祥、财产、生育等息息相关，关于灶神"司命"这一点，我们也可以与我国一些少数民族进行比较。很多民族把火视为人生之命根，如彝族视灶为"人魂窝"；傣族视灶为个人生命之保护神；北方信萨满教的民族将灶火视为维系生命之圣物。更有意味的是，纳西族东巴教中的生命神"素"与灶神有着深层的内在联系，下面我们略作介绍，它或许对理解"灶君司命"可起到某种启示的意义。

纳西族传统民居中的正房（"金美"）火塘灶是纳西人日常生活和精神文化的一个中心，人从呱呱坠地到死去成为祖先都始终与火塘灶结下不解之缘，火塘是生命依托之所。因此，纳西族的生命神"素"便与灶神产生了千丝万缕的内在联系。"素"神与人的生命和灵魂休戚相关，是生命和灵魂的神格化，是人的生命力和形体行为的主宰，一但它离开人的身体，人就失去灵魂，失去活力，将会生病，衰竭，死亡。在一个家庭中，每个家庭成员的生命神都栖居在一个称为"素堵"的竹篓中，成为一种

---

① 《中国风俗辞典》，上海辞书出版社1990年版，第595页。
② 乌丙安：《神秘的萨满世界》，上海三联书店1989年版，第45—47页。
③ 刘城淮：《中国上古神话》，上海辞书出版社1988年版，第252页。
④ [法]拉法格：《宗教和资本》，王子野译，生活·读书·新知三联书店1978年版，第308页。

集合体的神祇。"素"的神性还是泛灵性的，尚未进入与人同形的人格化阶段，东巴经中仅以"素堵"（生命神竹篓）的象形文来象征它。"素堵"放置在正房火塘灶上方的神龛上，人们每日三餐前先供奉它，平时严禁触动。

纳西族的婚礼是与生命神"素"关系最为密切的礼仪，称为"素字"，意为"迎接生命神"。在婚礼中，祭司东巴要帮助新婚夫妇把他们的生命线（称为"素般"）系于神之手，这里的神除了生命神"素"之外，还有灶神塔拉若木努。东巴经中说："我们把生命线和爱之线系于搭拉若木努之手。"象形文写如图1：

图 1

上面绘生命神竹篓（左）、针（声符，爱之意——中）和灶神（右）。

各地纳西族举行升新灶火礼时都祭生命神"素"，咏诵祭生命神的经书①。

灶在物质和精神上与生命息息相关的功能决定了灶神与生命神"素"之间的亲密关系，因此，把人的生命线系于生命神和灶神都反映了两个神祇与人的生命、生活那种千丝万缕的联系。

汉族的灶神和司命神最后在民间百姓生活中融为一体，实际上也是基于这种人生离不开火，离不开灶，饮食为人生命之本这一普通道理。

早期的汉族灶神是集火神与灶神于一身，在中国少数民族中，以如上所述的火神灶神同格的现象为主，但在一些民族中，也产生了火神、火塘神和灶神这三种神灵观。这种观念反映了神灵观随着人们用火过程的发展而发展的现象。如乌蒙彝族有三个司火之神，火神叫多斯，火塘神叫苦鲁斯，灶神叫格白斯（此处的灶神指锅台灶之神）。他们认为灶神和火塘神是善神，专司人间温饱，对人有益无害；而火神则是恶神，常降灾于人，

---

① 杨福泉：《论纳西族的生命神"素"》，《思想战线》1992年第3期。

一切火灾都是火神降临的，因此人们十分畏惧他，敬而远之，在家里也没有安他的神位；对火塘神是敬而不祭，也不设神座；对灶神则隆重祭祀，祈求他保佑家庭灶火兴旺，煮饭多涨饭，煮酒多出酒。[①] 从乌蒙彝族对三个司火之神的不同态度和观念中，我们不难看出，火神是自然火的象征，是人们崇拜自然火的产物。他不入民居，在冥冥中注视着人的举动，一旦被触怒，便降火灾于人，因此人们视之为恶神，对其怀有敬畏交加的心理。这反映了人们未学会用火时的恐火心情。云南有的少数民族的神话中都有描述凶火神造成的种种灾难的情节，这些都反映了人们对自然火的恐惧心情。火塘神和灶神则是人们学会生火用火，把火引入居室后产生的神灵，象征居家生活中经人"驯化"了的火，能给人带来实惠，是人们日常生活中不可或缺的要素，他们自然就成为善神，受到人们的祭拜。乌蒙彝族后来普遍使用锅台灶，灶取代火塘烹煮食物的功能后，他们敬拜司火之神的重心也就逐渐地转移到锅台灶的灶神上。但在很多彝族的其他地区中，人们仍将火塘灶作为祭拜的中心。在丽江山区的纳西族中，火塘灶与锅台灶并存，但人们认为灶神是住在火塘灶中而不是在锅台灶上，因此，家居生活和家庭祭祀的中心仍然是火塘灶。在一些受汉族生活方式影响而改用锅台灶的纳西族地区便逐渐产生了汉式灶神信仰。

三　灶神居处之比较

　　神灵居所在特定民族的物质生活和精神生活中的重要程度往往反映出神灵的地位。各民族的灶神居处大都是在以灶为中心的房间。灶这块人类家居生活中的方寸之地，看去平平常常，但它实际上曾经一直是各民族人生之路上的一块身心依托之所，是人类精神世界中的一方神秘天地。但由于世事沧桑，社会发展不同，神灵居所的神圣性随着社会文化的变迁而产生了较大的差异，作为灶神栖身之所——灶的神圣性就是一个较为典型的例子。

　　汉族各地的灶大都安置在厨房，汉族家庭的厨房在整个住宅结构中已不是家居生活的中心。供奉神灵的地点主要是在堂屋或楼上，神龛设在这里，如中国风水著作《相宅经纂》（卷二四）中所谓"香火要居中堂"。

---

① 唐楚臣：《彝族火神话与中华火文化》，《彝族文化》1985年年刊。

一些学者从人界观念、风水观念和伦理位序观念来探讨台湾传统汉式民宅的建筑结构时，所得出的结论是：民宅的中心位置是神仙祖灵所居之处，而这个放置祖先牌位的一点（正厅神龛），在位序空间里又是最尊贵的地方，这是传统民宅最大的特色①。厨房在汉族民宅中的社会性生活和精神生活中很久以来就已成为一个被冷落的角落。灶神冷冷清清的栖居在这块人们只在吃饭时光顾的地方，与那仅剩下烹煮功能的灶为伍，他失去了与家庭的祖先神和儒佛道三教神在家庭神龛上并列为伍的资格。有些地方的汉族则把灶神从厨房里搬到堂屋或楼上的神龛上。

汉族灶神居所的这种文化变迁是随着以灶火为中心的古代民居格局和生活方式的变迁而发生的。在周代，曾经是威严赫赫的灶神已沦落为"王者五祀"之一的"宫中小神"，而且，灶神位居"七祀"诸神之末。《礼记·玉藻》中就已有"君子远庖厨"之说，这些都无疑与住宅格局的重大发展变化密切相关。

从史籍记载中，可知当时"五祀"中的灶神并非"一家之主"，"家主"是"中溜"。《礼记·郊特牲》云："家主中溜而国主社。"

汉族灶神居所的这种文化变迁是随着以灶火为中心的古代民居格局和生活方式的变迁而发生的。当人们处于史前的裴李岗文化、仰韶文化、龙山文化等历史阶段时，人们的居住空间是以火塘灶为中心，灶坑多设在屋内中央，大中型住宅都有以灶为中心的公共活动空间。在当时的民居中，越靠近灶，其居住空间的神圣性就越强。商周"五祀"中的"家主"——中溜之祭，实际上亦源于祀灶，灶是史前时期家居生活的圣所。炎帝、黄帝、祝融为煌煌灶神之信仰，当产生于这样一种视灶为神圣所在的社会和人文环境中。

我们可以从近现代不少中国少数民族的居住习俗中参证汉族灶与灶神圣性的早期面貌。很多少数民族的住宅中心仍然是以火塘灶为中心的房间，即使修建了汉式住宅，不少民族仍然保持着这一传统。以火塘灶为中心的房子是群神毕集之地，神圣礼仪举行之所。

中国不少民族都把灶视为居住空间的中心，安灶是盖新房过程中神圣的首要大事。云南永宁纳西族把火塘视为房子的心脏，上火塘与下火塘都

---

① 关华山：《台湾传统民宅所表现的空间观念》，《"中央"研究院民族学研究所集刊》1991年第49期。

设在正房"一梅"内。火塘里埋有象征"火心"的陶罐，内装火镰、火石、彩色石等各种有具体象征意义的物件。他们的灶神詹巴拉住在火塘灶中，他们的女祖先，取火英雄昂姑命也住在火塘灶中，火塘灶正前方一块叫"刮鲁"（灶之石）的锅庄石象征着她的神位。

丽江山区纳西族的住宅中心是"正房"，正房中有一平台，火塘灶设在平台正中，平台上的火塘灶正上方称为"格故鲁"，是最神圣的方位。神龛和生命神竹篓都在这里。象征纳西族神话中"宇宙山"居那世罗的"顶天柱"亦在火塘边上，称为"金美蒙杜"，意为"正房顶天之柱"。火塘灶正中埋有称为"灶心脏"的土碗，内盛五色线、五种植物等各有象征意义的物件。灶神塔拉若木努（简称为"左"）就住在火塘中。

云南彝族不仅把火塘灶视为火神所在之所，有的也视火塘灶上方为祖先的神灵所在，火塘灶左方的锅庄石代表男子，右方的锅庄石代表女子，两石分居两侧，与上方象征祖灵的锅庄石相对，寓有大家同是祖先的后裔，千秋万代繁衍不息之意[1]。

普米族亦把家中火塘视为火神居所，也视为祖灵的居所，每当老人去世，便在火塘锅庄石上画一个符号，标志家庭中又多了一个祖先神灵。

四川木里县纳西族支系纳日人正房为全家寝食之所，正中设火塘灶，灶中立圆锥形的白色锅庄石，称"瓜拉儿米"，又称"瓜高拉卜高拉"，永宁纳西族达巴口诵经中称灶神为"瓜高拉"，[2] 可知木里纳日人此称呼指灶神。该县项脚乡纳西族"拉热"人的正房火塘上方供灶神，灶的左墙角有一个"祖先桩"，高约 1.5 米，连着神台，顶端削成菱形。

布朗山布朗族认为火塘灶是火神居所，靠近灶里边的一根中柱是祖先神灵的住所，要按时举行祭祀礼，严禁触动。

羌族每家的火塘灶在住房第二层中间的大屋里，用木条或石条镶成四方形，内放铁三脚架，右上方一脚系一个小铁环，此即火神的象征（其含义包括灶神、铁匠神）；三脚架的另外两只脚分别象征男女祖先[3]。有

---

[1] 赵永容、杨海涛：《关于彝族火塘锅庄石的调查》，《云南民俗集刊》第3集。
[2] 张宗南：《罗葡寨羌民的端公》，《边疆服务》1943年第1卷第2期。
[3] 《羌族思想史资料汇集》（第1辑），西南民族学院民研所、科研处印，1985年，第139页。

些地方的羌族以火塘灶中铁三脚架一只象征火神"莫古依稀"①。

有的民族有多火塘灶形式，除了在火塘灶上供火神外，也设有专门用以祭祖先的火塘灶，如在云南与越南毗邻而居的芒人在正房内有若干个性质不同的火塘灶，其中一个称为"聂景浪"的火塘专门用来祭祖先。

火崇拜与祖先崇拜是体现在灶所在空间神灵结构中的两个重要因素，前者产生于人们对赖以生存的自然力的崇拜，后者是鬼魂崇拜伺血统因缘观念结合的产物，是人在社会生活中生存的精神支柱。火与祖先是人们家居生活中最为重要的两个物质和精神实体。因此，不少民族把祭祀火与祭祀祖先融为一体，有的将火神与祖先神融为一个神灵。如火主是鄂温克族牧民崇拜的萨满神之一，人们认为每户的火主便是自己的祖先②。汉族将炎、黄、祝融奉为始祖神和灶神；希腊人将家家所设的灶火视为祖先，认为守火即是奉祖。宙斯被奉为火神与希腊的祖先神③。印度婆罗门也把火神与祖神等同。

在供奉灶神的汉式厨房里已难以见到这种祖灵与灶神共居一处，共同享受祀奉的古俗，但我们仍可从汉族的语言文化习俗中窥见一些这种传统古风的痕迹。汉族供奉的祖先"灵牌"，称为"主"，《说文》云："主，灯中火主也。象形。"商承祚《殷虚文字类编》云："此从木，盖象燔木为火，殆即主字。"④一家之主的"主"，其本义与祀火有关。又如汉字中的"父"字，甲骨文作，《说文》云："父，巨也。"罗振玉以为"疑象持炬形"⑤。《说文》训释为"巨"，"巨"即炬的初文。"父"字中手里所持之物是火炬，这表明古代所谓的"父"，就是负责祀火，奉火的人。此外，甲骨文中的叟、考、史等字皆与老者手持火炬主持燎祭有关⑥。从这里可以看出古代主持祀火者多是长者。中国有的少数民族神话中的取火英雄都是祖先，如永宁纳西族、丽江纳西族以及独龙族、苗族等的取火英雄都是本族祖先。在中国西南各民族的祀为礼仪中，老人、长者扮

---

① 张宗南：《罗葡寨羌民的端公》，《边疆服务》1943 年第 1 卷第 2 期。
② 《中华民族风俗辞典》，江西教育出版社 1988 年版，第 607 页。
③ 吕大吉主编：《宗教学通论》，中国社会科学出版社 1989 年版，第 129 页。
④ 罗振玉、商承祚：《殷墟文字类编》，决定不移轩刻本，1923 年。
⑤ 同上。
⑥ 《道教大辞典》，台湾巨流图书公司 1979 年版，第 500 页。

演着最为重要的角色，这亦祀灶与祭祖融合及长者主持祀火的古风之反映。

炎黄等祖先神为灶神的信仰虽已不见于近现代汉族灶神居所的神灵结构中，但以灶神为祖神的观念仍有留存。据李叔还编纂的《道教大辞典》曰："又道家以各姓所祀灶神，乃本姓祖先之有德者任之，以察其子孙之善恶，故俗又有称灶神为本家司命。"①

随着汉民居格局的发展变迁，祖灵和后来居上的三教神祇高居于住宅新圣所——中堂神龛，只有灶神寂寞地独居于已非家宅重地的厨房，处于毁誉参半的尴尬境地。而在中国很多少数民族中，灶神居所一直是全家最神圣之所在，灶神不仅与民族、氏族和家庭祖灵为伍，还和各种与家庭生活密切相关的神灵共居一堂。如家神：家神是一家的守护神，也是保护家宅安泰的神。从他的功能上看，与祖先神和司火神灵有内在的联系。在各民族中，祖先神、火神（灶神）都有保佑家庭成员、守护家宅平安的神性，而家神是比较专门化的家庭守护神。由于有这种内在相连的文化含义，他们都与人们家居生活的中心——灶发生了密切的联系。有些民族的家神在火塘灶上与火神和祖先神并列，如四川冕宁县的纳木依人和拍木依人的灶中心有三块锅庄石，每一块石上都画有家神像，人们像祭火神（灶神）和祖先一样向它献祭②。羌族的家神是几个神灵的组合体，它包括女神（女当家，女祖先）、媳妇、石匠公和石匠婆，供在居室第二层内火塘灶边的一角，羌族火塘三脚架上方的铁环象征火神，但在有些地方，其含义也包括家神。羌族的家神具有浓郁的生活气息，它既与火神有关，也与石匠公石匠婆以及作为家庭当家人化身的女神有关。羌族人认为当家人生前辛辛苦苦地为家人劳动，打柴，做饭，因此列为天神周围的十二神之一。而石匠公因砌屋有功，石匠婆帮助砌屋，因此二人都列于十二神之列③。这些都是典型的生活神，是居室生活文化的一个缩影。火塘灶的火，与灶密切相关的主家庭内务的"女当家人"，以及造屋砌灶的石匠，这几个居室日常生活文化的要素构成了羌族的"家神"，它与羌族火神包括了锻造出火塘灶铁三脚架的铁匠神这种现象同为一理，都是日常生活事

---

① 《道教大辞典》，台湾巨流图书公司1979年版，第500页。
② 何耀华：《冕宁县联合公社藏族社会历史调查》，《雅砻江下游考察报告》，中国西南民族研究学会印，1983年6月。
③ 《羌族思想史资料汇集》（第1辑），西南民族学院民研所、科研处印，第139页。

象在原始信仰意识中的再现。

由于火神和灶神与人们的日常生活密切相关，因此在有的民族中就产生了火神（灶神）与家神相互叠合的现象。如藏族苯教中有家神，也称"房神"，所谓"灶神"或火神实际上也是家神，家神没有具体的形象，唯一的象征物就是在灶旁的一根柱子上捆绑着的麦秆、杂木、鸡尾等东西，他们认为家神在冥冥中保护家人发财致富、平安无事。[①] 四川省盐源县左所的纳西族"纳日"人把灶神詹巴拉亦视为房神。傈僳族的家神即灶神"夺旱玛"，它主宰着这里的一切。阿尔泰卡钦人的火神叫查巴克托斯，每户部民皆奉之为穹庐之主。古突厥人崇拜的火神亦即帐篷神。西双版纳的克木人有专门祭家神的火塘灶，他们祭家神的活动叫"麻新麻乘"，直译为"吃芋头吃红薯"，可见家神最初是人们祈求温饱的生活神。它与灶的紧密联系进一步反映了它作为生活神的"人间烟火"味。

有的民族还在灶神居所供奉其一些神灵，如中甸白地纳西族在火塘灶旁立五谷神神位，而靠近灶的"顶天柱"则亦是畜神神位。它们都是一些与人们的日常生活息息相关的神灵。

各民族这些在灶的烟火中闪烁着灵光的精灵们，主宰着人们每天的家居生活，人们在灶旁的一切活动，都受着这些神秘精灵的影响。

汉族民宅中的灶之所在失去往日作为宗教活动与社会活动中心的地位后，人们一般只在每年的特定时候在此举行祭灶等仪式，其他重大的社会活动和宗教性活动已不在此举行。而中国很多少数民族则一直保持以灶为中心进行各种重大社会活动和宗教礼仪的传统习俗。灶与各种祭祖祈神礼仪、人的诞生、命名、成年、婚嫁、开丧等人生礼仪及社会角色结构，日常家居生活、节庆娱乐、社会交际等有着千丝万缕的联系；汉族起房盖屋的中心活动是"安中宫"和"上梁"等，而很多中国少数民族起房盖屋的中心活动是砌灶和升灶火礼等。各民族灶旁的座位、方位观念也反映了灶的神圣性。神所在空间的神圣性与神的地位是密切相关的，中国各少数民族的灶神在家庭神坛上是举足轻重的神祇，所以灶也成了人们顶礼膜拜的身心依托之所。

原载《中国民间文化》（五），学林出版社 1994 年版

---

① 格勒：《藏族苯教中的几种神》，《民族文化》1984 年第 6 期。

意大利乡村"生态博物馆"对云南乡村文化产业的启示

对于云南这样以多山区多民族为特征,以农业和农村为经济和社会主体的中国西部边疆省份,乡村文化产业是全省文化产业的关键组成部分,从与旅游互动发展和脱贫这两个角度来讲,乡村文化产业更具有举足轻重的作用,而乡村的文化产业和文化保护是相互依托才能共同发展的两个因素。

从目前的状况看,云南乡村的文化产业有非常喜人的发展势头,成绩突出;但另一方面,也存在着对文化产业和旅游业的可持续发展相当不利的问题。学习和借鉴一些其他国家在发展乡村旅游和文化产业方面成功的经验,是促进云南乡村文化产业发展繁荣的重要因素。以我所见到的意大利乡村近年来实施的"生态博物馆"为例,谈谈它对发展云南乡村文化产业的一些启示,提出我们必须高度重视的一些问题。

一 意大利乡村生态博物馆的做法和特点

意大利是世界上著名的文明古国之一,其历史文化遗产之丰富在全球闻名遐迩。我应邀到意大利特伦托(Trento)大学参加主办的国际学术会议,参加了田野学术考察,到意大利北部特伦托省的几个乡村和阿尔卑斯山著名风景名胜区进行考察,对旅游开发过度和恰到好处的地区都进行了考察。其中,我对特伦托省推出的乡村"生态博物馆"特别感兴趣,觉得有很多内容值得在发展与旅游密切相依托的民族文化产业时加以借鉴。

意大利乡村"生态博物馆"的概念和实践始于2000年。由一些学者与当地政府、社区、文化和旅游协会共同创造设计,提出方案,上报该省政府有关部门批准实施。其宗旨是力图以一种保护和创新地持续利用自然环境和历史文化遗产的方式,将当地的自然环境、历史文化遗产和村民的生产生活方式一体化地、整体互动地展示给意大利国民和外来的旅人，借此保护乡村的自然和历史人文景观，进行爱国主义的教育。"生态博物馆"实施以来，受到国民的普遍关注，并且吸引了大批的国内外游客，受到当地政府的大力支持。

首先，意大利乡村的"生态博物馆"给我最深的印象是意大利人那种珍惜自己的历史，以拥有历史文化遗产而自豪的全民性风尚。在意大利的大城市、小镇里，到处可以看到，保存完好的各个时期的历史文化古迹，我多次目睹人们是怎样小心翼翼地以"修旧如旧"的方式恢复一处处破损了的古建筑外观。在意大利普普通通的乡村，人们也是那么珍惜本地的历史和文化，这种风气使已发生重大社会变迁的当代乡村生活仍然充满一种历史的魅力，民俗的魅力。引人注目的是，博物馆还专门腾出一片空间来张挂社区孩子们以当地自然人文景观为题材而创作的各种绘画作品。不少村子里还成立有战争博物馆，这是"生态博物馆"的一部分，比如卡哦里阿（Caoria）村的战争博物馆里就有 2000 多件展品，其中包括第一次世界大战中当地士兵用过的各种兵器、各种各样的军用器具和军旅生活用具、士兵的服饰、老照片，甚至士兵在战场上写给家人和情人的很多未能寄出的书信也被精心陈列在橱窗里。村子里建有纪念碑，纪念当地在战争中阵亡的士兵，石碑上刻着阵亡者的名字。村民说，这样做的目的，是要让后人记住当地那些在无情的战火中的毁灭了的生命，记住国家经历过的那一段段悲惨而不幸的历史。

而"生态博物馆"更大的展示空间在有形的博物馆之外。"生态博物馆"的设计者把整个社区生活的自然环境和农牧生活场景都纳入其视野中。他们为旅人设计了非常详细的各种徒步旅游路线，除了可以到达当地各个自然景观的路线外，其中普遍还设计出"民族志路线"（Ethnographic trail），指可到达当地人各种社会生产生活、历史景观和与宗教信仰相关的各个圣迹灵地的路线。

由于气候和环境的关系，特伦托省不少山地社区每年以村子的大本营所在地为核心，以周围山林牧场为半径，进行周期性的流动农牧活动。如每年 3—7 月，村民就赶着牛羊，举家搬迁到草青林茂的林中居所去。他们过去的农牧生活、盖木板瓦的木棱房、各种农具、制作奶制品的器具、厨具炊具等皆完整地保留着，同时还保留了过去村民的家庭生活场景，如菜地、猪圈、水井、室外喂猪的地方和猪食槽等，猪和牛羊用木头逼真地雕刻而成。村子里过去用来伐木的各种斧头锯子、用水力来进行锯木的水车等，都如实地展示，并且还每天进行演示，让来这里的人们能领略到当地村民过去各种真实的生活情景。

过去当地村民曾经有过伐林开荒的游耕农业，现在随着当地生产生活方式的变迁，已经完全"退耕还林"，但过去曾经历过的生产方式则成为今日展示的对象，保留了过去各户各村的农地界碑等。而过去的牛棚羊圈，成了真实地再现过去畜牧生活场景的场所，连当地森林牧场中每一种草的标本都有展示，如哪种草有利于产奶，哪种草有毒，哪种草有利于牛羊的繁衍等，内容都标示得相当详细。

"生态博物馆"还设计了一个犹如藏族"转经筒"的圆状物，可以转动，上面详细地绘着整一年的生活与农事历，在转这个木筒时，可以通过各种图标、图画和文字等，一目了然地看出整个村子的生产生活活动场景和周期，如什么时候村民迁徙到山腰进行畜牧活动，什么时候把牛群赶上山放牧，什么时候村民随着季节气候的变化又迁徙下来等。

有的村子还根据自己的特点，设计了被称为"圣道"（sacred trail）的路线，作为生态博物馆的组成部分之一，其内容主要是反映村民的宗教信仰生活部分，包括教堂还有村民在随季节迁移过程中所用的路旁祭坛、反映耶稣受难的十字架、民间信仰中的神山等。这圣道中还包括"圣屋"（sacred room）村民收藏的各个时期的宗教绘画、雕塑作品、宗教装饰品、圣经等，包括文艺复兴时期各种宗教题材的艺术品。

有的生态博物馆还包括"艺术和工艺之园"（art and crafts park）里面陈列着村里各种传统的工艺品和制作工艺品的工具，比如木纺织机、酿酒器具等。

除了那些有数百年历史的教堂、民居等古老建筑被精心保护外，村子里传统的磨坊、酿酒坊、打铁作坊甚至过去烧炭的土窑等，都作为历史场景而保留了下来。村内历史悠久的房子，原样地保留下来，如果有的房屋内部和外部有局部破损，都严格地按照原样"修旧如旧"。

此外，很多意大利乡村保留了浓郁的乡村节庆、传统歌舞、服饰等传统文化习俗，这也成为意大利乡村旅游和文化产业发展的重要资源。

乡村生态博物馆的理念和做法推出来后，在意大利保存了很多拥有丰富的乡村历史文化遗产和民俗遗产的乡村，极大地推动了当地的旅游业。据介绍，旅游业已经成为这些村子主要的收入来源。国内外相当多的游客慕名来一睹乡村"生态博物馆",来村子里度假的人增多。很多乡村已经不完全靠农业生活。

意大利的"生态博物馆"不仅仅有生态旅游和乡村旅游的功能,更为重要的是,它具有一种文化教育的功能。我觉得,任何文化产业除了经济效益外,应该具有一种体现在启发人的心智、鼓舞人的爱国爱乡情感和终结生命关怀的功能,而并不仅仅是体现在经济上的利润。

在访问的过程中,村民们告诉我们,这种"生态博物馆"虽然有可观的经济效益,但它的社会效益更有意义。他们强调,"生态博物馆"不仅仅是为了促进旅游,更重要的是要让人们记住意大利的历史和文化,通过一个个具体的村子的历史和文化。让孩子们知道自己故乡家园的历史,了解祖先们曾经经历过的生活和走过的路,了解他们所创造的物质和精神文化。这使我回想起每到一个意大利的地方,意大利人都喜欢兴致勃勃地向你介绍当地的各种历史事件发生地、历史建筑、历史悠久的房屋和酒店、名人旧居等,意大利人领你去吃饭时,非常喜欢把你带到一个古老的农家小院或者宅院的酒吧饭店,他们因拥有这些历史文化遗产而自豪。

二 反观云南乡村文化产业发展存在的几个问题

我觉得,意大利乡村"生态博物馆"在以下方面可以给我们一些启示。

传统的乡镇文化并非与现代化格格不入。从意大利乡村"生态博物馆"形式中,我进一步感受到,传统的乡镇格局、建筑和生活方式是不是一定就与现代化格格不入呢?我游历了西方大多数世人公认的现代化富国,所看到的是这些现代化的始作俑者们把"落后的"村镇的历史文化遗产保护得那么好,使之成为他们自豪地炫耀于人的国宝。这些遗产不仅为他们争了"历史文化遗产""文明古国"的脸面,而且为他们创造着源源不断的财富,大到一个古堡、一座古城、一段古城墙,小到一个农舍村屋,都成为人们乐此不疲留恋的场所。这其中的道理非常简单,一个国家成功的现代化和历史文化遗产是有千丝万缕之联系的,谁懂得这一点,谁就拥有了古今互动的辉煌。

云南乡村文化产业发展前景面临的几个问题。

意大利之行使我不无忧伤地想起在云南乃至中国东西部更多的村镇

里，多年来不断地在快速消逝的古街道、古建筑，还有乡村各种传统的农舍小屋和传统的社区公共设施，也在不断地被现代钢筋水泥光鲜时尚的建筑物所取代。在云南很多乡村，不珍惜历史文化遗产的现象相当严重，老房子、老街道、老字号、老家具、老庙宇、民俗旧器被轻易破坏的情况也很突出。

一是文化产业赖以发展的自然环境、历史人文资源的保护和利用存在较大的问题，乡村物质性和非物质性文化遗产（有形和无形文化）在不断地悄然消失。云南很多民族的村寨中除了独特的自然环境和生产生活方式之外，如就在民族志和圣迹灵地方面而言，有寺庙、寨门、神林、神泉、神湖、神山、神石、家庭祭坛、村寨各种祭祀场、家族和家庭墓地等等各种具有民俗信仰内容的场景，这些都可以用来作为一个村寨的"圣道"或者"神圣之道"。而现在这些资源比较过去正在大大减少。比如很多村寨原来有的寺庙、古戏台、古祠堂、古老的民居、大量的民俗生活旧器、很多圣迹灵地、民间歌舞、手工技艺等既是民间文化的载体，又是文化产业赖以发展的资源，正在不断消失。

二是社区民众缺乏保护自己的历史文化遗产和活着的民俗文化的意识。现在，云南不少乡村社区已经开展各种旅游活动，从中获得了可观的经济效益，成为脱贫的一条有效途径。但从目前的情况看，社区参与性旅游大都缺乏民众能力建设的扶持政策和培训措施，没有具体的指导，因此存在盲目开发，不考虑文化产业和旅游可持续性发展的弊病。

三是在发展以旅游业为依托的文化产业的过程中，缺少对本地自然和文化资源价值的准确认识，随意性的开发甚至对景区文化和自然资源有破坏性的开发行为突出。

上述问题，从目前在社区参与式旅游方面可以说在云南省最突出的是宁蒗县永宁乡落水村，该村很多新建和装修的民居，并没有突出摩梭人的传统民居特色，大门及窗框过分藏化，乱用过多的色彩，使不少民居看区不像民居，更像是一个寺庙。村内违反民族传统建筑习俗且又影响生态环境保护的高层豪华客栈越来越多。本来为很多游客所欢迎的家访活动也没有规范和慎重设计的内容，人为因素太浓。不少导游在讲述中随客人的喜好瞎编一通；旅游工艺品则基本上是来自大理、鹤庆、迪庆和丽江的，没有开发出具有摩梭特色的地方产品；文字影像方面的旅游产品更是缺乏规范性和权威性，其中有不少是迎合市场而做出的猎奇编造之作。此外，落水村的家庭客栈大都用了一些雷同而又没有地方特色的名称，据我们在2000—2001年调查期间的统计，有30多种，大都是什么"摩梭阿夏园""摩梭伊甸园""摩梭之家""摩梭饭店""花楼园""女神楼""女儿国阿夏园"等，完全丧失了摩梭家庭所应给人的那种温馨平和的气氛。

在云南不少展开旅游接待的社区，民居内部装修滥用瓷砖、水泥等现代建筑材料，模仿城市建筑模式而逐渐失去传统诱人特色和风格的问题也比较突出。

云南摩梭人的母系制文化和"走婚"习俗在国内外享有盛誉，是促使当地文化旅游发展的重要资源，具有"独一无二"性。目前丽江方面正在致力于申报摩梭人古村落为世界文化遗产的工作，而如落水村这样曾被联合国列入"模范社区"备选目录的摩梭村落，因为近年来盲目无序、漠视传统风格的乱建乱盖家庭客栈、自然村落那种传统有形文化的独特价值已经荡然无存，完全丧失了作为古村落争取进入"申遗"名录的资格，同时也在失去作为自然村落所具有的那种乡村旅游景观魅力。

中国是个文明古国，中国应该珍惜一代代祖先创造的辉煌的文化遗产，无论在城镇还是在农村。中华文明辉煌的历史文化遗产会给我们一种作为中国人的自豪，并赋予我们当代和谐发展的动力。这一点，对民族众多，多元文化富集的云南来说，显得更为重要。

原载《中国文物报》2006年6月23日第005版

正在消失的手上的文化

在很多旅游市场上，你常常会看到这样的场景：一个身着苗族服饰（或其他擅长刺绣的民族服装）的女子坐在销售旅游品商店门口，在一条领带或一块布上认真地刺绣着，旁边则放着很多刺绣产品，给人一种这些产品都是她一针一线绣出来的假象。实际上，很多人都知道，这不过是掩人耳目的伎俩，那些工艺品都是机器生产出来的。这样的事实说明，现在的市场上，手工艺品还是很受欢迎的。但是在市场需求的冲击下，纯粹的手工生产正在逐渐被大机器生产所代替。

日益发达的机器生产为人们赢得了效率和利益，却也成了传统手工艺的致命伤，那种凝聚在一针一线、一刀一凿中的古老的诗意和充满创造性和个性差异的美，消失在那千篇一律毫厘不差的图案和"一刀切"的制作模式中。

另外，由于不少民族传统手工艺制品生产规模小，工艺制作过程费时费力，因此，难以抵挡如今市场上各种用机械和使用大量化工原料成批量生产的工艺品的冲击，于是，本来对人类的健康和生物多样性、资源可持续性利用都大有裨益的民族传统手工艺便逐渐地濒于衰落乃至消亡失传的危机。

各民族很多传统的手工艺品原料取自天然物或人工种植的植物，不像当代工艺品可能大量使用种种危害健康和自然环境的化工原料。而特定的宗教信仰观念也对民间手工艺制品的制作和使用过程起着作用，避免它的滥用和随意制作。如纳西族的东巴祭司用来书写东巴经典的东巴纸，过去被视为是写圣典的纸张，不是人人都可以去制造的，在整个丽江地区，制作东巴纸的只有屈指可数的一些家庭传承这种民间工艺，各地的东巴会约定俗成地到某几个东巴公认的家传造纸师那里去购买这种纸。尽管后来民间偶有用东巴纸来做妇女头饰、衬垫等，但总的来说主要是用来书写东巴经典，即使后来现代造纸法传入丽江，各种样式的纸流行于市场的情况，东巴们还是恪守古规，只用这种纸书写东巴经，绘东巴画。因此，这种传统的造纸工艺薪火相传至今。而且，由于这种有节制的传统使用范围，没有造成对制作这种纸的特定原料"瑞香科荛花"（纳西人称之为"弯呆"）植物的威胁。

但是随着东巴文化的声名鹊起，东巴纸逐渐成为旅游市场上的热销产品，价格不断上涨，许许多多本地和来自天南海北在丽江旅游市场上淘金的画家书家用它作画写字，然后以高价出售。甚至很多人以东巴纸制作名片为时髦之举。有的文化商推出了用东巴纸制作的丽江古城地图；东巴纸的制作传人、造纸名师被旅游公司聘去专事东巴纸制作。最近，丽江市邮政局、昆明三希堂文化传播有限公司又联合开发了"东巴纸三遗产系列邮品"，东巴纸可谓一时"洛阳纸贵"，可最终对制作东巴纸的这种高山植物"弯呆"构成了极大的威胁。这种植物生长在海拔2500米以下的山区，过去它只需承担用于圣典的使命，如今面对无数双旅游市场上贪婪的眼睛和手，便遭厄运，这种野生植物如今便越来越少，濒临危境。我的一些科学家朋友正在进行人工栽培这种植物的实验，尚未有结果。即使有一天人工种植成功，东巴纸能大量上市赢利，那传统的宗教和文化含义，也将悄然散失。这种传统工艺产品含金量增加而神圣意义淡化的悲喜剧，也使人怅然叹息。

凝聚着一个民族千百年来神圣的信仰和灵性力量的传统知识，它对于这个民族宇宙观、世界观的形成，对于该民族的自律自重、协调人地关系、改善人际关系等，曾起了那么重要的作用，人们对大自然的敬畏之情，友善之情，皆与传统的信仰不可分，如纳西族社区很多保护环境的村规民约，其根源都来自东巴教"人与自然是兄弟"的思想。任何一种民族文化的形成都与特定的信仰密不可分，那种认为传统信仰全是迷信的看法，是非常无知的。

无疑，现代旅游的发展使很多原先藏在深山深闺人不知的民族手工艺品走向大众，使来自五湖四海的人都能共享到丰富多彩的人类文化财富，当地人也因此得到实惠。但在旅游市场上，如何在诱人的利润面前保持传统手工艺最为动人的真实和个性，这是对这"手上文化"的创造者和拥有者的考验，也是对商家的人格和智慧的考验，它能否随着汹涌的旅游潮流而始终保持那种延续了千百年的魅力，全取决于创造者和商家是否有足够的灵性、慧眼和对一种文化的尊重和深入的了解。

此外，游客对旅游地民众传统手工艺品所包含的文化含义是否有深入了解，也是决定这种产品前景的重要因素，如果游客仅仅是为了猎奇而购买，民族手工艺产品未来的命运也是可悲的，因此，呼唤游客对旅游地各民族文化进行深入解读，了解传统手工艺品的内在含义，逐渐形成传统手工艺产品和游客之间一种默契有益的互动关系，是激发传统手工艺品生命力的重要因素。我在美国看到市场上不少印第安传统手工艺品都有非常详细的文字说明，有的还附有产品制作者本人的照片和简介，非常有利于游客对这一产品文化含义的了解。

中华各民族"手上的文化"能否有持续的生命力，不能仅仅依赖于那种一哄而上的市场效益，国民的传统文化保护意识和对本国各民族文化遗产价值的充分认识，对形成手工艺产品一种细水长流的持续市场效益至关重要，因此，我们每个人都需要通过长期的修养，提高对民族手工艺品的鉴赏和审美水平。

这里，有一个问题必须提出，我们虽然强调市场效益，但我认为，人类千百年来所创造和积累的文化，又是不能一概用市场效益来衡量的，它的存在本身不能以金钱为衡量的标准。各民族的不少传统工艺品，是承载这个民族的精神和情感的圣器，凝聚着创造了它的这个民族的生死歌哭悲欢离合的心路历程，人们有节制地制作和使用它们，是与特定民族的心灵史、价值取向以及和他们的环境观、资源观有着千丝万缕的内在联系。像我们在上文所举的东巴纸，还有各民族很多宗教仪式上用的器物、古老的乐器等，它们由人们创造了生命而来到人间，可它们的使命，不是为了最终在市场上恣意地换取大把的银子。当一种原来具有丰富的象征意义和文化积淀的工艺品，已经沦落为毫无精神的摄人力量，而仅仅以一种金钱的价值大批量地生产、充斥在所有的市场摊点上时，我认为，这是"手上的文化"创造者们的悲哀，也是人类文化的悲哀。

如果一切都以市场效应来衡量每个民族的传统手工艺制品，那数天才能完成一件铜制或银制产品或是手工织品的民族手工艺师，与那一天便能生产千百件民间手工艺仿制品的现代工业生产流水线相较劲的话，无疑要饿肚子。只有懂得欣赏那些对民间传统手工创作所蕴含的内在文化意蕴和个性化特征的顾客，才会从那千篇一律的机器生产物的束缚中摆脱出来。因此，民族民间手工艺制作在当代的保护和弘扬，也有赖于人们的审美情趣、欣赏水平和对民族文化遗产价值的认识水平的提高。

不少少数民族传统手工艺品最初的制作目的不是为了赚钱，而是进行一种文化的传承和创造，如不少少数民族妇女服饰，刺绣挑花，精工细作，工艺精湛细腻，各种图案反映出本民族传统文化的各种瑰丽神奇的象征意义，需要制作者付出数月乃至一年或数年的努力方能完成，这个制作过程对制作者来说，即是一个学习传统文化并融进自己的创新因素的过程。如今，很多年轻人受主流社会时尚的影响，不再学习这种工艺，开始穿城市里流行的时装，各民族卓有个性的手工艺文化这一道亮丽风景，也面临着这种枯燥乏味的文化一体化和主流文化风潮的冲击。要使这个世界丰富多彩和互补，就要呼唤多样化文明的并存，一个民族对外来文化只能学习和借鉴，而不宜全然使其取代自己的本土文化，失去了自己的个性色彩和本土特色，失去了传统的魅力而如断了根的浮萍般依附他文化、消融于他文化，都是一种文明的悲剧。例如，当各民族经千百年积累而形成的传统服饰艺术逐渐湮没在那朝夕善变而生命力短暂的时尚服装潮流中时，我认为这不仅是民族文化遗产的悲剧，也是人类丰富多彩的创造力和审美观的悲剧。我在西方国家领略过不少具有浓郁怀旧情绪和追求个性化色彩的服饰习俗，也说明西方社会也不是趋之如鹜地追求一种肤浅如过眼云烟的时尚。

除了工艺技术，各民族的手工艺品中凝聚着更为丰富的文化象征意义，比如有的民族服饰上，以各种具有象征意义的图案，反映着该民族神圣的迁徙历史；有的服饰上那些高天大地日月星辰的图案，反映着人们对养育了自己的大自然一片诚挚的感恩之情。

千百年来伴随各民族心路历程的传统手工艺，在如今这个崇尚便捷时尚、以追赶某种主流文化潮流为时髦的时代，将面临什么样的命运呢！手上的文化正在消逝，人们何时能产生出足够的觉悟而起来珍惜它们，保护它们呢！

有的人把传统手工艺看作是与发展相对立的东西，我认为，传统手工艺并不总是与发展相对立的，同样，机器生产也并不总是与发展相协调同步的；另外，发展中本身就蕴含着特定文化的本质属性。中国寻求发展的路子应该是一种既博采众长又深蕴着中华56个民族的历史内涵、文化精神和审美情趣，有鲜明的个性美的一种发展，而不是照搬某种外来的发展模式。民间手工艺品的发展也是这样，无论时代和工业社会怎么发展，产品本身应永远闪烁着本民族的文化精神之光，让时代性与传统的美和个性有机地融合一体，让传统手工艺的美和历史感赋予当代民间工艺深沉的文化和审美内涵，只有这样，它才会有一种持久的生命力，卓然立于世界民族工艺品之林。

原载《人与生物圈》2005年第1期。收入"散文、随笔扩展阅读（人教版高三备课资料）"中学语文教学资源网教学文摘：散文、随笔扩展阅读（人教版高三备课资料）

"文化焦虑"弥漫当前社会

一种浓郁的"文化焦虑",弥漫在当代中国社会。随着国门的打开,以西方文化为主体的外来文化通过各种渠道不断涌向中国。以节日为例,圣诞节、情人节、复活节、狂欢节等各种洋节在我国日益热闹,而国内的很多传统节日则被冷落。尽管我国各地正不断加强申报世界文化遗产的工作,但我国的物质和非物质传统文化遗产还是在以惊人的速度衰落,城市和乡村里的很多历史文化遗产以及大量的人文景观随着"旧城改造"和农村模仿城市的时尚建设不断消失。于是,有越来越多的专家学者和各界人士呼吁保护中华民族的传统文化、保护历史文化遗产,传承中华民族的传统文化。这种文化焦虑中有深沉的反思和忧患意识。因为,任何一种知识和文化的传承与发展是有延续性的,现代知识和文化的传承不可能斩断历史来进行。

"文化焦虑"引发的误区

当下,"文化焦虑"和"文化忧患"促使一批专家学者致力于传统文化的复兴和教育,但他们过分片面地把中华民族文化等同于汉文化甚至一些儒家古典文化,特别是片面地把所谓的"国学"指称为中华民族传统文化的全部。一说到中国文化,言必称"国学",视野局限在孔孟儒家之学和"四书五经"等汉文典籍上,把中华民族传统文化教育等同于进行一些儒家古代典籍的教育,不遗余力地在大中小学里进行所谓的"国学教育"。各种"国学研究会""国学研究院"和"孔子学院"纷纷问世。有的学者鼓吹:应该让包括"四书五经"在内的传统经典,尽早回到中国中小学课堂。希望政府尽早启动这项影响中国前途和命运的改革工程,尽早颁布法律,肯定传统文化经典在基础教育中的地位。他们把中国传统文化的复兴和教育,简单地等同于重新把"四书五经"搬到课堂和对

"国学"的弘扬光大。

对中华民族文化的认同并不完全等同于对传统的汉文化的认同。鲁迅、胡适等一批中国新文化运动的先驱,早已经看到了以"四书五经"等为载体的中国汉学典籍中的大量糟粕,所以才振臂呼唤引进"德先生"(民主)和"赛先生"(科学)。新文化运动使中国博采众长,吸收了西方的科学和民主精神,才创新而形成了绵延至今的中国新文化。如果依旧拘泥于儒家典籍的故纸堆中,不知今天的中国文化会是一个什么格局。今天,享受着新文化运动丰硕果实的我们,不应忘记鲁迅先生等一代哲人那些深沉理性的警示和呼喊。

当今的中华民族文化,应该是整合了56个民族优秀的传统文化的一个整体,当代中华文化应该有一个广采博纳的大气魄,我国各民族应该相互借鉴、相互学习、互补共生,取彼之长、去己之短。这样,就能在各民族优秀传统文化的基础上,重新建构起气势恢宏、活水长流、有旺盛的生机与活力的当代中华民族文化。而如果仅仅聚焦在一些汉学典籍和孔孟之学上,将它视为中华文化的全部,漠视其他民族的文化和汉族民间文化,那只会陷于抱残守缺的民粹主义和狭隘的文化保守主义的误区,不可能建构起中国56个民族都认同的文化意识和中华民族的文化凝聚力,不可能形成"各美其美,美美与共"的文化格局和气度。

任何一个民族和国家,应该有一种宽广的视野和博大的胸怀,应该有世界眼光、全球眼光,谦虚好学。要有理性的"文化自觉",即既看到中国传统文化的优秀部分,有民族的自信和自豪,但也应冷静地看到,在绵延数千年的中国专制封建社会中沿袭下来的传统文化中,也有不少糟粕,要勇于扬弃这些糟粕,并勇于学习其他民族和国家的文化精粹。当年鲁迅、胡适这一代中国精英大力引进西方文化的"德先生"(民主)和"赛先生"(科学)等,催生了中国的新文化运动,全面改革了中国的教育内容和体制机制,裨益了当今无数的中国人,培养了很多能与世界对话和竞技的现代中国知识精英。如今,我们在为国忧心、为族忧患的"文化焦虑"中,不能把眼光仅仅盯在自己已有的文化传统上,老想着要不分良莠地一股脑继承过去的文化传统。用一句过去时髦的老话说,我们今天应该"胸怀中国,放眼世界",不要只顾爱不释手地捧着"国学"的一些典籍沾沾自喜,而忽略了与时俱进地学习、汲取和创新;忽略了向世界学习,取他山之石,为我所用。

中国古话说，"流水不腐，户枢不蠹"。我们对自己的文化既要自重又要有自觉意识。任何一种文化，只有如活水长流，才会有生命力，如果只是故步自封自恋，不思向别人学习和创新，那就会日益成为一潭死水。"文化焦虑"促使我们忧患和反思，但我们的这种焦虑，应促使我们有准确理性的"文化自觉"，催生不失根本又汇聚百川、广采博纳的当代中华民族文化。

原载《人民论坛》2011年第1期，随后有几十家媒体转载，"爱思想"网转载为首页头条；中国共产党新闻网也转载了此文，湖南衡阳市还把此文作为高中毕业考试卷题。收入"查字典语文网"的"现代文阅读及答案"中

纳西学新论

关于东巴教性质的几点新思考

中国是个多民族的国家，宗教文化非常丰富。仅仅按我国学术界传统定义所说的各民族的"原始宗教"，就非常多元化且差异很大。国内学术界一般把纳西族的东巴教划归到"原始宗教"里。笔者参与的国家七五规划哲学社会科学重点科研项目"中国原始宗教资料丛编"就是大规模收集整理中国各个民族的原始宗教文献和田野调查资料的一个大项目。纳西族东巴教是《中国原始宗教资料丛编·纳西族卷》[1] 中的最主要的内容。

关于原始宗教，国外在早期多称之为"primitive religion"。当代有称之为"indigenous religion"（原住民宗教、土著宗教、本土宗教）的，本人1996年曾在美国加州大学戴维斯分校参加了一个研究本土宗教（即国内所说的"原始宗教"）的国际学术会议，会议名称就用了"indigenous religion"这个词。也有将"原始宗教"称为"Shamanism"教（萨满教）等。

任继愈先生主编的《宗教大辞典》这样定义原始宗教："处于初级状态的宗教，存在于尚不具有成为历史的原始社会中，就此意义来说，与史前宗教同，但一般专指仅存原始社会之宗教。是研究宗教起源问题和宗教演化史的重要课题之一……在中国，不少少数民族中仍保存着一些原始宗教残余，是对宗教学研究十分珍贵的社会活化石。"[2] 这部辞典的"原始宗教"一词的英译也用了"primitive religion"这个说法。

《辞海》对"原始宗教"的解释如下："人类在原始时代所产生的宗教，约出现于旧石器时代中期氏族社会形成阶段。基本特征：将支配原始

---

[1] 和志武、杨福泉编：《中国原始宗教资料丛编·纳西族卷》，《中国原始宗教资料丛编·纳西族卷、羌族卷、独龙卷、傈僳族卷、怒族卷》，上海人民出版社1993年版，第1—432页。

[2] 任继愈主编：《宗教大辞典》，上海辞书出版社1998年版，第1012页。

人生活的自然力和自然物人格化，变成超自然的神灵，作为崇拜对象。最初是在万物有灵观念基础上形成的精灵崇拜，其主要表现为图腾崇拜，以及随之出现的巫术、自然崇拜、祖先崇拜、灵物崇拜和偶像崇拜等。进入阶级社会后，多神崇拜渐为一神教所取代，但原始宗教仍在一些民族中长期残存，如新中国成立前的一些民族中的'萨满教'。"①

关于"原始"（primitive）一词，在20世纪日益被用来同人类社会及其组织和产品相联系，并被人们认为是殖民精神的残余，由此产生了人类学。曾有人认为"原始的"一词，连同其近义语：野蛮、文字前时期、城镇史前期等均意味着同"高级的"文化相比，这种原始状态的文化处于文化发展前期。当代的人类学则认为这种假设过于简单化而不愿采纳。此外，早期的作家们常常使用这类词来暗示这些民族在智力方面和道德方面都处于低级状态。某些学者采用"无阅读能力和写作能力"一词以避免否定评价的含义。然而，由于一种文化在论述另一种文化时所表现的固有的局限性，所有这类用词是否恰当，均尚无定论②。

有不少学者认为"原始"这个术语不雅和不恰当，认为它指的是落后的社会，或者是处于进化线上的后进社会。有时人类学家会使用"无文字"这个术语，因为这些社会通常还没有自己的文字记载。然而纳西族的东巴教则是有专门用于书写记录经典的图画象形文字的，而且这种文字已经比较成熟，其读音、意义和形体已开始基本固定，并同纳西语中的具体词语有了大体固定的联系，这使它同原始记事的图画字有着明显的本质区别。而形声和假借的表音符号在纳西象形文字中的大量运用也是与原始记事的图画字相区别的重要标志。

大多数文化从自己的起点上就有宗教文化参与其中，宗教在民族文化的发展过程中有其完善、持续和变化的过程，由此，有学者将原始宗教作为文化现象的持续、变化加以探讨，提出以"原生性宗教"的概念来代替常用的"原始宗教"概念。他们之所以提出"原生性宗教"的概念，而不用一般人所说的"原始宗教"概念，主要是认为"原生性宗教"这一概念更为准确，首先，原生性宗教不是创生的，而是自发产生的，已在历史中或许有非常著名的大巫师，但却没有明确的创教人；其次，人们通

---

① 《辞海》，上海辞书出版社1990年版，第171页。
② 《简明不列颠百科全书（9）》，中国大百科全书出版社1986年版，第263页。

常所理解的原始宗教往往在时间上属于史前时代，而原生性传统宗教却可从史前时代延续到近现代；再次，原生性宗教不仅仅是作为文献、考古发现的"化石"，还是一种在社会生活各方面发挥作用的活态宗教；最后，一般所说的原始宗教大都存在于无文字社会，而原生性宗教不仅从史前社会延续到文明时代，而且许多民族的原生性宗教还具有成文的经典。"原生性宗教"更强调原始宗教所具有的超越时代、被传承和经受变化的特点①。

"原生性宗教"这个概念明显弥补了传统所说的"原始宗教"含义的不足，但如依此具体来看东巴教，依然还有难以涵盖的内容，比如上面说到"原生性宗教"没有明确的传教人，而东巴教中则有，相传是传教的祖师丁巴什罗（又音译为东巴什罗），他也是所有的东巴教祭司所崇拜的教祖，他是在东巴教受到雍仲苯教影响后产生的宗教人物，但在东巴教中已经形成了对"教主丁巴什罗"②的信仰和相关的宏大仪式，并且已经产生了不少关于祖师丁巴什罗事迹的神话故事。由此也可看出一个民族的"原生性宗教"随着社会历史变迁而相应产生的复杂性。

孟慧英在论述原始宗教时提出，原始宗教的确存在着一种文化流动性，我们需要注意原始宗教包括哪些被继续的传统、被改变的传统或再发明的传统，从而全面认识原始宗教的发展过程。但是，"原生性宗教"是否在后来的发展中还能够保持"纯正"，是否能够完全排斥非本土的宗教影响而没有杂生运动，仍旧是需要注意的问题③。孟慧英这里提出的一个观点对于理解原始宗教是很重要的，即"把原始宗教理解为人类宗教的初始形式，认为应在原始文化的历史形态范围内观察它的存在和演变；原始宗教在人类文化生活中提供了互动和沟通的媒介，因此需要在文化历史的发展过程中探讨它的角色、地位和价值；原始宗教不仅是宗教发生史或宗教概念的问题，也是文化原型问题，因此有必要解释原始宗教与各种不同时代文化群体的需求结合在一起的经验事实。在这样的理解中，原始宗

---

① 金泽：《宗教人类学导论》，宗教文化出版社 2001 年版，第 103—104 页。
② 在纳西语言文字中，没有与"教主"和"祖师"所对应的词语，但丁巴什罗在东巴教中确实是类似"教主"和"祖师"这样的人物。
③ 孟慧英：《再论原始宗教》，《民族研究》2008 年第 2 期。

教就是一种历史的、文化的和意义的存在"①。

吕大吉先生在《宗教学通论新编》的第二章中，论述了"原始社会的氏族—部落宗教"，他在恩格斯的宗教发展观的基础上，提出了"宗教发展的历史性分类"观点，认为"全部人类宗教作为一个整体看，是从原始社会的氏族—部落宗教发展为古代阶级社会的民族—国家宗教，以及又发展为世界性宗教"②。这里所指的"氏族—部落宗教"明确指原始社会时期的宗教形态，在纳西族东巴教中，有不少"氏族—部落宗教"的内容，它无疑是从原始社会时期发展而来的。但如果我们忽视这种发轫于原始社会的宗教在后来不同的社会发展阶段所发生的种种复杂变化，而仅仅以"原始宗教"来理解东巴教，也就会产生我们在上文中所叙述到的那些难以自圆其说的问题。值得我们认真研究的是东巴教这种生发于"氏族—部落时期"的宗教，在后来所发生的种种变迁，能对宗教发展的历程和规律等说明一些什么问题。

笔者认为，随着各民族的社会生活的变迁和文化的交融而发生在宗教信仰领域里的变迁，是我们研究少数民族本土宗教应该特别注意的一个问题，如果仅仅用过去的一些"经典定义"来看待各民族的本土宗教的内涵，而忽略了它在历史社会发展中的变迁，那就有可能对各民族从氏族—部落发展而来的本土宗教的理解发生歧义。我在这里结合纳西族的东巴教，来谈纳西族原始宗教的变迁和源与流的问题，以此管中窥豹，看中国各民族宗教丰富的文化多样性之一斑。

对纳西族东巴教，国内外有各种不同的研究焦点，同时也就产生了各种不同的观点。特别在对东巴教的性质问题上，存在着很多明显的分歧和不同的理解。

由于东巴教本身内容的复杂性，对东巴教性质的看法也就产生了种种歧义。有不少学者把东巴教视为纯粹的纳西族本土的传统文化，因此，在研究中就简单地全然从纳西族社会习俗的角度来诠释东巴教的种种文化现象，将东巴教锁定在纳西族这一族群的有限时空范围内来进行狭窄的探究，将东巴教中所反映的一切信仰、鬼神体系都归之于纳西族的原生文化，忽略了东巴教中种种复杂的外来文化因素，其结果是难以透视东巴教

---

① 孟慧英：《再论原始宗教》，《民族研究》2008年第2期。
② 吕大吉：《宗教学通论新编》，中国社会科学出版社1998年版，第173页。

的多元文化内涵。

另一种观点则与此相反，有的研究者看到藏族苯教文化因素在东巴教中的种种反映，便认为东巴教是苯教的一支或"一而二，二而一的变体"，如藏学家房建昌先生对东巴教的祖师丁巴什罗进行了深入研究，探究出"钵（苯）教创始人东巴先饶与丁巴什罗本是一个人"，进而认为"东巴教只不过是钵教在纳西族中的变体，实际上是一而二、二而一的现象"[①]。

这种观点的弊病在于以东巴教中一些明显受到外来宗教文化影响的内容和现象来推论整个东巴教的性质，而不是全面审慎地剖析东巴教这种民族宗教的整体结构和各种外来和本土文化在其中的整合与汇融的情况，忽略了外来宗教文化因素（包括像丁巴什罗这样的宗教人物和仪式、教义等）进入东巴教之后在新的文化语境中所发生的变异。

东巴教中留存了不少反映藏区历史上本佛二教争斗的资料，由于苯教与藏传佛教两种文化的杂糅，也使有的学者因片面关注其中的某一宗教现象而下了错误的断语。如董绍禹和雷宏安先生便根据东巴教祖师丁巴什罗曾与喇嘛一起学习经书，东巴教中的神名大量是藏名神，以及东巴教圣地云南省中甸县（今香格里拉县）三坝乡白地摩崖上的纳西族土司木高在明嘉靖甲寅年（1554）的题诗"五百年前一行僧，曾居佛地守弘能"等诗句，提出了"丁巴什罗本身也就是一个喇嘛教徒""东巴教是纳西族原始宗教和喇嘛教结合形成的一个教派"的观点。

已有学者考证摩崖所称"五百年前一行僧"并非指丁巴什罗，而是指曾来南诏国传教的印度古国摩揭陀（Magadha）国佛教僧人室利达多（又云赞陀崛多），木高的摩崖诗之落款"嘉靖甲寅长江主人题释里达多禅定处"已很明确地表明了所咏之人即"释里达多"[②]（室利达多）。

将东巴教所尊奉的祖师丁巴什罗与"喇嘛教徒"混为一谈是不知苯教与东巴教之渊源关系所导致，笔者将另文论述东巴教与苯教之间的关系，兹不赘述。

关于东巴教与道教之间的关系，是一个需要进行认真探索的命题，目前尚未见到比较深入的研究，但在为数不少的论著中，已经出现一种过于简单地将两者进行推论的倾向。如不少论著常常以道教的"一生二，二

---

① 房建昌：《东巴教创始人丁巴什罗及其生平》，《思想战线》1988年第2期。
② 和泰华：《白水台摩岩诗辨正引玉》，《中甸县志通讯》1994年第2期。

生三，三生万物"的宇宙论及阴阳五行的观念与纳西族相类似的宇宙论（如东巴经中常提到的"三生九""九出母体"以及"雌雄五行"观念）作比较研究，多推断为是东巴教受道教影响的结果，有的甚至以明代道教传入丽江纳西族地区的时间来论证东巴教中与道教类似的宇宙生成观念形成的时间以及记载有这些思想的东巴经的形成年代①。

　　笔者认为对这些哲学观念及宗教思想的形成要历史地看待，不能仅凭一些相似的现象就不顾历史背景去推断宗教的相互影响。道教源于中国古代的原始巫教，作为炎黄后裔的诸多民族在原始宗教上有一些相同或相似的哲学思想和宗教观念，有时正反映了华夏传统文化源与流的关系，如原始的阴阳观念起源甚早，它与远古的生殖崇拜观念有密切关系，汉族的五行观念的产生也不晚于夏代。不少民族都有与汉族相类似的阴阳五行观念，但不能因此而一概论为是受道教的影响。纳西族的宇宙论及"雌雄五行"（纳西语称为"精吾瓦徐"）说在其起源和结构功能上有突出的民族特点，受汉族阴阳五行观念影响的部分又是从藏族文化中辗转渗透进来的，因此简单地把它称为受道教的影响是不恰当的。

　　如果我们历史地看待道教的源流变迁，那么，东巴教和羌戎后裔诸民族的原始宗教倒不失为探索早期原始道教渊源的参考资料。中国著名学者向达"疑心张道陵在鹤鸣山学道，所学的道即是氐、羌族的宗教信仰，以此为中心思想，而缘饰以《老子》之五千文。因为天师道思想皆源出于氐、羌族，所以李雄、符坚、姚萇以及南诏、大理才能靡然从风，受之不疑②。闻一多先生在其《道教的精神》一文中指出："我常疑心这哲学或玄学的道家思想必有一个前身，而这个前身很可能是某种富有神秘思想的原始宗教，或更具体地讲，一种巫教。这种宗教，在基本性质上恐怕与后来的道教无多大差别，虽则在形式上与组织上尽可截然不同。这个不知名的古代宗教，我们可暂称为古道教，因之自东汉以来的道教即可称为新道教。我以为与其说新道教是堕落了的道家，不如说它是古道教的复活。""这种古道教如果真正存在的话，我疑心它原是中国古代西方某民

---

　　① 董绍禹、雷宏安：《纳西族东巴教调查》，《云南民族民俗和宗教调查》，云南民族出版社1985年版，第244页。

　　② 向达：《长安史略论》，参见其《唐代长安与西域文明》，三联书店1957年版，第175页。

族的宗教。"① 道教研究专家卿希泰教授认为："道教是在西南少数民族'鬼教'中注入了'道'的精华，加以改造而成，贬称'鬼道'。"②

由此看来，纳西族是古羌人后裔，其传统宗教中有一些与道教相似的观念，有可能是肇源于古羌人、氐人的古代原始道教。不能简单地把这些文化因子理解为明代道教传入后在东巴教中的反映。

从其文化内涵看，纳西族的东巴教明显是一种具有多元宗教因素的民族宗教，在它的历史发展过程中，由单纯的自然宗教形态逐渐融汇百川，最终成为一种具有多元文化特质的宗教，只有梳理清楚它的源与流、它在历史进程中的发展变异，我们才有可能对它有正确的认识。

纳西族的民间巫术与东巴教有密不可分的关系，纳西民间巫术的代表是巫师桑尼（sai niq，或称"桑帕"sai paq），桑尼与东巴一样自称"吕波"（lee bbuq），其古称为"帕"（paq），一切卜卦的主持者都是巫师"帕"。"帕"在古代多为女性，后来才逐渐由男性取而代之。桑尼（桑帕）为"神授"，与东巴的家庭传承不同。桑尼（桑帕）除有"灵魂附体""捞油锅""咬红犁铧"等一系列巫术仪式外，还一直沿袭了司占卜的古规。东巴教源于远古的原始巫术（巫教），即国外通常所说的Shamanism（萨满教），与以桑尼为代表的纳西巫术文化有密切的关系，因此，东巴教保留了大量的巫术巫技，很多高明的东巴集祭司巫师于一身，不仅博通东巴象形文经书和祭祀仪式，而且善于以捞油锅、衔红犁桦等巫术镇鬼驱怪；东巴还有"杀魂""打魂""放鬼替"等黑巫术。

任何一个民族在分化发展为一个独立的族体之前，其整个意识形态总是与其脱胎母体有着千丝万缕的联系，因此，探索东巴教之源，我们就必须深入到纳西族肇源之母体——古羌人的宗教里去。纳西族源于古羌人部落，这一点已为国内外许多学者从历史学、考古学、地理学、语言学诸方面认真考证确认。③

笔者曾对纳西族与羌人宗教进行过初步的比较研究，认为初步可以从

---

① 《闻一多全集》第1册，三联书店1982年版，第143页。
② 张桥贵：《道教与中国少数民族关系研究》序言，四川大学出版社1998年版，第1页。
③ 关于纳西人源于羌人说的观点，主要著作可参看方国瑜《麽些民族考》，《民族学研究集刊》1944年第4期。[美]洛克（J. F. Rock）《中国西南古纳西王国》，刘宗岳等译，杨福泉、刘达成审校，云南美术出版社1999年版；杨福泉《纳西族与藏族历史关系研究》，民族出版社2005年版。

以下几方面探究古羌人宗教中的东巴教之源：一是对共有的重要仪式进行比较研究，如祭天同时是东巴教和羌人最重要的仪式，纳西族以"纳西是祭天的人"进行自我认同，祭天也是纳西族民间最大的传统节日。羌人也历来以祭天为重，此俗一直保留到现代的羌族中。再一个是共同的图腾祖先崇拜，如纳西族和羌族都曾有猴图腾崇拜的宗教意识，两族民间都有将猴认同为祖先的神话传说，在东巴教祭仪、语言文字中也可以看出猴祖崇拜的种种痕迹。同样源于古羌人的藏、彝、傈僳、拉祜、哈尼诸族也都有猴图腾崇拜的宗教意识，说明猴祖崇拜是古羌人部落一种普遍的图腾文化现象。此外，从羌人和纳西人对一些神性动物的共同崇拜意识中，也可以追溯东巴教与古羌信仰之关系，如羊在羌人和纳西人文化中都是一种神性动物，相传纳西族民族保护神三多的属相是羊，纳西人的神山玉龙雪山也相传属羊，而"羌"之本义即与羊有关，有的史籍记载古羌人信仰羊神。对老虎的崇拜意识也是羌人和纳西人共同的宗教现象[①]。另外，尚白忌黑也是纳西文化与古羌文化一脉相承的一种文化现象。在古羌人宗教、民俗和纳西族东巴经和各地纳西族的民俗中，都有大量以白为善、以黑为恶的反映[②]。

东巴教是以纳西族的传统文化为主干，又吸收了多种文化因素而形成的一种独特的原始宗教形态，它与藏族的本土宗教苯教有着特别密切的关系。但需要特别指出的是，东巴教与苯教并非"一而二，二而一"的同一种宗教，东巴教与苯教的相同因素首先源于纳西先民活动于西藏东北部和青海黄河、湟水流域时其原始宗教与古代本教的相互影响，也源于公元7世纪后期本教——雍仲苯教的影响。在后期苯教的影响下，苯教祖师东巴先饶经东巴的改造，演变成东巴教祖师丁巴什罗。在赤松德赞时期（755—797），西藏扬佛灭苯，赤松德赞先活埋了宫廷苯教大臣马尚仲巴结，又流放了另一名苯教大臣达扎路恭。而后又让佛教大师与苯教大师辩论教理之优劣，借机宣布苯教是一种谬误之教。他给苯教师们三条出路：（1）改宗佛教，（2）放弃苯教，（3）流放边地[③]。很多苯教徒逃到纳西

[①] 杨福泉：《纳西族与藏族历史关系研究》，第410—460页。

[②] 杨福泉：《纳西族东巴经中的"黑""白"观念探讨》，《世界宗教研究》1986年第2期；杨福泉：《再论纳西族的"黑""白"观念》，《西南民族大学学报》2009年第8期。

[③] 参看房建昌《东巴教创始人丁巴什罗及其生平》，《思想战线》1989年第2期。

族地区，据《西藏苯教源流》记："赤松德赞于公元 8 世纪灭本时，象雄雄达尔等本教高僧用多头牲畜驮运苯教经书来到藏区东部的霍尔和东南部的姜域。"姜（Vjang）① （4）域即麼些之地。藏文木刻版《美言宝论》第 175 页记载："赤松德赞取缔本教时，象雄地区的本教徒热巴金和塔衣布穿等人，带着多部经典，逃至东边和嘉绒地区（即阿坝藏区的农区部分）。"②

纳西族原始宗教进一步受到苯教的深刻影响。杜齐（U. Tucci）等一些国际著名的藏学家认为，由于苯教后来受佛教的排挤和影响，其教义融进了大量佛教内容，其原生形态的东西大都已湮没丧失，而东巴教中的很多本教文化因素则保持着原初风貌。

东巴教最初是纳民从早期的巫术文化（巫教）基础上发展而来的一种原始宗教形态，后来融合了以藏族为信仰者主体的本教和"喜马拉雅周边文化带"一些萨满（即巫术、巫教，Shamanism）文化、藏传佛教文化等因素，形成一种以卷帙浩繁的象形文字经典为载体、有繁复的仪式体系而独具特色的古代宗教形态。虽然东巴教文化内容纷繁复杂，但其处于氏族—部落原始社会时期的那些自然崇拜、图腾崇拜、祖先崇拜、灵物崇拜、鬼魂崇拜等内容仍然是它的主要内容，其中的自然和自然神（或精灵 spirit）崇拜思想非常突出。

佛教和道教文化的不少因素也渗透到了东巴教中，使东巴教对纳西族社会的影响呈现出一种混融着多元文化因素的形态，其中比较典型地表现在东巴教的丧葬仪式上。人死后举行的丧葬和超度仪式是生命的一种过渡仪式和身份转换仪式。纳西族的传统观念认为，人死后通过丧葬和超度的仪式，将回归到祖先之地。但随着纳西族文化与汉藏文化的交融和相互影响的加深，关于生命归宿的观念也随之复杂化和多元化，产生了地狱、人间、天堂和人死后转生的观念，并形成了具体体现这种生命观的系列东巴经《神路图经》和著名的长幅布卷画"神路图"。在丧葬仪式上，东巴铺开"神路图"，据图咏诵《神路图经》，为死者评断通往神地之路，即为他（她）排难解忧，把死者从鬼地的熬煎中解脱超度出来，在人类之地转生为人，或送至神灵之地。但这种生命历程三界观又与回归祖先之地的

---

① Vjang 是"姜"最常见的藏文拉丁文转写，有的中外论著中也用其他的转写法。
② 阿旺：《阿坝藏区钵佛二教考略》，《西南民族学院学报》1983 年第 1 期。

传统观念杂糅在一起，呈现出纳西本土的生命观和外来生命观交融并存的多元格局。在藏族著名史诗《格萨尔王传》终结篇章《格萨尔地狱救妻》中，也描写了24个不同的惩罚之狱，其中有一些与纳西族《神路图经》中的描写极为相似。如对虐待牛马、杀害野生禽兽、嗜食火烤活牛羊、放火烧山冈、偷杀他人马匹、用盐水害死青蛙、用麝香毒死蛇类等罪人的各种惩罚，以及"耕舌之狱"都很相似；对不守法事行为规范的尼姑僧倡、咒师的惩罚，与"神路图"中所绘"耕舌之罚"和对失职东巴的惩罚极相似，反映了宗教行为规范在藏人纳西人心目中的神圣性。

东巴教"神路图"中已有人死后转世的观念，认为人可能在六个不同的领域中转世，这六地通称为"尼瓦六地"，这是受到了佛教"五趣六道"说的影响①。东巴教接受了佛教的"三界六道"说，产生了描述生命历程的鸿篇巨制"神路图"，并把它运用于丧葬超度仪式。但有意思的是，这种佛教观念并未能取代本民族传统的生命归宿观，而是形成了一种传统与外来文化因素并存于丧葬文化中的现象。它与纳西族传统的"回归祖地"的生命归宿观并存于东巴教教义中。

一方面，东巴在丧仪上铺开"神路图"，咏诵有关地狱、人间、神地的经书，为死者超度灵魂，帮助死者转生于神地；另一方面，又咏诵描述传统送魂路线的东巴经，把死者灵魂送往祖先之地，而且确切地指示亡灵必经的具体路站名。在纳西人心目中，回归祖先之地是根深蒂固的观念，即使东巴依"神路图"把亡灵送往神地，人们还是认为死者实际上是沿着东巴所指引的送魂路线回归祖地去了。旨在回归祖地的送魂路线与力求转生神地的"神路图"分别代表了传统生命观和受外来文化影响的生命观，而左右人们心理的仍然是传统的"回归祖地"观，"神路图"所展示的生命转生观念并未能进入纳西人的心理深层，即使东巴死后，也要叫他的灵魂沿着祖先迁徙之路回归祖地，这一点比超度其灵魂往18层天或33个神地都还重要。而且，东巴教中虽然接受了33个神地的观念，但对它的具体描述则又与经书中描写的祖先之地相同，散发着纳西族独有的浓郁生活气息。

东巴教的"神路图"中还有印度婆罗门教的神祇形象和观念，如长着33颗头的白象和33座神房的神界观，据洛克考证，这实际上源于婆罗

----

① 杨福泉：《原始生命神与生命观》，云南人民出版社1995年版，第183—195页。

门教、印度教所信奉的空界首席大神、雷电神、战神"因陀罗"和他所住的宫殿。但这种内容不见于藏族、蒙古宗教及其他东方宗教的绘画和典籍中。笔者询问过多位藏学家,也说没有在藏传佛教绘画中看到过这个内容。而纳西人与缅甸之间在历史上鲜有文化交流,这是否如洛克所推断的是纳西及缅甸有关民族在迁徙到现在居住地之前就已共同吸收了这种印度文化呢?这都是很值得研究的论题。

从中国各个少数民族的宗教形态看,非常复杂和多样化,特别应该指出的是,各民族的原生性宗教随着社会历史所发生的变迁也是很不同的,所以,以"原始宗教"一词来概括他们的原生性宗教甚或本土宗教(indigenous religion),已经不能涵盖其差异和历史性的变迁。因为各民族的"原始宗教"有非常大的差异,有学者曾就学术界直接以"原始宗教"来指称藏族信仰的苯教提出过不同的看法,比如孙林在《试论苯教的宗教性质及与藏区民间宗教的关系》一文中认为,苯教这个名称大致在7—8世纪形成,在该词汇被用来指称一种宗教之际,它已成为一个有自己的一套系统的宗教,已经不是原始宗教了。作者认为可以用国际学术界常常讨论到的一个词汇——民间宗教来称谓苯教,这个词在语义意指的外延性方面比较开放,其不仅包容性强,而且相对而言更能反映民间社会中的一些宗教现象的特点。① 长期以来,在我国宗教学界,基本上是把凡没有文字、没有宗教组织和制度的宗教都统称为原始宗教,而把汉族民间的各种信仰则称为"民间宗教"。

且让我们从民间宗教的定义来看看东巴教,在《中国大百科全书宗教卷》和任继愈主编的《宗教大辞典》中,收有"原始宗教""民族宗教"的词条,但都没有"民间宗教"的词条;"百度"对"民间宗教"词条有如下的介绍:民间宗教(或者称为民间信仰)也有学者称之为民俗宗教(folklore religion)或普化宗教(diffused religion)。一般是指乡土社会中植根于传统文化、经过历史演变并延续至今的有关神明、鬼魂、祖

---

① 孙林:《试论苯教的宗教性质及与藏区民间宗教的关系》,《西藏研究》2006年第1期。法国学者石泰安以及卡尔梅就认为苯教在其被当作一种宗教性的名称时,就已经与早期的所谓自然崇拜或原始宗教有所区别了。参见石泰安《敦煌写本中的吐蕃巫教和苯教》,耿昇译,《国外藏学研究译文集》第1辑,西藏人民出版社1994年版,[法]卡尔梅·桑木旦《苯教教理和历史概论》,向红茄译,《东洋文库论丛》第3卷,东京,东洋文库,1975年。

先、圣贤及天象的信仰和崇拜。

　　国外汉学人类学者对于中国民间是否存在"一个宗教"这一问题，存在很大的争议。现存的看法主要包括两类：一类不承认民间的信仰、仪式、象征为宗教；另一类认为它们构成一个"民间宗教"（popular/folk religion）。采用古典宗教学分类架构的学者认为，因为民间的信仰没有完整的经典和神统，仪式不表现为教会的聚集性礼拜（congregations），而且象征继承了许多远古的符号，所以不能被当成宗教而与基督教、伊斯兰教、佛教等制度化的宗教相提并论，也不能与中国大传统里的儒、道、释三家等同待之。为了把它们与制度化的宗教区分开来，保守的古典宗教学者主张它们是"多神信仰""万物有灵论""迷信"和"巫术"的总和。著名英国古典人类学家泰勒的《原始文化》（1871）和弗雷泽的《金枝》（1890）两书中，都把中国民间的信仰、仪式、象征等现象与"原始的文化"列为同类①。

　　美国华裔学者杨庆堃在其宗教社会学名著《中国社会中的宗教：宗教的现代社会功能与历史因素》一书中，提出了两个概念，即制度性的宗教（institutional religion）和分散性的宗教（diffused religion）。他认为，中国的传统宗教在性质上属于一种普化的宗教，这类宗教的特征就是在宗教教义、仪式、行为、组织、信仰心理等层面都与世俗生活乃至个人生计都紧密相连，甚至混而为一，与制度化的宗教有很大的区别。而制度化宗教是一类有自身完整的教义、经典、仪式，以及独立的宗教组织和场所，并有专职的宗教人员进行主持的宗教。杨庆堃认为，在中国社会历史上，尽管宗教始终是非常重要的，但并没有如在欧洲或阿拉伯文化中那样作为一个独立的因素而存在。这是因为中国社会分散性宗教占主导地位，而制度性宗教相对薄弱。"分散性的宗教"概念方面为中国宗教形式界定了一个符合社会学规范的模式，同时更使那些存在于民间生活中的信仰得以作为中国宗教来被检视。②

　　中国著名人类学家李亦园根据杨庆堃对中国宗教的上述观点，也认为中国民间宗教是一种普化的宗教（他将 diffused religion 译为"普化"）

---

① 王铭铭：《中国民间宗教：国外人类学研究综述》，《世界宗教研究》1996 年第 2 期。
② 杨庆望：《中国社会中的宗教：宗教的现代社会功能与历史因素》第 12 章，范丽珠译，上海人民出版社 2006 年版，第 268 页。

而非制度性的宗教,他就中国民间宗教的问题作了这样的阐述:

中国民间宗教具有"普化宗教"(diffused religion)的特性,所谓"普化宗教"又称之为"扩散的宗教",亦即其信仰、宗教活动、仪式都与日常生活密切相关,而扩散成为日常生活的一部分,其教义也与日常生活相结合,缺少有系统化的经典,更没有具体组织的教会系统,因此我国的民间信仰在制度上与制度化宗教(institutional religion)颇有不同。所谓制度化的宗教是有系统化的教义和经典、有相当组织的教会或教堂,而其宗教活动与日常生活有相当程度隔离的宗教,我们接触最多的基督教、天主教、回教、佛教以及道教都属于制度化的宗教。我国民间宗教虽然吸收了很多佛教和道教的教义,但是并非佛教,也非道教,也不好说是佛道教的混合。我国民间宗教因为扩散于日常生活中,所以可以包括下列各种不同的仪式范围:①祖先崇拜:牌位崇拜(包括家内崇拜、祠堂崇拜),坟墓崇拜;②神灵崇拜:自然,精灵崇拜;③岁时祭祀;④农业仪式;⑤占卜风水;⑥符咒法术。

李亦园先生继而指出,虽然这些仪式类别实际上都是各不相干,而是分别与生活的不同层面联结在一起,只是基于一种信仰基础,不需要有什么经典;大部分不需要专业者协助,所以也无须固定的组织,因此就不是一种制度化的宗教,只是一种普化存在的宗教信仰。①

从李亦园先生的上述定义来看,纳西族的东巴教确实也有民间宗教的性质,它没有固定的宗教组织、寺观庙宇等,它有成系统的仪式架构,且都与日常生活(包括生产生活、人生礼仪等)密切相关;但不同的是它又有与每个仪式相配套并成规模的东巴经(do bbaq jeq)或称东巴书(do bbaq tei'ee),每个仪式都要严格按照仪式规程经"笃母"(ddu muq)②来使用特定的一系列东巴经书,而中国大多数少数民族的"原始宗教"是没有用文字写成的经典的。东巴教没有专门的宗教组织,但有专门的祭司东巴,而这些东巴祭司又与其他制度化宗教的神职人员不同,除了受人所请举行仪式时之外,平时都是在家里务农的农夫。

不仅中国各民族的原始宗教有很大的差异,以作为"普化宗教"

---

① 李亦园:《民间宗教仪式之检讨:讨论的架构重点》,李亦园、庄英章主编:《"民间宗教仪式之检讨"研讨会论文集》,中国民族学学会编印,1985年,第2页。

② 洛克(J. F. Rock)将"笃母"译成"Index book"(索引书)。

（diffused religion）的民间宗教的一些定义来衡量东巴教，也可以看出它与汉族的民间宗教的很多不同之处。这其实也反映了中国民间宗教的丰富多样性。因此，如果我们用"原始宗教""民族宗教"或"民间宗教"来指称诸如东巴教这样的宗教形态，就会感觉到其表述难以涵盖其内容的问题。东巴教既具有"氏族—部落宗教"即"原始社会宗教"特征的内容，也有"民间宗教"的内涵，也是一个民族的"本土宗教"（indigenous religion），把它称为"民族宗教"（national religion）也没有错。但它也有自己很多独到的特点，无法用现在的原始宗教、民间宗教等定义来涵盖其复杂性和多样性。

而对"民间宗教"和"民间信仰"的概念，中外学术界也有不同的看法，刘平、冯彦杰在《近年美国有关中国民间宗教的研究》一文中，在概述了美国学术界对中国民间宗教的研究情况后指出："在港台学者中往往把民间宗教与民间信仰混为一体。那么，如何区分这两者之间的关系呢？我们认为，民间宗教是指具有一定组织形式的民间教派，中国学术界以前一般称为秘密宗教（或教门），现在也开始改称民间宗教；民间信仰是指存在于民众之中、没有固定组织形式的信仰现象。"

按这个观点，东巴教没有共同的组织，没有"具有一定组织形式"，但东巴教祭司东巴们又有不规则的集体活动，比如由一个或几个名声大的东巴组织举行集体的祭司活动，而且也有根据不同的世系群而形成的"祭天派"等。

一些欧美和日本学者还用"民俗宗教"（folk religion）一词来定义上述的"民间宗教"，如日本学者渡边欣雄在他的著作《汉族的民俗宗教》一书中说："汉族宗教的特征，不是道教和佛教，而是民俗宗教。"他在第一章的注释中说："关于民俗宗教，有多种定义，或者说民俗宗教乃是未被制度化并且不依赖文字传统的宗教（Seiwert, 1985），或者说民俗宗教乃是没有宗教职业者（道士、法师等）和不依据教典的宗教（Jordan, 1972）。此外，还有其他一些定义。本书对此也有所涉及，我自己是这样认为的：所谓'民俗宗教'，乃是沿着人们的生活脉络来编成，并被利用于自己生活之中的宗教，它服务于生活总体的目的。这种宗教的构成要素，比如，国家的制度保障、文字的利用、祭祀对象的由来等，即使发源于正规的宗教，也是被摄取到了人们的生活体系之中。所谓的民俗宗教构成了人们惯例行为和生活信条，而不是基于教祖的教导，也没有教理、教典和教义的规定。其组织不是具有单一宗教目的的团体，而是以家庭、宗族、亲族和地域社会等既存的生活组织为母体才形成的；其信条根据生活禁忌、传说、神话等上述共同体所共有的规范、观念而形成并得到维持。民俗宗教乃是通过上述组织而得以传承和创造的极具地方性和乡土性的宗教。"[1]

用欧美学者和日本学者所用的"民俗宗教"这个定义的内容来比照东巴教，也可以看出，其中不少内容与东巴教相吻合，但也并不能涵盖东巴教的全部内容，比如东巴教有文字传统，宗教仪式依赖经典。此外，东巴教虽然没有"宗教职业者"（道士、法师等），但东巴教有不脱离日常农业生产活动按传统进行家庭世袭的祭司东巴。从东巴教乃至藏族的本教、彝族的比摩教的实际情况看，说明了我国各民族宗教形态的多元化和丰富性，不少非制度化的各民族宗教形态相互之间也还有很大的区别，如果仅仅以学术界现有的关于原始宗教、民间宗教、民间信仰、民族宗教、民俗宗教等固定概念来指称这些宗教，都会碰到词不达意、片面而不完整的问题。这说明我们原有的宗教学学术概念，需要根据各民族各种宗教形态来作更认真的钩沉考证、发微阐幽的实证研究，来具体分析其性质和功能，而不是照搬某种概念将其划定在某类现成的"宗教学范畴"中。认真地对中国各民族的各种宗教和信仰习俗进行发微阐幽的研究，是奠定我们对中华民族的宗教和信仰作出准确定义的基本前提。笔者认为，目前中国宗教学界需要对各民族的宗教形态进行更为深入扎实的实证研究，这样的研究积累多了，无疑会极大地丰富中国宗教学的研究，也有利于我们对各种宗教术语作出更为全面和准确的阐释。

曾对纳西族宗教和喜马拉雅地区很多民族的宗教进行过深入研究的德国人类学家奥皮茨（M. Oppitz）教授指出，纳西族并不是一个孤立的社会，千百年来，纳西人生活在一个受多种文化影响的十字路口，包括印度、缅甸、藏族、蒙古族和汉族的文化，这些古文明的国家和民族及文献

---

[1] [日] 渡边欣雄：《汉族的民俗宗教——社会人类学的研究》，周星译，天津人民出版社1998年版，第3页。作者这里引的（Sciwcrt, H., 1985）全书名称为：Seiwcrt, H., *Volks religion and National Tradition in Taiwan*; *Studies zur Regionalen Religions geschichte Einer Chinesischen Provinz*, Stuttgart, Franz Steiner, 1985. （Jordan, 1972）全书名为：Jordan, D. K. *Gods, Ghosts and Ancestors*; *Folk eligion in a Taiwannese Village*, California: California University, Press, 1972.

对纳西人有深刻的影响,纳西人的文明反映了多元文明转变和转化的一种结果。他们共有的风格和特征反映了他们和或远或近的邻居共同分享的内容。在喜马拉雅区域和西藏高原东部地区,不少族群没有书写文字而只有口述传统。他们的文化处于民族国家的边缘,与那些有组织和书面学说的宗教或意识形态有较大差异。对纳西人的宗教和喜马拉雅区域以及西藏高原东部地区那些无文字民族的宗教,是值得认真地进行比较研究的。[1]

鉴于在东巴教源流问题的探索上有这样艰深而复杂的学术背景,全面地梳理东巴教的源流和各种文化因素,探索它们的来龙去脉,有待于在纳西族地区作更加深入的田野调查,有待于将分散在世界各地的数万卷东巴古籍不断地翻译问世,有待于对纳西族和滇川藏交界地区乃至环喜马拉雅文化带(或如西方学者所说的"喜马拉雅山地区")各民族的宗教文化进行更深入的研究,有待于对古羌族群文化、藏学(特别是苯教)作更深入的研究,在占有大量材料的基础上,将它们与东巴教放在一个大的宗教文化背景下作深入的比较和分析,这样才能不断地得出新的结论。笔者在这里仅仅是对东巴教的本质作一个概述性的研究,用意在于将它作为引玉之砖,以期广泛引起从事纳西学、藏学以及滇川藏交界区域乃至喜马拉雅地区众多从事于各民族文化比较研究的学者的关注。

原载《宗教学研究》2014 年第 3 期

---

[1] Oppitz, M., "Naxi Connections; Lecture Held at the Rubin Museum of Art NY", *Naxi conference*, May 14th, 2011.

东巴教的"威灵""威力"崇拜

宗教学有个术语,叫作"魔力崇拜",一般的魔力是指神秘的超自然力,是各种超自然体皆有的超人力量,但作为一种崇拜对象的"魔力"则主要是指那些无具体形象或固定附体的、无独立人格或专门名称的各种超自然力。这种"魔力"是巫术仪式所要控制、利用、驱使的主要对象,也可称为"巫力"。①

西方民族学家早期常以美拉尼西亚人的"玛纳"(Mana)做"魔力"的代表。人们认为"玛纳"是一种可为人带来成功和幸福,也可使人遭受损害和毁灭的超自然力量。这种力量厚思无形,可寓于无生物和生物如石头、蛇等物体内,可附在活人身上以及死人灵魂和精灵上。人们可以获得它,控制和驾驭它,为自己的利益服务。当人们把魔力信仰和具体事务相结合时,逐渐形成"神物"和"神偶"崇拜。②

纳西族东巴教中有个观念,纳西语称之为"汁"(rherq),学术界一般翻成"威灵""威力"。"求威力(威灵)",是东巴教仪式的一项重要内容,其主旨是祈求一种神秘的超自然力"汁",是魔力(巫)信仰在中国少数民族原始宗教里的一种突出表现的个案。下面做一些分析研究。

一 "威力""威灵"的内涵

东巴象形文字的"威力""威灵"一词

李霖灿在他编纂的《麽些象形文字、标音文字字典》中收了这个象形文字:

---

① 金泽:《宗教人类学导论》,宗教文化出版社2001年版,第113页。
② 《延寿仪式·向诸神的威灵献饭》,《纳西东巴古籍译注全集》第14卷,第210—249页。

ㄉ国际音标记如：ndʐʌr 李霖灿对字义如此解释：威灵遗烈也，多巴（东巴）作法时，例请大神祖先加被威灵遗烈，由此方有大法力以降鬼怪也。字源尚不确知。有云此乃象溶化之形，借音而作神名，观北地以上，此字写作：

ㄉ 或写为：**今**

若喀（阮可）地域写如：

"**王**，则此说亦有一部分理由在内也。"李霖灿先生还根据有的学者认为"盘神"（perq）"禅神"（saiq）和"汁神"（rherq）这三个文字符号是标音文字的观点，作了分析，认为这三个字都不是标音文字，"汁"（rherq）字虽然字源尚不确知，但从流行于若喀（阮可）地区的字形变化来看，也是个象形字，而不是标音字。①

方国瑜、和志武所编纂的《纳西象形文字谱》里收了这个字，解释说："威灵也，字源难解。"②

"汁"（rherq）这个词的准确翻译，我觉得其含义涵盖了"威力""威灵"两个词的意义，既有物质性的威力，诸如本领、力量、勇气、威风等，还有精神性的各种神力、魔力、神威、大自然所拥有的神秘神奇力量，乃至鬼怪之魔力等，所以我在这里用汉语的"威力""威灵"两个词来指称纳西语的"汁"（rherq）一词。

二 祭司和巫师的"威力""威灵"

"汁"（rherq）在纳西语里有"威力""力量"等意思，指有内在的精神性和物质性的力量，因此，有的学者又将此词译为"威灵"。纳西族民间称一个人有神奇神秘的力量为"汁衣"（rherq yi），意思是"有神奇的威力"。比如，我调查过的中甸县（今香格里拉县）三坝乡永壳村一带的纳西人对巫师那样有神异巫力的人称为"汁衣"（rherq yi），意为"有一种威灵和威力"，这种威灵又大多与动物有关，如当地人认为当地的女

---

① 李霖灿编著、张琨标音、和才读字：《麼些象形文字、表音文字字典》，台湾文史哲出版社 1972 年版，第 150 页。

② 方国瑜编撰、和志武参订：《纳西象形文字谱》，云南人民出版社 1981 年版，第 354 页。

桑尼（巫师）母妞是有"个汁"（gel rherq）的人，即"有鹰的威灵和威力"，能看透世间一切人事和神魔鬼怪之谜。而认为她那著名的东巴祖父是有虎之威灵和威力。

我在采访过程中曾问给婆婆姆妞当翻译的儿媳妇，她能否从婆婆身上学到这种占卜和预言等的本事（巫技），婆婆有没有教她学卜卦巫术，她说，这种神力（rherq，汁）是不可学的，只能"神授"，比如今后如果婆婆去世了，如果家里人供奉好，她也许会在梦中把自己的这一套本事传给她喜欢的人。她称这种梦中传授之法叫"义牧罗"（yil mu loq），意为"能够得到（这种神授的）梦"。

很多东巴经里提到东巴祭司不仅要向很多的神祇祈求他们的"威力""威灵"附来自己身上，还要向传说中著名的各个神明东巴求取他们的"威力"，以帮助自己有威力主持各种仪轨和镇鬼驱邪。在东巴经《禳垛鬼大仪式·请卢神沈神起身经和求神赐威力附体经》里提到，祈求卜卦灵验的卜师将他占卜的威力附体（于祭司）。

三 "威灵""威力"之神

这种威力被东巴教神化了，就产生了一种"威力神"汁（rherq），东巴经中记载：

"哦神产生之后就到了汁神（rherq），他头上戴着金色的五幅冠、腰间系着金色的腰带，脚上穿着金色的鞋子的汁神。十二代司补祖先所掌握和供养的汁神，祖父辈所掌握和供养，孙子辈也掌握和供养的汁神，父亲辈所掌握和供养，儿子辈也掌握和供养的汁神，使头目的儿子生来就常胜不败的汁神。"[1]

所谓"汁"（rherq）神，即"威力之神"，此神在纳西语中叫"汁"（rherq），他能赋予东巴、神和武士内在的威力。此神与祭司东巴有特别密切的关系，东巴在做法事时举行"汁在"（rherq zail，求威灵）仪式，祈求威力神"汁"降威力给自己，以保证自己能战胜鬼怪。

---

[1] 和士成释读、和力民翻译、和发源校译：《禳垛鬼大仪式·烧天香》，《纳西东巴古籍译注全集》第22卷，第317—369页。

每个神祇都有各自的"威灵""威力"神

从东巴教的教义和东巴经中的描述看，东巴教的很多神祇都有各自的"威力""威灵"神，如东巴经《延寿仪式·向诸神的威灵献饭》中，就描述了东巴主持仪式，向开天的盘神、辟地的禅神、天神、阳神董、阴神沈、胜利神嘎、司掌着人类和家畜生育繁衍的精灵华、连接神住（zul）、① 风神、猎神、村寨神等的"威力（威灵）神"祭献供品，向各种神祇的这些威力（威灵）神求赐各自所司掌所擅长的威力和福泽。②

除了祭司东巴，纳西族的巫师桑尼（桑帕）也在举行巫术仪式时祈求各种他的保护神的威力威灵，洛克在20世纪20年代在丽江参与了一个桑尼巫术降神仪式，有如下的描述：

> 吕波（巫师桑尼桑帕的自称）的仪式常常在夜晚举行，请"吕波"驱除作祟或使家人生病或倒霉的鬼怪的这家人要请"吕波"吃一顿饭。在当事者家庭的院子正中放着一张桌子，桌子上放着盛有米或麦子的器具，上插炷香和纸旗。然后，把桌子移到院子朝着村子街道的门口，门打开着。"吕波"首先呼唤 Dja-ma 这个他们独有的从未被东巴所邀请的保护神，该神被供在一个临时准备的类似小教堂的房子里，位于三多神的画像前。"吕波"手执小锣，开始咏诵"世日绍"，请当地山神。Dja-ma 则不需要邀请，因为他始终都在场，是"吕波"忠实的伙伴。据说 Dja-ma 有能呼唤任何"吕波"盼望其出现的鬼怪或精灵的法力。"吕波"首先咏诵如下语句请雪山之神灵：
>
> 白沙雪山山神，请护佑我；阿昌郭雪山山神，请护佑我；欺累补

---

① 这个"著神"反映了纳西族一个独特的"生命连接"观念，纳西人把一代代家庭成员的生命作为一个整体来看待，视之如一条长链，认为某个家庭成员的死亡是使生命链中断了，纳西语称为"仲碰"（zhul perl），因此，当一个家庭成员寿终正寝，待举行了丧礼"示路"仪式后，接着便要请东巴举行大型仪式"汝仲本"（ssee zhul biuq），"汝"意为寿岁，"仲"意为连接，"本"是"祭"和"举行仪式"之意，直译应为"连接寿岁的仪式，一般译为"延寿仪式"。这个仪式的目的是为活着的家庭成员接上因家人亡故而中断的生命之链，向神祈求延长和增加生者的寿岁。参看本书"从东巴教的神祇顺序看东巴教的源流"一节。

② 和云彩释读、王世英翻译、李静生校译：《延寿仪式·向诸神的威灵献饭》，东巴文化研究所编《纳西东巴古籍译注全集》第14卷，云南人民出版社1999年版，第252页。

美山山神请护佑我；生笔阿奶山山神，请护佑我；拉市纳居瓦山神，请护佑我；阿吴瓦高山山神，请护佑我；上方白沙三多村骑白马的三多神，请护佑我！

呼唤这些当地神灵后，"吕波"随即请求他的住宅神（那伽）护佑他，同时，咏诵如下语句请他的祖先神灵护佑他：九代男祖先，请给我你们的力量！（一般还会说"七代女祖先，请给我你们的力量！"）[1]

四 东巴的"求威力威灵附体"

按东巴教的传统，东巴们都要举行一个"汁在"（rherq zail）仪式，通过这种祈求神祇和东巴教祖师等的威力附体的方式，取得正式的东巴地位。从纳西语字面上直译，"汁在"（rherq zail）的"汁"（rherq）指威力威灵，"在"（zail），意思是将某种力量附于自己的身上，果树嫁接也用"在"（zail）这个词，因此，"汁在"的"在"这个词的大意在这里就是"附体"的意思，将各种神祇的力量祈求来附加在自己的体内。

如云南中甸县（今香格里拉县）三坝乡白地村的东巴常在"阿明什罗灵洞"里举行"汁在"仪式。每个东巴在学习东巴教仪轨经书学到一定的程度时，要由自己所拜的师傅主持举行"汁在"仪式，仪式多在东巴教所信奉的灵洞外举行。过去，很多东巴都会想方设法来到云南省中甸县三坝乡白地的什罗灵洞外面举行这一"加威力"的仪式。从上面所叙述的"汁"神衣饰上看，他是一个祭司东巴的形象，看来这个有神异威力（或威灵）的神的出现与东巴祭司的产生密切相关。

据李国文先生的调查，云南丽江的鲁甸乡（今属玉龙县）一带的东巴中，过去有过举行这种仪式的。此仪式一般以个体家庭为单位举行，据说，仪式须由学识较高德高望重的大东巴主持，规模很大，要念经七天七夜，耗资很多，非一般东巴人家所能举行。据丽江鲁甸乡（金属玉龙县）老东巴和开祥对李国文的讲述："汁在，就是东巴求寿、求威灵仪式，凡

---

[1] Rock, J. F., *Contribution to the shamanism of the Tibeten Chinese borderland*, in Anthrops 54, 1959.

作过这种仪式的东巴，才算取得正式东巴资格和享有较高地位的东巴。和开祥东巴很自豪地说："在鲁甸新主地上、中、下村的东巴中，东巴虽然众多，但举行过'汁在'仪式的只有六七家，即大东巴和文质家、和尚志家、和士元家、和建勋家、和文祥家、和尚方家。和开祥家也属于举行过这个汁在仪式的东巴家庭，并且是在爷爷那一辈举行的。从此可见，'汁在'仪式是东巴们取得正式东巴资格和获得较高声誉的重要标志，在他们的观念中，凡是举行过'汁在'仪式的东巴及其世家，地位较高，反之，则地位一般。"①

此外，丽江汝南化地的东巴也有类似上述情况，和志武先生曾根据他的调查有过这样的记载："东巴教在丽江汝南化地和鲁甸等地，已举行过类似佛家'受戒'的'加威灵'仪式，加过'威灵'的东巴，从此可以正式掌坛执法，逐渐变成大东巴。"②

1949年以后，各地纳西族东巴的"请威力威灵附体"做得少了。1978年中国大陆改革开放后，在一些山村有所复苏，如丽江塔城乡署明村的优秀青年东巴和秀东七岁开始向祖父、著名东巴和顺学习东巴知识，在1999年正月十五，他在他的大伯，也是当地著名东巴和训主持下举行了"汁在"（rherq zail，加威力）仪式。这天，除了给和秀东做求威力附体仪式外，还有许多来自本村都和其他村子的年轻东巴一起举行了"求威力威灵之名"（rherq miq meil，汁名妹）仪式，主祭东巴给每个东巴所取的名都是按传统取的东巴教神之名，即东巴教祖师东巴什罗的360个弟子，东巴称之为"弟子格巴"（di zer ggeq bbaq），他们被称为"西普拉"（xi pv laq），意为"人菩萨""人神""人间之神"。经典里皆有他们的名字。取名的东巴采取抽签的方式从一个竹箩筐里抽取写着各种"威力威灵名"的红纸团，获得自己的"威力之名"。

五　求各种"威灵"和"威力"

东巴在举行各种祈吉求福、镇鬼禳灾的仪式前，都要进行"汁在"（加威力、威灵）的仪式，祈求各种神祇赋予他们威灵威力，以战胜恶鬼

---

① 李国文：《人神之媒——东巴祭司面面观》，云南人民出版社1993年版，第63—64页。
② 和志武：《纳西东巴文化》，吉林教育出版社1989年版，第62、64页。

们，以获得所祈求的福泽等。

（一）求神灵、祖灵的"威力""威灵"

东巴教有上述的"求威力"仪式，也有相应的东巴经书，如《求大威力》（汁迪在，rherq ddeeq zail），这本经书列举了自人类（纳西先民）开始做祭祀仪式以来各个时代祭司所具有的"威力""威灵""汁"（rherq），祈求神灵把这神威赐给后来的祭司。祭司只有获得神威后，才能作祭仪把各种鬼镇伏下去，才能给人类祈福禳灾。经书中说，最初人类不祭祀[①]，人们向天变得高远、地变得辽阔那个时代所祭诵的神灵求赐他的威力；向那个有耀眼的太阳出来，圆圆的月亮出来的时代进行祭诵的神灵求赐他的威力；向满头白发的卢神（即董神）和满口黄牙的沈神（即色神）[②] 产生的那个时代所祭诵的神灵求赐威力；求赐在高远的天上的阿纳猛沛五兄弟时代所祭诵的神之威力；求赐九代人都会祭诵、七代人都会占卜之时代的神威。经书列举了很多古时候做祭祀时各种动物、神祇和英雄祖先们种种神奇的威力，如白鹤白鹰、凶豹猛虎那样的神威，把桩子插在岩上能使桩字发芽，点水能使水燃烧的神威；如去拿岩羊就获得岩羊，去拿鱼就得到鱼的那个时代的神威（这个神威与纳西远祖崇仁利恩到天上经受天神岳父的考验而去岩上猎岩羊、去水里抓鱼、去挤虎奶的故事相关）；求赐在十八层天上有大名声的九位东巴做祭仪的神威；求赐从十八层天上降临下来的郎久敬久神镇鬼的神威；久嘎哪补大力神镇鬼的神威、优麻战神的神威、东巴教祖师东巴什罗及其360个弟子的神威、求赐祭太阳的东巴土土各瓦时代作祭仪的神威、祭月亮的东巴敬套敬优时代作祭仪的神威，祭星宿的东巴罗巴汝冉时代作祭仪的神威……在吕埔坡上的云际处。

《除秽·请神降威灵经》中讲了祈求盘神、诺神的大威灵、居纳若罗

[①] 这里的"祭祀"以及下面的"祭诵"一词的纳西语词皆是"本"（biuq）一词，此词也是东巴的自称，也有诵念和举行东巴仪式的意思。

[②] 这里的卢神和沈神是纳西族东巴教中和创世神话中所描述的创物之神，卢神是阳性之本原、因此学术界又译成男神、阳神；沈神是阴性之本原，因此又译成女神、阴神。在东巴经的描述中，长牙黄牙是长寿老人的表征之一。

神山的大威灵的内容。①

有的东巴经中还写到了向胜利神求"威力""威灵",借以战神仇敌。如《延寿仪式·求富强之威灵·招富强》中说:"请神赐予美利董主(东巴教和民间的纳西神话传说里的纳西远祖,白部落的酋长)所有取胜的威灵(威力)。建村建寨则求胜利的威灵(威力)。把美利术主(黑部落的酋长,美利董主的仇敌)的术考纳咒寨摧毁,取胜于神速的千千万万术人。"

在属于禳垛鬼大仪式的东巴经《请卢神沈神起身经和求神赐威力附体经》中,描述了这样的内容:前一部分是《请卢神沈神起身经》,其主要内容是:(1)在鬼神作祟之前就要作祭祀之仪式,要祭祀就要请卢神、沈神和头目、祭司;(2)主人多次派人来请祭司东巴、东巴不畏艰难地远道而来,为主人举行祭祀仪式;(3)要使祭祀有效,就要请卢神前来帮助祭司。世间一切规矩和规范都是卢神制定的,因此要请卢神起身前来。后一部分是《求神赐威力附体经》,其主要内容是:(1)为战胜鬼怪,请诸神帮助祭司;(2)求大神、祭祀神及禽兽山水木石等自然神赐威力,把威力附在祭司身上。②

(二) 求自然界和动物的"威灵""威力"

除了提到各种大神,著名的古代东巴等的威力外,东巴还向山川河流树木石头等祈求赐威力。

如《禳垛鬼大仪式·请卢神沈神起身经和求神赐威力附体经》中说:求东巴祭司祭祀过的那些山赐祭祀的威力附体,求居那什罗神山、左边的景乌鲁山(玉龙雪山也成有此名,意为"云雪山")、右边的纳巫鲁山、中间的梭巫鲁山和其他有威力的山赐祭祀的威力附体;求东巴祭司祭祀过的那些有威力的树赐祭祀的威力附体,求含依巴达神树、高原上的大杉树、高崖上的大柏树和其他有威力的树赐祭祀的威力附体;求东巴祭司祭

---

① 和开祥释读、李英翻译、李静生校译:《除秽·请神降威灵经》,东巴文化研究所编译《纳西东巴古籍译注全集》第39卷,云南人民出版社1999年版,第106—107页。

② 和士诚释读、和力民翻译、和发源校译:《禳垛鬼大仪式·请卢神沈神起身经和求神赐威力附体经》,东巴文化研究所编《纳西东巴古籍译注全集》第23卷,云南人民出版社1999年版,第107页。

祀过的那些有威力的石头赐祭祀的威力附体；求赠争含鲁美神石和其他有威力的石头赐祭祀的威力附体；求东巴祭司祭祀过的那些有威力的江河赐祭祀的威力附体；求美利达吉赫神湖、左边的苏吉大河、右边的吉古大河、中间的梭吉大河和其他有威力的江河赐祭祀的威力附体。①

东巴们认为石头也有威力，我于1991年去中甸（香格里拉县）白地做田野调查，到著名的东巴求威力必来的阿明什罗灵洞去考察，相传东巴教著名祖师之一阿明什罗曾在此洞修行，写经书，传授徒弟。民间传说他用过的鼓、铃、钹、锣、白螺均留在洞中，增加了灵洞的神秘性。后世的各地东巴到白地朝圣学经时，都要到这个灵洞来祭拜和进行"求威灵附体"（汁在）仪式，请阿明什罗赐予威灵；当地东巴也常常来此灵洞求威灵。我在东巴和志本家中发现神龛上摆着几个乌黑的小石块，他告诉我，这是从阿明灵洞中拣来的灵石，当地东巴都在家中神龛上供有这种灵石，他们将它视为能赋予自己神力的圣物和镇鬼的武器。有的东巴把这些他们认为有威力威灵的石头称为"汁鲁"（rherq lv），意为"有威力威灵的石头"。

《求大神威》中还有一些如何向动物以及人格化的动物神求取其威力的描述，如：白鹤飞舞于云间具有白云的本领，请把本领系于我东巴；雄鹰起飞于树，具有树林的本领，请把本领赐予我东巴。猛虎跳跃于峻岭，具有峻岭的本领，请把本领赐予我东巴；野鸭起飞于大海，具有大海的本领，请把本领赐予我东巴……又说：大鹏、大雕、白鹤白鹰这三尊战神降临下来，把生翅的鬼镇压下去，请把压鬼的本领赐给东巴。犏牛、牦牛和神的白牛这三尊生蹄的战神降临下来，请把本领赐给东巴，把生蹄的鬼镇压下去。巨掌赤虎战神降临下来，把生爪之鬼镇压下去，请把压鬼的本领赐给东巴。②

《禳垛鬼大仪式·请卢神沈神起身经和求神赐威力附体经》中说："在天边三团转里，求白鹤白鹰赐祭祀的威力附体。在峰间三团转里，求白豹白虎雌赐祭祀的威力附体。在水边三团转里，求水獭和游鱼赐予祭祀

---

① 和士诚释读、和力民翻译、和发源校译：《禳垛鬼大仪式·请卢神沈神起身经和求神赐威力附体经》，东巴文化研究所编《纳西东巴古籍译注全集》第23卷，云南人民出版社1999年版，第151页。

② 和开祥释读、王世英翻译、李静生校译：《求大神威》，东巴文化研究所编《纳西东巴古籍译注全集》第15卷，云南人民出版社1999年版，第221—291页。

的威力附体。高山起白云,求起而又行的白云赐威力附体,求鹏鸟和孔雀赐祭祀的威力附体;求东巴祭司祭祀过的那些有斑纹的动物赐祭祀威力附体;求猛虎和猛豹赐祭祀的威力附体;求金黄大象和白海螺狮子赐祭祀的威力附体。①

东巴还把神力与动物的一些生理物质功能内化为这种威力的具体物象:神降临下来,请来做东巴头上的利角(如牦牛);做东巴口中的利牙(如虎豹);做东巴无所不闻的聪耳;做东巴无所不见的明目(如鹰与鹤等)。

在举行了请神降威灵威力附体给东巴的仪式后,东巴常常说:我是吟诵经书能镇压鬼怪、平息祸害的种族。东巴我,像在云间飞翔而羽毛不会脱落的白鹤;像在山中奔跑斑纹不会消失的赤虎;像黑鹰的翅膀不会折断。好男儿不让仇人闯进家门,好东巴不让鬼怪闯进人家。不让肥肉封住头目的心,不让污秽遮住东巴的慧眼。头目嘴里只说吉祥话,卜师(帕)口里只见到吉祥。祝愿祖孙同堂,父子紧接。祝愿东巴我诵经带来幸福吉祥。②

(三) 求赐富裕神和头目等的"威力""威灵"

除了上述向日月星辰、高天大地、神威动物以及各个大神、祭司等求赐"威力"和"威灵"外,随着人类社会生活和经济的发展,财富的出现,这种"求威力和威灵"的宗教仪式也就延伸到了求取富裕富强的人类的欲望领域里,产生了相应类别的"求威力"。比如"求富有之威灵和威力",有属于"延寿仪式"的一本东巴经叫作《求富强之威灵·招富强》,这里的"富强"纳西语词汇是"恒"(heeq),直译意就是"富裕""富有""富强"。此书以夸张的写法,历数了自有人类以来,各个纳西居住地的很多有名的富户和强盛者,他们行则骑马、坐则喝茶、宝石满斗、金银满柜、粮食满仓、骏马多如林、牦牛满山坡、羊儿多如草、珊瑚砌石

---

① 和士诚释读、和力民翻译、和发源校译:《禳垛鬼大仪式·请卢神沈神起身经和求神赐威力附体经》,东巴文化研究所编《纳西东巴古籍译注全集》第23卷,云南人民出版社1999年版,第137—138页。

② 和开祥释读、李英翻译、李静生校译:《除秽·请神降威灵经》,东巴文化研究所编译《纳西东巴古籍译注全集》第39卷,云南人民出版社1999年版,第109—110页。

脚、墨玉做柱子、海螺盖房顶、羊毛垫鸡窝、麻布铺羊路……经书中指出，富有了才能强盛。富裕强盛了的人们，战胜了各自的敌人。而这一切，都是因为神赐予了某种致富的威力和威灵才富有、强大而得胜了。①这里的"求威力（威灵）"也用了"汁在"（rherq zail）这个词。

《攘垛鬼大仪式·请卢神沈神起身经和求神赐威力附体经》中，也提到请求头目的"威力威灵"附体以战胜敌人。②

（四）求神明祭司的"威力""威灵"

在东巴教的观念里，祭司、巫师（宗教专家）也是具有特别的威力、威灵者，因此，在各种仪式上，主祭东巴都要祈求属于天地日月山川、自然神、祖灵的很多神明东巴的威力威灵。如在属于"除秽"仪式的东巴经《除秽·请神降威灵经》中说：

求天的纳补梭恭东巴、地的莎补莎拉东巴、太阳的呆麻呆支东巴、月亮的敬套敬优东巴、星的罗巴汝冉东巴、云的景罗巴氏东巴、虹的固套嘎吾东巴、风的海岛罗许东巴，众东巴降下威灵；祈求署③的尤聂季恭东巴、尼④的土土各瓦东巴、刹道⑤的刹土久乌东巴、敦的巴敦罗涅东巴、神的劳补妥构东巴、卢神的益世窝左东巴、崇仁（利恩）的久补土蛊东巴、趣的精恩什罗东巴降下威灵。求东方的格衬衬补东巴、南方的胜日明恭东巴、西方的纳生初卢东巴、北方的古生抠巴东巴降威灵。此外还提到了各个时代各地各个祖先会诵经的威灵来赐予威灵。⑥

（五）求取"署"精灵和各种鬼怪祭司的"威力"附体

除了这些向神祇和神明东巴求"威力"外，有的东巴经里还提到，

---

① 和云彩释读、王世英翻译、李静生校译：《延寿仪式·求富强之威灵·招富强》，东巴文化研究所编《纳西东巴古籍译注全集》第14卷，云南人民出版社1999年版，第252页。

② 和士诚释读、和力民翻译、和发源校译：《攘垛鬼大仪式·请卢神沈神起身经和求神赐威力附体经》，东巴文化研究所编译：《纳西东巴古籍译注全集》第23卷，云南人民出版社1999年版，第135页。

③ 司掌着山川河流、森林湖泊、野生动物的大自然精灵，相传是与人类同父异母的兄弟。

④ 署（svq）精灵的一类。

⑤ 署（svq）的一类，有东西南北中的"刹道"。

⑥ 和开祥释读、李英翻译、李静生校译：《除秽·请神降威灵经》，东巴文化研究所编《纳西东巴古籍译注全集》第39卷，云南人民出版社1999年版，第97—100页。

祭司还祈求署（svq，司掌山林河湖野生动物等的自然神）的祭司（本补）署聂季恭赐（东巴祭司）威力附体，求呆鬼①家的祭司呆瓦呆支赐祭祀的威力附体；求毒鬼家②的祭司毒冠班余赐祭祀的威力附体；求仄鬼③家的祭司仄史哪端赐祭祀的威力附体。④

显然，在东巴教祭司的观念里，这种仇敌和鬼怪拥有的威力威灵，也要想方设法求来，加在自己身上，这样有助于自己克敌制胜。它与有些宗教认为邪恶之力不能沾上的观念不同。只要是威力、神力、魔力、巫力，于我有用，皆可取来附体，增加自己体内的巫力魔力。

六　威灵与自然、神和人之关系

在纳西族的灵魂观中，魂是多种多样的，而真正与生命同生死共存亡的是生命神"素"（svl）。人们不崇拜自身的灵魂而崇拜自身的"素"（sv），这是一种明显的自身有神观，相信形体中有一种主宰着自身生命的神灵。生命神"素"神信仰是在万物有灵的观念上产生出来的，因此，"素"与神、动物、植物、自然都有关系。各种自然神、职能神、司大自然动物植物的"署"以及龙都有各自的"素"神；牲畜、庄稼等也有"素"神的信仰即反映了一种生命一体化，万物皆有灵的生命崇拜意识和原始思维。不过，这种观念已从"万物有魂"的观念向神灵观发展，因此就出现了牲畜、庄稼有畜神、五谷神，同时又有它独到的价值和意义，可以作为研究人类早期宗教的灵魂观如何演化到神灵观的一个启示和参考。⑤

而我们在这里所论述的"汁"（rherq），则是与纳西族的灵魂观和生命神"素"信仰等有内在联系的信仰现象，纳西人相信神祇乃至鬼怪、

---

① 呆（derq）鬼：东巴教里的恶鬼类，东巴象形文字将其写为无头鬼之形。

② 毒（dvq）鬼：东巴教里的恶鬼类，东巴象形文将其写为有黑色尖头之鬼。

③ 仄（zeiq）鬼：东巴教里的恶鬼类，东巴象形文将其写为头上有两角的鬼，又说这种鬼头发分两岔。

④ 和士诚释读、和力民翻译、和发源校译：《禳垛鬼大仪式·请卢神沈神起身经和求神赐威力附体经》，东巴文化研究所编《纳西东巴古籍译注全集》第23卷，云南人民出版社1999年版，第146—147页。

⑤ 参看杨福泉《原始生命神与生命观》，云南人民出版社1994年版。

英雄祖先、各种动物、山川河流、神明祭司巫师等,体内都具有一种威力和威灵,因此虔诚地祈求获得这种神秘的威力威灵附体,而从东巴教的仪轨和经书中看,这种威力威灵往往只会降临或附体于巫师和祭司身上,常人是很难获得这种神力巫力魔力的,因此,"求威力威灵附体"仪式(汁在,rherq zail)仅限于纳西东巴,一般人不会举行这个仪式。

在东巴教的观念里,这种威灵威力,蕴含于天地山川江河湖海日月星辰之体,也蕴含于众多神祇、祖灵和本民族的英雄。著名的巫师祭司体内,它也没有善恶之分,仅仅是一种魔力、巫力、所以、鬼怪、敌对部落的巫师祭司,也都会含有这种威力威灵,东巴祭司在求神祇、祖灵的威力威灵附体的同时,也请一些鬼怪和敌对族群的祭司巫师赋予自己这种威力威灵。显然,如果能获得上述这些自然对象和神祇乃至敌人的威力威灵附体,那祭司巫师身上就会有巫力魔力神力,降魔伏怪和请神、为人祈福等就有了神奇的力量。

在魔力信仰的氛围里,一个人如果在某方面比周围人优越,就认为此人具有特殊的魔力,在比较发达的社会里,魔力更常和首领和巫师(萨满)相联系。巫师多半是氏族——部落中经验丰富、心灵手巧或精神病态的人,人们认为他们能和神界打交道,能向祖灵祈福,能消灾避祸,是具有"超自然力"的"灵人",日益成为氏族的保护者,成为被信赖和敬畏的神秘人物。[①]

纳西族的东巴就是这种纳西人心目中能与神灵鬼怪沟通的"灵人",因此,他们的体内有"汁"(rherq),即威力威灵,而这种神奇的魔力巫力是通过各种"求威力威灵附体"的仪式而不断获得的。

这种"威力""威灵"的观念,与纳西族东巴教另一个观念"诺哦"(no oq)也有联系,诺哦指一个人所具有的物质性和精神性的好品性、品德品质,国内学术界一般翻译成"福泽"。在东巴教中有个仪式叫作"诺哦少"(no oq sal),指将某个祖先、英雄乃至神祇的"诺哦"祈求到手,请他(她)将其留下来给子孙后代或弟子们。

因此,有时候,在有的东巴教仪式里,就将求威力威灵和求"诺哦"

[①] 金泽:《宗教人类学导论》,第 113 页。

放在一起来做，比如在为去世东巴祭司举行的"超度什罗仪式"①里，有这样的东巴经书《超度什罗·求威力·赐福泽》，全书讲的是请去世的东巴祭司把他的威力威灵"汁"（rherq）和福泽（no oq），都留下来给他的弟子们。经书里提到的"汁"和"诺哦"，包括了很多内容，比如祈求死者留给徒弟的有：死者如红虎身上斑纹似神奇的威力，如老熊野猪口中獠牙般锋利的能力，如白绒毛红脚杆美丽的福分，如绿松石布谷鸟那样发好声好气的能力，狮子鬃毛般的威风，能工巧匠的技巧，能看穿事物的智慧，摇金黄板铃的威力，大绿松石大鼓的神力，吹白海螺号角的技巧，吟诵99捆经书的智慧，吟诵和占卜的神力，精干和神速的本领，辨别鬼神的能力，多得像星星似的福分和好运，旺盛得像白鹤、白鹇鸟、獐子、猴子似的繁殖力，等等。②

提出巫力论的马雷特认为在原始人产生灵魂观念和相信万物有灵之前，就相信某种"神秘的""超自然的"力量，并因之而产生"惊奇"和"敬畏"的感情。这种力量的典型形式就是美拉尼西亚人的"玛纳"。吕大吉先生认为玛纳不过是灵魂观念的一种扩展形式。美国宗教学者摩尔对玛纳的原始性表示怀疑。他指出："凡是有玛纳的观念的民族，都绝不是还在最低级的文化里面，反之，他们之中已经通行灵魂论，而且他们的灵魂论已经很发达了。"③

从东巴教所反映的"汁"（rherq）观念看，这种类似"玛纳"巫力的内涵是比较复杂和丰富的，既包括了天地山川河流日月星辰木石老虎牦牛白鹤雄鹰等自然物、动物等的神秘力量，也包括了各种神祇、精灵、祖灵、酋长、头目、传说中著名的巫师、祭司等宗教专家的威力，还包括了厉害的敌手、对手以及各种厉害的鬼怪的威力。显然，这是一种从万物有灵观和泛灵观中衍生出来的巫力崇拜观念，这种威力威灵观的有关善恶的社会性特征不明显。

此外，这种"汁"（rherq）巫力又主要是宗教专家（祭司东巴和巫

---

① "什罗"即东巴教祖师东巴什罗，相传他死于鬼之黑湖，他的360个弟子为他举行"什罗务"（sherl ler ngvl），超度东巴什罗仪式，从此这个仪式成为为去世的东巴举行的超度仪式。

② 和云彩释读、习煜华翻译、和宝林校译：《超度什罗仪式·求威力·赐福泽》，东巴文化研究所编《纳西东巴古籍译注全集》第73卷，云南人民出版社1999年版，第363—376页。

③ [美]摩尔：《宗教的出生与成长》，江绍原译，商务印书馆1926年版，第14—15页，转引自吕大吉《宗教学通论》，中国社会科学出版社1998年版，第457页。

师桑尼）祈求附体的威力威灵，而在纳西民间习俗中，普通人则很少有祈求这种力量附体的习俗。纳西人的这种"汁"（rherq）威力威灵观，它与纳西人的灵魂观有较大差异，纳西人有比较复杂的自成体系的灵魂观念和生命观，如三魂观、五魂观、男九魂女七魂观等。还有个人的个体生命神信仰。[①] 而对"汁"（rherq）威力的崇拜，则主要是在宗教专家——祭司和巫师这个阶层里，是一种特定的社会阶层内的"巫力"（魔力）崇拜。笔者在田野调查中和东巴教典籍中，尚未碰到过除了祭司巫师阶层、其他阶层的纳西人是否也举行这个"求威力威灵附体"的仪式。当代也出现了个别纳西人请东巴举行这个仪式的现象，但这只能说是当代一种非传统的个人行为。

七 "加威灵"的一个实例

过去，东巴如何举行"加威力"仪式，其过程鲜有民族志的资料。我向丽江当代的杰出纳西东巴和秀东询问了他举行"加威力"仪式的过程，像他这样还正规地做过传统的"加威力"仪式的东巴，目前在丽江已经很少了。这里根据他的讲述作了一个记录，作为一个纳西东巴教民族志的资料，有助于了解东巴这个独特的仪式。

从和秀东的讲述看，这个仪式比较和开祥说的那种连续搞好几天的"加威力"仪式，就显得简单了，但他们还是按照本地的传统认真地做了，而且，里面所叙说的关于很多年轻东巴借助一个人举行"加威力"仪式而求取"威名"的做法，以及念诵藏传佛教六字真言等做法，还是很有特点的。从中可以窥见丽江市玉龙县塔城乡署明一带举行"加威力"仪式的一些地方习俗特征。

1999年正月十五，由丽江市玉龙县塔城乡署明村的大东巴和训主持，署明村由大东巴和顺（和训的弟弟）创办的东巴文化传承班的全部青年东巴都参加，为和秀东等人举行了"汁在"（rherq zail，加威力）仪式。

和训与和秀东的家庭等按传统规矩，专门请了一些村子里的老人来参加这个"加威力"仪式。首先要举行一个"求寿岁"的仪式，在举行这

[①] 杨福泉：《纳西族的灵魂观》，《思想战线》1995年第5期；杨福泉：《原始生命神与生命观》，云南人民出版社1995年版。

个仪式时，其中有个要举行的过程叫作"梭多"（so ddo），其中有个程序叫作"麻里拉孜"（mal li la zzer），东巴和老人要吟唱祝福祈吉的歌调，有东巴的歌调和祝词，也要吟唱藏传佛教的六字真言——唵（an）、嘛（ma）、呢（ni）、叭（ba）咪（mei）吽（hong）。和秀东用纳西语念成"o maq li bei mei ho"。有时则说成"maq li bei mei ho"，可见在塔城这个与藏区的接壤之地和纳西、藏族混居之地，纳西人受到藏传佛教影响的现象，也反映在这个"加威力"仪式上。① 唱调，这一段与藏传佛教用语相关的祭词，由一个会使用念珠和祈祷的东巴领头唱，主持仪式的东巴与来参加仪式的老人一起吟唱，求寿时吟诵。这个称之为"梭多"的过程，有的东巴将它写出经书，但大多为口诵。

  主祭东巴指挥助手在院子里竖一棵"都"（dv）树，是棵松树，上面用彩色纸条等物装饰着，用竹子做好一只白鹤，外面用白棉纸糊着。上面彩绘。白鹤的身上插着一根刺柏枝。在仪式上所用的木牌祭木上绘上各种星宿、云与风等图案。还要准备用五彩丝线织的"纳夸吉阔"（naq ka jji ko）、一个称为"普巴"（piuq bba）的"净水瓶"、用木板作好"巴格霍空"（ba geq hol ku，意为"青蛙雌雄八门"），上面还要扎上纸花、要在上面插上纸旗；此外，用12块木牌象征十二属相的年岁。用一块上面还留有青草的土坯象征草象征"精久拉辽堆"（zzi jjeq la ler ddiuq），意为"人类生存的大地"。

  在"杜"神树下放上一张祭桌，祭桌上方挂一幅东巴教的卷轴画，上面绘的是"优麻"护法神的像。祭桌上设立一个神坛"汝"（sseeq），用犁铧来象征。神坛前放着各种祭品等，在一个碗里放上米、麦等供品。在一个称为"挎姆"（kual muq）的竹箩里面放上"呆亥"（dai haiq，意为礼物），包括钱等物。此外，还有酒、糖、粮食等物，这是个主持操办这个"加威力"仪式的东巴的。

  这天，除了和秀东，还有许多来自本村和其他村子的年轻东巴来求"汁名"（rherq miq，即"威名"）。有的求名者放进礼品竹箩里50元不等的钱，这是供奉给主祭东巴的。和秀东家则给主祭东巴腊肉、米、茶等物。

---

① 关于藏传佛教对塔城纳西人的影响，可参看杨福泉《纳西族与藏族的历史关系研究》第六章"纳藏两族的相互融合"，民族出版社2006年版。

在"吉美"（jji mei，即"母房""正房"）前，又设立了一个被称为"汝丁迪"（sseel dee ddeeq）的大神坛，"迪"即意为"大"。在神坛上方挂上东巴教的大神萨利瓦登、东巴什罗、恒衣根空、扭扭优麻、巴乌优麻、no tv sei 以及男神（阳神）董和女神（阴神）色等。

和秀东举行"加威力（威灵）"仪式费时一天，连准备日算在一起，一共三天。为他举行"加威力（威灵）"仪式的东巴和训提前来到他家准备，首先要捏制很多多玛面偶，要做好几十个（所有的大神面偶都要做）。

借助和秀东"加威力"这个好机会，有十多个本村和外村的青年东巴以及个别不是东巴的年轻人，也来向和训东巴请求给一个"汁名"（rherq miq，即威名）。所有要取的名都是按传统取的东巴教神之名，即东巴教祖师东巴什罗的360个弟子，东巴称之为"弟子格巴"（di zer ggeq bbaq），他们被称为"西普拉"（xi pv laq），意为"人菩萨"或"人神""人间之神"。经典里皆有他们的名字。

和训将要给的16个名字用东巴象形文字分别写在16张红纸上，然后卷起来放在一个祭箩里，把它放在神轴像前。主祭东巴安排"烧天香"（烧刺柏枝等）于院坝，大东巴坐在主祭桌前，他要跳一个"哦恒蒙汁"（oq herq meerher，如绿松石的天之威力龙之舞），取义为举行"加威力"的东巴求得如这天上威力绿色龙一样的威力。

每个去抽签（纳西语称之为"露歹"，lvl daiq）的求名者事先要洗手，然后抽签。到祭桌前要下跪，要在心里默默许愿、祈祷。和秀东的许愿祈祷语里有"今天某日某时某刻，是个好日子好时刻，我在心中念，意思有：好日、好时、好刻我来求名，请神赐予我一个好名等等"。

和秀东得到的"威名"是"余登寺塔"（yuq ddei seel tal）。

据和秀东讲述，原来他特别想在这个"加威力"仪式上按传统古规，也举行重要的"汝仲本"（ssee zhul biuq，即求寿）仪式，和训东巴说，他的曾祖父已经在举行"加威力"仪式时，也举行了这个仪式，按当地东巴的说法，这样，他的后裔在六代之内都不必举行"汝仲本"（求寿）仪式了，六代后仍然还传承有"汁"（rherq，威力）。此时只需举行"汁段"（rherq tiul），即一个"取威名"的仪式而已。

那天，除了给和秀东取"威名"之外，和训给16个来求取"威名"的小东巴都给了一个"威名"，不是东巴的人也可以给他一个"威名"，人们认为他会得到这个威名的保护。取了"威名"后，不是东巴而被大东巴取了"威名"的人要每年去给"阿爸迪"（a bba ddeeq，意为"大爸爸"），意思是给自己取"威名"的东巴的地位比生身父亲还要重要，因为自己被他取了一个有神圣意义的"威名"。

而被取了"威名"的东巴则不能这样称呼给自己取名的大东巴，要向他谦称自己是他的"弟子格巴"（di zer ggeq bbaq，即"弟子"之意），要称呼给自己取威名的东巴为"师主"（shiq zhu）。

原载《思想战线》2011 年第 5 期

略论东巴教的"还树债"及其口诵经

一 "还树债"观念和相关仪式

纳西族东巴教中所反映的人与自然观重要内容之一是人对大自然的敬畏之情,除了反映在各种礼俗中外,比较集中的还有一个向自然"欠债"与"还债"的观念。东巴教认为,人们为了自己的生存,使用大自然所拥有的物质,如伐木、割草、摘花、炸石头、淘金、打猎、捕鱼、汲水、取高岩上的野蜂蜜,甚至使用一些树枝和石头等用于祭祀礼仪,都是取自大自然,是欠了大自然的债,如东巴经《超度放牧牦牛、马和绵羊的人·燃灯和迎接畜神》中说:

> 死者上去时,偿还曾抚育他(她)的树木、流水、山谷、道路、桥梁、田坝、沟渠等的欠债。你曾去放牧绵羊的牧场上,你曾骑着马跑的地方,用脚踩过的地方,用手折过青枝的地方,用锄挖过土块的地方,扛着利斧砍过柴的地方,用木桶提过水的山谷里,这些地方你都要一一偿还木头和流水的欠债。除此之外,你曾走过的大路小路,跨过的大桥小桥,横穿过的大坝小坝,翻越过的高坡低谷,跨越过的大沟小沟,横穿过的大小森林地带,放牧过的大小牧场、横渡过的黄绿湖海,坐过的高崖低崖,也都一一去偿还他们的欠债。[①]

《祭署·把署与猛鬼分开》中有人们给大自然神灵精灵和动物"还

---

① 和云彩释读、和发源翻译、和力民校译:《超度放牧牦牛、马和绵羊的人·燃灯和迎接畜神》,东巴文化研究所编《纳西东巴古籍译注全集》第67卷,云南人民出版社1999年版,第133—134页。

债"的叙述：

> 今天，这一家主人，由能干的东巴的手给北方署酋醋孟多居（四尊）财物，偿还黄色的署龙的债。做千千万万的白牦牛、千千万万的枣红马，偿还鹿和野牛，偿还熊和野猪，偿还麂子和獐子、野鸡和箐鸡、蛇和蛙。偿还署酋醋孟多居的债，醋孟多居领着好的财物，拿着好的财物，又去住到北方黄色的天、地、沟谷和黄海中。竖翠柏"纳召"，又去看竖翠柏"纳召"。向福泽树祈福泽，梨树上摘枝白花。①

在远离丽江古城180多公里的玉龙纳西族自治县塔城乡依陇行政村署明村，对"署"的信仰和东巴教"人与'署'是兄弟"的观念迄今还浓厚地保留在不少村民的意识中。如该村东巴和顺严格规定自己的三个儿子不准参与任何砍树卖钱的行为，他认为随便超越出自己生活所需地砍树是明目张胆地触犯自然之神"署"，是违犯古规的恶劣行为，以后必然对家庭和子孙后代带来灾难。署明村至今除了保留着祭大自然神"署"的"署古"仪式之外，还比较普遍地保留着另一个东巴教向大自然神灵"谢罪""还债"的小仪式，该仪式叫"子趣软"（dzə²¹ tshy⁵⁵ zua²¹），意思是"偿还树木的债"。

在笔者调查"还树债"仪式的过程中，发现东巴教中的"还债"这个概念有两个层次的意思，一个是"趣软"（tshy⁵⁵ zua²¹），是"赔偿、偿还"的意思，一般是用实物偿还，在东巴教中，指那些所犯过失较小的那种赔偿、偿还，《还树债》纳西语名《子趣软》（dzə²¹ tshy⁵⁵ zua²¹），即是指这个仪式是为那些对大自然有较小过失者而举行。如果所犯的过失大，比如猎杀了野兽、砍伐了大树，烧毁了山林等，就要"朱软"（dzu³³ zua²¹），即"还债"，指还那种较大的债，那些对大自然侵扰较大的罪孽，被视为应该进行大的"朱软"（还债），要举行"署古"（祭大自然神灵"署"）仪式。

"还树债"仪式在以下情况举行：当家庭发生了不顺之事，家庭成

---

① 和即贵释读、李静生翻译、王世英校译：《祭署·把署与猛鬼分开》，东巴文化研究所编《纳西东巴古籍译注全集》第6卷，云南人民出版社1999年版，第350—355页。

员和家畜有病灾，请东巴占卜后，东巴根据求卜者所陈述的情况、身体开始不适的日期等诸多因素，占出其原因是该家庭成员犯了侵扰大自然的"小罪孽"，比如，砍了房前屋后所栽种的果树、小树或树枝，开沟理渠时挖掘了所用到的石头、开荒时挖了草皮等等。这些行为还是会触怒大自然神"署"或者山神，于是就要请东巴举行这个"子趣软"（dʑɚ²¹ tshy⁵⁵ zua²¹）仪式，这个仪式的名字"子趣软"（dʑɚ²¹ tshy⁵⁵ zua²¹）的意思是"还树债"，其实是以"树"来代表上述那些树木花果石块草皮等自然物。

举行"还树债"仪式，首先要选择一个好日子，一般是与家里人的属相不相冲犯，属龙或蛇属相的日子，这个日子对自然神"署"来讲是吉祥的。然后要找一根有三杈的松树枝，搓12根棉制条缠在树枝上，象征"美利陈尼库"（天地十二属相的年份），用意在于解除因为人的不当行为招致的"厄运"（纳西语称为"库今"khv⁵⁵ dʑi³³）。请东巴举行仪式，东巴先在祭树前烧刺柏香火（汉语一般译成"烧天香"）、炒面、酒水茶水、蜂蜜等祭物。然后东巴咏诵口诵经《还树债》。我2006年在玉龙县塔城乡署明村全程看了东巴和贵华主持的一个"还树债"仪式，该仪式在离他家不远处的一棵树下举行，过程和上述程序和上述内容差不多。

直到现在，玉龙县鲁甸乡阿时主等不少纳西村寨里，各种有关基于署信仰的生态环境禁忌还很多，如称之为"署科"（sv²¹ kho³³）的泉水中不得用脚去踩，不得洗手和洗脏东西，不得用棍棒去鼓捣泉水，不得砍泉水边的树，不得乱挖山石，不得打杀蛇、蛙，等等。村中的人（特别是小孩）得病，往往都归咎于触犯了这些禁忌。

显然，纳西人把自然视为人一生赖以生存的恩惠之源，是大自然抚育了人类，人的一生欠着大自然的很多债。这些债要通过举行祭祀大自然神灵的仪式来"还债"。从这种敬畏自然、感恩自然的传统思想中，可以领会到为什么纳西人过去盖一幢房子、劈一块石头、砍一棵树，都要举行一个向自然种种精灵告罪的仪式之风俗的意义。从这现代人看去可能会觉得迂腐的观念和习俗中，反映了纳西先民是将大自然的一切都视为像人一样的生命体，因此要尊重它，呵护它，不能过分盘剥它的观念，从这种生态观念中，可以看出纳西先民将自然界万物也视为一种有尊严性的生命体的思想。正是靠了这种将大自然拟人化，将人与自然一视同仁地看待的

"生命一体化"观念,纳西人所居住的地域才长期保持了人与自然和谐、生态环境良好的人居环境。①

英国历史学家汤因比(Arnord Joseph Toynbee,1899–1975)指出:"宇宙全体,还有其中的万物都有尊严性,它是这种意义上的存在。就是说,自然界的无生物和无机物也都有尊严性。大地、空气、水、岩石、泉、河流、海、这一切都有尊严性。如果人侵犯了它的尊严性,就等于侵犯了我们本身的尊严性。"②

东巴文化中所反映的观念与汤因比的论点,都反映了一种应该尊重和礼敬自然界的主张,从中可以看到这么一种基本的观点:人和宇宙间的万物是平等的,都是宇宙间的一分子,尽管人类自诩为万物的灵长,但人类的生存状态亦取决于大自然界的生态平衡,自然界不依赖于人类,而人类则需要依赖于大自然才能生存。东巴文化中所反映的敬重自然界万物的观念固然产生于古代自然宗教的泛灵信仰,但这种敬畏自然的思想至今仍有它非常积极的意义,人类在任何时候,都要以一种平等的心态对待大自然,特别是要充分意识到人类的生存是依赖于自然界这个道理。东巴文化中人对自然界"欠债"的观念有利于约束人对自然界的开发行为,凝聚着纳西先民从人在自然界的生存经验中总结出的朴素而充满真理性的智慧。

二 东巴的口诵经

东巴教祭祀仪式系统中除了有与各个仪式相配套成体系的用东巴图画象形文字(斯究鲁究)和音节文字(格巴文)所写的文字经书之外,还有一类"口诵经"。"口诵经"在纳西语中称为"枯使"(khu^{33} ʂl^{21}),直译就是"口诵""口述"的意思。比如在丽江市玉龙纳西族自治县的大东、宝山(今属玉龙县)一带的纳西族中,流传着一种在丧葬仪式上唱跳的歌舞形式"热美蹉"(ze^{21} me^{33} tsho^{33}),东巴用口诵经的形式口耳相

---

① 参看杨福泉《略论纳西族的生态伦理观》,《云南民族大学学报》2008年第1期;杨福泉《丽江纳西族的社区资源管理传统》,《思想战线》2000年6期。

② [英]汤因比、[日]池田大作:《展望二十一世纪》,荀春生等译,国际文化出版公司1984年版,第429页。

传，成为东巴口诵传统的一部分。

相传"热美"是一种精灵，亦雌亦雄，"蹉"意为"跳"和"跳舞"。东巴教中有口诵经"热美蹉"（$ze^{21}\ me^{33}\ tsho^{33}$），大东的著名老东巴和玉才曾经将"热美蹉"口诵经同象形文字写下来。宣科先生根据这个文本，对"热美蹉"做了比较深入的研究。玉龙县鲁甸乡老东巴和云彩先生也能完整地吟诵"热美蹉"全文。宣科先生认为口诵经原也可能是书写的，或早于书写的经书。[1] 从"热美蹉"的音乐舞蹈形式看，其内容是比较古老的，它以口诵的方式在东巴中流传下来。从很多民族的民间传统看，口诵的传统应该比文字的传统要早。

据玉龙县塔城乡署明村的东巴和秀东解释，"热美蹉"之所以不写成文字经书，主要原因是它作为民间口头咏诵，要根据丧葬仪式的死者身份（男、女、老人、中年人、年轻人等）的不同而改变唱词，改变舞蹈的步伐、形式等，所以不用象形文字写成固定的经书。

学术界对东巴的口诵经还没有系统地进行过调研，据纳西族学者和继全在香格里拉县三坝乡波湾村的调查，发现有一种东巴经《媳妇祭奠经》，用纸盒书写，是该村东巴和学仁根据口诵经书写的。该经书用于尤支系的丧葬仪式，内容是讲述举行媳妇祭奠的来历等。[2] 可能也有上述根据死者身份而变更咏诵之词的原因。

笔者在多年的田野调查中，也了解到各地东巴还保持着的一些口诵传统。比如1989年笔者在香格里拉县三坝乡白地行政村了解到当地东巴有一个"祭土王"仪式，这是白地的纳西族目前仍然在举行的仪式之一。这个仪式在起房盖屋后举行。纳西人认为起房动土，冒犯了土王（称为"止欧斯沛"），因此要举行这个仪式慰藉（抚慰）土王。仪式在新盖房的大门口举行，用九个米饭团、九片肉。过去，每个月用什么肉都有严格规定，现一般用猪肉。另用一小罐牛（羊）奶、一碗爆米花、一碗净水、一坨盐巴、一头用泥巴捏成的牛，烧一炉柏香，一点水酒、茶水，这些东西都放在一个小圆竹筐中，东西放入前先在里面撒上一层细火塘灰，东巴用筷子在灰上描画一公一母两条龙，然后才把上述供品放进去。东巴坐于供物前，合掌念《祭土王经》（纳西语叫"吐送"），据本地东巴久嘎

---

[1] 宣科：《"热美磋"来历经的研究》，《四川音乐学院学报》1990年第4期。

[2] 和继全：《白地波湾村纳西东巴文调查研究》，博士学位论文，西南大学，2012年。

吉、和志本、和占元讲述，咏诵的是口诵经，其内容是把冥冥中的土王请来，先用杜鹃树枝蘸净水给供品除秽，然后祭献给土王。把奶汁、爆米花等洒放在每一棵柱子底部和房屋基石上，洒放前东巴先用一根粗木棍捶打一下祭处。这过程的意思是给土王施药，求土王的福泽，请土王谅解起房盖屋的这家人，保佑他们。最后，把各种供品放去野外东北方向的高处。

比如，纳西族有传统的"新火塘升火"仪式，这个仪式一般都与盖新房（包括兄弟分家时另盖新房）联系在一起，盖新房过程中最重要的一项工作就是建正房平台和平台中心火塘。这个平台是家宅的中心，也是家庭日常生活和社会性活动的中心。所祭的是司火与灶的神祇，也包括祖灵等。这类民间的仪式有的请东巴主持，有的请谙熟民俗的长者举行，后者完全就是口诵，其所用的口诵经更多是民间谣谚和民歌的成分，而很少有东巴教的一些教义和神祇，东巴所咏诵的是夹杂着东巴文字经书和"枯使"（口诵经），而东巴的口诵经则会多一些东巴经的教义、故事和神祇的内容。笔者1989年在丽江县塔城乡（今鼠玉龙县）巴甸村调研，了解到本地请东巴主持"新火塘升火礼"时，东巴也会用祭生命神"素"等的象形文字经书，但也咏诵口诵经，其口诵经就包含了很多民间口诵的内容，比如东巴会歌咏一些传的祝吉词，词中有"三个锅庄石是三个姐妹"，"火塘神五兄弟，火塘神五兄妹，告诉我们上火塘煮什么？下火塘煮什么？"等语，可以看出过去纳西人在火塘曾立锅庄石，并有上火塘下火塘两种，这种上下火塘的结构至今仍可在香格里拉县三坝乡白地村的纳西族和宁蒗县永宁纳人的住宅中看到。

丽江纳西族地区东巴流行使用的主要是用图画象形文字书写的东巴经，口诵经比较少。宁蒗县永宁乡纳人（纳西）巫师达巴则没有文字经书，只有口诵经。从达巴口诵经的内容看，其中也有《崇邦绍》，内容和流行于丽江纳西人中的《崇搬绍》（译为《创世记》或《人类迁徙的故事》《人类迁徙的来历》等）很相似，是讲纳人祖先开天辟地的故事。[①]此外，达巴口诵经中有《动孜》（开坛迎动、生神的经）、《森嗯》（超度妇女经，用于出嫁后在夫家去世的妇女的灵魂超度）、《崇多崇》（祭锅

[①] 周汝诚调查整理，原载周汝诚《永宁见闻录》，《纳西族社会历史调查（二）》，永宁民族出版社1980年版。载和志武、杨福泉副主编《中国原始宗教资料丛编·纳西族卷》（丛书总主编：吕大吉、何耀华），上海人民出版社1993年版，第199页。

灶，祭家神）、《本祠汝拉日母古》（人与龙王，用于祭祀水神龙神的"金可布"仪式，直译即"祭祀泉眼"）、《软嗯软昌》（用于丧仪的超度·洗马经）、《崇顶吕英英·泽亨金金米》（祭祀天神和祖先，崇顶吕英英·泽亨金金米是东巴经中经常讲到的纳西族祖先崇仁利恩和衬红褒白咪的异读）①，这些口诵经的名字和内容都与丽江象形文字东巴经非常相似，应该说是同源异流的纳族群②原始宗教口诵和书写传统的不同文本。

三　口诵经《还树债》

"还树债"仪式上东巴所咏诵的《还树债》是一部口诵经。笔者专门就这部口诵经询问了从七岁起就学习东巴教知识，从小跟着祖父走村串寨举行东巴教仪式、在当今东巴中堪称佼佼者的青年东巴和秀东。他说他跟他祖父——著名东巴和顺学习举行"还树债"这个仪式时，就只有口诵，而没有书写的经文。为什么不写成文字经书，是因为这个仪式只是属于"本若本咪"（py^{22} zo^{33} py^{21} mi^{55}），纳西语的意思是"小的比较零碎的仪式"，不是属于一个大仪式。举行这个仪式的原因大都是因为犯了砍伐或折断家屋前后的果树、小树等小罪，所以也没有将它归类到某个大仪式中，比如"署古"（祭大自然神署）这样的大仪式中，由于口诵时，要根据事情的场景和原委进行适当的调整，也就没有写成经书。

由此可见，这些口诵经有的与民歌、民间咏诵词等有密切关系，咏诵时要根据场景和事件变化诵词，灵活性比较大；有的口诵经其中需要即兴发挥和组合的部分也比较多，而写成文字的经书的内容是比较固定和稳定的。

由于《还树债》是口诵经，靠口耳相传，现在能全部记起来的东巴很少了，和秀东因为从小就和他祖父和顺学习过这口诵经，上文提到，和

---

① 和志武、杨福泉副主编：《中国原始宗教资料丛编·纳西族卷》（丛书总主编：吕大吉、何耀华），上海人民出版社1993年版，第219—229页。

② 笔者认为，严格地讲，鉴于如今的纳西族中有自称"纳西"，也有自称"纳""纳日""纳罕"等事实，实际上，纳西族更为确切的族称应该是"纳族"，这样更贴近不同地方纳西人自称的原意，同时也容易被不同的支系所认同。因此，包括摩梭（纳西）研究在内的纳西学，按照准确的说法应该是"纳学"研究。参见杨福泉《民族，用历史的眼光解读——关于纳西、摩梭与纳族群的思辨》，《中国民族报》2012年9月14日。

顺是一个特别重视保护森林的东巴，在村里人乱砍滥伐森林成风的20世纪80年代，他都严格规定自己的三个儿子不准参与任何砍树卖钱的行为中。而且恪守着每年举行"还树债"仪式的传统，所以和秀东对口诵经《还树债》的内容记得烂熟。

丽江东巴文化研究院长期以来进行了卓有成效的东巴文献的翻译工作，花费20多年之力的《纳西东巴古籍译注全集》100卷（936册）已经出版，并于2001年获第五届国家图书奖荣誉奖。然而也是因为所有的翻译整理都集中在对文字写成的经书的抢救翻译上，忽略了对口诵经的翻译整理。东巴除了文字书写传统，还有口诵的传统，由于忽略了翻译，东巴在举行各种仪式上口诵的部分很少有翻译整理出来的。笔者在2011年立项的国家哲学社会科学基金重点项目题目是《纳西东巴文献搜集、释读刊布的深度开发研究》，鉴于面临今后如何传承东巴文献的问题，笔者感到，口诵经是最容易流失失传的，应该尝试将它录音和记录下来，作为现在的东巴，其实也需要思考如何把口诵经传承给自己的传承人的问题，过去东巴的方式都是师傅要求弟子背诵下来，因为举行仪式的机会多，所以很多东巴能在实践过程中把冗长的口诵经逐渐背熟。但现在东巴在民间举行仪式的机会毕竟比他们的老师辈要少多了，所以要背那么多口诵部分十分不易，所以随着丽江十多个曾经参与《纳西东巴文献译注全集》100卷翻译的东巴的全部过世，很多口诵经部分就失传了，这是一个很大的损失。所以笔者认为现在还记得一些口诵经的东巴，应该把它用文字记录下来，作为以后传给自己的弟子的一宗文化遗产。

笔者记忆犹新，在20世纪80年代，那些从丽江各个山乡请来帮助学者翻译东巴经的老东巴们，由于自1949年以来已经很少用东巴经了，所以当他们重新面对着自己年轻时学过用过的东巴经，很多内容一时想不起来，幸亏有象形文字写的经书，于是他们依据经书慢慢推敲回忆，几个东巴凑在一起反复磋商破译，才逐渐恢复他们记忆里的东巴经详细内容，一本本地译注出了东巴经。当时笔者就觉得文字的记录太重要了，为什么纳西东巴教的那么多仪式、神话和民俗内容能保留下来，在很大程度上是依赖了图画象形文字记录之功。

鉴于上述事实和想法，笔者就请还记得《还树债》口诵经的东巴和秀东用"斯究鲁究"（直译意是"木与石的记录，指东巴图画象形文字)把内容写下来，还是用东巴写东巴经书的习惯，不一定每一个字都写，而是根据传统把他们认为应该写下来的语句写下来。另外，笔者则用国际音标全文记录，并进行录音。笔者把用文字记录东巴口诵经作为本项目试图在"东巴经的长期保存和传承、使用"上所做的一项尝试。很多年前老东巴和玉才将口诵经《热美蹉》用图画象形文字写下来，事实证明这对传承东巴文化以及民间文化与东巴杂糅的文化而言，是非常有利的。

口诵经《还树债》内容概要：①

第一部分是讲举行"还树债"仪式，首先举行"烧天香"请神，请天上地上的各路神祇到来：

> 古时候，天上布满繁星，有星星的这天吉祥如意；地上长满绿草，绿草茵茵的这天吉祥如意；日从左边出，日出的今日暖洋洋；月从右边出，月出的今夜明亮亮。住在拉萨白脚坡下的藏人，善于卜算年份；请他们卜算出吉祥的年；住在下面放羊曲径下面的白族，山野卜算月份，请他们算出吉祥的月；人类居住的天地中间，纳西人善于卜算日和夜，算出吉祥的日和夜。在有吉祥的星宿日月的这天，这家主人举行"还树债"仪式。尽管他们没有砍树，但还是举行"还树债"仪式。这家主人请来东巴，举行"烧天香"（烧刺柏枝等香祭）祭神仪式。请来天上地上各路大神、保护神，请来各个祭司（本波，$py^{21} by^{21}$）神与巫师（帕，pha^{21}）神。

口诵经中还提到请来"本府城隍"，并把他列为"恒底"（大神）类里，请来三多神（纳西民族神，丽江境内和周围的一些白族也信仰）等，向神祇贡献酒茶、祭粮等物。

烧天香请神后，口诵经《还树债》第二部分是讲为什么要举行"还树债"仪式：

> 这家主人，忽然感到身体不宁，神魂不安；白天筋肉痛，夜里筋骨疼。于是请手脚快捷的年轻人去请倮倮人占竹片卜，请久阿地的人占左拉卜，请扭扭人（彝人）占羊髀卜，请鲁鲁人（纳西支系）占

---

① 以下内容根据东巴和秀东用"斯究鲁究"（东巴图画象形文字）所写的《还树债》文本摘引。

鸡骨卜，请藏人占线卜，请90个眼睛敏锐的卜师占卜，卜卦的结果表明主人家的病因就是触犯了大自然神灵，应举行"还树债"仪式。

有意思的是，口诵经《还树债》用为当事的主人家辩护的口吻做如下辩解，而这些辩解的内容在很多"署古"（祭自然神署）的经书中常常是人们所犯的触怒大自然神灵的事。当事的主人家说：

> 虽然我没有砍伐大树小树滥伐森林，没有在高岩上掏取野蜂蜜，没有在雪山上乱挖银矿，没有在金沙江里淘金，没有在天地连接处射鹤与鹰，在老虎跳跃的高峰，我没有猎杀虎与豹，在雪山的悬崖间，我没有猎杀鹿与山驴，在密林里没有猎杀野猪和熊，在高岩上没有猎杀岩羊，没有在荒地湿地里猎杀野猫和狐狸，没有在水塘里猎杀水獭，没有在树上掏蜂窝，没有开荒挖地，开沟引水，所有这些事都不是我干的。但我还是要根据祭司占卜的结果举行"还树债"仪式。

口诵经《还树债》中，还有一些有趣的内容，咏诵的东巴为当事的主人家开脱触犯大自然的责任，比如说到，那些打猎杀兽，开荒挖石等行为，可能是其他××地方的人干的呢，可能是××族的人干的呢。我虽然没有做这些坏事，但还是请来东巴祭司，举行了"还树债"的仪式，向神祇贡献祭礼。东巴祭司最后说，希望做了"还树债"仪式后，这家主人能身魂平安，不病不痛，流水满潭，长寿足食。① 明显看得出民歌和民间谣谚所具有的那种诙谐幽默、天真的遣词用句风格。

在记录、翻译和整理的过程中，感到《还树债》这部口诵经有如下特点：它的句式表达方式和传统的文字东巴经的表达句式大致相同，以五言诗体为主，夹杂以七言、九言、十一言等奇数句式。

结　　语

敬畏大自然、崇尚人和自然的和谐关系，是纳西族东巴教的一个主要理念，由此产生了大型的祭司大自然之神"署"的"署古"仪式，还有

---

① 上述口诵经《还树债》的内容依据东巴和秀东书写和咏诵、解说的文本。

与这个仪式配套的图画象形文字经书的体现。而口诵经《子趣软》则是一部游离于"署古"仪式的口诵经，但它的主题和内容也反映了人以诚惶诚恐的一种态度对待自己使用了大自然之物的行为，所以，以"还树债"的仪式和口诵经的方式对大自然之灵进行讨饶似的告解，道歉。这皆源于东巴教"人和大自然是兄弟""人曾经因为过分盘剥大自然这个兄弟而遭到惩罚"的传统观念和信仰。

从东巴教口诵经《还树债》来看，多年来，学术界忽略了对东巴教的口诵经的记录、翻译整理和研究，应该重视。东巴教的口诵经没有被记录为文字，多与所举行的仪式的性质、灵活机变、即兴增删歌咏之词等特征密切有关。所以也形成了它与民间歌谣、民间祭词等有密切联系的特点，比如《热美蹉》口诵经在这方面的特征就很明显，除了东巴，民间老人会歌咏的比较多。通过对东巴教口诵经的翻译整理研究，可以深入探讨口诵经与书写经之间的关系，可以对永宁纳人的达巴口诵经与东巴书写经、口诵经之间进行比较研究。

原载《思想战线》2013 年第 5 期

东巴教神幛画"开眼"仪式及其口诵经

一 东巴教的神轴画和"开幛眼"仪式

东巴教的仪式包括了一整套宗教绘画体系，以及在用植物自制的东巴纸上所绘的纸牌画、尖头和平头的木牌画，还有就是本文要讲到的卷轴画。

卷轴画指画在麻布卷轴上的各种神像画，东巴举行仪式时挂在临时设置的神坛正上方，每一仪式都有相应的神像卷轴画，卷轴画有长卷、多幅和独幅多种，纳西语称布卷画（即卷轴画）叫"普劳幛"（phu^{33} la^{21} zæ^{33}），"普劳"（phu^{33} la^{21}）意为"神""菩萨"，"幛"看来是汉语"幛"的变音。这种布卷画又译为"神轴画"或"卷轴画"，如按纳西语"普劳幛"的原意，可以把它翻译为"神幛画"。

东巴教的多数神像卷轴是在元明之际发展起来的。神幛画早期以麻布居多，后期的一些用土白布绘制。我也见过绘在纸上的东巴教卷轴画。神幛画的制作程序是：先经过用鹅卵石磨平、刷浆、涂粉等工序，用炭条起稿，然后涂以颜料（早期用矿物质制作的颜料，后来也用现代绘画颜料），再拿毛笔墨线勾勒。每幅神幛画主要画一尊神祇，其中有东巴教三尊"最大之神"萨英瓦登、依古阿格和恒迪窝盘，东巴教祖师东巴什罗，九头护法神恒依根空，镇压殉情鬼的四头神卡冉，镇压无头鬼（凶死鬼）的神明东巴辽久敬究，狮子头护法神优麻，鹰头护法神多格，帮助平息人与自然神争端的神鸟"修曲"（大鹏鸟），以及畜神、谷神、药神等。卷轴画上主神的周遭绘着与其相关的神界和其他神祇、祭司、灵禽异兽以及各种东巴教的吉祥符号。神幛画中还有一些装饰性的动物画卷，如卫护东巴教仪式之门和神门的红虎和白牦牛、二龙抱珠等。这些神兽画挂在东巴教仪式神坛的前方，表示由它们守护着神坛。

神幛画在形式上受到藏传佛教"唐卡"画的影响，不少神祇绘，如藏传佛教神佛那样坐于莲花座上，头部背后有圆形光环。色彩艳丽多变，有的还以金线银线勾勒，使画面显得富丽。人物造型趋于准确，细腻的笔法随处可见，特别是晚期的卷轴画精工细描，构图紧凑，造型严谨，色调明丽，技巧十分娴熟。画面讲究对称、均衡，给人以优美的审美愉悦。

神幛画虽受"唐卡"画风影响，但二者仍有重大区别。东巴传统的粗犷古拙画风与后起的细致工笔画风有机地融会一起，精细的描绘中不时浪荡着自然飞扬的笔法，一看就与富丽精工、纤巧细腻的"唐卡"画迥然有别。特别在较早的神幛画中，东巴画那单纯明快、粗犷拙稚、重在写意的画风更为明显。一些东巴教神跣足散发、衣帻飘飞、狂态毕现、放任情性之风致溢出画面，毫无那些凝神合掌、端坐莲台的神祇的拘束之状。一些飞禽走兽笔法细致，造型逼真；一些则快笔勾勒，看似比例不均，但自有一种生动传神的气韵。

从东巴教神幛画中不仅可以看出东巴画发展的艺术轨迹，而且也可以窥见东巴教神灵观念在藏传佛教的影响下变异发展的迹象。在前述木牌画、竹笔画与纸牌画中，所绘神灵形象大多质朴自然，衣饰神态都具有人的浓郁气息。而在神幛画中，很多神的形象渐渐落入方面垂耳、盘腿打坐的藏传佛教神像模式，有的保护神绘得狰狞可畏，有使人可望而不可即之感，失却了早期东巴绘画中神人一体的原始气息。这些都反映了苯教和藏传佛教神灵观对东巴教的影响。但传统粗犷画风与"唐卡"画精细画风的有机结合则又使东巴画形成一种新的风格，即粗细有致，疏密相间，原始宗教的山野蛮荒气息与藏传佛教典雅细腻，远离红尘的神气氛围交互相融，使东巴神幛画透出一种独特的艺术气质。

纳西东巴教的神幛画与藏传佛教的唐卡卷轴画使用的不同之处是，东巴仅在举行仪式时把布卷神幛画出来，仪式结束后就收起来，平时在家里不张挂；而藏传佛教的唐卡卷轴画则是平时都挂在寺庙殿堂或家庭的经堂里进行供养。东巴对此的解释是，东巴不像藏传佛教的僧人那样有时间，每天在寺庙里打坐修行，有足够时间每天给唐卡神像画上供、诵经和祭拜，东巴则是不脱产的宗教祭司，每天都要干农活，所以只是在举行仪式时才挂神轴画，仪式做完后就立即收起来，这是规矩。

东巴教有一种被称为"幛缪扩"（zæ^{33} mie^{21} kho^{55}）的仪式，"缪扩"是"睁开眼睛"的仪式，这句话直译就是"开幛（画）之眼"，专门给新绘的神幛画举行,与佛教和道教的"开光"仪式有些类似。

据有的学者研究,"开光"作为一种宗教仪式,最初来自道教,是道教的仪式之一,道教认为,开光是把宇宙中无形的、具有无边法力的真灵注入神像中去,神像也就具有无边法力的灵性。故而开光是神像被供奉后,必不可少的仪式。道教开光神像,须经由高功法师,择良辰吉日进行开光点眼之仪,仪式中含:清净、请神、发旨、发令、七星、八卦、入神、敕笔、敕镜、敕鸡、开光、发毫等12种科仪才完成,使恭请的神灵汇聚神像,借此借助神的威灵,使供奉者运气好转,求财谋事都能得心应手,方可安坐家中或庙堂,供人参拜,庇佑平安。与其他宗教不同处,在于道教神像有入神仪式,其目的为有神灵常驻。佛教本来没有开光,但有种佛像加持的仪式,跟开光差不多,流传到后来,就都统称为"开光"了。佛教的开光是高僧使用佛教所传秘法,根据每年每月每时不同的吉祥方位推断,来选定开光加持仪式的寺庙及道观,结合各方寺庙或者道观长老大德的无上修行,通过严谨的持印诵经,对吉祥物品进行相应的开光加持,对吉祥物的本质加以特有的文化提升。①

道教开光时,当道长给神像"开窍",每开一窍都要问一声:"眼光开了没?"众人齐声回答:"开了!"如此,直到所有的窍都开完为止。这时,道长一击令牌,说:"开了三千六百骨节,八万四千毛窍,节节相连,窍窍相通。开光之后神无不应。"众答:"法众声声谢神恩,万道光明送苍穹。"道长接着问:"开光以后,神无不应,试问天下光明否?"众答:"天下光明,神光普照。"②

在佛教中,开光,又称开光明、开眼、开明、开眼供养,就是新佛像、佛画完成时,而想置于佛殿、佛室时,举行替佛开眼的仪式。《禅林象器笺·垂说门》中说:"凡新造佛祖神天像者,请宗师家,立地数语,作笔点势,直点开他金刚正眼,此为开眼佛事,又名开光明。"在佛教中,只有经过开光后,佛像便不是原来的木雕石塑,而是具有宗教意义上的神圣性,受到佛教徒的顶礼膜拜。

而据《西藏历史文化辞典》介绍:"'开光'(rab-gnas)是藏传佛教的一种仪式,藏文nab是'无上''最胜',gnas是圣地、住处。因而开

---

① 《开光来自于道教》,《文史博览》2013年第2期。
② 宗清:《道教开光》,《武当》2012年5月,总第261期。

光又称'安神'和'善住',就是为神佛等的住处和佛像、佛塔以致经典等举行的灌顶仪式。经过开光仪式迎得神灵安住,这些法物和宗教艺术品才能成为信徒崇拜的对象。开光仪式最重要的步骤之一是装藏,对那些没有内腔的法物,如面具、唐卡等,要将经咒写作物品的里面或皮面,通常写的是六字真言或神佛名的梵文字母标志,或者捺印大师的手印。装藏完毕后要由高僧大德主持,祈请法物或宗教艺术品表现的神佛将恩泽与智慧灌注到新制成的塑像或法物中去,灌注到祈祷者的脑海中去。因为那些灌进宗教造像中的神佛智慧使得含有神佛智慧的造像本身也持续向外施发恩泽智慧,从而是祈祷者、信众通过祈求神灵造像便可获得神佛智慧。开光仪式的规模可大可小,程序可繁可简,可以根据人们的意愿而随时举行。但具体做法要根据仪文献的规定来进行。其中包括禅定闭关、念诵经文、背诵陀罗尼。司仪者有一套适当的姿势和动作,还要使用一定的宗教法器。"[1]

佛教把"开光"又称为"开眼""开眼供养",纳西东巴则称为"开幛眼",语义也一样。纳西族东巴教的"开幛眼"仪式,显然受到藏传佛教的影响,而不是道教的影响。据调查,"开幛眼"仪式更多的是流行在丽江靠近藏族聚居区的地方,应该说是受了藏传佛教给神像和塑像"开光"习俗的影响,但二者也有较大的差别,东巴教只是在有新绘的神幛画时才举行,而东巴教其他的绘画品种诸如木牌画、纸牌画等,即使是在上面绘神像,也不举行这个仪式。

笔者多次在玉龙县塔城乡署明村调查,当地青年东巴和秀东告诉笔者,他们村的东巴画好了新的神幛画,要进行"普劳幛缪扩(phu^{33} la^{21} $zæ^{33}$ mie^{21} kho^{55}",即"开神幛之眼")仪式,他的祖父、著名东巴和顺就很多次被人家请去举行这个仪式。

和秀东是从七岁起就跟随身为大东巴的祖父和顺学习东巴教各种知识的青年东巴,他也掌握了作"开幛眼"仪式的知识。他到现在已经举行过两次"开幛眼"仪式。据他介绍,东巴自己绘的神幛画,不能自己主持"开幛眼",一般要请法力大的东巴,东巴,也称为"本迪"(py^{21} du^{21}),意思是大祭司,应该是那些"铺汁迪美丽雷再,斯汁迪美若雷

---

[1] 王尧、陈庆英主编:《西藏历史文化辞典》,西藏人民出版社、浙江人民出版社1998年版,第133页。

再"（phv^{55} dʑɚ^{21} dɯ^{21} me^{33} lɯ^{55} le^{33} zæ^{55}，sʅ^{21} dʑɚ^{21} dɯ^{21} me^{33} zo^{33} le^{33} zæ^{55}）的家庭，其意思是"祖父威力（威灵）大传给孙子，父亲威力（威灵）大传给儿子"的祭司家庭，而一般不会请那些"本若本咪"（py^{21} zo^{33} py^{21} mi^{55}，意思是资历浅、威力小的祭司，指东巴）。主持这个"开幛眼"仪式的东巴称之为"米可补欧本"（mi^{33} khə^{21} bu^{21} gə^{33} py^{21}），意思是承担责任的祭司）。而神幛画的东巴作者则只能扮演在仪式中参与咏诵的角色。据和秀东说，他画了两幅神幛画，都是请他的大伯、老东巴和训来主持"开幛眼"仪式，他则当助手，参与咏诵口诵经等工作。

按过去东巴教的传统，这个"开幛眼"的仪式常常在举行一些很大的东巴教仪式（东巴称之为"母迪"mu^{33} dɯ^{21}，为大仪式）时融会在其中进行，比如"求寿岁"（汝仲本）"祭大替身仪式"（堕拿肯）"大祭风"等。到时，会有很多的东巴家庭把他们家画好的神轴画拿到举行仪式的这一家，恳求主持仪式的东巴也替他们的神轴画"开眼"。据和秀东的祖父和顺讲述，他们家在20世纪40年代曾举行过一个举行了九天九夜的"汝仲本"（zɯ^{33} tsu^{55} py^{21}，"求寿岁"）仪式，远近很多东巴都把他们新绘的神幛画拿来请大东巴和顺"开幛眼"。

二 口诵经《神幛开眼》

"神幛开眼"的仪式上，没有专门的象形文字经书，但有口诵经"普劳幛谬控"（phu^{33} la^{21} zæ^{33} mie^{21} kho^{55}），"普劳"即"神"的意思，幛即是东巴神轴画，"谬"是"眼睛"，"控"是"睁开"的意思，可译为《神幛开眼》。东巴和秀东解释为什么没有专用的象形文字经书的原因，这是因为东巴有了新绘的神幛画，才举行这个仪式，画那个神祇就咏诵相应的口诵经。口诵经在纳西语中称为"枯使"（khu^{33} sʅ^{21}），从该口诵经的内容里可以看到一些宗教观念，和秀东从七岁起就和作为大东巴的祖父和顺学习东巴教的各种知识，跟着祖父去各处做仪式，牢牢地记住了口诵经《开幛眼》的内容。笔者想到很多东巴口诵经由于没有用文字记录下来，所以一旦知晓某种口诵经的东巴去世，他也就把口诵经的内容永远地带走了，所以建议和秀东用东巴象形文字将口诵经《开幛眼》写下来。有意思的是，纳西族支系纳人（摩梭）有与东巴同源异流的达巴教，达巴没有经书，只有口诵经，据20世纪20年代至今的民族志资料，达巴能连续几个小时咏诵洋洋洒洒的口诵经，全凭记忆。笔者在2013年的田野调查中了解到，现在能咏诵长篇达巴口诵经的达巴已经越来越少，有些纳人（摩梭）的达巴现在来丽江向纳西东巴学习写象形文字经书，其主要目的是想把这些口诵经用象形文字记录下来，以便于传承和学习。

以下是和秀东所写下的《开幛眼》口诵经的一些主要内容，为了便于理解东巴教"开幛眼"仪式的内涵，笔者先把其主要内容译为汉语：

阿霍！（语气词，类似于汉语的"啊"）古时候，天上布满繁星，有星星的这天吉祥如意；地上长满绿草，绿草茵茵的这天吉祥如意；日从左边出，日出的今日暖洋洋；月从右边出，月出的今夜明亮亮。住在拉萨白脚坡下的藏人，善于卜算年份；请他们卜算出吉祥的年；住在下面放羊曲径下面的白族，善于卜算月份，请他们算出吉祥的月；人类居住的天地中间，纳西人善于卜算日和夜，算出吉祥的日和夜。在有吉祥的星星、饶星、蕊星、日月的这天，（要举行开幛眼的）东巴主人这一家，派了手脚利索走得快的小伙子，去请威力（威灵）[①] 大的东巴，请威力大的东巴向盘神（$phə^{21}$）、禅神（$sæ^{21}$）、嘎神（$gɑ^{33}$）、吾神（u^{21}）、嗯神（$ŋv^{55}$）等千千万万的神祇要一宗威力（威灵）。[②]

这家东巴在黑白交界之地，搭起白色的麻布和白绸的帐篷，安置白毡神坛，要请千千万万的神和保护神到放了祭祀用白米的竹筐里，即使请得他们来，由于这些神祇还没有睁开眼，还没有被点药，所以他们听不到东巴祭司的咏诵声，听不到东巴祭司摇动的金黄板铃声，听不到祭司东巴敲击的如绿松石般的皮鼓声，听不到祭司东巴吹响的白海螺声。有耳听不到，有眼看不到，有舌不会讲，有心不会想[③]，有脚不会走，有手不会拿。神座上供奉的刺柏香火等也不会享用，祭鬼没有效，射箭不中靶。太阳出来的这天，这家东巴祭司派了手脚麻

[①] 关于"威力和威灵"的观念，参看杨福泉《略论纳西族东巴教的"威灵""威力"崇拜》，《思想战线》2011年第5期。

[②] 关于东巴教的神祇体系，参看杨福泉《略论东巴教的本土神祇谱系》，《思想战线》2009年第1期。

[③] 纳西人和汉人的观念一样，认为是心在思考，所以有"心想"的说法。

利的年轻人，去请威力大的东巴祭司来。威力（灵）大的东巴祭司搭起白绸帐篷，立起白毡神坛，献上白米等供物，献上银子金子绿松石墨玉（笔者注：不是真的要贡献这些珍宝，这里用来形容贡品之好）等供物，献上酒肉食品等供物，向成千上万的神祇烧刺柏天香祭祀，用白色的凿子切割一下神的雄鸡鸡冠①，用鸡冠血向神祇献药。

  如果不知道雄鸡的出处来历，就不要讲述雄鸡的故事，做相关的仪式②。在人类远祖美利董主这一代，他的神鸡恩余恩麻的蛋壳和蛋液做变化，出现了三个蛋卵，最初，一个大的蛋卵作变化，出现了一个黄鸡的种，它成为畜神谷神的鸡，只用于祭献给畜神谷神的仪式。小的那个蛋卵作变化，出现了一个黑鸡的种，这种黑鸡只用于祭献给各种鬼怪。最初一个蛋卵作变化，出现了一个白鸡的种，威力大的祭司，用白铁凿子在白鸡鸡冠上凿出一点血，将它作为神药祭献给成千上万的神（把鸡冠血蘸一点在神轴画的顶部）。神的眼睛睁开了一次（接下来东巴祭司不出声地默诵一些非纳西语的咒语③，最后长出一口气，象声词类似"飞"feif）。威力大的祭司东巴，割破神的白鸡鸡冠，将鸡冠血祭献给神，给神祭献药④，祭献给盘、禅、嘎、吴、沃、恒等神祇⑤，祭献给天上十八层的萨衣威登大神，衣格哦格大神、恒迪哦盘大神，给他们烧刺柏天香。给住在天上十八层白绸帐篷的东巴祖师东巴什罗祭献神药，烧天香。给天上十八层住在用风云交织成的神房里的大神辽久季久祭献神药，烧天香……（这之后还列举了很多男神和女神，一一给他们献祭神药和烧刺柏天香，这里从略）

  用于"神幛开眼"仪式的那只公鸡一般是给主持仪式的东巴，口诵经《神幛开眼》继续说：

---

  ① 按东巴教的传统，要用小的白铁凿子割破雄鸡鸡冠，白色的铁是吉祥的象征，不能用黑铁凿子，因为黑色是邪恶的象征；也不能用刀来割。
  ② 东巴教特别强调万事万物和各种祭祀缘由的出处来历。
  ③ 这些巫术咒语究竟是哪种语言？是否是受苯教的影响，还有待于语言学家的考证。
  ④ 这里所说的"药"（池儿，cher）是音译，指用牛奶、家畜的胆汁、酥油、蜂蜜等与净水混合而成的祭献物。
  ⑤ 关于这些神祇，参看杨福泉《略论东巴教的本土神祇谱系》，《思想战线》2009年第1期。

做完这些祭献仪式后，以下这一切将会实现：神有眼睛又能看，有耳又能听，有舌又能说，有心又会想，有手又能拿，有脚又会走；他们将会降临到白毡祭坛，将能听到祭司的咏诵声，听到祭司如黄金般的板铃声，绿松石般的法鼓声，吹白海螺的声。神们又会聚集在刺柏天香燃烧之处。威力大的东巴祭司，烧天香祭祀盘、禅、嘎、沃、恒等神祇，360个神祇，给这家举行"开幛眼"仪式的主人赐福，愿这家主人从此长听到吉祥的声音，流水满潭，牲畜繁衍，庄稼丰收；愿祭司长寿足食。

和秀东用东巴象形文字"斯究鲁究"写下了"开幛眼"口诵经，在经书的末尾，他写了这样的一段文字：

哪天要举行"开幛眼"仪式，应该先咏诵这些内容，在还没有"开幛眼"之前，要先叙述神药的出处来历，然后施药，再进行"开幛眼"仪式。这本"开幛眼"经书原来没有，就像金沙江水流淌中形成江中永久的小岛屿一样，这书也应该保留下来，我写时没有写错的地方，以后东巴咏诵（此书）也不应有错，如果咏诵中有错讹，以后会有罪孽的。

这段话是和秀东按照东巴经书写的传统加上去的，因为口诵经过去没有写下来，现在为了防止它失传和后人的学习，和秀东东巴按经书传统写上了如上的结束语。这也体现了东巴教的一个观念，经书是不能念错的，仪式是不能做错的，仪式上的各种宗教绘画也是不能画错的。

东巴教用于人死后超度仪式的长幅布卷画《神路图》[①] 中有一幅图所绘的是生前失职的东巴（或不请东巴而自作主张地安排仪式，坏了仪式规矩之人）在受两对夫妻鬼的折磨，他们在用利器凿其头，掏其舌。他

[①] "神路图"的纳西语原名叫"亨日皮"（$he^{21} zl^{33} phi^{21}$），"亨"（he^{21}）意为"神"，"日"（zl^{33}）意为"路"，"皮"（phi^{21}）一词，丽江鲁甸乡老东巴和开祥解之为"评断"，西方学者洛克（J. F. Rock）译为"裁决""判定"。"亨日皮"意为东巴为死者评断指点往神地去之路，即为亡灵排难解忧，把他（她）从鬼地（地狱）的煎熬中解脱超度出来，在人类之地转生为人，或送至神灵之地。

生前在举行东巴教仪式时没有安置好祭木"欺夺"（东巴教祭木之一类，共 18 根，用竹子削制而成，是卫护神域之精灵，用来镇鬼）和祭木"嘎巴"（东巴教祭木之一，用杜鹃树枝、柳枝等捆制而成，用来镇压诬陷人，诽谤人的鬼）。右边是一个生前没有布置好牦牛、绵羊、公牛、鸡等供品，没有安排好送魂的马等的东巴在受折磨，图中有青蛙和蛇的形象，亦解为亡灵生前犯有杀青蛙和蛇这两种与自然神灵"署"密切相关的动物之罪，象征人触犯了大自然，且犯了杀生之罪，因此在此备受折磨。

《神路图》中对罪人的惩罚还包括：对生前好散布流言蜚语，诽谤他人的亡灵的惩罚，惩罚方式是鬼怪用铁链捆住罪人舌头拉出口外，驱使两头牛在舌上犁，纳西语称这种罪过叫"么子么劳社美瓦"（$mə^{33}$ $tsŋ^{21}$ $mə^{33}$ la^{21} $ʂ^{55}$ me^{33} ua^{21}），意为瞎说乱道，亦解释为一女性巫师"吕波"（或自称巫师的女子），她曾宣称能与死者和鬼沟通，能呼唤死者之魂，但结果未能如她所夸口那般灵验。生前犯了将祭树倒置之过失（纳西语称之为"斯古多本" $sə^{33}$ kv^{33} to^{33} pe^{33}）的东巴在受折磨，鬼怪用斧砍罪人之头，用尖刺凿其头。《神路图》这一幅图反映了纳西先民对宗教法事的虔诚敬畏之情。宗教神职人员犯了过错而受惩罚亦见于《西藏度亡经》中，在该书所载的"冥界审判图"中，有个"尖桩地狱"，在它的旁边，有一名狱卒在执役，是"无门铁屋"。依次是四名喇嘛在撑持一本巨重如山的藏文经书，他们之所以受到如此处罚，系因在世时匆匆跳读宗教圣典①。有的"神路图"上绘有一个身着僧衣的喇嘛的舌头被拉出，由此可看出藏传佛教观念对东巴教的影响。

三 东巴教与藏传佛教在"开幛眼"仪式中的区别

东巴教的神幛画从形式上借鉴了藏传佛教的唐卡画，其"开幛眼"仪式也源于道教和佛教的"开光"礼俗，但它在吸收的同时，也把东巴教原有的一些信仰理念整合进其中，比如，东巴教"开幛眼"的仪式总是和东巴教的大仪式结合在一起，常常在举行一些很大的东巴教仪式（东巴称之为"母迪" mu^{33} $dɯ^{21}$，为大仪式）才进行"开眼"仪式，因为大仪式上所用的神幛画、木牌画、纸牌画都比较多，威力（威灵）大的

---

① 莲花生：《西藏度亡经》，徐进夫译，宗教文化出版社 1995 年版，第 181 页。

东巴也比较多，请他们来进行"开幛眼"仪式是最可靠的。而需要在仪式上"开眼"的，只是借鉴了藏传佛教"唐卡"画形式的神幛画，大仪式上所用的木牌画、纸牌画等所绘的神祇，则不需要进行"开眼"仪式。

此外，"开幛眼"除了东巴祭司要咏诵相关口诵经，还要举行"血祭"的程序，用一点鸡冠血点在神轴画的顶部，这是作为原始宗教（金泽等宗教学者又称之为"原生性宗教"）的东巴教不同于禁忌杀生和血祭的藏传佛教理念。而东巴教则认为如果不用一点祭牲口的血，则任何仪式都不会灵验的。

笔者1997年在有"东巴教圣地"之誉的中甸县（今香格里拉县）采访当地大东巴习阿牛谈到这个问题，他说："东巴做仪式怎么能不用一点祭牲呢！如果不用点牲血牲肉遮一遮鬼怪的眼睛，迷一迷他的心，那就不起作用。而且，杀牲是'米可瀑'（"解脱罪孽过失"）。我每次在做法事杀牲时，都要说，不是东巴我要杀你，不是东巴我要吃你的肉喝你的血，而是那个作祟于人的鬼要你。"

东巴和秀东说，藏族人不敢用我们的幛，因为我们的幛上要用到祭牲的血（这个过程称之为"塞兔"，sæ^{33} thv^{55}，意为"出一些血"），而纳西东巴则在仪式上敢用藏人的幛，并进行血祭仪式。但即使我们用藏人的唐卡画，我们也要按照东巴教的规矩，每次用完都把唐卡收起来。当代一些年轻东巴还专程到拉萨等地区学习绘制藏传佛教的唐卡画，而回来画了东巴教仿唐卡画的"普劳幛"（神幛画），也要举行具有东巴教特色的"开眼"仪式，在仪式上要进行血祭。由此可看出，尽管东巴教借鉴了藏传佛教唐卡画的形式和"开光"的习俗，但还是在这个外来习俗中揉进了东巴教的理念和做法，在进入祭祀和迎请东巴教神祇的程序时，就必须用一些祭牲的血，方能奏效。

尚血观念和尚血仪式是反映在原始宗教仪式中的古代生命崇拜和人体崇拜的产物，在世界各民族原始宗教总都有反映，我国先秦各种祭祀仪式中的祭礼用牲血也很普遍，东巴教在形式上借鉴藏传佛教的唐卡而形成"神幛画"后，依然在"开神幛眼"仪式上保持了东巴教传统的祭礼用牲血习俗。

原载《云南社会科学》2013年第6期

本土与外来宗教思想的融合
——纳西族巫师桑尼所用的一幅卷轴画考释

纳西族本土宗教有两种形式：一种是东巴教，其宗教专家称为"本补"（py^{33} by^{21}），民间称之为东巴，学术界因此称之为"东巴教"；另一种本民族的传统巫文化，其类似于西方学术界所称的 Shamanism（即萨满教、巫教），该宗教的宗教专家自称"吕波"（lɯ^{33} bu^{21}），民间称之为"桑尼"（sæ^{33} ȵi^{21}）或"桑帕"（sæ^{33} phɑ^{21}）。在笔者调查过的纳西族地区，常常有把"桑尼"和"桑帕"这两个词混用的情况。在丽江坝区，人们一般称之为"桑尼"，而在丽江的鲁甸、塔城（今属玉龙县）等山乡，人们常混用二者，有的还用"桑尼帕"一词来称呼他（她）们。桑尼（或桑帕）与东巴教等多种宗教有非常密切的关系。研究桑尼（帕）巫术文化，对探索东巴文化发展的历史脉络，探讨东巴教在形成过程早期的纳西族本土宗教因素有十分重要的意义。本文通过对一幅桑尼巫师所用的仪式图的分析，来探讨纳西族本土宗教的特征问题。

一 桑尼、东巴神与纳西族地方信仰

东巴经中用象形文字所写的纳西巫师是一个有女性头饰、头发披散、以手击锣的形象，读"吕波"或"帕"（phɑ^{21}）[1]，如下图：

"以手击锣"为西方"纳西学研究之父"洛克的解释，李霖灿所编的《麽些象形文字字典》中对此字解释为"女巫打卦之形"。据洛克的调查研究，古代纳西族的桑尼多为女性，后来才逐渐改由男性担任该职务。东巴经中还有另一个表示巫师的象形字，是一个男巫在散发跳神的形象，读

---

[1] Rock, J. F, A Na-Khi-English Encyclopedic Dictionary, Part1 Rock, J. F.: A Na-khi-English Encyclopedic Dictionary, Roma, 1963, p.375.

"桑尼",如图1。①

图1

直至近代,纳西族仍保留许多东巴兼做桑尼(桑帕)的巫术表演和仪式,这反映出东巴教是在纳西族民间巫术文化的基础上发展起来的,至今尚可见以桑尼(桑帕)为代表的纳西民间巫术对东巴教的影响。这一点在下面有谈。

桑尼(桑帕)与东巴的不同之处是:他(她)们不像东巴那样有用文字写成的经书,对东巴经和东巴仪式一无所知(一身兼东巴和桑尼者除外),其职位多为神授,不像东巴有父传子的世袭制。要成为桑尼(桑帕)者,首先举止行为都要处于疯狂状态,表现如一个处于突发性癫狂的人,他会疯狂地舞蹈,同时,边舞边走向玉龙雪山下的"三多"庙。到庙里后,他会继续在"三多"神的偶像前狂舞。在"三多"偶像上方的一根绳子上悬挂着一些红色的长条布,人们相信,如果"三多"神同意此人成为桑尼(桑帕),其中的一块红布会落在他身上,他随即停止狂舞,把这神赐的红布缠绕在头上,这是桑尼的标志,表明他从此已是一个桑尼。

东巴教有一整套宗教绘画体系,包括在用植物自制的东巴纸上所绘的纸牌画、尖头和平头的木牌画,此外就是卷轴画。卷轴画指画在麻布卷轴上的各种神像画,东巴举行仪式时将其挂在临时设置的神坛正上方,每一仪式都有相应的神像卷轴画,卷轴画分长卷、多幅和独幅多种,纳西语称

---

① 方国瑜编撰、和志武参订:《纳西象形文字谱》,云南人民出版社1981年版,第351页。

布卷画（即卷轴画）叫"普劳幛"（phv³³ la²¹ tsæ³³），"普劳"（phv³³ la²¹）意为"神"、"菩萨"，"幛"看来是汉语"幛"的变音。这种布卷画又译为"神轴画"或"卷轴画"，如按纳西语"普劳幛"的原意，可以把它翻译为"神幛画"。而巫师桑尼（桑帕）也用卷轴画，但不像东巴那样成体系地使用。下面笔者对洛克曾收集到的一幅桑尼巫师在举行巫术仪式时所用的卷轴画进行较深度的解读，以期对纳西族本土宗教有更深的认识。

二 对洛克所收集到的纳西族桑尼巫师的卷轴画的深度解读

洛克收集到的这幅画目前收藏在美国华盛顿国家地理学会[①]，它较典型地反映了东巴教对巫师桑尼的影响，以及一些外来文化在本土宗教体系中的表现，具体见图2。

图 2

1. 图正中和两边的神祇

这幅画的正中绘着三多神，身着白色长袍，坐在莲花座上，右手拿着一把汉式的扇子，头缠下垂的布条，与桑尼缠布条头饰相类似。脸上有三绺胡须，看去很像一个汉式神祇，绘画风格显然受到汉族绘画的影响。饶有意思的是三多神左右两个都是女性神祇：右边的骑着一头马鹿，头戴一

---

① Rock, J. F., *The Na-khi Naga Cult and Related Ceremonies*, *Roma*, Is. M. E. O. 1952. Plate LVIII.

顶白海螺状的帽子，洛克认为她是"嗯鲁盘世日"（^{2}Nv-lv-^{1}p'er ^{4}Shi-^{1}zhi），意思是"白雪山的山神"；左边是"达勒乌莎咪"（da^{33} le^{21} u^{33} sa^{21} mi^{55}），骑着一头山骡。"达勒"是地名，指现在属香格里拉县境，位于金沙江边的达勒村。相传她是东巴教中与殉情密切相关的七个女性精灵——被称为风女、风鬼、风流女一类神祇的首领。她们与纳西人的殉情习俗密切相关，但与三多有什么内在的关系，民间没有说法，但纳西民俗，很多殉情的情侣殉情前都会去祭拜三多神。

民间相传三多神有两个夫人，一个是藏族，一个是白族，在丽江北岳庙（三多郭）里，三多神的塑像两旁就有这两个夫人的塑像。

根据东巴教的说法，达勒乌莎咪①是七个风鬼的首领。在东巴经《祈求福泽·祭风招魂·鬼的来历·卷首》中，对风鬼和与之密切相关的云鬼以及达勒乌莎咪的来历，有这样的说法：

> 远古的时候，娆鬼②出世之后便是云鬼和风鬼。若不知道云鬼和风鬼的出处和来历，就不要说云鬼和风鬼的事。恩余怖布霍是云鬼和风鬼的母亲。恩勒达坞地方的达坞达孜姑娘，达坞松单姑娘，松单松妞姑娘。在达勒肯蚩山崖地方的达勒乌莎咪姑娘，达勒阿诺命姑娘。
>
> 这七个姑娘嫁到拉宝（石鼓镇）的拉妥迪地方。当女儿要出嫁的时候，母亲给女儿金衣、银衣、松石衣、墨玉衣，给滑溜溜的绸缎衣服。没有不给的东西，给了九十九件衣服，一百件里不足仅一件。但是，所给的衣服中，在缝衣服的时候，所有的线尾都未曾打结。母亲对女儿说，当你出嫁走在路上的时候，千万别回头看。
>
> 达勒乌莎咪骑一匹绿鬃的母骡，走到拉宝拉寿博山坡上的时候，突然想起自己的白银篦子和黄金梳子忘在家中了，忍不住回头看一看，就在这个时候，左边吹起白风，右边刮起黑风，被云和风抬了去，被毒鬼和厌鬼抬了去，达勒乌莎咪被风吹贴在这岸的达勒肯蚩崖上。③

---

① 不同文本中的音译有差异，本文统一音译为"达勒乌莎咪"。
② 东巴教观念中的一种星宿鬼之名。
③ 和云章释读，和宝林翻译，习煜华校译：《纳西东巴古籍译注全集》第16卷，云南人民出版社1999年版，第178—249页。

这些女子为什么被称为风鬼,她们又为什么与殉情有密切的关系呢?从记载于东巴经的作品和民间流传的诗歌和故事中看,其缘由主要与七个风鬼的首领达勒乌莎咪有关。在《超度达勒乌莎咪经》和一些民间故事中说,达勒乌莎咪爱上一个牧羊青年,但她的父母却把她许配给一个她不相识的边远村子的人家。在出嫁那天,她骑着一匹骡,走到金沙江边红岩地时,突然想到梳子忘在家里,便回首一望。忽然,左边刮白风,右边刮黑风,两股风把达勒乌莎咪及她所骑的骡子吹到对面金沙江边的红石崖壁上。从此,达勒乌莎咪就成为风鬼,永远留驻在石壁上。所有与殉情相关的民间文学作品、东巴经作品和东巴教仪式、纳西民俗,都会说到达勒乌莎咪的故事,要祭祀她,由此可见她与殉情民俗有着一种神秘关系。

三多神的右边是白雪山女山神,而三多神也是纳西族民间相传的玉龙雪山山神,或许这与民间在三多神像旁塑立他的藏族与白族两位夫人有着某种内在的联系。而巫师桑尼为什么把达勒乌莎咪绘在他们奉为保护神的三多神旁边,或许与纳西族最早的巫师是女性有一种内在的关系。

另外可以佐证的是,过去纳西族殉情之风很盛,情侣决定殉情之后,要相约殉情的日子。很多殉情者十分郑重地选择日子,有的占卜打卦,有的专门到供奉纳西族民族保护神三多的北岳庙去烧香问神,请"达玉"(da^{33} y^{55},庙祝)推算"库经"(khv^{55} dzi^{33},厄年),想知道何时是情死最好的时候。有的殉情者去三多庙烧香卜算时,还要深情地演唱"骨泣"调、弹口弦、吹树叶歌调,因民间有一种说法,三多神如果听不到口弦调和树叶调,就不会高兴,烧香也就不会灵。这些口弦、树叶、"骨泣"等歌调平时是绝对禁止在家中和其他庙宇、神坛前弹唱的,三多喜欢听这些歌调,反映了关于这些歌调的种种禁忌是后来才产生的。①

为什么达勒乌莎咪这个被视为"风神之首领"的女精灵会出现在三多神的旁边,是因为三多神在纳西族神祇谱系中,是与殉情者关系最为密切的一个。几乎所有的殉情者,殉情前都会想方设法跑到三多庙去祭拜三多神,向他告别。如果路远不能到三多庙,则要在山上祭拜。其原因,笔者认为一是三多神是最著名的纳西本土神,在民间被视为纳西人的保护

---

① 参看杨福泉《玉龙情殇:纳西族的殉情研究》,云南人民出版社2008年版,第21—25页。

神，战神；二是他又被认为是玉龙雪山的山神，而殉情者向往的"玉龙第三国"是在玉龙雪山上，其中应该有某种内在的联系。

2. 图上方的神祇

而此图上方的神祇从左到右分别是：创物神美利董主、东巴教祖师东巴什罗、道教神祇城隍。

在东巴教不少仪式中都要咏诵的重要东巴经《烧天香》（纳西语称为《凑巴季》，tʃhə⁵⁵ ba³³ dʑi⁵⁵）中，排列了一个烧刺柏枝等物（即国内普遍所译的"天香"）祭神的顺序，这个次序反映了东巴教中各种神祇重要性排序，从中反映出一种更具本土文化特点的神灵观。其中有这样的叙述：

> 继普劳神之后，产生了各种大神，如爪史大神、余施大神、明苴大神、"署"神的督史聂补纳瓦大神、东方属木的大神、南方属火的大神、西方属铁的大神、北方属水的大神、中央属土的大神、白沙的三多大神，丽江古城的城隍大神。①

上面提到的神祇中，已经有了道教神祇城隍，而且是与丽江古城有关。这是在明代道教传入丽江后，东巴教逐渐受其影响的反映。在另一本东巴经《大祭风·镇压呆鬼佬鬼·送神》中详细叙述了送神的序列，送了五方大神之后，经书中这样说：将"玉皇大神、玉皇娘娘大神、本府城隍大神、城隍娘娘大神往上送"②。

汉文化进入纳西族地区后，产生了与汉族大体相同的春节、腊月送灶神、正月初六的灯会、十五的元宵节、清明节、端午节、中元节、中秋节等节日；道教节日四月初八城隍庙会、二月初九的东山庙会、三月十九日的送子娘娘庙会、三月十五日的财神会、震青山会、正月初九演奏道教洞经和皇经音乐的节日朝斗会；融汉族、纳西族习俗于一体的三月二十八日

---

① 这里所依据的东巴经文本为和士诚释读，和力民翻译，和发源校译：《禳垛鬼大仪式·烧天香》，东巴文化研究所编《纳西东巴古籍译注全集》第22卷，云南人民出版社1999年版，第317—369页。

② 和云彩释读、和宝林翻译，习煜华校译：《大祭风·镇压呆鬼佬鬼·送神》，东巴文化研究所1983年油印本。

祭龙节，也叫龙王会，辛亥革命后演变为祭龙王和物资交流融为一体的庙会。

结合画上的城隍神像，可以看出汉族道教对东巴教和纳西民间巫术文化的影响。而在《烧天香》中，城隍神总是与白沙的三多神联系在一起，桑尼巫师最大的保护神是三多神，三多与城隍都与特定的城乡社区密切相关，其中的原因值得深入探究。

3. 图下方的神祇

图下部分从左至右的神祇分别为：盘祖萨美女神，桑尼巫师的保护神之一突赤优麻、右边是一个骑着一匹白马的巫师。

盘祖萨美女神在东巴教中是个赫赫有名的女神，东巴教有一本著名的经书《本帕卦俗》（py^{21} pha^{21} gua^{55} su^{21}），一般翻译成《白蝙蝠取经记》，讲的是人类请聪明伶俐的白蝙蝠到十八层天去向掌管着所有的占卜经书和方法的盘祖萨美女神求取占卜经书，最后求得360种的故事。盘祖萨美无疑是从一个古代女巫的形象演变而来的，她的名字的第一音"盘"（pha^{21}）即是"卜算"的意思，与"帕"（pha^{21}）一词的意义相同。"祖"（$dz\eta^{33}$）有"女始祖"的意思，纳西人称"女始祖"即"阿祖"（a^{33} $dz\eta^{33}$），后来也演变为称"祖母"。

根据东巴教和民间的说法，纳西族的宗教专家有"本"（东巴）与"帕"（巫师）两种，而巫师"帕"的基本职能是占卜打卦。至今还有桑尼巫师专门占卜，东巴根据桑尼的占卜举行仪式的习俗。显然，东巴和桑尼共同尊崇的盘祖萨美是个专司占卜的女神，是个女巫神。她出现在这幅画里，可以看出占卜与桑尼巫师之间密切的联系。

突赤优麻是东巴教的保护神，是协助各种神祇镇鬼降怪的战将，其在东巴教卷轴画中一般被绘为全身白色，身披虎皮，身长翅膀，狮头，腰系虎皮，左手持鹰爪状的三叉戟，右手持剑，周遭火焰环绕的形象。据洛克的调查，优麻也称为"瓦麻"（^{2}Wua-ma），东巴教的优麻保护神共有360个，洛克认为优麻保护神类似苯教的 Wer-ma，Wer-ma 是苯教中的战神。[①] 在东巴教的"普老嶂"卷轴画中，优麻保护神总是与另外一类长着鹰头的保护神多格（$t\vartheta^{33}$ $k\vartheta^{21}$）保护神有密切的联系。

最右边的这个骑着白马的女性巫师形象，洛克认为她是姜子牙的妹妹

---

① Rock, J.F., *The Na-khi Naga Cult and Related Ceremonies*, part 1, Roma, Is.M.E.O.1952, p.136.

（或姐），是纳西巫师桑尼信奉的"祖师"，有些像东巴教的祖师东巴什罗。根据洛克在20世纪30年代的调查，纳西巫师桑尼称他们是姜子牙之妹（或姐）的信徒，在他们举行降神仪式时供奉的一张挂图上有她的形象。桑尼的守护神之一叫Dja-ma（不是纳西语，不知是何语言），实则是被称为桑尼首领的姜子牙之妹（或姐）。由此也可看出古代的桑尼首先是由女性担任这一事实。在东巴经所记载的神话里，纳西第一个远祖米利董主的巫师叫"美帕科璐"，是个女巫，有相应的象形文形象，米利董主的敌人米利术主亦有一个叫"美帕丁那"的女巫。《说文》说："巫，祝也，女能事无形以舞降神者也。"这说明了巫师首先为女性是中国古代一种较普遍的文化现象。

桑尼称姜子牙的姐妹是他（她）们的首领，笔者以为不是随意附会，原因在于：在桑尼所供奉的这幅卷轴画中，被称为Dja-ma的桑尼首领（姜子牙之妹或姐）骑一匹白马，头发披散，是一个如象形文字所绘的女巫的形象。桑尼说她有赋予任何桑尼盼望出现的神灵的能力，反映出该女巫高超的降神能力。

非常丰富的研究成果证明了纳西族是古羌人的后裔（这里不排除古羌人移民与纳西族居住地古时的土著相融合而形成现在之纳西族的可能性），而作为姓氏的"姜"和作部落名的"羌"二字，在中国古音中是一样的。殷墟文字的"羌"从人，说它是部族，周代史志上的"羌"从女，说她是姓氏。西晋及刘宋时的司马彪和范晔尚知"羌"与"姜"的互通互用，所以都明白指出："西羌之本，出自三苗，姜姓之别也。"① 羌人为姜姓，而姜子牙是周初姜姓部族长，有学者考证，周文王得到羌人吕尚（姜子牙）做他的幕僚长，巩固了周室的根据地。② 羌族神坛中亦供奉姜子牙。③ 从其形象上来分析，披散头发与古羌人妇女的发式有关，"羌族妇女古时的发式为披发，河湟间的羌妇，最初为披发，从披发改变为辫发"④。从这里也可推断，巫师桑尼所称的首领姜姓女子是一个古羌妇女的形象，从前述她的巫师特征等来综合分析，可知她是一个古羌人部落的

---

① 马长寿：《氐与羌》，上海人民出版社1984年版，第17页。
② 黄奋生：《藏族史略》，民族出版社1985年版，第8页。
③ 见中国南方少数民族哲学及社会思想史学会编《研究集刊》第1辑，1985年。
④ 马长寿：《氐与羌》，上海人民出版社1984年版，第17页。

女巫首领。

再看桑尼所尊奉的主要保护神三多，他亦是纳西族千百年来笃信的保护神，因此丽江县人大常委会于1986年起将"三多节"定为纳西族的民族传统节日。"三多"与藏语"三赕"（Sa-tham）同，三赕是藏族神话史诗《格萨尔王传》中位于西藏西北部的姜国（HJang 或 IJang）国王的名字，洛克对此有详细考证，指出"姜"即"羌"，认为三多的故事是纳西先民在南迁时带到丽江来的，三多神起源于遥远的北方草原地带，纳西先民从那里南迁到丽江，把这个神灵也带到了丽江。① 洛克的推论除了有多种藏英词典及藏文手稿等为依据外，也有纳西族的民间传说以及有关三多的汉文献为依据，三多来自西北的传说，在清代丽江纳西族文人杨品硕写的《丽江北岳神考》中也曾提到。1743年版的《丽江府志略》中收录了在三多泥像中发现的一份关于三多传奇故事的汉文残稿，其中说三多神从遥远的西北降临到丽江。从多方面考察，笔者以为洛克的推论是可信的。至于藏语"三赕"亦指称丽江，那应当是当三多神成为丽江的守护神之后，成为丽江的代称所致。

三多神有两个突出的相同点：第一，三多神是个白色神，面如白雪、穿白盔白甲、手执白矛、骑白马，桑尼所供奉的三多画像也是身着白衣；第二，三多神的化身是一块白石，笔者以为这与羌人的尚白观念和尊崇白石神有联系。在羌族的传说中，白石帮助羌人战胜了戈基人，而纳西族中的三多神也总是在战斗中露面帮助纳西人战胜敌方。纳西族东巴经和许多民族学资料也反映出纳西先民的尚白习俗。② 综上所述，可以看出桑尼的主要保护神三多在纳西先民定居丽江之前就已是本民族的保护神，南迁的纳西先民把这个神灵带到丽江，自然地把这个白色神与白雪皑皑的玉龙山联系在一起，并树为此山的神灵。③

从以上论述中，可以看出三多神为保护神及"巫职授予神"，奉古羌人部落首领之妹为首领的纳西族巫师桑尼，是早已存在的本民族巫师，他（她）们是纳西族原始巫术文化的代表。

---

① ［美］洛克（J. F. Rock）：《中国西南古纳西王国》，刘宗岳等译，杨福泉、刘达成审校，云南美术出版社1999年版，第123—125页。

② 杨福泉：《纳西族东巴经中的"黑""白"观念探讨》，《世界宗教研究》1986年第2期。

③ 羌族亦有关于白石化为雪山挡住戈基人的道路的传说，可进行比较研究。

但在主要叙述东巴教神祇谱系的东巴经《烧天香》中，三多神的产生是比较靠后的，是继东南西北中五方神祇之后而产生。① 东巴教有一个叫"三多恒颂别"（sæ^{33} do^{33} he^{21} su^{55} py^{21}，祭三多神）的仪式和一本用象形文字写成的名为《三多恒颂》的经书，只有东巴会咏诵，但语言不是纳西语，东巴解释不出其内容含义，其中提到三多的妻子儿女及部将等。经书以大段巫术咒语结尾，由此亦可看出这个仪式有可能是从巫术仪式中转化而来的。至于东巴不能识读《三多恒颂》经书，有这两种可能：一是因详细描述三多生平（包括家庭及部落情况）的传说年代久远，为后世东巴（或东巴兼桑尼者）所忘却；二是在苯教的影响下东巴教逐渐兴起，到后来地方神三多在东巴教的神祇中已非最重要之神，因此关于他的经书也逐渐被忽略。三多在一些东巴经书中虽仍被称为大神（恒底，he^{21} dɯ^{21}），但逐渐居于众多外来神祇之下。

该画最下面所绘的形象是：左面是一个头缠红步巾的桑尼（桑帕）巫师在舞蹈；右面是两个鬼怪、一个长鸡头、一个长虎头。洛克解释说还有其他三个没有绘在画上的鬼，分别是长乌鸦头、兔头、马头的鬼。② 东巴教中也有很多类似长着各种飞禽走兽的鬼怪，显然纳西桑尼巫术文化与东巴教的鬼神谱系有相互影响的一面。

总体来说，纳西本土宗教中的"桑尼"（桑帕）总体上是一种与纳西族原始宗教东巴教有区别的民间巫术文化，但其中已有巫术和原始宗教东巴教两种意识交叉重叠的现象。桑尼敬奉"三多"（白石神，又为山神）及"优麻"（iə^{33} ma^{21}）等保护神，仪式中求告祖灵等，说明自然崇拜、动物崇拜及神灵、祖灵观念等宗教意识已渗入桑尼巫术文化中，这反映出当人们见到巫术力量不能偿其所愿，转而乞灵于较高超自然力，乞灵于神祇和祖灵这种观念意识的转化，但它与有庞大神祇群和繁杂的仪式系统以及相应配套的宗教经书的东巴教相比，其性质还是十分不同的。

三　结语

从这幅难得一见的纳西族桑尼巫师所用的卷轴图中，可以看到如下几

---

① 杨福泉：《略论东巴教的本土神祇谱系》，《思想战线》2009年第1期。

② Rock, J. F., *The Na-khi Naga Cult and Related Ceremonies*, Roma, Is. M. E. O. 1952. Plate LVIII.

点：其一，桑尼的神祇体系是以纳西族大多数民众信仰、在民间影响力最大的保护神三多为主，三多是纳西族的民族保护神，也是玉龙雪山山神。过去纳西族打仗前都要去祭拜三多神，殉情者殉情前也要去祭拜三多，如今的纳西族民族节日是每年农历二月八日的三多节，可见三多神在纳西族民间的影响很大。而三多神在神祇系统复杂、受苯教神祇等影响大的东巴教里，没有被列入最重要的几个神祇之列，可知东巴教是后来且受到其他宗教影响较深的宗教，只有桑尼巫师的神灵观念更多地保持了纳西本土神的崇拜意识。其二，这幅画反映出本土神祇和外来神祇在纳西巫师神灵观念中的整合现象，其中既有如东巴教也非常尊崇的创物神美利董主、执掌占卜之术的女巫神盘祖萨美、有"护法"性质的突赤优麻保护神（战神），也有东巴教祖师东巴什罗；既有在东巴教中被视为"风鬼"的司风之女精灵达勒乌莎咪，还有相传是"羌人"的姜太公及其姐妹以及道教神城隍。神祇的组合反映了诸种宗教在纳西族民间巫师信仰中的整合，东巴教与纳西族民间巫术文化的相互影响以及外来宗教对纳西宗教的影响，这与苯教、藏传佛教、道教等对东巴教的影响是相似的。

原载《云南社会科学》2014 年第 6 期

纳西族祭天仪式的功能和特点

祭天在纳西语中叫"美本"（mee biuq），"美"是天的意思，"本"（biuq）意为祭祀和举行法事，此词有"咏诵"宗教经典的含义在其中，"东巴"的自称就是"本"（biuq）。"祭天"是纳西族东巴教最大的仪式之一，也是纳西族民间最大的传统节日。按传统习俗，每年一般举行两次祭天仪式，第一次是在阴历新年，称为大祭天；第二次是在阴历七月，称为小祭天，其中尤以新年的大祭天为重。过去，纳西族把祭天作为是否是纳西人的重要标志，纳西人自称"纳西美本若"（naq xi mee biuq sso），意为"纳西是祭天的人"；又说"纳西美本迪"（naq xi mee biuq ddeeq），意思是"纳西以祭天为重"。以祭天作为本民族的主要特征，可见祭天在纳西人心目中的神圣地位。它具有如下的功能和特征。

一 族群认同和社会群体认同的标志

东巴教与纳西族的社会结构和社会组织活动有着不可分割的联系，所有的东巴教仪式都是以社区的家户、宗族和村寨为单位举行的。祭天仪式是纳西族传统典型的以父系世系群（宗族）为核心所进行的宗教活动。纳西族有不同的祭天派别，绝大多数纳西人都归属于主要的4个祭天派别，它们是：铺笃（pvl dvq）、姑徐（ggv xiuq）、姑闪（ggv saiq）、姑展（ggv zzaiq）。其中"铺笃"（pvl dvq）是最大的派别，认同于这个派别的祭天群特别多；其次是"姑徐"（ggv xiuq）。而"姑闪"（ggv saiq）与"姑展"（ggv zzaiq）比上述两个派别都小得多。这些祭天派别，最早都源于古代纳西族的4个古氏族梅（meiq）、伙（hoq）、束（sul）、尤（yeq）。这些群体由实行外婚制的父系世系群成员组成，纳西人称这种世系群叫"崇窝"（coq o），意为"源于一根骨头的人"，它是由一个男性始祖后裔组成的、有血缘亲属关系的家族组织。这些"崇窝"少则数户，多则数十户。

在纳西人早期居住时间比较长，保留传统习俗较多的北部地区纳西族（如香格里拉市三坝纳西族乡和丽江玉龙县北部山区）中，祭天团体的规模普遍大于后来才开发居住，并受外来文化影响较大的南部纳西族地区。在古代，祭天活动是以整个"崇窝"为单位举行的，发展到后来，由于各个"崇窝"人口繁衍和迁徙，祭天活动逐渐局限于住在一个村寨同属一个"崇窝"的人；有些同住一村的"崇窝"分化出几个祭天群体；也有一个小村的村民属于一个"崇窝"的后裔，有全村性的祭天活动；在全村性的祭天活动形式中，也有个别的情况，即有些祭天群体是由不同的"崇窝"和不同的姓氏组成。形成这种情况的原因，是因为该地原来无人居住，从不同地方迁来的人构成一个村落。他们无法与自己的"崇窝"保持联系在一起活动，因此便组成新的祭天团体，有的家户甚至进行单家独户的祭天。历史上村寨的裂变和合并影响到祭天团体的结构和规模。纳西人称这种祭天的群体叫"美本化"（mee biuq hual），"化"（hual）就是"群""团""伙"的意思，所以美国学者孟彻理（Chas Mckhann）就用英文 factions（派别）一词来指称铺笃（pvl dvq）、姑徐（ggv xiuq）、姑闪（ggv saiq）、姑展（ggv zzaiq）这几个祭天团体，而过去中国学者习惯用"祭天群"来指称这些派别。显然从纳西语的语义上看，只有"美本化"（mee biuq hual）才更适合用"祭天群"或"祭天团体"的译法，而铺笃、姑徐、姑闪、姑展等则是祭天的几个派别。纳西学研究的先驱李霖灿先生在1942年在中甸县（今香格里拉县）北地（今三坝乡白地）村调研当地纳西人的祭天仪式，对"祭天组群的分组"也提出了这样的看法：

"所有的麽些族（即纳西族）人都祭天，但现在的祭天社团并不是全以地域分，也不是全以宗族分。依地域分是以村落作祭；依宗族分时，些人有买（梅）和（伙）束、叶（尤）四大支派，应该是一姓的人合拢起来做。如今是依世习相传的分团分群，或十家八家共结一社，或数十家自称一群，在一社一群之中，既不是一个村落的全部居民，又不是只有任何一支宗姓。推测当初，祭天社团一定有它的结组渊源，和地区宗族等，只是如今已大半都混淆不清了。""祭天的社团在当初是由于地区及宗族血亲的关系而相组合，到后来因迁徙杂居的关系，遂成为今日混杂的局面。"①

四川木里县俄亚乡的纳西族的祭天群分属于"铺笃"（pvl dvq）和"姑徐"（ggv xiuq）这两个祭天派，属于"铺笃"派的有木瓜（最初为军事首领，后成地方首领）、占亨与威迪孟这3个家名的人，称为"三个亲族团伙"，而属于"姑徐"派的有东巴、威嘛、威挪究3个家名的人，亦称为"三个亲族团伙"。而有些融于纳西族的外族村民，则不参加祭天，反映出在俄亚尚有非本族人不认同于祭天群体的特点。此外，在祭天时间的安排上，也反映了一些等级观念，比如，因为木瓜属于"铺笃"，所以，"姑徐"祭天群体只有在"铺笃"祭天后，才能开始祭天。②

而与丽江古城毗邻（现已经是古城的组成部分）的思吉（ser jjiq）村是笔者母亲的老家，其祭天群则有自己独到的特点，由村中比较亲近的亲戚在一起祭天，被称为"补吐低化"（bbuq tvl ddee hual），意思是"（轮流）出（祭天）猪的一群"。母亲家族的这个祭天群每年轮流在一家举行。和丽江不少农村不同，在思吉村妇女是可以参加祭天典礼的。

在有些纳西族地区，则有祭天以家户为单位举行的习俗，比如今玉龙县塔城乡的巴甸、署明等村落和鲁甸乡阿时主、塔城乡依陇行政村巴甸村、洛固行政村的纳西鲁鲁人以及鲁甸乡的阿时主村等。每个家庭都在家里的庭院或后院内设有一个祭天处。

可以看出，这些乡村的祭天习俗所反映的民族认同意识除了自我认同民族和远祖这两点与其他地方一致外，这些地方已经没有了一定要以村寨或一个基于世系群"崇窝"等群体的祭天组织形式。

丽江县塔城乡（今属玉龙县）依陇村民委员会的署明村并存着个体家户祭天和全村合伙祭天的不同习俗。署明一村、二村是各家各户自己祭天，不请东巴主持；四村、五村则是全村合伙祭天，请老东巴和顺主持。

家庭祭天和村寨祭天群体祭天两种方式的共存，可能反映了一种祭天的组织形式因特定原因，从基于世系群等的群体方式逐渐向个体家庭转化的现象。而这往往和早期纳西先民的迁徙和开拓新聚居地的历史有关，比如上述举行家庭祭天的塔城乡巴甸村、署明村的纳西人都有其祖先是从丽

---

① 李霖灿：《麽些研究论文集》，台北：台湾故宫博物院，1984年，第221—222页。
② 王世英：《四川木里县俄亚纳西族乡大村调查》，载《滇川纳西族地区民俗和宗教调查》，云南省社会科学院东巴文化研究室编印，1990年。

江太安乡（今属玉龙县）的南兴村等地迁居的说法。①

有的移民就陆续地加入到新居住地的祭天群体中，如署明村。根据美国学者孟彻理的调研，在丽江县鸣音村（今属玉龙县），所有铺笃祭天派的纳西移民后裔合并到当地祭天团体的情况，而大东乡（今属古城区）的纳西移民后裔则建立了自己的祭天团体。②

祭天成为纳西族最为重要的认同标志，从一些长期生活在藏区的纳西族人身上更突出地表现出来，他们的语言、服饰等皆已经被藏族同化，但依旧保持着祭天习俗并以此作为自己民族的认同标志。再比如四川得荣县白松乡的数千的纳西人在语言和生活习俗上都已藏化，但他们并不认为自己是藏人，原因是他们和藏人最大的差别就是每年春节都要举行祭天（此条信息系四川成都纳西文化学会副会长白郎先生提供）。笔者于2002年所调研的西藏芒康县盐井纳西族乡的纳西人已经少有能讲纳西语的，但至今也以祭天仪式作为重要的族群认同标志。③

祭天所反映的认同意识有这么几个层次：首先反映了纳西人的民族认同，即"纳西美本若"，即"纳西是祭天的人"；然后就是各个世系群（宗族）对不同的祭天派的认同；再下来就是各个世系群或者非世系群的团体对各个祭天群"美本化"的认同。而后来不同世系群的成员组合为一个祭天群的现象，则反映了特定乡村社区的纳西人在生产生活中重新构成一种新的社会关系的特点。

二 天地崇拜和祖先崇拜的整合

有的学者从自然崇拜的角度研究祭天仪式，有的认为"祭天就是祭祖"，所论都有道理，但更最关键的是要看到纳西人把本民族的远祖特别是母系远祖崇拜的意识和观念与对"天"和"地"的崇拜和祭祀联系起来的特点。

从祭天仪式上所吟诵的经书看，主要的经书《崇搬图》（coq bber tv）

---

① 杨福泉：《纳西民族志田野调查实录》，中国书籍出版社2008年版，第174—183页。
② ［美］孟彻理：《论祭天仪式的时间安排和参与人员》，杨福泉译，载《国际东巴文化研究集粹》，白庚胜、杨福泉编译，云南人民出版社1993年版，第123页。
③ 杨福泉：《纳西族与藏族的历史关系研究》，民族出版社2005年版，第419页。

是讲述纳西人的祖先谱系、祭天来历等，歌颂祖先（包括天神、地神、天舅和纳西族第一代祖先崇仁利恩、衬红褒伯夫妇）创业的丰功伟绩，祈求祖先赐福后世。

几乎所有的祭天经书，其内容既在歌颂高天大地、日月星辰，也在祭祀民族祖先，求祖先庇佑。天地和远祖，成为不可分割的一个整体。纳西先民是通过把祖先依附在天与地这个神圣的载体上而彰显出他们的神圣性的。记录了东巴教本土神灵谱系的东巴经《禳垛鬼大仪式·烧天香》中说："禅神（辟地之神）以后到了天神。（这是）孜劳阿普天神，在高高的天宇里拥有日月的天神，使明亮的星星出满天空的天神，使天空洁净晴朗的天神，养育和繁衍纳西人的天神。"① 孜劳阿普美"，简称"美"（mee，意为天）。他是天的化身，以一棵栎树代表；地神则是天神孜劳阿普的妻子，叫"衬恒阿孜"或"衬恒阿孜达"，简称"达"（dda），以祭坛上一棵杉树代表她，有些纳西族地区甚至有专门"祭地神"的仪式。他们是纳西女始祖衬红褒白命的父母亲，即母系远祖。

作为母系远祖的父母——天神地神的出现，标志着纳西族产生了东巴教中与纳西人的族源认同直接相关的神灵，反映了其原始的自然崇拜与追溯民族血统、崇仰民族祖先的民族认同融为一体的现象。同时，还可看出东巴教中以天和地为主要崇拜对象，以天神和地神为至上神的原初信仰本质，以及视天为雄性（阳性）、地为雌性（阴性）的神灵性别观。②

祭天仪式上在祭天神地神的同时，祭祀的经书不断赞美"左边的太阳"和"右边的月亮"，赞美星星、银河等天象。同时，要和祭天地神一起祭雷神电神。在丽江县黄山乡（今属玉龙县）长水村的祭天仪式上，以立于右方末位的1棵白栎树（bbee qiq）来象征"吉"（jji）与"奔"（bbee）两位神祇，和志武先生认为此二神是天神地神的"守卫保护神"。③

据丽江东巴文化研究院翻译的《纳西东巴古籍译注全集》，吉（jji）

---

① 《禳垛鬼大仪式·烧天香》，和士诚释读，和力民翻译，和发源校译，载《纳西东巴古籍译注全集》（第22卷），云南人民出版社1999年版，第329页。
② 杨福泉：《略论东巴教的本土神祇谱系》，《思想战线》2009年1期。
③ 和志武主编、杨福泉副主编：《中国原始宗教资料丛编·纳西族卷》，上海人民出版社1993年版，第41页。

是雷神，男性；奔（bbee 或音译为崩）是电神，女性。从这祭天坛的布置上，也可以看到纳西人在祭天仪式中将自然神和祖先神整合在一起的特点。东巴经中普遍描写雷神骑着白尾巨龙，电神乘骑着白鬃的骏马，二神都披着喷射火光的衣服，穿着光焰夺目的火鞋。他们会帮助纳西人战胜仇敌，赐人类福泽。纳西人认为雷神是男性，电神是女性，这与汉族民间信仰的"雷公电母"的雷电神性别观相同。因此，在祭天仪式上，常将象征雷神的树立于左边，将象征电神的树立于右边，东巴经中也常说"左边的雷神，右边的电神"。在祭天仪式上必须咏诵的东巴经《祭天·奠酒》中，还一一列举了数十座有名字的山之山神，以示祭祀。祭天仪式反映出纳西人浓郁的对天地山川、日月星辰礼敬和崇拜的情结。

祭天仪式上咏诵的东巴经中说：

要祭祀的第一位，要最先供奉的是端坐在上方的，是人类先祖父的天。不敬奉天啊，门户就不会兴旺；不敬奉天啊，家室就不会昌盛。天啊，就是那天爷爷的天；是那清晨到晚上都如长桥般架在头顶的天；是那平平整整的天；是那光光滑滑的天；是那有晴天、有阴天的天；是那孜劳祖父（即孜劳阿普）的天；是那美好又无限广阔的天；是那拥有九层白云的天；是那缀满硕大灿烂星星的天；是那早上太阳出来暖融融、晚上月亮出来光辉明亮的天；是那身材匀称、双肩齐整的天。①

要祭祀的又一位是地（读为"达"），就是那下边埋有成背黄金的大地；就是那上边放牧有成群牛羊的大地；就是那墨玉项链挂在肩的大地；就是那金银、松石、墨玉做被盖的大地；就是那石缝中长出好药草的大地；就是那水大流长的大地；就是那身材匀称、衣襟齐整的大地。②

该经文反映出纳西人对天和地的理解，是将其自然属性和人的属性整合为一体，并将天神地祇认同为整个民族的男女两性远祖，而作为"肉"族的地神（母系）和作为"骨"族的天神（父系）双方还有一种通过舅权方式的"交表婚"，来加强有母系血缘关系的亲属之间的结合。孟彻理（Chas. Mckhann）也曾指出："纳西族观念中看不到对'自然'和'社会'这两个领域绝对相区别的划分。在祭天仪式和人类起源的叙述中，

---

① 《祭天·祭无人祭祀的天》，和云彩释读，李例芬翻译，和发源校译，载《纳西东巴古籍译注全集》（第一卷），云南人民出版社 1999 年版，第 202—203 页。

② 同上书，第 204—205 页。

与被人类学者常常当作多少有区别意义的解析类别（如亲属关系、宇宙论、社会结构、神话、婚姻、性别、时间和空间观念等）相关的观念常常作为一个体系中互相依存的方面而表现出来。"①

在藏缅语族诸多民族中，普遍有对天神的信仰和远祖向天神求婚的神话传说，将自己的民族远祖的来历与天神的婚姻联系起来。比如在藏文文献中记载了最早的聂赤赞普至雅隆河谷时，人们认为他是从天界下凡，还有止贡赞普割断天梯的传说。本教认为雅隆悉补野部落的聂赤赞普，都是天神降生。②《敦煌吐蕃历史文书》中之《赞普世系表》也有这样赞普是天神下凡的记载。③ 与纳西族有族源关系的羌族所流传的始祖神的创世神话看，与纳西族的《崇般图》的情节十分相似，羌族人信奉始祖神是一对夫妻，名叫木姐珠和斗安珠。相传美丽的木姐珠是天神阿爸木比塔的三女儿，与人间牧羊青年斗安珠一见钟情。斗安珠随木姐珠到了天庭，向天神求婚，天神不允，用各种难题来阻挠他求婚。最终斗安珠凭着自己的勇气和智慧终于经受住各种考验，与木姐珠结成了夫妻。他俩来到人间，"教羌人学会种庄稼"，"子孙繁衍大发展"。他们被羌人认为是始祖，现在的一切规章礼仪都是他们制定并传播下来的。这些都反映出藏缅语族族群将天地崇拜和祖先崇拜相结合的特点。

三　重母系祖先的文化特点

"祭天"所祭的天神孜劳阿普和地神衬恒阿仔夫妇是纳西女始祖衬红褒白命的父母亲，即母系远祖。纳西人以祭天作为族群认同的标志，而祭天所祭者却是母系远祖，反映了古代纳西族文化中"重母系"的特点。在纳西语中，父系亲族称为称为"窝阔"（o koq），直译即"骨族"；而母系亲族则称为"那阔"（nal koq），直译即"肉族"。美国学者孟彻理（Chas. Mckhann）指出：祭天仪式的中心不是崇仁利恩，而是他的岳父母和其妻的舅舅。这些人都属于纳西人所说的"肉"（母方）亲属。祭天

---

① ［美］孟彻理：《纳西宗教综论》，杨福泉译，载《国际东巴文化研究集粹》，白庚胜、杨福泉编译，云南人民出版社1993年版，第111页。
② 察伦·朵藏才旦：《西藏本教》，西藏人民出版社2006年版，第46页。
③ 周锡银，望潮：《藏族原始宗教》，四川人民出版社1999年版，第40页。

仪式中所表现的"祖先崇拜"并非首先是对父系的"骨"祖先的崇拜，而是表现在对母系的"肉"祖先的崇拜。①

而前文所举的几个藏缅语族族群将民族来历追溯到娶天神之女为妻后繁衍出该民族的神话传说，也反映了一种早期这些民族重视母系、以母系为大、把民族祖先的渊源追溯到神化的母系远祖的观念。从纳西族祭天坛的祭木布局上，也可以看出重母系这一点。以丽江县黄山乡下长水村（今属玉龙县黄山镇）为例，祭坛中间竖立的是 1 棵刺柏"绪"（xiul），象征天之舅，是天神之妻衬恒阿祖的兄弟可罗可西家，也是母系。这棵刺柏后面要立 1 棵松树，象征战神（胜利神）嘎（gga）；而栎树则居两侧，左边那棵象征天神子劳阿普，右边那棵象征天神之妻衬恒阿祖，是藏缅语族"男左女右"文化习俗的反映。在刺柏树后面，插 1 棵约 3 尺的松树，象征胜利神"嘎"（gga）。此外，还要在象征天神地神的两棵栎（栗）树根部，插上两根栎树枝，分别代表纳西族第一代男祖先崇仁利恩和女祖先——天神之女衬红褒白。

"天之舅"在祭天坛正中反映了纳西族以母系为尊的观念。而大约在元朝之后，在丽江的一些地区，这棵祭天仪式中位于中间的刺柏就被解释为是"卡"（kaq，意为"皇帝"或"王"，这可能是"可汗"一词音变而来的），全称为"卡子绿古绪"（kaq zzeeq liul ggv xiul），意思是"王者在中间"，母系之尊演变成了"皇帝"（或王）之尊。这显然是误读。

上述藏缅语族民族这个"重母系"的古文化特点，与古羌人的民风有关。《后汉书》卷八十六记载古羌人部落风俗曰："贵妇人，党母族。死则烧其尸。"任乃强先生曾指出古代羌族最大的特点是：在其社会组织中，以女性为中心持续的时间很长。从猎业发展起来的羌民族，直到公元 8 世纪以前，都一直保存着以女性中心的社会制度。例如《唐书》记载的"女国"和"东女国"，就是世代以女子为王和朝官。它的都城"康延川"，一般认为即今日的昌都。吐蕃把其国境东部的附属部落地区称为"康"。这两个占有盐矿的羌族女国（羌塘与昌都），保持着传统的社会制度，到 8 世纪，便成了保持女性中心制度时间最长的民族部落。②

---

① ［美］孟彻理：《纳西宗教综论》，杨福泉译，载白庚胜、杨福泉编译，云南人民出版社 1993 年版，第 110—111 页。

② 任乃强：《羌族源流探索》，重庆出版社 1989 年版，第 18 页。

东女国的疆域包括西藏昌都东境和四川西南甘孜藏族自治州。纳西先民历史上与这些地区关系十分密切。永宁、盐源以及与这一地区毗邻的四川省甘孜州、大小凉山地区，都是历史上保留母系制社会形态最多最长的地区。

纳西族古代重女性的社会文化特征与此有关。当然，至今无证据表明纳西族有过如史载"东女国""以女为王"那样的"母权制"社会。但有一点可以肯定的是，在相当长的一段历史时期，纳西族妇女在社会生活诸多方面扮演着十分重要的角色，其社会地位是较高的。除至今保留着母系制和"以女为贵"生育观的永宁纳人（摩梭人）外，四川木里俄亚纳西族、香格里拉县三坝乡纳西族和丽江宝山等地纳西族都曾有婚后长居娘家的习俗。据调查，在20世纪50年代以前，中甸县（今香格里拉市）三坝乡纳西族虽然处于父系制社会结构，但妇女在家庭中仍然有比较大的权力。如儿女的婚事，决定权不在父亲而在母亲。女子出嫁时，可以带走平时自己积累的一切个人财物，甚至还可以带走一块田地。家中无男儿时，女儿可以继承父母的全部财产，族里的长辈无权干涉。[①]如果历史地考察，就可以看出这不是偶然的，它是一种民族传统习俗的传承。这种古风如果联系处于古代"东女国"的疆域的一些现代民族重女性、母系的习俗来看，会看得更清楚。

四川省民族学家李星星从历史人类学的视角提出了"藏彝走廊"有作为"母系文化带"这一特征的观点，认为唐代东女国的范围包括了雅砻江流域的大部分，而雅砻江流域有不少母系文化遗存，除西南端的摩梭（纳）或纳日外，在现今属藏族的扎巴川西藏区的扎巴人、嘉绒人和纳木依人身上表现得最为突出。[②]

扎巴人所聚居的道孚县位于历史上的藏彝走廊，在这条走廊文化带上，扎巴母系社会并非孤立存在，只是保存得比较完整。丹巴地区嘉绒藏族的"抢帕子""爬墙墙""顶毪衫"以及金川地区的"翻墙子"等婚姻习俗，都类似扎巴藏人的走婚仪式或走婚行为。这说明，母系制文化遗留是一个大的文化背景下的历史积淀。它的渊源可以追溯到历史文献所记载的唐代"东女国"，其范围可能是北到金川，南到雅江，东西则从大渡河

---

① 《纳西族社会历史调查》（二），云南民族出版社1986年版，第25页。
② 李星星：《藏彝走廊的历史文化特征》，载《中华文化论坛》，2003年1期。

至雅砻江一带。① 由于历史悠远，积淀深厚，加上交通、政治、经济等多方面的原因，这种母系走访婚一直保留至今。②

纳西族也是在历史上长期分布在雅砻江流域的民族。上述这些民族志资料，都对理解纳西族祭天礼仪中为何祭母系远祖以及语言文化中重母系的现象提供了一些值得思考的历史线索。纳西语中以"女"为大，以"男"为小，以"母"为大，以"子"为小。如祖房、大房称为"金美"（jji mei），即"女房""母房"，小房称"金若"（jji sso），即"男房""子房"；大树称"孜美"（zzerq mei），即"女树""母树"，小树称"孜若"（zzerq sso），即"男树""子树"；大竹篮称"寇美"（kel mei），即"女篮""母篮"，小竹篮称"寇若"（kel sso），即"男篮""子篮"；祭天用的大香炷称"迅美"（xul mei），即"女香炷""母香炷"，小香炷称"迅若"（xul sso），即"男香炷""子香炷"。在纳西语的一些固定词组中，女性在前，男性在后。如今语夫妻称为"尼奴阿改汝"（ni nvq e gaiq ssee），妻"尼奴"在前，夫"阿改汝"在后；古语的夫妻称为"本爪"（bbee zuaq），亦是妻"本"在前，夫"爪"在后。情侣称为"名若"（mil sso），亦是女性在前，男性在后。语言在一个民族的诸文化现象中是变异最为缓慢、稳定性较强的因素。语言中往往积淀着传统的文化因子。反映在纳西语中的这种以女性为大、女性在先的现象反映了纳西族过去曾有过重女性的社会习俗。

古羌人重母系的古文化特点依旧反映在藏缅语族族群的文化里，但已经随着不同民族、族群的社会历史进程和文化变迁的差异而发生了较大的变迁。纳西族的祭天仪式所反映的对自己民族母系远祖的追溯和礼敬，可能就是这种母系文化的遗风吧。

原载《云南社会科学》2009 年第 4 期

---

① 任新建：《雪域黄金》，巴蜀书社 2003 年版。
② 冯敏：《川西藏区的扎巴母系制走访婚》，《民族研究》2006 年第 1 期。

纳西族祭天仪式中的女性禁忌及其变迁

祭天在纳西语中叫"美本"（mɯ³³ py²¹）①，"美"是天的意思，"本"（py²¹）意为祭祀，举行法事，一般有"咏诵"宗教经典的意思在其中，"东巴"的自称就是"本"（py²¹）。"祭天"是纳西族东巴教最大的仪式之一，也是纳西族民间最大的传统节日之一。而祭天场是纳西人的精神圣地，祭天中有诸多禁忌习俗，禁忌外族人参加祭天仪式，禁忌在仪式中说外族语言。在诸多禁忌习俗中，有表现在社会性别上的禁忌习俗，本文对此作些分析。

一 祭天中妇女禁忌的空间表现形式及其变迁

在丽江的很多地方，有忌讳妇女参加祭天仪式的传统习俗。它的表现不尽相同，与以祭天场竖立祭树的祭坛为核心而外延的神圣空间观念相关，大致有如下几种情况。

（一）传统仪式中禁止妇女进入祭天场

祭天场是一个神圣空间，存在着一道"边界"，可以说是一种物理空间与文化心理上的边界。祭天禁忌的一种是表现为比较严格的空间禁忌，完全禁忌妇女进入祭天场这一空间。比如洛克在1923年记录了丽江嗯鲁肯村（ŋv³³ lv³³ khɯ³³，今玉龙县白沙乡玉湖村）的一个祭天仪式，其中写道：

祭天仪式的积极参与者毫无例外地全是男性。他们都来自属于同一个祭祀地区的父系"骨"亲。女性是不许进入圣地的，也就是说，这个仪

---

① 本文中所用纳西语表音为国际音标。

式是只属于父系根骨亲的活动。①

　　玉湖村人、纳西族学者李近春先生回忆小时候参加过的祭天仪式,该村古徐祭天群②有这样的禁忌,年满14岁的女孩子,不能来参加祭天仪式。而未满14岁的女孩则可以到祭天场参加祭天。③ 显然成年与未成年是女性能否参加祭天仪式的一道边界。

　　美国人类学家孟彻理（Chas Mckhann）也根据他在丽江鸣音乡（今属玉龙纳西族自治县）的田野调查做了如下的描述：妇女对祭天仪式的参与极为有限。女性不允许到仪式场地,也不参与仪式中的任何活动。在（丽江）鸣音乡就曾有两个初嫁到村子里的女子,在为仪式做准备的一个早上,带领着男性祭祀队伍,沿着通向祭天场的路撒水和松针。当她们走到祭天场边时,立刻转身往村子的方向走。村里的新婚夫妇,或是头年刚得子的夫妇会为仪式酿酒,并一起把它搬到仪式场地。就是在这样的情况下,妇女也会在场地的入口处撒下回家④,这个入口就表现为一道边界,以这道边界为界,禁忌妇女进入祭天场空间。

　　东巴文化研究的先驱、出身东巴世家的和志武先生曾撰文回忆他的家乡丽江县黄山乡（今属丽江市玉龙县）长水村的祭天习俗,其中也说到妇女不参加祭天仪式的一些细节,长水村是正月初一、初二过新年,初三开始祭天,妇女用小竹箩把祭天物品背到祭天坛附近,不得进入祭天坛而返回家里。当晚,妇女依然准备食品祭品等物品,把祭天男子送到祭天坛附近又返回,当晚参加祭天的男子露宿于祭天坛。在第二天祭天时,主祭东巴向祭树献酒,并祷告说如下的话：这个事情（祭天）是男人的事,男人的事情只能有男人做,男人做了,干干净净!⑤

---

　　① ［美］洛克图、［德］奥皮茨文：《祭天——约瑟夫·洛克的照片》,沈芸译；杨福泉校,米歇尔·奥皮茨、伊丽莎白·许主编：《纳西、摩梭民族志——亲属制、仪式、象形文字》,云南大学出版社2010年版,第168、172—173页。

　　② 纳西族的祭天群体分为几个派别,分别是铺笃（pvl dvq）、姑徐（ggv xiuq）、姑闪（ggv saiq）、姑展（ggv zzaiq）。参看杨福泉《东巴教通论》第三章,中华书局2012年版,第106页。

　　③ 《李近春纳西学论集》,民族出版社2008年版,第7页。

　　④ Mckhann, Charles E. （孟彻理）, *Fleshing Out the Bones: Kinship and Cosmology in Naxi Religion*, Ph D., Thesisin Anthropology, University of Chicago. p. 175, 191.

　　⑤ 和志武、杨福泉副主编：《中国原始宗教资料丛编·纳西族卷》（丛书总主编：吕大吉、何耀华）,上海人民出版社1993年版,第49页。

（二）传统仪式中祭天场的分区

在部分纳西族地区，祭天场这一神圣空间又可分为核心区与非核心区。有些地方将其称为内场和外场，禁忌妇女进入祭天场最核心的"内场"。李霖灿先生是中国学者中最早到有东巴教圣地之誉的中甸县（今香格里拉县）三坝乡白地实地考察祭天仪式的一个，他在1942年考察了中甸县白地村（又写为北地）一个属于普笃祭天派一个祭天群体[①]的祭天仪式的整个过程，根据他的观察，妇女参加了所有的准备工作，和男人一起来到祭天坛，但妇女留在"外坛"，男子则进入"内坛"，祭天猪要先扛到外坛的一个小土堆旁，沿着土堆绕上三圈，表示除秽，然后才抬进祭天内坛。内外坛以篱笆或者垒石为界。在李霖灿所绘的祭天场草图中，内坛包括有供奉神树的祭坛，给乌鸦施食处，象征射杀仇敌的射箭仪式处，放置祭天猪，神粮等贡品的地方。而外坛里则有除秽土堆（在中间）、撒祭谷之处（右边）、烧祭天猪牲之处（左边）。[②]

四川省木里县俄亚纳西族乡纳西人在祭天时，也禁忌妇女走进祭天坛参加祭祀活动，只能在场外观看，即在核心区域的外围观看。男子祭完后，向等候在祭天场外（也就是如白地的"外坛"）的妇女示意可以进来了，于是妇女们进来祭天场，向东巴祭司磕头祝贺，和大家一起唱跳传统歌舞"俄门达"（又音译为"阿默达"）。[③]

据笔者从1989年以来所做的田野调查，纳西妇女参加祭天仪式的习俗也是多样化的，比如笔者在1989年在中甸县（今香格里拉县）三坝乡白地行政村吴树湾村调研阮可人（纳西族支系）的宗教和民俗，据当地大东巴久嘎吉的讲述，阮可妇女可以参加祭天仪式，但有一些禁忌习俗。

吴树湾村阮可人的正式祭天仪式是在阴历正月初九。在初八这天，男子上山砍祭天木，砍来黄栗（栎）木和柏（刺柏）木两种放到祭天场。回家后打扫住房和畜厩，全身擦洗干净，做祭天的准备工作。太阳快落山

[①] 关于纳西族的祭天派和祭天群体，可参看杨福泉《东巴教通论》第三章，中华书局2012年版，第106页。

[②] 李霖灿：《麽些研究论文集》，台北"故宫"博物院，1984年，第234页。

[③] 和志武主编、杨福泉副主编：《中国原始宗教资料丛编·纳西族卷》（丛书总主编：吕大吉、何耀华），上海人民出版社1993年版，第57页。

时，每家去一个男人清扫祭天场，并把一罐泡大麦酒（苏理玛酒）放在祭天场，备第二天祭天时掺水使用。太阳落山后，各个小群体（从一个祖房分支出去的）又聚集到自己原来的"尤郭"（父母或长辈所居的祖房）举行量神米仪式。该仪式在正房举行，而以"美杜"（擎天柱）为核心的火塘周围是神圣空间，在举行这个"量神米"仪式时，妇女要出外回避……初九鸡鸣即起床，男主人身背神米箩，手持弓箭，一男子持松木火把在前为之照明，众男子各持火把随后，属一个祭天群的阮可人各依宗亲辈分先后列队走向祭天场，一男子扛胜神之矛。妇女们则在家中准备好肉、饵块等食品后，送到祭天场。妇女只能待在祭天场用石头圈起来的外围（即李霖灿所说的外坛），不能进入内场。

笔者长期进行田野调查的丽江塔城乡（今属玉龙纳西族自治县）署明村的祭天活动是在1983年该村老东巴和顺的倡议下重新恢复的，从恢复之年起，和、杨二姓就联合在一起祭天，时间则依和姓之俗，在每年的正月初五和七月初五进行。和顺去世后，他的弟弟和训和二儿子和贵华继续主持每年的祭天仪式，并带动了一批有志于学习东巴教知识的中青年村民，在山村的寒夜聚集在一起苦心学习东巴教的象形文字、经典、歌舞、绘画等。2000年初春，笔者在丽江县塔城乡（现属丽江市玉龙县）依陇行政村①署明村参加了该村村民的一个祭天仪式，在这个祭天仪式上，男女老幼都参加，女子身背神米箩，男子手持弓箭和象征胜利之神的长矛，扛着祭天猪，一男子手持松明火把在前引导，众人列队去神圣的祭天场。妇女在祭天场可以参加仪式中所有的活动，看不出有明显的禁忌。

笔者因此对该村的东巴进行了咨询，据该村东巴和秀东讲，署明村的家庭祭天和祭天群祭天并存，只是时间错开。在祭天过程中，在举行祭天除秽之前，妇女一般都站在祭天场稍微离立神树的祭坛远一些的一个地方，这个地方称为"tʃhə^{55} khua^{21} lv^{33} me^{33} na^{21}"（臭夸鲁美拿，直译的意思是"分开秽气的大黑石"）之处，因为一般认为妇女身上不太干净，有些秽气，他用了"墨臭墨俗"（mə^{33} tʃhə^{55} mə^{33} su^{21}）这个词，意思就是"有点不洁净"。所以在除秽仪式举行之前，禁忌靠近竖立着天神、地神和天舅之神树的祭坛。举行了祭天仪式后，妇女也可以和男子一起来敬

---

① 塔城乡现在属于丽江市玉龙纳西族自治县，行政村现在改称村民委员会。

香、磕头等。显然，署明祭天场的神圣空间又与上述"外场（坛）和内场（坛）"的观念有些差别，是以供奉神树的祭坛为最神圣的空间而外延到进行除秽仪式的祭天场边缘地带。

（三）现今纳西族宗教仪式中妇女禁忌的多样形态

到现在，祭天场的神圣空间观念与社会性别的联系有很大变迁，据笔者2000年在署明村祭天仪式现场的观察，无论任何年龄的女子，都可以自由出入祭天场的任何一个角落，但在祭天正式开始时，站在第一排向神树敬香的都是村里的东巴和男性长者，妇女虽然都在祭天场，但大都是在男性的后面，有的妇女在祭天场纺羊毛线，聊家常。在吃祭天饭的时候，男女都一样席地而坐聚餐。显然，从过去到现在，署明村与丽江坝区的乡村祭天习俗严格地禁忌妇女到祭天场的习俗有着明显的区别。禁忌妇女到祭天场神圣空间的观念没有像上述丽江坝区乡村那么严格。

笔者在2008年和2009年两次参加了玉龙县鲁甸乡拓鲁瓦村恢复举行的祭天仪式，看到的也都是男女老幼都可进入祭天场，没有对妇女的禁忌习俗。但在举行祭祀时，最靠近供奉神树的祭坛的都是主持祭祀的东巴和男性长者，妇女都站或坐在比较靠后的地方。其神圣空间观念的表现与同样有家户独立祭天和群体祭天并存习俗的塔城乡署明村、巴甸村等一致。

上述玉龙县塔城和鲁甸这几个地方，原来保留着传统的以家庭为单位的祭天仪式。按传统古规，神圣的祭天米笙要由家里的女性家长背到祭天坛，祖母在世由祖母背，不在则由母亲或女儿背。这两个保留着以家庭为单位进行祭天的乡村，祭天时对妇女的禁忌习俗明显比较宽松，没有如丽江坝区和香格里拉县三坝白地村等地分为"内场"（坛）和"外场（坛）"等空间，并因此来划分妇女可以容身的空间。

据香格里拉县三坝乡白地村吴树湾村东巴和树昆的讲述，至今香格里拉县三坝乡白地的纳西人还恪守着妇女只能待在祭天场外围（如李霖灿先生所说的"外坛"），纳罕（白地纳西人自称）和阮可人都一样，还是恪守古规没有变化。

禁忌妇女参加的东巴教仪式不仅仅是祭天，多数生活在金沙江河谷地区的纳西族支系阮可（又音译为"阮柯"或"汝柯"）人，其最重要的的仪式是"嘎本"（$ga^{33}\ py^{21}$，祭战神或胜利神）①，这是阮可人区别于其他纳西族支系的一个重大标志。云南省宁蒗县拉伯乡加泽行政村油米村阮可人的祭战神仪式一般在农历十一月（冬月）举行，与祭祖仪式同时举行。而在举行祭战神祖先的仪式时，所有女性成员都要退出祭场。② 据香格里拉县三坝乡白地吴树湾村阮可东巴和树昆讲，迄今香格里拉县三坝乡白地村民委员会吴树湾村的纳西阮可人在"嘎本"（祭战神）时，禁忌妇女进入石头或篱笆围起来的祭天场内场。

尽管很多地方的纳西族在举行祭天仪式时，禁忌妇女进入祭天场的核心空间，但在主持祭天的东巴或长者向居于祭天场最核心的祭坛中央的天神、地神（天神之妻）和天舅（天神之舅）献祭时，都要代表所有男子女子咏诵祭词，祭词中一般都由类似的句子：笔者们属于铺笃的这一群，男的来给你祭献一炷大香、一坛白酒、来磕三个头；女的来给你祭献三炷小香，一坛白酒，来磕三个头……尽管女子不在祭神处，但男子都要代表女子说出祭词，男女并列。

显然，一些纳西族地区过去禁忌妇女参加祭天的习俗，在丽江市古城区、玉龙县等纳西族聚居区现在已经很少保留了，在一些比较偏远、传统习俗保留的比较多的纳西人聚居区，这个习俗则还普遍保留着。这种祭天仪式中社会性别角色禁忌习俗的变迁，是与纳西族习俗随着社会文化的变迁而产生变化同步的，它也与纳西族区各地的社会文化变迁状况密切相关。按过去的传统，丽江洞经音乐的演奏也有严格的性别禁忌，妇女不能参加演奏，不能加入如"洞经会"这样的洞经音乐社会组织，但可以听。20 世纪 80 年代以后，很多纳西族妇女参与了"洞经音乐"的演奏，典型的如大研古乐队，其中妇女不仅参与演奏各种古乐器，还是一些洞经音乐曲目的主唱者。过去，纳西族的家屋制度中，以神圣火塘灶和"美杜"（擎天柱）为核心的火塘边座位有很严格的基于社会性别和长幼卑尊观念的座位秩序，现在，这些观念也根据纳西族聚居区域情况的不同而逐渐在变迁中。当代纳西族祭天仪式中的女性禁忌的变迁，有的与传统的区域传统有关，但更多的是随着时代的社会文化变迁而发生的变迁。

---

① "嘎"（gga）也是"胜利""赢"的意思，所以"嘎本"也可译为"祭胜利神"。
② 和发源、王世英、和力民：《滇川藏纳西族地区民俗宗教调查》，云南民族出版社 2008 年版，第 75 页。

而有些与丽江古城紧密相连的农村，也保留着祭天仪式，但又没有严格的妇女参与的禁忌，笔者母亲家乡，毗邻古城的思吉村的祭天群有自己独到的特点，祭天大多是各个祭天团体在住宅的院子里进行，笔者母亲这个家族有三四十户，但20世纪30—40年代在一起举行祭天仪式的有七户人家，这是一个祭天群体。这些在一起祭天的成员在同一家族中是属于比较亲近的亲戚，斯吉村的纳西人称这种在一起祭天的同一家族亲戚为"补吐低化"（bu^{21} thv^{55} dɯ^{33} huɑ^{55}），意思是"（轮流）出（祭天）猪的一群"。母亲家族的这一个祭天群每年轮流在一家举行，仪式中有杀"祭天猪"、献"祭天神米""点大香"等程序。祭天时，院内铺满表示吉祥的青松毛，仪式由族中会咏诵祭天口诵经的长老主持。在思吉村，妇女是可以参加祭天典礼的。和玉龙县塔城乡和鲁甸乡有家户祭天的习俗一样，看来在家庭里举行的祭天习俗，对妇女的禁忌习俗比较宽松。

二 祭天妇女禁忌习俗形成原因论析

（一）认为女性不净的观念所导致

在纳西族的祭天仪式中，其中最为重要的一个祭仪是"除秽"（tʃhə^{55} su^{55}，臭送），供奉的祭品、参与的人员，在正式祭天之前都首先要举行"除秽"仪式，也就是一种洁净仪式。东巴教关于"臭"（tʃhə^{55}）的观念，是指污秽、不洁。指称一切违反本民族传统习俗、伦理道德的行为和由此引起的后果。东巴经、东巴画和东巴教仪式中指称为"臭"的行为有涉及婚姻和两性伦理的，如远古洪水暴发后发生的纳西远祖兄妹婚配；同一宗族的男女之间发生的两性关系；婚外性行为导致的私生子等。有涉及违反民族传统禁忌习俗的，如杀死红虎、狗和吃狗肉等。有涉及民族传统生态道德观的，如认为乱砍滥伐、污染水源河流和滥杀野生动物都会导致产生秽鬼。有涉及民族一些独特的道德观念的，如认为杀死曾帮助过你的人是恶行，会产生"臭"。东巴教中这一"臭"的观念深深地渗透到纳西族人的社会生活中，形成一个传统伦理道德范畴，制约着纳西人的社会行为。

而按传统的观念，妇女一般被认为不太干净、有些秽气，这与妇女的生理现象以及后来融入了社会特定内涵的观念变迁有关。笔者们在上文中引述了署明村东巴和秀东提到的认为妇女有些"不洁净"（"墨臭墨俗"，$mə^{33}$ $tʃhə^{55}$ $mə^{33}$ su^{21}）的观念。类似的解释也从其他地方的东巴那里得到印证。2015年4月，来参加第15次"东巴法会"的玉龙县大具乡头台村的东巴东珍这样对笔者解释过去为什么妇女不能参加祭天，是因为妇女不太干净，有秽气。所以不能参加祭天。但可以在祭天结束后进去和男人们一起吃煮好的祭天猪。现在没有这些禁止妇女进入祭天场等禁忌了，妇女可以参加祭天仪式。玉龙县太安乡的东巴对禁忌妇女参加祭天仪式的原因也如上面所说，不过他们强调，现在的祭天仪式就不讲这些不准妇女参加的老规矩了。男女都可以参加。

香格里拉县三坝乡白地纳西族在举行祭天仪式时，首先要举行洗涤除秽仪式。正月初二日举行祭天，各个祭天群的男女都要到指定的河流去除秽净身，这称之为"除秽气"。比如属于铺笃祭天派的群体，除了孕妇和喂奶妇女不去之外，其他人都要到村南头的一条大河里去洗涤秽气，男女分河而浴。在举行祭天时，首先由主持祭天的东巴主持，在祭天外坛一个土堆处举行"除秽"仪式，这个土堆被称为"除秽之土堆"。然后才能进入祭天场内坛。①

在中国包括汉族的很多民族的文化中，比较普遍地存在女人"不洁净"的观念，特别是女人来月经或是生育孩子时，更被认为是不干净，非常忌讳此时期的女子参加祭祀神灵的仪式。比如华北地区，忌讳女子参加祈雨活动，人们通常认为女人身子"不净"。有人说："女人身子是半月干净半月不干净，龙王爷爱干净，所以不要女人参与。"②

纳西族的祭天仪式所反映的其实是一种"重母系""重女性"的文化特点，祭祀的都是本民族始祖母的父母亲和舅舅这个母系祖先，而为什么又有忌讳妇女参加这个神圣的仪式呢？在纳西族的文化中，对母系祖先和女性超能力的崇拜与女性的禁忌习俗同时存在。从各种关于女性不洁净的东巴文献和民俗的描述中看，主要肇源于因女性特殊的来月事和生育等生理现象而产生的一种恐惧感，其次才来源于包括不符合传统习俗的性关系、私生子等观念。一方面，在纳西族的神话传说的人类谱系、宗教礼仪

---

① 李霖灿：《麼些研究论文集》，台北"故宫"博物院，1984年，第227页。
② 苑利：《华北地区女性祈雨研究》，《青海民族研究》2003年第4期。

乃至语言中，都保留有"以母为大""女人为尊"的文化印记；另一方面，又保留着女性"不洁净"等观念。而那种极端的重男轻女观念和繁多的妇女禁忌习俗则恶性发展于1723年实施"改土归流"，之后"男尊女卑"的封建礼教观念被灌输进来后。

（二）本土借用联姻家庭关系破裂的解释

按纳西神话创世史诗《崇般图》（人类迁徙的来历）的记载，纳西先祖、文化英雄崇仁利恩把原来已经许配给了天神舅舅蒙若可西可罗的女儿衬恒褒白咪给娶走了，因此，崇仁利恩同时就负债于两个天神亲属家庭，他们分别是：给了他妻子的天神岳父母和被他夺走了原本该娶其妻的天神之舅家。在崇仁利恩出现之前，蒙若可罗若和衬红褒白命的婚嫁计划和纳西族的传统母系联姻制度是一致的，即母亲的兄弟的儿子按照古规应该迎娶父亲的姐妹的女儿。纳西族有相沿甚久的姑舅表婚俗，纳西语称这种婚俗叫：阿古（或阿巨）增美干，意思是：阿舅有优先娶姑妈女儿的权利。这与纳西族"母舅为大"的传统习俗是相对应的。在纳西族的"祭天"仪式中常常提到，人类的舅舅是天，天的舅舅是柏树，所以祭天时，象征舅舅的刺柏树要立在正中间，左右才是天神子劳阿普和地神衬恒阿祖（天神之妻），可见舅舅地位之高。在很多纳西族地区，舅舅有权过问外甥和外甥女的婚事，在各种重大的家庭亲族活动中都扮演着重要的角色。创世神话《崇般突》中说：不是舅父的儿子，不能占有姑母女。占有一词在纳西语中叫"该"（ggai），即预先占着的意思，也指娶之意。

按照这个与父系交表婚有着完全一致的逻辑体系的制度要求，一个亲属家庭嫁出一个姐妹后（例如，天神之舅老蒙若可西可罗把他的姐妹衬红阿孜嫁给了天神孜劳阿普之后），就有权从娶了自己姐妹的那个亲属家庭中换回一名女子。比如，天神之舅的儿子小蒙若可西可罗应该娶回他的父亲的姐妹的女儿作为妻子。也就是说，这种互惠的制度会在第二代完成一个完整的循环。

然而，这一传统的婚嫁制度被纳西族的远祖、文化英雄崇仁利恩打破了，因为天神的女儿衬恒褒白咪爱上了他，因此勇敢的崇仁利恩无视衬红褒白命已有的婚约，两个相爱的人齐心协力克服了天神所出的种种难题，崇仁利恩把衬恒褒白咪带到人间并娶为妻，此举激怒了天神之舅蒙若可西可罗的联姻家庭。这种顺理成章的愤怒必须要由崇仁利恩来平息，他应该偿付娶走原应属于蒙若可西可罗家庭的女子所欠下的债。按照纳西族传统婚嫁制度的逻辑要求，他必须将自己下一代中的一名女子还给蒙若可西可罗家庭。祭天仪式的出现无疑为如何偿还这种双重债务找到了解决的途径。

《崇般图》（人类迁徙的来历）中描述说，崇仁利恩带着天女妻子回到人间后，夫妇俩发现如果没有天神岳父母的福佑，他们就永远不会有孩子。因此，崇仁利恩派了神禽白蝙蝠作为使者，到天神那里去求助，希望能够获得他们的福佑，天神夫妇说，举行了祭天仪式后，他们就会有孩子了。白蝙蝠回来后细致准确地向崇仁利恩描述了祭天仪式的整个过程。

崇仁利恩按照天神的指示举行了祭天仪式，之后他和妻子就生了三子三女。然而，因为仪式中没有对天神之舅蒙若可西可罗家族献祭，他们的儿女都不会说话。为了平息这个失去新娘的天舅家族的愤怒，防止他们报复崇仁利恩夫妇而投向人间的灾难，崇仁利恩夫妇在祭天仪式中为天舅家族准备了一根开杈的树枝，把开杈的一段朝上插在祭台上，并在枝杈上放上一只鸡蛋作为祭品。另外，他们还准备了一棵刺柏树竖立在代表天神岳父母的两棵栎树中间，即放在祭坛最重要的位置，作为这个家族的象征而享受他们的祭祀。通过这样的祭祀方式来安抚崇仁利恩直接联姻的天神家庭，平息天神家族原定联姻家族——天舅家族的愤怒。

（三）西方人类学家的观点和相关思考

德国人类学家米歇尔·奥皮茨（Micheal·Oppitz）对纳西族的创世神话和祭天民俗做了这样的分析，人们为偿还这份双重债务献祭天舅的供奉和补偿物是具有欺骗性的，生在凡尘的人们没有把自己的女儿作为互惠的礼物奉献给天神，而是用猪牲作为替代的供品。不仅如此，人们让所有未婚女子都远离天神的视线（也就是远离祭祀的祭天场）。人们这样做的目的，是想把女子留下，用于和自己的同类结盟。另外，给予人类妻子的天神在被人类夺走了本应属于自己的同类的妻子之后，只收到人类的一些简单的供品、牺牲。不仅如此，人类还用这些简单的供品同时搪塞了天神和他的姻亲家庭。于是，人类和他们的天神亲戚之间就形成了一种不平等的回报交换关系。从祭天仪式的神话来源中，可以找到形成忌讳妇女参加这个规矩的原因。根据神话的记述，可以理解为地球上的第一个人（纳西人的祖先）从天神那里娶了他们的女儿为妻，但他并没有按照规矩给岳父母的家族交换一个妻子，相反的，他用普通的婚姻关系中涉及的礼物交换，如赠送猪等牺牲的方式来完成他所负有的责任。这一项不公平的交换必须要通过祭祀仪式来平衡。因此可以推测，人们在祭祀天神的时候把女子藏起来是想告诉天神："看，笔者们这里没有妇女可以和你们交换的，所以就请接受笔者们的这些祭品来作为替代吧。"[①]

奥皮茨的这个分析很新颖，且逻辑推理也不错。前述李近春所回忆的玉湖村古徐祭天群[②]不允许年满14岁的女孩子参加祭天仪式，而未满14岁的女孩则可以到祭天场参加祭天的这个例子，似乎可以佐证奥皮茨上述观点。14岁的女孩尚未成年，可能不需要回避涉及与天神家族婚姻纠葛而引起的害怕妇女参与祭天可能会导致惹怒天神之舅的后果。另外，也许还存在14岁的女孩还没有如成年妇女那样的例假等"不洁净"的因素，所以还可以进入神圣空间祭天。

在纳西族社会里，这个传统古规一直延续到1949年乃至之后一段时间，这种互惠的父系交表婚普遍存在于民间。

但是，要从东巴以及纳西族长者那里得到对奥皮茨上述观点和推论的一些佐证非常不容易，从笔者所采访过的东巴而言，对奥皮茨提出的这个问题已没人能做出一些自己的解释，他们大都只是从妇女因为有特定的"臭"（不净）而禁忌参加祭天仪式中一些最核心的程序。这里就面临一个人类学家非常理性且有逻辑性的推断和分析在没有获得足够的田野民族志资料的佐证时，也只能作为一种合理的假设。

从阮可人的祭战神和祭祖仪式上也要妇女回避的习俗来看，和大多数父系制的纳西村落社区一样，反映了男性为神圣仪式上扮演主体角色的文化习俗。是否有上述奥皮茨教授所分析的这些叫妇女回避的礼物交换忌讳因素，现在尚难得出结论，还需要更多的实证研究，因为祭战神"嘎本"（$ga^{33}\ py^{21}$）和祭祖仪式的源起没有涉及如祭天这样凡人与天舅家族的婚

---

① ［美］洛克图、［德］奥皮茨文：《祭天——约瑟夫·洛克的照片》，沈芸译，杨福泉审校，奥皮茨、伊丽莎白主编《纳西、摩梭民族志——亲属制、仪式、象形文字》，云南大学出版社2010年版，第173页。

② 纳西族的祭天群体分为几个派别，分别是铺笃（pvl dvq）、姑徐（ggv xiuq）、姑闪（ggv saiq）、姑展（ggv zzaiq）。参看杨福泉《东巴教通论》第三章，中华书局2012年版，第106页。

姻纠葛。

　　要进一步深入了解祭天的社会性别文化和妇女禁忌，需要对藏缅语族各个民族的类似祭祀仪式进行更多的比较研究。本文提供一个个案，以利于对此问题的深入研究。

原载《云南社会科学》2015年4期

论纳西族的三多神信仰

三多神是纳西族特别是丽江的纳西族普遍信仰的一个民间保护神，也是纳西人认同的一个重要标志，又称为"阿普三多"，意为"祖先（或爷爷）三多"。相传三多神属羊，是个战神。纳西人自称"纳西三多若"，意思是"纳西是三多的儿子"。相传每年阴历二月八日，是纳西民族神和玉龙雪山山神三多的生日，各地纳西人都要祭拜他，从1986年8月29日，丽江纳西族自治县八届人大常委会第12次会议通过决议，把每年的阴历二月八日定为纳西族民族节日——"三多节"，三多节成为迄今各地的纳西人民间最盛大的节日。

一 三多神的产生与纳西人的白石和玉龙雪山崇拜

相传农历二月初八是三多神的生日，这天，来自远近各个乡镇的纳西人络绎不绝地来三多国（sai ddo goq）[①] 朝拜三多神。过去，大多数人都步行来，也有人骑马或坐马车来，有些身弱年迈的则由家人用滑杆和轿子抬着来。三多庙内外人山人海，香烟缭绕，人们虔诚地敬拜三多神。有些边远地方的纳西人来不了位于白沙乡的"三多国"（北岳庙），但很多村寨都有"三多庙"，各地村民在自己的村里祭祀三多神，大东乡著名的大东巴和士诚告诉笔者，他家乡的各家各户在三多节这天要出二斗大麦，由每年祭天轮到出"祭天猪"的这户人家主持祭祀仪式，负责酿酒、烧香等。这户人家在这天被称为"许季达玉"，即意为（当日）"烧香的庙祝"。

[①] "三多国"（sai ddo goq），纳西语对北岳庙（又名玉龙祠）的称呼，国（goq）意思是山上有草甸和森林的地方，一般指高地，白沙镇玉龙村地处丽江玉龙雪山下，是丽江坝子较高的地方，古代应该是有森林和草甸之地。

唐兴元元年（公元784年），与唐朝和吐蕃两大势力对垒抗衡的南诏王异牟寻在铁桥之战中击败吐蕃，他仿效中原内地的做法，在云南境内封五岳四渎，封点苍山为中岳，无量山为南岳，乌蒙山为东岳，高黎贡山为西岳，玉龙山为北岳；金沙江、澜沧江、黑惠江、怒江为四渎，并各建了神祠祭祀。在明代万历年间云南学者李元阳修纂的《云南通志》"丽江府"词条中有记载："北岳为五岳中最高山峰，北岳庙有正殿五间。"

明代的一个儒生朱方曾写过一首《白沙庙》，其中曰："古木丛中庙象新，岁无虚日赛神灵；林鸟得食长迎客，山兽驯廊不避人"。从中可见明代民众在"三多国"（白沙庙）祭祀三多神的盛况和当时人兽和谐相处的一片祥和景象。清末纳西族诗人和柏香曾写道："玉龙宫殿雪山前，烟火迷蒙二月天。土人爱听土人曲，万家齐唱落梅田。"这里的"落梅田"指的是纳西族民间盛行至今的歌舞"喂默达"。从这诗中可以想象清末时民众在北岳庙祭三多的盛况。

玉龙雪山是纳西人的神山，而三多既是纳西人的保护神，也是玉龙雪山的山神。民族神和玉龙山神二者一体，也可看出玉龙雪山在纳西人心目中的神圣地位。有一个三多神的故事在纳西族民间广泛流传：

> 古时候，在玉龙雪山山脚下的一个村子里，有个名叫阿布嘎丁的纳西猎人，力大勇猛。一天，阿布嘎丁带着猎犬去玉龙雪山打猎，忽然看到了一只像白雪一样洁白的白鹿，于是阿布嘎丁快捷地用弓箭去射这白鹿，但它一下就不见了。阿布嘎丁快步跑过去查看究竟，看到在那只白鹿站的地方，有个很大的白石，他试着用手去推了一把，这个白石居然动了一下。阿布嘎丁觉得这个白石很神异，就把它背了回来。开始时这块大石不重，但当他背到玉龙雪山半山腰时，把白石放下来歇了一会，然而，当他想背白石继续赶路时，这个白石变得很重。阿布嘎丁于是拿出身上的干粮供在石头前，并跪下来祷告说："白石，这儿不是你栖息的地方，请让我背着你继续走吧。"白石一下子又变轻了。阿布嘎丁将白石背到了某个地方，这个白石又变得山一样重，也不再变轻。这事儿惊动了纳西首领，首领就下令在这儿建一座神房，纳西话叫亨吉（hei jjiq），直译就是"神的房子"，那块白石则供奉在这间神房里。
>
> 从此，只要纳西士兵与敌人打仗，总会出现一个武将，穿白甲戴

白盔，骑白马持白矛，脸如白雪，目似闪电，以他的威猛之力，帮纳西士兵战胜敌人，然后又一下消失不见。这个武士曾经托梦给纳西酋长，说他叫三多（sai ddo）。从此，纳西酋长统治的王国在这个神秘武将的帮助下越来越强大。纳西人为了记住这个把白石背下来的猎人阿布嘎丁，在三多像的侧面也塑了他和他的猎狗的像。

玉龙雪山是三多神的居所，也是三多神的化身。纳西族民间流传着一个三多神的故事。

在丽江最早的汉文志书乾隆《丽江府志略》里，则将这个发现神石的故事与宋代纳西酋长麦宗联系起来，

> 麦宗（宋朝末年纳西族的首领）常游猎雪山中，见一獐，色如雪，以为奇，逐之变为白石，重不可举，献猎人，所携石祝之又举其轻如纸，负至今庙处（指"三朵阁"）少憩遂重不移，因设像立祠祀之。元世祖忽必烈征大理，由丽江路，敕封"雪石景岳安邦景帝"。时土府木氏与吐蕃战，神屡现，白袍将跨白马助阵，万历间重拓殿宇，铸大鼎大钟以纪其事，至今每岁二月八月土人祭赛祈祷多验。①

从上述传说中，可以看出三多神的本体是一个以白石为象征的神，以白石象征神祇是纳西文化的一个突出特征，在东巴经中，"董"（又称美利董阿普）既是阳神，也是人类的第一代祖先，他与其妻"色"的象形符号如下图：②

董与色这两个半神半人的神人同格体直至近代分别用两个自然呈三角形的白色石头表示，称"董鲁"（dduq lv，意为"董之石"），纳西族家家户户把这两个"董鲁"立在大门外，到每年腊月三十都要向它举行敬拜献祭礼，用以祈吉驱邪，求家庭平安。在东巴经所记载的神话中，每个神、精灵和人类祖先都有自己的"董鲁"。纳西族这种以白石象征神灵的民俗与古羌人以白石象征神祇的习俗是一致的。③

---

① 乾隆：《丽江府志略》，丽江纳西族自治县县志编纂委员会 1991 年翻印本，第 336 页。
② Rock, J. F., *A Na-Khi-English Encyclopec Dictionarry*, Part 2, Roma 1972, p. 54,
③ 杨福泉：《东巴教通论》，中华书局 2012 年版，第 137—139 页。

丽江纳西人将玉龙雪山与三多神相联系的信仰，在明代丽江土知府、丽江土司木公（1522—1566）撰的《重修北岳庙识》也可看到，其中写道：

> 夫北岳即玉龙也，玉龙即雪山也，巍巍呼！雪山乃一滇之所望也，然而岳山之灵者，神也，神即岳山之气也，气爽则神灵，神灵则人杰也，一景帝即岳山之檀号（美称——引者），……圣乃神，福我之民，障我之疆，佑我木氏千百世之子孙祀神而神向，如今日之神之向之，人之祀也。①

北岳庙因为与玉龙雪山的关系，所以也名为"玉龙祠"，《光绪丽江府志稿》卷四《祠祀志》中记载：

> 北岳庙，一名玉龙祠，旧志在府城北三十里雪山麓，唐时建，相传昔有人于山中得异石，负而归，至此少憩，重不可举，乡人神之，为立异石祠。及南诏封为北岳，即以此石为岳神。元世祖征大理时特经此，敕封为"大圣北岳定国安邦景帝"，至今二、八月城乡祀之。②

纳西族土司木增（1587—1646）曾在三多庙正殿横额山题写了"雪亮"二字，也是基于三多神是玉龙雪山上的白石的传说，同时也寄予了雪亮这词更深的寓意。

纳西人的信仰系统中，有突出的山崇拜仪式，东巴教的一些祭祀仪式中，要一一点与纳西族的迁徙和聚居地相关的神山、山神之名，请求他们赐予威力和福泽。笔者在2016年参与考察了与纳西人的山岳崇拜相关的一些山，包括与东巴教的居那什罗神山崇拜相关的阿里的冈仁波齐神山，位于青海果洛的阿尼玛卿神山，四川的贡嘎山，四川稻城县的仙乃日、夏那多吉和央曼勇三座雪山，泸沽湖边的狮子山（鹰山）等，东巴教仪式中提到的神山是比较多的，三多神作为玉龙雪山的山神，即与作为山地民

---

① 政协丽江市古城区委员会编：《丽江文史资料全集（第五集）》，云南民族出版社2012年版，第341页。

② 政协丽江市古城区委员会编：《光绪丽江府志》，丽署新出（2004年）内资字第021号，第181页。

族的纳西人的山岳崇拜密切相关。

藏族民间相传，卡瓦格博神山的妻子是玉龙雪山的女儿，卡瓦格博神山也属羊。这种认为同一区域神山有姻亲关系的信仰反映了同一区域不同民族山岳崇拜意识中的相互关系，它是纳藏两族关系在民间信仰中的折射。

三多信仰中值得探讨的一个现象是1949年之前纳西族很多殉情的情侣，殉情前都要去三多庙祭拜三多神，而且还会请三多庙的"耷玉"（庙祝）卜算殉情最好的日子等，在三多庙里祭拜三多和发誓两人要生生死死在一起。殉情者去"三多"庙烧香卜算殉情之日子时，还要尽情地唱"骨泣"调，弹口弦、吹树叶歌调，因民间有一种说法，"三多"神如果听不到口弦调和树叶调，就不会高兴，烧香也就不会灵。民间相传三多也是个出色的歌者，反映出三多作为民间神祇的突出特色。口弦、树叶、"骨泣"等歌调平时是绝对忌禁在家中和其他庙宇、神坛前弹唱的，而纳西族全民信仰的本土保护神"三多"却喜欢听这些歌调，反映了这些传统歌调的种种忌禁是后来才产生的。[①] 这个习俗，除了三多是纳西人特别是丽江地区（现丽江市）范围内纳西人信仰的最大的民间保护神这一点之外，可能和三多也是玉龙雪山山神的信仰有关，因为殉情者向往的高山理想乐园"雾路游翠国"（民间诗人译为"玉龙第三国"）是在玉龙雪山上，而三多又是玉龙雪山的山神，可能也是原因之一。

二 三多与"三赕"（Sa-tham）的关系

藏族人称丽江叫"三赕"（Sa-tham），也就是我们所说的三多神。在藏族史诗《格萨尔王传》中，三赕（三多）是与威猛不凡的岭国国王格萨尔大战的姜（hjang）国国王。

自从公元7世纪吐蕃的军队进入麽些人的世居之地后，双方之间难免发生了一些争夺资源的冲突，这种冲突反映在双方争夺盐池的战争上。

麽些人世居的区域有很多盐池，当吐蕃的军队进入今四川和云南后，麽些人于是和吐蕃发生了战争来争夺盐池。这战争就反映在藏族的史诗《格萨尔王传》中的《姜岭大战》中。

[①] 杨福泉：《玉龙情殇：纳西族的殉情研究》，云南人民出版社2008年版，第24页。

《姜岭大战之部》叙述了麽些人的"姜国"和吐蕃的"岭国"之间争夺盐海的战争，因此这部史诗又名为《保卫盐海之部》。"姜"（hjang）是藏人对麽些人和麽些人分布区域的称呼。姜国国王"萨丹"这个词也是藏语对丽江坝子的专称。在汉文史籍中，经常根据藏语 Sadam 而音译成不同的同音异字，比如"三赕"是南诏时期的写法，《元史·地理志》"通安州"条亦称"三赕"。任乃强先生在他写的《〈蛮三国〉的初步介绍》中，把"姜萨丹王"写为"觉阿撒打甲波"，"觉阿"就是"姜"的读音，"撒打"即"萨丹"，"甲波"则是"王"的音译。任乃强先生认为，撒打国"其国在巴塘南"（姜地泛指纳西人所聚居的区域，从这一点上看，这里所指的地理位置与纳西族的历史地理分布情况是吻合的）。《格萨尔》史诗《岭与闷域之部》原西康抄本译本第 42 页有这样的注释：

"萨丹，藏语今译，指今云南丽江，古称花马国。"向达《蛮书校注》卷四"麽蛮"条有这样的校注："三探览，即《元史》中赕，今丽江也。藏语称丽江曰三赕，音似为 Sadam……又云丽江人即曰 Sadamwa 三赕娃，西藏人称麽些族也。"

方国瑜、和志武在《纳西族的渊源迁徙和分布》中说：

又《樊志》之三探览，疑"三"下"赕"或"川"字，应作三赕、探览，为两地名，三赕者，《元一通志》丽江路通安州载；"州治三赕，亦曰样渠头赕"，《元史·地理志》载；"通安州，昔名三赕，"按：样渠头，即今称"衣古堆"，为丽江城区。① 《元志》通安州条云："治在丽江之东，雪山之下。昔名三赕，濮獬蛮所居。其后麽些蛮叶古年夺而有之。"

美籍奥地利学者洛克在《中国西南古纳西王国》中，曾引证弗兰西斯（Francais）的《西藏—拉丁字典》，来解释"姜"这个词，他说："'姜'（lJang 或 Jang）是个部族和地区的名字，它位于云南的西北部，首邑是三赕或丽江府。"他在该书中对《姜岭大战》作了比较详细的论

---

① 方国瑜、和志武：《纳西族的渊源迁徙和分布》，《民族研究》1979 年第 1 期。

述,指出:"在著名的《格萨尔》诗中,有一部是讲述格萨尔与萨丹(Satham)王激战的故事,萨丹是姜地的国王。"在历史的变迁中,"三赕"这个名称变成了《姜岭之战》中提到的半神半人的史诗人物,即姜国国王"萨丹",后来又逐渐演变成为纳西族信仰的民族保护神"三多"(saiddo)。

  洛克在该书中进一步分析:丽江雪山依然代表着一个神灵,这个神灵不是一个本地神,而是源于遥远的北方,即西藏东部的草地区域。纳西人是在汉朝末期从那里南迁到丽江的,因此纳西人就这样把三赕(Sa ddo)这个名称(藏语称"三赕"[Sa-tham])带到丽江来,很可能最初以他为丽江雪山的名字,然后把三多神作为山神和纳西移民的保护神。直至丽江城产生后,才称丽江为三赕。"洛克的结论是:"因此,我们可以看出所谓三多神在丽江是个外来的神,是与纳西人一起来的一个移民者。"①

  对"三赕"这个词,有的学者有另外的解释:《敷陈末记以备采择疏》萧彦载:"丽江古吐蕃之境,与鹤庆为邻,其地产金,不生五谷,彼其安闲然。""神川"是藏语"萨赤"的译音,即"金沙江"。故而藏族称丽江一地为"萨当"(意为"金子坝")。②

  从史书中看,当时吐蕃和麽些人之间以争夺今四川盐源县的盐池而发生的战事最多。盐源的古称是定笮县,唐时改置为昆明城。《汉志》曰:"定笮,出盐。"《元和志》卷三二昆明县下曰:"盐井在县城中。"定笮县的盐池,在汉代即属麽些人所有。《华阳国志》卷三"定笮县"条曰:"县在郡西,渡泸水,宾刚徼,(曰)摩沙夷。有盐池,积薪,以齐水灌,而后焚之,成盐。"③可知汉末时定笮县的盐池已经为聚居此地的摩沙(麽些)人所拥有。《蛮书》卷七亦曰:

---

① [美]约瑟夫·洛克:《中国西南古纳西王国》,刘宗岳等译,杨福泉、刘达成审校,云南美术出版社1999年版,第121、127页。
② 崔永华:《藏语中的"中甸"》,《迪庆方志》1992年第3期。
③ 刘琳:《华阳国志校注》,巴蜀书社1984年版,第321页。

昆明城有大盐池，比陷吐蕃。蕃中不解煮法，以咸池水沃柴上，以火焚柴成炭，即于炭上掠取盐也。贞元十年春，南诏收昆明城。今盐池属南诏，蛮官煮之，如汉法也。

《新唐书·南诏传》云：

"昆明城诸井皆产盐，不征，群蛮食之。"《元和郡县志》卷三二云："盐井在（昆明）县城中。今按取盐先积柴烧之，以水洒土，即成黑盐。"①

张九龄撰《敕西南蛮大首领蒙归义书》中说：

敕蒙归义：吐蕃于蛮，拟行报复。又巂州盐井（指今四川盐源县的盐池）本属国家，中间被其（吐蕃）内侵，近日始复收得。亦因具知。吐蕃唯利是贪，数沦盐井；比有信使，频以为词。今知其兵拟侵蛮落，兼拟取盐井，事似不虚。国家与之通和，未尝有恶；今既如此，不可不防。②

上文清晰地反映了吐蕃多次出兵攻陷盐井（盐池）的历史事件。史诗《姜岭大战》中说，岭国整整花了九年的时间，才击败姜国，保住了盐海。可见双方战争之激烈。在藏族民间流传着这样的说法，在西藏的察隅地区，过去有"姜"人，相传察隅一带也是格萨尔与"姜"争夺盐池的地方。③

《元史·地理志》中也反映了吐蕃从麽些人手中夺取昆明（盐源）盐池的时间，此书中的"柏兴府"条有如下记载：

---

① （唐）樊绰著，赵吕甫校释：《云南志校释》，中国社会科学出版社1985年版，第263、265页。

② 方国瑜主编，徐文德、木芹纂录校订：《云南史料丛刊》第二卷，云南大学出版社1998年版，第125页。

③ 冯智：《明至清初滇藏政教关系管窥》，《中甸县志通讯》1990年第3期。

昔摩蛮所居。汉为定筰县，隶越嶲郡。唐立昆明县。天宝末没于吐蕃，后复属南诏，改香城郡。

吐蕃从摩挲（麽些）人手上夺去盐池的时间是公元 756 年前后的天宝末年，《格萨尔王传》的《姜岭大战》中说是姜国图谋夺取岭国拥有的盐海，所以引发了战争。而一些藏族民间故事则说盐海最早是麽些人拥有的，格萨尔的叔叔经常去买盐，眼红盐海的利润，于是带兵去攻占盐海，但被麽些人打败了，引发了战争，格萨尔不得不亲自出面来和姜国打仗。①

藏学家王沂暖先生在他的论文《再做一次不完全的统计——藏族〈格萨尔王传〉的部数和诗行》中也指出："《绛岭之战》……内容是姜国萨丹想夺取岭国盐海，因而出兵入侵，引出姜岭大战……这一部有异本，说战争起因是岭国想夺取姜国盐海，不是姜国想夺取岭国盐海。"②

这一说法实际上更为符合很多史书上的记载，即早在汉代，麽些人就居住那里，拥有定筰等地的盐池，吐蕃势力是在唐代才进入西南的，他们进入后就与麽些人发生了争夺盐池的冲突。

相传这场岭国和姜国的争夺盐海之战延续了九年，传说姜国的地方守护神出主意给萨丹（三多）去占领岭国的盐海，萨达就派了王子去夺盐海。格萨尔也派了得力干将用计俘虏了姜国王子。姜岭两国恶战五年，直到格萨尔最后变成一条金鱼，乘萨丹王来海边饮水时冷不防钻进了萨丹的肚子里，制服了萨丹，取得了争夺盐海的胜利。

藏族学者研究发现，姜国在《格萨尔传奇·姜岭之战》中虽然是岭国的敌人，但无论对人还是环境，史诗又把姜国描绘得很美好，反映出姜国在岭国人中的地位很高。在史诗的描述里，姜国男子英勇而英俊，女子也美貌而伶俐。长诗有很多赞美玉拉托居尔和姜撒班玛等的描述。两国的战争结束后，玉赤母子初被格萨尔安排住到美丽的珊瑚色红城中，母子姐妹得以相聚。姜撒班玛曲仲与尼奔达雅结了婚，玉拉托居尔被格萨尔封为

---

① 王晓松：《浅谈〈姜岭大战之部〉的"姜"》，《云南藏学研究论文集》，云南民族出版社 1995 年版。

② 王沂暖：《再做一次不完全的统计——藏族〈格萨尔王传〉的部数和诗行》，《格萨尔研究集刊（第一集）》，中国民间文艺出版社 1985 年版。

为姜国国王，位列岭国英雄榜，姜岭两国从此成了友好的邻邦。

玉龙雪山的山神和纳西族民族神三多，与藏族民间相传最有名的英雄格萨尔王之间反映在史诗里的恩怨情仇，反映了纳西族和藏族先民这两个在纳西人的神话史诗里认同为"老大老二"兄弟之间那千丝万缕的关系。

从各种民间传说来看，有这样的可能，即三多神是古代纳西人的一个部落首领逐渐衍变而来的地方保护神。

民间传说，玉龙雪山山神三多有一个藏族的妻子和白族的妻子，从中也可以看出这种从神山信仰中折射出来的纳西族和藏族、白族之间密切的历史关系。纳西族的创世神话《崇般图》中说纳西、藏、白三族是一对父母所生的三兄弟，藏族是老大，纳西是老二，白族是老三，这也可以对照起来看这三个民族在长期的历史中形成的那种密切关系。

民间有的故事文本反映了历史上本教与佛教之间争斗的历史影子，比如清代纳西人杨品硕曾撰有《丽江北岳神考》，文中引用了如下民间传说，西藏有桑鸢（耶）寺，有三个护法神，供奉莲花生祖师。寺中有三个护法神，是三兄弟。莲花生祖师建桑耶寺时，被这三兄弟多次拆毁。莲花生劝导他们但不听，于是做法制服了两个兄弟，而第三个则逃去丽江玉龙雪山，莲花生欲制服他，老三表示忏悔，莲花生认为他有缘分守护这里的土地和人民，这个神听从莲花生教诲，留在丽江玉龙雪山成为山神和本地的保护神。

这个故事与流传在滇川纳西族地区的东巴教祖师与米拉日巴斗法失败而来到滇川纳西族地区传教的传说相似，笔者认为都是反映了公元8—9世纪佛教传入藏地后引发的本教佛教之间的斗争。三多的原型中有当初纳西先民受苯教影响的影子。

三 三多神的战神性质与纳西崇勇尚武民风

从各种民间传说和故事看，纳西民族保护神三多是个战神，几乎所有的传说都讲到他的一个共同点，其形象是穿着白色的盔甲，骑着白马，手持白矛，常常显灵在战斗中帮助纳西人战胜敌人。有的传说中则说三多本人原来是个英勇善战的将军，甚至有的民间故事把三多说成元朝忽必烈革囊渡江时在丽江阵亡的一个军官，被敕封在丽江，后被丽江木氏土司尊为保护神，又说是木氏土司的一个家将。三多这种骁勇威猛、救民于危难的精神对促进纳西人的内聚力起了重要作用,祀奉三多的北岳庙香火很旺,超过其他寺庙。过去出征的纳西将士赴沙场之前,要举行祭三多神的仪式,三多作为民族之魂的精神实体,其本源与战斗和英勇等品质相联系,从中反映出历史上纳西人尚武崇勇的民风。这种民风有悠久的历史渊源,而历史上为本族的利益和安危的频繁战斗是促成这种精神和风尚的主要因素。

在东巴教的仪式、东巴经典和一些历史文献中,都反映了纳西人传统的崇尚武勇的民间风气。这些反映在东巴教祭祀武士、祭祀胜利者的仪式上,很多东巴经典赞扬勇敢善战的祖先,赞美猛兽。

比如郑顺:(景泰)《云南图经志书》卷四中说,菠蓁州"境内居民惟摩梦为盛,男子性强悍。善战喜猎,挟银刀,少不如意,辄相攻杀,两家妇人和解乃罢……身之左右常佩刀,虽会亲见官,刀亦不去,夜卧则枕之,群聚之日,则取刀之锐则以相垮"。范承勋等(康熙)《云南通志》卷二七中说,磨梦"勇善厉骑射,挟短刀,少不如意,鸣钲鼓相仇杀,妇女投物和解,乃罢"。鄂尔泰等《云南通志》卷八:麼些"气习朴野,人多勇悍,俗尚争竞"[①]。

神祇的谱系至关重要,从这些谱系中可以分析这种宗教的神祇观念以及相关的仪式。在东巴教中,有一本《烧天香》("凑巴季")用在很多东巴教仪式中。在这本经书中,有一个即使神灵的先后顺序,从中可以看出相关神祇在东巴教中的重要地位,这是一个有纳西本土特色的神灵观,这里略作分析。

在丽江的纳西族民间信仰中,三多神是一个很重要的本土神祇,现在纳西族的民族节日即是农历二月八的"祭三多"节。而在讲述东巴教神祇谱系的《烧天香》中,三多神的排名是很靠后的,在东南西北中五方神祇之后,他的前面有很多诸如东巴教最大神盘、禅、嘎、吴以及天界诸神、雷电神、星神、董与色(创物神和人类始祖神于一体的神人同格体)、华神(司掌着人类和家畜生育繁衍的神祇)、村寨神、猎神等,三

---

① 杨福泉:《纳西族的崇尚勇武精神及其源流探索》,《民族研究》1990 年第 3 期;《民族文化五种丛书》云南省编辑委员会编:《纳西族社会历史调查》,云南民族出版社 1983 年版,第 159—161 页。

多神的排名是很靠后的。①

在东巴教仪式中，有一个专门祭祀三多神的仪式，名字叫"三多恒颂补"（sai ddo heiq sul biuq）。东巴要咏诵一本《祭三多》（三多恒颂），这本经书是用象形文字书写的，但纳西巫师桑尼不能识读，懂象形文字的东巴也不解其义。据洛克研究，这本经书有很多巫术咒语。现在的巫师和祭司已经不太了解其中的意思，其原因可能一是因为年代久远，而是因为东巴教受到苯教等的影响，如三多这样的一些本土神不再是东巴教神坛的重要神祇，虽然三多还是被列为大神（恒底）之一，但其地位在东巴教神祇谱系中已经不是那么重要。

三多在各地纳西族中的信仰程度是有差异的，比如在有东巴教圣地美誉的香格里拉市三坝乡白地村，本地纳西人隆重地过农历二月八的节，但一般不祭祀三多神，笔者在香格里拉市三坝乡白地调研时，听到这样的传说，相传三多神来自北方，曾在中甸县（今香格里拉县）白地作短暂停留，但他食量很大，一天要祭献给他三头野兽，当地人供奉不起，三多就往前走了，后定居于丽江玉龙雪山下，成为玉龙山的山神。关于类似的传说，也见于洛克《中国西南纳西古王国》一书的记载中。

三多神在东巴教的神祇谱系中没有占据重要的地位，但在纳西族巫师桑尼（桑帕）中却有非常重要的地位。除了东巴教的信仰，纳西族民间还有一种信仰的人也很多的传统巫文化，有些与西方学术界所称的Shamanism（即萨满教、巫教）相类似。这种巫教的宗教专家最初是女性，后来也有男性桑尼。他们自称"吕波"（lee bbuq），而"桑尼"（Sainiq）或"桑帕"（Saipaq）是民间百姓称呼他们的。

巫师桑尼（桑帕）和东巴不同，他们没有象形文字书写的经书，他们不像东巴那样是父子相传的世系制，只有个别一身兼东巴和桑尼二任的。要成为桑尼需要"神授"的有个过程，据洛克的调研，即将成为桑尼的人，会进入一种突发的迷狂状态，疯狂地舞蹈，并在迷狂状态中走去三多庙。到了三多庙后，此人继续舞蹈，如果三多神认可他（她）是桑尼，三多偶像上面挂着的一些红布中的一条会落到他（她），他会把这红布缠绕在头上，象征他已经成了一个桑尼（桑帕）。

---

① 杨福泉：《东巴教通论》，中华书局2012年版，第289页。

根据洛克在20世纪30年代的调查，相传桑尼巫师有保护神，一共四个，他们是：突赤优麻、三多、阿吾瓦、拉吉拉恒，其中三多是最重要的保护神。在玉龙雪山西麓，有个岩洞里有三多神的神龛。在丽江玉龙县拉市坝附近的南举瓦有一个供奉拉吉拉恒的庙。相传三多、阿吾瓦和拉吉拉恒是三兄弟。另外还有一个叫罗优恒底的神，也被桑尼尊奉。相传他是东巴教祖师东巴什罗的第三子。据说这个神能把烫热的钢刀扭歪，能把烧红的犁铧咬在嘴里，用滚沸的油洗脸也没什么事。

洛克曾收集到一幅桑尼巫师专用的三多神卷轴画，如今收藏在美国华盛顿国家地理学会。[①]我们可以从这幅画中看到东巴教对桑尼的影响。这幅画中还可以看到纳西本土信仰中的一些外来文化因素。这幅画的正中间绘着三多神，身着白色长袍坐在莲花座上，右手持一把汉式的扇子，头上缠着一条布，显然是桑尼的标志饰物红布条。三多神长着下垂的胡须，很像一个汉族的神祇形象。

三多神的左右两边绘了两个女神，右边的那个骑着马鹿，头戴白海螺形状的帽饰。洛克解释此女神是嗯鲁盘世日（^{2}Nv-lv-^{12}p'er ^{31}Shi-zhi），其意为"白雪山的山神"；左边的女神是达勒乌莎咪（dda leiq we saq mil），她骑山骡。"达勒"是位于金沙江边的一个村子的名字。达勒乌莎咪是与东巴教特别是纳西人的殉情密切相关的"七个风之女的首领"。这七个女精灵是风之女、是风流女。[②]她和三多神有什么联系，纳西族民间没有相关传说，但在纳西族的殉情习俗中，很多要殉情的情侣在赴死前会去拜三多神。

三多是玉龙雪山的山神，在这幅画中三多右边是白雪山女山神。也许这个女神与三多神塑像旁边所塑的三多的藏族与白族妻子有些联系。

而巫师桑尼为什么把七个与殉情民俗密切相关的风鬼之首领达勒乌莎咪绘在他们奉为保护神的三多神旁边，或许与纳西族最早的巫师是女性有一种内在的关系。这个被视为"风神之首领"的女精灵会出现在三多神的旁边，是因为三多神在纳西族神祇谱系中，是与殉情者关系最为密切的一个。几乎所有的殉情者，殉情前都会想方设法跑到三多庙去祭拜三多神，向他告别。如果路远不能到三多庙，则要在山上祭拜。笔者认为有如

---

① Rock, J. F., *The Na-khi Naga Cult and Related Ceremonies*, Roma, Is.M.E.O. 1952.Plate LVIII.
② 杨福泉：《玉龙情殇：纳西族的殉情研究》，云南人民出版社2008年版，第134页。

下原因：第一，三多神是纳西民间信众最多的纳西本土保护神，也是战神；第二，三多又是玉龙雪山的山神和花神，而纳西殉情者所向往的"雾路游翠郭"（即有些民间文人所译的"玉龙第三国"）相传是在玉龙雪山上，这两者中间应该有着一种内在的联系。

美国人类学家孟彻理（ChaseMckhann）也就纳西的桑尼和东巴的不同性质以"萨满"指称"桑尼"，以"祭司"指称"东巴"，他指出："如埃利德所说，萨满的特征是他能在处于迷狂和鬼魂附身状态时在宇宙的不同层面作灵魂的旅行。"[1] "而且这一能力通常是继承的，是如个人的礼物一般地传承而得的。而祭司的身份在一些情况下是传承的，他们的力量来于学到的知识。萨满（桑尼）和祭司（东巴）都能与恶鬼交锋，但萨满是从人界走进灵界，而祭司则是把鬼神从灵界呼唤到人界。"[2]

四　祭祀三多与"二月八"的关系

三多节是农历二月八日，这个日子对各地纳西族而言都是个节日，丽江等地的二月八以祭祀三多神为主，而其他地方的纳西族的二月八的内容则各有特色，祭祀习俗也都有些差异。

2016年笔者在四川省木里县俄亚大村调研，当地大东巴依扎次里告诉笔者，俄亚纳西人在农历二月八这天要举行"恒素"（heq shul）仪式，"恒素"的意思就是祭神，主要祭三个区域神：一个是"伯使三多"，即白沙的三多神，祭这个神的人最多；一个是大研古城的地域神"吉儿花"（jerq hua），祭祀这个神的人少于祭祀三多神的；第三个是祭祀束河的地域神"盖资"（gail zee），祭这个神的人最少。每到纳西传统的新年初一，也要祭祀这三个丽江的本土神，各家各户在家里祭，烧天香，请自己家族的东巴来主持祭仪。

俄亚的纳西人是明代从丽江搬迁到俄亚去的，祭上述三个神祇反映了

---

[1] Mircea Eliade Shamanism, *Arcbaic techniques of ecstasy*, *Bollingen Series LXXVI*, Princeton University Press, 1972. 转引自 Charles Fremont Mckhann, *Fleshing out the bones: Kinship and cosmology in Naq xi Religion*. Chicago: the University of Chicago, Illinois, March, 1992. p. 5.

[2] 孟彻理：《纳西宗教综论》，杨福泉译，《国际东巴文化研究集粹》，白庚胜、杨福泉编译，第93页。

白沙、大研古城和束河这三个区域对他们的重要性。白沙是纳西人迁徙到丽江最早的居住地，木氏土司和很多大东巴的祖居地都在白沙。而大研古城则是茶马古道的名市，也是明代之后纳西族木氏土司的知府衙门所在地。束河是茶马古道重镇，这两个地方对各地纳西人而言具有举足轻重的地位，可能明代迁徙到俄亚的纳西人中也有不少是来自这几个地方，所以这三个地方的保护神在俄亚也就形成了重要的祭祀对象。

丽江纳西族在二月八这天也是个节日，民间称之为"建丹"。这个建丹节是个牧童的节日。每年到农历的二月八日、十八日、二十八日这三天，牧童们会相互邀约，凑钱凑食品到山野一个风景优美的地方去野餐。后来这个节日就扩大到了其他不是牧童的小孩子乃至年轻人中，笔者小时候也和伙伴们欢度这个节日。这个建丹节以农历二月八日这天最隆重。

在有东巴教圣地之誉的香格里拉市三坝乡白地，纳西人在农历二月八日隆重地过白水台会，在白水台祭祀管理山水河流野生动物的署神和其他神祇，各个家族在白水台周围传统的火塘边野餐。《新修中甸志书稿本》中记载："仲春塑八，土人以俗祀为祭，赍币承牲，不禁百里而来；进酒献茶，不约千人而居。"由于当地有三多神曾经来到这里又继续去往丽江的传说，所以本地二月八不祭三多神。据白地纳西老师和树荣讲，"文化大革命"时停止了祭祀白水台，1978年又恢复了，而且每年越过越热闹。

农历二月份在纳西话里叫"恒久"（hei jje），应该是"恒基"（heiq jji）的变音，"恒"是神的意思，"基"是走的意思。二月是神频繁走动的意思，纳西人认为二月是"神月"，祭祀仪式也就比较多。而二月初八是纳西村寨祭祀众多山神的日子，很多村子都要祭祀"是日"（shil riq），即山神，在举行祭祀仪式时，东巴要咏诵祭祀山神的经书，邀请各个地方著名的山的神灵接受村民的祭拜，其中常提到的有玉龙雪山、文笔山、马鞍山，还有宁蒗县永宁乡的格姆女神山（鹰山，汉语名狮子山），香格里拉市的哈巴雪山等，请求山神们赐福给纳西人，保佑纳西人吉祥安宁，纳西人的居住地风调雨顺等，和品正先生认为三多节最初有可能是纳西人祭祀山神的节日[①]。纳西巫师桑尼在举行祭三多的仪式时，也要一一点名邀

---

① 和品正：《丽江古纳西人的民俗节庆与原始宗教的关系》，赵世红、习煜华主编《东巴文化研究所论文选集》，云南民族出版社2003年版，第307页。

请其他山神，可见三多信仰与山神信仰之间的密切关系①。丽江二月八所祭的三多也是玉龙山山神，上述各地的二月八都有祭祀山神水神的内容，三多节与农历二月八日祭神山神水神之间的关系，值得进一步深入研究。

原载《云南社会科学》2017 年第 4 期

---

① 杨福泉：《论纳西族巫师桑尼》，《云南民族学院学报》1999 年第 1 期。

略论东巴图画象形文字的象征意义

一 独特的纳西象形文字

中国西南滇西北的纳西族，可以说是世界上为数不多的最早用图画文字和象形文字抒写自己人生旅程和心路的民族，数万卷飘零在茫茫红尘中的图画象形经典东巴文献，不仅铭刻了他们与大自然和精灵世界的对话，也记录了他们在漫漫世路的生死歌哭、悲欢哀乐。万卷秘籍，是宗教的圣典，也是一座奇丽的艺术之殿，精神之苑。因此"纳西古王国"又有"象形文古国"之称。撇开东巴经典的浩瀚内容不谈，仅仅探视一下这种图画象形文字本身的种种象征意义，我们也可领略到很多纳西古文明的清音神韵。

纳西族有祭司东巴用来书写经书的两种文字，最主要的一种是图画象形文字（广义的象形文包括了保留有图画性质的字符，因此可以称"纳西象形文字"），纳西语称之为"斯究鲁究"（ser jel lv jel），意思是"木石上的痕记"（又译为"木石之标记"或"木石之记录"）。绝大多数的东巴经用这种文字写成，因此东巴经又称为"斯究鲁究特恩"（ser jel lv jel tee'ee），意为"'木石上的痕记'之书"。东巴图画象形文字始于何时，尚无定论，有殷商之前说，唐代说，宋代说，明代说等。

从其文字性质看，它是一种兼备表意和表音成分的文字，由象形符号、表音符号和附加符号构成，并以象形符号为主。在象形符号中，包括象形字、会意字、合体字、转意字等字符。这些字符的读音、意义和形体已开始基本固定，并同纳西语中的具体词语有了大体固定的联系，这使它同原始记事的图画字有着明显的本质区别。而形声和假借的表音符号在纳西象形文字中的大量运用也是与原始记事的图画字相区别的重要标志。但是，纳西象形文中也同时保留了很多完整的图画字，不少表示动物的字往往一字二体——一体表全身，一体表局部（局部往往是头部）。

从文字形态看，纳西象形文是一种特殊的文字阶段。东巴象形文字的造字方法大体可以分为象形、指事、会意、假借和形声五类。以象形文书写东巴经有三种基本方法：一为图画式的表意法，即以字记忆，启发音读；二为省略词语表意法，即以字代句，帮助音读；三为逐词逐句表意法，即以字代词，逐词表音。在这三种书写方法中，以省略词语表意法为主，大多数东巴经的书写方法，并非逐字逐句写出，有时几个词甚至一两句话只写出一两字符，带有较强的语段文字特征，比典型的表意文字如古汉语更具原始性。

学者们认为这种文字的形态比苏美尔和巴比伦的楔形文字、古埃及的圣书文字、中美洲的玛雅文字①和甲骨文字都更原始，它对人类早期原始图画文字如何演进到象形文字的研究和甲骨文之前汉字发生演变的研究具有十分重要的学术价值。如中国语言文字学家傅懋勣在《纳西族图画文字和象形文字的区别》②一文和《纳西族图画文字〈白蝙蝠取经记〉》的"序言"中，对东巴经中的文字和它所记录的语言作了精细的分析，得出如下结论：一般东巴经中的文字，"在相当大的程度上接近图画，它在文字发展史上，代表一个特殊的阶段"③。马叙伦先生认为："我国云南麽些族（20世纪50年代前汉文献中对纳西族的称谓）的文字，几乎可以

---

① Rosetta Stone 古埃及石碑，由于其所刻铭文解读的成功，使人们读懂象形文字。铭文撰于托勒密五世（公元前205—前180年）即位第九年之际，志其践位庆典，铭文出自祭司手笔。碑文用埃及和希腊两种语言和3种文字体系——象形文字、通俗文字（埃及象形文字的草写体）和希腊文字——雕刻而成，为解读埃及象形文字提供了线索。这座黑色玄武岩石碑发现于离亚历山大48公里处的罗塞塔镇附近，现藏不列颠博物馆。玛雅象形文字（Mayan hieroglyphic writing）：公元3世纪至17世纪末，属于中美洲玛雅印第安文明的民族所使用的文字体系，约有850个象形文字。用玛雅象形文字写成的作品可溯至1540年，但大部分文字被西班牙教士作为异端予以焚毁。现仅存3种玛雅文古抄本，可能出自11世纪或12世纪。苏美尔（Sumer）：已知最早文明的发祥地，位于底格里斯河与幼发拉底河之间、美索不达米亚的最南部分，即后来成为巴比伦亚的地区（今伊拉克南部，从巴格达周围到波斯湾）。苏美尔人创造了最早的文字体系之一，起初主要是象形符号，后来以软泥版为纸、以小枝条干为笔，"压刻"成一头粗、一头细的笔画，称为"楔形文字"，又称"钉头字"。

② 《民族语文》1982年第1期。

③ 傅懋勣：《纳西族图画文字〈白蝙蝠取经记〉研究》（上册），日本亚非语言文化研究所，1981年。

说是汉字的前身……"① 由于至今还有人能识读和运用这种文字,因此纳西象形文在国际学术界有"唯一保留完整的活着的象形文字"之誉。②

从1939年起就在纳西族地区调研纳西东巴文化的李霖灿先生就纳西象形文字的性质和特点发表了他的看法,认为"麽些象形文字,既是文字,又是图画,正在由图画变向文字的过程中,因之在形字经典中有不少的图画存在"。"因其正在由图画变向文字之过程中,故其文字中时有图画之出现,成一种奇特复杂之混合现象,书画同源,在这里得到良好证明,是为麽些形字特点之一"。③ 董作宾曾言纳西象形文处于象形文字"幼稚而原始的""儿童时代"。

古文字学家裘锡圭则认为:"纳西文是已经使用假借字、形声字,但还经常夹用非文字的图画式表意手法的一种原始文字。"④

古文字学家周有光在论述纳西族东巴象形文字的价值时,从三个方面做了阐述,他说:

从人类文字史的角度来看,纳西文字是一种有特殊地位的文字,这表现在三个方面:

第一,纳西文字是一种多成分、多层次的文字。

居住在云南丽江一带的纳西族,创造了"东巴文"之后,又创造"哥巴文"。傅懋勣先生说:"过去所称的象形文字(东巴文),实际上包括两种文字:一种类似连环画的应当称为图画文字,另一种一个字表示一个音节的应当仍旧称为象形文字。"⑤ 此外,纳西族还创造一种"玛丽玛萨文"。这样,纳西文字有四种成分,属于两个类型层次:(1)"形意文字"(东巴"图画文字");(2)"音节文字"(东巴"象形文字"、"哥巴文""玛丽玛萨文")。这种现象只有日文可以相比。日文也有四种成分,属于两个类型层次:(1)"意音文字"(汉字);(2)"音节文字"(万叶假名、平假名和片假名)。不同的是,纳西文字开始于自源的"形

---

① 马叙伦:《中国文字之源流与研究方法之新倾向》,《马叙伦学术论文集》,科学出版社1958年版,第30页。转引自王元鹿《汉古文字与纳西东巴文字比较研究》,华东师范大学出版社1988年版。
② [日]西田龙雄:《活着的象形文字——纳西族的文化》,日本中公新书1966年版。
③ 李霖灿:《麽些象形文字字典·引言》,中央博物院1944(四川李庄石印版)。
④ 裘锡圭:《汉字形成问题初步探讨》,《中国语文》1978年第3期。
⑤ 傅懋勣:《纳西族图画文字和象形文字的区别》,《民族语文》1982年第1期。

意文字",日文开始于借源的"意音文字"。

第二,纳西文字是"形意文字"和"意音文字"之间的中间环节。

生物进化论的研究重视找寻"猿"和"人"之间的环节。人类文字史的研究重视找寻"形意文字"和"意音文字"之间的中间环节。纳西文字正好就是这种中间环节。"东巴经"起初只有口头传说,后来写成"东巴文",但是只写经文的一部分,不是全部写出。这不是有意的省略,而是文字还没有发展到能够全部写出语词的水平,属于"形意文字"类型。跟其他同类型的文字相比,"东巴文"是水平很高的"形意文字",接近于"意音文字",处于从"形意文字"到"意音文字"之间的中间地位。

第三,纳西文字在6000年的人类文字史上是晚期产品,但是属于早期的"形意文字"类型。傅先生说:"图画文字的创制年代大约在12世纪下半叶到13世纪上半叶之间。"(《中国大百科全书·民族卷》"东巴文"条,中国大百科全书出版社1986年版)方国瑜先生说:"应用象形文字(东巴文)写经书可能在公元11世纪中叶,又到13世纪初年创制标音文字(哥巴文)。"(《纳西象形文字谱》,1981年)在一二百年的时期中,纳西文字在本地区从"形意文字"发展成为"音节文字"而且二者并用,这是罕见的文化现象。

丁头字(楔形字)在公元前35世纪发展成熟,一早就内含不独立使用的表音成分,经过3000年传到埃兰人之后,在公元前6—前4世纪演变成为半音节文字。圣书字也在公元前35世纪发展成熟,内含偶尔独立使用的表音字母,经过3000多年传到麦罗埃人之后,在公元前2世纪成为字母文字。汉字在公元前13世纪发展成熟,一早在形声字中间含有表音的声旁,在公元前3世纪传到日本,经过600多年然后产生音节字母"假名"。"表音化"一般不是短时期内由本民族在本地区所能完成。纳西文字的演变是罕见现象。

纳西文字的演变历史使我们更多地了解从"形意文字"到"意音文字"的演变过程和"音节文字"的产生过程。这是人类文字史的重要收获。

纳西文字的基本作用是书写"东巴教"的经文,但是内容丰富,包含历史传说、诗歌格言、宗教祭祀、医药占卜、风俗习惯等许多方面。东巴文遗留下大量文献,仅丽江东巴文化研究所收藏的就有1400多本。这些活着的文字化石是人类文字史中的无价之宝，需要深入研究。生活在高山深谷中只有不到30万人口的纳西族，能够自力更生地创造出如此多姿多彩的曙光文化，真是历史奇迹。①

由于纳西象形文在人类文字发展上独树一帜，因此，它对进行比较文字学研究提供了很多有价值的依据。早在20世纪40年代，古文字学家董作宾就通过对甲骨文与纳西象形文的比较研究，指出纳西象形文字可以反映汉字起源之古，汉字演进之久，可以对证汉字产生的地理环境；可以见造字心理之同；可以见造字印象之异。如地理环境之论，他举下面数例加以说明：纳西象形文的"水"字写为像源头流水之形，山中人唯知水从泉中来，故以泉为水。甲骨文的水字如像平原上河流弯曲之形。"日出""日落"的东巴象形文为太阳从高坡上升出落下，而甲骨文的"日出""日落"则为太阳一旁地面树木之形，反映出两种文字产生的不同地理环境。再如"路""田""山"等字，纳西象形文和甲骨文都有突出的地理特征的区别。

纳西象形文由于处于图画文字向象形文字过渡的阶段，因此，很多文字的象征含义相当直观，象征意义十分丰富。以下着重从民俗事象和宗教事象两方面列举一些实例，管中窥豹地看一看纳西象形文丰富多彩的象征含义。

二 纳西象形文中的民俗事象象征

以局部象征整体 在纳西象形文的造字方法中，非常突出和普遍的一个特点是以局部象征全体，这一点比较突出地反映在表示生物特别是动物的象形字上，因此，在反映放牧、狩猎等习俗的东巴经中就常常见到这种文字形态。这也是纳西象形文从图画文字向象形文字过渡的一个特征，如老虎写为：![虎]，羊写为：![羊]。另一种是以事物的特征部分来象征所指事物全体。如雌性写为：![雌]，是女阴之形，用来象征雌性、女性。雄性写为：![雄]，是阴囊之形，用来象征雄性、男性。

基于传统宇宙观的领地象征，这一点比较突出的是以"天"和"地"象征一个民族、氏族、部落的领土，其基本观念是将上述一个社会组织群

---

① 周有光：《纳西文字中的"六书"》，《民族语文》1994年第6期。

体的所居之领地理解为独立的一片天和一片地。象形文写成：▱，读做"美堆"（mɯ³³ dy²¹），直译即"天地"，文字上部分为天之形，下面为地之形。纳西语说自己的家乡是"乌美乌堆"（u³³ mɯ³³ u³³ dy²¹），直译即"自己的天和自己的地"，异乡则称为"西美西堆"（ɕi³³ mɯ³³ ɕi³³ dy²¹），直译即"别人的天和别人的地"，这种语言现象与汉语所说"有自己的一片天地"有相似之处，但此词组在纳西语中是专指自己的家乡、区域，没有汉语那样有可指称某专业领域或精神领域的引申义。

以某种突出的内在特性来象征特定观念，这类象形字以指称对象内在的特性来象征特定观念，如有个象形文写成：🏹，是一个手持旗杆矛，头插旗帜的男子形象，在东巴经中普遍指武士，另一字写成：🏹，是一个手持旗杆矛的女子形象，读"单咪"（dæ²¹ mi⁵⁵）或"咪单"（mi⁵⁵ dæ²¹），意为"勇猛的女子"。这个"单"原指"勇猛""勇武"，"母"意为兵士。但"单"一词亦有几个象征义，如指称能干、敏捷、能力、力量，其原始字义皆源于古代武士之勇，后来，这个字也用来指男子的能干、女子的贤能等，如能干、贤能的女子亦可称为"咪单"。东巴教中的"单务"（dæ²¹ ŋv⁵⁵）仪式最初是超度武士灵魂的丧仪，后来亦成为超度能人、贤人之魂的仪式。

以某一特定物质象征抽象观念在纳西象形文中，有不少文字的象征意义是从文字本身所代表的物质实体的实用功能而萌生的，但逐渐产生了更深的引申象征意义。如有不少字的象征意义是从过去的生死崇拜观念中发展而来的。如纳西象形文的"福气""福泽"一词写成：🐦，读"尼哦（nɯ²¹ o²¹）或"尼能哦"（nɯ²¹ ne²¹ o²¹），"尼"有两义，一指男精，"哦"亦有两义，一指女性分泌液，东巴经中常见一短语，写作：🏹🏹🏹，读"阿斯尼般日，阿美哦饶日"（ə³³ sʅ²¹ nɯ²¹ bə³³ zʅ³³，ə³³ me³³ o²¹ bə³³ zʅ³³）。"阿斯"意父亲，"尼"指男精，"般"是迁徙、流动之意；"阿美"意母亲，"哦"指女性分泌液或女性之蛋（卵），"饶"是下降之意。直译即：父亲流"尼"之路，母亲下"哦"之路。①

---

① Rock, J. F., *The Na-Khi Naga Cult and Related Ceremonies*, part 1, Roma: Is. M. E. O., 1952, pp. 91, 188, 201.

方国瑜编撰、和志武参订的《纳西象形文字谱》中有一个表示男性生殖器的象形字：🈁，读"爪恩尼饶日"（tsua²¹ ɯ³³ nɯ²¹ bɚ³³ zʅ³³），直译即"好男下'尼'之路"。① 在纳西先民的观念中，一旦男女生殖之路受阻，就要影响生育。东巴经《崇仁利恩解秽经》中说：秽鬼堵塞了父亲的"尼"出来之路和母亲的"哦"下降之路（意即堵塞了生殖之路）。② 民间也有认为不生育是男女的"生殖之路"被鬼堵塞的观念。"尼"（nɯ²¹）与"哦"（o²¹）的观念，最初无疑与纳西先民的生殖崇拜观念有关。"生殖之路"畅通无阻。在过去一个部族、部落、村寨乃至家庭的兴旺发达取决于人口的繁盛与否的特定历史阶段，男女皆有充溢的"尼"与"哦"，即有强盛的生殖能力，无疑是一种"福气""福泽"，因此，象形文以"尼哦"象征福气极易理解。

在纳西象形文中，又有一个象征福气、福泽的字组，写成：🈁🈁，亦读"尼哦"（nɯ²¹ o²¹）是绿松石、光玉髓。羊也是一种吉祥的动物。如云南滇西北著名的两大神山藏族神山太子雪山卡瓦格搏属羊。这种对羊的崇拜可以上溯到纳、藏远祖古羌人的羊图腾崇拜。如果一个人或家庭有很多绿松石和家畜，那无疑是有福气、福泽的。显然，这一观念主要是基于家庭财产积累的意义而产生的。从东巴经中分析，上述第一例的含义要比第二例的含义萌生得早。

有意思的是，在古汉字中，羊也与吉祥有神秘的关系。《说文·羊部》中说："羊，祥也。"《说文·示部》"祥"下说："福也。从示羊声，一曰善。"羊在中国古人的心目中是吉祥和福泽的语源和字根。如《说文》中还说："美，甘也。从羊从大。羊在六畜，主给膳也。""善，吉也。从言从羊。"羊的吉祥含义在古汉字中的表现还有很多，如与纳西象形文和东巴教中关于羊的文字、语词和信仰习俗进行详细的比较研究，可能会有不少收获。

在纳西象形文中，与上例同类的还有一个典型的语词，写成：🈁，

---

① 方国瑜编撰，和志武参订：《纳西象形文字谱》，云南人民出版社1981年版，第245、263页。

② 和芳讲述，周耀华译，丽江县文化馆1962年石印本。

读"窝增"（o³³ dze³³），表示财产。在东巴教中，此词又广泛地象征各种物质性和精神性的财产等。如东巴常以此词指称精神性的拥有物，如宗教和文化遗产等。但最初是以牛和麦子为财产之象征，典型地反映了纳西人与农耕定居生活密切相关的财产观念，以及由此衍生出的各种抽象观念。

此外，纳西象形文中还有一个特定的语词，写成：读"诺哦"（no³³ o²¹），这个词只用于死者，指死者生前所拥有的物质性和精神性的东西，如各种财产，各种诸如勇敢无畏等好品质、品德、好本事、能力、力量、人缘等等，在丧葬仪式上，由东巴教中有称为"诺哦少"的仪式，详细描述东巴怎么帮助主人家祈求死者"回归祖地"前把所有的"诺哦"留给后人，有种种设法拦截天地山川飞禽走兽物"诺哦"的浪漫描述。但如果从"诺哦"的象形文字上看，它也与"绿松石"这一象征财物和吉祥的物品有关，关于此字的造字心理和方法与上述几个表示财产、遗产的字是同源一理的。

与特定社会组织相关的象征意义

有的象形文有纳西族特定社会组织的象征含义，如"氏族""宗族"写为：，读"窝"（ø²¹），表示"源于一个（男性祖先）根骨"的群体，因此以一根骨头来象征一个氏族或宗族。这个表示"骨头"的象形文字成为表示氏族、家族的字根。如现在还普遍存在于纳西族社会中的"崇窝"（tsho²¹ o³³），是一个实行外婚制的父系世系群，即一个男性始祖后裔组成的、有血缘亲属关系的家庭组织。它在象形文中写成：，一个大象之头是古语"崇"（tsho²¹，意为"人类"）的同音假借字，"窝"（o³³）即指"同一（父系）根骨"的宗亲。

纳西人认为父系是"骨"，而母系是"肉"，因此在象形文中就有一个与"骨"（父系亲族）相对应的字，写成：，为一块瘦肉之形，读"纳"（nal，意为"瘦肉"，边上的黑点是"纳"的声符。以"肉"象征母系亲属。

纳西象形文中还有一个象征氏族、亲族的字，写成：，读"括"（koq），是栅栏之形，因氏族、亲族设栅而居，因此以栅栏象征"亲族"。方国瑜编撰、和志武参订的《纳西象形文字谱》中说此字的象征义是：

"母族也。"而洛克的《纳西—英语百科词典》中则说此字的象征意是："父方亲族。"但从"母方亲族"称为"纳括"、"父方亲族"称为"窝括"来看，"括"（kho²¹）这一词看来已泛指"亲族"。在纳西象形文中，从这一有具体象征意义的字符中又产生出不少字，如象形文中又有：⊶⧢，读"窝括"，意为"父系亲族"，另一字组：⊷ ⧢读"纳括"，意为"母系亲族"，又有：𖡄，洛克解为"父系亲族之仇敌"，① 意为"亲族之仇敌"，是表示"山柳"的字符，同音假借为"敌人"。另有一字：读"括低"（kho²dɯ³³），兼指包括母系和父系在内的亲族，洛克认为"括"指父方亲属，"低"dɯ³³指母方亲属。②

纳西象形文的审美象征

从汉古文字和纳西象形文中还可以看出不同民族的审美观在文字上的反映，如"美"字，《说文》中说："甘也，从羊大。"徐铉曰："羊大则美。"段玉裁曰："羊大则肥美。""羊大"之所以为"美"，则由于其好吃之故："美，甘也。从羊从大。羊在六畜，主给膳也。"美学家李泽厚有独到的猜测，认为"很可能'美'的原来是冠戴羊形或羊头装饰的大人（"大"是正面而立的人，这里指进行图腾扮演、图腾巫术的祭司或酋长）……他执掌种种巫术仪式，把羊头或羊角戴在头上以显示其神秘和权威。……美字就是这种动物扮演或图腾巫术在文字上的表现"。③

纳西象形文中一是以自然物象征一种审美观念，如纳西象形文的美丽一词写成：，头上有花，示其美，以花象征美。"美女"写成：，一女子脸旁有花，示其美。以花插头上作为装饰是纳西族女子的传统习俗，东巴经所记载的殉情故事中的女主人公都是满头鲜花。

除此之外，纳西象形文中还反映了纳西人一种古老的审美观念，即以"竖眼"为美，写成：，此字源于纳西象形文文献中所记载的创世史诗

---

① Rock, J. F., *A Na-Khi-English Encyclopec Dictionarry*, part 1, 2, Roma, 1963, p. 201.
② Ibid., p. 43.
③ 李泽厚、刘纲纪主编：《中国美学史》，中国社会科学出版社1984年版，第1卷，第80页。

《崇般突》（又直译为"（纳西）人迁徙的来历"）。洪水后，创物神美利董阿普引导纳西始祖崇仁利恩去找配偶，叮嘱他不要找那个美丽的竖眼女，应找那个善良的横眼女。崇仁利恩却想：心美不如身美，脸美不如眼美。于是就找了那个漂亮的竖眼女。

日本学者伊藤清司认为，眼睛深深地包含着"文化"的意义，他以彝族创世神话《梅葛》中的"直眼"和"横眼"与人类文化史的对应情况，以及《楚辞》中所描写的"豺狼从目""豕首纵目"等作比较研究，提出"直眼"象征一种非人类的眼睛的观点，纳西始祖与直眼女结合生出野兽的情节也证明了这一点。①

伊藤清司的论述自有独到见解，但我们从上述故事情节中更可以直观地看出一层神话本身启迪于人的含义：即这种"心美不如身美，脸美不如眼美"的取貌不取心的审美意识是当时社会存在和意识形态在性爱观中的反映。由于当时配偶的不稳定性，在经济及生活上还未结成牢固的纽带，对方的人品、性情等属于伦理道德范畴的品质，还未成为取舍情人的首要因素，当时的人们所追求的首先是定于性感的外表的美，是富有生命力、生育力的形体美。东巴古典作品中常常讲到"聪明的猎犬爱追肥壮的麂子，能干的汉子喜欢漂亮的女子"。东巴经最常见的祝词中，都提到希望生女美丽漂亮，但很少说到被现代纳西族社会视为女子美德的勤劳、贤惠等品质。这也透露了这种沿袭自古代的性爱审美意识。即如伊藤清司所论，这种"直眼"和"横眼"有与文化发展史相对应的象征意义，但我们从《崇般突》中更多地得到启示的是一种古代性爱观的信息：即当时的男人更欣赏一种野性的、没有多少文明教化及伦理色彩的自然之美，因此，横眼的"善良"女被排斥，而具有野性的、非文明特征之美的竖眼女则被男性祖先作为求偶的首选目标。

借助纳西象形文，还可以考证出某些汉字的象征意义，如方国瑜教授借助纳西象形文字考证出了汉字"古"的本义是"苦"。关于"古"的本义，学术界长期一直没有圆满的解说。《说文·三上·古部》中曰："古，故也。从十口。识前言者也。"然而在甲骨文中，"古"作，并非"十口"之形。方先生由纳西象形文字看到"甘"写作，表示口含

---

① ［日］伊藤清司：《眼睛的象征》，《民族译丛》1982年第2期。

甘物，"苦"写作 ◌，表示口含苦物。由此联想到汉古文字"甘"写作，亦是口含甘甜之状，以此类推，方先生得出了"古"字的甲骨文象征"口吐苦物"之意，古字即"苦"字的最初形态。①

三　纳西象形文字中的宗教象征意义

"黑""白"的象征

纳西象形文是纳西族东巴教的载体，因此，文字本身就有很丰富的纳西传统宗教的象征意义。如象形文的"黑""白"两个字符就突出地反映了东巴教中的"黑白"二元对立观念，而这黑白的观念又与日月星辰密切相关，如以白天、太阳和月亮代表光明，生发于日月星辰崇拜的"白"象征善和吉祥的食物；以黑夜代表黑暗，萌生于憎惧黑暗心理的"黑"象征邪恶和不洁的东西。所以"黑"的象形文写成 ●，在东巴经中有黑、毒、苦诸义。象形文"巨毒"一词写成：✾，是在一朵黑花旁加一黑点，直译是"黑毒"。又如"苦"字，写成：◌，成嘴中吐一黑物出外之形，黑物表示味苦。"毒"写成：✾黑之花，毒也。又如"黑道日""不吉之日"写成：⊙，于太阳中加入四个黑点，直译即"黑太阳"。东巴经中说鬼地一切皆黑，天地日月星辰尽为黑色，故象形文亦有"黑太阳"之字，以与人间之白日白月相对。还有一象形字写成：⁂，是三尖全黑之形，四面有震颤外射的线，意为天下初出的一团黑色，是生恶之万物者。另一字为：⁂，是三尖全白之形，意为天下初出的一团白色，是生善之万物者。象形文"黑月亮"写成：◗，指鬼地之月亮，"黑月"指不吉的月份。象形文的"欺骗"一词写成：▲是一个全黑三角形字符；"邪念"一词写成：↟，是一个黑三角形从心中

---

① 参见方国瑜《"古"之本意为"苦"说》，《东巴文化论集》，云南人民出版社 1985年版。

生出；坏人写成：㚔，是人形上有一黑团。

上述表现在纳西象形文上的象征现象对于研究原始思维和原始宗教有很重要的意义，在汉语、英语、德语、俄语等语言中也有以白为善、以黑为恶的反映，这些观念源于原始先民崇尚光明、憎惧黑暗的心理和功利性的自然观。①

象形文与肇源于宗教的伦理观念

类比联想也是纳西象形文中反映出的一个特点，如 "凑"（tʃhə⁵⁵）是东巴教中的一个重要观念，此字义为污秽、不洁，象形文有两字表示，一字写成：◉，西方纳西学学者洛克（J. F. Rock）解释是 "粪便之形"②，李霖灿解释为 "胎胞之形"③，方国瑜、和志武解释为 "秽气也"。④ 另有一字写成：～，洛克解释为 "已经腐烂的腱或肠子"。⑤ 李霖灿解释为 "秽气也，象秽气之形"。⑥ 但此字又指称一切违反民族传统习俗、伦理道德的行为和由此引起的后果。东巴经、东巴画和东巴教仪式中指称为 "凑"（tʃhə⁵⁵）的行为有涉及婚姻和两性伦理的，如远古洪水暴发后发生的纳西远祖兄妹婚配；同一宗族的男女之意发生的两性关系；婚外性行为导致的私生子等；有涉及违反民族传统禁忌习俗的，如杀死红虎、狗和吃狗肉等；有涉及违反民族传统生态道德观，如认为乱砍滥伐、污染水源河流和滥杀野生动物都会导致产生 "秽鬼"；有涉及民族一些独特的道德观念的，认为杀死曾帮助过你的人是恶行，会产生 "凑"。东巴教中这一 "凑" 的观念深深地渗透到纳西族人的社会生活中，形成一个传统伦理道德范畴，制约着纳西人的社会行为，而这个复杂观念在象形文字中则是一个上述直观的秽物。

---

① 杨福泉：《纳西族东巴经中的 "黑" "白" 观念探讨》，《世界宗教研究》1986 年第 2 期。

② Rock, J. F., *A Na-Khi-English Encyclopec Dictionarry*, part 1, Roma 1963, p. 201.

③ 李霖灿：《麽些象形文字字典》，台湾文史哲出版社 1972 年版，第 54 页。

④ 方国瑜编撰、和志武参订：《纳西象形文字谱》，云南人民出版社 1981 年版，第 245、263 页。

⑤ Rock, J. F., *A Na-Khi-English Encyclopec Dictionarry*, part 1, 2, Roma 1963, p. 43.

⑥ 李霖灿：《麽些象形文字字典》，台湾文史哲出版社 1972 年版，第 11 页。

纳西族有些重要的传统观念在象形文中则可溯源到某个与这种观念有关的神灵。如纳西族伦理道德思想中有一个观念，称为："董"（du^{33}），凡是符合本族社会规范、习俗、传统习惯等行为，纳西人就称之为"董"，意思与汉语中的"兴"（做某事）相近，否则称为"某董"（mə^{33} du^{33}），即"不兴"（做），如姑舅表婚是"董"的，而同一宗族内近亲是"某董"的。千百年来，纳西人的社会行为都以这"董"和"某董"为准则的。这个"董"的观念源于东巴教，"董"原是东巴教中一个重要神祇，又叫美利董阿普，董神创造了世上万物，并给了世上万物不同的寿岁。东巴教认为每个仪式程序也是董神规定下来的，因此，东巴教的每个仪式都有一本指导性的"仪式规程经"，称为"董母"（du^{33} mu^{21}），意为董神规定的规程。每个仪式都必须严格按照"董母"来进行。到后来，"董母"或"董"这个词就成为一个固定术语，指一切社会行为规范的来历和准则。而在象形文中，一直以这一观念之源的创物神"董"神来象征这一抽象观念，写成：。

神灵、精灵的象征体

从东巴教的神祇谱系中可以看出，一些比较古老的神祇是不具人形的，尚未进入与人同形同性格的人格化阶段，它是以相关的象征物来象征的，而这种现象也反映在纳西象形文上，如生命神"素"（sɿ^{55}）写成：是以生命神所栖居的"素笃"（"素"之竹篓）来象征该神，过去，纳西族家家户户的神龛上都供有这个象征家庭成员生命神组合体的生命神竹篓。生命神"素"一词两义，既指生命神，也指生命，因此，这一表示生命神竹篓的象形文字也用来象征所有包括人、家畜、庄稼等人和各种与人生密切相关的生命和生命有机体（野生动物则属于大自然神"署"所统辖的范畴，因此"素"这一字义不涵盖野生动物的生命）。

在纳西族的神坛上，畜神和谷神亦栖居在一个竹篓中，称为"糯笃"，内放象征畜神、谷神的石头、连枷、粮架模型、松球及谷物等。纳西象形文中的畜神写成：，在有的东巴经中，将畜神又写成：，是一根松枝之形，众多黑点象征结的松球很多，此字是以松枝象征畜神，以表示众多松球的黑点来象征东巴教中的18尊畜神。

在有的东巴经中，谷神哦美恒写成：▨，是谷堆之形，以谷堆象征谷神。

上述几例是以与该神灵有关的"神舍"来象征该神，如纳西象形文中的"人类之神"亦即"繁衍之神"，写成：▨，是银河之形状，读"伙"（ho^{21}）。洛克（Rock, J. F.）的调查指出，有的东巴又把"伙"解释为"指称男精和司男精之精灵"，① 这是从银河布满繁星的自然现象推想而来的生殖崇拜观念。很多东巴经中说："天上布满星星，在天上的星星中，银河是最博大的，星星不计其数，天底下的人不像天上银河的星星那么多，因此人们肩扛银河的木，怀揣银河的石。"象形文写成：▨，这里，木石是作为多育的象征。②

东巴教中的村寨在象形文字中写成：读"子瓦"，是以石砌成的房屋和墙壁之形，它也有山神的含义，是象征主宰着某个村寨建寨所用的那一块山地的精灵。

东巴教中有的神灵、精灵的象形文形象则以宗教内涵的主要具象物来象征，从一个形象中可以看出多种象征意义。如相传与人是同父异母的司掌大自然之精灵的形象写成：▨，读"署"（sv^{21}），是一个蛙头人体蛇身的精灵，"署"虽管辖着所有的野生动物，但蛇与蛙被认为是"署"手下动物的代表和基本的具体象征物。人们触犯大自然即触犯了"署"，旨在与"署"和解的东巴经中最经常提到的是人们伤了树上的蛇、蛙和水中的蛇、蛙，因此得罪了"署"。祭"署"仪式中的主要祭献品之一是用面粉做的蛇和蛙，以及绘在仪式木牌上的蛙和蛇，表示向"署"偿还原来属于他的动物。东巴经《白蝙蝠请"署"》中说，要把木牌做成顶部似蛙，下部似蛇的形状。③ 东巴经第一部反映殉情习俗的《鲁般鲁饶》中说，人们原来不会砍木牌的尖头，后来在亨依瓦吉河的上游，看见青蛙在跳跃，于是模仿青蛙头修造木牌尖；人们原来不会砍木牌尾，后来在吉衣

---

① Rock, J. F., *A Na-Khi-English Encyclopec Dictionarry*, part 1, Roma 1963, p. 348.
② 杨福泉：《东巴教所反映的生殖崇拜文化》，《东巴文化论》，云南人民出版社1991年版。
③ Rock, J. F., *The Na-Khi Naga Cult and Related Ceremonies*, part 1, Roma：Is. M. E. O., 1952, p. 201.

瓦吉河的下游，看见青蛙在蠕动，于是模仿青蛙尾修造木牌尾。① 纳西象形文中有相应的一字： ，这与"署"的本原形体与蛇与蛙有关。"署"是纳西族大自然崇拜中产生的精灵，他以蛇为其形体的主要象征物，又把死者的灵魂解释为化成蛇，说明了蛇是纳西先民远古所崇拜的一种灵性动物，一种逐渐衍化成自然神秘力量的象征。

有的神灵的象形字本身就是这一神灵所代表的实物本身，如启神写成： ，是根刺的形状，"启"即"刺"之意，在仪式中门用来刺鬼怪，共有18尊。不仅拟人化，还把他们性别化，东巴经中说"在九十个坡上插上启男，在七十个坡上插上启女"。东巴经中有专门描述启神来历的《启神的来历》。从象形文可以看得出这一精灵是一种利刺的神灵化。

原载《云南民族大学学报》2011年第5期

---

① 杨士兴、和云彩讲述，和发源译：《白蝙蝠请"署"》，丽江东巴文化研究所油印本，第81页。

关于当代纳西东巴文献释读刊布和创新的思考

笔者牵头从2012年开始做的一项国家社科基金重点项目的名称是"纳西东巴文献搜集、释读刊布的深度开发研究"。这个题目是全国社科规划办下达项目时定名的。在保护、搜集和释读的基础上如何进行"深度开发"？在研究中，我一直在思考这个主题，作为东巴文化主要载体的东巴古籍文献（或者如西方学者常用的词"手稿"manuscripts），当下和以后它的命运和发展前景如何？下面是笔者在这项研究中所想到的一些观点和想法。

一 传统书写文献到口诵经的传承和保护

据不完全统计，分布在国内外的东巴古籍文献大约有30000册（不算20世纪80年代以后书写的新的东巴文献），丽江收藏的5000多卷东巴古籍在2003年在波兰召开的联合国教科文组织世界记忆工程咨询委员会第六次会议上，中国申报的纳西族东巴古籍入选《世界记忆名录》，成为我国迄今三项入选该名录的文化遗产之一，也是迄今为止中国唯一入选这一世界性重要遗产名录的少数民族古籍文献。

1949年以来特别是在后来的"文化大革命"中，大量东巴古籍被毁。20世纪60年代，在当时的丽江县委书记徐振康等一些有识之士的力促下，数千卷东巴古籍得到收集保护。我国改革开放以来，纳西族东巴古籍的保护传承力度加大。在不同的纳西族聚居的乡村，东巴教的一些仪式活动逐渐得以恢复，一些东巴家庭幸存的东巴古籍得以重新使用，重新把这些深藏的家传经典又拿出来，用于一些逐渐恢复的东巴仪式中，并将这些古籍的内容传授给家里的子弟，有的则从其他东巴那里借来幸存的东巴古籍来抄写，有的根据自己的记忆重新写下东巴文献。① 没有了家庭传承东巴古籍的东巴家庭也开始重新书写东巴经，借助东巴文化研究院出版的《纳西东巴古籍译著全集》100 卷重新抄写在东巴纸上传承的东巴也逐渐增多。

按照传统的理解，古籍文献一般就是指用各种文字记载下来的文本，但在东巴文本的搜集整理和研究中，发现过去在高度重视文字书写的古籍文献的同时，却忽略了另外一个不用文字但靠口头咏诵传承的"口诵传统"，有的学者一般用"口诵经"② 这个概念。东巴教祭祀仪式系统中除了有与各个仪式相配套成体系的用东巴图画象形文字（斯究鲁究）和音节文字（格巴文）所写的文字经书之外，还有一类"口诵经"，"口诵经"，纳西语称之为"枯使"（khu^{33} ʂl^{21}），直译就是"口诵""口述"的意思。比如在丽江市玉龙纳西族自治县的大东乡、宝山乡（今属玉龙县）一带的纳西族中，流传着在丧葬仪式上唱跳的一种歌舞形式"热美蹉"（ze^{21}me^{33}co^{33}），东巴用口诵经的形式口耳相传，成为东巴口诵传统的一部分。本项目以属于东巴教"还树债"仪式的口诵经《还树债》和东巴教的神轴画"开幛眼"仪式上咏诵的《开幛眼》为例，进行了个案研究，并全文翻译了口诵经《还树债》。迄今学术界对东巴的口诵传统和口诵经还没有系统地进行过调研、整理和翻译。

目前，纳西族西部方言区的东巴流行使用的主要是用图画象形文字书写的东巴经，口诵经相对比较少。而宁蒗县永宁乡纳人（摩梭）巫师达巴则没有文字经书，只有口诵经。据和志武先生的调研，从达巴口诵经的内容看，其中也有《崇邦绍》，内容和流行于丽江纳西人中的《崇搬绍》（译为《创世记》，《人类迁徙的故事》或《人类迁徙的来历》等）很相近，是讲纳人祖先开天辟地的故事。③ 此外，达巴口诵经中有《动孜》（开坛迎动、生神的经）、《森嗯》（超度妇女经，用在女子出嫁后在夫家去世的妇女的灵魂超度）、《崇多崇》（祭锅灶，祭家神）、《本祠汝拉日

---

① 关于东巴古籍文献，纳西语一般称为"东巴特恩"（do bbaq tei ee），直译就是"东巴书籍"；有的也称为"东巴久"（do bbaq jeq），直译就是"东巴经"。国内学术文化界最常用的是"东巴经"一词，或者"东巴古籍"一词。西方学术界多称之为"manuscript"（手稿）。

② 英语一般用 oral tradition 这个词，指"口头传统"。

③ 周汝诚调查整理，原载周汝诚《永宁见闻录》，《纳西族社会历史调查（二）》，永宁民族出版社 1980 年版。和志武主编、杨福泉副主编《中国原始宗教资料丛编·纳西族卷》（丛书总主编：吕大吉、何耀华），上海人民出版社 1993 年版，第 199 页。

母古》（人与龙王，用于祭祀水神龙神的"金可布"仪式，直译即"祭祀泉眼"）、《软嗯软昌》（用于丧仪的超度·洗马经）、《崇顶吕英英·泽亨金金米》（祭祀天神和祖先，崇顶吕英英·泽亨金金米是东巴经中经常讲到的纳西族祖先崇仁利恩和衬红褒白咪的异读）①，这些口诵经的名字和内容都与丽江象形文东巴经非常相似，应该说是同源异流的纳族群②原始宗教口诵和书写传统的不同文本。

"枯使"（口诵）一般不写成文字经书。这些口诵与民歌、民间咏诵词等有着密切的关系，咏诵时要根据场景和事件灵活地变换诵词，其中需要即兴发挥和组合的部分也比较多，而用文字写成的经书内容是代代传承，比较固定和稳定的。因为这样，很多的口诵经就没有整理下来，有不少已经失传了。丽江东巴文化研究院长期以来进行了卓有成效的东巴古籍的翻译工作，花费20多年之力的《纳西东巴古籍译著全集》100卷（936册）已经出版，并于2001年获第五届国家图书奖荣誉奖。然而也是因为所有的翻译整理都集中在对图画象形文字写成的经书的抢救翻译上，忽略了对口诵经的翻译整理。东巴在举行各种仪式上大量口诵的部分，很少有翻译整理出来的。笔者感到，在如何传承东巴文献的问题上，口诵经（或口诵传统）是最容易失传的，应该将它录音和记录下来而加以翻译整理。当代的东巴，也需要将口诵经传授给自己的传承人，过去东巴的传承口诵传统的方式都是师傅要求弟子背诵下来，由于过去仪式多，所以很多东巴能在实践过程中把冗长的口诵经也逐渐背熟。但现在东巴在民间举行仪式的机会毕竟比他们的老师辈要少多了，所以要背那么多口诵部分十分不易，随着十多个曾经参与《纳西东巴古籍译注全集》100卷翻译的东巴的全部去世，很多口诵经部分就失传了，这是一个很大的损失。所以笔者认为现在还记得一些口诵经的东巴，应该把它用文字记录下来，作为以后传给自己的弟子和民族的一宗文化遗产。

---

① 和志武、杨福泉副主编：《中国原始宗教资料丛编·纳西族卷》（丛书总主编：吕大吉、何耀华），上海人民出版社1993年版，第219—229页。

② 笔者认为，严格地讲，鉴于如今的纳西族中有自称"纳西"，也有自称"纳""纳日""纳罕"等事实，实际上，纳西族更为确切的族称应该是"纳族"，这样更贴近不同地方纳西人自称的原意，同时也容易被不同的支系所认同。因此，包括摩梭（纳）研究在内的纳西学，按照准确的说法应该是"纳学"研究。参见杨福泉《民族，用历史的眼光解读——关于纳西、摩梭与纳族群的思辨》，《中国民族报》2012年9月14日。

由于有这样的想法，笔者请还记得《还树债》口诵经的东巴和秀东用"斯究鲁究"（sɚ³³ dʑɤ⁵⁵ lv³³ dʑɤ⁵⁵）（直译意是木与石的记录，指东巴图画象形文字）把口诵的内容写下来，还把另一本口诵经《神幛开眼》（zæ³³ miə²¹ phu³³）也用图画象形文写了下来。具体写的方式还是用东巴写东巴经书的习惯，不一定每一个字都写，而是根据传统把他们认为应该写下来的语句写下来。另外，笔者用国际音标全文记录下来，并进行录音。笔者把用文字记录东巴口诵经作为本项目试图在东巴古籍文献的长期保存和传承、使用上所做的一项尝试。而在20世纪八九十年代，来自大东乡的老东巴和士诚将口诵经《热美蹉》用图画象形文字写了下来，事实证明这对传承东巴文化以及民间文化与东巴杂糅的文化而言，是非常有利的。

近来，一些纳西族摩梭人（纳西人）的祭司达巴也因为他们的口诵经很多，没有文字记载，所以更加大了学习的难度，因此，有些达巴提出来要学习东巴图画象形文字，用图画象形文把他们的口诵经记录下来。这也是一个创新，过去达巴从来都不会用丽江纳西人的图画象形文去记录他们的口诵经的。笔者2000年在宁蒗县永宁乡温泉村采访了两个达巴先生，在他们那里看到了一本用类似丽江纳西所用的图画象形文书写的经书，是家庭传承的文化遗产。这本占卜经与丽江的象形文经书有什么联系，目前还没有进行对比研究。如今，有的摩梭人祭祀达巴在试着把他们的口诵经用东巴图画象形文字写在东巴纸上，做成东巴经那样的文本，这是当代摩梭人达巴口诵经从口诵到书写文本的一种创新和变迁，也会有利于达巴口诵传统的保护、留存与传承。有的摩梭学者也试图用国际音标记录达巴口诵经，尽管在国际音标的标注上还存在一些不准确的问题，但这也是一个很好的口诵传统抢救整理的积极举措。相比于过去类似的整理本只有汉文的情况而言，有了长足的发展。①

二 东巴文献的载体东巴纸的现状及前景

东巴古籍是写在一种特定的本土纸上，东巴纸是用来抄写东巴经的纸张，用当地人称为"弯单"（wai dder）的一种植物（当地汉语称为山棉

---

① 阿泽明·次达珠译注：《摩梭达巴经通译》，云南民族出版社2013年版。

树皮,植物学家这是瑞香科荛花属中的一种)经特殊处理后制成,"东巴纸"厚实、防虫蛀,纸张色泽如牙色。写成东巴经后,东巴长年累月在家居火塘边诵读,烟火熏染,因此逐渐变成古色古香的模样。东巴教被视为封建迷信而被禁止后,传统的东巴造纸也受到较大冲击,大多数地区的乡村已经停止了东巴纸的制作。改革开放后,随着东巴文化的逐渐解禁,很多乡村的东巴开始重新书写东巴经。他们苦于没有传统的东巴纸,常常是写在一些纸箱拆下的纸或各种厚一些的包装纸上。1989 年笔者在当时的丽江县塔城乡(今属玉龙县)署明村就看到由后来获得国家级非物质文化遗产东巴画传人荣誉的和讯东巴在拆开的纸箱纸上写的《看日子书》等东巴经。后来,在其他不少地方也看到利用各种稍厚一点的纸张重新书写东巴经的情况。随着东巴文化的逐渐复苏,有些东巴造纸传人也开始重新制作东巴纸,1991 年初,丽江县大具乡(今属玉龙县)肯配古村东巴后裔、当了 10 年民办小学教师的和圣文在丽江东巴文化研究所的扶持下,萌发了重新传承这门濒临灭绝的技艺的心愿,他向村中唯一还懂得东巴纸制造方法的老岳父学到了初级手艺,后来又不断地自己钻研,终于在前人的基础上做出了质地更为优良的东巴纸。

笔者曾于 2002 年去和圣文先生的家乡大具乡白麦行政村(ze^{33} $phɑ^{21}$ lo^{21})肯配古自然村调研,该村,海拔 2600 米,在大具算是个高海拔村落了。那时该村有 46 户 200 多人,全是纳西人。我们在他家看了他的造纸作坊,当时他正把这一门技艺传给自己的儿子。之后多年来,出自和圣文之手的"大具东巴纸",走向各地东巴和研究者的手,书写新的东巴文献。

迪庆州香格里拉市三坝乡白地村的老东巴和志本也擅长制作东巴纸,他后来也因此被授予了国家级非物质文化遗产传人称号。这一门古老的纳西族民间手工艺技艺得以在他们的手上传承下来。

丽江市东巴文化研究院也多年致力于和造纸艺人合作制作东巴纸,这些年来,该院支持各地东巴,给他们东巴纸,鼓励他们书写东巴经。因此,在各地纳西族地区又产生了一批批新书写的东巴经,这些新的经书有的是从各地依然还幸存的东巴古籍中摹写下来的,有的是从丽江东巴文化研究院已经出版的《纳西东巴古籍译注全集》100 卷中重写拷贝摹写而成的,有的是一些老东巴书写下来的。现在的关键问题不是从民间搜集古籍文献,而是如何鼓励民间的东巴再书写新的经典,以便推动东巴文化在民间的传承。

大批经典的需要催生了对东巴纸的巨大需求,而且随着东巴文化的知名度日益提高，东巴纸也成了市场上的畅销物，很多人用它来作画写字后高价出售，一些人以东巴纸制作名片和宣传品，有的人还制作绘在东巴纸上的丽江古城地图，丽江市邮政局、昆明三希堂文化传播有限公司又联合开发了"东巴纸三遗产系列邮品"，东巴纸可谓一时"洛阳纸贵"。

这些需求最终对制作东巴纸的这种高山植物"弯呆"（ua^{33} dɚ^{33}）构成了很大的威胁。制作东巴纸的瑞香科尧花这种植物生长在海拔 2500 米以下的山区，过去它只需承担用于圣典的使命，如今随着东巴文化声名鹊起和旅游的迅猛发展，面对无数双旅游市场上想开发赚钱的眼睛和手，便遭厄运，这种野生植物如今便越来越少，濒临危境。云南省植物所的几个科学家朋友曾做过人工栽培这种植物的实验，但迄今还不见用于东巴纸制作。即使有一天人工种植成功，东巴纸能大量上市赢利，那传统的宗教和文化含义，也将悄然散失。这种传统工艺产品含金量增加而神圣意义淡化的悲喜剧，也是文化变迁的结果。所以，未来如何利用科学技术手段来制作有利于生物多样性保护原则的东巴纸，也是一个事关这个国家级非物质文化遗产如何保护传承的问题，是东巴文献保护和深度开发的重要一环。

三　东巴古籍的释读应更加精细缜密

当下对东巴古籍文献的翻译整理，以"四对照"（东巴象形文原文、国际音标、逐字直译、意译）的释读方式最常见，从 20 世纪 40 年代以来的李霖灿、方国瑜等学者直到今天的东巴文化研究院集 20 多年之功完成的《纳西东巴古籍译注全集》用的都是这一方法。另外，迄今这种"四对照"的释读翻译工作，也还是有做得不足之处。比如《纳西东巴古籍译著全集》100 卷的"四对照"翻译整理做得很出色，但在词汇和术语的注释和考释这一方面做得不够，比较简单。有"西方纳西学之父"美誉的洛克释读的方式则是写出一段经书原文，然后音标注音，逐句解释和翻译，他虽然没有做到一个翻译对应一个文字和语词的直译，但其长处是用大量的注释对原典进行认真的考释和释读，比如他翻译属于东巴教祭大自然神"署"仪式"署古"的东巴经，出版了《纳西人的纳嘎崇拜及其相关仪式》一书，其中对经书中的术语和词汇的注释多达 1317 个，而且有不少注释他还注明可以参看他的哪一本论著哪一页的哪一条注释，相互对照比勘，十分精细。这是值得翻译研究东巴经和达巴经的学者们学习的。

近年来西南大学长期从事文字学研究的喻遂生教授带领他的学生们对东巴文献古籍做了重点在"字释"的翻译工作，对东巴古籍图画象形文字的"字释"工作做得很细，将东巴象形文与甲骨文等一些古文字做了细腻的比较研究，在文字考试和研究上取得了令人瞩目的成绩，但喻遂生先生及其弟子的研究重点是在"字"上，而东巴古籍文献所用的象形文字不过2000多单字，更多的是语词，由于象形文字单字不多，所以东巴古籍的书写用了大量的假借方法来表达纳西文本丰富多彩的含义，所以每一个语词和有语法意义的虚词的考释和释读是纳西东巴古籍文献释读中最难和最重要的，而这种释读意味着翻译者必须精通纳西古语今语，要花大工夫。以后对东巴古籍文献的释读，要做得更为精细缜密，包括对其中大量具有宗教意义的具体术语的注释和解读，包括将纳西今语、古语词汇与同属一个语族（藏缅语族）其他语言的比较研究，才能深入解读东巴教的古籍文献。

四　做好面向大众的东巴文献的通俗释读刊布

传统的用于东巴教仪式的东巴古籍文献记录了大量的神话、史诗、传说、诗歌、谣谚等，是纳西族古典文学的宝库。这些作品是用三五七九十一等奇数字的诗歌体写的，所用的是纳西古语，如古代汉语一样，其中古词汇较多。而且，这些经典在东巴仪式上不是念诵，而是要用特定的曲调咏诵出来的。如今，面对大众对东巴文化的喜好和热望了解的趋势，我们也需要思考如何以更为通俗易懂的方式，使东巴古典文化得以让更多的人所了解，让东巴文化的原典也能够进入大中小学的课堂，这也是东巴古籍的释读刊布需要思考的一个问题。

当下，除了把东巴古籍记载的故事翻译成通俗易读的汉文文本的方式之外，[1] 有的民间歌手也采用一些方式来进行东巴文化典籍的大众化传播，比如纳西族民间著名歌手李秀香，就尝试把一些东巴古籍记载的经典

---

[1] 比如笔者最近把东巴古籍记载的故事《崇搬图》（创世记，也译为《人类迁徙的来历》）与《董埃述埃》（《黑白之战》也译为《黑白争战》）的汉文翻译简本，收进了笔者主编的《听"云之南"的故事——云南民间故事中小学读本》（云南人民出版社2015年版）中，作为东巴文化古籍进入中小学课堂的一种实践。

作品用纳西族传统的民间咏唱调"古气"①。"古气"的咏唱全是用五言体的，李秀香的方式是用民歌五言体翻译释读了东巴经典长短句的"奇数诗体"。但这种"五言体"的民歌，也因为纳西语的词汇丰富典雅，比兴手法又多，当下的很多年轻人也不容易听懂，所以还有待于采用更为通俗易懂的纳西语来释读和翻译东巴经典，使让更多的纳西年青一代了解，并通过这样的方式来学习母语和以母语为载体的纳西族古典文化。当代有的民间歌手把东巴古籍文献中的一些著名的经文片段用为祝福的歌咏，效果也很好，比如《吉日经》，就很受欢迎。

此外，还需要探索如何把用古纳西语写的东巴文献里的古典故事翻译为更为通俗的现代纳西语，就像当年五四以后推广白话文一样地将大量纳西古典文献里的各种神话、史诗、传说、故事、谚语等翻译为通俗易懂的当代纳西语，让这些民族文化瑰宝进入中小学课堂。笔者最近主持编写了一本《听"云之南"的故事——云南民间故事中小学读本》，其宗旨是基于如下的考虑：中华民族的文化是 56 个民族多元一体的汇聚，要了解中华民族文化，我们就有必要对除了汉族之外的其他 55 个少数民族的文化也有所了解；现在汉文化的经典作品和民间故事进校园的已经比较多，而其他少数民族一些脍炙人口的神话、传说和故事等进入课堂的则还很少，编这本《听"云之南"的故事》，就是想弥补一下这方面的不足。通过这样的阅读，有助于同学们加深对各民族文化的了解，从而达到"美人所美，美美与共"的阅读境界，为今后进一步深入了解各个民族的文化奠定一定的基础。东巴古籍文献的当代开发利用，除了学者的严谨和释读外，笔者以为还得走这样的通俗化之路，只有这样，卷帙浩繁的东巴古籍经典才能深入人心，为人知晓，并代代传承下去。

五　东巴文献的当代创新问题

数万卷的东巴古籍文献记载了不同时代纳西人的社会生活和各种与人的生老病死、喜怒哀乐、衣食住行密切相关的内容，包括道德伦理

---

① "古气"（gu²¹tɕhi⁵⁵）是纳西语，"古"意为痛，痛苦，悲伤；"气"意为歌吟，特别指吟唱心中的痛苦悲伤。因此，"古气"有悲痛吟唱，吟诉悲苦，长歌当哭之意。当后来"古气"形成一个民间流行的歌调后，演变成为咏唱喜怒哀乐的曲调，而不是专唱悲歌的曲调了。

观、人生观、生死观等。随着社会生活的变迁与发展，东巴文献也面临如何进行与时俱进的发展与创新，这也是笔者和东巴们常常交流的一个话题。在笔者主持的这个国家哲学社会科学基金重点项目中，也在这方面进行了一些尝试，也收进了富有当代在传承的基础上有创新和整合的文本，比如《祭天神、地神和柏神仪式——阿瓦腊瓦唱本和射箭镇仇敌经》这本文献，是当代知名东巴和力民写的经书，他为了在家乡完整地保留和传承祭天文化遗产，在村里他所属的温瑟阿宗族祭天群里传承了祭天唱"阿瓦腊瓦调"、祭天射箭和祭天跳舞唱凯旋歌。而这本文献里的这些内容，原来都只是口诵的传承，历史上没有过完整的用象形文字书写下来的文本。现在和力民把这些过程也加进去，完整地写成了一本当代东巴文献，弥补了传统东巴文献的不足，成为当代东巴经典文献传承的一个新版本。

有些获得了国家级荣誉的文献，怎么不使它成为一个如故纸堆一样的文化遗产，而是让它如过去一样有声有色地活在民间，这也是东巴文献目前面临的一个问题。比如东巴文献记载的纳西古代英雄史诗《黑白之战》（纳西语是"董埃述埃"du^{21} $æ^{21}$ sv^{21} $æ^{21}$，意思是"白董部落与述部落的争斗"）是获得国家级非物质文化遗产称号的作品，按东巴的咏诵传统，它是要由特定的歌调吟唱的，如果能像藏族的《格萨尔王传》一样以歌吟的方式传承下来就最好，但现在除了一些东巴会吟唱之外，一般民众都不懂，要借助汉文翻译本来理解其中内容，所以还有待于采用更为通俗易懂的当代纳西语来释读和翻译东巴经典，让更多的纳西年轻一代了解，并通过这样的方式来学习母语和以母语为载体的纳西族经典作品，特别是像《黑白之战》这样进入了国家级非遗名录的东巴文献，笔者以为不仅要以东巴歌吟的方式使之传承下去，而且还可以用其他大家耳熟能详的吟唱方式使之更多地为人们所知，乃至进入大中小学的课堂里。

云南诸如著名的彝族撒尼人长诗《阿诗玛》原来的歌咏传唱方式也衰落了，虽然《阿诗玛》的故事被拍成了著名的故事片《阿诗玛》，但民间能吟唱《阿诗玛》的歌手却所剩无几，所以，笔者认为要传承如《黑白之战》这样的民间宗教文献记载的文学作品，应该恢复其本来有的诗和歌一体的原貌，而且应该有变通的传承方式。最近，丽江市古城区文广局获得一项"国家艺术基金交流推广展示项目"，即"《黑白战争》连环画"，根据东巴经书《黑白战争》改编，要将《黑白之战》这经典故事改编为连环画的方式首先进行展览，中间用象形文字书写东巴古籍原典，两边则以当代画家创作的《黑白之战》故事情节绘画来烘托中间的文献原本，笔者觉得这也是东巴文献在当代开发创新的一种方式。

我几年前曾在西藏和青海听了不少来自不同藏区的格萨尔艺人演唱著名的《格萨尔》史诗，艺人中老幼妇孺皆有，听到了种种他们"神授"而成为杰出艺人的传说。而他们那种对《格萨尔》虔诚而真挚的信仰和热爱，深深地感染了我，使我领悟到为什么"格萨尔"史诗的生命力会如此强大，能在物质生活贫困艰苦的藏地高原如此长盛不衰、深入人心的原因。纳西族东巴古籍文献中所记载的如《黑白之战》等史诗与《格萨尔王传》有一点是共同的，其根基与核心是那种本真的乡土民间艺术的天籁和魅力，以及人们对她的礼敬与热爱之情。如果一种民间艺术最终没有了与人们的生命和心灵生死相依的那种情结，那她的命运和生命力也将会遭到困厄。所以，以多元化的方式让东巴经典史诗走进大众，深入民间，活在口耳相传中，应该是当下我们努力做的重要事情。

关于东巴文献的当代传承，民间也有一些比较好的尝试，比如有的民间歌手把东巴经里的一些经典唱段在东巴咏唱调的基础上，从音乐的角度进行更多的加工和润饰，使之成为更受到大众欣赏和理解的古典现代歌曲版。从让古籍文献的内容走向大众，更多地让大家了解和喜爱的一种方式。

迄今已经有不少比较成功地将东巴古籍文献作品翻译成汉文文本的译作，笔者以为，还应该有将这些古籍文献翻译成当代纳西语（拼音文字）的文本，就如汉文学古典文言文作品的"白话今译"一样，让典雅但又不易读懂听懂的少数民族古典作品以现代语文为载体走进大众。

此外，东巴文献还面临一个如何创新和丰富其内容的问题，从东巴古籍的内容来看，它是随着社会历史的发展而不断在丰富和发展，没有停留在某一个阶段而停滞不前。所以，随着今天社会文化的巨大变迁，社会和人生活也产生巨变，人们面临着各种新的困惑、疑难和挑战。所以，东巴文献如何与时俱进地增进新的内容，也是需要思考的问题。比如，东巴文献有很多包括《神鸟与署之争斗》（《修曲署埃》）这样反映人与生态环境矛盾的经典作品，而今天的环境问题，仅仅只有这些作品是不够的，东巴怎样在经典的基础上结合当前的实际环境问题增加新的内容，产生当代的原创吟诵作品，这是需要每一个东巴和民间歌手都认真思考的，东巴文化本身是一条活水长流的河，要有一种结合社会实际吐故纳新的机制，让东巴文化那种不断吸纳新的精神养料的传统保持下去，不断丰富哲理、伦理等方面的内容，让它焕发出当代的精神和生机。

原载《云南社会科学》2016 年第 5 期

东巴教的"派"或"教派"刍论

人类的多种人为宗教都有教派和派系,各民族的民间信仰是否有类似的教派和派系,这方面的研究迄今不多。纳西族的东巴教是一种形态特殊的民间宗教,[①] 东巴教是否有教派和派系,一些学者认为是有"派"和"派系"的,下面对相关的观点先略为介绍。

一 学术界对"东巴教派系"的几种分类

我们先来梳理一下一些学者所提出的东巴教的"派""派系"的观念和分类。

最早提出东巴"派"这个概念的,是李霖灿先生,他在 20 世纪 30—40 年代期间在纳西族地区进行东巴象形文字的调查研究工作,最早提出"北地派""北寒派"等概念,[②] 但他的此论大都是就象形文字及东巴经典的分布和发展变异、数量和特点而提出来的,而不是从东巴教的宗教意义上来论析派别。

(一) 分类一

和志武、郭大烈先生认为,纳西族居住区域基本上是连成一片的,但因各地经济文化发展和语言、地域差异,又有不同的支系,与此相应,东巴也分为不同的支系和派别。他们根据 1983 年春在丽江召开的东巴达巴座谈会上所了解到的情况,做了如下的"东巴派系"分类。

[①] 杨福泉:《关于东巴教性质的几点新思考》,《宗教学研究》2014 年第 3 期。
[②] 李霖灿编著、张琨标音、和才读字:《麽些象形文字、标音文字字典》"引言",云南民族出版社 2001 年版,第 43 页。

纳日人达巴①

纳日人主要分布在宁蒗和四川盐源、木里等县，他们称东巴为达巴，达巴没有文字，只有口诵经。永宁达巴口诵经约有30种，丽江奉科乡（今属玉龙县）达巴口诵经约有20种，木里项脚达巴口诵经也有20种左右。达巴与纳人生产生活关系极为密切，婚丧嫁娶、祭"署"（大自然之神）祈雨、禳病除凶，都有达巴参与。达巴的法器有海螺、皮鼓、板铃、法杖、大刀、五佛冠、长袍等。比较特殊的是"巫棒"（拓木），用杜鹃木做成，长约27厘米，每面均宽2厘米，四面刻有动物、星宿、宝物等各种图形约60多种。达巴做法事时，将"巫棒"上的图案压拓在面团上，然后丢入所烧的"天香"（刺柏枝等）之中。木里项脚纳日人达巴一般要学15—20年才能出师。学习时间是每年农历九月到次年正月，学了以后，要跟同师父从事一段时间的法事。当地达巴传承最多可上溯到六代，六代以前就记不清楚了。

纳恒人的哈巴

宁蒗县和永胜县有一部分说东部蒗蕖土语的纳恒人②。据王承权、李近春、詹承绪等先生在宁蒗县红桥公社比衣村、大兴公社新民村调查，当地创造了达巴外，还有一种哈巴。一般群众祭祖、结婚、出殡多请达巴，驱鬼、跳神、消灾除病多请哈巴。哈巴和达巴并无多大差别，只不过哈巴有藏文经书，有菩萨像。传说古时当哈巴的人曾到蘑菇草地哈巴学校学习，返回途中因风雪所阻，缺乏食物，被迫把用猪皮写的经书来煮食充饥，结果只留下来口诵经。

根据洛克的研究，摩梭（纳人）的哈巴（ha ba）是普米族男巫师"仓巴"（ts'amba），这个宗教派别起源于莲花生（Padmasambhava）时代（8世纪）的宁玛巴教派（藏传佛教）。但他们没有寺庙，在野外举行仪式。在永宁和木里，都有哈巴。在1929年，还有少数一些哈巴。他们和达巴不同，有写在很厚的纸张上的手稿。他们有时在村子外面的野地里树立大的祭树，举行用这祭树"顶冰雹"（顶住可能来的冰雹之灾）的仪

---

① 居住在云南省宁蒗县永宁、翠依，四川省盐源县、木里县的雅砻江流域和泸沽湖畔的纳西人自称为"纳"或"纳日"（或音译为"纳汝"），所以，和志武、郭大烈先生所说的"纳日人"应该包括现在所称的"纳"和"纳日"二者。

② 居住在宁蒗县北渠坝和永胜县獐子旦的纳西族自称"纳恒"。

式。在木里，他们也被称为"仓巴"（Ts'a-mba）①。

拉惹人达巴

据和志武、郭大烈先生1982年的调查，木里县项脚公社拉惹人有63户，385人，语言、风俗习惯、迁徙路线等方面都与当地纳日人有许多差异。他们也有自己的达巴，起祖是高英格若迪，第四代分为韩、田、杨、胡、罗五姓达巴，其中田姓达巴已传13代。拉惹人达巴口诵经内容与纳日人达巴略同。

阮可人东巴

阮可（rer ko，又音译为"汝卡"）人主要居住在中甸县（今香格里拉市）东南部，三坝乡东坝大队（行政村）约有70余户，多数姓习，少数姓和。此外，白地大队吴树湾、洛吉公社阁迪也有阮可，总共约300户，现已操西部方言。

丽江大东乡（今属丽江市古城区）吉潘克空和恒纳等村也有阮可，据说是从鸣音乡的妥冷初搬来，那里有个村叫"阮可其里"，想必是原来阮可居住的地方。宝山公社（乡）宝山大队永绿湾古时也是阮可村，自称祭战神阮可人，现操西部方言。

据阮可东巴习佑才先生讲，中甸东坝阮可过去也是祭战神，后才改为祭天。凡阮可人家举行祭祖、开丧、超荐三种仪式，都由阮可东巴主祭。用于开丧、超度的阮可经叫"阮可祭"，约有30种，借用纳喜（纳西）字，但也有少量阮可字。用松明做神主木偶，而纳西人用松枝。

据大东巴和玉才先生讲，当地阮可原来也姓习，后来有的改为谷（"习"，在阮可话里就是"谷子"意思），有的改为和，现在与当地纳喜无多大区别，白水大队阮可也请道士念经。②

据笔者在1989年的调查，吴树湾村约有50户阮可人，他们属"阮可祭天群（派）"，全村阮可人有一个祭场，由一个祭天东巴主持仪式。他们的祭天仪式与纳西族其他祭天群有一些差异，他们在正月初九举行祭天仪式后，即于第二天在家中举行祭战神（胜利神）仪式。阮可人所祭的

---

① Rock, J. F., *Contribution to the Shamanism of the Tibetan-Chinese Borderland*, in Anthropos 54, 1959.

② 和志武、郭大烈：《东巴教的派系和现状》，《东巴文化论集》，云南人民出版社1985年版，第38页。

战神（胜利神）即他们的十二代"父子连名制"的远祖。相传这些祖先与敌人拼死战斗，经历千险万难，取得胜利，争得了阮可人生活的地盘，因此阮可人把他们作为战神祭祀。①

三坝乡纳西族学者杨正文（纳罕人）认为，"汝卡"（即阮可）是白地一支古老的氏族，其东巴经师自称"汝卡东巴"。此支系仅限于吴树湾村，别的九个村无此传人。因此，他认为《东巴教的派系和现状》一文中用"阮可东巴"替代白地派东巴是不够全面的。据调查，民国初，白地的东巴人数，约有150人，当时全乡纳西族人数不逾4000人，平均20人中就有一个东巴，相当于现有总数的46倍②。

拉洛人（鲁鲁人）东巴

拉洛人认为自己是纳西族，拉洛是自称，其意为"如虎过山那样迁徙"，他称为"鲁鲁"。和志武、郭大烈先生认为，拉洛可能是《元史·地理志》所说的"卢鹿蛮"的后裔，但由于长期与纳喜杂居，生活习性和语言与纳喜一样。据拉洛东巴和耀先讲，拉洛在丽江分布较广，太安、七河、拉市、鲁甸、塔城、龙山、鸣音等公社都有，估计约有1000户，5000多人。

拉洛东巴念的是纳喜东巴经，唯拉洛老人死后，非请拉洛东巴不可。拉洛东巴做开丧超荐时念的经与纳喜东巴不同的有两本：《赐礼物》（《献牲》）《送法杖》。

拉洛属于"古商"祭天群，在腊月二十四开始祭。以小家庭为单位举行，祭天木偶用松树五棵和"许登"树六棵，而且全村只能在固定一棵树上取，木偶要放在进门那边的墙洞里，每饭必须祭一次，还有《献饭经》一本，念拉洛经用拉洛话。

笔者曾多次去丽江塔城乡（今属玉龙县）进行田野调查，该乡的洛固行政村是鲁鲁（路鲁）人聚居之地，有18个自然村，231户1251人，其中30%为藏族，60%为纳西族，10%为傈僳族。洛固山高谷深，海拔多在2700米左右，最低海拔也有2000米。村落分布极散，大多坐落在极陡的山坡上稍微平坦一些的地方，自然村多则十几户，少则五六户。交通闭

---

① 杨福泉：《中甸县三坝乡白地阮可人的宗教礼俗调查》，《纳西民族志田野调查实录》，中国书籍出版社2008年版，第76页。

② 杨正文：《最后的原始崇拜——白地东巴文化》，云南人民出版社1999年版，第149页。

塞，气温低，霜期长，主产苞谷、小麦，经济林木胡核桃、漆树、药材等。

在洛固的纳西族中，约有80户自称是"路鲁"（lvl lv，也音译为鲁鲁）的纳西人，散居于各个自然村落中。相传他们是四个纳西古氏族梅、禾、束、尤中梅氏族的后裔，其祖先从南山迁居塔城依陇，一部分又从依陇迁到洛固，多是因躲兵等原因而迁居于此。据路鲁东巴和玉顺讲，他的祖先从南山迁到依陇已历四代，从依陇迁到洛固已历三代。他还说路鲁人有白路鲁和黑路鲁之分，洛固的路鲁都是白路鲁，至于属黑路鲁者现在何处，他也说不清楚。相传在丧礼中把死者的胁部朝着家神龛（生命神的神龛）放置的（即把棺木垂直放于家神龛方向）的是黑路鲁，把死者与家神龛方向平行放置的是白路鲁。前者称为"尸伙祀愣达"，即"死者之胁朝着家神"之意；后得称为"尸肯祀愣冲"，为"死者之脚伸向家神"之意。

路鲁人的东巴经多与其他纳西人的东巴经相同，只是在丧礼中念的两本经书很独特，以书虽用纳西象形文写成，但必须用"路鲁语"念，一册是《开路经》，题名《斋富》；一册是《杀羊经》，题名《余扩》。其他纳西东巴对这两本经书的内容一无所知。相传路鲁人的这两本经书是从一个叫"腾磁波"（tei cee bbuq）的地方学来，路鲁人远祖父为纳西，女为傈僳，因为这两本经书是舅舅写下的，因此变了音。目前洛固能读这两册经书并释其大意的只有路鲁东巴和玉顺一人，其他地方的一些纳西东巴说这两本经书是用傈僳语念的，但和玉顺及另一路鲁东巴和瓦若都否认这是傈僳语，究属何种语言，尚待考证。[①]

堂郎人东巴

丽江县太安公社红麦大队过去称堂郎坝，有堂郎人150多户，800多人。妇女服饰略同于七河白族，男的像汉族，有自己的语言，不同于彝话，部分人通白话和纳西话。过去有东巴，有象形文的《开路经》，但用拉洛话读，据说是从白汉场拉洛东巴东布家抄来的。开路时他是这样念："你家三代在前面，你在路上不要左转右转，你要在路正中央走。"堂郎人还有无经书的巫者桑尼。

[①] 杨福泉：《丽江县塔城乡洛固行政村纳西族"路鲁"人的婚丧习俗》，杨福泉：《纳西民族志田野调查实录》，中国书籍出版社2008年版，第76页。

此外，丽江与鹤庆交界的安乐坝、沙子坪有100多家"汉鲁鲁"，与丽江拉洛和堂郎人不同，但与拉洛人通婚。正月初三祭天，请桑尼不用东巴。据说人死后，棺材要在岩洞里放一段时间。

纳喜人[①]东巴

纳喜人占整个纳西族人口的5/6，绝大部分在丽江县，但随着社会的发展和汉族文化的影响，东巴逐渐退守山区。据和志武与郭大烈先生的初步了解，他们认为纳喜人东巴又可以分成四个派别[②]。

1. 白地派（北地派）

最早提出"北地派"的是李霖灿先生，他在《麽些象形文字、标音文字字典》引言中也提到了"北地"派（即白地派），他说："另一支麽些人由木里永宁之西向北地过金沙江而至丽江，此一支在无量河下游一带发生文字，至北地一带更发扬光大，遂成为麽些文字之正宗。至丽江一带时，其经典已达千部之多，是为北地派。"他还指出："无论北地一带及若喀（阮可）地区，皆只有象形字而无标音字，向南渡过金沙江后，如剌宝（今玉龙县宝山乡）东山一带，尚仍不见音字之出现，直至丽江坝区之附近方见有此音字。"[③]

中甸县（今香格里拉县）三坝公社（乡）白地（行政村）古有"东巴圣地"之称，传说著名的白水台是东巴教祖师丁巴什罗的坐处，阿明灵洞是另一祖师阿明的修行处（阿明属于古氏族"叶"支）。白地因交通闭塞，受外来文化的影响较少，因此这里保存的东巴经书和学问高深的大东巴也比较多，所以丽江东巴有"不到白地，不算大东巴"的说法。白地东巴经只有用象形文字写的，而没有用标音文写的；经书中也没有《大祭风经》，只有《小祭风经》；东巴舞中也没有刀舞。由于土语差别，读经也有自己的特色。

2. 宝山派

丽江宝山、奉科、鸣音、大具（属古宝山州，今属玉龙县）是纳日、

---

① "纳喜人"，和志武、郭大烈先生在他们的调研报告中采用了李近春先生的建议，在说到纳西族各个支系时，用"纳喜"一词来指称"纳喜"、主要聚居在丽江市古城区、玉龙县的纳西族人。

② 和志武、郭大烈：《东巴教的派系和现状》，《东巴文化论集》。

③ 李霖灿编著、张琨标音、和才读字：《麽些象形文字、标音文字字典》"引言"，云南民族出版社2001年版。

纳喜、阮可、鲁鲁等支系杂居之地，那里的傈僳族也学东巴，各民族相互有影响。同时该地属于经济文化比较落后的山区，佛教、道教势力达不到，近代外国传教士在大具虽建过教堂，但由于各种原因信的人很少。因而该地东巴势力比较大，仅宝山公社（乡）宝山大队（行政村）在中华人民共和国成立前就约有40名东巴。在这一派东巴中占卜盛行；另外，因土语关系，宝山话缺少声母zz、rh、f，所以读经腔调不同；该派也没有标音字。

3. 白沙派

白沙（今属玉龙县）是木氏土司的发祥地，属古氏族"叶"（yeq）支，是古代通安州之地。白沙派东巴分布在丽江坝，主要在五个片：一为白沙，相传出过大东巴"久知老"（jjeq rhi lal），和诚也很出名；二为文笔、长水片，有和泗泉、桑尼才等大东巴；三为贵峰、良美片，有著名东巴和文灿；四为五台片，有著名东巴和士贵、和芳等；五为大研镇，比较著名的东巴有和凤书等。丽江坝因经济文化发展水平较其他地区高，因而东巴经类别和数目多，也有标音文字，绘画水平比较高，舞蹈也很发达，而且还出过一些有学问的东巴，如和泗泉研究象形字和标音字，和宗道、和士贵、和芳等帮助学者翻译和研究东巴经。

4. 太安鲁甸派

太安（今属玉龙县）汝南化村是著名的东巴之乡，村后也有一个"什罗灵洞"，出现过著名东巴康爸才、青爸严。鲁甸纳喜人传说是从太安迁过去的，东巴也学自太安，那里"借威灵"（rherq zail）仪式也请康爸才去主持。塔城乡依陇等地与鲁甸地域相连，也是同一派。近代这派东巴比较多，出现著名东巴和世俊、和文裕、和文质等。这一派中象形字和标音字并行。

（二）分类二

和力民先生也认为东巴教有"派别"，但对东巴教的派别则有不同的分类，他认为，和志武、郭大烈基本上是以不同支系的东巴来划分东巴教的派系，将东巴教分为七个派系（如上所述），并在纳喜（纳西）东巴派系之下又分为白地派、宝山派、白沙派、太安鲁甸派等四个小派。和力民认为，支系是形成东巴教教派的一个主要方面，但不是绝对的。派系应当主要以其祭祀信仰群体、祭仪、语言、经典、文字、习俗等方面有无独特内涵和风格为标准。东巴教的派系是东巴教文化在不同的人群、不同的地域、不同的传承、不同的环境下形成的不同特点的文化系统。他认为,综合地分析,丽江的白地、宝山、白沙、太安、鲁甸等地的东巴属于有地域性的文化特色和文化发展的差异性,但应当与东巴教的派系分别而论,他的观点是认为他们不应简单地划归为独立的"派别"。和力民还认为,纳恒人的哈巴是使用藏文经典者,纳恒人中还有达巴,因此,纳恒人的哈巴不该列于东巴教的派系中①。

和力民根据民族支系的情况,参考李霖灿先生等人的一些观点,将东巴教分为如下九个派别。

纳亥(即纳罕)纳西派

所谓的纳亥纳西派,是指从自称为纳亥和纳西的这支纳西族直接传承下来的。纳亥纳西族东巴教信仰者,是操西部方言的自称"纳亥""纳西"的纳西族。这个派别和和志武、郭大烈分类的"纳喜"派基本一致。主要分布在中甸县(今香格里拉县)的白地、东坝、金江、上江,丽江县(今古城区和玉龙县)全境,维西县的托丁、攀天阁、叶枝等,以及丽江市永胜县的大安、顺州等,木里县的俄亚乡、盐源县的左所区(现在的泸沽湖镇)大孜(达住)村等。纳亥纳西派的东巴教坚信东巴教第二祖师阿明什罗曾在白地灵洞修行,他们以阿明修行的灵洞为圣地加以崇拜。这派东巴有坚持朝拜圣地白地的传统,所以也被称为白地派。这个派系的东巴一生中努力到白地朝拜阿明灵洞,接受白地和东坝有威望的大东巴做"加威力"②仪式,向白地和东坝的东巴学习经文仪轨和东巴教教义等。纳亥纳西派东巴以到过白地和东坝,在那里举行过"加威力"为荣。这个传统使纳西纳亥派的东巴一直与白地和东坝的东巴教保持着密切的联系,所以,在历史上,纳亥纳西派在仪式、经典和教义上有较多的交流和传播。纳亥纳西派东巴教是纳西族东巴教中历史久远、覆盖地域最广、占

---

① 和力民:《论东巴教的派系及其特点》,白庚胜、和自兴主编《玉振金声探东巴——国际东巴文化艺术学术研讨会论文集》,社会科学文献出版社 2002 年版。

② "加威力",有的也译成"加威灵",纳西语称为"汁在"(rherq zail),"汁"(rherq)即意为"威力""灵异之力",包括了降鬼镇怪的威力。纳西人称一个东巴厉害,会说"汁衣"(rherq yi),意为"有威力、威灵"。参看杨福泉《略论纳西族东巴教的"威灵""威力"崇拜》,《思想战线》2011 年第 5 期。

有人数最多、影响力最大的一个派系。①

我们在上文引述了李霖灿先生在《麽些象形文字、标音文字字典》引言中提到北地派（即白地派），其中说到"另一支麽些人由木里永宁之西向北地过金沙江而至丽江，此一支在无量河下游一带发生文字，至北地一带更发扬光大，遂成为麽些文字之正宗。至丽江一带时，其经典已达千部之多，是为北地派"②。李霖灿称之为北地派，和志武、郭大烈先生也将其划分为独立的一派；而和力民先生是把北地（白地）派划归到纳亥纳西派中。

白函派（北寒派）

李霖灿先生在《麽些象形文字、标音文字字典》中提出了一个"北寒派"的概念。他说："当迁徙到木里时，麽些（纳西）人分做两支：其中一支由木里经前所而向永宁，这一支麽些人未发生文字，其分布区域向东直至盐源、西昌一带，迄今尚未向南渡过金沙江。现以永宁为中心，其巫师口诵之经咒与象形文经典中所记录者相同，虽不能无小出入，但不妨碍大体，可知此两支人分离尚不太久。曾记在左所（盐源县属）令一巫师背诵洪水前人类世系，前表所列为六代者，便只剩有四代，由此可见此种不完全之文字已确有其不少之功用也。此一大支中有极少数人零星渡过金沙江散布在沿江一带，因受当地象形文字之影响，亦已文字记录其传说余闻，因繁简有异，自成为以小支派，名曰"北寒派"（bber haiq），迄今其经典不过二三十册，是为麽些象形文字经典之外支。"③

和力民提出的"白函派"即李霖灿先生所说的"北寒派"，但作了进一步的阐述，他这样解释此派，说白函派是指自称为"白函"的这部分纳西族所信仰的东巴教派系。属于白函派的纳西族的迁徙路线，与纳亥纳西派纳西族的迁徙路线走向大体一致，但有些具体区别。白函派东巴教仪轨及经典也有别于纳亥纳西派东巴教，有自己的特点。特别是开丧、超度仪式，就有较大区别，而且，白函派东巴教在古代还有祭地的传统。就目

---

① 和力民：《论东巴教的派系及其特点》，白庚胜、和自兴主编《玉振金声探东巴——国际东巴文化艺术学术研讨会论文集》，社会科学文献出版社2002年版。

② 李霖灿编著、张琨标音、和才读字：《麽些象形文字、标音文字字典》"引言"，云南民族出版社2001年版。

③ 同上。

前所掌握的资料分析，自称"白函"的纳西族，主要分布在丽江的金庄、巨甸、塔城、中甸县（今香格里拉县）的三坝以及维西县境。白函派东巴教，如今处于衰落状态，但在古代，曾有过兴盛的时期。东巴教经典中记载："音股有十二条沟壑，十二条沟壑里都住着白函人。""音股"即丽江县的金庄乡（今属玉龙县）的地名。说明金庄乡这地方，古代曾是白函人居住之地、白函东巴教盛行的地方。

达巴派

此派亦可称为"纳日派"，指纳西族东部方言区自称"纳""纳日"（摩梭）的支系的达巴，和力民称之为"达巴派东巴教"，亦称为达巴教，主要分布在盐源县、木里县、宁蒗县和丽江玉龙县的奉科乡。达巴派纳人（纳日）祭司达巴只有个别少数的几本图画文字占卜经和记事经，保持着凭记忆口诵经语的传统，主要是口耳相传。达巴主要以纳人聚居最集中的宁蒗县永宁乡为中心。1983 年在丽江召开的"东巴、达巴座谈会"上，曾有来自丽江奉科的两个达巴来参加。在 1999 年举行的中国丽江国际东巴文化艺术节期间，有来自盐源县、宁蒗县和丽江县奉科乡的六个达巴参加了学术会议和艺术节活动。

阮可派

阮可派东巴教主要分布在被称之为"阮可"（rer ko）的纳西族居住地区。"阮可"原意指江边河谷地区，可能是因这个支系的纳西族早先居住在金沙江峡谷区而得名。和力民提出，阮可这个支系的纳西人自称是"习"（xiq）这个支系的后裔，"习"支系不属于纳西族四大古氏族梅、伙、束、尤。

而据我在 1999 年在三坝与阮可大东巴习阿牛父子的访谈记录，习阿牛说：阮可人是住于"阮堆"（rer ddiuq）的人，"阮堆"即指靠近江边的地方。在"趣"（ciul）与"习"（xiq）这一代，阮可属于"束"（氏族），是"趣汝路汝"（ciul ru lul ru）的后裔。他们属于"古展"（ggv zzaiq）祭天群。他的二儿子习世林（东巴名为）也说，他们村子的人有习与和二姓，习姓村民属于古展（ggv zzqiq）祭天群，和姓属于"普笃"（pvl dvq）祭天群①。习阿牛还对我说，很多纳亥人东巴不懂阮可人的东

---

① 纳西族主要有四个祭天派（或译成祭天群），是从素、尤、梅、伙四个纳西古氏族发展而来，称为扑笃、姑徐、姑闪、姑展，其中扑笃是最大的祭天派。

巴经，在三坝流行一句话：阮可空都迪（rua ko ku ddu ddeeq），意思是"阮可人的礼俗大（复杂）。

据杨正文先生的资料，香格里拉市洛吉乡境内约有200户阮可人，三坝乡的东坝、白地两个行政村约有100户阮可人，丽江与洛吉乡接壤处亦有部分阮可人。阮可人居住的地方，正处于纳西族先民从北向南迁徙到云南后的上半段地区。从杨正文所举的一些阮可象形文字看，比较古朴拙稚。

据笔者在1989年和1991年的调查，吴树湾村约有50户阮可人，据阮可东巴久嘎吉、和占元讲，他们属"阮可祭天群"[①]。由此看来，对不同区域的阮可人的族源以及他们的祭天派别，还应该做更为深入的调查研究。

露鲁派（鲁鲁派）

和力民所分出的这一派，与和志武、郭大烈所分的"拉洛人（鲁鲁人）东巴"相同，露鲁派东巴教主要流传在东巴教露鲁支系之中，露鲁人（鲁鲁人）主要分布在丽江市玉龙县的太安、七河、拉市、塔城、龙山（今属丽江市古城区）及鸣音乡等地。

二 辨析东巴教的"派"与其他宗教的"教派"不同

东巴教根据其信众的迁徙历史、聚居的区域分布、语言、习俗等方面的差异，形成一些不同的区域特点，反映在东巴教仪轨、教义、典籍乃至文字等方面，形成各自的不同特点，我们可以分析它们各自的特色和差异，但是否可以称之为"派"或派系呢？笔者认为，这样的"派"和"派系"的说法是不准确的。

我们先来看一下宗教学对"教派"的定义，《宗教大词典》对"教派"的解释是这样的：

教派（Sect），从一种较大的宗教团体中分裂出来的小团体。一

[①] 杨福泉：《中甸县三坝乡白地阮可人的宗教礼俗调查》，杨福泉：《纳西民族志田野调查实录》，中国书籍出版社2008年版，第76页。

般对其母体具有敌意，与世俗社会亦多对立。自认为其信仰是唯一真正的信仰，并负有恢复宗教真面貌的使命。常从字面上解释经典，强调来世的报偿。其领导一般都未受过严格教育，其成员一般为具有信仰变化体验的成年人，而非从小受家庭信仰影响者。要求其成员具有绝对服从的精神。在教派中，有强烈的共同情感与宗教上的自我认同感。新教派的出现往往是诸多因素相互作用的结果。其中最重要的是宗教上的因素，例如原宗教团体不能满足意见不同者的宗教需要，其信仰与活动缺乏吸引力等。在社会因素中，最重要的是与经济相关的社会阶层因素，教派成员一般都出身下层，因而在经济危机时期，新教派最容易出现并得到发展。①

显然，各个地区纳西族支系的东巴教信仰虽有差异，但还没有上述宗教学所说"教派"的特征。笔者在调研中了解到，东巴教内部没有如佛教、道教等宗教的"教派"，东巴也没有自己认同的"派"和"派别"。历史上也没有过"教派之争"。所以探讨东巴教的所谓"派"和"派别"，和我们研究藏传佛教的格鲁派、噶举派、宁玛派、萨迦派，汉传佛教的禅宗、天台宗、华严宗、净土宗以及道教的全真派、正一派等等，是有很大差别的。本文所引诸位学者对纳西族各地的东巴教做了一些研究，根据它们的一些区域特点和差异将其称为"派"或"派系"，是否适合用这样的术语来指称东巴教在纳西族不同支系和不同区域之间的差别和特点，我觉得是不太合适的。

关于这个"派"和"派系"的概念，在纳西语中，有个可以参照比较的是"祭天群"的"群"，纳西语称为"化"（hual），有"群""群体"的意思，美国人类学家孟彻理（Chas Mckhann）用祭天"派别"（faction，其含义为派别、宗派等）一词指称纳西各有名称的祭天群，每个这样的群体分别在阴历正月的不同日期举行祭天仪式。他认为，洛克时称这些群体叫"氏族"②。在汉文献中，这些群体被称为"祭天群"。在这个特定的语境中，用"氏族"一词会造成混淆，因为纳西族也有理论

---

① 任继愈主编：《宗教大词典》，上海辞书出版社 1998 年版，第 378 页。

② Rock, J. F., *The Muan-bpo ceremongy or the sacrifice to heaven as practised by the Na-khi*, Mounumenta Serica, Vol. xiii. 1948.

上基于继嗣的群体，它们建立于父系世系群的基础之上。另一方面，"祭天群"这一称谓并不能清楚地区分这些各有名称的大的祭天"派别"和地方上的各个祭天"群体"（李霖灿又用了"祭天社团"一词）之间的不同。纳西人的祭天群体绝大多数都分别归属于主要的四个祭天派别，它们是：扑笃（Pvl dvq）、姑徐（Gv hiuq）、姑闪（Ggv shaig）、姑展（Gv zzaig）。孟彻理论证说，尚未有人对这四个主要祭天派别人数作过统计，但普遍公认的是，"扑笃"是最大的派别，可以肯定它有数万成员，或许有数十万之众。仅次于"扑笃"的祭天派别是"姑徐"，比这两个派别小得多的是"姑闪"和"姑展"派别。[①]

孟彻理讲这个"化"（hual）解释为"派"有一定的道理，因为纳西人的村寨一般都会有几个祭天群体，即"化"，这是最初基于父系亲族继嗣群而形成的祭天群，但每一个"化"都会自我认同属于上述几个大的派别。从这个意义上比较，各地东巴则没有各自认同的一个东巴教的"化"（hual，即群体或派别），上述的"派"这个词是学者们用汉语词汇来进行归纳的。

从东巴教发展的历史看，各地都有一些区域特点，但对具有渊博知识的东巴，各地东巴还是有共识的，比如香格里拉市三坝乡白地的东巴，因为他们过去历来都是被各地东巴所推崇的，比如李霖灿先生讲到的"北地派"，都是被各地东巴所推崇的，他们不是推崇一个"教派"的经书和仪式等，而是推崇这里知识渊博的东巴多，愿意来拜师学艺，来请当地的东巴、大师为他们举行"加威灵"（rherq zail，汁在）仪式。[②] 在这一点上，尽管存在一些诸如方言、经书和具体仪式的细微差别，但都不成为相互学习的障碍。各地东巴教没有受到"派别""派"在宗教观念、教义、仪式和经书等的影响，因为在东巴教的语境中，是没有"派"和"派别"这个概念的，所以也不存在如其他一些人为宗教的"教派"比较复杂的约束和影响。

但我们承认东巴教在其教义、仪轨、经典等方面，有地区性、族群性（或支系）的差别。信众也有区域性的认同，有的差别还比较大，比如各

---

① 见 Charles Fremont Mckhann, *Fleshing Out the Bones: Kinship and Cosmology in Naqxi Religion*（其博士论文）。
② 杨福泉：《略论纳西族东巴教的"威灵""威力"崇拜》，《思想战线》2011 年第 5 期。

地自称"纳西"支系的东巴和"纳"支系（包括纳、纳日、纳恒等）属于纳西语东部方言的支系的达巴，无论从教义、经籍、仪轨等方面来说，二者虽有共同点，但差别是比较大的，是同源异流的宗教。本文所引上述学者提到的各个东巴教的"派系"，在仪式、所用经典以及一些宗教礼俗方面都有一些各自的特点：各地东巴有特有的仪式、经书，比如阮可（又音译为汝卡）人的东巴教仪式中重视祭战神（祭胜利者），甚于祭天，路鲁人在丧仪上咏诵与其他地方的东巴不同的经书；有些地方的东巴还有所使用的象形文字的差别，比如维西县自称玛丽玛莎的纳西东巴的"玛丽玛莎"象形文字、阮可（汝卡）纳西人的"阮可字"等，还有不少地方没有"格巴"（ggeq bbaq，音节文字）文书写的经书。但除了纳人（摩梭人）的达巴与纳西、纳亥人的东巴教有比较大的区别外，其他各地的东巴教的差别并不很大。

可以说，尽管纳西东巴教由于支系渊源、迁徙、居住的区域性、文化的变迁等因素而形成了一些差异，但东巴教没有如其他人为宗教那样的"教派"和派别，没有东巴自我认同的一种"教派"，本文所引几位学者所分的东巴教的"派系"，我觉得是一种学者根据其不同特点、民族支系、语言习俗、仪式和各种宗教行为的差异而进行的分类，只能视为是一种区域性的分类，而不宜用"派"和"派系"来说明，更不宜和基于对教义教规的不同解释理解、教规的差异等而形成的"教派"等同。

三 "派"的研究对深入理解东巴教的学术意义

宗教教派现象的产生由来已久，几大世界宗教如此，在我国宗教界也不例外。宗教教派的产生有久远的历史，是宗教在发展过程中的一种比如现象。世界几大宗教都有教派。而本文提出的东巴教的教派问题，则为探究原始宗教（或原生性宗教）教派提供了一个线索。

笔者虽然认为上文所引学者们所论的东巴教和"派"及"派系"还不妥当，东巴教还没有分出教派，纳西族各个支系和区域的东巴教虽然有差异和各自的特色，但还没有分化出对宗教思想、宗教禁忌、教规教义、仪式体系等有较大分歧的"派"或"派系"。

虽然尚未分化为"教派"，但各个支系和地区性的差异是存在的，但各地的信徒对东巴教各种观念、仪式等的解释和理解还没有形成重大的差别，加上东巴教也还没产生宗教组织和职业性的教徒，还没有形成系统的信条化、教义化与信仰体系，没有形成促成教派和派系的宗教信仰的内在力量和社会因素。如果在教义教理方面形成了更为形而上的信条和教义（doctrine）等，就会产生因为对这些内容的解释和理解不同而逐渐形成教派。笔者在20世纪90年代参加了《中国原始宗教资料丛编·纳西族卷》的编撰工作，进行了较长时间的田野调查，之后也看到了其他民族原始宗教的不少资料，各民族的原始宗教（民间信仰）形成教派的极少，但区域和民族内部支系的差异则是普遍存在的，各地东巴对经典的解读和阐释也形成了一些差异。

对东巴教"派"和"派系"进行研究，实际上是对纳西族地区和民族内部支系形成的差异性的研究，这种研究的学术意义在于具体分析这种差别和形成差别的原因，有利于从环境差异、历史变迁和社会形态等诸多方面对东巴教的多样性进行深度的分析，从而发现更多的深层意义。比如阮可（汝卡）支系东巴教为什么重视祭祀"胜利神"（或胜者，嘎本）甚于祭天；路鲁人用傈僳和纳语混合的语言咏诵的经书与他们的一些传说的关系；一些祭祀仪式上对妇女参与的禁忌习俗在不同地区纳西人中的差异；纳西宗教专家东巴和桑尼的差别和两者的互相影响乃至融合；各个地方东巴文字的差异和使用的一些区别；象形文字（斯究鲁究）和音节文字（哥巴文）使用的地区性特点；纳人（摩梭）的达巴为什么没有文字书写的经书等诸多问题，进行深入的对比研究后会有更多的发现。通过对这些差异的探究，可以探寻各民族的民间信仰民间宗教发展到更为复杂的人为宗教过程中逐渐产生教派的轨迹和促成因素。

原载《宗教学研究》2018年第4期

多元因素影响下的当代"纳族群"认同及变迁

一 研究纳族群多重称谓与认同的学术意义

目前，云南与四川交界地区的"纳"族群（有的学者又称之为"纳系族群"），包括居住在云南省丽江市玉龙纳西族自治县、古城区、纳西傈僳族自治县、永胜县、四川省木里藏族自治县俄亚、盐源县达住等地的纳族群自称"纳西"（naq xi）[①]；居住在云南省宁蒗县永宁、翠依、四川省盐源县、木里县的雅砻江流域和泸沽湖畔的纳族群自称为"纳"（naq）或"纳日"（naq ssee，或音译为"纳汝"）；居住在宁蒗县北渠坝和永胜县獐子旦的自称"纳恒"（naq hi）。在上述自称中，以纳西、纳日、纳罕、纳恒几种称谓居多，特别是自称纳西的人占纳西族总人口的5/6，因此，经国务院批准，除了四川省盐源县、木里县的"纳"被识别为蒙古族之外，其他纳族群则在1954年正式定族称为纳西族。"纳"一词有"大""宏伟""浩大""黑""黑森森""黑压压"等意思，"西""日""罕"等皆意为"人"，所以，上诉几个纳族群的本族语认同称谓意皆为"纳人"。

据四川资深民族学家李绍明先生所论，在新中国成立初期，四川境内的"纳日"，未经过民族识别，沿用了某些上层人士的说法，被称为"蒙

[①] 本文系2011年国家社科基金重点项目"国家哲学社会科学重点项目：'纳西东巴文献搜集、释读刊布的深度开发研究'（项目编号：11AZDO73）中关于纳族群宗教典籍和文字研究的阶段性成果。

本书中所用纳西语拼音字采用1957年设计、1981年修订的拉丁字母形式拼音文字《纳西文字方案》。

族"或"蒙古族",虽然 1962 年四川省志民族志调查组和 1969 年四川省民委民族识别工作组,先后两度对"纳日"人进行了民族调查,但在民族内部进行族称的协商工作尚未进行,故这一族称一直沿用至今。①

据云南省社会科学院牵头的《未识别民族存在的突出问题和对策研究》课题组在 2009 年的调研,1960 年,四川省民族志调查组对盐源、木里的"纳日"人进行了调查,课题组撰写的《关于盐源、木里"蒙族"的识别调查小结的报告》中得出的结论是,他称为"摩梭"的"纳日"人,实际并非"蒙族"而是纳西族的支系,但当时并未以合法的手段进行确定,"纳日"人的族称问题就被搁置了。1979 年,四川省民委派遣工作组对盐源、木里、盐边三县进行调查,确认了 1960 年的调查结论完全正确,但考虑到关于民族成分的意见分歧,1981 年四川省的民委派遣代表到云南进行协议。当时的最终意见是:第一,两省的民族事务委员会根据国家民委的要求再度进行关于"纳日"人的调查,并在此基础上召集"纳西""纳日""拉惹"支系的代表对族称问题进行协议;第二,协议行使之前,四川省对于认同于"纳西""蒙族""蒙古族"人的族称维持现状。②

纳族群无论从社会形态、宗教、文化还是从当代的旅游发展等诸多方面都广泛地受到国内外学术文化界的关注,成为国内外人类学家关注较多的一个族群。审视纳人当代的族群认同及其促成变迁的因素是很有意义的,从中可以看到政治、社会情境和文化变迁对一个民族或族群的自我认同和文化认同会带来的各种影响。本文对此略为论述。本文宗旨不是要去论证纳(摩梭)今天应该划归哪个民族,而是通过对他们的认同意识及其地区差异、变迁等的分析,历史地客观地来看一个民族或族群的认同意识及与其有关的多种社会和文化因素。③

此外,国外学术界对纳族群的研究一直是个热点,已经有多种相关博士论文和论著问世。由于上面提到的我国国内对该族群术语使用上的复杂性,也导致了国外学术界在纳西、纳、摩梭、麽些等纳族群从古到今的各

---

① 李绍明:《川滇边境纳日人的族别问题》,《社会科学研究》1983 年第 3 期。
② 杨士杰等:《未识别民族存在的突出问题和对策研究》,国家民委民族问题研究项目打印稿,2009 年。
③ 可参看杨福泉《"纳木依"与"纳"之族群关系考略》,《民族研究》2006 年第 3 期。

种称谓使用上的一些混乱，比如德国人类学家奥皮茨教授和牛津大学人类学家伊丽莎白·许博士多年来一直从事于纳族群的研究，奥皮茨教授于1997年在瑞士苏黎世大学民族学博物馆举办了题为"纳西之物、神话、象形文字"的学术展览（"Naxi Dinge·Mythen·Piktogramme"），邀请世界各地从事纳（西）学研究的学者们来举办系列学术讲座。之后奥皮茨和伊丽莎白·许主编了《纳西、摩梭民族志——亲属制、仪式、象形文字》一书，在西方人类学界产生了较大的影响。笔者在组织翻译此书的中文版时，碰到了一些与纳族群族称相关的问题，首先是本书的书名问题：此书编者取其名为《纳西、摩梭民族志——亲属制、仪式、象形文字》（Naxi and Moso Ethnography—Kin, Rites, Pictographs），编者在书中用了拼音"Moso"，中国古代文献中的"麽些"一词按古音也读"Moso"。从本书西方学者多篇论文的内容来看，这里的 Moso 一词实际上包括了"麽些""摩梭""摩挲"等古代对纳西族的不同称谓，其中以"麽些"（Moso）一词用得最普遍。而在本书所收的有些文章中，则明确地可以看出"Moso"一词是专指生活在云南宁蒗县永宁乡以及四川盐源等地自称"纳"或"纳恒""纳日"的族群，即目前在中国流行的"摩梭"称谓。从全书所收的诸多西方学者文章看，Moso 这个词有时既用来指称如今的纳西族全体，即"麽些""摩挲"等，有时则是用来专指如今那部分自称"纳"或"纳恒""纳日"的"摩梭人"。因此，如果按照全书中 Moso 这个词语所涵盖的内容而言，要把本书英文名"Naxi and Moso Ethnography"的含义翻译得准确，书名就得叫作《纳西、麽些（摩梭）民族志》，这里的"纳西"一词是经国务院批准于1954年正式定的纳西族的族称，而"麽些"则是1954年前官方文献对纳西族（包括如今的"摩梭人"）的称谓，也是1954年纳西人普遍用于证件等的族称，而"摩梭"这个称谓，则始于云南省人大常委会于1990年4月27日在第七届人民代表大会常务委员会第十一次会议上通过并批准的《宁蒗彝族自治县自治条例》中将"纳人"确定为"摩梭人"的提法。

因此，笔者和本书主编商讨后达成共识，想把此书的名改为《纳西、麽些（摩梭）民族志》，以兼顾从历史到现在关于"纳西族"（纳族群）的称谓变迁，但云南省民委有关部门审稿后，觉得"麽些"一词已经是过去的称谓了，要和现在的56个民族的称谓对应，而"摩梭"一词，一方面是本书的部分作者用了这个称谓，再者是云南省人大常委会1990年

4月27日所批准的正式术语，为了兼顾上述诸方面的因素，就用了这个书名《纳西摩梭民族志》。①但其中所反映出来的国外学术界对纳族群理解上的混淆和误读都提示我们，对纳族群（摩梭、麼些）称谓和认同的研究，应是中国学术界多加关注的重要学术命题。

此外，多年来国内诸多媒体在对纳族群的称谓使用上也出现了很多错误，比如"摩梭族"等称谓常见诸报刊；有的则把泸沽湖周围滇川两省的纳人都一概称为"蒙古族"而导致读者的误解和当地民众的不满。因此，学术界对这些认同称谓正本清源的研究是非常必要的。本文宗旨并非想对这些已经经过民族识别而划归某个民族的现实情况进行纠正，而是想提出另一个问题，即对一个民族的研究，如果仅仅只局限在经过民族识别后确定的这个民族本身，而不去对过去与这个民族有千丝万缕的同源关系的其他族群进行跨民族（或跨族群）的比较研究，就很难在诸多问题上得出科学的结论，也很难对一个民族的深层文化进行寻根究底、正本清源的科学分析。相反，笔者们如果能够跨越如今经过识别的民族或族群的界限，对一些同源异流的民族或族群的文化进行更深入的比较研究，就可能会有更多的收获。所以，笔者认为对如今民族划分争议颇多，而文化又非常多元的以"纳西""纳""纳日""纳罕""纳木依"等为自称的"纳"族群的比较研究，是非常有意义的。

二　纳人（摩梭人）的多重称谓与认同

"认同"的英文词是 Identity，汉文也译为"身份"。它的基本内涵是指人们的身份，因此认同主要体现为"我是谁？"或者"我们是谁？"等身份确定问题。这个术语往往用来概括个体的一种特殊性。过去，人们通过与家庭、宗教团体、社区、同行、政治立场和意识形态的认同来构建自己的身份。简言之，"认同"就是某一个体或群体将自己从心理上、精神上、行为上归属于某个特定群体。人有多重身份，群体亦然，因此会导致人的多元认同，诸如家族的、地域性的、族群的、民族的和国家的等等。随着时间和情况的变化，这些认同意识会因为各种社会和文化变迁的影响

---

① ［德］米歇尔·奥皮茨、［英］伊丽莎白·许主编：《纳西、摩梭民族志——亲属制、仪式、象形文字》，刘永青、骆洪等译，杨福泉审校，云南大学出版社2010年版，第403—406页。

而发生侧重、倾斜等复杂的变化。

在所有的汉文史籍中,"摩梭""麽些""摩挲""磨些"等,是对分布在滇、川、藏地区的现在称为纳西、纳、纳罕、纳日等所有族群的称呼,如果按照这个历史文献称谓来定义,"纳学"与"摩梭学""麽些学"等的含义是等同的。上述"纳"族群在1954年经国务院批准正式定族称为纳西族(因汉文献所称的麽些、摩挲这个族群有60%的人自称纳西,当时有的学者认为应该"名从其主",于是认定族称为"纳西族")。从对这个"纳族群"认祖归宗(比如他们的迁徙路线、送魂路线等)、语言、宗教等方面的诸多研究成果表明,这个自称中都有"纳"(na)这一词根的族群,是同源异流的一个民族。①

1. 官方认定的身份

在云南,宁蒗县永宁等地自称"纳"的族群被识别为纳西族支系,一直到20世纪80年代,研究纳人(摩梭)母系制和走婚(走访)习俗的论著都用"纳西族"来称呼他们。到后来,在纳人一些干部的一再要求下,云南省人大常委会在1990年4月27日召开的七届十一次会议上通过了《宁蒗彝族自治县自治条例》,其中将纳人确定为"摩梭人",允许宁蒗县境内的摩梭人的身份证用"摩梭人"作为本人的民族身份。

全国人大常委会和国务院在对内对外的宣传上,迄今一直将纳(摩梭)作为纳西族的一个支系来看待。2010年,云南省政府印发了《云南省人民政府办公厅印发省民委关于规范使用民族称谓的意见的通知》(云政办发〔2010〕29号),文件强调,我国是一个统一的多民族国家,大多数少数民族历史源远流长,社会经济文化发展不平衡,各民族历史、族源、政治制度、民族关系及地理分布等情况相对复杂,有的民族存在拥有多个支系的现象,如彝族有撒尼、阿细、㑩人等支系,哈尼族有僾尼、碧约等支系,白族有勒墨等支系,瑶族有山瑶等支系,拉祜族有苦聪人等支系,布朗族有克木人、莽人等支系。因此,各地、各部门在工作中要准确把握民族与支系的关系,不能把民族的支系单独作为民族的族称,若特指某个民族的支系时,应规范书写为××族(××人)、××族的××人或××族

---

① 杨福泉:《民族,用历史的眼光解读——关于纳西、摩梭与纳族群的思辨》,《中国民族报》2012年9月14日。

的××支系。

在四川，同样是自称"纳"或"纳日"的族群，被划为蒙古族，这一族称一直沿用至今。四川盐源、木里县如今对内自称"纳日"、对外自称摩梭人的干部群众，其身份证上的官方认同身份大都是"蒙古族"。

由于近年来"摩梭文化"的知名度日益提高，四川省各级官方在举行涉及"纳"人的重大活动时，现在也普遍采用了"摩梭人"和"摩梭文化"的称呼，比如2012年由四川省民委、四川省社会科学院和凉山彝族自治州联合举办的"摩梭家园暨摩梭文化建设与保护国际学术论坛"即一例。

> 据笔者的同事、纳人（摩梭）学者拉木·嘎土萨介绍，在云南境内约二万多摩梭人中没有一个人自认是蒙古族；在盐源县内，自认是蒙古族的也只占少数。1991年国家曾派民族调查组在那一带进行座谈调查，在四川省盐源县左所举行的一次座谈中，参加会议的38人中（不包括汉族或其他民族）自认蒙古族的只有一人，其余37人都承认自己是纳（摩梭人）。①

随着摩梭（纳）人身份认同的多元性的产生，在纳人（摩梭）中出现了具有三种作为官方认定的身份认同标志的身份证的现象,：四川盐源县、木里县等地的纳人（摩梭）填的是蒙古族、而云南户口不在宁蒗县的摩梭人的身份证则是"纳西族"，而户口在宁蒗摩梭人的身份证则是"摩梭人"。这就意味着，即使是一个家庭的成员，如果户口在昆明或其他地方的纳人，其身份证就是"纳西族"，而户口在云南宁蒗县的则是"摩梭人"。在四川的则是"蒙古族"。

2. 族内认同："我们是纳"

纳人（摩梭）在族群内的普遍自我认同是"纳"或"纳日"，即"纳人"。1999—2000年笔者在纳人（摩梭）聚居的云南省宁蒗县永宁乡进行田野调查，在各个村落问到纳人如何相互认同，得到的回答都是说族

---

① 杨士杰等：《未识别民族存在的突出问题和对策研究》，国家民委民族问题研究项目打印稿，2009年。

群内的认同称谓都是"纳"。

在调查中，笔者发现这样一个现象，有的纳人（摩梭）用汉语在对外人包括游客介绍本民族文化习俗时，用的是"我们摩梭"这样的表达方式，其原因明显是因为旅游市场上"摩梭"已经成为一个广为外界知晓的族称，外地人大都只知道"摩梭"而不知道"纳"。这主要归因于市场上的宣传大都将纳人称之为"摩梭"。而在纳人自己族群内部，纳人相互间则以"纳"来认同，比如笔者听见很多村民这样问陪笔者去调研的纳人学者和干部："他（指笔者）是'纳'（人）吗？"2000年和2012年笔者在四川盐源县和木里县纳人（摩梭）聚居的一些村落调查时，当地"摩梭人"（官方族别划为蒙古族）都自我认同是"纳"或"纳日"，他们说"日"（ri）是"人"的意思，和纳西的"西"（xi）和纳恒的"恒"（hi）一样，是"人"的意思。

2000年，笔者在四川省四川凉山州木里县利加嘴村调研，该村村民绝大多数都是"纳"人，而因上文所述的原因，其族称被划为蒙古族，但他们族群内的自我认同则都是"纳"，他们与来自云南永宁的纳人都以"纳"这一称谓相互认同。2012年8月，笔者在四川省盐源县泸沽湖镇几个村里考察，问了几个不同年龄的老人和男女青年，他们说，村子里，大家用本民族语言相互认同的是"纳"，即他们自我认同为纳人，而对游客等外地人用汉语讲解本民族文化习俗时，他们用"我们是摩梭人"这个说法，不说"我们是蒙古族"，而官方认定的他们的族称则是"蒙古族"。上述四川和云南的纳人村落中，一般都不用"摩梭"这一称谓来作为族群内的相互认同称谓。

因为各种历史和现实的原因，四川的纳族群就形成了认同上的多元性，一方面，要认同官方在民族识别后将他们识别为"蒙古族"的身份，要过蒙古族民族节日、派人去内蒙古学习蒙古族语言文字等；另一方面，对外则日益突出自己的"摩梭本位"，突出"摩梭文化特色"，强调"摩梭人"的身份，在文化、学术和旅游市场要突出各种摩梭人的公共文化习俗。就笔者所见的盐源县对外宣传的泸沽湖景区资料上，都只字不提"蒙古族文化"，而全都用"摩梭文化"。

"纳"这一族裔身份的认同，显然首先是基于如格尔茨（Geertz）所说的一种与生俱来的、主要植根于族裔文化并在"社会化过程"中建立起根基性情感联系的认同。① "纳"是纳族群的自称,其中含有强烈的"原生情感",纳族群中,无论是丽江的"纳西",香格里拉县三坝乡的"纳罕"(naq hai),还是宁蒗县永宁乡的"纳",都常常会以"我们纳若纳美(咪)"来表达强烈的认同意识,其意为"我们纳族的男人和女人们",说这话时,带有群体自我认同的强烈情感色彩,而且常常要加上"我们"这样的词以加强认同意识。

四川的纳人(纳日)在汉语的语境里,对游客等宣称"我们是摩梭人"也是经历了一个漫长的过程。据笔者2012年在四川的调查和对本地的纳人干部、学者的访谈,四川省木里县等地纳人的一些领导干部至今都不认同"摩梭"这个称谓,认为摩梭人这个称谓是个带有贬义的称谓,认为纳人不应该接受。据调查,过去,本地有时发生纳人与其他民族的民事纠纷,当事的他族人会以"烂摩梭"来辱骂摩梭人一方。其实"摩梭"这个词本身是没有贬义的,只是后来"摩梭"一词被他族用来作为对纳人一种贬损的称呼,久而久之,部分摩梭人至今都认为"摩梭"是个对本族群的贬称,而被他族称为"纳",纳人的文化被称为"纳文化"则是乐意的,愿意接受的,这证明其实在"纳人"内部,对"摩梭"一词的认同还是存在着分歧。

无独有偶,在20世纪50年代,在纳西人正式被识别为纳西族这个族称之前,丽江纳西人大多填写自己的民族身份是"麽些",而在后来的民族识别中,有不少纳西人认为这个称谓是他族对纳西人的贬称,其中原因也与有的汉文献记载麽些为"猡些""猡梭"等有关。所以应按照"名从主人"的原则,放弃"麽些"称谓而将纳西作为纳西人的族称。

上述纳族群民众不喜欢"摩梭"或"麽些"的称呼,认为这是个带有贬义的称谓,这种现象并非孤立的案例。比如,过去如果人们称彝族为"倮倮",会被彝族人认为是一种贬称,会非常反感。彝族学者刘尧汉教授、卢央教授论证了"罗罗"(倮倮)其实是彝语"拉"的变音,拉即虎,彝族崇拜虎,自称为虎之后裔,虎族,所以才称"罗罗"("倮

---

① Clifford Geertz, *Old Societies and New States: The Quest for Modernity in Asia and Africa*, New York, Free Press, 1963。转引自黎相宜、周敏《抵御性族裔身份认同——美国洛杉矶海南籍越南华人的田野调查与分析》,《民族研究》2013年第1期。

倮")①。后来，由于历代中央封建王朝中有轻视少数民族的官员，汉文史书记载"倮倮"时，在"果"旁用反犬旁，久而久之，本来源于本民族自称的术语也就变异为一种被他者使用的对彝族的贬称和蔑称。过去苗族被有些民族贬称为"苗子"，其实此词从词义本身看也说不上有多少贬义，不过是如上所述，因为被一些民族用为带有贬斥性的称呼，久而久之，使苗族人士也逐渐被影响，所以不喜欢这个本无贬损之意的称谓。

摩梭、摩挲或麽些是汉文献中对如今纳人族群的统称，而四川的部分摩梭人至今认为"摩梭"是对自己的贬称，就有上述这样的历史因素，这术语本身没有贬义，因为被他者长期使用为贬损之词，所以时间一长，这他称对本民族而言也就逐渐被认为是贬称，因而出现了上述情况。丽江古城（大研镇）的一些妇女过去在骂别人时会用"鲁鲁"（lvl lv）等词，鲁鲁是大多散居在山区的纳西族一个支系的自称，因为生产生活水平滞后于丽江坝区的纳西族，于是在本民族内有时也会出现这种以"鲁鲁"来贬称对方的情况。这说明，如果他者使用本无褒贬含义的某族群称谓，时间久了，他者在使用这一称谓时寓有了贬称、蔑称的含义后，这称谓也会翻过来影响该族群。丽江纳西族在20世纪50年代初也有不少人认为"麽些"有他者贬称自己的含义，也是这个道理。

纳人对本族族称的多元认同现象也反映了一个事实，即族称除了如彝族这样在民族识别中的国家建构②之外，各民族也在不同的情境下自我建构着自己的族称，族群内部的认同以本族语境中的自称为主，对外则以一种在族群所在的国家最具有社会知名度的他称来自我认同，"摩梭"一词的使用即是这样。而在国家的政治事务和民族身份认同中，则以国家认定的身份来自我认同。在云南的纳西族中，也出现了族内认同的称谓有丽江的"纳西"（naq xi）、香格里拉县三坝乡的纳罕（naq hai）、丽江的鲁鲁、丽江、宁蒗等地的阮可（rer ko，又音译为"汝卡"）等，而他们对外正式的族称认同则是根据国家在民族识别中正式确定的族称"纳西"。

3. 对外宣称的认同方式

民族的认同除了与本族的历史、语言、宗教信仰和地域分布等多种因

---

① 陈久金、卢央、刘尧汉：《彝族天文学史》，云南人民出版社1984年版，第7页。
② 彝族称谓是20世纪50年代进行民族识别后，由国家对有诺苏、聂苏、撒尼等复杂自称的族群确定的族称。

素相关之外，同时也与社会和时代的变迁密切相关。在当代社会的发展中，"民族成分"与族群自身的切身利益已经发生了密切的关系，这就进一步强化了摩梭人（纳人）族群的几重民族认同选择的趋势。

"我们是摩梭人"。这一点特别突出地表现在20世纪90年代以来旅游在这些地区蓬勃发展起来之后。在云南促成这一认同的还有一个因素，就是在1990年宁蒗县人大会上通过了《宁蒗彝族自治县自治条例》，其中将"纳人"确定为"摩梭人"。

随着纳人（摩梭人）母系制和"走婚"（走访）习俗广泛地受到学术界和旅游市场的关注后，来研究、调查、探秘、观光、猎奇等的各种人士和群体纷至沓来。泸沽湖云南境内周边的纳人（摩梭），因为被外界宣传和自我对外（非对内）认同为摩梭人时间较早，书籍、杂志、电视报纸等对摩梭习俗文化的宣传力度大，所以慕名而来的游客很多，每天热热闹闹，民众从旅游获益日多，而四川一边则相对显得有些清寂冷落。笔者多次在永宁调研时感到其中一个重要原因，是因为很多游客一听说泸沽湖那边是"蒙古族"而不是摩梭人，便不感兴趣了，笔者在2000年和以后的几次田野调查中曾在宁蒗县永宁乡问过一些游客，是否打算去泸沽湖对面四川境内的摩梭人地区去旅游，他们说据他们的了解，对面居住的是蒙古族呀，我们看蒙古族以后可以去内蒙古的大草原看，不用来这里看的。

于是，四川境内被划归到蒙古族的纳人（摩梭）就逐渐开始了加大对外宣称"我们是摩梭人"的认同方式及其宣传力度，成立了"盐源县摩梭文化研究会"等民间组织，一些作为"蒙古族摩梭人"的本土文化人撰写了一系列宣传介绍四川摩梭人文化习俗的书籍，诸如《未解之谜：最后的母系部落》《摩梭史话》《摩梭女王》等。而其中最为人瞩目的是官方民族身份划归于蒙古族的摩梭人杨二车娜姆，成功地推出了几种描写自己生活阅历的畅销书，有的还被翻译成外文，树立了自己独闯天下、行走世界的摩梭女的形象，可以说是目前网络和各种媒体知名度最高的摩梭人，其一些自传性的书成为畅销书，而主要的卖点是摩梭人的母系制、"走婚"习俗和相关个人的生活经历。

如今，随着摩梭文化知名度的不断提升和摩梭人聚居区旅游的繁荣发展，在四川省盐源县泸沽湖镇和云南省宁蒗县永宁乡等摩梭人聚居地，"我们摩梭人"已经逐渐成为一个本地人颇感自豪对外宣称时的自我认同称谓。这种他者称呼纳人的称谓在该族族名认同上所发生的变化，反映了社会、经济、文化等大环境变迁对族称认同的影响，说明族称本身的语义不变，而族群对它的接收程度、认同程度则会随着社会文化的变迁而发生变化。可以说，"我们摩梭"这个对外独用的族裔身份认同，带有"族裔以个体或群体的文化标准对特定情境的策略性反应和理性选择"[①]的认同"情境论"（circumstantialism）的意味，是在具体的社会情境变化过程中"摩梭"一词随着旅游等提高了社会知名度后的一种策略性的抉择，四川和云南的纳人都做出了选择广泛为外界所知的"摩梭"这一称谓进行对外展示自我的选择，这种族裔认同带有资源竞争的目的性很明确的"工具论"（instrumentalism）意味。

泸沽湖两边的纳人都先后成立了"摩梭文化研究会"，云南丽江市泸沽湖摩梭文化研究会举办了"摩梭网"，上面登载了丰富多彩的摩梭人的经济、社会和文化的大量讯息。他们对"摩梭"的认同主要是一种文化认同，以突出的母系制、"走访（婚）"等习俗来构建族群的"公共文化"。

上述滇川两地纳人日益彰显的"对外主观认同"为"摩梭人"的趋势，是与旅游市场对"摩梭人"的关注及其带来的实际利益密切相关的。由此可看到实际经济利益对族群认同变迁的影响力。

4. "母系制""走婚"（走访）、达巴文化等的三族认同

因为这种种因各种人为因素造成的族群认同的差异，普遍流行于滇川毗邻地区纳人族群社会的母系制和"走访"（走婚），都被纳人认同，但这些社会习俗的身份则成了被认定为分别属于"纳西族"、摩梭人和"蒙古族"三个民族和族群。

因为新中国进行民族识别时，根据历史源流、语言、宗教因素，把云南的纳人识别为纳西族[②]，所以在20世纪60—80年代，把纳人称为纳西族，把纳人的母系制和"走婚"习俗定义为"纳西族的母系制和母系家

[①] Jonathan Y. Okamura, "Situational Ethnicity", *Ethnic and Raciial Sdudies*, Vol. 4；No. 4, 1981, 转引自黎相宜、周敏《抵御性族裔身份认同——美国洛杉矶海南籍越南华人的田野调查与分析》，《民族研究》2013年第1期。

[②] 笔者认为，严格地讲，根据如今的纳西族中有自称"纳西"，也有自称"纳""纳日""纳罕"等事实，实际上纳西族更为确切的族称应该是"纳族"，这样更贴近不同地方纳西人自称的原意。

庭""纳西族的走婚"等。

而《四川省志·民族志》则如是记载："居住在泸沽湖畔的蒙古族人的婚姻形态比较特殊，这里相当一部分人仍旧实行古老的'阿肖（夏）婚'，即以妇女为主体的母系氏族婚姻。男不娶、女不嫁，子从母居。"[①]

有的媒体因此称：中国有两个民族形成了一个"女儿国"，中国有两个民族保持了"走婚"文化。

于是，纳人的本土宗教达巴教，有的文章说是四川省泸沽湖边蒙古族的达巴教，而云南的则就是"摩梭人的达巴教"。蒙古学的相关信息称：四川蒙古族信仰达巴教。这种完全相同的纳人族群的宗教和民俗文化，就这样被贴上了不同民族的标签。

目前，鉴于国内外对纳人母系制关注度的加深及旅游在该区域的发展，滇川两地都想申报"摩梭母系制文化"为世界文化遗产，云南省丽江市早就开始紧锣密鼓地进行将摩梭母系文化申报为"世界文化遗产"的前期工作，已经写出了申报文本，笔者还受委托和联合国教科文组织的人类学家讨论过这个问题。四川一边也在造势，在"世界文化遗产网"上转载了四川省凉山彝族自治州人民政府门户网站文章《盐源泸沽湖摩梭人文化申遗值得关注》。从这个事情上，可以看出云南四川两地对"摩梭文化"的认同不断在深化，而超越出了两省官方认定的他们属于"纳西族"或"蒙古族"的族群边界。

5. 学术界对纳族群称谓的使用

从20世纪到21世纪漫长的纳族群研究学术史中，可以看出现代和当代学者对纳族群研究的多元化理解和与特定时代相呼应的特点，值得注意的是中国还没有进行民族识别的1949年前学者所用的纳人族称。1942年就到云南省宁蒗县永宁地区进行民族学田野调查的著名学者李霖灿先生，在他的研究论文中就用了《永宁麽些族的母系社会》这样的标题；到永宁进行调研的李霖灿把纳人归类到"麽些"中（当时汉族和纳西族学者对纳西族用的称谓都是"麽些"），而1927年就来到丽江调研并长期居留的洛克则把纳人归类到"纳西"中，可以说洛克是第一个用丽江纳西人的自称"纳西"来指称纳西人的学者。

20世纪60年代就开始在云南省宁蒗县永宁乡等地进行纳人母系制研

[①]《四川省志·民族志》，四川民族出版社2000年版，第203页。

究的严汝娴、宋兆麟、詹承绪、王承权、李近春等前辈学者,在他们的论著中用的是"永宁纳西族的母系制"这样的术语。但近年来,可能因为"摩梭"的称谓在社会上流行起来了,上述有的学者也开始改用"摩梭"一词,比如,严汝娴先生和她女儿刘小幸在2012年出版了《摩梭母系制研究》一书,该书"序言"中指明:"本书主要的研究和思想都来自严汝娴"。

从1921年起直到1949年长期留居丽江的"西方纳西学之父"洛克对永宁纳人(摩梭)的称谓则有如下考证,这里的人自称'里新'(Hli khin),丽江的纳西人称他们为'吕西'(Lü khi)或'吕堆'(liu ddi-uq)"①。洛克把"吕西"归类到纳西中,认为"永宁主要是纳西人的一个分支聚居的区域"。洛克认为古代汉语称这片区域为"楼头",这可能就是"吕堆"的音译。而永宁当地人则称呼丽江人为"尤古西"(Yu-gv-khi),意思是"尤古"这个地方的人,因为他们称丽江是"尤古"(Yu-gu),与丽江纳西人称丽江为"衣古"有些差别。② 这与丽江纳西人称呼永宁纳人为"吕西"一样,都是以地名为前缀。"尤古"即"衣古"(yi ggv),在纳西语中指丽江。

而当代研究纳族群的学人蔡华博士、翁乃群、何撒娜博士等人用的是"纳(人)"或"纳日"一词,比如蔡华基于其博士学位论文的专著就取名为"Society without Fathers or Husbands: The Na of China"《一个没有父亲没有丈夫的社会:中国的纳(人)》,遵循了"名从其主"的原则;施传刚博士等一些学者则用了"摩梭人"的称谓,采用的是云南省人大常委会于1990年4月27日在第七届十一次会议上通过并批准的《宁蒗彝族自治县自治条例》中将"纳人"确定为"摩梭人"以及纳人对外所用的"摩梭"称谓。

三 关于纳人上层的族群认同及其历史原因

据参加过20世纪民族识别和调研的四川省民族学家李绍明先生等的

---

① 在纳西语中,"吕堆"的意思是"吕人居住的地方"。
② [美]洛克:《中国西南古纳西王国》,刘宗岳等译,杨福泉、刘达成审校,云南人民出版社1999年版,第248页。

论证，中华人民共和国成立后四川的纳人被划到蒙古族中，主要是听从了一些纳人上层人士的说法的结果。元代以来受封的川滇交界泸沽湖地区的纳人土司为了树立自己的正统和光荣的家族历史，而将其家族认同为元代蒙古军的后裔。包括四川和云南的纳人土司将自己人认同为蒙古后裔之说，正是对这段历史事实的一种附会。就以泸沽湖地区最长最完整的纳人阿氏土司宗谱世系来看（光绪的甲乙两份《永宁土知府承袭宗枝图谱》），从一世祖卜都各吉开始，完全看不出蒙古族的取名方式的，这历代的土司名字均属摩梭人的取名传统。[①]

无独有偶，丽江木氏土司后裔木秀在乾隆四十二年至嘉庆二十一年间撰成的《木氏宦谱世系考》中，自称"始祖"是宋徽宗年间由金沙江浮木而至的西域蒙古人"爷爷""肇基始祖名曰爷爷，宋徽宗年间，到雪山，原西域蒙古人也。初，于昆仑山中结一龛于岩穴，好东典佛教，终日趺坐禅定，忽起一蛟，雷雨交兴之际，乘一大香树浮入金江，流至北澜沧。夷人望而异之，率众远走，遂登岸上，时有白沙羡陶阿古为野人长，见其容貌苍古离奇，验其举止安详镇定，心甚异之，遂以女配焉……"[②]

这是一个非常晚起的说法，在此之前的"木氏宦谱"各种版本都以唐代的"摩娑叶古年"为始祖，明确指出木氏先祖是土著的纳西族首领，并非蒙古族，这也与《元一统志》《元史》等元明文献的记载相一致。1253年忽必烈率蒙古军南征大理国，在丽江境内奉科渡口"革囊渡江"，统治着以今天丽江古城一带为核心的大片领地的纳西酋长麦良（阿琮阿良），面对蒙古大军压境，审时度势，为免桑梓生灵涂炭，当机立断到渡口迎接忽必烈大军。忽必烈进入纳西族地区后，对当地部落首领先后授以"茶罕章管民官""茶罕章宣慰司"等官职，这是丽江土司土官制度的雏形。麦良家族后裔在明代成为在滇川藏赫赫有名的"木氏土司"。但木氏土司在清嘉庆年之前都没有在族谱上附会自己有蒙古血统。方国瑜先生曾这样分析，清代，蒙古与清甚亲密，木氏自1723年"改土归流"后失势，为拉近与蒙古的关系而故意在家谱中这样附会。方国瑜先生还举了一例以佐证这一观点，他写道："何以木氏肇基始祖，来自蒙古，殊不可解，有以故事，似可作旁证。嘉庆七年，纳西傈僳族以恒乍绷为首，起义

---

① 李绍明：《川滇边境纳日人的族别问题》，《社会科学研究》1983年第3期。
② 《木氏宦谱》（影印本），云南省博物馆供稿，云南美术出版社2001年版，第99页。

兵抗清统治。云贵总督觉罗琅率兵镇压,至巨甸,见一和姓墓地,古塔(俗称番字塔)周匝刻蒙古文,闻尚有蒙古文刻本,琅玕识之,唤其家族曰:'尔家乃蒙古籍,与满族至亲'。琅玕代之甚厚。自是此家改姓元,以系蒙古籍为荣。"方国瑜先生指出:"此事虽与木氏无涉,惟木氏附会蒙古原籍,希得清统治者之重视,乃作新谱,则可能也。闻永宁阿少云言:'其家自古是纳西族,但有蒙古籍之说,殊不可解。'亦因出于附会。此仅地方统治家族之传说,而在盐源左所土千户麽些族,有传说从蒙古迁来,然于史事无可征信也。(丽江木氏土司)明代无蒙古原籍之说,此可为证丽江木氏原籍蒙古之说,始于嘉庆初年。"[①]在清朝满蒙联姻政策下,蒙古族的地位仅次于满族而远高于国内其他民族,蒙古贵族在清代享有经济、政治等多方面的特权,蒙古族在与相邻人群的利益争夺中,多受到清朝地方政府的袒护,木氏土司的附会即源于此。

纳族群土司的这种认同意识明显的有他们在特定历史时期"攀龙附凤"的心理因素在里面,但土司们从来没有将所有他们治理下的纳西人认同为是"西域蒙古人"的后裔。众多关于纳西、纳人乃至木氏土司、纳人土司的民族学、人类学和历史学的研究成果,从民族的迁徙历史、宗教、语言、送魂路线的认祖归宗、家庭结构、亲属称谓、父子连名制等诸多方面论证了纳西、纳等族群的土司和民众都与蒙古人没有联系,忽必烈1253年南征大理国经过纳人的居住地,有一部分蒙古官兵留在了这些地区,以后融合为纳西和纳的一部分。

笔者在玉龙纳西族自治县境内忽必烈在1253年曾"革囊渡江"的奉科乡做田野调查时,也了解到当地流传着本地姓"树"的纳西人的先祖是蒙古将军的故事,相传树姓蒙古先祖曾奉命去打四川,不幸战败,全军覆没,这位将军和一些部下侥幸脱身,流落在奉科生存。后来他投奔了与忽必烈相熟、本地最大的纳西酋长木氏土司,木土司指定他要有个姓,而姓中必须含有一个"木"字。这个蒙古将军左思右想就是想不出,后绝望地靠在一棵树上,无意中摸到树,一下子有了灵感,就以树为姓。在另一支蒙古军渡江的玉龙县石鼓镇、巨甸镇,也流传着一些蒙古军后裔留居本地的传说,反映了忽必烈"革囊渡江"过丽江时有些蒙古军士留在丽江的事实,但因此就说整个纳族群是蒙古后裔是

---

① 方国瑜:《云南史料目录概说》,中华书局1984年版,第475页。

明显的谬误。

结 论

从上文所论述的现象表明，当"民族成分"与族群、社区和个人的切身利益密切相关时，特别是与利益发生了密切的关系之后，就进一步强化了滇川两地"纳西族摩梭人（纳）"和"蒙古族摩梭人（纳）"对外宣称为"摩梭人"、认同"摩梭文化"的力度，也就促成了这种对内、对外不同，随情境而变化的几重民族认同现象。

从历史的情况看，强势族群和主流文化对某个弱势族群的特定称谓使用时的主观褒贬态度，会对这个族群的称谓及其认同带来影响。本文中提到有些纳人不喜欢"摩梭"或"麽些"称谓而不以此认同，过去彝族不喜欢"罗罗"或"倮倮"称谓更不以此认同，皆属于这个范畴的问题。

中国的民族识别，基于大量的实地调查和文献研究的结合，钩沉梳理，正本清源，解决了很多如何认定民族身份的问题，但也留下不如人意的一些问题，典型的例子是，比如滇川两地的纳人，尽管无论从语言还是从民俗等来看都是同一个族群，但在两省却分别被归到纳西族和蒙古族。普米（自称"培米"或"拍米"，皆是音译，"培"或"拍"意为白，"米"意为人）人在云南被识别为普米族而在四川却被识别为藏族。

另外，一个民族或族群的自我认同，也受到政治、社会制度、社会和文化变迁的诸多影响，会出现多样化的认同现象，这些当代的政治制度、社会变迁、经济发展乃至学术文化界的关注、旅游市场的博弈等，都会促成这种认同的变化。比如笔者在滇川藏纳西族地区进行田野调查中，曾注意到这样一种现象，藏区的有些纳西族社区，年青一代开始逐渐地说自己是藏族并争取在身份证的民族一项上填写藏族，他们的解释是，生活在藏区，如果是藏族，就可以享受到国家的不少优惠政策。而他们在自己的村子里，还是以"我们是纳西人"作为社区的公共认同并参加本民族的各种节庆祭祀等活动。这个现象表明了族群认同除了语言、历史、文化等因素之外，政治因素社会制度的影响力不断在加大，这和上述所论的当代纳人对"摩梭"的认同是同一个道理。

这种民族及其文化的认同变迁，与各民族或族群与外界的交流和互动密切相关，对于当代民族关系、族群关系、族群公共文化的建构和变化等都有意义，值得深入研究和关注。

原载《民族研究》2013年第5期

略述丽江古城及茶马古道上的"房东伙伴"贸易

一

唐代，吐蕃与麽些（纳西）双方之间在经济贸易方面已有了频繁的交流，开了后来"茶马古道"纳藏两族商贸交流繁荣的先河，《蛮书》卷二称："有吐蕃到赕贸易""大羊多从西羌，铁桥接吐蕃界，三千二千口将来贸易"（樊绰《蛮书》）。"西羌"指川、青地区，铁桥指今丽江塔城地区。

纳西族古老的东巴教典籍东巴经《多格绍》（迎请多格天将）中这样记载："藏族聪本（生意官）马帮九兄弟，赶着九十九个驮子来，露宿打野时，丢失一床白毛毡。原来那床白毛毡，是被长角黑犏牛吞吃了。这藏商九兄弟，去抓盗贼而没有抓到。于是，他们在九股道的交叉口，打开獐皮炒面袋，用净面净饭，敬献给多格。多格神作法降大雪，黑犏牛找不到草吃，饿死了，这藏商九兄弟从饿死的犏牛肚子里得到了那床白毡。藏商九兄弟，又用藏刀把天地间的秽鬼脏鬼镇压下去了。[①] 从这则古老的东巴经故事中，既可以看到古时藏商在贸易运输途中丢了东西要祭神而争取索回的习俗，也可以视其为一个纳藏贸易历史悠久的佐证。

刘文征编纂于明朝天启年间（1621—1627年）的《滇志》中这样写丽江府的地理形势："雪销春水，遥连西蜀之偏；鳞次碉房，直接吐番之宇。语天堑则金沙、黑水，论地利则铁桥、石门。荒服裔夷，于焉树塞；西方佛地，是为通衢。土司之富，国家无所利焉；自守之房，门户借之

---

① 和志武：《东巴经典选译》，云南人民出版社1994年版，第49页。

厕矣。"①

　　从刘文征编纂于明朝天启年间（1621—1627）的《滇志》中，可以看出，在明代，丽江就已成为滇茶销藏的重要中转站，而且是与川茶进藏进行激烈竞争的贸易重镇："丽江与蜀松维如羝相角，松州赏番茶有杂木叶伪者，番人怒而掷之，疆吏以为怪，安知滇徼外之茶彼无仰乎。"②

　　明代随丽江木氏土司征战到滇川藏地区的纳西民众推动了纳藏两族之间的贸易，同时，纳西人还把开梯田种稻谷（主要是丽江的红米）的技术传到藏区，因此，滇西北的一些藏民也成为种植稻米的能手。据四川学者张玉林先生的调查，丽江木氏土司统治四川省巴塘县期间，曾向巴塘一带大量移民。这些移民，这些纳西移民战时为兵，平时务农。今日白松等地山尖、谷口，都有纳西士兵驻守的碉楼遗迹。架炮顶等还有一些"绛（姜）若"（纳人坟墓），内中还有纳西人爱吃的红米。纳西人修沟造田的技艺高，善于建盖房子，种植水稻。四川生巴塘东南区的大片梯田，就是在纳西人的带动下开辟出来的。迄今白松乡的门扎、白松两个村子依然还在种水稻（红米），这是巴塘县唯一产水稻的地方，并且，在该乡至今还居住着近 600 名纳西人。③

　　木氏土司在统治迪庆藏区期间，还把核桃、玉米、蚕豆等作物和种植技术，以及竹编撮箕等生产用品引进藏区，至今中甸（今香格里拉县）藏民对这些物品还依然用纳西语来称呼，这也说明这些物品是传进去的。

　　"在木氏土司统治时期，这一地区的市场和商品流向还形成了一个传统的经济区域，滇商每年从丽江、中甸运输茶糖、铜器、铁器、粮食等到康南和江卡、盐井地区销售，然后从当地运出羊毛、皮革药材等商品。"木里民间传说，许多马道是"木天王"开的，这些马道是当时木氏土司在木里开展商业贸易的历史印迹。④

　　明代旅行家徐霞客曾在明万历年间游历丽江，在《徐霞客游记》中有这样的记载，"奉土司木增之命来接徐霞客的和姓通事将他接到离万字桥一里的丽江古城家中"，其（指和通事）父乃奉差人都，今以居积番货

---

　　① 刘文征编纂，古永继点校，王云、尤中审订《滇志》，云南教育出版社 1991 年版，第 70 页。
　　② 转引自《纳西族社会历史调查》，云南民族出版社 1983 年版，第 143 页。
　　③ 张玉林：《巴塘历史沿革漫述》，《康定民族师专学报》（自然科学版）1990 年第 1 期。
　　④ 陈一石、陈泛舟：《滇藏贸易历史初探》，《西藏研究》1988 年第 4 期。

为业。这里所提到的"番货"即指藏区的货物，和通事所从事的是纳藏贸易。

徐霞客在其游记中又记曰："丽江名山牦冈、莘果，俱与鼠罗相近。胡股、必烈，俱丽江北界番名。甲戌岁（崇祯七年，1634），先有忽必烈部下管鹰犬部落，得罪必烈番主，遁居界上，剽窃为害。其北胡股贩商，与西北大宝法王往来之道，皆为其所中阻。乙亥（崇祯八年，即1634年），丽江出兵往讨之。"从中可以看出，丽江是相当重要的滇藏贸易集市和中转站，因此，一旦滇藏贸易之途发生事情，木土司就发兵护卫。

在滇西北的藏区，嘉靖年间丽江木氏土司攻取滇西北藏区以及西藏昌都地区的盐井一带后，滇西北藏区的"房东制"贸易得到长足的发展。

笔者觉得这里"房东制"的"制"一词不是太恰当，这是一种民间约定俗成的习俗，还不是一种规定而成的制度，究其实，是一种自愿而结成的"房东伙伴"贸易习俗，所以在本文中称为"房东伙伴"贸易。

从一份收藏在香格里拉县（中甸）的藏文历史档案（第10号），其中记载："七世达赖颁给土司松杰的执照"中说："大皇帝之下、和硕界下、达赖喇嘛谕：阳光普照下之众生：阿里三部、卫藏四如六冈，所辖境内之喇嘛上师、王公贵族、神民户、官民户、各级官员、宗官、汉、蒙、藏三方此公文到此者，头人、办事人员、老民、百姓知照：建塘（即中甸）独肯中心属卡松杰者，自其祖辈松节衮之前，纳西王管理时期，即为藏商之房东，对藏商多有帮助……"①从这一记载中，可知在明代木氏土司统治迪庆时期，与藏商的贸易交往是频繁的，也可以看出当时就已经有"房东伙伴"的商业贸易习俗。这一贸易习俗清代以后在丽江纳西族地区蔚为大观。

二

随着民国年间纳藏贸易的日益繁荣，丽江的旅马店也逐渐发展起来，丽江大研镇北的双善村主要接待藏族马帮的村落，该村共有17个旅马店，从业人员40多人，其中的"玉龙旅马店"是清代中期就开业的旅马店，

---

① 《中甸藏文历史档案辑录》（之二），西洛嘉初、松秀清译，《迪庆方志》1991年2—3合刊。

时兴时衰，原只能容纳三四十匹骡马，后来生意好了起来，扩大了马店，店主人也发展成为"元德和"大商户。"瑞春旅店"也是一个老店，店主人赵宗英及其子很快成为精通藏语的纳西人，后来成了自己也有20多匹马的马帮商人。大研镇的现云阁，开旅马店的约有13户，从业人员30多人。大研镇兴仁街约有10户旅马店，从业人员约18人。其中还有一户来丽经商赚了钱的藏族商人阿吉庆，他开了一个旅马点，取名为"吉庆店"。随着旅马店的发展，相应的行业也在丽江产生。积善村中段出现了一块卖草场，每天，来自四面八方的人到卖草场卖草给马帮。在现云阁街口和双善村等地出现了加工和销售炒面的专业户，有青稞、燕麦、大麦等制作的品种。由于喜欢喝酥油茶的藏商的增多，四方街出现了多家酥油专业户，既收购，又零售。①

"房东伙伴"贸易是滇藏贸易历史上出现的一种特殊的经商形式。来自西藏、康巴的藏族商人运货到丽江、中甸等地后，就住在比较固定的"房东"家里，房东帮助藏商进行贸易。

旅店房东居中介绍、当商务经纪人的这一房东制贸易历史已久，是专门用来与藏族商人进行贸易而产生的一种经纪业务。这种房东与内地的一般客店不一样，还兼起着"牙人"的作用。旅店不收取住宿费，而是根据房东替客商出外经办买卖，然后根据成交额，来收取一定的"牙钱"，这一般被称为"牙用"或"牙佣"。据中央民族大学教授王恒杰先生等人1959—1960年在丽江的大研镇、中甸（今香格里拉县）的中心镇、德钦的升平镇、维西的保和镇对旧客商上当过房东的老人的调查，牙用钱的抽取，通常是以物品的单位、价值及货物的包装单位来计算的，如衣服是以件计，糖以盒计，虫草、贝母等以斤计算，麝香以个计，皮以张计，布以件计，黄金以两计，牲畜以头计，茶以驮计，如相同的货质量是好的，价钱高，牙钱可以收一倍，有时物品珍贵，可以加吃，如果生意顺利，还可加吃1/10。这样，客商会给房东带来一笔可观的收入。这笔收入主要是在入秋、冬月和腊月取得，即土产上市或朝山季节，其他时节为生意淡季，也是靠它来添补。所以，房东对远来的藏商也尽力保护，使他们免受敲诈勒索。房东们都以照顾好自己客户为荣。藏族商人一旦与某个房东建

---

① 李瑞泉：《丽江旅马店》，《丽江文史资料》（第十二辑），丽江县政协文史资料委员会编。

立了信任感和友谊，就形成了固定的主顾关系，且大多终身不变。这种房东贸易制，是经纪人业务的一种衍生形态。据说这种房东与"牙用"贸易制度历史古老，至少可以追溯到元朝。①

生于清宣统年间的纳西老人和汝恭在1989年回忆了他小时（民国年间）所见所闻跑"茶马古道"的藏族商人在丽江的情况，从中可以看到当时纳藏之间的"房东伙伴贸易"情况和纳藏贸易的一些独特习俗：

"六七十年前……藏族商人也到丽贸易，永宁吕喜（纳人，即摩梭人）也来丽贸易。藏商驮来大宗皮毛山货药材……丽江妇女们为了生意买卖，不能不学会藏语。吕喜商食宿在主顾家，她们学会了几句生硬藏话，掺杂纳西话与他们交谈……藏人来丽的一天比一天多了起来，丽江开设藏商住店的也有好几家，一般人对藏店称为'蛮店'。丽江双石桥一带的人，已经能说流畅的藏语，当时开'蛮店'的收益非常大。藏商的规矩，所驮来的货物，一概先交予店主（乃聪），可以介绍出售。老板（聪本）只作成盘的决定人。要买的货，也由店主介绍购进。不论卖出买进，一切按照货款数字给付佣金（藏语称八赠），但店主要负责：一，保证货款如数收清；二，货品的真伪鉴别；三，买进商品的搭配，如普洱茶十驮，要搭配原山茶（猛库老叶子茶）一驮。原山茶乃道地货，味美醇香，活佛、高僧、贵族爱吃。

"藏商来投宿那天，店主要以大瓶酒、大块肉和鸡蛋面条来热忱款待。藏商的赶马人（称为"劳多"）、打杂人也全数一起招待，痛痛快快地吃上一顿。第二天各自吃自己的糌粑（炒面）、酥油茶，其他人也各到山坡草坝放牧打野去了。

"（藏商住店的）睡床，不宜搭成高铺，最好接近楼板活地面，床边要烧一塘火，以便盘腿坐在床上，一面念经，一面倒茶或酒下糌粑吃。

"店主要注意客人启程回去那天，切不可打扫他们的住房与睡床。因为他们临行之前，要在大门外烧起天香。出门动步时，一面口中念经，一面起步的。这是一种严格规矩。遵守了规矩，下次来丽，一直来到原店，宾至如归。倘若店主只图清洁，客人刚走，马上洒水扫地，他们知道了，下次再也不来了。遇见原主人，也就十分冷淡了。

"藏商驮来的货物，有大量的皮子、细羊毛，还有山货、药材，如麝

---

① 王恒杰：《迪庆藏族社会史》，中国藏学出版社1995年版，第78页。

香、熊胆、虫草、贝母等等,都是些名贵的出口俏货。他们买的为大宗茶、糖、粉丝等。当日丽江市场的繁荣,主要与藏商的贸易有关。"①

丽江大研镇"藏客"家庭之一的和益生家也与藏商有着这种房东贸易关系,和益生老人对笔者讲,她家在20世纪40年代时就有120匹马,雇有一个"马锅头"(马帮首领)。她的四个哥哥都常走拉萨。父兄都会讲藏语。她本人也能听懂一些。他们家有一些常来常往的藏商,纳西话称这种与他们家有固定生意往来的藏族商人叫"客巴"(kel baq),"客巴"一词是纳西人对常来常往有生意关系或朋友关系的主顾的称呼。笔者小时候,还有这种习俗,丽江山区一些村子的家庭和经常来此地找柴薪的丽江古城居民家庭结成了一种"朋友家庭"的关系,纳西语称之为"客巴",村子里的"客巴"经常给城里的"客巴"一些柴薪和野生蕨菜等食品,他们到城里来时就在自己的"客巴"家里住宿。笔者家里也有过几个这样的"客巴",我们去山里砍柴,也会得到客巴朋友家的帮助。清代纳西族诗人李玉湛在《上江竹枝词》中曾这样写:"延入直跨灶头坐,客巴来也一声欢。"② 描写的解释款待"客巴"朋友的情景。

这些常来的藏族商人每次来和益生大妈家,都按每一宗货物的量给她家一份定钱,然后她们家想办法销售藏商的货,要想方设法将使这些货有个好的卖价。那时,丽江的纳西人和藏商之间关系是很融洽的,相互信任,讲信义讲诚信。如有一次,来和益生家住宿的"房东伙伴"藏商从藏地拉来很多贝母,一时没能卖掉,他们就把这些贝母丢在她家走了。和益生家后来想法替他们把贝母卖掉了,用这钱买好他们喜欢的茶叶。藏商隔了很久才又再来到她家,他们已经把原来滞销的贝母的事都忘了,一看到纳西"客巴"(kel baq)为他们处理了这批货,还买好了茶叶,高兴得连连翘大拇指夸奖他们的"客巴"朋友。

和益生还记得很清楚,这些藏族商人胸前都挂一个护身盒,里面放着一尊佛像。当时大研镇"串堆坞"(双石桥附近)村是藏族商人投宿最多的地方,村中有很多人都会讲藏族话。藏族商人要赶马回藏区之前,除了好草老料喂养马之外,有时还在铁锅里煮酥油喂马,说只有这样,马才能

---

① 和汝恭:《丽江轶闻七则》,《丽江文史资料》第六辑,丽江县政协文史资料委员会编。
② (清)李玉湛:《上江竹枝词》,赵银棠辑注:《纳西族诗选》,云南人民出版社1985年版,第192页。

经得起长途跋涉。

那时，不少纳西"藏客"（丽江人对长期进藏做生意的人的称呼）成天奔波在"茶马古道"上，他们虽然在丽江有了家室，但在拉萨等地也有妻子。由于到藏区经商十分艰难，风险大，这种做法是被当时的习俗所允许的。和益生的哥哥在拉萨有另一个藏族妻子，20 世纪 50 年代以后，他流落在西藏没有回来，在西藏的子女还多次到丽江来走亲戚，他有个儿子流落在印度，也到丽江来认亲戚；他在丽江的两个女儿也到西藏去认亲戚探亲，双方常有书信往来。1996 年丽江大地震，他们在拉萨的亲戚还寄来钱。和益生的大嫂病重时，她在拉萨的异母子女还专程来看护她，直到她去世后，她们才回去。

20 世纪 50 年代以前常带马帮跑"茶马古道"的丽江古城马锅头（马帮首领）赵鹤年在 1999 年告诉笔者说，古宗（纳西人对藏族的称谓）人非常信任纳西人，乐于跟纳西人做生意。一时卖不掉的货就寄存在丽江的纳西房东家，不必像现在一样地立字据。我们常跑藏区，与沿途的喇嘛寺僧人都很熟了，如果途中缺钱，可以到喇嘛寺去借，人家二话不说就会借给你。因为大家都是讲信义的人。这和笔者了解到的"伙伴家庭"之间赊账和欠账的情况一样，双方的信赖都是基于长年累月里形成的诚信。

从顾彼得写的《被遗忘的王国》一书中，我们可以看到当时藏商与纳西房东之间那种相当融洽的主顾关系，还知道在当时的纳藏贸易中，还穿插着两族民众之间许多生动的生活情节。

"丽江有数量可观的藏族，虽然他们可随意地居住在城里各处，但是藏人总是喜欢住在离公园不远处横跨丽江河的双石桥附近的房子里。僻静道路边的草地，把我住的村子和城里的这个地区连接起来，通常是到达的马帮的宿营地。丽江的藏人社会，人少名声大。藏族商人和显贵们住着最好的房屋，纳西人无论大小事都为他们服务，使他们舒适满意。当然这种特殊的照顾和亲热的关系是由于藏族和纳西族之间的语族亲姻关系造成的。后者总是称藏族为'我们的大哥'。

"藏族居住区下头是和大妈家的酒店，从某种意义上说是高级的，她主要为藏族商人备办伙食。她家的房子在藏族居住区是最宏伟的大楼之一。她的两个儿子在拉萨，他们在那里办一个生意兴隆的进出口公司。她家的房子是城里最大的房子之一，共有三块间隔的院坝……主楼都附设有宽大的马厩……藏人喜欢宽敞的房间，几个房间为两三个商人专门使用是常有的事。大量而贵重的铜器和银器装饰品，光亮的火盆和许多珍贵的褥子，这些东西是保持一个藏族商人的尊严和保证他过得舒适必不可少的。吃食好也是必须。食物分别供应到每一伙人住的房间。

"每隔一段时间，和大妈为住在她家的客商举行盛宴，我通常都被邀请参加。食品是向一个包办伙食的人订的，按照陈规烹饪。可是饭后不久，赶马人在他们的女友陪同下来了。院子里烧起一小堆营火，院子角落里摆上小桌子，桌子上放着白酒壶和酒杯。男男女女边唱歌边拍手，互相面对面，欢快地跳舞。不时地他们喝上一两杯酒以振作精神。他们喝得越多舞蹈也跳得越快，直到舞蹈乱作一团，变成了公开的谈情说爱。所有的营地都举行类似的舞蹈，整个夜晚有节奏的歌咏声不时传入我的窗户。

"除了赶马人这种自发的舞蹈外，不时有小队的康巴歌舞演出队。他们由两三个妇女和大约同等数量的男子组成。作为一个特殊的标志，他们的腰带上挂着许多串珠子，他们带着单弦琴、琵琶、笛子、手鼓和小鼓。他们从一家到另一家，为了一小点施舍，50分到一元，他们作精彩表演，历时约半小时，有歌唱，有旋转舞。如果主人要求，为了得到更多的酬金，他们可以击鼓起舞一整天。他们在丽江停留一两个月，看生意情况而定，然后转移到别处，他们的表演很有艺术性。

"住在和大妈家的藏族商人吃住不用付钱，虽然他们在丽江通常停留一两个月。不过和大妈取得了代销他们的货物的专利，所得的好处足以弥补她殷勤接待客人的费用。一年内有一两次她的儿子带着马帮从拉萨回来。如果货物不在丽江出售，就由马帮运到下关。可是和大妈并不跟随货物到下关去，因为丽江做生意的妇女没有一个想跑那么远。这里描写的就是纳西族和藏族的关系。"

纳西族和藏族民众在经济文化上长期相互交流，因此，纳西族商人和藏族商人在风俗习惯和宗教信仰乃至饮食等方面比较相近，性格也有诸多相似之处，因此，纳藏两族商人相互之间建立了信誉，成为主顾，藏语称之为"匆爸匆厦"，意思是"做生意的朋友"。藏族商人从藏地带来的货物，首先都会优先销售给丽江的纳西"匆爸匆厦"，只有这些纳西主顾不要，才会请他们住宿的店主（藏语称为"奶波"）代为向外销售。生意做成后，由买方出每元二分的"牙佣"给店主，要运回的货物，也经常请纳西主顾和店主代为筹办。

著名的"达记"商号之主李达三。他靠在"茶马古道"上与藏民做生意起家，性情豪爽，精通藏语。生意做得很大，在昆明、康定、昌都、察隅、拉萨、印度等地都设有分号。仅在1943年，他运往西藏和印度的货物就达3000多驮。他与藏区各路显贵和百姓都十分相熟，常让做生意的对方赊账取货，信誉极高，各地藏民亲切地称他"冲本达三"。"冲本"是"生意官"的意思。当时"茶马古道"上常有强人出没，但对"达记"马帮却从不侵扰。民间传说当时李达三的一张纸条，胜过成百上千的军队。20世纪40年代，国民政府欲勘测中印公路，要经过察隅等藏区，遭到一些地方头人的抵制，最后靠李达三与藏区上层的亲密关系，亲自出面从中调停协商，使此项工程得以顺利进展，李达三因此被国民政府任命为"国民政府中印公路少将副专员"。李达三虽是商界巨子，但生性简朴，发达后也常身着有补丁的衣服。又笃信藏传佛教，每天晨起必念经，常周济各地的藏传佛教僧侣和寺庙，亦周济穷人。在藏族僧人和民众中有很高的信誉和声望。

丽江中等商户"恒德和"号经理周璋在中甸（今香格里拉县）一带经商时尊重藏族习俗和宗教信仰，藏商藏民有难，他都尽力相助。因而中甸（今香格里拉县）归化寺大活佛松谋及其他寺的活结下相当友好的关系，还让在丽江的子侄们多拜藏族上层人物为干爹，现周家五六十岁的人，大都有个藏族名，如七林佩初，次里拉姆、丹珍七林等。

为了能在藏区长久经营，许多纳西商人不仅与一般藏商相交甚好，而且与藏区的上层人士也建立了密切的关系。光绪初年就到藏区进行贸易的纳西商人杨聚贤生意做得十分成功，还认识了达赖和驻藏清廷大臣李徽典，交往甚密，在经济上相互协作，使自己的生意日益发展。

笔者曾于1999年4月采访李达三老人的女婿周廷椿老人，他是有"丽江六大商业资本家"之称的"恒德和"商号老板周石勤之子。据他说，西藏摄政热振呼图克图（他从1934年至1940年任西藏摄政）活佛与周家很熟，曾与西藏最著名的商号"三多昌"主人尼梅（其妻是热振的同胞妹妹）去四川见蒋介石，周廷椿的哥哥周廷仕应热振之邀担任译员。热振活佛在此行中先来到丽江，住在周家。周家当时煞费苦心地把院内院外装饰一新，在床上铺了金丝绒来接待这位摄政活佛。这其实也反映了"房东伙伴"的关系，一般都是纳藏两族非常相熟的朋友之间的来往。

赖家的"仁和昌"与西藏的"岔弄"（西藏除达赖外的政治、宗教权威）不仅私交甚笃，而且还有密切的经营合作关系。

我在2002年到西藏昌都地区芒康县盐井纳西族乡调研，了解到当地也盛行这种房东伙伴贸易。每年，来自西藏和青海的藏区牧民都要来盐井买本地产的井盐，这是一种红色的盐，是在澜沧江边的盐井里挑出来盐水后沥水风干后制成的，藏区牧民认为这种红色的井盐对牦牛、羊等牲畜的繁衍和长膘非常有效，远胜过青海等地的湖盐。牧民和盐井的纳西和藏族人家形成了想和丽江古城纳西人那样的"伙伴家庭"关系，一户牧民家庭固定地买一户盐井伙伴家庭的盐，交换方式是多样的，或用酥油换盐，或用青稞等粮食换盐，也有直接用钱买的。据了解，这种"伙伴家庭"的形成已经有好几代了。

　　明代随丽江木氏土司征战到滇川藏地区的纳西民众推动了纳藏两族之间的贸易，同时，纳西人还把开梯田种稻谷（主要是丽江的红米）的技术传到藏区，因此，滇西北的一些藏民也成为种植稻米的能手。据四川学者张玉林先生的调查，丽江木氏土司统治四川省巴塘县期间，曾向巴塘一带大量移民。这些移民，这些纳西移民战时为兵，平时务农。今日白松等地山尖、谷口，都有纳西士兵驻守的碉楼遗迹。架炮顶等还有一些"绛（姜）若"（纳人坟墓），内中还有纳西族人爱吃的红米。纳西人善于修沟造田，打墙建屋，种植水稻。巴塘东南区的大片梯田即是在纳西族人带动下开出的。现在，白松乡的门扎、白松两村还在种着水稻（红米），这是巴塘县唯一产水稻的地方，并且，在该乡还居住着近600名纳西族人。[①]

　　木氏土司在统治迪庆藏区期间，还把核桃、玉米、蚕豆等作物及种植术，以及撮箕等生产用品引进藏区，至今中甸藏民对上述物品仍以纳西语来称呼，说明这些物品是传进去的。

　　"木氏统治时期，还使这一地区的市场和商品流向形成一个传统的经济区域，滇商每年从丽江、中甸运来茶糖、铜器、铁器、粮食等到康南及江卡、盐井地区销售，并从当地运出羊毛、皮革药材等商品。"[②] 木里民间传说，许多马道是"木天王"开的，这些马道是当时木氏土司在木里开展商业贸易的历史印迹。

　　明代旅行家徐霞客曾在明万历年间游历丽江，在《徐霞客游记》中有这样的记载，奉土司木增之命来接徐霞客的和姓通事将他接到离万字桥

[①] 张玉林：《巴塘历史沿革漫述》，《康定民族师专学报》（自然科学版）1990年第1期。

[②] 陈一石、陈泛舟：《滇藏贸易历史初探》，《西藏研究》1988年第4期。

一里的丽江古城家中，"其（指和通事）父乃奉差入都，今以居积番货为业"①。这里所提到的"番货"即指藏区的货物，和通事所从事的是纳藏贸易。

徐霞客在其游记中又记曰："丽江名山牯冈、辇果，俱与鼠罗相近。胡股、必烈，俱丽江北界番名。甲戌岁（崇祯七年，1634年），先有必烈部下管鹰犬部落，得罪必烈番主，遁居界上，剽窃为害。其北胡股贩商，与西北大宝法王往来之道，皆为其所中阻。乙亥（崇祯八年，1635年），丽江出兵往讨之。"②

从中可以看出，丽江是相当重要的滇藏贸易集市和中转站，因此，一旦滇藏贸易之途发生事情，木土司就发兵护卫。

在滇西北藏区，嘉靖年间丽江木氏土司攻取滇西北藏区以及西藏昌都地区的盐井一带后，滇西北藏区的房东制贸易得到发展。③

笔者觉得这里"房东制"的"制"一词不是太恰当，这是一种民间约定俗成的习俗，还不是一种规定而成的制度，究其实，是一种自愿而结成的"房东伙伴"贸易习俗，所以在本文中称为"房东伙伴"贸易。

有一份收藏在香格里拉县（中甸）的藏文历史档案（第10号）"七世达赖颁给土司松杰的执照"中说："大皇帝之下、和硕界下、达赖喇嘛谕：阳光普照下之众生：阿里三部、卫藏四如六冈，所辖境内之喇嘛上师、王公贵族、神民户、官民户、各级官员、宗官、汉、蒙、藏三方此公文到此者，头人、办事人员、老民、百姓知照：建塘（即中甸）独肯中心属卡松杰者，自其祖辈松节衮之前，纳西王管理时期，即为藏商之房东，对藏商多有帮助……"④

从这一记载中，可知在明代木氏土司统治迪庆时期，与藏商的贸易交往是频繁的，也可以看出当时就已经有"房东伙伴"的商业贸易习俗。这一贸易习俗清代以后在丽江纳西族地区蔚为大观。

---

① 《徐霞客游记校注》（下），朱惠荣校注，云南人民出版社1985年版，第930页。
② 同上书，第1189页。
③ 杨嘉铭、琪梅旺姆：《藏族茶文化概论》，《中国藏学》1995年第4期。
④ 《中甸藏文历史档案辑录》（之二），西洛嘉初、松秀清译，《迪庆方志》1991年2—3合刊。

三

在"茶马古道"上做过多次实地调研的李旭先生曾在《藏客》一书中提到:马帮在路上肯定要采购一些东西,补充糌粑、酥油、马料等给养,于是,他们会在沿途的一些村子里选择一些人家做他们的'主人家',请他们为马帮提供各种必要的服务。马帮们用藏话将主人家称为'乃布'……每个藏客在西藏的每个村寨都有这样的主人家,也有几户藏客同时选择一个主人家的。①

据藏族学者罗绒战堆的调研,西藏扎囊县扎西林村和墨竹工卡县的塔巴村,都是以生产手工艺品为主的村落。为了获取生活物资,如粮食、盐巴、酥油,等等,就拿着手工艺品如氆氇、围裙等前往有剩余农产品的地方进行交换。"这种交换可以追溯到他们的前好几代,在无尽的交换历程中,手工业产品生产者都有了自己的传统伙伴,有的有亲缘关系,有的成了好友……由于建立了良好的伙伴关系,交易很容易实现。"②

据周智生教授的调查,"乃仓"在藏语中的意思是"租借的住宅",这是藏族商人在远距离外出的交换途中与沿途经过的村寨农牧户结成的一对一的互助关系。男主人被称为"乃布",女主人被称为"乃姆"。周智生先生在云南省迪庆藏族自治州香格里拉县尼西乡实地调查时了解到,这种"乃仓"关系建立的过程如下,农区或牧区寻求交换的一方到对方的某个村子后,如果看上了某一家,就会主动上门借宿,在进一步的交往中相互取得信任后,提出交换的具体要求,如果这种交换关系得到了双方的认可,从此就可结为乃仓关系。以后凡是路过此地需要交换物资,都可借宿"乃仓"的家,双方进行物资交换。如果这家主人暂没有可交换的物资,也可代为中介介绍自己的"乃仓"朋友与村中其他人家交换。乃仓关系一旦结成后,至死都不会改变,甚至还会一代代相袭,除非主人家提出解除关系,不再同意接待;作为曾建立过互助交换关系的朋友,今后如果这个主人家前来到自己的村子进行交换活动,也要同样热情地提供食

---

① 李旭:《藏客》,云南大学出版社 2000 年版,第 167 页。
② 罗绒战堆:《西藏手工业业产品的交换与市场》,《中国藏学》1992 年第 3 期。

宿，并尽力提供各种帮助促成交换，长久相沿下来。①

从上述这些资料看，丽江古城纳西人的"客巴"（伙伴家庭）习俗和纳藏"房东伙伴"贸易习俗是普遍见于藏区和纳西族聚居区以及"茶马古道"上的一种贸易和家庭友情皆有的习俗，可能最早是在藏族中形成的一种贸易习俗，后来逐渐影响了与藏族交往密切的纳西等民族。

流行于康巴藏区的"锅庄"习俗也与"房东伙伴"贸易有一定的关系，"锅庄"一是指藏舞中的名字——锅庄舞；二是指生活中的锅庄，即"三石一锅"；三是指川藏茶马古道上茶马互市的产物，以经营茶叶为主，如康定的锅庄。康定锅庄的演变，明代名正土司将其衙门迁至打箭炉，手下有很多千户、百户都要到打箭炉来听差，长期下来就建房于此。空下来的房子借租给熟人，逐渐演变成为客栈。后来形成较稳定的客源，客有牛马，后又增加了马店的功能。行商的客人货物可帮忙介绍，又增加中介的功能，商人货物不会一次卖光，又增加货栈功能，后又增加市场功能，代理功能。锅庄以"抽头"来维持自身经营。锅庄主人大多为头人，且多为女人，男人出外行商。藏族住锅庄，第一次在哪家，几辈人都在哪家。锅庄为藏商无偿提供骡马和饮食。康定的锅庄最多时达到48家，解放初只剩下24家。②

上述"藏人住锅庄，第一次在哪家，几辈人都在哪家"的特点，与"房东伙伴"的习俗很相似，"茶马古道"上贸易的纳西族和藏族的"房东伙伴"，基本上也是长期的一种伙伴家庭关系，有的甚至是代代相传而形成。

藏族与撒拉族之间，也有着一种类似的"家庭朋友"关系，这种关系称之为"许乎"，这个"许乎"从字面上解释，可以当作"住宿"或"住宿的人"来理解，但它所隐含的内容往往是很深奥的。"许乎"这个名词，只有藏族与撒拉族之间可以相互用做称呼，而对其他民族如循化当地的汉族与回族，就从来不用"许乎"这个名词，若关系比较熟的，则称之为"奥西"，是熟人的意思。"许乎"这个词，在历史上有其特殊意义。在兵荒马乱的年代，撒拉族人会跑到藏族"许乎"家中避难，藏族

---

① 周智生：《茶马古道上的纳西族"藏客"起源探析》，《西藏研究》2009年第5期。
② 齐桂年：《川藏茶马古道上的背夫、锅庄及寺庙茶文化》，《第四届海峡两岸茶业学术研讨会论文集》。

人也会到撒拉族"许乎"家去避乱一段时间,这都是很平常的事情。迄今,在所有的撒拉族村落中,几乎大多数家庭在周边的藏族村落中都有自己的"许乎"伙伴家庭,祖祖辈辈相互来往。据撒拉族学者马成俊回忆,在20世纪70年代,他的祖父经常去道纬乡宁巴村和多索村的"许乎"家里,去时还在骡子上驮上一些家里产的杏子、蔬菜等果蔬品。而过几天回来时,会捎来来粮食以及背篼等生产生活用具。那时的贸易活动明显带有以物易物的性质。马成俊的祖父经常说,交换物品的时候一直都住在自己的"许乎"家里,对方不会索取任何报酬,只赠送一点果蔬品就可以了。有的时候,如果带去的东西不能马上得到交换,也会放在"许乎"家里,由"许乎"伙伴家庭代为交换或销售,等到全部交换或销售完了再去取,或者"许乎"会专门带过来。这种"许乎"伙伴家庭之间经济交往上这种相互的信任,是两个不同民族家庭之间建立了世代交往关系后打下的好基础。① 这种关系非常类似纳西族与藏族的"伙伴家庭"关系,值得进一步深入拓展研究。

在中国西南,这种"伙伴家庭"式的友谊,也常见于很多少数民族中,虽然形式不同,但其作为相互帮助的"伙伴家庭"的功能是相同的。比如,在云南的不少地方,相邻而居的民族,也常常会结成长期相互帮助的一种家庭伙伴关系,有的民族称之为"一家人",例如:在红河沿岸的哀牢山区,傣族和哈尼族分别住在山区和河谷坝子,在长期的生产活动中,会结成长期相互帮助和交往的"牛马亲家",这种"牛马亲家"一般是以居住在河谷热带地区的傣族为一方,居住在山区的哈尼族为另一方。双方为适应立体气候所带来的农事节令的差异,还有为了有利于家畜的繁衍,经双发相互磋商而结成了"牛马亲家"。"牛马亲家"一旦确定后,不同民族的两户人家就会像走亲戚一样地常来常往。到初春时,河谷坝子气候温和,正适合傣族人撒秧栽插,于是山上的哈尼族伙伴家庭就把耕牛驮马赶下山,交给傣族伙伴家庭喂养和使用。而到每年四五月,傣族人是农闲时节,而居住在山区的哈尼族则正处在耕作栽秧的时节,于是,牛马就赶上山,由哈尼人喂养和使用。到六七月份,哈尼人栽秧完毕,住在河谷坝子的傣族又要栽插晚稻了,牛马又下山由傣族家庭使用和管理。晚稻

---

① 马成俊:《"许乎"与"达尼希":撒拉族与藏族关系研究》,《西北民族研究》2012年年第2期。

载完后，河谷坝子很炎热，而山区的气候则暖和，牛马就被赶上山来避暑和休息。十月以后，又把牛马赶下山去，由傣族的伙伴家庭来饲养过冬。母畜产的牛崽和马驹，属于双方共有财产，出卖或宰杀都要相互平分。①

很明显，这种最初基于经济互助、贸易往来的"伙伴家庭"关系，以各种不同的方式存在于相互在商贸和生产上交往较多的相邻民族。这种各民族特定的基于家庭的伙伴关系，是促进和睦和谐、相帮互扶的民族关系的重要动力，值得深入研究。

原载《西南民族大学学报》（人文社会科学版）2015年第12期

---

① 郭家骥主编：《云南的民族团结与边疆稳定》，民族出版社1998年版，第128页。

德国的纳西学研究学术史述略

一 20世纪60年代对东巴古籍的研究

20世纪50年代以前，德国学术界对纳西学的研究鲜为人知，尽管有德国传教士曾到丽江纳西族地区传教，但尚未见到他们发表的调研报告和文章等。20世纪60年代初，联邦德国学术界在对"东方手稿"进行收集、整理和研究的过程中，意识到了纳西东巴教古籍的重要学术价值，沃尔夫冈·福格特等学者动议联邦德国国家图书馆购买当时已在国际学术界享有盛誉的东巴古籍[①]。尽管当时联邦德国处于战后重建阶段，德国国家图书馆经费拮据，但当时的《德国东方手稿》丛书主编沃尔夫冈·福格特（Wolfgang Voigt）博士努力想方设法争取经费，并得到了当时任西德总理的康拉德·阿登纳（Konrad Adenauer）先生的支持。德国国家图书馆把洛克原先赠送给意大利罗马东方学研究所的500多册东巴经悉数买回。当时，罗马东方学研究所急欲出版洛克的《纳西—英语百科辞典》两大卷，但苦于资金短缺，只好忍痛割爱，卖出这批古籍来筹资。洛克在《德国东方手稿目录》第七套第一部《纳西手稿目录》的前言里也说到了这件事，指出500册纳西手稿是他原来赠送给由著名藏学家图齐（Giuseppe Tucci）教授任所长的意大利罗马东方学研究所的，后来图齐教授因为要出版洛克编纂的《纳西—英语百科辞典》而碰到了经费上的困难，所以就把这些纳西东巴古籍卖给了西德国家图书馆以筹集出版资金。[②] 关于联邦德国总理阿登纳直接支持资助购买东巴古籍和邀请洛克来

[①] 国外多用 manuscirpts（手稿）一词来指称东巴古籍，国内则多译为东巴经。

[②] Janert. K. L., Forward, *Verzeichnis Der Orientalishen Handschriften in Deutschland*, Band VII, 1 Josheph Francis Rock *Na-khi Manuscripts*, Franz Steiner Verlag GMBH · Viesbaden, 1965, p. XV.

进行编目和翻译一事，20世纪80年代初和我一起进行合作研究的德国科隆大学印度学研究所所长对我讲述过，他在写于1963年11月27日的《德国东方手稿目录》第七套第一部《纳西手稿目录》序言里，也特别对阿登纳（Konrad Adenauer）总理本人的支持表示了感谢之意。

雅纳特（K. L. Janert）教授这样叙述到德国国家图书馆收藏的东巴古籍的情况："包括洛克个人收藏的照相复制本在内的1115册手写本被马尔堡德国（西德——译者）国立图书馆（当时西德国家图书馆在马尔堡，后来才迁往西柏林）购买（其编号是：Hs, Or, Collection Hs, Or, 301—677, 1362—1590, 1593—1594, 1596—1601, K., Or., Collection K., Or, 1—501）。"① 英国人类学家杰克逊（Anthony Jackson）在他的著作《纳西宗教：对纳西仪式文本的分析评价》中指出，联邦德国马尔堡国家图书馆共藏有1118册东巴经，其中913册为复制本。② 洛克在《纳西手稿目录》序言里还专门提到，马尔堡图书馆收藏的纳西手稿中，最早的一本标有日期的经书是明万历年间（1573—1620年）的，他后来在1963年出版于德国威斯巴登的《中国西藏边疆纳西人的生活与文化》一书中，明确指出这本手稿（东巴经）的书写时间是明万历元年八月二十四（1573年9月17日），他这样写道，明朝时期，丽江的白沙（今玉龙县白沙镇）有一个被称为东腊三兄弟的家庭，这是大家熟知的一个东巴后裔家庭。三弟兄之一的一个后人和国柱一直活到1930年。三弟兄都是东巴，都对东巴手稿做过阐释，其中一本手稿落的日期是水鸡年第七周第八月，属猪的十四日蕊恒（^{1}Zü-^{2}hä）星（二十八宿第十五星）时，即1573年9月17日或明万历元年八月二十四日。③

此外，洛克还知道其他一些纳西手稿的收藏情况，据洛克所述，英国曼彻斯特市里兰德（Rhyland）图书馆中约有150本；巴黎吉梅特博物馆（Musee Guimet）约有10本；荷兰莱顿存放着大约有10本。另外，在伦敦印度事务局图书馆有大约50本属"汝仲卟"（延寿仪式——译者）仪式的手写本，这50册手写本是传教士霍利·罗勒尔（Holly Roller）在纳西祭司

---

① Janert. K. L., Forward, *Verzeichnis Der Orientalishen Handschriften in Deutschland*, Band VII, 1 Joshenh Francis Rock *Na-khi Manuscripts*, Franz Steiner Verlag GMBH·Viesbaden, 1965, p. XV.

② Anthony Jackson., *Na-Khi Religion: An Analytical Appraisal of Na-Khi Ritual Texts*, Mouton Publishers, The hague Printed in the Nethrlands, p. 23.

③ Rock, J.F., *The Life and Culture of the Na-khi tribe of the China-Tibet borderland*. Wiesbaden, 1963, p.44.

为洛克举行延寿仪式后向他们购买的，洛克当时不知道这回事。华盛顿国会图书馆还从昆亭·罗斯福（Quentin Roodevelt）先生和罗勒尔（H. Roller）牧师那里得到大量手写本，他们于1926—1927年在丽江得到这些书。巴黎国家图书馆保存有六册手写本，据说它们是用麽些（纳西）文写的。①

意大利著名藏学家图齐在洛克编著的《纳西—英语百科辞典》（上卷）序言中说："我们对洛克博士的感激之情不仅仅限于他在这套丛书出版中所作的科学贡献，而且还在于他在丛书的出版中还从经济上也给了我们很大的支持。"② 他在该书下卷序言中又说："我非常感激我亲爱的已不幸去世的朋友洛克教授对纳西文化的贡献，这东方的文化在我们这个时代的变迁中消失。我也非常感激洛克教授对出版我们的这一系列丛书慷慨的帮助，如果没有他的帮助，这卷辞典是不可能得以出版的。"③

洛克收到德国国家图书馆负责人福格特（W. Voigt）博士的邀请书后，他作为弗里茨·蒂森基金会（Fritz Thyseen Stiftung）和德国研究学会（Deutsche Forschungs gemeinschaft）的客人，于1962年1月底离开美国夏威夷来到德国，在马尔堡（严格说是在马尔堡城上方的奥尔滕贝尔格）着手编撰现属"马尔堡收藏本"（Hs. Or 和 K. Or）④ 的纳西手稿（东巴经）附有说明的分类目录。

在将近4个月的时间里⑤，雅纳特博士协助洛克编目并和他一起进行

---

① Rock, J. F., *A Na-Khi-English Encyclopec Dictionarry*, part 1, ISTITUTO PER IL MEDIO ED ESTERMO ORIENTE, Roma, 1963, p. xiv. 关于西方国家的东巴古籍收藏情况，也可参看英国人类学家杰克逊的统计，参看杨福泉《东巴教通论》，中华书局2012年版，第462—463页。

② Rock. J. F., *A Na-Khi-English Encyclopec Dictionarry*, part 1, ISTITUTO PER IL MEDIO ED ESTERMO ORIENTE, Roma, 1963, p. xiv.

③ Rock, J. F., *A Na-Khi-English Encyclopec Dictionarry*, part 2, ISTITUTO PER IL MEDIO ED ESTERMO ORIENTE, Roma, 1972, p. xiv.

④ 福格特博士为马尔堡所购买的原属洛克的这些手写本，一部分直接来自洛克，一部分则从罗马东方学研究所买回，该所的纳西手写本是洛克过去赠送的（可参看洛克《纳西—英语百科辞典》XV111页）。

⑤ 1962年9月，洛克在吉森（Giessen）皮亚（H. W. Pia）教授那儿接受外科手术治疗。1962年10月，他在奥地利和瑞士度过了约10天的时间。在马尔堡，洛克看了《中国西藏边疆纳西人的生活与文化》一书和《纳西—英语百科辞典》一、二卷的校样。后一部著作的第一卷于1963年夏出版。

研究①。洛克在马尔堡编订和描述了527本纳西手写本，他做完这些工作后，表示这些有内容提要的编目已可付印，因此在他回夏威夷（1962年10月30日）之前已把这部分书稿交给了出版商 hropologic study on。洛克在写于1962年9月23日的《德国东方手稿·纳西手稿目录》前言中特地指出，很感谢雅纳特博士全力帮助我编撰这些纳西手稿目录，他是为数很少的对这个领域真正感兴趣的人。②

到1962年10月，编订和描述了527本西德国家图书馆所收藏的东巴经，编撰成《德国东方手稿目录》第七套第一部《纳西手稿目录》一、二卷。编撰工作尚未完成，洛克于1962年12月5日不幸在夏威夷度假期间因心脏病突发而去世。

洛克去世后，雅纳特继续进行西德所藏东巴经的编目工作，完成了《纳西手稿目录》三、四、五卷。这五卷书是迄今世界上唯一一套公开出版的东巴经目录，编目比较完整，叙述详备，受到国际学术界的好评。美籍华裔著名语言学家张琨教授曾撰文评论此书，给予高度评价。所遗憾的是由于洛克的逝世，后三卷书缺少了对经书进行比较详细的内容提要。

根据雅纳特教授的回忆，作为洛克助手和《纳西手稿目录》编者之一的他抄写洛克所写的资料，列出了东巴教仪式分类表，最后付诸出版。雅纳特教授说，这部目录很遗憾既不包括所有可得到的纳西手写本的题目，也不包含全部标有"洛克编号"（Rock Number）的手写本，但雅纳特教授觉得它的出版是有意义的。目录所依据的洛克手写笔记已由他在回夏威夷时带回，因此当时已不可能重新获得。③

这套书里的分类表所列的主要的纳西宗教仪式分为几部分，每个主要仪式由几个小祭仪组成，这些小祭仪看来总是依一定的连续次序举行。在表中，这些小祭仪也都编了号。由洛克后来增补的小祭仪已并入原号码顺

---

① 据雅纳特教授的回忆，当时很遗憾未能找到藏学和汉学方面合适的专家来协助洛克博士进行研究。

② Janert, K. L., Forward, *Verzeichnis Der Orientalishen Handschriften in Deutschland*, Band VII, 1 Josheph FrancisRock Na-khi Manuscripts, Franz Steiner Verlag GMBH · Viesbaden, 1965, p. XVII.

③ Ibid., p. XI.

序排列，并在各个连着顺序的号码前加上一个或一个以上的零，以此标其特征。另外，在任何一个小祭仪中咏诵的特定手写本的题目依顺序排列，同时标以字母（比如50，aa，a-z，AA-AZ，Ba-Bz，Ca-Cj）；作者后来增补的可合并在连续顺序中的题目，以在分开的字母后标以阿拉伯数字的方式表示（如50：C，C1、C2，或50，Ab，Ab1）；尚不知其题目的手写本在连续顺序的字母后用"—"号标出（比如：50，f，g，或50，Be-Bn）；后来增补的只知属于某个特定祭仪，但不知其在各个仪式中实际位序的详情的手写本题目，以附加括号的字母标出〔比如：50，（Da）-（Du）〕。雅纳特教授指出，这个分类表中提供了依书中的"洛克编号"（Rock Number）编成的索引。[①]

二　20世纪80年代以来的纳西语文和摩梭研究

洛克在夏威夷度假期间谢世后，雅纳特教授继续研究纳西东巴古籍，主要是从文献学、语言学的角度。与他的夫人合作，按照《纳西手稿目录》的编目，把西柏林国家图书馆（马耳堡国家图书馆后来搬到了西柏林）所藏的东巴古籍摹写编印出版，笔者1984年在德国时看到已出版了八大卷。他认为把藏于图书馆的东巴古籍[②]公之于世是进行研究的第一步工作，只有让不同国家的学者看到东巴古籍的面目，才谈得上进一步深入的研究。1983年1月—1985年1月，1986年3月—1988年3月，他邀笔者到西德科隆大学进行合作研究，完成了"联邦德国亚洲研究文集"第七套《纳西研究丛书》的《现代纳西文稿翻译和语法分析》《古代纳西文稿翻译和语法分析》《现代纳西语语法》《纳西语—英语词典》等著作，其中第一卷于1988年在波恩科学出版社出版。在笔者与雅纳特的语言文本研究中，根据他的建议，参考了洛克所用的拉丁记音符号系统，创制了一套可以在打字机上全部打出的拼音文字符号，雅纳特称之为"科隆文

[①] Rock, J. F, *A Na-Khi-English Encyclopec Dictionarry*, part 1, ISTITUTO PER IL MEDIO ED ESTERMO ORIENTE, Roma, 1963, p. xiv.

[②] Janert, K. L., Forward, *Verzeichnis Der Orientalishen Handschriften in Deutschland*, Band VII, 1 Josheph FrancisRock Na-khi Manuscripts, Franz Steiner Verlag GMBH · Viesbaden, 1965, p. XI.

字"（Koen script），将当代纳西语大研镇方言的四个声调分别用1（=国际音标音值的33）、2（=国际音标音值的21）、3（=国际音标音值的12）、4（=国际音标音值的55）。他的基本观点是认为这个"科隆文字"（Koen script）不是用来记音，但是可以方便书写，尤其可以在打字机上全部打出。① 而不是如国际音标一样用来记音的。

雅纳特在当时估算全球的东巴手稿（古籍）应该有5万册左右，他当时提出应该共享全球的东巴古籍资源，认为首先要把和谐分布在全球的东巴手稿全部认真地编目并公开出版，这样大家就可以研究它们。而所有编目所使用的记录文字应该是可以在打字机上打出来的，不应是如传统的音节文字那样不可能在打字机上打。所以他提出创制这个实用的"科隆文字"就是为此而准备的。②

雅纳特是目前西方学者中为数不多的从语言文献学角度研究纳西学的学者之一，其研究方法继承了德国传统的语言文本研究方法，以文稿为本，逐字逐句分析解剖，求其真意，翻译过程即是一个语音、词汇、语法的研究过程。这种研究方法以其严谨细腻、对实词虚词逐词逐句穷究文本底蕴的特点饮誉于世界学术界（如德国的梵文和其他语种文本的研究），它除了能保留民族语言文化的本来面目和真实性之外，也为从多种角度进行研究的学者提供了真实可靠的资料。同时，在这种深钻穷究、以语言、词汇、语法剖析为本的研究中，也能探究出不少有关民族历史、语言演变、民族关系、民俗宗教等方面的很多问题。我国著名语言学家傅懋勣先生研究东巴古籍的方法与此有相似之点。

著名学者季羡林在德国留学期间，是雅纳特教授的同学，他对雅纳特教授有过一些回忆。1936年，季羡林负笈德国，到哥廷根大学主修梵语，师从瓦尔德施密特教授，与雅纳特教授是同学。张光璘先生曾转述过季羡林先生对雅纳特的一段回忆：

梵文班从第二学期开始，来了两个德国学生：一个是历史系的学生，一个是乡村牧师。前者在季羡林来德国前，已经跟西克教授学过几个学期梵文，是位老学生了。季羡林开始时对他肃然起敬，然而，过了不久，就发现他学

---

① 就笔者所见，20世纪80年代初计算机还不见用于德国大学的人文研究机构中。

② *Stories in Modern Naxi* by Yang Fuquana, prefaced and edited by Klaus Ludwing Janert, VGH Wissenshcaftsverlag. Bonn, p. 14.

习梵文很吃力，尽管他在中学时就学过希腊文和拉丁文，又懂英文和法文，但是对付这个语法规则烦琐到匪夷所思程度的梵文，他却束手无策。在课堂上，只要老师一问，他就眼睛发直，张口结舌，说不出话来。瓦尔德施密特教授并不是脾气很好的人，他一生气，这位老学生就更加不知所措，常常使课堂气氛变得十分紧张，一直到二战爆发，这位德国学生被征从军（据雅纳特教授的讲述，他被分配到负责在飞机上运输物资的部队里）。

季羡林先生生前多次告诫学生，在这个世界上，可以蔑视任何人，唯独不能小视德国人。林梅村先生的回忆中说，张光璘先生讲的故事，我也听季先生说过。但张先生没把这个故事讲完。其实这位"老学生"就是前面提到的雅奈特（即雅纳特）教授。二战结束后，雅奈特重返哥廷根，在瓦尔德施密特指导下继续攻读梵语，最终获得了博士学位，在科隆大学当教授（笔者按：笔者在德国期间，雅纳特是科隆大学印度学研究所的所长）。吕德斯的遗著《秣菟罗碑铭》（哥廷根，1961），就是他整理出版的。此外，他还出版了《印度手稿图录和分类研究目录》（威斯巴登，1965）、《印度和尼泊尔手稿》（合著，威斯巴登，1970）等专著。雅奈特不仅征服了梵文，而且还开始研究纳西东巴文献研究和纳西语。①

1977 年，西德学者普鲁纳尔（G. Prunner）在《民族学》上发表了《纳西象形文所反映的亲属制度》② 一文，算是最早从民族学人类学角度进行纳西学研究的论文。20 世纪 80 年代后期，德国民族学家苏珊·克内德尔（Susanne Knödel）深入到云南纳西族摩梭人（纳人）居住地永宁等地，对摩梭人进行了比较深入的研究，完成了研究摩梭亲属制度和国家权力的博士论文，她在《永宁摩梭的亲属制度和中国的国家权力》文中指出，过去，中国地方志中官方所做的民族志著述都把纳西和摩梭人作为一个单一的群体。汉人把他们称为"麼些"，发音为"摩梭"（moso）。中华人民共和国成立后，这个名称就被"纳西"这个族称取代了③，"纳西"其实只是丽江纳西人的自称。永宁纳人在与汉人打交道的时候用的还是"摩梭"这个老

---

① 林梅村：《忆季羡林先生》，《南方周末》2012 年 9 月 9 日。

② Prunner, G., *The Kinship system of the Na-khi* (*S.W. China*) as seen in their pictographic script. Ethnos 1970.

③ 这里指的是中华人民共和国成立后进行民族识别后，原来的"麼些"族称改成了"纳西族"。

名称。事实上，摩梭（纳）和纳西的语言关系很近；在他们的语言中他们都自称"纳人"（纳西与纳日）；他们有共同的神话，讲述他们怎样迁居到现在的居住地；在神话中，这些迁徙群体的名字都是相同的。①

苏珊博士在她研究摩梭人的论著中提出了"性联盟"（sexual union）这个概念，她指出，摩梭人中也有正式的婚姻，但很少见。摩梭人认为性伴侣之间不可能像血缘亲属之间那样亲近，因为血缘亲属在他们的整个一生中相互都很了解。不管结婚与否，伴侣都要避免同居在一起，因为家里的陌生人是家庭分裂的潜在因素。摩梭人喜欢伴侣之间的走访关系，因为这能让摩梭人维持一种和谐的家庭关系，这一点他们尤为自豪。走访关系的开始除伴侣双方外不再涉及其他方，关系的结束也是如此。男方一般夜晚到女方家访宿，清晨就离开。双方自始至终都是各自母方家庭的成员，这种关系下诞生的孩子属于女方家庭。虽然社会要求男方向其女伴和孩子赠送礼物，但所赠送的礼物实在太少，不足以在双方之间建立起经济依附关系。她指出，根据她在调查中的了解，一旦某个关系结束了，赠送礼物也随之停止。迄今为止，这一类型的制度化性联盟只在印度喀拉拉邦的纳亚尔人社会（the Nayer of Kerala）中被发现过，但那也只在英国人入侵之前，后来它就因为其本身而被瓦解了。②

此外，苏珊还提出摩梭人的另一显著社会特征是基于血统的群体（a descent-based groups）和外婚的母系世系群（exogamous matrilineages）：从早期的一个母方家户（a mother household form）分裂出来的摩梭家户构成了一个继嗣群，被称为"斯日"（sizi）。斯日的成员认为他们都来自"同一根骨"③。他们会把血缘连环回溯到五代之远（很少有更远的），这

---

① [德]米歇尔·奥皮茨、[瑞士]伊丽莎白·许主编：《纳西、摩梭民族志——亲属制、仪式、象形文字》，刘永青、骆洪等译，杨福泉校，云南大学出版社2010年版，第47页。

② [德]米歇尔·奥皮茨、[瑞士]伊丽莎白·许主编：《纳西、摩梭民族志——亲属制、仪式、象形文字》，刘永青、骆洪等译，杨福泉校，云南大学出版社2010年版，第48页。摩尔（Moore, 1985: 526）。我把在西方和加勒比社会中发现从母居排除在外了，（Kunstaedter 1963），因为那儿实行从母居的人自己也认为那是边缘性的，而摩梭人却把非婚姻性视为一种社会规范。

③ 在纳西人中，以及在喜马拉雅地区的其他父系族群中，普遍都会用"一根根骨"来指称（父系）世系群的成员，与此一致的一个观念是母方亲属和姻亲都被认为是"肉"，参见孟彻理（McKhann, 1989）。摩梭对母系世系群成员的确有"骨"的观念，但我发现对于父系方的亲属，他们并没有"肉"的用辞。

样斯日成员的数量可达 100 人（大多少于 100）。在理想的状况下，只有有母系关系的人才能成为群体成员。苏珊还指出，在纳西人中，以及在喜马拉雅地区的其他父系族群中，普遍都会用"一根根骨"来指称（父系）世系群的成员，与此一致的一个观念是母方亲属和姻亲都被认为是"肉"，而摩梭对母系世系群成员的确有"骨"的观念，但她提出根据她的调研，发现对于父系方的亲属，他们并没有"肉"的用词。

不过，如前所述，理想的状况常常无法达到，因此，一方面，摩梭人对于斯日有着一种明确的母系思想，苏珊指出这也是她把这种群体称作"基于血统的群体"的原因。苏珊还指出摩梭人的社会特征还有"类似氏族的迁徙群体"，摩梭祖先在迁到永宁时有四个群体，分别为西、胡、牙、峨，几乎每个摩梭人都能说出他自己按母系继承血统的那个群体的名字，此外还有贵族中的掌权者通常实行婚姻和父系世系制度这个社会特征。

苏珊还通过她的调查对当代摩梭婚姻习俗的"变迁和复归的因素"进行了分析研究，她"推想坚持以家庭要以母亲为中心的思想暂时会得以保持，并充满生命力，这种思想甚至会成为母系观念的支撑。"

德国柏林自由大学东亚研究所的艾娃（Eva）博士在 20 世纪 90 年代到云南宁蒗县永宁地区进行博士研究的田野调研，1992 年发表了论文《"幸存的活化石"：（中国）永宁非父权制的摩梭人——一个民族学和民族政策的研究目标》[1]，她在文中提到，在 20 世纪 60 年代，中国的学者对这个大多数人保持了非一夫一妻制和父权制的藏缅语族族群进行了全面的调研，受到恩格斯和摩尔根进化论理论影响的这些学者，把这个族群认定为是一个保持了人类早期婚姻和母系亲属制度的"家庭的活化石"。在 20 世纪 90 年代，这个族群相比 1963 年时已经发生了很大的变迁，20 世纪 80 年代的研究，揭示了 1949 年之后特别是"文化大革命"时期，国家权力机构如何致力于促进摩梭人社会向父系制的转变，而摩梭人保留至今的亲属制度，则使它的母系制传统习俗在社会和经济的巨变之中得以幸存。

---

[1] "Ein Fossil überlebt. Die nichtpatriarchalischen Mosuo aus Yongning（VR China）als Gegenstand der ethnologischen Forschung und der Minoritätenpolitik." in：PERIPHERIE 47/48（1992）pp. 150–171.

三 20世纪90年代以来奥皮茨为代表的人类学研究

20世纪90年代以来，从文化人类学的角度对纳西学进行了深入研究的一个杰出学者是米歇尔·奥皮茨（Michael oppitz），他的田野调查都集中在对喜马拉雅地区民族社会的研究。这其中包括对尼泊尔夏尔巴（Sherpa）（1968）和马嘉尔（Magar）（1980—1991）的研究。他的主要研究兴趣在于对本土宗教（萨满教），艺术与物质文化以及口传知识的传播的研究。

1997年，当时在瑞士苏黎世大学任民族学博物馆馆长的德裔人类学教授奥皮茨（Michael Oppitz）与当时的丽江县东巴文化博物馆合作进行，从1997年12月4日至1998年5月15日，举办了一个聚焦在东巴教的学术展览，来自中国、瑞士、德国、意大利、美国、法国、葡萄牙等国的学者专家和社会各界人士200多人参加了展览开幕仪式。笔者应邀在展览期间赴该馆讲学，并仔细看了展览。

此次展览取名为"Naxi Dinge·Mythen·Piktogramme"（德语的意思是"纳西之物、神话、象形文字"），从题目上也可以看出来展览设计者奥皮茨的意图。奥皮茨认为，不应把东巴教的仪式法器等物件与神话孤立分割开来看待，这二者都是仪式的有机构成部分。他想在展览中体现这种二者相依互存的关系。他曾对笔者说："我不太在意要使人们知道东巴仪式鼓的尺寸、用途等所谓'科学的理性知识'，而是要使人们知道东巴的法鼓会飞这样的传说，启示人们去寻找一种宗教的思维、源流和纳西宗教中人、神、仪式、祭品的相互关系，体会一种民间宗教中的艺术和美学意义。我们此次展览不是像有的展览那样以展出一些贵重的东西来体现它的价值，纳西东巴教是民间宗教，其仪式物品的价值大多不是在于它的经济价值，而在于它深厚的宗教意义、文化内涵、艺术色彩和美学价值。"从他的话中可以体会到这位人类学家想以纳西族本土宗教的思维特征贯穿整个展览，使展览的整体布局体现出一种文化结构的意图。笔者觉得这种办展览的思路是十分新颖而有创意的，从学术思维上讲，它与一般就展品介绍展品，重在外在学术性的解释而忽略它在本族文化中的内在含义和阐释的做法截然不同。以本民族的起源神话作为展品的基本解释，从看去浪漫和荒诞不经的神话故事中，却可以真实地抓住该族宗教的一些文化特质和思维方式，以及它与周边相邻民族的文化源流、宗教异同、互渗的关系，从总体上去把握这种宗教文化。

曾对纳西族宗教和喜马拉雅地区很多民族的宗教进行过深入研究的奥皮茨教授指出，纳西族并不是一个孤立的社会，千百年来，纳西人生活在一个受多种文化影响的十字路口，包括印度人、缅甸人、西藏人、蒙古人和汉人的文化，这些周边拥有伟大的文献古文明的国家和民族对纳西人有深刻的影响，纳西人的文明反映了多元文明转变和转化的一种结果。他们共有的风格和特征反映了他们和或远或近的邻居共同分享的内容。在喜马拉雅区域和西藏高原东部地区，不少族群没有书写文字而只有口述传统。他们的文化处于民族国家的边缘，与那些有组织和书面学说的宗教或意识形态有较大差异。对纳西人的宗教和喜马拉雅区域以及西藏高原东部地区那些无文字民族的宗教，是值得认真地进行比较研究的。[1]

奥皮茨教授对上述这些地区包括纳西人在内的巫师、祭司所用的仪式鼓以及其他宗教法器就做过深入的比较研究。特别在东巴教的仪式鼓与羌族和喜马拉雅区域的仪式鼓的比较研究别开生面，以小见大，有很深的学术洞见和观点。他从东巴教的仪式鼓起源的神话传说收到启发，认真对喜马拉雅周边地区国家各个民族的仪式鼓进行了比较，特别是与纳西族有历史渊源或宗教方面相互影响的一些民族进行了深入的比较研究，从它们的起源神话传说、形状（比如有些仪式鼓是单面，有的是双面），鼓面上的图案，关于仪式鼓的神奇传说，比如在喜马拉雅为中心的周边区域传播得很广泛的一个苯教祖师骑法鼓与佛教高僧斗法的故事（在纳西族中是东巴教祖师东巴神罗和米拉斗法），这个故事反映了苯教、东巴教以及这一区域普遍认为苯教师会骑法鼓飞行的共同传说。

奥皮茨通过这个仪式鼓的比较研究，指出："在以上提及的各种宗教之争的故事中，争执的根本问题其实是相同的，即宗教霸权问题（religious hegemony）。实际的争执点在不同的版本中有不同的表述，主要是：对某一领地的控制权（如大山、湖泊等）；处于危险之中的教义的真正价值；传播本派教义、压制敌对教义的权力；某些仪式活动的取缔；或

---

[1] Oppitz, M., *Naxi Connections*: Lecture held at the Rubin Museum of Art N.Y., Naxi conference May 14th, 2011.

者简单说来就是谁最重要的问题。拥有口头传统和文字传统的两种文化之间不断发生碰撞，由此产生各自代表之间的冲突。在这些冲突中，往往一方是喇嘛，而另一方是旧宗教势力的代表。在纳西和古鲁的故事版本中，使用经文和口头吟诵的传统之间明显存在着冲突。"①

2011年5月13日，在纽约市鲁宾艺术博物馆（Rubin Museum of Art）隆重举办了纳西东巴教艺术展，这次展览将持续到9月19日。在展览开始的翌日，一个为期两天的纳西学国际学术会议也在该馆举行。这次聚焦纳西东巴文化的展览吸引了国际相关学术界、文化界广泛的关注。在会上，奥皮茨教授再次呼吁加快利用现代互联网技术等建立全球东巴古籍的共享机制，促使各个国家都能了解各国收藏东巴古籍的详情，并能相互研究、切磋、翻译、探究相关问题。他多年前在我国丽江举办的国际东巴文化学术讨论会上就提出过这个建议，可惜还没有引起各个收藏有东巴古籍的国家足够的重视。

此外，还有德国的几个青年学者在20世纪90年代直至本世纪，也做过纳西族的民间文学和纳西音乐的相关研究。德国柏林自由大学硕士研究生习莲（Petra Kiel）在1993年来丽江做田野调查，她主要研究丽江纳西族的民间口头文学，收集现在不多见于现有出版物中的纳西人日常生活的故事，从中分析纳西族的社会规范和习俗，亲属关系以及妇女的生活与社会地位。她收集了4个纳西男子讲述的10个故事，她说当时在田野调查中很难收集到纳西妇女自己讲述的故事。习莲后来根据这些收集到的故事写了一篇论文，她根据大量国内外的资料，最终完成了她的硕士论文《纳西族研究的现状》（1996），该文对西方学者洛克、顾彼得（Peter goullart）和雅纳特（K. L. Janert）研究也进行了评述，对迄至1996年中国的纳西族研究的历史和发展做了评介。

柏林自由大学另一名硕士研究生沃尔夫冈·威斯（Wolfgang Wiese）在20世纪90年代到丽江调研，对纳西族的"白沙细乐"进行了研究，完成了他的硕士论文《中国云南丽江纳西族的合奏音乐的白沙细乐》，文中他写到"白沙细乐"这种纳西音乐最初是用于悼念死者和在丧葬仪式上演奏。1949年以后有相当长一段时间没能得以延续。在20世纪90年

---

① ［德］米歇尔·奥皮茨、［瑞士］伊丽莎白·许主编：《纳西、摩梭民族志——亲属制、仪式、象形文字》，刘永青、骆洪等译，杨福泉校，云南大学出版社2010年版，第364页。

代重新在民间复苏的"白沙细乐"则是一个新的民俗现象,它被用来作为配合旅游的一种娱乐演奏方式,反映了传统的音乐在时代变迁中的适应性。他的硕士论文的主题是通过"白沙细乐"对纳西人的文化历史变迁进行民族音乐学视角的研究,并对丽江在20世纪50年代用简陋的录音设备对"白沙细乐"进行抢救整理的情况进行了评介。

小　　结

　　从上述德国学者的纳西学研究历程看,突出的成就主要是两个方面,一个语言学、文献学的角度所做的研究,如列入"德国东方手稿"系列的德国国家图书馆收藏纳西古籍的编目和内容提要等工作,不仅在世界上首次系统地公开出版了德国国家图书馆收藏的纳西手稿目录,并出版了相应的学术著作。并率先意识到研究纳西古语为载体的东巴古籍应与当代纳西语及其文本结合起来研究,即古今语进行比较的研究。而且,他们对当代纳西语文本进行穷究底蕴,不放过任何一个实词和虚词进行深钻细研的做法,也是非常严谨踏实的学风。20世纪90年代之后,以奥皮茨为代表的德国人类学家对纳西学的研究也体现了德国学者重实证和思辨的特点,从所举的对仪式鼓的研究和聚焦"起源神话"的东巴教的展览,就可以看出他们独辟蹊径、小题大做、微观条分缕析中见宏观的研究特点。此外,20世纪90年代以后德国中青年学者对纳西族摩梭人社会习俗的研究,也是当代西方学者研究摩梭社会较早的成果。

原载《思想战线》2016年第5期

巴科的《麽些研究》与法国的纳西族研究

一

我在进行纳西学研究的30多年时间中，深切感到将国外学者研究纳西学的论著翻译为中文的重要性，在20世纪90年代和白庚胜君合作编译了《国际东巴文化研究集萃》，后来又花费很大精力，致力于洛克（J. F. Rock）的学术巨著《中国西南纳西古王国》的审校和一些部分的重译工作。不久前刚组织翻译出版了当代堪称最新的西方纳西学名著《纳西、摩梭民族志——亲属制、仪式、象形文字》一书。2014年应邀赴法国访学，初步考察了收藏在法国远东学院图书馆（The Ecol, Francaise d'Extreme Orient, EFEO）；法国东方语言文化学院（Institute National Des langues et civilization orientales, Inalco）和法国国家图书馆等学术机构的东巴古籍收藏情况，对法国的纳西学研究有了进一步的了解。

在西南民族大学的赵心愚教授的组织和支持下，由该校法国留学归来的宋军老师和毕业于四川外国语大学法语专业的纳西青年学者木艳娟翻译法国学者J. 巴科（J. Bacot）（1877—1967）的纳西学著作《麽些研究》，在成都的纳西青年学者白郎与和继全参与了审校工作。几经寒暑，经过他们几位学人的努力，现在此书中文本已经译出，我有幸先读到了中文译本全书。巴科此书可以说是西方学者研究纳西学的开山之作，看到《纳西摩梭民族志》和《麽些研究》这一新一旧两种西方学人的纳西学论著先后面世和即将面世，我心中感到很欣慰。

欧洲的学者早在19世纪中期，就注意到中国西南边陲的纳西族东巴教古籍。1867年，法国传教士德斯古丁斯（Pere Desgodins）到云南，寄回一本共有11页的东巴古籍摹写本《高勒趣招魂》。几年过后，吉尔（W. Jill）上尉和梅斯内（Mesney）到丽江考察，获得了三本真正的东巴古籍，他们把其中的两本寄回梅斯内在英国泽西的家里，另一半则寄到大英博物馆。他们给这本东巴古籍加上了《中国缅甸之间山地祈祷者的象形文稿》的题目。之后，陆续有一些来自西方的学者、探险家、旅行家、传教士从云南丽江收集东巴经带回。西方学者第一篇讨论纳西族象形文字和东巴古籍的文章，是一个叫拉卡帕里尔（Terrien de Lacouperie）的学者在1885年发表的《西藏境内及周围的文字起源》一文。他在这篇文章中公开发布了由德斯古丁斯带回西方的第一本纳西东巴古籍复制本，明确地指出这是麽些（纳西）人的象形文字手稿。而西方学者第一个比较完整地写出一本关于纳西族和东巴经书、东巴象形文字专著的，就是法国学者巴科（J. Bacot）。

巴科是20世纪中叶西方著名的藏学家，巴科等人所著的《敦煌吐蕃历史文书》和意大利图齐（G. Tucci）的《西藏画卷》被藏学界视为西方藏学形成的标志性学术名著。巴科曾经在20世纪初多次来到西藏、云南、四川等地的藏区考察。在研究藏族语言、文化的同时，他也注意到了卓有特色的纳西东巴人的象形文字和宗教、语言等，进行了实地调研，他在1913年出版了《麽些研究》一书，这本著作是西方学者第一本比较系统地研究纳西族历史、文化和语言文字的著作，全书217页，书中还附上了法国著名汉学家沙畹（E. Chavannes）的长篇论文《有关丽江地区的历史、地理文献研究》。附录部分收图版72幅，人名、地名索引，纳西族分布图等。

《麽些研究》一书分为三部分，第一部分题为"人种和宗教"；第二部分题为"语言和文字"；第三部分题为"史地资料"。

巴科体现在《麽些研究》一书的研究特点表现为将历史文献、田野调查和语言文字的考证相结合，常常从调研地原住民的语言、地名入手，比如说到丽江，他指出丽江的藏语名为"三赕"（Sadam），麽些语为"衣古"（Ye-gu），对他所去过的地方都认真地记录了该地土著的地名，十分严谨，我从他之后长年居住丽江研究纳西族的洛克（Rock，J. F）的论著中也看到了这种认真地以国际音标等记录和考释地名的做法，与巴科和沙畹的治学方式一脉相承，不仅学风严谨，而且裨益后学。

巴科在云南进行了实地考察调研，所以对纳西人的聚居地及其周围的环境做了较细的描述。他也讲到了明代纳西人在巴塘、理塘（今属四川省）等地修建的土砌碉楼，并收集了在藏区广为传颂的"丽江王"四郎罗登（一般认为是明代纳西土司木增，在藏区又有"木天王"之别称）派人修建这些土碉楼的传说。巴科在书中还分析比较了东巴经和土司家谱所记载的纳西人的族源。

巴科在书中还对纳西人做了一些初步的体质和外貌的描述及其区域差异，并注意到了体质外貌随着社会历史变迁而发生的变化，指出今天他所见到的一些地方的麼些人的外貌已非原来的麼些（纳西人），但还明显看得出麼些人与藏族等的区别。从中可看得出他重视随时空变化和民族融合等因素而发生变化的民族体貌特征，从这一点上也看得出他治学严谨之一面。

巴科对纳西人衣食住行习俗的描述是结合文献记载（比如《南诏野史》等）并结合自己去过的不同地区纳西人的习俗而做的记录，他的这本著作汇聚了不少难得的民族志资料。他的有些记载很有意思，比如说到当时的纳西人抗拒接受基督教，从60年前传教士进入纳西人中传教以来，到他到丽江时，纳西人中从未出现一个基督徒。传教士们也因此很恼火。记得1920年来丽江长期进行调研的美国学者洛克（Rock J. F.）以及在抗日战争期间在丽江居留八年的俄裔学者顾彼得（P. Goullart）也曾写过纳西人很少有人愿意信奉基督教天主教的情况，应该说巴科是最早记录这个状况的西方学者。

巴科对纳西社会的观察是比较敏锐和细腻的，比如，他注意到了纳西人既保留自己的传统习俗，又善于吸收汉族、藏族等的文化习俗的特征，指出当时纳西人唯一保留下来的核心传统是受外界影响较小的语言、文字、宗教和丧葬习俗，同时，他们也不排斥汉、藏族的同类习俗。他客观地记录了纳西人一直保持下来的兼包并容汉、藏等族外来文化的习俗在20世纪初的状态，而纳西人为什么拒斥基督教和天主教呢？移民到藏区（西藏芒康县盐井乡和云南德钦县燕门乡茨中村等地）的纳西人则在19世纪末20世纪初逐渐接受了天主教。这种区域的差异及其历史文化原因，是值得我们深入探究的。

巴科也是西方学者中最早实地分析东巴教仪式及其神话传说的学者，他在考察中就已敏锐地观察到了纳西人信奉东巴教、藏传佛教、萨满教巫术（指纳西民间的"桑尼"或"桑帕"巫文化）并存的情况，并已经注意到了苯教和藏传佛教对纳西东巴教的影响，但他指出，纳西人对外来的宗教采取的是兼收并蓄而并非全盘取代。巴科也敏锐地注意到了纳西人突出的对"天"（蒙）的崇拜和大自然崇拜，他结合自己在中甸县（今香格里拉县）三坝乡白地的调查，认真分析了东巴教祖师丁巴什罗与苯教祖师辛饶米沃之间的关系。他在维西县的叶枝（今叶枝镇）调研得较多，并请叶枝纳西土司的东巴翻译了根据口传资料整理的纳西东巴教祖师丁巴神罗的传说，包括他用计镇压女怪西摩（在丽江等地的东巴经中，这个女怪名斯咪玛左古松玛）的传奇故事。

巴科在纳西族地区调研期间就注意到了纳西族东巴教中的苯教因素及其价值，他指出，现在的苯教已经融入（藏传）佛教中，人们只能通过其宗教活动和神职人员构成体系认出一些苯教的遗留，而要在这种苯佛两教的融合中找出苯教的原型已没有可能。然而原始苯教就是保存至今的麼些（东巴教）巫术。他之后的西方学者洛克（J. F. Rock）和图奇（G. Tucci）在他们的论著中都谈到在东巴教中可以发现苯教的一些原貌。这与历史上吐蕃王朝时期本佛之争中形成的苯教对纳西东巴教的影响密切相关。① 从《麼些研究》中，我们知道巴科是最早通过调研观察意识到这一点的学者。②

巴科也记载了纳西人的丧葬习俗，他看来对维西县叶枝一带的丧葬习俗考察比较细，在那里见到了比较普遍的火葬习俗，和丽江等地自从1723年"改土归流"后被朝廷派来的流官强制性移风易俗而逐渐推广的纳西土葬习俗形成鲜明的对比。说明20世纪初，在一些远离汉文化中心的纳西地区，火葬还比较普遍地保留着，这一点我们可以从香格里拉县三坝乡的白地、玉龙县塔城乡等地直至当代依然保留了火葬习俗的民族志资料中得到佐证。

巴科《麼些研究》第二部分是"语言和文字"，他的词汇也主要采自纳西县叶枝的纳西人中，据他在文中说是根据纳西叶枝王（土司）的首席东巴口述而记录。巴科全书的这一部分，可以说是这本书最有价值的，可以说是国外学者对纳西族语言文字进行现代语言学研究的开创之作。他在这部分中的语法和词汇分析分为第一章：口语、词汇和语法；第二章：

---

① 参考杨福泉《东巴教通论》第19章"东巴教与苯教之关系"，中华书局2012年版，第556页。

② Bacot, J., *Les Moso*, Leiden, 1913（法国巴科：《麼些研究》，中文版即将在云南大学出版社出版。）

语法注释，他在书中归纳了纳西语的音位系统；本书的词汇部分则采用列表对照的形式，将国际音标表音记录的纳西语语词和法文注释一一对照列出，并用25张图表罗列词汇，其中收的纳西语词汇量有1000多个，他还用表列出了纳西语从1到10000的数词，还有纳西族传统的12生肖的周期表。

本书第二部分第二章是"语法注释"，巴科对纳西语的冠词、名词、动词、形容词、代词、副词的功能分析，并对动词的时态、语态、句法结构功能等作了比较详细的分析。每个部分都一一举例句说明，十分严谨。该部分的第四章是"文字"，巴科对纳西象形文字（斯究鲁究）和音节文字（哥巴文）的性质和文字结构、体系等作了比较深入的分析，并采用列表对照的方式，将象形文字、音节文字、国际音标记录的文字音值、法文解释等逐一列出。这一文字对照收录了370多个东巴象形文字字符，近400个音节文字（哥巴文）。是国内外首次对纳西东巴象形文字和音节文字所做的比较系统的研究。巴科在书中还指出，纳西象形文字包括两种字，一种是图画字，一种是表意字，他的研究可以说开了用文字学的理论来探究东巴文字的先河。

巴科在《麽些研究》中，还对他收集到的东巴经《丁巴神罗的传说》的4页作了逐字逐句的注音解读，并对经书的内容作了比较详细的解读和翻译。巴科在《麽些研究》一书中对东巴经的解读和翻译的"四对照"方式，有些类似目前国内学术界普遍使用的"四对照"译释东巴经的方式，从时间上看，巴科应该算是用这种方式最早的一个。他用的"四对照"释读方式是：首先对经文中的字符逐个标注上词意，然后对原文的每个字符用国际音标表音，并用法文直译出原文的内容，然后以篇章段落为单位来译出东巴经的内容。

二

《麽些研究》一书的第三部分是"史地资料"，除文字资料之外，收录了20多张难得的照片，其中有今香格里拉县三坝乡白地村的纳西人；金沙江边"革囊渡江"的纳西船夫；维西县澜沧江边的纳西妇女、僧人；藏化了的纳西人。纳西人的头饰和妇女羊皮披肩、金银和绿松石、珊瑚等装饰的饰针、耳环、丽江县纳西人的民居、丽江大研古城四方街街市、中甸（今香格里拉县）三坝乡白地村纳西人的男子服饰、丽江县纳西人的男女服饰、金沙江边纳西人用羊皮革囊渡江的情景、丽江县纳西人的村寨布局、金沙江畔纳西淘金人的淘金劳作场面、丽江府流官的照片、藏传佛教噶玛噶举教派在丽江的寺院和僧人的图像、丽江县一带其他少数民族的人物等图像、丽江纳西妇女的羊皮披肩服饰、绿松石、金、银佩饰等实物图片、东巴教图像中绘着大鹏鸟（纳西语"修曲"）、东巴教祖师丁巴神罗等的卷轴画、纳西东巴经经书图片、鸡足山寺庙群落等。

巴科在第一部分的说明中写道："麽些王的后裔在丽江把《木氏宦谱》提供给我参考，书中明确记载了自公元618年起麽些在中国历史的地位。沙畹先生很乐意翻译此书并进行述评。我对他为研究这些资料获得的珍贵成果和付出的艰辛劳动表示衷心感谢。这些成果发表在《通报》（T'oung Pao）第十三卷中，成为本书的第三部分。"①

沙畹在此书的这部分里，对丽江及其往西一带区域的历史、民族、行政区划沿革等，作了十分认真的考证，旁征博引，引用大量的汉文古籍史料以及一些西方学者的研究成果来进行考证和释读。对《木氏宦谱》所下的功夫很深，有不少独到的见解，比如他敏锐地指出了反映在《木氏宦谱》中的父子连名制等西南不少民族都有的习俗。

沙畹在文中对开明好学、广采博纳的纳西族木氏土司给予了很高的评价，他写道："如果认为木氏家族是没有教养的野蛮人，那显然错了。他们对优秀宗教，例如对佛教的虔诚；在石鼓碑文上反映出他们对汉语言文学的掌握；他们成功顺应不同朝代的灵活外交手段；这些都让我们觉得木氏是西南地区土官中最文明开化的家族之一。"

沙畹也意识到诸如木氏土司这样的少数民族世袭土司的家族史资料对研究云南地方史的重要意义，他在文中说："这种血脉的延续是引起我们重视其历史的一个重要因素。南诏国与大理国足以让我们追溯云南五百年的历史。此后，在貌似统一的中国行政统治下，我们似乎只能看到各个分散的部族。现在一切更加明朗，我们发现当地原住家族比我们想象的更加稳固，或许他们已经失去了昔日的辉煌，但仍然存在。通过追溯他们的家谱，可以看到他们的角色愈发清晰、愈发重要。这些家族是编织历史脉络

---

① Bacot, J., *Les Moso*, Leiden. 1913（法国巴科：《麽些研究》，中文版即将在云南大学出版社出版）。

的主线,在中原、西藏地区以及中缅边境,各民族混杂、动荡不安,类似《木氏宦谱》这样的编年史如同过去黑暗的历史中出现的一线光明。"

沙畹此文中还有一部分专述"路线指南",共描述了七条当时人们走滇川藏的路线,第一条是巴科一行走过的路线,记录了22天走过的行程和沿途地名,是山川自然人文地理考察的珍贵资料,其他六条路线也一一标注路线行程地名,是难得的关于滇川藏"路"的实录,对后人研究"茶马古道""藏彝走廊"等民族交流和迁徙的路线而言,沙畹此文弥足珍贵。

沙畹对巴科带回来的《木氏宦谱》旁征博引各种史料,进行了详细严谨的翻译、注释和分析考证,从中可见他对汉文古籍史料和各种汉学典籍的娴熟。他还援引翻译注释了记录木氏土司事迹的《明史》节选(卷三百一十四)。沙畹还在文中,用专章讨论了丽江石鼓碣铭文及相关历史,丽江石鼓碣,又称"丽江石鼓木氏纪功刻辞"碑上有阴刻《大功大胜克捷记》等四篇诗文,现有不同时期拓印的拓片存世,但国内现存的拓片中没有一块是完整无缺的,比如方国瑜先生所存的拓本,就缺了38字[1],而沙畹所录的石鼓碣铭文拓片是19世纪末所拓的,当时这块碑的铭文还没有遭受严重毁损,使铭文的内容得到完整的留存。沙畹在文中设专门图版刊布了这一铭文,使后人能完整准确地利用铭文内容。洛克后来在其著作《中国西南古纳西王国》一书中,也曾把此碑铭文翻译为英文。

总之,巴科的这本学术著作无论从该书丰富的图文内容,从他对前人研究成果的旁征博引,都堪称一部很严谨的西方学者研究纳西学的开山力作。该书的出版,结束了当时西方学者对纳西族的介绍多是比较零星,缺乏系统性的局面,《麽些研究》标志着西方学者的纳西学研究开始进入比较系统化的阶段,为20世纪20年代初洛克等学者全方位研究纳西学铺垫了很好的基础。我在20世纪90年代审校洛克的《中国西南古纳西王国》一书时,在文中多次看到洛克对巴科在《麽些研究》一书中所记录的一些地名、人名以及区域里程等的纠误和评论,这说明洛克是非常认真地研读过巴科这本专著的,该书对他后来的丽江和纳西学研究有过深刻的影响。

---

[1] 木仕华:《十九世纪末至二十世纪初西方关于纳西文化研究的述评》,《云南民族学院学报》(哲学社会科学版) 1999 年第 1 期。

《麽些研究》一书所涉及的内容，都是建立在作者在丽江纳西族聚集地区进行的田野调查上，而且有大量的实录图片，资料翔实，图文互证互补。巴科以其藏学功力看出了纳西族的宗教、文化与藏族历史文化之间的密切联系，并在《麽些研究》中做了初步的探讨，他的这一研究成果，拓广了藏学和纳西学研究的视野，也使国际藏学界进一步关注纳西族和东巴教，包括图齐、石泰安等后来的西方著名藏学家们，都在他们的研究中涉猎到纳西学，并对东巴教文化的意义给予了很高的评价。巴科先生等先驱在这块领域里的开拓功劳，是我们应该铭记在心的。

　　《麽些研究》中文本的问世，既为我国学术界展示了国际纳西学的开山之作和上世纪初西方学者研究纳西学的关注点和方法等，也向国际学术界展示了我国学界对国外纳西学的关注度在不断增加，这是从事民族学、纳西学和云南研究的同仁们值得欣慰的。

　　当代法国有一些中青年学者也在从社会学、语言学、人类学等多种角度对纳西族进行更多的研究，笔者将根据新的资料和调研，再另文论述。

原载《思想战线》2015 年第 2 期

近年来西方纳西学研究进展述略

关于纳西学的国际研究，笔者曾经写过如下几篇偏重于学术评介的文章《西德对纳西族文化的研究及其他》（《民族文学研究》1986年第2期）、《西方纳西东巴文化研究述评》（《云南社会科学》1991年第4期）、《巴科的〈磨些研究〉与法国的纳西族研究》（《思想战线》2015年第2期）、《德国的纳西学研究学术史述略》（《思想战线》2016年第5期）、《意大利学者柯兰的纳西学研究新角度》（《中国社会科学报》2017年2月20日）等。

现在这篇评述文章，不是全面地对海外纳西学进行全面的介绍和评价，仅是就笔者掌握的一些重要研究者、研究状况和成果进行概要的评述，大多数内容都是上面几篇文章里没有讲到的，且侧重于1990年之后的研究状况及其发展趋势。

一 展览、学术讲座、开设课程、学术会议和学术论著四位一体

20世纪90年代后的西方纳西学研究，和之前相比，发生了一个新的变化。随着新中国的改革开放，东巴文化能够走向西方国家进行展览，于是，欧美的人类学家们就开始进行一种新的尝试，讲东巴文化的古籍文献、书画、仪式、法器等的展览与学术会议和著书立说进行专题研究相结合。

德国人类学者米歇尔·奥皮茨（Michael oppitz）是20世纪90年代以来一个杰出的纳西学研究者，由于他在喜马拉雅地区做过长期的民族学田野调查，包括对尼泊尔夏尔巴（Sherpa）（1968）和马嘉尔（Magar）（1980—1991）的深入研究。本土宗教（萨满教）、艺术与物质文化以及口传知识传播是他多年来一直关注的研究重点。他曾和我多次交谈过，他

对纳西学的兴趣可以追溯到20世纪60年代末,他在德国国家图书馆等地看到了洛克收集的纳西象形文手稿,这些手稿非凡的书法艺术之美和与喜马拉雅区域很多族群的仪式的共性和相似性等因素。他开始认真地进行纳西学研究是在1994年左右,即是在他任瑞士苏黎世大学民族学博物馆馆长时决定举办一个聚焦东巴教的学术展览,他邀请了中国、瑞士、美国、德国、法国、意大利、葡萄牙等国的学者专家以及老东巴和即贵来参与展览,这次展览从1997年12月4日开始一直到1998年5月15日结束。

这次展览的学术创新性很突出,奥皮茨为展览取了个德语名字"Naxi Dinge·Mythen·Piktogramme"(其意是"纳西之物、神话、象形文字"),奥皮茨的观点是,把东巴教的仪式法器与神话分开孤立地看是不恰当的,这两个方面都是仪式的构成部分。他在这次展览中要体现的,是仪式的器物和神话之间相互依存的关系。笔者在苏黎世大学访学时,曾和他讨论过这个展览,他说:"我的目的不在于要让人们知道东巴仪式鼓的尺寸、用途等等知识,而想提醒观众去了解诸如东巴的法鼓会飞翔,祭司会骑在鼓上飞行等故事,启示人们去思考,纳西宗教中的神、人和仪式以及祭品之间的关系,体会民间宗教所体现的艺术和美学的意义。奥皮茨说,"这个展览与那些以展出贵重的文物器具来体现展览价值的做法不一样,纳西人的东巴教是一种民间宗教,东巴教的仪式器物的价值在于它深厚的宗教意义、文化内涵、艺术色彩和美学价值,而不是在于它的经济价值。"他的用意是想以一种纳西族本土宗教所具有的思维贯穿展览,使观众能看到其中体现出的一种文化结构。这个展览与一般就展品介绍展品的做法不同,后者是忽略了阐释展品在本族文化中的内在含义。本次展览以本民族与法器相关的起源神话解说作为展品的基本解释含义,从中抓住东巴教的思维方式与特色,以及纳西人与周边民族在文化源流和宗教信仰方面的相互影响。

奥皮茨教授除了研究纳西族之外,对喜马拉雅地区很多民族的宗教也进行过深入的研究。他认为,纳西族不是一个孤立的社会,在漫长的历史中,纳西人的生活环境受到多种文化的影响,这些文化包括了汉、藏、蒙古、印度、缅甸等,这些民族和国家拥有辉煌的文献古文明,它们对纳西文化产生过深刻的影响,纳西文明体现了文明多样性的转化和相互的影响。很多喜马拉雅区域和西藏高原东部地区的族群有口述传统,但没有书写文字,与那些有宗教组织和书面语言的族群不同。因此,将喜马拉雅区域和西藏高原东部地区那些没有文字的民族的宗教和纳西人的宗教进行比较研究，这是很有学术意义的。①

奥皮茨教授的研究很有独特的视角，比如他对纳西祭司东巴所用的法鼓做过深入的研究，后来又对喜马拉雅地区很多族群的仪式鼓做了比较研究，见微知著，以小见大。他最初受启发于东巴教关于仪式鼓起源的神话，继而对居住在喜马拉雅周边地区的族群，特别是与纳西族有历史渊源或者在宗教信仰方面相互影响的族群进行了深入的研究，对这些族群关于仪式鼓的起源神话和故事说、对单面鼓或双面鼓的形状、鼓面上不同的图案等进行比较研究。其中比较研究的一个典型个案是，在喜马拉雅周边区域有一个传播广泛的故事，讲的是本教祖师骑法鼓与佛教高僧斗法，这个文本反映在纳西族中，是东巴教祖师东巴神罗和佛家高僧米拉斗法。这个故事文本都有个共同点，就是都有苯教祭司骑仪式鼓飞翔，而米拉日巴则骑太阳光线飞升，最终击败了苯教祭司。奥皮茨进行比较研究后指出：在这些故事反映的宗教之争中，争执的聚焦点是宗教霸权问题（religious hegemony）。主要反映的是对某一领地如大山、湖泊等的控制权；传播各自宗教教义的价值。从中可以看出有口头传统和文字传统的两种文化之间的碰撞。在相互的冲突中，一方常常是藏传佛教僧人，而另一方是旧宗教势力的代表。在纳西和古鲁的故事版本中，可以看出使用经文和口头吟诵的传统之间明显存在的冲突。②

在苏黎世大学举办展览期间，奥皮茨教授还特地邀请了中外学者到苏黎世大学讲学，他们包括和力民、李静生、戈阿干、杨福泉、美国学者孟彻理（Charles Mckhann）。共举行了10场学术报告会，讲座的内容涉及纳西族东巴教的物态文化，纳西神话的地域特征、东巴教的舞谱、东巴经与象形文字、东巴教的占卜、纳西族社会性别观念、殉情与东巴教的关系、纳西族的生态观、纳西社会变迁等，有不少从事东方学、汉学、藏学、民族学、人类学的师生和各界人士来听讲。之后，由奥皮茨（Michael Oppitz）、伊丽莎白·许（Elisabeth Hsu）主编的《纳西、摩梭民族志——亲

---

① Oppitz, M., *Naxi Connections: Lecture held at the Rubin Museum of Art N.Y.*, Naxi conference May 14th, 2011.

② [德] 米歇尔·奥皮茨、[瑞士] 伊丽莎白·许主编：《纳西、摩梭民族志——亲属制、仪式、象形文字》，刘永青、骆洪等译，杨福泉校，云南大学出版社2010年版，第364页。

属制、仪式、象形文字》也出版了。此书基于丰富的第一手田野调查资料，视觉独到，内容丰富，亲属制度中有美国学者孟彻理对纳西、阮可、摩梭、蒙古族——云南、四川边境的亲属制度、政治制度和礼仪的研究；德国学者苏珊·克内德尔对永宁摩梭的亲属制度和中国国家权力关系的研究；英国学者伊丽莎白·许对纳西和摩梭（纳）家屋制度和文化的研究；仪式部分有美国华人学者施传刚对摩梭人的丧葬仪式及其象征的研究；中国学者张旭对纳西人的火葬仪式的民族志记录；大东巴和士诚与和力民对安抚自杀者的东巴教仪式"大祭风"的记录；美国学者洛克图、德国学者奥皮茨撰稿的"祭天"仪式的叙述和分析；杨福泉对东巴教生命神（精灵）素及其祭仪的描述和分析；澳大利亚学者克里斯蒂娜·马休对摩梭达巴宗教专家的描述与研究；象形文字部分中，英国安东尼·杰克逊、潘安石对纳西仪式、索引书籍的作者以及占卜书籍的研究；英国华人学者潘安石对纳西经书的翻译；德国学者奥皮茨对纳西创世神话中的仪式鼓的研究。此书有不少田野调查实录和学术新见，是西方国家在 20 世纪 90 年代出版的一本研究纳西和摩梭人（纳人）的民族学人类学著作，也是西方出版的首次荟萃了中外学者研究纳西、摩梭文化力作的学术著作，这本书出版后，得到包括人类学大师列维·施特劳斯等人的高度评价，在欧美民族学界产生了较大影响，被誉为是最有学术分量的纳西学研究成果。笔者在组织翻译此书时，通过讨论，也与本书两位主编达成了关于纳西、纳、麽些和摩梭等民族自称和他称关系的共识。

另外一次关于东巴文化展览与学术研究密切结合的，是美国华盛顿州惠特曼学院在 2003 年举办的"纳西文化学年"。从当年始，美国福理曼基金会（Freeman Foundation）给与美国华盛顿州惠特曼学院一项资助，为期四年。其宗旨是促进亚洲文化在该校的教育。经认真选择，该教育项目的开头戏就定为聚焦纳西文化，这个结果与纳西学在美国的影响有密切关系。纳西学者杨福泉、纳西族"现代东巴画派"画家张云岭和来自玉龙县塔城乡署明村的青年东巴和秀东接受了该校的邀请，开展为期一学期的"亚洲文化纳西（文化）学年"的交流，在惠特曼学院开设了一个学期的课程，包括"纳西文化与艺术""中国西南的民族性与现代性""中国绘画和'现代东巴画'"。除了开设这些课程，还巡回举办纳西东巴文化展，分别在惠特曼学院、瓦拉瓦拉市、波特兰市、华盛顿大学等地举行。展览包括了十多个纳西族绘画、书法和木雕艺术家的作品，展览题为

"图象及其变迁——东巴艺术及其再创造" Icon and Transformation (Re) Imaaginings in Dongba Art)，较大规模地在美国本土集中开展中国纳西族文化的展览和教学活动，这还是第一次。

关于这个展览，是继苏黎世大学民族学博物馆 1997 年的东巴文化展览之后又一次别有学术创意的展览，这次展览和苏黎世展览又不同，重点集中在纳西东巴画传统的原创作品和再创作的当代纳西画家的作品的同堂展出，孟彻理教授和我在筹划这个主题时，做了一些学术探讨，结合 20 世纪 90 年代以来，一些纳西族画家汲取传统东巴绘画在自然事物和人、神、动物等绘画上的突出特色进行再创作，形成一个独具特色的绘画群体，绘画界有"现代东巴画"的说法，"现代东巴画派"最早的画家张云岭等人的画作受到韩国、日本很多人的喜欢，应邀在这些国家展出。这次展览将原来东巴教的绘画作品与"现代东巴画派"的书画作品同堂展出，其中还有一些老东巴用东巴象形文字所写的对联，一些东巴文化研究者的东巴象形文书法作品，内容多是纳西的传统祝福词、还有作者自己创作的一些吉祥或励志的内容。

通过上述内容，这次展览试图再现当代的纳西书画家们怎样在本民族传统绘画的基础上进行书画再创作，所以展览的题目用了"再想象"（Re）Imaginings 这个词，从展览主办者的角度看，这里有再构思、再创作的意蕴。

这次展览和上次在苏黎世大学的展览一样，出版了一本学术著作，与这次展览同名，题为《图像及其转变——东巴艺术及其再创造》，其中除了这次展出的书画作品，还收录了孟彻理博士、本文作者和张云岭的几篇论文，分别是孟彻理的《前言》《制作图像及转变——该过程的思考》（*Making Icon and Transformation: Relections on a Process*），笔者的《从历史的角度看"现代东巴画派"》，张云岭的《略说当代东巴绘画》。这些文章分别从不同的角度分析了东巴教绘画如何从东巴教原来与仪式密切相关的宗教绘画，发展到 1723 年的"改土归流"之后，东巴象形文字和绘画被接受了汉文化的知识精英讥嘲为"牛头马面"，到"文化大革命"被斥为"牛鬼蛇神""封资修"货色，再到 20 世纪 80 年代之后随着东巴文化的复苏，东巴绘画也时来运转，当代纳西画家基于东巴绘画的特色发展出了"当代东巴画派"，有些老东巴也开始为游客写一些纳西古语的象形文对联等。随着旅游升温，这些书画作品和取材于东巴文化的木雕作品，也成为市场上受欢迎的艺术作品或手工艺品。这本著作因视角独到、装帧高雅大方而获得华盛顿州图书奖。这次在美国各地巡回展出的展览,不仅吸引了很多美国各界人士,也吸引了很多人类学家来欣赏。这次展览及其学术探索为探究中国少数民族传统文化艺术在当代所发生的变迁和当地艺术家对传统艺术资源的使用和再创作进行了一次较早的尝试。

近年来笔者参与过的第三次展览与国际学术活动的结合是在纽约市鲁宾艺术博物馆(Rubin Museum of Art)举办的纳西东巴文化艺术展,时间是从2011年5月13日至9月19日。展示喜马拉雅地区的各种文化是鲁宾艺术博物馆的一个突出特色,并以此成为闻名遐迩的特色博物馆。在展览开始后的第二天,在该馆还举行了一个纳西学国际学术会议。

这次展览的名称是"纳西祖先的领域——昆亭·罗斯福眼中的中国"(Quentin Ro osevelt's China: Ancestral Realms of the Naxi),鲁宾艺术博物馆从美国老罗斯福总统的孙子昆亭·罗斯福(1919—1948)1939年在丽江所收集的大批东巴教古籍和艺术作品中精选出了100多件作品。昆亭对纳西东巴文化的兴趣是来自于他父亲和叔叔的影响,他看到了他们1928年去中国时带回来的两幅东巴教的"神路图"和一些东巴经书。这启动了他想从艺术的角度来对此进行研究的兴趣。他于是进行了认真的考察,发现当时除了美国国会图书馆和哈佛大学福格艺术博物馆(Fogg Art Museum)收藏有部分东巴经籍外,很多博物馆没有收藏东巴教的古籍和艺术品。显然当时西方了解纳西族文化的人很少(尽管洛克博士当时已经在开始研究纳西文化,但他还没有开始大量收集东巴古籍和发表研究成果)。昆亭获得了波士顿美术博物馆(Museum of Fine Arts)、哈佛大学皮博迪(Peabody)考古学和民族学博物馆的资助,开始了他的中国之行。因为昆亭·罗斯福家族的影响和美国当时与中国的友好关系等诸多因素的作用,昆亭的中国行都得到了当时中国国民政府各地官员的礼遇和帮助,同时也得到了当时在丽江的美国传教士安牧师(H. Andrews)的大力协助,他是昆亭父亲的老朋友。他们找到了几个知识渊博的老东巴,帮助昆亭选择要收购的东巴古籍和东巴绘画等,由于时代变迁,当时丽江的东巴教也在衰落中,加上贫困等原因,有不少东巴的后裔除了一些家传的重要法器和重要经书等恪守古规不愿卖,情愿出售一些家传的东巴经典和绘画作品来得到一些经济收益,所以昆亭此行得到了较大的收获,购买到了五幅绘在麻布上的"神路图"和一幅绘在纸上的"神路图",这些都是东巴教绘画的珍品。

1939年昆亭·罗斯福的中国之行共四个月，在云南丽江收集到了较多的东巴古籍、东巴纸牌画、占卜图、木牌画、卷轴画、神路图、仪式用具、东巴法器、五幅冠等。昆亭·罗斯福收集的东巴古籍和绘画作品等分别被美国国会图书馆、哈佛大学、波士顿美术馆等收藏。如美国国会图书馆就收藏了昆亭·罗斯福收集的2300多本东巴经。

2011年鲁宾博物馆展出的展品分别来自美国国会图书馆、哈佛大学皮博迪考古学、民族学博物馆、波士顿美术馆、纽约公共图书馆、瑞士苏黎世民族学博物馆等；有的还来自个人的收藏。比如其中有昆亭·罗斯福先生的遗孀法兰西斯（Frances）所收藏的两幅"神路图"以及其他一些东巴法器、东巴绘画等。据这次展览的主要推动者之一、美籍华人何重嘉（Cindy Ho）女士文中所记，昆亭夫人拿出的这些收藏品是50年来第一次面对公众展览。

在这次展览的展品中，还有昆亭1941年在哈佛大学读书时所写的学士论文《对纳西人的初步研究：他们的历史、宗教和艺术》（现在收藏在纽约公共图书馆中），其中有不少昆亭手书的东巴象形文的插图。这篇内容厚重的论文侧重在对东巴绘画艺术的研究上，反映出昆亭当时下了比较大的功夫。这也是西方大学第一篇以纳西人及其文化为研究对象而写的学术论文。昆亭·罗斯福还在美国的《自然》杂志等著名刊物上发表了他此行的经历和见闻。

这次展览也包括了一个西班牙人收藏的洛克博士收集的一些东巴古籍和绘画作品，这是首次将西方对东巴古籍收集最多的这两个人的东巴文化藏品同堂展出。

昆亭·罗斯福从哈佛大学毕业后，投笔从戎，投身到反法西斯战争中。他先后获得在美国民众中有崇高声誉、象征勇敢无畏精神的紫心勋章以及铜星、银星勋章等。1947年，昆亭·罗斯福担任了总部在上海的中国航空集团公司副总裁。1948年12月，他死于飞机失事，年仅29岁。①

与这次展览举行同步，还出版了一本学术著作《纳西祖先的领域——昆亭·罗斯福眼中的中国》（*Quentin Roosevelt's China: Ancestral Realms of the Naxi*），与展览同名。由人类学家蓝诗田（Christine Mathieu）

---

① 杨福泉：《美国纽约举办纳西东巴文化展览和纳西学国际学术会议》，《中国民族报》2011年5月27日，第10版。

和何重嘉主编，此书收进了西方和中国学者的一些文章和不少昆亭·罗斯福所收集的东巴古籍和东巴绘画作品。文章包括何重嘉的《序言：为"昆亭·罗斯福眼中的中国"所做18年的准备》，克里斯蒂娜·马休（Christine Mathien）的《导言》《东巴教简说》《对话杨福泉教授》，马丁·布劳恩（Matin Brauen）的《值得怀念的纳西之旅：昆亭·罗斯福的遗产》，亚历克西斯·米肖（Alexis Michaud）的《纳西仪式的象形文和语言》，萨顿（S. B. Sutton）的《约瑟夫·洛克：一个不歇息的灵魂》。这本书中还收进了中国学者郭大烈的《纳西历史简说》、和力民的《我实践东巴教及其艺术的经历》、和钟华的《纳西妇女和东巴传统》、拉木·嘎土萨《摩梭人的达巴》等。

展览期间举办的国际纳西学学术会议有来自中国、美国、德国、瑞士、奥地利等国对纳西学有较深研究的一些学者。瑞士苏黎世大学民族学博物馆原馆长奥皮茨（M. Oppitz）教授作了《与纳西族相关的联系：纳西传统和一些喜马拉雅地区社会的联系》、美国惠特曼学院人类学系主任孟彻理（Chas Mckhann）作了《传统的东巴艺术及其现代形式》、来自坦普尔大学（Temple University）的白西林（Sydney D. White）副教授作了题为《纳西文化遗产与旅游商品》的学术报告；来自美国加州大学洛杉矶分校的李海伦（Helen Rees）教授作了题为《纳西人的音乐》的学术报告；来自澳大利亚的蓝诗田和王爱林（Eileen Walsh）博士作了《母权制的神话》的学术报告。学术会议上还组织了几个专题讨论，其中有"作为艺术的东巴象形文字""纳西族的未来"等专题讨论。

在会上，德国著名人类学家奥皮茨教授再次呼吁，各国应利用现代互联网技术，建立国际东巴古籍的共享机制，促成各个国家相互了解各自收藏的东巴古籍的情况，共享促进合作研究。他的这个建议在20世纪90年代末在我国丽江举办的国际东巴文化学术讨论会上也提出过。现在，美国国会图书馆、哈佛大学图书馆、德国国家图书馆、法国远东学院、中国国家图书馆、台湾中央研究院等都先后做了各自收藏东巴古籍的一些编目工作。纽约鲁宾艺术博物馆的这次展览和国际学术会议，促进了纳西族东巴文化在西方国家的进一步影响。

从2012年期，鲁宾艺术博物馆又策划举办一个丽江市博物院珍藏的明代一批藏传佛教噶举派的十世噶玛巴却英多吉亲绘的唐卡画，这批收藏在丽江的唐卡对于研究明清时期藏传佛教噶举教派（白教）的历史和噶玛巴十世与纳西族千丝万缕的关系。唐卡展览因为各种原因未能举办，但一个题为"噶玛巴十世和西藏动荡的17世纪"（The Tenth Karmapa and Tibet's Turbulent Seventeeth Century）的学术研讨会如期举行，其中一个主题是探讨噶玛巴十世却英多吉在清朝初年因为噶举派和格鲁派之争，逃离西藏，逃难到丽江来寻求噶举派虔诚信徒的丽江纳西族木氏土司的庇护。笔者接到会议的邀请，但因为其他事情而没能前往，提交了一篇论文《活着的记忆：纳西人民间传说中的十世噶玛巴》（The Living Memory: The Tenth Karmapa in the Foklore of the Naxi People），和其他研究十世噶玛巴却英多吉的文章一起收入了鲁宾博物馆编辑出版的与学术会议同名的一本学术著作《噶玛巴十世和西藏动荡的17世纪》。[①] 这次国际学术会议是对十世噶玛巴却英多吉和丽江的关系以及丽江藏传佛教绘画艺术等的深入讨论，对研究藏传佛教与丽江的关系有重要的学术意义。

1992年，美国中国研究所在纽约市组织了首次洛克摄影作品展，特邀牛津大学长期研究藏学的英国学者迈克·阿里斯（Michael Aris）教授（他是缅甸获得诺贝尔和平奖的政治家昂山素季的丈夫）作为这次展览的负责人，展览从1992年4月18日到7月31日在纽约中国之家画廊展出，之后，迈克编辑出版了《喇嘛、王子和强盗——洛克所拍中国西藏边境的照片》（Lamas, Princes, and Brigands—Joseph Rock's Photgraphs of the Tibetan Borderlands of China）一书，全书照片分成七个部分：①植物学家、民族学家和探险家；②中国西南的少数民族；③牧民、村民和朝圣者；④武士、保镖和强盗；⑤首领家庭；⑥僧人和寺庙；⑦通神者、巫师和村寨祭司。详细介绍了洛克在中国西部的探险考察经历以及这些照片的背景。该书种还有洛克传记作者萨顿（S. B. Sutton）写的《洛克：不歇息的灵魂》一文、书中还有关于这个自学成才的植物学家的贡献、他的探险和他的植物和东巴古籍收集在世界各地的收藏情况等附录。从书中可以看出迈克教授编这本书所下的苦功夫。[②]

[①] *The Tenth Karmapa and Tibet's Turbulent Seventeeth Century* edited by Karl Debreczeny and Gray Tuttle, Serindia Publications, Chicago, 2016。关于17世纪噶举派和格鲁派之争后十世噶玛巴却英多吉来到丽江避难的详情，可参考杨福泉《纳西族与藏族的历史关系研究》（第三版），民族出版社2017年版。

[②] Lamas, Princes, and Brigands—Joseph Rock's Photographs of the Tibetan Borderlands of China, edited by Michael Aris, Chian House Gallery, *China Institute in America*, New York City, 1992.

20世纪以来,还有几次与东巴文化和纳西文化相关的展览还在海外举行,比如1998年,丽江东巴文化博物馆与加拿大海达格王伊博物馆在加拿大BC省夏洛特皇后岛海达格王伊博物馆举办了"中国丽江纳西文化展"。2014年入选第四批国家级非物质文化遗产代表性名录的纳西族英雄史诗《黑白战争》又称为《董术战争》(纳西语称为"董埃术埃",意思是董(白)部落与术(黑)部落之间的战争)在2015年获得了中国文化部艺术基金资助,以原典象形文字、汉文翻译和连环画再创作的"三对照"方式在北京、上海、杭州和昆明等城市举办展览,在2016年也在巴黎参加"巴黎新春中法艺术节"举办了展览。但学术意蕴比较厚重,与学术深度研究的国际会议和学术论著结合的比较密切的,是上述在美国和瑞士举行的几次展览。

二 学术领域的拓宽和对社会变迁的重视

20世纪80年代以来,随着中国的改革开放,中国学者和国外学者合作进行研究成为纳西学的一大亮点,所涉及的领域也不断拓展。20世纪80年代早期,有杨福泉与德国科隆大学雅纳特(K. L. Janert)教授在当代纳西语言文献领域里的合作研究,推出了《现代纳西文稿及其语法分析》等"纳西研究"系列著作。白庚胜博士与日本学者在神话学、民俗学方面的合作研究也开了纳西本土学者与日本学者合作研究之先例。

1999年,本文作者与加拿大魁北克大学教授汉妮·福伊尔(Hanny Feurer)从社会语言学的视角对纳西族与迪庆州藏族的问候语进行合作研究,进行了历时三个多月的田野调查,在国际著名的学术刊物《藏缅语研究》(美国伯克利大学主办)上共同发表了基于我们近半年田野调查的长篇学术论文《云南藏族和纳西族的问候语研究》,在社会语言学领域里作出了创新的探索,弥补了纳西学和纳西族藏族关系中语言研究的一项空白。

1993—1995年,美国加州大学戴维斯分校和云南社会科学院进行合作研究,出版了《丽江玉龙山区域农村发展与生态调查》(汉文版,云南人民出版社1998年版)一书和英文项目报告。1999年,亚洲理工学院推出了《纳西宗教、社会性别和文化》一书,收入纳西族学者郭大烈、杨福泉、和钟华、习煜华、戈阿干研究纳西族东巴仪式、纳西族殉情、社会性别、养蛊问题研究等的五篇论文以及印度学者高文（Govind Kelkar）、戴维（Dev. Nathan）和汉族学者于晓刚合作对纳西、傣和印度少数民族桑塔尔（Santhal）蒙达（Munda）族的社会性别进行比较研究的论文。

2000年，英国牛津大学出版了英国学者李海伦（Helen Rees）的专著《历史的回声：当代中国的纳西音乐》（Echoes of History: Naxi Music in Modern China）。这是国外学者第一本研究"纳西古乐"的专著，获得国外学术界较高的评价。李海伦长期研究丽江洞经音乐和云南洞经音乐，常在纳西族地区做田野调查，他除了基于研究丽江洞经音乐的博士论文《历史的回声》外，还在西方学术刊物上发表了好几篇研究纳西音乐的文章，其中包括在学术杂志《民族音乐学》（Ethnomusicology）上发表的《纳西古典音乐震撼伦敦：纳西音乐首次国际之旅的见证、展演和观察》；在《世界音乐》（World of Music）上发表的《和毅庵的90年音乐生涯》；在《音乐学研究杂志》上发表的《中国西南传统音乐的原真性和外国观众》；在《亚洲音乐》上发表的《中国一个县城多种音乐的共存：云南丽江的个案研究》。通过李海伦的努力，英国著名的Nimbus音像制作公司还把纳西音乐介绍到了国外。

此外，李海伦还在中国的学术刊物上发表了一系列文章，比如《云南洞经会的危机和前景》（《民族艺术研究》1996年第3期）《我与音乐人类学：当下最关注的论题——李海伦研究员访谈录》（《音乐艺术》2008年第2期）《1949年前中国西南地区地方音乐研究的外文资料》[《中国音乐学》（季刊）2005年第1期]《纵观美国独特的非物质文化遗产艺术节——以史密森尼民俗节为例》[《中国音乐学》（季刊）2012年第2期]。

2003年，南斯拉夫驻上海总领事馆的代总领事德拉甘·亚内科维奇（Dragan Janekovie）先生与纳西学者习煜华合作，在南斯拉夫出版了《纳西象形文——塞尔维亚文辞书》一书。

2002年，加拿大著名摄影家乌莉·斯特尔兹（Ulli Steltzer）出版了画册《我眼中和心中的形象——生活在丽江、白地、永宁的人们》，全部是黑白照片，而且乌莉别开生面地用了让被摄影的人物自己用朴实无华的话语自我介绍的方式。本文作者为此书写了序言。

上面提到的美国华盛顿州惠特曼学院孟彻理教授是西方纳西学研究的骨干，他在20世纪80年代和90年代主要的学术兴趣，是研究纳西宗教仪式结构中所表现的宇宙观和亲属关系，以及汉、藏文化对纳西人的影响和纳西族近代的变迁等。1988年，他发表了论文《骨与肉：纳西传统建筑空间结构中体现的宇宙观和社会关系》，文章对纳西族传统社会和文化进行了深入的观察和研究，论述了纳西族宇宙观在居住空间中的反映和各种亲属关系，是研究纳西族亲属制度与东巴教和建筑结构之关系的很有创见的一篇文章。进入21世纪后，孟彻理对纳西族地区旅游带来的文化变迁以及俄亚等地的纳西社会进行了深入的田野调查。他先后在西方国家和中国发表了《纳西、阮可、摩梭、蒙古族——云南、四川边境的亲属制度、政治制度和礼仪》《纳西宗教综论》《论祭天的时间安排和参与人员》《关于纳西和民族的问题》《好坏与丑恶：对中国丽江旅游发展的观察与思考》《中国西南地区纳西族与藏族的宗教交往活动》《神圣的痕迹：中国西南纳西人家谱的书写和历史空间的创造》《驯龙：寻找中国西南地区可持续的旅游》《旅游时代的纳西族宗教：坚守与（再）创造》《来历与回归：纳西族神话与仪式中的死者的来历与灵魂》《对自然的罪过：中国西南的亲属观、宇宙论和环境的保护》等一系列论文。

　　20世纪90年代，毕业于美国密执安大学人类学系的博士赵省华（Emily Chao）曾做了关于纳西族的社会性别角色及其在特定历史时期所发生的变迁等问题。发表了相关研究纳西族殉情和宗教仪式、社会性别关系的文章。后来她在美国匹茨尔学院（Pitzer College）当人类学教授，她又几次到丽江进行田野调查，2012年在美国华盛顿大学出版了专著《丽江故事：中国改革时期的巫师、出租车司机和逃婚者》（*Lijiang Stories: Shamans, Taxi Drivers, and Runaway Brides in Reform-Era China*），她在书中通过讲述祭司（东巴）、巫师、逃婚的新娘等角色的故事，细致描述了丽江在改革开放后成为旅游热点后随之而发生的社会变迁，其中包括对外开放后各种生活习俗的变迁，地方文化的复苏，社会性别和婚姻传统的变迁，揭示了当代全球化和市场经济对纳西族地区的深刻影响。美国人类学家郝瑞（Steven Harrell）评论说，艾米丽·赵的故事与理论的阐述结合得很好，她写得流畅明晰，她讲述的故事很好读，读者通过这些故事可以轻松地理解她所阐释的精致的理论观点。

　　从医学人类学的角度来研究纳西族也是一个当代的国际纳西学特点，在20世纪80—90年代，来自美国伯克利大学的博士研究生白西林从医学人类学的视角对纳西族进行研究，内容涉及纳西族民间医学传统的多样性，还有东巴教中有关医疗的观念、疗法和与健康、饮食相关的民间信仰。继她之后，意大利学者柯兰（Cristiana Turini）博士在21世纪初也从医学人类学角度研究纳西族，她对人的身体、病与治疗的相互关系进行了深入的研究。柯兰在丽江做了长期的田野调查，包括笔者在内的许多纳西族学者和当时健在的老东巴和士诚、和即贵和青年东巴和秀东等都帮助过她的研究。柯兰在丽江山村还访问到几个纳西族巫师桑尼（sai niq，或桑帕 sai paq）。她利用国内外纳西学民族志资料，结合她自己的调研，对纳西人关于身体与疾病治疗方面的各种观念以及医疗实践，以及一些纳西人依然信仰的巫术（magic）与治疗之间的关系等，进行了比较深入的研究，对有特定信仰的纳西人每天都要面对的各种超自然精灵世界及其与疾病和治病之间的关系进行了研究。指出纳西人认为人的生病与他（她）的一些具体行为有密切关系，疾病不仅仅是一种生理现象，它与病人所属的特定社会和宇宙观之间有密切的关系。[1]

德国的几个青年学者在20世纪90年代直至本世纪也进行了纳西学的一些研究，如德国柏林自由大学东亚研究所的艾娃（Eva）博士在20世纪90年代到云南宁蒗县永宁地区进行田野调研，1992年发表了论文《幸存的活化石：（中国）永宁非父权制的摩梭人———一个民族学和民族政策的研究目标》[2] 此外还有习莲（Kiel）多次到丽江进行田野调查，对纳西族的传统文化传承等进行研究，完成了硕士论文《纳西族研究的现状》（1996）。柏林自由大学另一名硕士研究生沃尔夫冈·威斯（Wolfgang Wiese）到丽江对纳西族的"白沙细乐"进行了研究，写成他的硕士论文《中国云南丽江纳西族的合奏音乐"白沙细乐"》。[3]

纳西族摩梭（纳）人的母系制和走访习俗的研究是国外纳西学研究的热点之一，我在以前写的文章和书里也做过一些评介。近年来，美国学者卢敏（Tami Blumenfield）有新的研究成果，继她在华盛顿大学完成的博士论文《来自永宁的镜头：中国纳人村落的媒体创造》之后，她与

---

[1] 杨福泉：《柯兰的纳西学研究新角度》，《中国社会科学报》2017年2月20日。

[2] "Ein Fossil überlebt. *Die nichtpatriarchalischen* Mosuo aus Yongning（VR China）als Gegenstand der ethnologischen Forschung *und der* Minoritätenpolitik." in: *Peripherie* 47/48（1992）S. 150-171.

[3] 杨福泉：《德国的纳西学研究学术史述略》，《思想战线》2016年第5期。

Mattison, Siobhan, Brooke Scelza 合作，发表了《中国西南摩梭（纳）母系社会中双亲亲职投入与父亲角色的正向影响》（载《美国人类学》）；《走访的婚姻》（载 Anthropology News）；中国的纳人妇女：一个女儿的国家（载美国波特兰出版的《勇敢女孩（Nervy Girl）。卢敏还在中国发表了《现代社会中的纳人教育》《女儿国，你将何去何从？——从教育、旅游角度看待摩梭文化的发展》等文章。

法国的纳西学研究也有进展，笔者在 2014 年应邀在法国国立东方语言文化学院（Inalco）做学术报告。之后考察了该校的图书馆，这里共收藏有 22 种东巴经书（手稿），其中有七种是法国学者巴科（J. Bacot）在上世纪初在丽江纳西族地区收集的，其中 13 种手稿的来历，据说是来自亨利，但还没有明确的答案。笔者发现这些经书有的是曾经在民国年间担任过木氏土司（1723 年"改土归流"后降为通判）祭天东巴的丽江著名东巴和凤书写的，他是民国时期纳西族木氏土司家的祭天东巴。巴科在有的经书上用自己的拉丁拼音文字做了一些标注，显然他做了一些初步的研究。在法国国家图书馆，笔者看到了四种东巴经的收藏，据初步考察，其中有一本纳西族东巴教中很重要的经书《崇搬图》（tsho^{21} bɚ^{33} thv^{33}），是讲述纳西族祖先创世和迁徙的神话与历史。除了法国国家图书馆的四种东巴经已经数字化上了馆网之外，其他两个学院的东巴经书还没有数字化进入学校的网站。法国现在有几个青年学者在进行纳西学研究，比如罗怡梦（Emmanuelle Laurent）在读硕士期间曾以丽江市玉龙县宝山乡吾母村为主要调研点做了几个月的田野调查，写了论文《传统与现代性之间的丽江纳西族：丽江纳西族文化遗产保护研究》。现在她又开始博士论文的学习与调研，其博士论文的主题是《传承方式与亲属关系：在中国现代社会中的一个纳西族村子》。

围绕纳西学的国际学术会议在 20 世纪 90 年代以后也在增多，除了上述几次与纳西文化展览相结合的学术会议之外，2013 年 3 月 13—18 日，由意大利马切拉塔大学孔子学院、意大利马切拉塔大学联合，在意大利马切拉塔市主办了国际学术会议和系列学术讲座，议题为"传统与现代的关系——从哲学、文学、艺术学和政治学角度进行的探讨"。13 日—15 日的会议专题是纳西学。在三天的时间里，中国学者杨福泉、田松、意大利学者柯蓝，美国学者孟彻理作了 10 多场学术专题报告。讲座内容有：关于纳西历史和宗教的几点看法，纳西东巴艺术的演变，丽江大研古城的水系和水文化，中国丽江：三个世界遗产地的文化遗产保护和面临的挑战，略论东巴经典和纳西占卜，人神交流的舞台——传统纳西族的创世神话及其现代意义，纳西族及其民族认同——从人类学、语言学视野看中国民族和语言多样性的特点，丧仪中所见的纳西宇宙观，同父异母的兄弟——纳西族的自然观，基于属自然观的环境伦理和生存状态，中国少数民族文化认同的变迁——以纳西东巴文化为例。①

从语言学的角度进行纳西学研究成绩最为突出的国外学者是法国国家科学院（CNRS）口传语言与文化研究所（LACITO）研究员米可（Alexis MICHAUD）。他在纳语（包括摩梭语）的研究方面取得了不少科研成就，而且能比较流利地讲纳语的西部和东部方言。2015 年，他与纳西青年学者和丽昆合作，在《东亚语言学报》发表了《丽江大东乡片丁纳西方言的音位和声调分析》，据专攻语言学的纳西博士研究生和丽昆介绍，平调分析是米可对纳西语研究的一大贡献。米可最大的学术成绩是花了十多年工夫写的《永宁纳语的声调研究》（*Tone in Yongning Na*），2017 年在德国柏林语言科学出版社出版。纽约市立大学研究生院 Juliette Blevins 教授评论米可这本著作说，本书提供了一个恢宏的声调分析：声调类别；声调与音节结合的音系规律；以及各种语境下语法结构中特有的变调规律。本书字里行间所表现出来的新鲜透明度，对于涉及的语言学各个研究领域都具有启发性的推动作用。②

现在西方也有学者从文献学和文字学的角度来研究纳西东巴古籍的，英国的安东尼·杰克逊（Anthony Jackson）和他的学生潘安石博士曾做过关于纳西东巴教仪式和相关索引书籍的作者和占卜书的研究，潘安石博士还做过关于纳西经书的翻译的研究。最近美国密歇根大学的青年学者戴林（katherine dimmery）正在研究"香格里拉市三坝乡白地纳西文字使用方法的变迁"。

近年来，我国科研机构与国外相关机构合作进行流落海外的纳西古籍文献翻译整理也迈出了可喜的一步。中国社会科学院民族学人类学研究所、丽江东巴文化研究院与美国哈佛燕京学社合作，对哈佛大学所藏的东

---

① 杨福泉：《意大利马切拉塔大学和孔子学院联合举办纳西学系列讲座》，《中国民族报》2013 年 3 月 29 日。

② 这个资料是和丽昆博士提供的。

巴文献进行翻译释读,《哈佛燕京学社藏纳西东巴经书》(1—5卷)已经由中国社会科学出版社翻译出版,它是迄今为止国外所收藏的纳西东巴文献第一次影印回归我国,并由我国学者用"四对照"(原文影印、国际音标标音、汉文直译、意译)的科学翻译方法翻译出版的文本,这五卷译本的每一册文献还有英文内容提要。

结　　语

纵观20世纪90年代以来的西方纳西学研究,有三个突出的特点:一是以东巴教文化为聚焦点的展览和学术研讨会相结合,继而出版有深度的学术研究成果;二是研究领域不断拓展,且关注当代的文化变迁,学科涉及宗教学、文化人类学、艺术人类学、医学人类学、旅游人类学、民族音乐学、语言文字、文献等;三是中国和西方国家合作进行的学术活动在加强,具体表现在合作进行展览,合作研究、合作教学、合作翻译整理纳西古文献等。对纳西学的研究也扩大了更多的研究空间,将纳西东巴文化作为解读喜马拉雅周边文化区域中的前佛教文化、萨满文化种种不解之谜而进行深入研究的趋势在西方学者中不断形成。对东巴教和其他周边民族的宗教、习俗进行比较研究也是国外学者所关注的一个热点,在这方面有着十分可观的前景,这种比较研究不仅将涉及上面说到的与藏族本教的比较研究,而且还将涉及与汉族古代文化、古羌文化、敦煌文献、藏缅语族群以及西夏语言和宗教文化的比较研究。

原载《民族学刊》2019年第4期

略论艺术与纳西人的殉情悲剧之关系

一 歌与诗中完成的人生悲剧

世界上各民族的殉情可能五花八门，但恐怕唯有纳西族的殉情大都是在歌与诗中进行，诗歌与音乐自始至终与殉情的整个过程相伴随，殉情可以说是在歌与诗中完成的人生悲剧。久而久之，在民间流传很广的吟唱调"骨泣"和民间乐器口弦就成为与殉情密切相关的两种音乐形式。

"骨泣"（gguq qil）是纳西语，"骨"意为痛、痛苦、悲伤，"泣"意为歌吟，特别指吟唱心中的痛苦悲伤。因此，"骨泣"有悲痛吟唱、吟诉悲苦、长歌当哭之意。"骨泣"调旋律郁怨，声调凄哀，颤音和装饰音特别多，节奏比较自由。听"骨泣"调，即使不懂所唱歌词内容，也会很快使人感受到一种幽幽深沉的叹息、哭诉人间悲苦的印象。它是一种咏叹和诉说式的歌调，摄人心魄。歌者可按吟唱过程中自己内心情感心绪的发展，将歌吟的声音拖长或缩短。把吟唱的声音拖长时，声音苍凉而凄切，如悲风长鸣，暗泉呜咽。

这种"骨泣"调凄伤悲凉的风格是非常独特的。在传统东巴音乐中没有这种音乐风格，与其他各地纳西族民间流行的几种歌调形式如"哦孟达""哦热热""四喂喂""阿丽丽""喂喂调"的风格也差异很大，是一种特别用于吟唱悲歌的民间调。

在纳西族的歌唱传统中，历代相传，基本定型的那些民歌，称为"悲"（bee与汉语的"歌"或"调"意义相似），又因其一些情节或唱词多为歌手们在即兴演唱时作典故引用，故又含有"谱"或"典"的意思。传统调依其所表达的内容分类，有"考悲"（kaq bee，盘歌）、"游悲"（yeq bee，殉情调）、"花华悲"（huahuaq bee，欢乐调）等。故传统调又称为"大调"。在民间传唱中，大调都配合某种特定的曲调流传，而这种曲调都与大调的内容和情感特点相吻合。"骨泣"是一种悲哀凄伤的调子，因此就专门用来吟唱以诉苦情为主的那些民歌。从"骨泣"调所吟唱的内容分析，它主要是在清代以后发展起来的，它的产生与纳西族殉情悲剧的大量产生有着密切的关系，很可能就是殉情悲剧的产物。据大东乡老东巴和士诚讲，"骨泣"调在大东又被称为"毗仔游仔"cee zzer yeq zzer "毗"（cee）指自缢殉情者，"游"（yeq）指一切殉情者，"仔"（zzer）意为"唱"，这个短语意为"殉情者的歌调"。可见"骨泣"调与殉情之间的关系密切。

殉情者们用这种凄切忧伤的歌调倾诉心中的痛苦哀怨，所有的殉情调"游悲"（yeq bee）都是用"骨泣"调吟唱的。其他倾诉苦情的一些短歌和传统大调如《逃到美好的地方》《逃婚调》也用"骨泣"调吟唱。

"骨泣"调是男女二人对唱，一问一答，相互诉苦情，相互宽慰。因其内容多是倾诉爱情婚姻和生活的痛苦，内容触犯到当时的社会制度和封建伦理道德观念，因此，"骨泣"调被视为有伤风化的歌调，过去普遍有母亲不让女儿唱，丈夫不让妻子唱的事以及兄弟姐妹不能对唱，不能在家里唱等规矩。因此，想唱"骨泣"调的青年男女往往避开家人，到山野郊外去唱。

"骨泣"调为殉情者沟通心灵、深化感情搭起了一座桥梁。他们用这种悲伤的歌调倾诉郁结心头的心情意绪。凡是在生活中碰到了种种不如意之事的青年男女，特别是碰到包办婚姻痛苦的青年人，都用"骨泣"调向自己的恋人或初识的异性伴侣倾诉自己的痛苦，有不少青年男女是在对唱"骨泣"调时相识，越唱越引起感情上的共鸣，相互同情对方的身世命运，最后在"骨泣"调中相约去殉情。因此，在过去，父母亲对子女去听唱"骨泣"调十分忌讳，怕有不测。据老人们讲，过去，青年男女常常在山间野外听唱"骨泣"。当好歌手对唱"骨泣"时，众人凝神细听，唱到极伤心处，歌手哽咽，听众泪下，常常有歌者听者泣不成声的场面。上面讲到人们忌讳在深山里"骨泣"，即因这种歌调极易触动人们悲哀情绪的心弦，也正因为此，它为众多青年男女所钟爱，成为传递心声的主要歌调，成为殉情者之间的一种音乐媒介。

纳西族的口弦是殉情悲剧的另一重要音乐媒介，它的产生远远早于"骨泣"调。在东巴经作品里和民间文学作品中都有关于口弦的传说。我们在上面引述了一些年轻人在山林旷野听到神秘的口弦声后去殉情的传说，这种传说是相当多的。可见口弦在殉情悲剧中的神秘含义。

过去，口弦是情侣之间一种重要的定情信物，当一方送口弦给意中人，对方接受了，就说明愿意与之恋爱。

我小时候，逢年过节，在丽江古城常常可见来自四面八方的著名歌手云集四方街吟唱"骨泣"的盛大场面，身着民族盛装的纳西青年一个个紧挨着坐在古城大石桥两边的护栏石上，男女各坐一边，以口弦相互对奏，那时不知道这些乡下青年弹奏的是什么调子，只是觉得那很少停歇的音调如深山中的小溪絮语，轻风动叶，很有一种动人的魅力和浓浓的神秘感。

我在后来的田野调查中曾处处留意作为殉情媒介的这两种音乐形式的盛衰，"骨泣"调倒还比较风行，各地都有高手。在乡村集会上，还可以时常看到来自各村的歌手来斗歌赛歌，有的甚至在家里也举行"骨泣"歌会。在山野，也能经常听到牧人在用"骨泣"调悠悠地唱着似乎是倾诉给风和云或是山峦林莽的歌。前几年，每逢年节庆典，四乡农民云集丽江古城，这里一团，那里一伙，到处都有人在用"骨泣"调吟唱人生悲欢离合、历史沧桑和民情风俗。若非特别邀请老歌手来吟唱"游悲"大调，现在已很少有人吟唱这种往日风行纳西古王国的大悲歌了。

在丽江塔城乡依陇、洛固（今属于玉龙县）的几个山村，我听几个纳西女子和小伙子用口弦弹奏过殉情调，尽管他们已经弹奏不出过去那脍炙人口的名篇，但尚能弹奏出殉情调中的一些美丽片断，音调凄清而幽怨、悲伤，似乎可以在寂静的月色清辉和震颤的音波中触摸到过去那一个个早已飘逝的纯情而不幸的青春之魂。他们短暂的一生曾与这山中的竹片口弦相依相伴，生死与共。他们的惊世骇俗之举与竹弦的清韵相融成世上一首首朴素而纯情的爱之悲曲。

纳西族的口弦称为"阔阔"（kue kueq），约长13厘米，宽约0.5厘米，用竹制成，中间挖一道槽，刻一片簧。有单口弦和二片口弦两种，以二片口弦为多。吹奏时将口弦对准口腔用手指轻轻拨弹，声音在口腔里起到共鸣，以气息的调节使音色加以变化。吹奏者将即兴创作的词以五言诗的形式，按口弦传统调式，以气息调节口弦声表达出来。相传口弦调有77种，比较流行的有"蜜蜂过江""铜壶滴水""狗追马鹿""鹤舞鹤咳""鱼水相会""母女夜话""牧人数羊""赶马牧羊"等。

古时，口弦是纳西族喜闻乐见的乐器，弹者众多，并未与殉情有某种特定的关系。父母兄弟姐妹皆可对弹；在家里、野外、山中都可以弹，并无什么忌讳，它与殉情形成一种神秘的内在联系是后来才形成的事。

在东巴经所记载的著名爱情悲剧长诗《鲁般鲁饶》（lv bber lv ssaq）中，讲到了口弦的来历。《鲁般鲁饶》是第一本描写殉情的纳西本土宗教文学作品，相传作品中的男女主人公是纳西族第一对殉情的恋人。在这部作品中，口弦是一群要去殉情的青年男女的钟爱之物，并与殉情者向往的爱之乐土有关。

作品中说，90个放牧的小伙子和70个放牧的姑娘在"含英巴达孜"神树上砍下黄木片，木片飞到爱之乐土"十二欢乐坡"，① 从那儿长出金黄的竹子：

<blockquote>
黄竹变成金竹，
金竹在坡头生长。
金竹做口弦，
母亲弹口弦，
欧唔呛唔地响，
一吹成百调，
一吹成千音，
女儿禁不住地心酸。
</blockquote>

"含英巴达孜"是纳西族神话中的生命树，树上的每一片绿叶代表一个生命。"十二欢乐坡"是殉情者所向往的山中爱之乐土的最早称谓。把口弦的起源与生命树和殉情者的乐园相联系，已体现了口弦与殉情的某种神秘联系。

在《鲁般鲁饶》的一种文本里说：

<blockquote>
七十个牧羊女青年里面，有一个名叫开美久咪金的，她挎着黄竹篮子，拿着白铁镰刀，到俄亚坝子里，装做串地方样去割草。她，没有什么东西没带着，带来了黄竹口弦。黄竹口弦呀，带着二样二片。二片出二种声音。女的弹口弦哟，男的就伤心；男的吹牧笛呀，女的
</blockquote>

---

① 山中爱情乐土"雾路游翠郭"（后人译为"玉龙第三国"）在东巴经中的最早称谓。

就伤心。

　　姑娘也来做一样，砍竹成竹片，取来了竹片，黄竹片来做口弦，没有围音的东西，用黄腊粘在口弦上，黄竹口弦呀，姑娘来吹一卜，阿喂阿喂地响。弹出千种声音，听到了百种声音。声音好听呀，发出了动人的声音。丝线弹竹心，不只拉动了姑娘的心，也打动了青年人的心弦。①

口弦是纳西族青年男女最喜欢的乐器。过去，几乎人人都不离身地携带一副口弦，在劳作之余弹唱娱乐。特别是在高山坡放牧的青年牧人，口弦更是他们度过寂寞时光的伙伴。邂逅相逢的青年男女常常用口弦互探对方的心意，由口弦作媒介而成为知交、恋人。由于口弦调意蕴含蓄，能以音乐语言的形式表达内心的感情，普遍为年轻人所喜爱。他们用口弦传递心声，表达爱意；倾诉内心的忧愤悲伤，表达要为爱情理想慨然赴死的决心。去殉情的恋人们在最后结束自己的生命之前，都要尽情地在寂静美丽的山林怀抱中弹口弦。口弦是殉情者必不可少地要携带的重要物件。

洛克在其论著中对纳西族口弦这种与爱情、殉情有着神秘联系的乐器也作了较详细的介绍，其中说道：

　　纳西人有一种用竹制成的口弦，他们称为"抗阔阔"。小伙子和姑娘们用这种乐器私订爱情的盟约，相约幽会，相约殉情。他们约定殉情后，将尽情地弹奏口弦，直至生命最后时刻的到来。口弦是年轻的情侣们从未离身的乐器。在过去，"抗阔阔"可以在家中弹奏，母女、父子可以对弹。现在，只有漫游于美丽的高山草地的牧羊小伙子才弹它了。当他们坐在云杉树卜看着他们的羊群时，他们喜欢掏出口弦弹奏。来山上找柴薪的姑娘也喜欢弹口弦。姑娘们的口弦声总会引起牧羊小伙子的回应。对弹一会后，他们会用口弦约定一个相会的时间。口弦的声调很柔和，但能传得很远。

　　小伙子和姑娘把口弦的三块竹片稳定地放在唇间，当他们用手指同时弹拨两块竹片时，用呼吸的气息把所要表述的话呼于口弦上……这些话语

---

①　中国作家协会昆明分会：《云南民族文学资料》（第六集），1962年，第181页。

虽然直接听不到，但每一个元音和辅音振动的声音将很快地被对方辨识和理解。这种口弦音乐是情人们的某种"摩尔斯电码"。纳西青年男女用口弦即兴创作演奏的爱情诗歌证实了他们的智慧和敏捷的才思，从中反映出他们是自然界敏锐的观察者，他们歌中的比喻都取材于大自然。①

洛克在《开美久咪金的爱情故事》一文中还全文翻译了殉情者用口弦弹奏的一首殉情调"游悲"。抗日战争期间在丽江生活工作了八年的俄裔作家顾彼得（P. Goullart）也曾这样描述纳西民间殉情长诗《游悲》中女主人公用口弦相约殉情的过程：

> ……她就要嫁给一个富有然而平庸的人，她忍受不了即将带来的婚配。按照当时盛行的礼节，她没有口头直接地向情人宣告殉情这件事，而是用口弦音乐表达了这个意思。口弦是纳西族的民族乐器，多用于谈恋爱中。用口弦为她的低声细语伴奏，她作了漫长而哀怨的叙述，在其中她用了全部力量和魅力，劝说处于绝望境地的情人，唯一的出路就是一死了之。他并不完全喜欢跟随她共赴黄泉，对她的计划提出了很多反对意见，以适当的诗句，也是用口弦伴奏表达出来。②

据不少目击殉情者的老人讲，在他们的遗体上都发现有口弦，甚至有嘴里含着口弦死去的。由于口弦是殉情者最钟爱的东西，因此，在为他们举行的东巴教仪式"哈拉里肯"中，口弦作为重要的祭器之一，反映殉情的文学作品中也就有了很多青年男女受殉情精灵们的口弦声的诱惑而殉情的情节。

会弹口弦的丽江县黄山乡（现属玉龙县）老歌手李燕菊告诉笔者，她小时看到过很多以口弦弹忧伤悲怆的殉情调和苦情调的场面，弹者和听者常常都是泪流满面，有时弹者还会泣不成声。

笔者在 1990 年 7 月的田野调查中，曾经听丽江县鲁甸乡（今属玉龙县）老东巴和开祥讲过一个真实的故事，从这个故事中可以看到口弦与

---

① Rock, J. F., *The Romance of K'a-ma-gyu-mi-gkyi*, *Bulletin de L'Ecole Francaise d'Extreme-Orient*, Vol. xxxix; 1939: 19.

② 顾彼得：《被遗忘的王国》，李茂春译，云南人民出版社 1992 年版，第 231 页。

殉情者之间的密切关系以及口弦在民间的特殊魅力。兹录在此，以飨读者。

故事的年轻女主人公是和开祥的一个亲戚，长得很秀丽。她被父母做主嫁给鲁甸乡某村一个她所不喜欢的男子。她婚前所喜欢的恋人也由于包办婚姻，比她早就由父母做主娶了妻子。但他俩的感情难以割舍。该女子在婚后偷偷地与过去的情人来往，两人常常在山坡上用忧伤的口弦调倾诉内心的痛苦。后来，他俩的行迹被女子的丈夫察觉了。一天，他约上一个堂弟，悄悄地跟踪妻子而去。当妻子和以前的恋人又在一起弹口弦时，两兄弟上去抓人。女子挣脱逃去，而那个男子在殴斗中被打死。夜阑人静后，逃去的那个女子悄悄回来，见到情人已经死于非命，悲不自禁。她认真地用溪水洗净情人的遗体，把他埋在溪边。后来，一个割草的老妇发现了遗体，告到村头那儿。村头下令叫人抓来了那个女子，把她关在一间房子里待审。这女子没日没夜地弹口弦，调子悲伤凄切，如泣如诉。到后来，连那个看守她的村头都不忍再听这悲伤的音乐，就打开房门把那女子放走了。那女子换上自己出嫁时穿的新衣服，跑到山里去。后来发现她在一棵树上自缢殉情了，手上还紧攥着那把陪伴她度过了短暂一生的口弦。

二　纳西族的艺术与殉情之关系

纳西人的殉情既是"在歌与诗中完成的人生悲剧"，殉情发生后，文学艺术始终与殉情悲剧相伴随。用图画象形文字书写的东巴古典长诗《鲁般鲁饶》（青年牧人殉情的故事）和民间非常流行的殉情长诗《游悲》（殉情之歌）都是脍炙人口的文学作品。限于篇幅，这里重点讲一下与殉情相关的绘画艺术。

绘画艺术也与殉情悲剧相伴随，渲染出一种独特的悲剧美。而这些绘画艺术，主要反映在导引人的灵魂归宿的东巴教中。

1. 与殉情相关的竹笔画

竹子是东巴教中的一个具有重要象征意义的"文化符号"。生命神、畜神、谷神居住的竹篓，祭天用的神米竹篓，驱鬼的竹杈"曼开才"等法器，无一不是用山中的青竹制成。东巴口诵经和民间歌调中都有古老的"采竹之歌"，详述在山野林间找好竹子做各种通神之器的过程。

东巴用青竹削制成笔。这种笔在纳西语中称为"梦奔",约长20厘米,宽约1厘米,用刀将一端削成尖锥形,在尖锥顶上刻出一条长约2厘米的裂口,使墨水从中流注而出。过去,东巴在用它写经作画之前,要净手焚香,清心涤虑,呼唤神灵保佑其写出好字,画出好画。

东巴经的扉页和题图也是竹笔画的重要构成部分。一般绘的是经书中的神或人主角,如描写纳西人第一个殉情女的史诗《鲁般鲁饶》(青年牧人殉情的故事)中绘殉情的男女主人公开美久咪金和朱补羽勒盘;有的则画一个神明东巴(即半神半人性质的东巴)或为人祈神送鬼,超度亡灵等的东巴祭司形象。扉页和题图画一般都着色。

《鲁般鲁饶》是东巴教最早记录纳西牧人殉情悲剧的一首古典长诗,也是一部用图画象形文字写出的书画作品。(见图1)

图1

纳西人的殉情习俗孕育出了不少凄艳绝伦的殉情文学作品,这是用象形文记录的最早的殉情文学长诗《鲁般鲁饶》(青年牧人殉情的故事)的封面,左边是为殉情者举行超度亡灵仪式中所用的祭风树(风流树),图中可见一个要去殉情的年轻人正走在赴死之路上。(杨福泉,1993年摄)

2. 祭祀殉情者仪式上的木牌

画纷繁复杂的鬼神世界反映在东巴教的木牌画上,深重的人世悲欢也深深地铭刻在木牌画上。如用于超度殉情者的"哈拉里肯"仪式的木牌画多达五六十块,上面所绘的都是与过去席卷丽江各地纳西族的殉情悲剧有关的神人鬼怪,如纳西青年普遍视为爱神的殉情鬼首领尤祖阿主夫妇;

相传在银河和星辰中自缢殉情的天之女和地之女；相传第一个殉情的女子开美久咪金，在高山草场上自缢殉情的牧羊小伙子、天与地之间骑着犀牛的殉情鬼女首领，骑红虎的东方殉情鬼女首领、骑着青龙的南方殉情鬼女首领；骑着水獭的北方殉情鬼首领；用挤奶桶上的绳子自缢殉情的美丽女子；在高山云杉树上殉情的首领之女；用弓弦自缢殉情的首领之子；在高山牧场白毡房里自缢殉情的女子；七个后来成为"风鬼"和"风流女"首领的殉情女子等，还有种种天上地下与人一样殉情的飞禽走兽等。这些木牌画上所绘的殉情者骑着奇禽怪兽，身穿美丽的衣裳，头插五彩的"殉情之花"，在他（她）们的周围是各种殉情的音乐媒介口弦、竹笛等；云霓星辰、白凤白云与他们相伴随……在这简朴的木片上渲染出一片奇谲变幻、瑰丽迷离的艺术形象和审美意象。

这种奇特的宗教木牌画历史悠久。据国内有的学者研究，纳西族木牌画与我国西北地区汉代遗址出土的人面形木牌有传承关系。这种西北出土的木牌在考古报告中称为"人面形木牌""木橛"或"杙"。1906—1908年斯坦因在敦煌汉代烽燧遗址中首次发现。1927—1934年，中国、瑞典合组的西北科学考察团发掘居延汉代遗址时，此物又有大量出土。20世纪70年代在居延出土的大量汉代简牍和文物中，亦有这种木牌。"人面形木牌"一般长20—25厘米、宽4—5厘米，多将一端削尖，另一端作平头或楔形头，其上用黑红两色绘一个"人面"形象，状极狰狞。这种木牌形状大小与东巴教木牌画大体相同，亦是用于插地祭祀。只是就所绘内容而言，"人面形木牌"比东巴教木牌要简单得多。

敦煌与居延等地自古就属于古羌人活动范围，木牌画鬼神插地祭祀之俗，原应是羌人的古俗，作为古羌人后裔的纳西人沿袭了这种古俗。[①] 人面形木牌上只用黑红二色绘各种奇形怪状的鬼神面孔，而东巴木牌画上的内容则丰富而复杂，集各种神灵鬼怪、人物和大自然事物于一体。有的还以象形文表明其内容，鬼神形象绘得比较细致，可见东巴木牌画是在古羌人木牌画的基础上发展变化了的宗教绘画形式。东巴图画象形文字在东巴教和纳西族民间都称为"斯究鲁究"，即"木头和石头上的痕记"或"木之记录，石之记录"，这也意味着石上的画和符号（诸如岩画）、木牌上的画和符号可能是纳西族最古老的文字表现形式和载体。

---

① 汪宁生：《纳西族源于羌人之新证》，《思想战线》1981年第5期。

图 2

　　一种古老奇特的木牌画，记载了千百年来纳西人和东巴教中许许多多神灵鬼怪的悲欢离合。这种木牌画的历史可以追溯到远古时古羌人的人面形木牌。行走于神界和俗世的祭司东巴把东巴经和民间传说中所记载的爱神、殉情精灵、殉情男女画在这种木牌上，然后用于为殉情者举行的"哈拉里肯"仪式上。上面这些木牌画上绘着爱神、五方殉情鬼首领、许多自缢殉情者及其殉情所要佩戴的各种装饰品，每块木牌画顶部都绘着日月星辰、风和云。在这个仪式上，殉情者将被东巴祭司超度往"玉龙第三国"。这是丽江大东著名东巴和士诚所绘的木牌画。（杨福泉 1990 年摄）

3. "祭殉情者"木牌画画谱

　　最能集中体现竹笔画风格的是东巴经中的画谱部分。画谱在纳西语中叫"扩奔"（kual bee），"扩"指木牌画，"奔"意为"古谱"。"扩奔"即是"木牌画画谱"之意，相当于东巴初学绘画的课本。同时也用作在东巴教仪式准备过程中制作木牌画的蓝本或参考范本。画谱外形一般略大于东巴经书，所用纸张亦与东巴经相同。按内容可以分为可供通用的综合性画谱和单一性画谱，后者是某一仪式的专用画谱。有以墨素描的画谱，也有色彩富丽的着色画谱，从画谱"扩奔"一词的纳西语本义可以看出它是木牌画艺术发展的产物。东巴教有数十个大大小小的仪式，每个仪式上都要用很多相应配套的木牌画，要画成百上千的鬼神精灵，奇禽异兽，对于初学者并非易事；且这些人神鬼和动物都是宗教圣典中的知名者，要有一个大体认同的形象。

因此需要把这些形貌服饰特征各异的形象大体固定下来，分类注名，作为谱典传承，方便学习绘画。画谱一般多由世所公认、才艺超群的大东巴画成。一代代画艺精湛的东巴都首先从画谱开始临摹学习，但学到一定程度后，就不再墨守成规，而是大胆创新，逐渐形成自己独特的风格。这就是如今所见的众多东巴画风格迥异、各具特色的原因。

清末东巴桑尼才所绘的用于祭殉情者仪式"哈拉利肯"（her la leeq keel）的画谱形象生动，画风拙朴而卓有个性，非常有名，对后世东巴绘画与殉情有关的木牌画有较大的影响。（见图3）

图3

风流鬼之首领"达勒阿莎咪"骑着一头骡，手持一个会放风的兽角，从中放出的风回旋在高山深谷间，左边是她的嫁妆，包括头帕、银手镯、银领扣、新衣、新裙、黑靴、彩绣小口袋、笛子、口弦等，其中所绘的鲜花表示这些东西都很美。清代著名东巴桑尼才绘。（杨福泉，1995）

纸牌画也见于苯教绘画中，纸牌（藏文音"扎里"）是和一定形式的供奉、祭祀相关的宗教用品，长方形，纸质（极少的为布质），一般高在16厘米、宽在13厘米以内。① 布画指画在麻布卷轴上的各种神像画，东巴举行仪式时挂在临时设置的神坛正上方，每一仪式都有相应的神像卷轴画。卷轴画有长卷、多幅和独幅多种。多数神像卷轴可能是在元明之际发展起来的。卷轴画早期以麻布居多，后期的一些用土白布绘制。布卷画先经过用鹅卵石磨平、刷浆、涂粉等工序，用炭条起稿，然后涂以颜料，再拿毛笔墨线勾勒。每幅卷轴画主要画一尊神，他们中有东巴教三尊"最大之神"萨英瓦登、依古阿格和恒迪窝盘，东巴教祖师东巴什罗。而与东巴教祭殉情仪式"哈拉利肯"关系最密切的布卷画就是镇压殉情鬼的四头神卡冉画像。（见图4）

图 4

这是专门镇压殉情鬼的神"卡冉纽究"。他被绘成四头八眼，红发飘舞，血盆大口，獠牙突露。民间似乎不太欢迎这个有点类似镇压白蛇的法海和尚的神灵，因此在民众中默默无闻，比起人人知道的殉情鬼首领"游子阿祖"的美丽和神奇，就大为逊色了。（杨福泉，1990年摄）

卷轴画上主神的周围绘着与其相关的神界和其他神祇、祭司、灵禽异

---

① 陈履生：《苯教与纸牌绘画》，《西藏艺术》1997年第1期。

兽以及各种宗教吉祥符号。

4. 与殉情相关的东巴教音乐

东巴经都是以奇数写成的诗体文学，而这些作品又都是用特定的曲调诵唱而成。因此，音乐是东巴艺术的有声部分，东巴音乐分为声乐和器乐两部分。东巴声乐指东巴诵经时的吟唱念咏。东巴教的仪式多达七八十种，每种仪式都有特定的吟诵曲调，每种大的仪式都有主要唱腔。每种大的仪式根据其内容有相应的风格，如祭天是歌颂先祖的伟业丰功和英雄精神，因此吟诵调比较深沉庄重；而祭风仪式主要是超度殉情者之灵，叙述殉情者的悲情故事，雪山爱情灵界的美丽超凡，因此吟唱调有苍凉、悲婉、瑰丽而浪漫的突出特征；而在吟咏反映古代战争等的诗篇时，咏诵曲调则有如山涧急流般起伏跌宕，如雪原厉风的激越昂扬。东巴教仪式的咏诵过程即个人或集体的唱诵表演。不同的仪式有不同的诵经调，有的区别较大，有的比较接近。同一仪式中，唱法又以程序和经书内容的不同而有所变化，而且，不同地区的吟唱各有自己基于民间音乐传统的特点风格。东巴唱曲有30来种。

有的悲剧长诗，诸如著名的《鲁般鲁饶》，东巴咏唱时，忽而深沉凝重，忽而清越昂扬，把长诗的悲婉哀艳之情，浓烈的浪漫色彩表现得淋漓尽致。鲁甸乡老东巴和开祥是吟唱殉情长诗《鲁般鲁饶》的高手，他的歌吟有一种独特的苍凉深邃的风格，深沉凝重而又清越昂扬，把长诗的悲婉哀艳之情，浓烈的浪漫色彩表现得淋漓尽致。笔者多次在丽江听他吟唱此长歌，每次都被这种沉洪苍凉中透着一缕缕人生凄苦无常意味的调子所震撼，它所咏叹出的殉情男女主人公的悲剧故事具有一种深入神髓的悲剧感染力。

结语：纳西人殉情及其礼仪所含有的独特审美感

纳西人的殉情除了1723年"改土归流"后政治制度、社会和文化变迁导致的诸多原因之外，还与纳西族的传统宗教、民俗及民族个性之间有种种复杂的关系。纳西族的殉情是文化内涵丰富而复杂的社会问题。纳西族的哲学思想、鬼神论、生命观、生死观、自然观、情爱性爱观、民族心理、个性等都反映在这惊世骇俗的死亡之谜中。纳西族的殉情已经形成一套文化体系，与纳西族的传统文化结成千丝万缕的内在联系。它不但是一种震撼人心的生命悲剧，而且是一种十分独特的民族文化现象。而文学艺术，则是贯穿其中的一条线。从殉情者互相倾诉苦情、表达爱恋之情，直到相约殉情、殉情前礼仪式的相互唱酬，都始终与歌与诗有千丝万缕的联系。殉情发生后，东巴祭司用隆重的仪式超度殉情者，歌咏有关殉情的叙事长诗、伴之以东巴舞蹈、用大量的木牌画、纸牌画、布卷画等，超度亡灵的过程，实际上也成为一个安抚死者、告慰生者，具有独特的悲剧艺术升华的过程。

殉情以口弦和"骨泣"这一最流行的艺术形式为媒介、殉情者浓妆盛服、长歌曼舞、含笑赴死，与纳西人的传统生死观密切相关，而且与纳西人对"高山灵界"——雾路游翠国（玉龙第三国）的信仰有关。他们相信，爱神喜欢他们漂漂亮亮地走进那"雉鸡当晨鸡，红虎当坐骑，白鹿当耕牛；彩霞织衣服，云霓织腰带；青春长相伴，永远不会老"的"玉龙第三国"，所以笑对死亡，从容殉情，"美丽地死"，体现了一种殉情者以浓妆盛服、长歌曼舞地死，"美丽地死"的死亡美学观，如殉情者所向往的殉情境界，要"丽丽花华"（即快乐而美丽地死），比如他们认为单独殉情就不是"丽丽花华"地死，要成双成对地死才"丽丽花华"。

而随之举行的纷繁复杂的祭殉情者仪式，也明显地带有一种追求把超度亡魂的仪式尽量做得美而气派，使用大量的木牌画、纸牌画，让所有的神灵和很多美丽的殉情精灵们登场，唱东巴教中最为凄美哀艳的长诗《鲁般鲁饶》；要以最浪漫的方式让殉情者之魂打扮得漂漂亮亮，过溜索、越高山，去往那个人和各种野生动物、天地山川、日月星辰和谐相处的"玉龙第三国"。另一方面，也通过这种以艺术渲染和长歌吟唱、对"山中灵界"之美浓墨重彩的描述，安抚死者，告慰生者。以这种具有浓郁热烈的艺术审美魅力和心灵安慰的方式超越死亡。

为殉情者举行的"哈拉利肯"（祭风）仪式，既是一个哀悼亡灵、超度亡灵的场所，实际上也成为一个欣赏悲剧艺术，带有浓郁的审美功能的场域。色彩斑斓的各种绘画、情节诱人的古老长诗、东巴如泣如诉、沉洪苍凉的歌咏，使死者的亲属和来参加超度仪式的人们，感受到纳西族传统宗教艺术中歌舞诗书画融汇一体的魅力。实际上，它也起到了一种对大众宣扬传统悲剧文学艺术和宗教艺术审美的功能。

原载《文化艺术研究》2011年第2期

社会与文化变迁对民族宗教
文化认同的影响
——纳西人对东巴教的认同及其变迁研究

一

"认同"的英文词是 Identity，汉文也译为"身份"。这个术语往往用来概括个体的一种特殊性。过去，人们通过与家庭、宗教团体、社区、同行、政治立场和意识形态的认同来构建自己的身份。简言之，"认同"就是某一个体或群体将自己从心理上、精神上、行为上归属于某个特定客体。人有多重身份，群体亦然，因此会导致人的多元认同，诸如家族的、地域性的、民族的和国家的等等。随着时间和情况的变化，这些认同意识也会发生侧重、倾斜等变化。

文化认同（culltural identity），是指个体对于所属文化以及文化群体形成的归属感（sense of belonging），是一种内心的承诺（commitment），通过这样的认同来获得保持与创新自身文化属性的社会心理过程。以文化作为一个相对具有独立意义的属性，形成个体的内群体认同（in-group identity）是指个体在选择自己所认同的群体时有意识地依据由语言文化价值和文化习俗等因素构成的文化属性来进行。一个族群的最显著特征是其独特的文化，族群中的成员的身份特征主要是文化性的。[1]

本文拟以纳西人对东巴文化的认同的变迁为个案，来考察一个民族的文化认同如何随着历史、社会和文化的变迁而发生变化，从而探析理解一个民族的文化认同与其内在的文化根性、外力冲击之间各种复杂的关系。纳西族

---

[1] 杨宜音：《文化认同的独立性和动力性：以马来西亚华人文化认同的演进与创新为例》，张存武等：《海外华族研究论集》第3卷，华侨协会总会，2002年，第407—420页。

是个具有丰富的多元文化的民族。其本土原始宗教——东巴教,[①] 传播最为广泛、历史最为悠久、信众最多。随着外来文化在各个历史时期的输入和传播,纳西族各个支系还分别信仰汉传佛教、藏传佛教噶玛噶举派（白教）、格鲁派（黄教），以及道教等。在这些宗教信仰的基础上,形成了东巴教文化、汉传佛教、藏传佛教和道教文化,并在纳西族民众中形成了对这些文化的认同,其中最为普遍和历史悠久的是对东巴文化的认同（即对东巴教的认同）。

在历史的不同时期,纳西人聚居地区的官方（包括纳西酋长、首领、土司以及清朝实施"改土归流"后中央王朝所派的流官等）和纳西族民间对东巴文化的认同产生过很大的变迁,其多与受外力影响的政治制度和社会文化的变迁密切相关。而且随着这样的变迁,形成了历史性和区域性的差别。纳西人对东巴教的认同呈现出一种动态地变化的形态。通过研究官方和民间对东巴文化认同的历史变迁及其在不同区域、不同社会阶层中的差异,可以探索中国少数民族文化认同如何在主流文化、文化整合、文化融合在历史的不同时期,纳西人聚居地区的官方包括纳西酋长、首领、土司以及清朝实施"改土归流"后中央王朝所派的流官等）和纳西族民间对东巴文化的认同产生过很大的变迁,其多与受外力影响的政治制度和社会文化的变迁密切相关。而且随着这样的变迁,形成了历史性和区域性的差别。纳西人对东巴教的认同呈现出一种动态地变化形态。通过研究官方和民间对东巴文化认同的历史变迁及其在不同区域、不同社会阶层中的差异,可以探索中国少数民族文化认同如何在主流文化、文化整合、文化融合和不同的政治制度影响下发生变迁。

从用图画象形文所写的东巴经记载的神话、史诗中看,纳西人的宗教专家（religious specialistist）"东巴"（自称"本补气"biu bbuq）是东巴教的祭司,民间称之为"东巴",有"智者""上师""老师"等诸多含义。纳西族东部方言区则多称为"达巴"（ddaq ba）。从很多东巴经的记载中可以看得出,"东巴"的政治和社会地位在古代是很高的,他们是人神鬼之间的媒介,是平息人间的争端以及沟通神与人、鬼怪与人的各种关系、解决各种纠葛、具有超凡能力的人物,是部落首领的军师参谋。在人们的心目中,他们知天晓地,善测祸福,能镇鬼驱邪,求吉祛灾,是非同

[①] 关于原始宗教,国外有称为 Indigenous Religion（原住民宗教、本土宗教）的,有称为 Shmannisim（巫教、萨满教）等；近来国内有的学者又有称其为"原生性宗教"的。

寻常的灵异之人。因此，东巴教中有许多被神化了的"东巴"。①

纳西人的首领阶层，将东巴教视为本民族的神圣传统精神支柱。历元、明、清三朝，传世22代，统治纳西族地区长达470年的丽江木氏土司，就普遍认同于东巴教所记述的宇宙观和祖先世系。从民族学材料一看，原始宗教与统治者的关系是比较密切的，古时的东巴教也不例外。明代土司木公编纂《木氏宦谱》时，曾把东巴经《媒歌》中的一段话用汉文写在前面，并把东巴经《崇般图》（《创世纪》）所记述的文化英雄崇仁利恩认同为他的第七代祖先。

祭天（"关本"mee biuq）是东巴教最重要和规模最大的仪式，也是最突出反映纳西人对东巴文化的认同意识的一个仪式和民俗节日。元人李京在《云南志略·诸夷风俗》中说：麽些人"正月十五日登山祭天，极严洁，男女动（辄）百数，各执其手，团旋歌舞以为乐。"明朝景泰《云南志》卷五《丽江府风俗条》曰："麽些蛮，不事神佛，惟每年正月五日具猪羊酒饭，极其严洁，登山祭天，以祈丰禳灾。"长期以来，纳西人的祭天仪式是严禁外族人参加的，严禁讲外族语，体现了很强的民族认同意识。纳西族木氏土司对祭天十分重视，木增土司向皇帝上书提出的十条建议中，第一条即为"敬天法祖"。木氏的发祥地自沙（今玉龙县自沙乡）在唐代即设有祭天坛，名为"羡陶坛"。木氏土司的政治中心迁到大研镇后，又在黄山（狮子山，纳西语称为"坞占补"，意为"寨头的小山"）山麓设有祭天坛。清雍正元年（1723）"改土归流"之后，木氏土司被降为土通判，但其重视祭天的习俗一直延续到民国年间。20世纪40年代，木氏土司家庭尚有专门的祭天"东巴"。

总之，纳西族各地的祭天习俗反映出了其多层次的认同意识：第一层次是纳西人的民族和族群认同，"纳西关本若"，即"纳西人是祭天的人"；第二层次就是各个世系群对不同的祭天派的认同；最后就是各个世系群或者非世系群的团体对各个祭天群"关本化"的认同。而后来不同的世系群的成员组合为一个祭天群的现象，则反映了特定乡村社区的纳西人在生产生活中重新构成一种新的社会关系的特点。② 纳西族的祭天习俗

---

① 关于东巴的详细内涵，可参看杨福泉《"东巴"和"本补"称谓考辨众载》，《民族学报》第7辑，民族出版社2009年版。

② 杨福泉：《纳西族祭天仪式的功能和特点》，《云南社会科学》2009年第4期。

不仅对强化本民族文化中心区民众的民族认同感起着很大的作用，对散居各地、远离纳西族文化中心区，受到外民族生活文化习俗强大影响的纳西人，亦起着维系民族认同感的重要作用。

同时，纳西首领阶层和民众的宇宙论、生命起源观，都认同于东巴教的宇宙论和生命观。在纳西人的生命起源观念中，把纳西先祖视为卵生。这种观点反映在《创世记》《马的来历》等一系列东巴经中。在《创川纪》中，天神、地神、开天九兄弟、辟地九姐妹，都是神鸡恩余恩玛的白蛋孵出来的，而那些妖魔鬼怪是黑鸡负鸡埃纳的黑蛋变的①。

明正德十一年（1516年）明代土司木公在编撰《木氏宦谱》时，将东巴经所叙述的这种"祖先卵生说"纳入《木氏宦谱》的开篇，一方面神化祖先，另一方面也表现了一种与东巴教相一致的族群起源和民族祖先的认同。李霖灿先生对该段文字的翻译是："人类的胞蛋生于天，人类的胞蛋孵于地，人类的体质混混沌沌的，混沌的体质发热起来，发热起来变成了气体，热气变成了露珠，露珠变成六点，一点落入海子（湖）中，变成了海失海羡，变成了海羡刺羡，变成了刺羡天羡。"② 木氏土司将东巴教中的这种宇宙论堂而皇之地写进了自己的宗谱，这是纳西人一种根深蒂固的民族起源和民族远祖认同在其首领阶层中的反映。可见，尽管当时木公等纳西土司已经接受了汉文化，对汉学已有很深造诣，工于汉文诗词歌赋，但他们对东巴教的认同意识是根深蒂固的，并没有受到汉文化太大的冲击和影响。

对东巴圣典所记载的文化祖先、英雄祖先的认同，也是突出地反映在纳西首领阶层和民众阶层中的一个共同的意识。无论是木氏土司，还是纳西民众，都以作为《创世记》中的民族祖先崇忍利恩和衬恒褒自咪的后代为荣。自称"纳"的摩梭人也认同自己的祖先是曹德鲁若（崇忍利恩的另读）和天神之女柴红吉吉关（衬恒褒自咪的另读）。③

---

① 云南省少数民族古籍整理出版规划办公室：《纳西东巴古籍译注》，云南民族出版社1986年版，第155—159页。
② 李霖灿：《麽些研究文集》，台北"故宫"博物院，1984年，第183页。
③ 不过两个族群民间都还流传有"猴与祖先交合"而繁衍出或没有繁衍出人类的不同文本。详参杨福泉《东巴教通论》第一章：东巴教中的图腾观和动物崇拜，中华书局2012年版。

二

随着历史的发展演变,纳西族的政治体制、社会格局不断受到外来的政治体制、文化和宗教的影响,纳西族的上层统治者对各种外来文化的取舍态度也发生转变。这就给东巴教及其祭司阶层"东巴"带来了影响,相应对其的认同意识也发生了变迁。

明代,纳西木氏土司接受了汉传佛教、藏传佛教和道教等,逐渐打破了纳西人信仰体系中东巴教的独尊地位,东巴教在纳西族上层社会中的影响相应比过去就减弱了。大概由于东巴教祭司与统治阶层之间产生了一些矛盾,民间于是产生了一些关于木氏土司与著名的"大东巴"之间矛盾冲突的故事。如民间有个传说:木氏土司忌讳东巴教的重要祖师阿明什罗(大约是明代人,是东巴教中仅次于东巴教祖师东巴什罗的一个"神性东巴")的法力和本事,生怕这个神通广大的"东巴"影响到他的统治,于是千方百计将他给害死了。在丽江宝山(今属玉龙县宝山乡)也有类似的传说:相传宝山有个著名大东巴格取格巴,精通经书,法术高明。有一次他被木土司请去念经做法,消除其家属的病患。相传他在治病过程中略施小技,便让青枝扎的鹿鬼在院子里活蹦乱跳。木土司见他神通广大,恐日后难以制伏,便派人埋伏在他回去的路上,暗杀了他。

类似的民族统治阶层因为忌讳和嫉妒本族"神性祭司""人神媒介"而施以杀手的故事,只能是在当统治阶层已经接受了外来宗教信仰,对本土宗教的信仰认同已经发生了变异的情况下才发生的。①

纳西土司和"东巴"之间的恩恩怨怨,随纳西族宗教信仰的变迁而变迁。但从总体来看,尽管木氏土司家族接受了汉传佛教、藏传佛教和道教,但在纳西民间从来没有因此而排斥东巴教。而且饶有意味的是,在明代,木氏土司在其统治的藏区广建藏传佛教寺庙,在鸡足山等地捐巨资兴建汉传佛教寺庙,但他们并没有在丽江纳西族聚居区大量兴建佛道教寺观庙宇,丽江的汉传佛教和藏传佛教寺庙主要是在清代康熙、雍正、乾隆时

---

① 这一点,我们可以与公元7—8世纪时期吐蕃上层统治集团"扬佛灭苯"的历史事件联系起来看。"扬佛灭苯"后,大批吐蕃的本土宗教"苯教"的祭司"苯波"遭到迫害而逃亡到丽江等滇川藏接壤地区,这也是吐蕃赞普的宗教信仰及其文化认同发生重大变化后才发生的。

期才兴建起来的。换句话说，木氏土司势力最强大时，反倒没有在纳西族主要聚居区丽江大兴土木修建佛道教寺庙。我们从中可以看出，木氏土司对佛道教的兼收并蓄，和他们垄断地学习汉文化有相似之处，虽然不禁民间信仰佛道教，但看来也没有在本土大力提倡，他们还是倾向于让民众认同于本土的东巴教。因此，直至清代和民国时期，纳西乡村的宗教信仰中，东巴教还是占据主要的地位。

笔者1989年在丽江著名的"东巴之乡"塔城乡了解到这样一个故事：相传木土司（通判）的太太生了疑难病，土司请了汉族和尚、道士、藏族喇嘛、白族和傈僳族巫师、纳西巫师桑尼和塔城巴甸的"大东巴"东五到家为其太太驱鬼治病。东五技压群雄，以神药两解之法治好了土司太太的病。土司十分器重他，特赐他"医明法精"四字，并封东五为管辖巨津（今丽江巨甸、塔城、鲁甸乡等地）的官。在东五的后人和桂森家里保存着一块横匾，横匾右边写着"钦赐花翎知府世袭丽江府分府木题"，左边写着"光绪陆年仲东月初八日和永公（东五之汉名）立"。看来是东五得了木土司赏赐的字后，自己请人制作了匾，以荣耀家门。[①] 木家邀请和尚、喇嘛、道士、东巴、桑尼和傈僳族巫师等作法驱鬼治病之举，反映了木氏土司一贯广采博纳多元宗教文化，使多种宗教在丽江得以繁荣昌盛的历史，也反映了直至光绪年间，纳西族上层对东巴文化的认同意识还是比较强的。

三

清雍正元年（1723年），清朝在丽江实行"改土归流"，实施"以夏变夷"的政策。由朝廷派到丽江的流官知府认为东巴教和纳西民俗是野蛮落后的，视为"鄙陋""狂獠草昧"，开始加以禁止。乾隆《丽江府志略》中说："禁止焚弃骨骸，教以祭葬。"乾隆年间的《滇南闻见录》中记曰："……再三出示劝谕，禁火葬，禁刀巴（东巴），并给官山，听民葬埋。"这是官方以规定的形式来禁止东巴教活动的记载。

[①] 雍正元年（1723）清廷在丽江实施"改土归流"，派流官任丽江府知府，将木氏土司降为通判。但由此故事可看到，木氏土司"虎死威不倒"，到光绪年间还在一代"大东巴"心目中有很大的威望。

人死后，纳西族处理死者遗体和灵魂的丧葬仪式，与东巴教的信仰有非常密切的关系。死者的灵魂回归祖先之地是至关重要的大事，必须要靠"东巴"祭司通过举行包括火葬、送魂、超度等诸多复杂的东巴教仪式才能实现。而当清廷流官以自己的文化本位和观念来看待纳西族民俗时，就认为火葬是卑陋、违反伦常的，土葬才合乎伦常道统，于是强行移风易俗，要求纳西民众接受土葬习俗。这样，纳西民众和"东巴"祭司都面对着自己的文化认同遭到统治阶层政治文化强权压迫的命运。为了不放弃与死者的灵魂能否回归祖先之地密切相关的火葬习俗和东巴教的超度仪式，纳西人不懈地抗争了100多年。最后是因长期接受了儒学教育的纳西汉学知识分子、束河社长和棕顺率先实行土葬，此后土葬习俗才逐渐地在部分纳西人中开始施行。

"改土归流"后，清廷流官以当时被统治阶级曲解异化很大的儒家文化礼教及其价值观来看待纳西族传统文化，特别是东巴教，强制性地移风易俗，其做法流弊甚久，对东巴文化的冲击非常大。汉学教育和潜移默化地灌输的土著文化习俗落后的偏见，也逐渐改变了一些纳西人对东巴文化的认同意识，延及后世。这里举一个例子：

在清末，丽江县塔城乡巴甸村有个远近闻名的"大东巴"东五，他的儿子和文玉（1853年至民国初年）亦是个在"东巴"中有口皆碑的奇人。相传他聪颖过人，不仅精通东巴教理、仪式、文字，而且汉文水平也很高，曾在清末年间考中秀才。但由于清廷流官长期在丽江施行"以夏变夷"的政策，当时纳西族的本土宗教和"东巴"的地位在上层社会中已一落千丈，象形文字被很多当地汉学文人讥为"牛头马面"。据李霖灿当时的调查所记，当一些接受了汉文化的纳西文人听说"东巴"和文玉考上了秀才，一下舆论哗然。有的文人还攻击和文玉是巫师，咏诵东巴经典怂恿青年男女去殉情等等。更有一些文人便到衙门主考机构去激烈地抨击和文玉，结果终致和文玉被革除了功名。

根据李霖灿在20世纪40年代的调查可知，和文玉因为是精通东巴象形文字的"巫师"而被无知的本民族汉学文人攻击，使多年辛苦得来的功名被革除。他视此为奇耻大辱，在当时整个文化环境都不利于象形文字发展的情况下，便发愿要发扬光大一种不是象形文字的音节文字，以雪"牛头马面"之耻。于是，他全力投入到"格巴文"的完善和推广上。由于他有较深的汉文功底，因此将一些汉字加以改造，和道光年间以来就已发展的少数音字合用，开拓了标音字（格巴文）的大局面，用音节文字写的东巴经才开始多起来。李霖灿先生还回忆到，他对丽江本地人士多次指出，东巴文字和甲骨文一样是"象形文字"而不是什么牛头马面，使一些长久受到崇拜汉文化的文人们奚落打击的"老东巴"们感激流涕，庆幸得遇知音。①

从上述事例中可以看到，在官方极力推进的主流外来文化的影响下，纳西族传统的东巴文化认同，开始在同族不同阶层中产生了变异冲突。

在 20 世纪三四十年代，丽江古城的民众大多推崇汉文化，认同于汉文化，将汉文化认同视为本地"精英文化"（汉学精英）"雅文化"的一种标志；而对东巴文化则普遍缺乏认同意识，除了个别与乡村有亲缘关系的家庭之外，东巴教在丽江大研镇城区基本上是不被认同的。而在乡村里，本土文化习俗保留得还比较多，形成了多元的文化认同，民众既认同东巴文化，也认同汉文化、佛道教文化，因此形成了有区域性和社会阶层差异的东巴教、汉传佛教、藏传佛教和道教文化及其认同的局面。

在历史的发展进程中，对东巴文化的认同，就这样在城乡形成了较大的差别。这与城乡的社会结构、宗教信仰、文化教育结构等的差异是密切相关的。

四

1949 年后，东巴教曾长期被认定是封建迷信而被禁止，纳西族民间的东巴教活动大量减少。但即使如此，在 20 世纪五六十年代，也出现过少数共产党领导干部认识到东巴文化的价值而组织进行翻译整理工作的盛事。20 世纪 60 年代任中共丽江县委书记的徐振康先生青年时代曾在云南大学外语系学习，他从外文资料中认识到东巴古籍的价值和国际意义，于是他大胆组织了丽江县文化馆的一些文化工作者，邀请当时丽江最著名的"东巴"，翻译了 100 多部东巴经。到"文化大革命"前，已经石印了"四对照"（古籍象形文原文、国际音标注纳西语读音、汉文直译对注、汉语意译）格式的 22 本。这是中华人民共和国成立后首批翻译的东巴经。而在 1978 年改革开放之前，除了个别地处偏远的山村，纳西族民间

---

① 杨福泉：《绿雪歌者——李霖灿与东巴文化》，云南教育出版社 2000 年版，第 92—96 页。

东巴文化的活动几乎绝迹，1949年后成长起来的纳西青少年自然就谈不上对东巴文化的认同了。

20世纪80年代，随着改革开放，一些国外学者也开始到中国来研究东巴教等纳西文化，各级政府开始重新认识到东巴古籍是重要的民族文化遗产。1980年6月，丽江地区行署正式发文成立"丽江东巴经翻译整理委员会"。1981年5月，中共云南省委正式发文批准，成立了云南省社会科学院丽江东巴文化研究室，此举是对纳西族的原始宗教东巴教以及和东巴教有关的纳西族民俗文化重新认知和肯定其精华的一个重大举措，"东巴文化"一词从此正式被官方和民间广泛使用。这极大地鼓舞了纳西族地区的民间文化精英"东巴"祭司整理东巴古籍和传承东巴文化的热情，也开启了纳西人重新认同东巴文化的一个新时期。1983年3月，在丽江县召开了"东巴"（"达巴"）座谈会。参会的有来自丽江、香格里拉、永胜、宁蒗等县的"东巴"和"达巴"61人，还有来自北京和云南省内社会科学文化界的代表30多人，会议对东巴文化的发掘和研究进行了热烈的讨论和研究。那次座谈会后聘请了10多个在丽江知名度较高的"大东巴"，开始进行东巴经"四对照"的整理翻译工作。有些参加了这次座谈会的"东巴"则开始在家乡重新举行一些东巴教的仪式活动，对民间东巴文化认同的回归起了重要作用。

20世纪90年代后半期，云南省人民政府拨400多万元贷款，用于出版《纳西东巴古籍译注全集》，在1999—2000年出版了《纳西东巴古籍译注全集》100卷，收入近千种东巴古籍，全部用"四对照"的方式译出。2003年8月，在波兰格但斯克召开的联合国教科文组织世界记忆工程咨询委员会第六次会议上，由世界记忆工程中国国家委员会申报的丽江东巴古籍文献，经评委会审议表决列入《世界记忆遗产名录》，成为中国迄今三项入选该名录的文化遗产之一，也是迄今为止中国唯一入选这一世界性重要遗产名录的少数民族古籍文献。而我国翻译出版这100卷的东巴古籍皇皇巨著，则是促成获得这项荣誉的重要原因之一。

从20世纪80年代起，随着国内外对东巴文化研究热潮的兴起，东巴文化也被地方政府视为丽江旅游发展的重要资源和品牌之一。各级官方对东巴文化认同的这种变化，也成为促动各地纳西族社区民众对东巴文化传统的认同意识逐渐恢复和加深的重要因素。如丽江县塔城乡署明村（今属玉龙县），在当地著名"老东巴"和顺、和训兄弟的大力推动下，于

1998年自发成立了东巴文化学习小组，村子里的一些年轻人在和顺的指导下学习东巴文化知识，他们在村子里还恢复了祭天等重要仪式。此外，丽江宝山乡的悟母村也自发组织了东巴文化传承活动；丽江大研镇下束河村组织了东巴文化舞蹈队；丽江大具乡的东巴纸制作传人和圣文开始进行东巴纸的制作和传承。在云南香格里拉县三坝乡白地村、丽江署明村等地，村民对东巴文化的认同日益加深，将东巴文化视为本民族最重要的文化遗产和精神信仰，东巴文化融于日常生活的各种礼仪和节庆中，不少东巴教祭祀仪式得以复苏。据初步统计，从1996年到2006年，丽江民间有14个传承组织在开展东巴文化传承活动。

20世纪90年代以来，一些纳西书画家将东巴文化认同为他们艺术创新的资源和素材进行创作，一个称之为"现代东巴画派"的纳西族本土当代画家流派应运而生。一些乡村纳西艺人继而发展出"东巴雕塑"等产品，在丽江古城开设了制作销售东巴文化旅游产品的店铺。纳西艺术家个人和集体在国外办画展者也不断增多。随着丽江旅游业的升温，东巴文化作为丽江文化的重要标志，逐渐被开发利用于丽江的旅游市场，其内容和形式日益丰富，包括书籍、纸张、雕刻、印染、绘画、书写、工艺及音乐、舞蹈等，已经成为丽江旅游文化中的重要产业。依托东巴文化的民营文化企业如"东巴宫""玉水寨""东巴谷"等，都取得了可观的市场效益。

纳西族东巴文化在当代的开发利用，使东巴文化从过去宗教和民俗的圈子里走了出去。1999年10月和2003年9月，丽江市政府先后举办了两届中国丽江国际东巴文化艺术节。加上连续在北京、广东、昆明以及瑞士、加拿大、德国、美国等国举办了以东巴文化为主题的展览，使国内外各阶层人士不仅能欣赏也能学习乃至参与东巴文化的一些活动。而东巴文化中"人与自然是兄弟""对自然的索取要有度"等深刻的哲学观念和人生观、自然观，也在一定程度上成为具有鲜明时代精神的丽江当代文化的组成部分，对很多到访丽江的国内外人士产生了深刻的正面影响。东巴文化成为中国社会主义时期民族文化遗产抢救和开发利用的一个成功范例。纳西民众对东巴文化的认同，融进了一些与过去不同的时代特色，不再完全基于信仰体系，东巴文化为纳西人争光、成为国际知名的"显学"等因素也成为促进纳西民众认同意识的重要催化剂。

这样，无论官方，还是民间，都开始对这个昔日一度被视为"四旧""落后""原始"的东巴文化另眼相看，认同度大大提升。印制有东巴文字的个人名片成为一种时髦；东巴象形文字书法和绘画作品，成为丽江官方赠送给国内外宾客的重要礼品之一；而对于原来多少还有些看不起东巴文化的丽江古城民众和在机关事业单位工作的人员来说，在家里挂上几幅东巴象形文字书法绘画也成了一种时尚。可以说，丽江纳西族精英阶层对东巴文化的认同，又一次产生了戏剧性的变化。

21世纪以来，在原来视东巴教为不登大雅之堂之物的丽江古城，以东巴教仪式为主导的社会文化活动也逐渐增多。如：在丽江古城举行了祭祀四川汶川地震死难者的东巴教超度亡灵仪式。这个主要由受过大学以上教育的年轻人在网络上首先倡议发起的东巴教超度亡灵仪式，折射出了年青一代纳西人对东巴文化认同意识的改变。在丽江城乡的不少小学里，也开发了东巴文化知识的校本教材（兴趣课），学者、小学老师、学生和家长一起来探讨传承地方性知识的课程，其中东巴文化特别是东巴字画，是学生们非常感兴趣的内容。[①]

此外，上述所提到的丽江官方和纳西民众这种对东巴文化认同的巨大变化，也与国内外学术界、文化界和媒体对东巴文化的深入研究和传播密切相关，同时还和旅游市场上因为其观赏性很强的审美特点而带来的销售热有关。从这种变迁中，我们可以看出，一个民族和地方对自己本土文化的认同的变迁，其促成原因是多方面的，而主流社会和主流文化对待这种地方文化的意识形态和观念、做法等，起到了非常重要的作用。

五

在纳西族地区对东巴文化认同的这种变化，以及在旅游市场上东巴文化的日趋"时尚"，都会给人们造成一种印象：似乎东巴文化正在纳西族民间实现一种"文化复兴"。但如果认真分析，就会发现这种文化认同的变迁和表现，是有不同的内涵层次和外在表达的。

第一种认同，是一种"表层的认同"，主要表现为因为东巴文化在国内外重大庆典等大事件中的出场以及旅游市场上的"东巴文化产品热"而产生的民族自豪感所促成的认同。这种认同映在旅游市场上繁荣的将东

[①] 杨福泉：《丽江社区乡土知识教育试点项目概述》，张晓等：《文化多样性与社会性别行动研究文集》，中国言实出版社2009年版，第126—135页。

巴文化付诸书画作品、旅游工艺品、歌舞表演乃至所谓的"东巴医学""东巴饮食"等的开发利用。

第二种认同，主要表现为纳西民众从文化艺术鉴赏的层面上对东巴文化艺术的重新欣赏和学习，所欣赏和学习的对象包括东巴象形文书法、东巴音乐、东巴书画、东巴歌舞，有不少纳西年青一代也孜孜不倦地学习东巴书法绘画、乐舞、雕刻等。这种认同基础上的学习和欣赏与第一种认同的差异在于它不完全是追求经济效益的。

第三种认同，表现在纳西社区对融合了东巴教仪式和民俗节庆为一体的东巴文化活动的兴趣和实践。在一些纳西村落，逐渐恢复了一些诸如祭天、祭"署"（祭大自然之神灵）等东巴教仪式；东巴教中与婚丧嫁娶、取名、祈福、求寿、建房等传统民俗密切结合的礼仪得以复苏，这些民俗成为滋养东巴文化复苏的"文化生境"。

第四种认同，是表现为深深植根于东巴教信仰的一种认同。这种植根在信仰观念深处的东巴文化认同，目前还仅仅见于一些真正保持着东巴教信仰的"东巴"和传统古风民俗保留得比较多的山村里和少部分纳西人身上。比如有些"东巴"祭司，对东巴教仪式举行的场合、时间、地点等非常讲究，都要严格地按照东巴教的传统规矩和禁忌习俗来做，这些信仰制约着他们的行为规则，该做的做，不该做的就不轻易做，他们不会因为旅游市场上一些经济利益的诱惑等而随意举行一些"表演性"的仪式。笔者在田野调查中，就看到如塔城的一些山村里，在举行"还树债"这样的慰藉大自然精灵的仪式时，人们确实是在认同传统的"人与自己是兄弟""人对自然的取舍要有度"这样的信仰和价值观。而在笔者看来，这种认同才是能够保证东巴文化存续的根基和重要活力。一种基于本土信仰的宗教文化，如果已经没有了植根于社区民众的信仰根基，那它就不会有鲜活顽强的生命力，不会有勃勃的生机和创新力，而只会逐渐沦为一种商品化的、表演化的"旅游文化"。如今城市和乡村社区的文化变迁、主流文化与外来文化的深度影响、人们的生存压力、教育体制等的制约、人口的流动与迁移等，都给东巴文化在纳西人社区的"复苏"和繁荣、对东巴文化基于信仰的认同，带来了一系列的挑战和难题。

原载《思想战线》2010年第4期

略论纳西族与理塘巴塘之关系

一

藏羌彝走廊是个民族众多，历史上民族迁徙和融合频繁的人文走廊，在不同的历史时期，民族迁徙流动很频繁，特别是属于藏缅语族的诸多民族，在历史上不断迁徙，互动交流与融合，其定居和流动的地理区域都比较广泛，变动也大。对各民族历史上的这种迁徙变动情况，需要做更多的实证研究，才能对藏羌彝走廊的民族史和民族交流史有更为清晰的认识。本文就历史上纳西族与理塘巴塘（今属四川省甘孜藏族自治州）的关系做一个初步的探讨。

笔者最近参加了与纳西族先民迁徙和居住地密切相关的调研，除了考察与东巴文化有密切关系的岗仁波切玛旁雍错等神山圣湖以及与本教和东巴教信仰密切相关的内容，笔者也很注意考察明代纳西族木氏土司在康巴地区大力促进藏传佛教发展的历史。经过多方努力，和考察队队员们一起去参观了拉萨大昭寺作为镇寺之宝之一的"明代丽江版大藏经",[1] 三个大昭寺的高僧带着我们仔细看了这套闻名遐迩的明代丽江版大藏经。

11月5日，笔者一行赴甘孜藏族自治州理塘县考察。理塘这个海拔4014米的高原小城，海拔4000多米，这座"悬在高空的城市"自古以来就是茶马互市上的重镇，而理塘在藏语是"平坦如铜镜的草坝"的意思，县内还有广袤无垠的毛垭大草原。因此理塘也有"世界高城"的称号。

学界谈巴塘、理塘和纳西族的关系，提到的多是明代木氏土司的势力到达两个地方之后的事。其实说起理塘和今天纳西族的关系，可以追溯到更早的时期。普遍发掘于滇川藏交界地区的石棺葬与白狼羌（或"白狼

---

[1] 杨福泉:《明代丽江版〈大藏经〉》,《云南日报》2006年2月9日。

国")有密切的关系,① 白狼羌是牦牛羌的一支。如方国瑜先生在《麽些民族考》中得出如下结论,两汉时期居住在鸭(雅)砻江流域的民族有牦牛羌,白狼槃木即属于牦牛羌。② 据史学家们考证,白狼国的位置在今天甘孜藏族地区的巴塘和理塘一带。这同文献记载的情况基本吻合。《史记》说:"白狼在汶山郡以西("汶"读"岷",即岷山,治所在今四川茂汶羌族自治县北)。"《后汉书·西南夷筰都传》中也提到:"自汶山以西,前世所不至,正朔所未加。白狼、槃木。唐菆等百余国,户百三十余万,口六百万以上……"③ 岷山以西就是甘孜地区的范围。《旧唐书》记载"东女国"(今昌都一带)的位置时说,"东女国……东南与雅州接,界隔罗女蛮及白狼夷",也就是说"白狼国"位于今天的昌都地区和雅安地区,即甘孜藏族自治州巴塘、理塘一带。黄奋生教授在《藏族史略》中指出:"在第六世纪末期至第七世纪初年(隋和唐初的时候),蕃、唐间分布着下列一些部落或部族……住在西康南部雅砻江、理塘、巴塘一带地区的是薄绿(汉代的白狼,《隋书》误为薄缘)。"④

从上述记载中,可知纳西族先民和藏族先民都曾在理塘巴塘居住。有专家认为,"白狼"是"巴塘"(巴塘和理塘的简称)的汉文译音。民国年间的《巴安县志资料》进一步指出:"白狼城,在(巴塘)城西小土包之南,巴楚河东岸柳林内,相传为白狼国都所,遗址尚存。"至今康巴人习惯把巴塘和理塘合称为"巴理塘"。⑤ 西方著名纳西学家洛克(J. F. Rock)根据中国历史文献和历史学家的观点,认为"白狼国也管辖着今天的木里区域和以及直到理塘迪南二站路以内的领域。⑥ 方国瑜教授在《麽些民族考》中指出:"犹有可证摩沙为牦牛羌者,定筰摩沙夷帅名狼岑,汉嘉郡界牦牛夷名狼路,又有先零羌酋名狼莫,而牦牛羌有白狼,

---

① 杨福泉:《滇川藏地区的石棺葬与纳藏两族源流之关系》,《中南民族大学学报》(人文社会科学版)2012年第2期。
② 方国瑜:《麽些民族考》,《民族学研究集刊》1944年4期。
③ 方国瑜主编,徐文德、木芹、郑志慧纂录校订:《云南史料丛刊》1卷,云南大学出版社1998年版,第84页。
④ 黄奋生:《藏族史略》,民族出版社1985年版,第55页。
⑤ 格勒:《甘孜藏族自治州史话》,四川民族出版社1984年版,第30页。
⑥ 洛克:《中国西南纳西古王国》,刘宗岳等译,杨福泉、刘达成审校,云南美术出版社1999年版,第39页。

武都羌有参狼，并以狼为名，盖'狼'字为其种类所习用者，而他种民族则鲜见也。"① 从中亦可清楚地看出"狼"这一部族名与古羌人之关系。

"白狼"部落在汉书中多次提到，白狼部落又被称为"白狼国"。内地常常提到"白狼国"，其原因与《白狼歌》有密切关系，而此歌相传是白狼王作的。其部落在川西南的白狼王在东汉明帝永平年间（58—75 年）创作了《白狼歌》，这首用"夷语"记录的歌流传了下来。成为学者研究藏缅语和纳西、藏、普米等族古代史的珍稀资料，据方国瑜、王静如、陈宗祥等学者的研究，认为《白狼歌》与纳西、藏、西夏、彝、普米等藏缅语族诸语言相接近。尤其是方国瑜先生考证得最细致，方国瑜先生用语音和词汇对比和音韵学的研究方法，认真研究了《白狼歌》，得出如下结论：在《白狼歌》第三首的 44 句 176 字中，除去借汉字和难解的大致 80 音（字）之外，其余的 90 多个音（字）是基本的词汇，最接近纳西语。②

为什么众多学者得出《白狼歌》与藏、西夏、彝、纳西、普米语等相近的结论呢，显然这是这几个民族在历史上有同源异流的关系，他们都属于藏缅语族，这是主要原因。马曜先生曾指出："藏缅语族语源于我国古代的氐羌语。"③ 从这一重要的学术争鸣和讨论中，我们领悟到一点，要以历史发展和变迁的眼光来分析族群的分化及其语言的变迁，这样才能比较客观地看出古代语言的族属问题，而不是以中国进行民族识别后的某个民族的语言来推断某种古语是属于当代的这个或那个民族，把一种古代语言判归于一个后世界定的民族，而忽略了其他同属一个语族的民族。

四川省巴塘县的藏族和纳西人把"居吉崩斯纳劳登"这个人物与"白狼国国王"联系起来。"木天王"与"白狼国国王"所处的时代是两个时距很远的不同时期，但民间传说"白狼国"是"姜"的"王国"，而"木天王"也是"姜"的王子，因此这两个纳西领袖在当地传说中就成了二合一的传奇人物。④

从上面的叙述中，可以看出理塘、巴塘与白狼国之间的密切关系，而

---

① 方国瑜：《麽些民族考》，《民族学研究集刊》1944 年第 4 期。
② 参见方国瑜《麽些民族考》，《民族学研究集刊》1944 年第 4 期。
③ 马曜：《西南各民族的由来和发展》，《云南各族古代史略》，云南人民出版社 1977 年版。
④ 杨福泉：《纳西族与藏族的历史关系研究》，云南人民出版社、云南大学出版社 2011 年版，第 119 页。

曾经生活在这里的纳西族和藏族在族源和文化上，有悠久的密切关系。用藏、西夏、彝、纳西、普米语去分析《白狼歌》，都看出《白狼歌》与这些语言的相近，其原因主要是这几个民族在历史上有同源异流的关系。生活于川西南横断山脉中的古代白狼部落完全有可能是后世藏、纳西等族的共同祖先之一。

　　石硕先生曾论证了藏地最早的"四人种"或"六人种"实应指吐蕃最早的塞（se）、穆（mu）、东（Idong）、恰（dbra）、冬（stong）等氏族。而其中的恰氏族与穆氏族是相互通婚的两个氏族，石硕先生从虎、豹、獐子等动物的分布、地理环境等诸多方面对"穆"氏族的地点进行了认真考证，认为其地就在今川西高原。法国学者石泰安先生也从语义学和古地名等方面进行了研究，提出"穆"氏族早期的地理位置应该在如今青藏高原东缘地区的川西高原一带。① 从各种现象来分析，"穆"氏族为今天彝语支民族之祖先的可能性最大。其理由之一是，以"猴"为其种系标记及血缘标记应是"穆"氏族人群的一个重要特征。今天那些猴祖传说和猴崇拜痕迹最为丰富的藏缅语民族中的民族，显然应该是在亲缘关系上与古代的"穆"氏族较为亲近的民族，而今天在藏缅语民族中猴祖传说和猴崇拜最为丰富的民族正是彝语支民族。而彝语支民族中的纳西、傈僳两个民族与藏族的传说最为接近，它们均存在着以"猴"为男性始祖与另一女性始祖婚配而繁衍本民族的传说。彝语支民族很可能是古代青藏高原东缘地区以"猴"为其种系及血缘标记的氏族人群最直接的后裔。此外，显示纳西族可能与藏族祖先联姻的"穆"氏族存在渊源关系的另一个有力证据，是二者在名称上所表现的惊人契合。"穆"在古藏文中虽有三种写法，但读音皆为"mo"。而值得注意的是，纳西族先民的古称亦为"mo"。

　　早在三世纪的晋代，《华阳国志·蜀志》中即将纳西族的先民以"摩沙"称之。迄至唐代，纳西族先民又被称作"磨西""磨蛮"。在此后的文献中，对纳西先民的称谓又有"末些""摩挲""麽些""摩娑""摩梭"等，"些"（读 so）是纳西语中"人"之古称，"麽些"即麽族之

---

　　① ［法］石泰安：《川甘青藏走廊古部落》，耿昇译，王尧校，四川民族出版社1992年版，第98页。

意。① 这从《蛮书》中称其为"磨蛮"的记载也可得到印证。由此可见，在文献所记载的纳西族先民之称谓中，最重要的乃是"mo"这一族名，而"磨""麽""末""摩"等不过是"mo"这一族名的同名歧译。据方国瑜、和志武先生考证，"mo"意为牛②，从东巴经中"牛"一词的图画象形文看，应为牦牛。说明纳西先民之所以被称作"mo"，乃缘于他们是古代放牧牦牛的部族。

石硕指出，此外尚有一种可能性，即敦煌古藏文写卷 P.T. 126 Ⅱ 中所记"dmu"（穆）氏族之"dmu"，为"天"的含义。从敦煌古藏文写卷 P.T. 126 Ⅱ 中所记看，"穆"氏族是非常崇拜"天神"的氏族，而纳西族也是以崇拜天为其主要族群认同标志的民族，祭天是纳西族东巴教最重要的一个仪式，也是该族世代相传的最大的民俗节日。纳西人说自己"纳西摩别若"，意思是"纳西是祭天的人"，以祭天作为本民族的主要标志，可看到祭天在纳西人心目中的神圣地位。而"天"在纳西语中的发音恰恰读为"mu"（mee），与"mu"（穆）氏族之"穆"的发音完全相同。上述例证也是纳西先民极有可能与古代位于青藏高原东缘地区的"穆"氏族之间存在某种渊源关系的说明。③

上述诸多石棺葬等考古资料和汉藏史料记载从另一个方面佐证了，如今生活在西藏地区的部分藏族完全有可能是从原来白狼部落所活动的西藏东部横断山脉地区逐渐迁徙到如今的居住地。如果石硕先生论证的古代生活在藏东边缘地区的"穆"人部落与"白狼"部落等有着历史上的渊源关系，那么，这些生活在与西藏更为接近的青藏高原东缘的川西高原地区的古部落作为藏族先民的祖先是完全有可能的。这也为我们深入研究藏族的起源和纳藏两族的历史关系，避免陷入藏族和纳西族仅仅起源于古羌人的"单一起源论"中提供了更为广阔的研究空间。

麽些人（纳西）所居住的盐源等地有很多盐池，吐蕃势力进入云南和四川后，麽些和吐蕃因围绕盐池的利益冲突而发生了争夺盐池的战争，这曲折地反映在藏族著名的英雄史诗《格萨尔王传》中的《姜岭大战之部》中。这部史诗描写了麽些人的"姜国"和吐蕃的"岭国"争夺盐海

---

① 方国瑜：《麽些民族考》，《民族学研究集刊》1944年第4期。
② 方国瑜编撰、和志武参订：《纳西象形文字谱》，云南人民出版社1981年版。
③ 参看石硕《藏族族源与藏东古文明》，四川人民出版社2001年版，第三、四章。

所发生的战争，所以，有的抄本又名这部史诗为《保卫盐海之部》。"姜"（Ijiang）是藏语中对麽些和麽些人分布地的称呼。而"萨丹"（姜国国王）这个词也是藏语中指称丽江坝子的名词。一些汉文史书常把藏语语音 Sadam 音译成不同的同音异字，比如在南诏时音译为"三赕"；在《元史·地理志》"通安州"条中称为"三赕"。任乃强先生在《〈蛮三国〉的初步介绍》一文中，以"觉阿撒打甲波"指称"姜萨丹王"；"觉阿"就是"姜"；"撒打"则是"萨丹"；"甲波"是"王"一词的音译。任先生认为撒打国在巴塘之南，而姜地是泛指纳西人所聚居的地区。这里所指的地理位置与纳西族历史上的地理分布状况是符合的。撒打（三赕）指包括丽江和巴塘等纳西人历史上聚居的区域。

二

上述可以追溯至东汉时期的白狼国历史之后，相关族群又随着历史的发展有不断的迁徙流动。理塘的民族群体又有诸多变迁。纳西人再次与理塘发生密切的关系是在明代。

明代，丽江木氏土司的统治范围进入今迪庆和四川的巴塘理塘等地区，木氏土司曾向巴塘理塘一带大量移民。这些移民平时是平民，开田造地，战时则是士兵，驻守碉楼。今日白松等地山尖、谷口，都有雄伟的碉楼遗迹存在。

根据四川学者张玉林的调查，据巴塘县政协副主席赤吉阿乃讲述，纳西族曾以巴塘为中心，建立了德荣麦那（德荣）日雨中咱（中咱）、察瓦打米（盐井）、宗岩中咱（宗岩）、刀许（三义敦）、三岩学松（三岩）、巴拉英（巴塘）等几个宗（相当于县）进行统治。①

《巴塘县志》"政区建置"载：

> 明隆庆二年至崇祯十二年（1568—1639 年），云南丽江土知府纳西族木氏土司攻占巴塘，并派一大臣驻扎巴塘，以巴塘为中心建立德荣麦那（德荣）、日雨中咱（中咱）、察瓦打米（盐井）、宗岩中咱（宗岩）、刀许（波柯）等五个宗（相当于县）进行统治。这时候，

---

① 张玉林：《巴塘历史沿革漫述》，《康定民族师专学报》1990 年第 1 期。

巴塘属云南丽江土知府管辖。"1991年纂修之《理塘县志》第一篇第一章载："元明时期，理塘被云南丽江土知府纳西族木氏土司占领，统治约70余年。在此期间，木氏土司先后将大批丽江纳西族人强行迁入理塘。①

丽江木氏土司木公统一中甸藏区后，又经木高、木东两土司20多年的苦心经营，至万历年间（1573—1620），木氏势力远达阿墩子（德钦）、维西、盐井、芒康、巴塘、理塘、木里等康南地区。方国瑜先生在《中国西南历史地理考释》中说，到明末，木氏土司凭借其强大的武力，"不仅占有了守御大冲河（雅砻江）的五所的一部分领域，而且占有了盐井卫以至建昌卫以及长河西鱼通宁远宣慰司的一部分领域""巴塘、理塘至查木多（昌都）一线，为丽江府势力范围"。②

据藏族学者杨嘉铭的调研，纳西人聚居的巴塘县白松乡在明季木氏土司统治势力扩张到巴塘时，据传属所设七宗之岩宗宗地，七宗为日雨宗、刀许宗、宗恩宗、麦纳宗、三岩宗、茶卡宗、八拉英宗（含今西藏昌都地区芒康县的盐井乡、甘孜藏族自治州得荣县在内）。根据纳西人聚居比较集中的白松乡村民的讲述，他们是在丽江木天王兴盛时期，从丽江与鹤庆一带迁来的，当时来的人很多，一些人说有1700户，一些人说有900户，中心在仁白自然村，在该村的较为开阔的宗尼贡还修筑了"绛本"（纳西族的官寨），从现存的已废遗址还可以看出当时官寨规模是比较大的。据传"绛本"还设有粮仓和监狱等。白松乡北通巴塘，南通德荣，东通乡城，是木天王进军和退守的交通要道和战略要地。现在白松、仁白等村巨大的碉堡建筑以，这是当时木氏土司统治这些地区的历史见证。根据全国第四次人口普查统计，白松乡当时还有纳西人638人。③

纳西人善于修沟造田，打墙壁建屋，种植水稻。巴塘东南区的大片梯田即是在纳西族人的带动下开出的。现在，白松乡的门扎、白松两村还在种着水稻（红米），这是巴塘县唯一产水稻的地方。并且，在该乡还居住

---

① 转引自《丽江纳西族自治县志》，云南人民出版社2001年版，第517页。
② 方国瑜：《中国西南历史地理考释》（下），中华书局1987年版，第841页。
③ 杨嘉铭：《白松乡纳西族社会历史调查报告》，西南民族研究院纳西族历史文化研究所编辑《纳西学研究》第一辑，民族出版社2015年版。

着近 600 名纳西族同胞，纳西人民对开发巴塘、发展巴塘的农业做出了很大的贡献。

明代，随着木氏土司势力在滇康间的扩张，大量的纳西移民进入甘孜地区。据 1954 年开展民族识别时，有人提到纳西族曾经在甘孜藏族地区最少有 5000 户，藏族学者格勒博士认为这个估计丝毫也不过分。①

明代木氏土司除了支持刊印藏区第一部雕版大藏经《甘珠尔》，还出资修建理塘寺，为促进康区的藏传佛教事业做了不少事。

理塘寺位于县城城北约 1 公里的中莫拉卡山的山坡上。我们去时，看到如今的理塘寺建造得很宏伟，正中大殿还正在修缮中。有意思的是，笔者注意到理塘寺对面有一座山，非常像丽江在唐代就在藏区很有名的佛教神山姜日牟波（文笔山）。不知当初丽江土司木旺和三世达赖建造理塘寺时，是否有意地选在面朝这座酷似文笔山的地方来建寺。

笔者最近看了好几种介绍理塘寺的资料，但使我感到意外的是几乎都对明代丽江木氏土司建造理塘寺的历史事实没有提及，而只提了理塘大寺是达赖三世索南嘉措建造的，这和历史事实是不相符的，现特根据汉藏文史料记载，还原这段史实如下：

明朝在西藏地方除了封授四个政教首领为王外，还分封了藏传佛教三大教派领袖人物为"法王"，"因其俗尚，用僧徒化导"。② 大宝法王在三大法王中被封授的时间最早，礼遇最隆，地位也最高，他的教派噶举巴的实力也最大。木氏土司对明朝忠心耿耿，因此对明王朝大力扶持的噶举教派活佛关系非常密切，除了木氏土司自身的藏传佛教信仰因素外，更有这样的政治背景。

木氏土司非常忠于明王朝，明王朝也把木氏土司视为"西北藩篱"，委以"节制吐蕃"的重任，所以木氏对明朝对藏区政教人物的态度也仔细研究，以保持政治上与明王朝的一致性。另外，木氏土司还通过与藏传佛教不同教派的领袖保持密切的关系，稳固自己在藏区的影响和治理。因此，木氏土司对藏传佛教各个教派的领袖人物的态度是采取了审时度势的睿智态度的。

明王朝对达赖三世索南嘉措（1543—1588 年）给予了很高的礼遇，

---

① 格勒：《甘孜藏族自治州史话》，四川民族出版社 1984 年版，第 114 页。
② 《明史》卷三百三十一《西域传》，

因此格鲁派在藏区和蒙古地区的势力也不断扩大，在这样的情况下，位居西南的木氏土司除了和噶玛噶举派的大宝法王保持良好的关系之外，还加强与达赖三世索南嘉措的联系。土司木旺积极迎请三世达赖来康区，根据藏文《三世达赖传》《格鲁派教法史——黄琉璃宝鉴》等史籍的记载：明万历八年（1580年）藏历新年，木旺亲临理塘，发起集会，并出巨资迎请三世达赖索南嘉措到康区来讲经授法，木氏土司供给了理塘建寺的一切"乌拉"和所有工匠的费用。木氏土司还请三世达赖主持了理塘寺佛殿的开光奠基仪式。

藏族学者冯智也指出，在理塘寺的建造过程中，木氏土司发挥了施主作用，积极组织和筹划。木氏土司还想把达赖喇嘛迎请到云南丽江，但最终未果。木氏土司所建的理塘寺规模很大，包括了佛殿、经堂、护法殿、寝殿、静室、木土司角楼等诸多建筑，三世达赖喇嘛主持了奠基、开光、赐名、举行法事等一系列重要活动，并剃度出家僧人，委派寺院主持。奠定了格鲁派在康区的地位。木氏土司建造理塘大寺和迎请三世达赖喇嘛之盛举，后来被不少史家所记载和颂扬。历史上，理塘寺规模宏大，它南北长550米，东西宽300米，有房屋428座，1500多间，极盛时期共有僧人4371人。[①] 理塘寺有康区第一大寺之誉，是康区历史最悠久，规模最大的藏传佛教黄教寺庙。理塘寺又名长青春科尔寺，有"康南佛教圣地"之称。

藏文《吉切教法史》中记载曰："铁龙年（1580）藏历新年，隆重修建大寺（理塘寺）的一切乌拉和所有工匠等等全由姜洒塘结布（木天王）安排完成。至霍尔五月十二日，寺庙经堂十八根大柱，大殿八十二根柱子以及用金铜铸成的强巴三世佛等完成，待护法神殿建成后，举行了隆重的开光典礼。"

藏文《格鲁派教法史——黄琉璃宝鉴》记载："绷波地区（即藏史传统所称"三水六岗"之绷波岗）理塘曲德噶丹图钦却科林（即理塘寺）是三世达赖索南嘉措为弘扬第二佛陀宗噶巴（宗喀巴）大师之教，而于铁龙年（1580）举行佛殿、院落开工奠基，地势吉祥，造塑智慧无比'图钦大佛'（即强巴佛）等佛像，赐名'噶丹图钦却科林'。是时，洒塘结布（木天王，即木旺）莅临理塘，发起集会……修学系统等同于下

---

① 冯智：《理塘寺早期政教史初探》，《西藏大学学报》2005年第1期。

密院，显密两宗之讲闻俱习修僧侣系统归属于三大寺之绷波康村，僧徒有五百名。"此书中还记载："三世达赖索南嘉措……之后往于朵康之理塘地……铁龙年（1580年）藏历新年举行催伏，三世达赖亲建寺庙，其所有乌拉及工匠等均由姜洒塘结布筹集安排，并用金铜铸造大佛且作开光典礼，寺命名为图丹强钦却汤勒朗巴吉哇代（即理塘寺）。"①

建成理塘寺标志着藏传佛教格鲁派（黄教）传入了康区。据《木里政教史》记载：木里地区原先信奉噶玛噶举派，到三世达赖到康区时，木里贾噶饶则巴等名僧即前往理塘参拜，后，三世达赖派遣弟子昌多却吉松吉见降初和严丁次称绒布喇嘛到木里传教，并于1584年修好了木里的第一座格鲁巴大寺瓦尔寨大寺。该寺香火旺盛，佛事甚隆，百姓入寺为僧者逐渐增多，格鲁派（黄教）在木里开始兴起和发展。②

历史上，由于木氏土司和达赖三世协力建成了理塘寺，因此享有盛誉，在滇康藏区的影响尤其深远，为藏族僧侣和民众所崇敬。藏族人称木氏土司为"姜洒塘结布"，"姜"指纳人，"洒塘"就是"三赕"，指丽江。"姜洒塘结布"的好名声，一直在藏区民间代代相传。

在很长的时期里，理塘寺得到木氏土司的大力护持，香火十分旺盛。木氏土司还多次修缮了理塘寺。该寺的堪布、住持的选定都要受到木氏土司的过问，甚至有时由木氏土司指定人选。很多纳西族僧人被选送到拉萨的格鲁派三大寺学习。格鲁派藏传佛教在理塘和木里迅速得到发展，随着进藏学经的格鲁派信徒的增多，当时在拉萨的一些理塘、木里籍的大商人还到康区各地筹集资金。在三大寺修建了绷波康村，从此，凡来自理塘、结塘（中甸）、木里、丽江等地的僧人都有了专用的僧舍。③

明代纳西族木氏土司治理所占领的滇川藏部分藏区的重要策略之一，是根据藏区的政治特点，建立与藏传佛教上层的密切关系，借助藏传佛教上层人物的力量治理好藏区。

《明末滇南纪略》中称："丽江土官自明朝开国以来，俗多好佛，常以金银铸佛，大者丈余，次者八九尺，再次者二三尺不等，如是罗列供养。"吴大勋《滇南闻见录》中说：木氏土司"崇信佛教，所有营建寺庙

---

① 冯智：《木氏土司与理塘寺》，《中甸县志通讯》1992年第3期。
② 阿旺钦饶：《木里政教史》，四川民族出版社1993年版，第2页。
③ 冯智：《明至清初云南藏区的政教关系及其特点》，《中国藏学》1999年第4期。

极华丽,有藏经楼藏经,全部经文皆楷书所缮……"从这些历史记载中也可看到明代木氏土司信仰藏传佛教和在纳西族地区推动佛教发展的状况。

理塘高原的灿烂阳光下,理塘大寺气势恢宏,但又朴实端庄,我们进去,也没有哪个僧人来要我们买门票。和我们去过的噶举派主寺楚布寺一样,保持了一种寺庙的素净朴实的本真。

此外,理塘寺还与明末首次由丽江土司木增主持刊印的大藏经《甘珠尔》有一种密切关系。明万历末年至天启年间,丽江府知府木增主持刻印了藏文《大藏经》(史称丽江—理塘版《甘珠尔》),成为滇藏政教关系史和纳藏文化史上被一再颂扬的人物。刊印《大藏经》的工作始于明万历四年(1608),完成于天启六年(1621),从刻印到完成共费时13年(一说是费时15年)。这是在藏区正式发布的第一次雕版的《甘珠尔》,总共是108卷,包括1000多篇藏传佛教经典。由于藏人称呼丽江地区叫作"姜"或"章·三赕",所以又按元代的记载写法译作"章·三赕",是按照藏语的音译。所以这一版就被称为丽江(章·三赕)版《甘珠尔》。

明代万历年间,五世达赖喇嘛和四世班禅大师请求和硕特部首领固始汗出兵帮助格鲁派(黄教)排除异己。固始汗便率军于1639—1642年之间经康区入藏,并于拉萨哲蚌寺建立黄教政府即甘丹颇章政权,统治了青海、康区和卫藏大部分地区。到了清康熙三十七年(1698),和硕特蒙古南下的军事首领达尔杰博硕克图汉(固始汉的裔孙)兵临云南,在丽江见到了这一套《甘珠尔》经版,认为是可居的奇货,应掌握在自己的势力范围内,于是下令用骡马驮运到四川理塘大喇嘛寺存放。用的口实是丽江土知府追随噶玛派活佛,属于佛教异端,而理塘大寺—强巴林属于格鲁(黄帽)派,达尔杰博硕克图汉举起"尊崇黄教"的大旗,就把丽江(章·三赕)版的甘珠尔经版北迁。从此,这一部甘珠尔也就名之为理塘版了。或常常称为"丽江——理塘版"。[①] 藏族学者冯智先生认为,从修复理塘寺始于1654年的时间看,和硕特部将丽江的(甘珠尔)大藏经转移到理塘寺的时间,应该早于1698年,可能在这次修复理塘寺后不久

---

① 王尧:《藏文大藏经丽江—理塘版甘珠尔经述略》,《中央民族学院学报》1986年第3期。

（1654—1674 年之间），即有部分经贩运到了理塘，这尚有待于进一步考证。①

据杨嘉铭、阿绒两位学者的调研，他们在甘孜州巴塘、理塘、乡城等地调查期间，民间传说中的木氏土司，藏族称之为"搏萨当杰布"，这个萨当杰布是实有所指的，他的名字叫"四郎罗登"。四郎罗登何其人也？便是木氏十九世知府木增。《理化县志稿》载："印经院在县治长青春科耳寺之左，呼作巴孔者是也，清康熙时所建，置《大藏经》版十余万块，相传为松弄热登（四郎罗登的异译）所赠"。经卷首有汉文《三藏圣秩序》。三藏原颂大明天肇三年佛道成日，领顿首书及十方五觉诸灌顶授记佛长子不动金刚木增等字。②

笔者这次没有事先和理塘寺联系，也没有足够的时间去理塘寺调研这套《丽江—理塘版》大藏经在该寺的收藏情况。2006 年曾参与了一次到理塘寺考察之旅的丽江学者吕全先生提供了几幅当时他拍的照片，据该寺向他们一行介绍，这是依然留存在这个寺的一些丽江版大藏经残卷。这个还需去认真考证。

因为历史上巴塘与纳西人有很深的渊源关系，香格里拉市三坝乡东坝大村著名大东巴习阿牛的第四个儿子翁堆在 1984 年到巴塘县白松乡藏传佛教宁玛派寺庙出了家，在雪山上的一个岩洞里静坐学经六年。1997 年被认定为四川省乡城县白依丁真岭寺第三序位四郎翁堆五世活佛，系藏传佛教宁玛派活佛。他后来到丽江主持丽江藏传佛教事务，曾担任过丽江县政协副主席。

三

理塘在藏传佛教信众中有"圣地"之誉，其原因与几个藏传佛教噶举派和格鲁派的重要活佛有密切关系，《历代噶举派活佛高僧传》（藏文台湾版）记载，八世黑帽系活佛弥觉多杰（1507—1554 年）在明正德十一年（1516 年）应邀到丽江访问。

---

① 冯智：《理塘寺早期政教史初探》，《西藏大学学报》2005 年第 20 卷第 1 期。
② 杨嘉铭、阿绒：《明季丽江木氏土司统治势力向藏区扩张始末及其纳西族遗民踪迹概溯》，见"西藏网"，西藏珠穆朗玛文学艺术基金会主办，杨嘉铭个人主页。

弥觉多杰（1507—1554）于藏历第九绕迥土阳鼠年（1528），应丽江木氏土司木公之请到丽江。以四个甲瓜为首（疑是木瓜——译者）在近万名兵丁的迎接下，到丽江木氏王宫附近扎营下榻。次日天刚亮，木公就到喇嘛帐前，其叔弟二人各乘一头大象，以及乘着各种马匹的马队，打着宝幢伞，奏着乐器，来到喇嘛帐前周围行跪拜礼，由腊卡察泥当翻译，向喇嘛问候，并向喇嘛献礼，由大象跪拜，将喇嘛迎至王宫，举行丰盛的宴会，招待喇嘛及随从。木公向喇嘛保证："今后十三年不向藏区用兵"。喇嘛在丽江住了七天。从此藏传佛教，特别是噶举派得到了弘扬。木天王率卫队将喇嘛送到坡头。临别前喇嘛许下七年后再来丽江一次。喇嘛到小中甸康司古后，亲自步行建立康司寺（在今小中甸乡团结行政村康司自然村的夏喀顶，木氏所刻《甘珠尔》板曾存放该寺——译者）。遂至达隆寺杂郭寺（达隆噶举杂郭寺，疑是今小中甸乡和平行政村贡巴顶自然村，传说是一个达隆噶举寺，解放前其土地由承恩寺管理——译者），八世黑帽系离开中甸后，前往一世黑帽系杜松钦巴的修行圣地——理塘冈布圣地，隐居洞中修行。①

上述记载反映了理塘的冈布圣地因为有噶举派黑帽一世活佛杜松钦巴曾在此修行而成为噶举派的修行圣地。

除了上述三世达赖喇嘛索南嘉措和木氏土司合力建盖理塘寺之举，七世达赖喇嘛噶桑嘉措（1708—1757）和十世达赖喇嘛楚臣嘉措（1816—1837）诞生于此，七世达赖喇嘛格桑嘉措一生谦虚俭朴，颇受西藏僧俗民众的爱戴。在他执政的六年当中，西藏地区形势稳定，清政府的政策得以贯彻实行，各方面都有较大的发展，所以清政府对七世达赖喇嘛也礼遇甚厚，②理塘在藏区也享有很高的知名度。此外，理塘还与藏族历史上著名的诗人和政治人物、六世达赖喇嘛仓央嘉措（1683—1706）结下了一段奇缘。其中，史料中还有仓央嘉措与丽江有关的一些记载。仓央嘉措没有出生在理塘，但却写过一首传播甚广的写理塘的诗歌：

---

① 松秀清、松永丽摘译：《历代噶举派活佛高僧传》（藏文），《中甸县志通讯》1994年第4期。

② 季永海、关精明：《七世达赖喇嘛圆寂前后》，《中国藏学》1993年第4期。

给我一双白鹤的翅膀
我要飞去遥远的地方
不往别处去了，
只看一眼美丽的理塘……

仓央嘉措为什么写了这首以理塘为主题的诗，比较流行的一种说法是他在坐床布达拉宫之前，已有一位青梅竹马的意中人，是一位来自理塘的姑娘，叫桑洁卓玛。他当了藏传佛教格鲁派至高无上的达赖喇嘛后，自然就无奈地与这位意中人分别，这首诗表达了他内心对这位姑娘的思念之情。传说归传说，它是否是实情已经不重要，他留在人间的美丽的诗歌和诗中表露的深情，已经足以感动一代代的人。

活佛仓央嘉措在写下赞美理塘的诗篇之后，不久就圆寂在遥远的青海，西藏三大寺的僧人们从这首绝笔诗里得到了启示：既然是"只到理塘就回"，于是，就到康巴地区理塘寻找仓央嘉措的转世灵童。结果，找到了一个名叫格桑嘉措的儿童，并认定为六世达赖的转世灵童，这就是藏传佛教七世达赖。七世达赖喇嘛即出生在理塘寺脚下的一个村庄，他的父亲公索南达吉曾任哲蚌寺大僧官的助手副僧官，后来大僧官噶居端丹旺布被上司派任理塘寺管家时，索南达吉也被带到理塘寺并管理俗人事务，遂退戒还俗，娶妻生下了七世达赖。"1720 年，七世达赖喇嘛在拉萨坐床后，三大寺扩招康区僧人，哲蚌寺等大寺中已设有理塘弥村。"①

这事使笔者想起，对佛学有研究的著名僧人伦珠达吉著的《仓央嘉措秘传》一书中有六世达赖仓央嘉措想去纳西族地区，但最终未能成行的一段记载："探询（仓央嘉措自叙）去姜的道路，未能成行，改向嘉绒方向走去，到了一座叫噶甲滚的禅院，这庙属白若派（即宁玛派）。附近有一个白若大师住过的岩洞，十分雅致，我便在那里住了几个月。"② 这一记载中所说的姜（Jang）即指的是纳西族聚居的丽江。可见当时仓央嘉措对丽江是很向往的，他的向往与当时木氏土司在藏区大力扶持藏传佛

---

① 章嘉·若必多杰：《七世达赖喇嘛传》，蒲文成译，西藏人民出版社 1989 年版。转引自冯智《理塘寺早期政教史初探》，《西藏大学学报》2005 年第 20 卷第 1 期。

② 转引自阿旺《阿坝藏区钵佛二教考略》，《西南民族学院学报》（哲学社会科学版）1983 年第 4 期。

教，与噶举派和格鲁派的高僧都保持了良好的关系密切相关。

历史上，理塘和巴塘这两个坐落在川西高原上的神奇之地与纳西人有过那么多那么深的缘分，笔者来到这里考察，对此更多了一层深层的理解。

原载《中央民族大学学报》2017年第4期

纳西土司木增史事考辨

一 受命于危难之际

明朝万历十五年八月十五（1587年9月19日），正是秋高气爽的季节，位于丽江大研古城的纳西族木氏土司家里，诞生了一个婴儿，他长大后成为纳西族历史上一个文武双全的杰出土司，中国西南土司史上一个传奇的人杰，明朝一个精忠报国的忠臣。

木增从出生之日起，就生活在明代晚期风云变幻、世事多变的时期。他的一生波澜壮阔，叱咤风云，又因生在明末，明廷内忧外患，风雨飘摇，正处在史家所说的明廷"日落西山"的没落阶段，木增就是在这样的时代怀着一腔壮志和报效国家的激情与夙愿，夙兴夜寐，披肝沥胆，一生有大作为大成就，但也难脱英雄末路、暮年悲歌、壮志难酬的悲剧命运，成为明朝边地的一个末世英雄，演绎了悲欣交集的一生，这位文武全才的纳西人，对滇川藏交接地区有过杰出的贡献，产生过重大的影响。

木增因奋发有为，忠于国家，为朝廷安危殚精竭虑贡献财力兵力，官居高位，被朝廷封为广西和四川的布政使司。他有文韬武略，才情纵横。叱咤风云于战场，吟诗著述在林间，即使退位隐居了，也心忧庙堂，系念民生。他与徐霞客等中原名士是生死之交，与藏传佛教噶举派的噶玛巴十世等高僧大德又是佛门同道。他是佛教的笃诚信仰者，既推进了佛教名山鸡足山等地汉传佛教的繁荣，也推进了康巴地区藏传佛教的发展，康巴地区很多藏族民众尊称他为"木天王"，建庙立像祭祀之。他推进了纳西族地区的经济、贸易和文化的发展，促进了纳西族与汉族、藏族、白族等民族之间的经济文化交流，使各族人民安居乐业，也推进了丽江多元文化的长足发展。他的一生是个传奇。

木增出生后，按照纳西人传统的父子连名制习俗①，他的纳西名取为阿宅阿寺，他的父亲木青的纳西名是阿胜阿宅，木增的纳西名就连了父亲的本名阿宅。按汉文化习俗，当时人的名字还有字与号，木增号华岳，又号生白。

木氏土司的这个"木"姓，其实不是纳西人原有的姓氏习俗，最初纳西人的首领阶层实行的也是本民族的"父子连名制"，这是过去我国氐羌族群还有其他一些民族普遍使用的一种姓名习俗，南诏王家族也是实行这种"父子连名制"的。这种姓名习俗主要是为了确保父系血统按直系血亲承递，并可区分出直系血亲与非直系的远亲，此外，也是为了便利父系直系亲属特别是直系子孙享有家庭权力和财产继承权。

木氏土司历经元、明、清三个朝代，传了22代，统治纳西族地区长达470年。木氏土司追溯自己的远祖是认同于东巴教记述的宇宙观和祖先世系。从民族志的各种资料看，各民族的土司头人与本族原生性宗教的关系比较密切。东巴经《媒歌》中的一段话曾被编纂《木氏宦谱》的土司木公用汉文写在这本家谱的前面，并且把东巴经《崇般图》（《创世纪》）所记述的英雄崇仁利恩认同为木氏土司的第七代远祖，延续了神话远祖谱系的父子连名制习俗。

明朝洪武年十五年（1383），明太祖朱元璋派大将傅友德、蓝玉、沐英征云南。明朝军队攻克了大理后，丽江纳西首领阿甲阿德审时度势，权衡利弊，率众归附明朝，朱元璋嘉奖他的功劳，"钦赐木姓"，木氏土司刻印的《皇明恩纶录》收录了明洪武年间以来朝廷颁发的圣旨，其中有：

> 皇圣旨，朕荷上天眷顾，海岳效灵，祖宗积德，自即位以来，十有五载，寰宇全归于版图。西南诸夷，为云南梁王所惑。恃其险远，弗遵声教，特遣征南将军颖川侯傅友德、副将军永昌侯蓝玉、平西侯沐英等，率甲士三十万，马步并进，罪彼不庭，大军既临，渠魁以获，尔丽江官阿得，率众先归，为夷风望。足见摅诚！且朕念前遣使奉表，智略可嘉；今命尔木姓，从总兵官傅拟授职，建功于兹有光，

---

① 父子连名制是藏缅语族等族群一种传统的命名方式，纳西族的父子连名制是即父名在前，子名在后，以父名最末的一个或两个音节冠于子名之前；子名的最末一个或两个音节又冠于孙名之前，如此世代相连，犹如链条一环扣一环。

永永勿忘，慎之慎之。①

又按清《嘉庆一统志》记载：明，阿得，元时丽江宣抚司副使、洪武十五年，兵下云南，率众归附，改姓木。②

从此，木氏土司除了保持传统的父子连名制习俗之外，又有了"木"这个汉姓，并被明廷封为世袭土官知府。到了木增，就有了传统的阿宅阿寺这个父子连名制的名，也有了木增这个汉姓名，还有"生白"和"华岳"这个汉姓名文化的"号"。

根据《皇明恩纶录》的记载，木增长到9岁时，他那半生戎马倥偬南征北战的祖父木旺（阿都阿胜）在平息叛乱的战争中战死（志存乎靖乱，遂身毙于临戎），当时木旺年仅45岁。父亲木青（阿胜阿宅）继承了祖父的知府一职，但在1597年11月23日就去世了，仅仅活了28岁。

关于木增的父亲木青，西方纳西学学者洛克（Rock. J. F.）在《中国西南古纳西王国》中有段这样的文字叙述：

木青字长生，号桥岳。木青熟读中国六经，长于书法，他的字刚劲有力，如苍松古鹤，因此他又有一个别号叫松鹤。他一上任，就捐了大量军饷。由于他的人生观十分消极，导致他抛弃一切，飘然云游，一去不复返，只有其精灵长存人间。

洛克对这段话有个如下的注释：

传说他去玉龙雪山上一座叫作"和尚义古"的山峰，那时一个岩屑碎石覆盖的石灰石悬崖。从此就没有回来，显然他在那里自杀了。纳西人到雪山上自杀的事很普遍，尤其是恋爱的男女。纳西族称这种殉情叫"游无"。③

---

① 《皇明恩纶录》，木光《木府风云录》，云南民族出版社2006年版，第56页。
② 民族问题五种丛书云南省编辑组编：《纳西族社会历史调查（二）》，云南人民出版社1986年版，第219页。
③ 洛克：《中国西南古纳西王国》，刘宗岳等译，杨福泉、刘达成审校，云南美术出版社1999年版，第105页。

但这件事情在《木氏宦谱》里没有记载。而在清乾隆《丽江府志》中，则记载他是生病，家里竭力调治，但还是去世了。①

木氏土司后人对木青的讲述则与上述说法不同，据木氏土司直系后裔木光先生撰文称，木青是在明万历二十四年（1596）六月，在顺宁大侯州平乱中受了箭伤，因伤势过重，回到家祭天后，与同年十月十五人去世，年仅29岁。②

木光先生的上述说法是有历史依据的，《木氏宦谱》（乙）中有下面的记载：

> 十八世考：知府木青，字长生，好乔岳。又松鹤。未袭职之先，万历二十年，云龙州力苏劫五井司提举皇盐作耗，奉征南将军黔国公及两台明文，亲领兵随征有功，蒙奖花牌表礼，二十四年袭职管事。二十五年随例进贡，蒙给诰命一道，授中宪大夫，正妻罗氏春封为恭人。随奉文亲领土兵进征大侯州。遂终于征。后以子追封给诰命，封通政大夫布政使司职衔。皇帝诰云："有贾勇帅师捐躯殉义者，尤庙堂之所亟予也；而为土官木增之父，不得于身，乃得于子，而身捐则名益彰……"等语。③

从这个记载看，木青显然是在顺宁大侯州平乱时受伤而去世。在《木氏宦谱》130页木青父亲木旺的画像上，后人有这样的题诗：父子皆殉义，尤难在外藩。千秋西岭血，垂白表忠魂。文末写有"木青同"④。

从这些记载中可以看出木旺木青父子皆是在平乱中亡故的事实。洛克所记的木青在玉龙山上自杀的传说，没有注明资料来历。估计是与后世相传木增在玉龙雪山"和尚义古"那个地方骑虎成仙的故事相混淆了。

木增是木青的独生子，父亲去世时，他年仅9岁。在明万历二十六年（1598）他11岁时，朝廷批准他继承父亲的丽江知府职位。根据蔡毅中撰《云南木大夫生白忠孝纪》所记，木增父亲去世，木增非常哀痛，"号

---

① 丽江纳西族自治县县志编委会办公室：(乾隆)《丽江府志略》，1991年印，第172页。
② 木光：《木府风云录》，云南民族出版社2006年版，第196页。
③ 《木氏宦谱》，云南省博物馆供稿，云南美术出版社2001年版，第133页。
④ 同上书，第130页。

天泣血,水浆不入口者三日"。爱国忠君和孝悌敬祖是木氏土司的家风,对父母的孝敬常有记载,《木氏六公传》中记,木公(《木氏宦谱》所记第14代木氏祖先,纳西名阿秋阿公)"君所自砥砺,惟忠孝修持"。木高,父病"割股吁天;及承讳,哀毁有加"。木东,"父寝疾,君经月不解衣带……比居丧;鸡骨菜色,几于灭性。"木增"慈孝性成,奉亲丧,哀毁几绝,情礼并至。"这些孝悌的德行也常在皇帝颁发给木氏土司的诰命中提到。①

根据《木氏宦谱》的记载,在这一年,左所(今属四川)区域乡一个叫阿丈喇毛的头人乘木氏土司家连续发生两任土司去世的危难之机,率众前来进犯,木府里因老土司新丧,人心惶惶,在这个危急时刻,木增临危不乱,召集木府的家人和下属,以祖宗所传规矩和朝廷法度等鼓励大家,言辞从容镇定,大家都感受到这个幼主一种不同寻常,凛然不可犯的气度和威仪,都相互说,幼主英雄,我们一定能打败来犯之敌。于是下属官兵各自秣马厉兵士气昂扬地准备出击。

年幼的木增在他母亲罗氏夫人的帮助下,率领将士奋勇抗敌,击溃了阿丈喇毛率领的敌军。乾隆《丽江府志》的"节义"一章中,记述了木增母亲罗氏夫人在那次战事中的巾帼豪气,说她在敌人来犯时,慨然说,他们以为我家夫君刚去世,儿子年幼,妇人无能为力!罗氏夫人毅然披挂上马,身先士卒,冲锋陷阵,一鼓克敌。这与历史上所记载的纳西妇女英勇善战的民风相吻合,纳西东巴经典中,有不少能博善战的纳西巾帼;不少史书记载,如果纳西男人之间发生了械斗和争端,只要妇女出来调解,就会立马化解械斗的争端。

明代名士蔡毅中撰写的《云南木大夫生白先生忠孝记》中也记载,木增9岁丧父,即承担起了土司重任。少年土司在位时,有数千敌骑兵来侵扰丽江村寨,"凶焰甚炽"。木增按剑而立,说,我要先把这些匪众灭了再吃饭,他的母亲因儿子尚年少,为之担忧,怕他在战中有闪失,劝他不要亲自出战,木增说,母亲,儿已经继承了知府之位,已经有守护疆土的责任了。木家世代以威武守卫边疆。现在这些盗匪欺负我年幼,乘机进犯。我心目中蔑视这些盗匪。于是木增召集兵马,激励将士,士气高昂,争先奋勇杀敌。木增亲自上阵击鼓指挥,"冒矢石以进",击败了来犯

---

① 余海波、余嘉华:《木氏土司与丽江》,云南民族出版社2002年版,第69页。

之敌。

从第二年起，木增连续起兵征战，不断扩大木氏土司的势力范围。文中记载他"威名远播，有战必胜"。说朝廷没有滇西北边地战事之忧，主要就是木增镇守边关的功劳。

在编撰于清朝乾隆年间的《丽江府志略》中，对木增有这样的记录：

> 木增，阿德（木得）八世孙，万历间，袭丽江土知府，值北胜州构乱，以兵擒首逆高兰。时三殿鼎建，输金助工，兼陈十事，下部议可，朝廷喜其忠诚，特加参政秩。增又好读书传，极群籍，家有万卷楼。①

可见木增虽是明朝忠臣，他的一些著作有褒明贬清的言论，曾在雍正乾隆年间列入禁书之列。但清代的地方志书还是对他有比较公允的评价。

木增是第 13 代木氏土司，学术界认为从木公到木增六代（1494—1646），是丽江纳西族木氏土司的鼎盛时期，木氏土司经过数百年的经营，到木增时，其势力已经扩展到今四川、西藏边境地区，社会经济、文化繁荣发展，史称丽江"产矿独盛，富冠诸郡"。由于农业、手工业、采矿业等的长足发展，到木增任知府的时期，木氏土司的实力和影响力都已经是空前强大。

二 以明国忠臣自勉守土护国

木增生性刚猛儒雅兼具，善打仗，善骑射，好诗书，是个儒将，"有事则戎马行间，无事则诗书礼乐"。我 1996 年去拉萨大昭寺考察该寺收藏的木增主持刊印的大藏经《甘珠尔》，看到这套闻名遐迩的雕版刻印《大藏经》的引言上，盖着一颗大印，上面镌刻着"明国忠臣"四个字，这也成为明代木氏土司的座右铭，木增和他的祖先们都一直以此自勉自励，尽心尽责，精忠报国。土司木公曾作《建木氏勋祠记》，从中可以看出木氏土司把尊崇祖先和效忠皇室作为基本的价值观，也可以看出其家规家训：

---

① 丽江纳西族自治县县志编委会办公室：(乾隆)《丽江府志略》，第 171 页。

> 自汉、唐、宋、元、迄今明朝，其间为诏、为公、为侯、为节度使、为宣慰使司、为察罕章、为宣抚司、为参政、为知府，皆出自国家优典。而先代建功立业之显，官世授，禄世享，政世出，谱世系，土地人民世有，得之祖宗而延及子孙者，非无本也……报本反始，生民之常矧……后之子孙，念祖宗之艰，述我所为善，内不可耽于酒色，外不可荒于犬马，惟立身修已，克恭克敬，勿亵尔神，勿怠尔心；学书学礼，忠君至恩，孝亲至勤，爱民至专，祀神至诚，训子至要。此五者，蓄诸内而行诸外，垂诸子孙，庶几永久无替……尤念我祖太父本安，读书史，立宗子，不娶妾媵，家法愈浓愈备，木氏之盛，未有加于此者。凡我子孙，受朝廷世袭美官，拓边守城，不可有动挠患，以遗天子忧。遵祖宗世传之训，不可紊淆变乱，以败坏木氏家箴。易曰：自天佑之，吉无不利。我子孙亦有庆哉。①

木增恪守祖训，身体力行，敬天法祖，忠君爱国。只要朝廷调遣，就义无反顾地倾力出兵征战或积极贡献粮饷，把奉调征战视为臣子之责，积极为国效力。木增多次曾奉朝廷之命参与平息叛乱的战争，比如曾在崇祯元年（1628）奉朝廷之命到云龙县（今属云南）平息叛乱，多次立军功。在木增当知府的时期，木氏土司在滇川藏地区的势力范围达到了历史上的鼎盛时期。所辖区域东北至四川省的木里、九龙一带，北及四川省巴塘、理塘和西藏的昌都，西抵缅甸恩梅开江一带。

一直延续到木增时代的各代木氏土司与康巴藏区②一些头人的频繁征战，有其历史背景。明代纳西族木氏土司与藏地的政治关系与明朝对藏地的政治策略密切相关。分封西藏地方政教首领是明朝统治者对藏区的基本政治策略，明廷实行"多封众建，尚用僧徒"的政策。但鉴于历史上吐蕃和中央王朝纷争多的情况，明朝虽然采取上述政策，但对藏区还是相当防范，尽管明朝继续了元朝对藏区的行政管辖权，设立了管辖藏区的行政

---

① 《滇南文略》卷37，转引自余海波、余嘉华《木氏土司与丽江》，云南民族出版社2002年版，第68页。
② 康巴亦称康区或康巴地区，是中国三大藏族聚居区之一（其他两个区域是卫藏和安多），康巴地区位于横断山区的大山大河夹峙之中，指现在属于四川的甘孜藏族自治州、阿坝藏族羌族自治州（部分）、木里藏族自治县，西藏的昌都市，云南的迪庆藏族自治州，青海的玉树藏族自治州等地区。

管理机构。并对藏地各派宗教领袖实行"多封众建"的政策，促进了中原与藏地的经济和文化交流，改善了与藏区的关系。明代蒙古势力虽然北退到了蒙古草原，但北元依旧有比较强的军事实力，不断南下侵扰威胁明廷的统治。"备虏"成为明廷面临的最大的政治问题，即如何阻止蒙古人南下，为此，明朝不顾劳民伤财，大修边墙，并设置称为"九边"的防御体系，在北边屯驻了大量兵马，这就造成了明朝军力的严重不足。所以再在藏区纵深地带驻扎军队就很难了，因此仅仅在安多、康区的藏汉交界地区驻扎一些军队，但驻兵数量远远不足，尤其在川康滇交界地带的驻兵数更少。在《明实录》的记载中可以看到，一旦康区发生战事争端，当地的明朝驻军往往不够用，要从河西、安多藏区调兵遣将应急。明朝统治者一直担忧"北虏"（蒙古人）与"南番"（藏人）联手。所以，一方面，效仿汉朝"严羌胡之防"的策略，屯重兵于安多北部。[①] 另一方面，明廷仿效以往朝廷历来采取的政治手段，实施"以藩治藩""以夷治夷"的政策，明王朝曾对川西藏族地区长河西、鱼通、宁远宣慰司提出："以蛮攻蛮，诚治边之善道"。对朵甘都司"以西番地广人犷悍，欲分其势而杀其力，使不为边患"；并以"西陲宴然，终明之世无番寇之患"而自诩。[②] 滇西北区域与藏区接壤，被明廷视为重要的边关要塞。纳西族聚居的丽江、永宁等地更是被视为"可以筹云南"的战略要地。明廷对有较强的军事实力的纳西族木氏土司非常信任，将其视为捍御和防范吐蕃的依托力量，大力扶持，不断封官赏赐，利用实力日臻强大的纳西族木氏土司来控制、牵制今迪庆等滇川康区部分地区的藏族头人势力，这成为明代木氏土司与藏区关系的重要政治背景。

明代万历《云南通志》卷一六《分制吐蕃》中记："吐蕃在云南铁桥之北，一名古宗，一名西番，一名细腰番。在唐常寇云南，南诏不能胜，让之为兄，乃得粗安。后剑南节度提南诏兵捣其巢穴，斩首数十万，永断铁桥。吐蕃自是不复为云南患。我高皇帝既平云南，遂裂吐蕃为二十三支，分属郡邑，以土官辖之，丽江府控制古宗，永宁府、北胜、澜渠等州

---

① 伊伟先：《明代藏族史研究》，民族出版社2000年版，第170页。
② 《明史·朵甘乌斯藏行都指挥司》卷三二一，转引自《纳西族史》，四川民族出版社1994年版，第297页。

控制诸蕃，今蕃人皆效顺，惟我所麾矣。"①

《明实录》中也有这样的记载："……我朝始率众归附，太祖高皇帝令木氏世知府事，守石门以绝西域，守铁桥以断吐蕃。国家自有云南以来，免受西戎之患者，皆该府藩蔽之力也。"②

木氏土司受明廷的政策影响和自己也欲扩大统治领域和势力范围等多种原因，纳、藏两族之间也发生了较多的战事，木氏土司的势力远达滇康地区的德钦、维西、盐井、芒康、巴塘、理塘、木里等地区，于是，也促成了两族的经济、文化和宗教的相互交流和夺城争地的战争交错在一起的复杂局面。

关于明王朝将木氏土司视为控制滇川藏边界的重要力量，利用木氏土司，在防范藏区上施行"以夷治夷""以藩治藩"，藏学界对这一点也是有共识的。③

从《木氏宦谱》以及其他史书的记载中，都可见木增非常善于用兵，多次在与周围番兵（吐蕃等部族）的战事中，以智谋取得战事胜利。而且在战争中能善待俘虏和投降的敌军，使敌军数千人归顺，并"散其党"，而使丽江及其周围地区的民众能休养生息。④

木增在明朝万历二十六年（1598）继承了土司的职位，在木氏土司的家谱《木氏宦谱》中，木增位列丽江木氏第13代土司。由于木增军功卓著，屡获朝廷褒奖，先后受封为四川、广西左、右布政使，太仆寺正卿，并敕建"忠义坊""以风励诸省土司"，是历代木氏土司中授衔最多的。以下是他受封的详情：明万历三十四年（1606），木增被朝廷授封中宪大夫；明天启二年（1622），升任云南布政使司右参政，授中议大夫；明崇祯四年（1631）升为广西布政使司右布政；崇祯十三年（1640）升任四川布政使司左布政；明天启二年（1622），朝廷褒以"荩忠"（忠诚

---

① 方国瑜主编，徐文德、木芹、郑志惠纂录校订：《云南史料丛刊》第五卷，云南大学出版社1998年版，第五卷，第424页。

② 《神宗实录》卷三八三，转引自方国瑜主编，徐文德、木芹纂录校订《云南史料丛刊》（第四卷）。

③ 杨福泉：《纳西族与藏族的历史关系研究》，云南人民出版社、云南大学出版社2011年版，第80—81页。

④ （明）蔡毅中：《云南木大夫生白先生忠孝记》，方国瑜主编，徐文德、木芹、郑志惠纂录校订：《云南史料丛刊》第五卷，云南大学出版社1998年版，第560—563页。

之意）；明崇祯十三年（1640），"着于省城建坊，以风励诸土司"，明崇祯十七年（1644），晋升木增为太仆寺卿，准建"位列九卿"四字坊。

笔者于1999年11月曾在当时的丽江纳西族自治县大具乡（今属玉龙县）一个采石场考察过一块上面镌刻着"万历四三"四个字的石头，此摩崖石高约1米、宽约3米。乾隆年间撰修的《丽江府志略》中记载曰："忠义坊，在土通判署右，高数丈，栋梁斗拱，通体皆石，坚致精工，无与敌者。明万历间，土知府木增奉敕建。"正与摩崖上所刻的"万历四三"（1615年）相呼应。显然这个地方是木氏土司建石牌坊时的采石场。①

根据《木氏宦谱》的记载，木增的正妻叫阿室于，是滇南宁州（今云南华宁县宁州镇）知州禄华浩的女儿，官名禄氏藩，诰封为夫人。木增生有四个孩子，徐霞客在他的游记中写木增四子"威仪动荡，语言清晰可辨"。木增的大儿子木懿（阿寺阿春）后来承袭了他的丽江知府职位。洛克在其著作《中国西南古纳西王国》一书中根据他所见到的《木氏宦谱》整理的木增生平中说，他的第二个妻子是贤惠的阿室辉，生长子阿春，承袭父职。他的第三个妻子是有德的阿室哥，或称阿室荣，生三子：阿先、阿宝、阿仁。②

木增才继位，朝廷在东北一线与女真建州的军事对抗就白热化，战事吃紧。在国家处于危难之时，木增在边地筹集资金，遵照母亲临终时的嘱咐，"将母亲所遗妆奁衣饰，并多年积蓄六千余两，再凑三千八百六十八两，共约一万两，解充辽饷"。木增在给朝廷的《辽左发难捐资助饷疏》中，慷慨陈词，说木氏"世受国恩"，本应亲自率领军队助战，"以彰国威，以快臣心"，但因"臣所守疆场，为四面受敌之区，西番北虏，出没无时"，于是捐助军饷，为国家尽心尽力。"先是，臣母太恭人罗氏，临终嘱臣：将母所遗妆奁衣饰，并多年积聚，约六千余两，再凑三千八百六十八两，共得一万两，解充辽饷，自备脚费，不敢烦劳驿堡。"反映了边地一个少数民族首领以国家为重、深明大义的情操和爱国情怀。木增的义

---

① 杨福泉：《明代丽江大具摩崖调查》，杨福泉《纳西民族志田野调查实录》，中国书籍出版社2008年版，第8—9页。

② ［美］约瑟夫·洛克：《中国西南古纳西王国》，刘宗岳等译，杨福泉、刘达成审校，云南美术出版社1999年版，第76页。

举得到了朝廷的嘉奖,"木增忠顺可嘉!"明天启七年(1627),圣旨嘉奖曰:"罗氏抚夷训孤,有裨风化,准建坊表扬节烈。"(《皇明恩纶录》)

木增在国家有边患之际,曾作诗抒写他心系国家安危、倾情效力的情怀:

闻辽有警(二首)

羽檄传辽左,九重东顾劳。
陈兵皆虎旅,克敌本龙韬。
塞月寒笳鼓,征云湿战袍。
铙歌朱鹭曲,应满圣明朝。

木增听说辽东有警,筹集四万两白银和供运输的骡马支援朝廷征战平乱,得到了朝廷的嘉奖,他有感而作了这首诗。纳贡历来是木氏土司对中央王朝表示忠心和诚信的重要形式,也是木氏土司对国家认同的突出表现,尤其是在国家多灾多难的时刻,木增捐大量饷银,帮助解国家之困,实实在在地显示了他忠诚爱国的一片诚心和行动。

从上面这首诗中,我们宛然可以看到如下情景:辽东边关作乱入侵的急讯传来,"九重"天子的将士又要鞍马劳顿东征鏖战了。奔赴前线的士兵都是骁勇善战的劲旅,战略战术得当就能克敌制胜。边地寒月疏星,鼓角相闻,战士的战袍也被战场上的阴云湿透了。木增仿佛听到军歌雄壮军乐昂扬、壮士出征的气氛弥漫在朝廷。

每爱潜夫论,其如东事何。
主忧臣与辱,师众饷尤多。
薄贡惭毛滴,天恩旷海波。
狼烟旦夕扫,泉石葆天和。

《潜夫论》是东汉末王符著的一本书,内容多陈述朝政得失,揭露官吏豪强的罪行。该书作者隐居著述,所以号"潜夫"。这首诗大致表达了这样的意思:皇帝有忧患,但臣子不能解忧,这是为臣的耻辱。劳师远征需要很多粮饷银两,我远道贡献一点点银钱,不过是毫毛滴水之献,感到惭愧。而皇上的恩德却是如海洋一样浩荡。我只希望狼烟战云能尽快扫清,重现清平世界,朗朗乾坤,让一草一木都得享自然祥和之气①。木增竭尽全力贡献军饷粮草给朝廷用于战事,表现了他忠君爱国的耿耿情怀。

从木增另一首《宁西大捷漫赋》中,也可以看出他关心国家安危、积极参与朝廷平乱之举的一面:

>　　整旅堂堂锋镝场,貔貅奕奕武威扬。
>　　佩刀掣鞘冲星斗,羽纛安营慑虎狼。
>　　沙漠风声秋跃马,金江月朗夜归航。
>　　微勋开拓凭廊庙,暇裔从今载职方。

"宁西大捷"是滇中平定边乱的一次军事行动,丽江木氏土司奉调参战。此诗描写了如下场面:军队庄严威武地开赴前线,刀枪箭镞林立,将士威风如貔貅,刀剑出鞘,寒光直逼星斗;营帐竖起羽饰大旗,慑服虎狼。沙漠秋风起,将士横刀跃马,冲锋杀敌。明月照耀金沙江,将士们凯旋归来。这次参战获得了朝廷的嘉奖。木增谦恭地写道,战争的胜利是凭借了朝廷的威望和决策有方,而更可喜的是,从此那一方的边地边民,将载入国家版图,不再是"化外之民"了。②

木增此诗反映了木氏土司历来强烈的国家认同意识,"微勋开拓凭廊庙",反映出木增认识到因为国家的大力扶持,他才能创下一些安邦平乱的功劳,很谦恭的口气。木增也积极参与朝廷的平乱之举,北胜州(今永胜县)舍人高兰谋夺州官职,木增奉命缉捕,俘获元凶。就在这一年,木增又捐助银子1200两给朝廷买战马,皇帝钦赐"忠义"。崇祯元年(1628),木增奉文派人领兵捕获了云龙州13个叛逆之徒。

木增的祖先、第十五代土司木高(木公之子,纳西名阿公阿目),曾得到敕赐的"乔木世家"四字,他在嘉靖十三年(1534)写过一首诗:

>　　木氏渊源越汉来,先王百代祖为魁。
>　　金江不断流千古,雪岳尊宗接上台。

---

① 李世宗:《读诗随笔——丽江诗选读》,云南民族出版社2010年版,第55—56页。
② 译文主要依据李世宗先生《读诗随笔——丽江诗选读》,有些地方根据笔者的理解做了修改。

> 官拜五朝扶圣主，世居三甸守规恢。
> 扫苔梵墨分明见，七岁能文非等才。

诗中写的"官拜五朝扶圣主，世居三甸守规恢"，反映出木氏土司世守丽江等三甸，竭力效忠国家是自己的规则和目标，反映了强烈的国家认同意识。

历代木氏土司忠君爱国，忠心耿耿报效朝廷和国家，拓边守域，让朝廷安心；并在施政中遵守朝纲朝纪，从未叛乱。按期朝贡、朝贺、按时交纳赋税，捐赠银钱。国家有事出兵出征，木氏土司积极捐银助饷，派兵出征，因此屡屡得到朝廷的嘉奖褒扬。到木增任上，更是勤勉事主，为国分忧，《皇明恩纶录》记载木增"世守臣节，恪守官常"，"琅琅大义，始终不渝"。①

在古代中国的历史上，国家就是一个个王朝，少数民族土司理解的国家肯定也就是朝廷。那时的国家认同与王朝认同基本上是重合的，在这个认知前提下，王朝便是"国家"这一抽象概念的具体化。木氏土司在元、明、清三代都始终保持了忠君报国、护土保疆、勤政爱民的家风，木氏土司忠于朝廷实际上也就是在忠于国家。

木增的灵魂深处传统也受到了儒家学说的深刻影响，他敬天崇祖，重视礼制，推崇忠孝节义。他对明廷君王忠心耿耿，数十年如一日，每遇朔望，整衣冠遥拜；如果国家碰到战事，即刻派兵助饷，为国分忧；木增退位后隐居在芝山，但依然关心国家大事。他还捐资建寺、刊印佛经，做善事积功德。他崇儒重教，曾捐资在鹤庆建文庙学宫。释道儒和纳西本土的多元化思想与信仰，都反映在他的诗文作品中。

木增身在边陲，但极为关注国家的安危，常常"读邸报"，以时事赋诗：如"黄河清"，他高兴；"闻辽有警"，他忧虑；"宁西大捷"，他欢喜；朝廷"释刘直臣"，他致贺。他的心情随朝廷的安危而起伏，如他在诗中写：

> 王师经岁遏胡尘，每读邮书为蹙频。
> 万里遐荒输凤悃，九重浩荡沛新纶。

---

① 余海波、余嘉华：《木氏土司与丽江》，云南民族出版社2002年版，第69—70页。

疏庸忝负封疆寄，报称还期戎狄宾。
树绩鹰扬经略在，须臾饮至慰枫宸。①

从诗中可以读出作者在战争烽烟中心系国家安危，愁眉紧锁，表达自己的忠诚之心、对朝廷的系念，热望早日克敌获胜的殷殷之情。

木增生活在明末，当时正是中国社会大变动的时期。明朝宦官政治腐败，大规模的农民起义和关外清军的侵扰带来连年的战争。木增在诗中流露出他深深的忧国之情。

他期待朝廷军队御敌得胜，保国安民："主忧臣与辱，师众饷尤多。""狼烟旦夕扫，泉石保天和。"他不仅捐赠大量银钱给朝廷做军饷，而且还抱着忧国忧民的臣子忠心上疏进言，提了十条建议：敬天，遵守先祖法度；爱身修德，去声色犬马之事；爱民减役薄税；多用贤能之士，广开言路，多听忠言；详察博访，辨别邪正，明辨是非；重诚信，守信用，赏罚分明；平定辽东边患；重视孔子之学（圣学）。相传当时皇帝和大臣很赞赏他的这些建议，"谓其言简而切，旨近而远"②。

值得注意的是，木增这次向皇帝上疏的十条建议中，首先提出的是"敬天法祖"。这条建议既反映了木增认为人在世上，无论是为君为臣为民，都应敬畏天地自然的思想，也反映了纳西人历来以祭天祭祖为最为神圣之事的传统，纳西人自我认同的就是"纳西是祭天的人"，祭天是东巴教最神圣和盛大的祭祀仪式，而祭天仪式所祭祀的，既是天和地，也是本民族的创世祖先。纳西人把礼敬高天大地和祖先这两者视为最重要的大事，并且把这两者融合在纳西人的"蒙本"（mee biuq，祭天）仪式中。从徐霞客的游记中也可看到明代纳西人的习俗中，祭天是很重大的仪式："其俗新正祭天之礼，自元旦至元宵后二十日，数举方止。"

从下面一首诗中，也可读出他精忠报国的夙愿：

象岭东南镇域中，湖波晓映太阳红。
重阴积暗曦光破，幽谷穷岩暖气融。

---

① 余嘉华：《古滇文化思辨录》，云南教育出版社1997年版，第145页。
② 方国瑜主编，徐文德、木芹、郑志惠纂录校订：《云南史料丛刊》第5卷，云南大学出版社1998年版，第561—562页。

一片葵新常拱向，多时曝背欲输忠。
扶天赤手国图远，日下丝纶眷命隆。

丹心向日，曝背输忠，一片赤诚，只恐赤手扶天，力有不逮，有负皇恩。木增忠君报国的志愿在这首诗里表现得非常突出。

木增所做的利国利民的事很多，当时的人曾这样评论他：

> 崇儒重道，倡义弘济，未可更仆以数，如建尊经于鹤庆，建大石桥于禄丰，建悉檀寺于鸡山，凡有利益众生者，无不极力为之。后人评曰："木土司生白，布施宏大。古庭诸语录，版刻嘉兴。《鸡山志》木增捐资数万。"[1]

三　末世悲音，悄然遁世

木增虽然功高盖世，开创了木氏土司的鼎盛时期，但他不留恋官位，不眷恋世间名利。他一生倾心于道教佛教，逐渐有归隐山林的念头。而且，在他在任期间，特别是万历年间，明王朝处于风雨飘摇的多事之秋，以"明国忠臣"明志的木增内心深处对当时的时局和明朝有深重的忧思、沮丧和失望。《明实录》中有记载：

> 天启二年（1622）八月己卯……云南丽江土知府木增御虏致疾，告替入山。追加本省布政使司左参政职衔致仕，以劝忠义。

从这条记载看，木增还因为频繁领兵打仗而操劳致病，这可能也是他退隐的原因之一。《明史·云南土司传》中记载："天启二年，增（木增）以病告，加授左参政致仕。五年，特给增诰命，以旌其忠。云南诸土官，知诗书，好礼守义，以丽江木氏为首云。"龚荫在《明史云南土司传笺证》中说："'云南诸土官，知诗书，好礼守义，以丽江木氏为首云。'这

---

[1]　（明）蔡毅中：《云南木大夫生白先生忠孝记》，方国瑜主编，徐文德、木芹、郑志惠纂录校订：《云南史料丛刊》第5卷，云南大学出版社1998年版，第560—563页。

是赞许土知府木增。"《道光云南志钞》记载："（木）增延纳儒流，所著为一时名士称赞。"《新纂云南通志》记载："（木）增善武略，且好文雅。"①

明天启四年（1624），木增年仅38岁，退隐之心逐渐坚定，向朝廷连上五疏，请求辞去自己的职务，让儿子木懿继承丽江知府一职，自己隐居在丽江玉龙雪山西脉的芝山解脱林。他貌似隐居林泉，不问世事，但作为明朝倚重的边地名臣，以"明国忠臣"自勉自励的木增，不会闭眼不问国家大事，从他的诗作中，可以看出他一片心怀社稷、忧国忧民的情怀。

简要看一下晚明的形势。1572年，明穆宗因中风而突然去世，年仅9岁的皇太子朱翊钧继位，改元万历。在名臣张居正的辅佐下，大力整顿朝纲，进行体制改革，曾有过史称的"万历中兴"。但后来明神宗逐渐不理朝政。在东北，辽东总兵李成梁深受明神宗信任，但他后期腐化堕落，多次谎报军情，骗取军功封赏，造成明末边患严重，并最终导致清朝入主中原。因此《明史》曾记曰："论者谓：明之亡，实亡于神宗。"张居正死后，明神宗在初期还过问朝政，但他在位期间发生了东林党争等重大事件，对外则有朝鲜之役与萨尔浒之战。于是万历一朝成为明朝由盛转衰的转折期。1620年，明神宗去世，其长子朱常洛登基，即明光宗，明光宗仅在位一个月，又因服用了李可灼的红丸而猝死。明熹宗朱由校（1605—1627），继位，改元天启。

明天启七年（1627），明熹宗驾崩，信王朱由检（1611—1644）继位，即明思宗，年号崇祯。崇祯继位后，可以说励精图治，锐意铲除阉党，改革朝政，下令魏忠贤去凤阳守陵。魏忠贤在途中与他的党羽李朝钦一起上吊自杀，明思宗将他的首级悬于魏忠贤河间老家，阉党其他很多成员也被贬黜或处死。但是崇祯用人多疑，在位期间就换了50个宰相，又刚愎自用，导致了晚明的局势日趋危险。1629年，后金的皇太极绕道长城入侵北京，明朝名将袁崇焕紧急回师，与皇太极对峙于北京广渠门。皇太极使用反间计，导致崇祯皇帝轻信而误杀了袁崇焕。其后，皇太极多次远征蒙古，终于在六年后彻底击败了林丹汗，次年在盛京（后金在1625—1644年的都城，即今辽宁省沈阳市）称帝，改国号为清。清军五

---

① 龚荫：《明史云南土司传笺证》，云南民族出版社1988年版，第125—126页。

次经长城入侵明朝北直隶、山东等地区,史称清兵入塞。当时北直隶连年发生灾荒疫疾,民不聊生。辽西局势亦日益恶化,清军多次与明军作战,最后于1640年占领锦州等地,明军主力将领洪承畴等人投降,明朝势力退缩至山海关。

明中期之后农民暴动频发,崇祯时期朝政混乱,昏庸贪污的官员也多,而与后金的战争则需大量军饷,战争中很多地方又遭到清兵的掠夺,因气候等原因使农业减产,导致全国性饥荒。明朝百姓的负担日趋沉重。1627年,陕西澄城饥民暴动,拉开明末民变的序幕。随后王自用、高迎祥、李自成、张献忠等农民首领相继起事,发展成雄踞陕西、河南的李自成与先后占领湖广、四川的张献忠的军队。

当时中国自然灾害也十分频繁,1639—1640年浙江北部洪水成灾,1641年干旱和蝗虫成灾,饿死了很多人,到处是乞丐,最后发展到了因为饥饿而人相食的地步。在这个时期,类似的描述也见于中国东部和东南部的其他地区,在许多地区,紧接灾荒之后还出现了瘟疫。[①] 这些灾难加剧了社会动乱,农民暴动此伏彼起,导致了明王朝军事和政治上的崩溃。李自成在1644年建国大顺,三月,李自成率军北伐攻陷大同、宣府、居庸关,最后攻克北京。崇祯皇帝在煤山自缢,死前皇后以及几个妃子自缢,悲痛欲绝的崇祯帝以袖掩面手刃了亲生女儿,并说出了"你们为什么生在帝王家"这样悲伤欲绝的痛语。明朝作为统一国家的历史在风雨飘摇悲声哀音中结束。

崇祯对木增有君臣相知之缘,比如崇祯十三年(1640),加封木增位四川左布政司职衔,崇祯十三年(1640)升为四川布政司左布政;在崇祯皇帝自缢的崇祯十七年(1644),崇祯皇帝还封木增为太仆寺正卿,是正三品官。悲剧的崇祯皇帝与木增可以说有君臣知遇之恩,崇祯皇帝的惨死和明朝的亡国,必然给"明国忠臣"木增带来了巨大的打击。

仅隔崇祯自缢殉国两年后,即1646年,木增也溘然去世了。民间传说他是在玉龙雪山的"仙迹崖"骑一只红色的老虎遁世的,后文将详述这一民间传奇。但可以想象得出,一生效忠明朝,倾力辅佐明廷的木增,听到崇祯自缢北京陷落的消息后,肯定不会无动于衷的,内心一

---

① [美]牟复礼、[英]崔瑞德:《剑桥中国明代史(1368—1644)》上卷,中国社会科学出版社1992年版,第392页。

定悲伤欲绝，痛不欲生。他去世的时间离京城沦陷，崇祯皇帝自缢的1644年仅隔两年，死得蹊跷，留下诸多在玉龙雪山骑虎归去的民间传说，我也听到这样的传说，说他在解脱林隐居后，常常到雪山深处漫游，有一次他走入雪山深处，就再也没有回来，民间就产生了木增已经骑红虎成仙了的传说。我还在田野调查中听到一则传说，相传木增骑虎遁世时，留下一句话："等到狮子露骨，象山无毛时，我再回来！"这给后世留下了一个长久难解的谜团。每当玉龙雪山上的绿雪奇峰在阳光云霓的作用下闪烁出莹莹绿光时，人们会说，这是成了雪山之神的木增在高兴地笑的迹象。

老一辈纳西女作家赵银棠先生也曾讲过关于木增归宿的一个故事，相传木增年少时，有个相术先生为他看相，说，你有贵人相，但是死后不能得到棺木。木增不愿意看到相术先生的话应验，所以在自己常常来住的地方，准备好棺材放着，相传他所自备的棺材有100个。但后来他在芝山解脱林隐居，常常走入雪山深处漫游，有一次，他去了雪山就没有再回来，人们说，木增已经变了神仙了。这个故事只是民间传说，清朝雍正元年（1723）改土归流前，纳西人的习俗是火葬，所以准备100口棺材的事应该是虚构的民间传说，但从这个故事中可以看得出，其结局与其他讲木增骑虎遁世成仙的传说一致的，木增也许就是在国（明朝）破之际把自己寄情一生的玉龙雪山做了自己生命的归宿。

此外，据《木氏宦谱》所记载的木氏土司第六世祖"阿烈阿甲"条中有这样的记载：

> 以上二十一代茔窆俦在玉龙山中，冬夏以俗祀之无缺，以后七代，加以庙祭之不辍。①

由此可知，木氏土司是把包括第六世祖阿烈阿甲在内的21代祖先火化后的遗骨存放在玉龙雪山中。这应该也是木增最终皈依玉龙雪山，在玉龙雪山悄然遁世的原因，他要和祖先们的灵魂相聚相守在这座纳西人的神山上。

---

① 《木氏宦谱》，云南省博物馆供稿，云南美术出版社2001年版，第13页。

木增于明隆武二年八月初一（1646年9月9日）[①]去世，享年59岁。木增在明王朝亡国后两年即以相传不知所终的方式离世，民间留下种种他骑虎成仙的传说，这是不是殉国的一种曲折反映？在明亡之际选择在玉龙雪山深处以悄然遁世的方式结束了自己在红尘的生命，在仙迹崖骑虎遁世的传说给了后人一些什么启示？这些如今都难以确证，但我们可以根据他与明王朝结下的"明国忠臣"情结和他的人生观、生死观来进行一些研究和推断。他应该是在目睹君王悲惨自尽、明朝山河破碎的一种沉重心情中怆然离世的。可以推断，以他的明朝边地重臣的身份，要他再为另一个由当时认为是"化外蛮夷"的"明国之敌"入主中原的政权服务，估计是相当不容易的。李自成军队打进北京，崇祯皇帝自缢之后，明朝臣子自尽殉国的人不少。

徐霞客曾在他的游记中有过如下一段记录，也可作为探究木增殉国的线索：

……黄峰（即木府后面的黄山，狮子山）为木氏开千代之绪也……先是危机黄峰三里，有把事持书，挈一人荷酒献胙（肉食），冲雨而至，以余尚未离解脱也。与之同过府治前，度玉河桥，又东半里，仍税驾与通事小楼。读木公书，乃求余乞黄石斋叙文，并索余书。[②]

从这段记载中可知木增对当时中原名士黄石斋（黄道周）的敬慕之情。黄道周是明末著名学者、书画家、文学家。他因抗清失败被俘，宁死不屈，坚拒了明朝降清的名将洪承畴的劝降，在隆武二年（1646）壮烈殉国，隆武帝赐谥"忠烈"，追赠文明伯。木增欲请徐霞客求书于黄道周，也可见木增对黄道周的敬慕之情。木增后来在明隆武二年八月初一（1646年9月9日）去世，刚巧是在黄道周慷慨就义这一年，这可能是巧合。不过可以推想得知，木增平时博览名家之书，这些忠臣义士的人格和才学对他的影响是很深的。

---

① 南明隆武二年也即清顺治三年，即1646年。
② （明）徐宏祖著，朱惠荣校注《徐霞客游记校注》，云南人民出版社1985年版，第937页。

我们在这里讨论木增的神秘离世传说，可以从更广的角度来做一些思考，所谓"骑虎成仙而去"，是否会是从仙迹崖飞身跃崖殉国？还是依佛道之法遁世深山，服食日月之华而坐化山中？这些，都成为难以考证的史实，但笔者认为木增的离世，结局是殉明朝而弃世的。

原载《云南社会科学》2020年第5期

在丽江进行民族民间文化传承的实践和面临的挑战
——应用人类学的社区实践

近年来，我国在民族文化保护和传承方面已经做了大量卓有成效的工作，理论上有不少建树，也是我国应用人类学的积累。我在自己的研究和田野调查中深切感到，现在的关键是要将关于应用人类学和民族文化保护的理论变为务实的行动，也可以说多展开一些"行动的实践"，在实践中来探索和完善少数民族文化保护和传承的方式方法，积累并推广有效的经验。如果学者能身体力行地做一些实践的项目，即国外同行所称的试点项目（pilot project），从中总结少数民族文化保护和传承的经验与教训，将有助于学者研究的深入，有助于联合地方各级政府、非政府组织和社区民众，一起把民族文化的保护和传承工作做得更好。同时，通过这样身体力行的实践，也会探索出具有中国和区域特色的应用人类学理论，强化它对社会的影响。我这几年在云南省的丽江市纳西族地区实施了几个有应用人类学意蕴的"行动项目"，这里略作介绍，并谈谈自己从中获得的一些体会。

一　纳西族民间文化精英的培养

我认为，少数民族传统知识体系的传承有两个系统，一个是民间大众中通过口头和技能等传授方式传承的文化，包括日常生活中的各种生产生活知识、技能、习俗等的传承；而另一个则是更高层次上的文化传承，它属于精英文化，主要是由本民族的知识精英传承的。这一类知识是本民族文化的精华、精粹，它凝聚千百年该民族代代相传的智慧而形成。这一知识体系包括了本民族的宇宙观、人生观，包括了该民族的历史知识、哲学思想、宗教信仰、天文地理、文学艺术等。这一类本土知识的传承，需要有较长时期的训练和知识的长期积累,不可能一蹴而成。少数民族本土知识的传承除了重视日常生活状态的这一体系外,更应该重视这一精英文化的传承。这类文化传人是指各民族那些经过专门的训练,掌握了特殊技能和传统知识的民间知识精英阶层。如纳西族的祭司东巴即是典型的这一类文化传人。

可以说,如果在纳西族的历史上没有东巴这一民间知识精英阶层,就很难形成蔚为大观且卓有特色的纳西族传统文化,难以形成纳西族与其他民族相区别的民族精神和个性。也难以给后人留下如此丰富而具有重要学术意义的东巴教经典。同时,我们也可以说,如果没有在国内外学术文化界卓有声誉的东巴文化,也难以形成如今蓬勃发展的丽江旅游局面。现代教育体制中对少数民族传统知识体系传承的漠视,导致了民间知识精英阶层的衰落,而民间知识精英阶层的衰落,又加速了本土知识传承的中断。如果不重视民间知识精英阶层的培养,任其自然衰落,或者仅仅满足于民族文化的表层利用,比如旅游市场上的东巴文化旅游工艺产品、东巴歌舞等,而不去重视如何将博大精深的东巴文化知识的精粹传承下来,那么,民族文化将逐渐蜕变成一种徒有华丽的躯壳而没有灵魂的东西。

纳西族传统文化的博大精深部分,是东巴祭司一代又一代传承下来的。历史上,纳西族东巴教文化是协调人与自然的关系,人与人之间的矛盾,社会团体之间的矛盾,对下一代进行本民族文化的教育,是纳西人精神生活和民俗生活的载体和沟通的桥梁,纳西族民族个性和文化独特性的形成,与东巴文化密不可分。如果东巴文化传人的继替传承中断,东巴文化将失去它在民间那鲜活的魅力和功能,失去它的生命力,失去它千百年来在纳西族生活中所起的那种陶冶民族性情,塑造民族精神,传承民族文化的功能,而成为只能在博物馆、图书馆里看到的一种死去的老古董。

从1999年起,笔者牵头在丽江纳西族地区做了几项文化传承的实践。首先实践的就是培养民间文化精英的项目,笔者和东巴文化研究所的同仁一起,在培养东巴文化传人方面进行了努力。我们在美国大自然保护协会(TNC)云南项目办公室和福特基金会的帮助下,从东巴文化传统深厚且现在还保留有一些东巴教仪式和习俗的山村里挑选了七个学生展开培养工作,其中有三个是著名东巴的孙子。

对这些学生进行东巴文化的传授采用了传统的东巴培养方法,东巴老师让学生读、写、诵东巴经,读经书不凭借注音符号,也不用现代录音工具，要求学生对所学东巴经能写、能读、能诵，所学东巴经按仪式逐一学习。在教授一个仪式的过程中，东巴要传授该仪式所要遵循的规程和仪式中所需的各种祭品，以及制作面偶，绘制木牌的相关知识。研究人员与东巴老师配合，定期查看他们的学习情况教学情况，遇到问题及时解决。东巴和研究人员定期召集学生座谈，师生一起交流。学生在学完一些仪式之后，东巴老师和研究人员有意识地让学生不定期返乡，感受社区生活，如遇村里作传统的文化活动，他们就去参加，展示自己所学到的东巴文化知识。

像我们所选的东巴文化传人培养点塔城乡（今属玉龙纳西族自治县）依陇村民委员会署明村，尚保留有一些传统的宗教，民俗活动，如每年农历正月、七月的两次祭天活动，有些家户的祭畜神活动，村中老人死后的丧葬活动等，如确知村里有此类活动，就安排学生返村，参与并主持村中活动，这样，一方面他们又连接了与村中长老的接触与学习（这一条是很重要的，因为村中熟谙传统文化的老人都已至耄耋之年，随时都会离世，这样有些珍贵的传统文化知识有可能随他们的离世而永无人知），激发村民热爱民族传统文化的热情，另一方面他们学以致用，巩固了所学知识和实践能力，同时也会觉察自己知识的不足方面。

我们培养的几个东巴都已掌握了东巴文化中一些难度较大的知识，如书写象形文字、咏诵一些经典、举行祭祀仪式、跳东巴舞蹈、制作用于仪式的面偶和纸扎的祭品等。学习比较优异的和秀东已经在村寨里独立主持不少祭仪，而且还能独当一面地主持难度大的丧葬仪式，迄今，他已经为他熟谙东巴文化的姑奶和海以及他的老师——大东巴和开祥主持了丧礼。2003年，他应邀赴美国华盛顿惠特曼学院和匹茨尔学院进行东巴文化交流，独立主持了祭祀大自然神的"署古"仪式。2004年，他应邀到台湾参加"李霖灿教授学术纪念展"，主持了为纪念为民族和社区作出重大贡献者的"祭胜利神"仪式和"署古"仪式。他还应联合国教科文组织等的邀请而举行的一些重要的东巴祭祀仪式中担任重要角色。应邀参加了与2007年在美国国家林荫广场（the National Mall）举办的"澜沧江—湄公河流域国家民俗文化艺术节"。2006年，该项目所培养的青年东巴杨玉华和其他10个云南少数民族文化传人一起应邀赴美参加了盛大的"中国文化艺术节"，到美国不少大学和城市交流云南民族文化。

这一培养年轻东巴的项目的实施推动了丽江一些山村年轻人学习东巴

文化的热情，如塔城乡署明村，现在学习东巴文化知识的年轻人增多，村里与东巴文化相结合的民俗活动也变得活跃起来，比如祭天、祭大自然神"署"、祭祖、祭谷神、畜神、婚丧礼俗等活动。传统文化在这些民俗活动中得以延续。

但另一方面，丽江诸如东巴这样的文化传人，也面临着各种生计的压力和旅游市场的诱惑，由于丽江是旅游热点，有用象形文字为载体、观赏性比较强的东巴文化，也成为了热卖点，因此，好的东巴也成为很多旅游公司招聘的对象，在所剩不多的乡村东巴中，有不少已经应聘走向市场，开始了他们"展演"东巴仪式、书写东巴字画的谋生之路。这样导致的结果，就是乡土文化传人离开了草根群体，离开了他们的社区，成为在旅游市场上谋生的乡土文化专家，虽然他们也在起着向大众展示本地乡土文化的功能，但毕竟与原来坚守在乡村，传经布道的祭司生活已经发生了很大的变化。

包括我们的项目所培训的那些走入了旅游市场的东巴，有不少扮演着双重角色，一方面为谋生计，在各种旅游场景向游客展演东巴文化；另一方面，他们还常常被乡村社区的民众请去举行一些包括婚丧嫁娶、生产生活方面的东巴教仪式，但这仅仅局限于东巴教信仰还保存得比较完整的村落。更多的东巴是受政府、公司以及社区的邀请，举行各种与时政、商贸和文化产业等密切相关的东巴教仪式以及东巴教乐舞书画展示。

有些东巴教信仰保存较深的东巴，恪守着东巴教神圣仪式的规矩，不随意地在任何场合做东巴教仪式，像我们的项目所培养的东巴教知识最全面的和秀东，也是对东巴教信仰最笃定的一个东巴。他不随意地举行东巴教仪式的表演，按东巴教规矩，在特定场合不能举行的仪式，他就不会举行，不像有的东巴，已经放弃了东巴教的禁忌和规矩，不分场合、地点、时间等，对游客表演东巴教仪式。

我们的培训项目所促成的这些东巴文化传人，未来的命运会怎样？是否会随着东巴教仪式和相应的纳西民俗在乡村的不断衰落，而不断地失去他们在乡村可以发挥的功能作用，逐渐地成为大都在旅游市场上进行表演的东巴，这皆取决于东巴教在当代纳西社会的变迁程度，取决于东巴教在纳西民众中的地位及其发展趋势。

二 实施"参与式"教学，传承乡土知识

1. 该项目的缘起

在上述项目取得突出成绩的同时，我也深刻地认识到，如何把当地民族的传统知识体系传承下来，仅仅靠培养几个传人是不行的，要将教育和传承工作与社区的学校教育结合起来，与当地教育部门合作，要让更多的学生学习和了解本民族的传统文化，这样才能在更大的范围内将对当地社区的可持续发展至关重要的乡土知识传承下去。因此，我又向福特基金会申请在小学里进行地方性乡土知识教育的项目，得到资助。这个项目，就是在前一个项目所取得的基础上，结合丽江社区的学校教育，进一步把传统文化教育推向纵深发展的一个尝试。

这个项目，是在上述"纳西族文化传人培养"项目奠定的基础之上，以结合本地特点、具有创新精神的新项目，推动社区传统知识的教育与传承，并将社区文化的传承与学校教育改革相结合。该项目的宗旨是通过示范性的点，促进本土传统知识在社区民众和社区小学层面上的传播，使纳西族的传统文化知识能在对传承来说最关键的小学生中继承下去。

本项目力图从两个途径促进纳西族传统知识在社区的传承和教育。

目前，国家教育部制订了大力推进基础教育课程改革的计划，调整和改革其体系、结构、内容，构建符合素质教育要求的新的基础教育课程体系。学校在执行国家和地方课程的同时，根据当地社会、经济发展的具体实际情况，结合本校的传统和优势、学生的兴趣和需要，开发或选用适合本校的课程。

本项目力图通过所选择的丽江市玉龙纳西族自治县白沙乡白沙完小这个点作实验和示范点，促进本土文化的教育和传承，保护本地文化资源，保持本土教育特色，并通过这样的实验项目，促进丽江乡村和城镇小学开展本土传统文化学习和传承。

2. 项目的一些创新探索

本项目在实践过程中，针对目前丽江等地进行乡土教材编写方面的一些做法和习惯，进行了大胆的创新开拓。通过几年的努力，达到了项目最初设计时欲达到的几个目的。略述如下：

(1) 建立了多方合作的项目运作机制

在设计项目之初,我们的构想是:这一社区教育项目一开始,就由多方机构和人员参加。主要包括:研究者(包括云南省社会科学院在昆明和丽江的研究机构的学者、社区(村民、教师、学生、乡土专家、教育部门,由几方共同组建项目团队,并争取把该项目同玉龙纳西族自治县的乡土传统文化教育试点计划相联系和结合,将项目点纳入当地政府教育改革的示范点名单。将与教育部门和民族工作部门合作的程度,作为该项目评估标准之一。最初,我们在项目申请书上原定选择两个点,后来经过认真的调研和与玉龙县教委的同志认真讨论,最终选择了丽江市玉龙纳西族自治县白沙完小为项目点。白沙完小在丽江市的教育质量和学校的基础设施方面属中上等水平,我们在选择这个点时,也考虑到我们总项目的另外两个点(香格里拉县的汤堆、西双版纳的孟宋)均为贫困山区的学校。如果在丽江选择一个基础较好的学校作一点探索,可以使项目点多样化,也可以为如白沙完小的这一类学校探索一些经验。

这样做的结果,使这个项目的内容与县教委已经在该校开始的课外"兴趣班"相结合,同时在师生和社区民众的参与性方面,在传授乡土知识的系统性和科学性方面,使玉龙县教委的这个试点的传统文化教育更为完善。

(2) 学校师生、社区民众和学者共同参与调研和编写教材

我们的学校教材的编写,历来习惯了集中一些专家编撰课本,然后要求各学校师生无条件地按此教学,即使是现在的乡土知识"校本教材"的编写,在很多地方也还是这种传统的集中几个"专家"来编撰教材、然后印成书老师教、学生学的套路,老师教得被动,学生学得也被动,而学生的家长更不知情。

我们觉得,乡土教材的编写,如果要做到深入人心,老师愿教、学生愿学、家长支持,一定要做到乡土知识的创造者、拥有者的参与、他们应有知情权、参与权,因为他们是知识的创造者、掌握者,或者是乡土知识的受益者和关切者,倾听他们的声音、让他们参与其中,与学者、老师和学生互动,这是乡土教材编写过程中一个非常重要的环节。

因此,我们在项目实施的过程中,立足于"参与式"。首先扎扎实实的参与式培训。2004年7月下旬,白沙完小第一次乡土知识培训班正式开始,和学智、杨学桐、龚润菊等六位老师作为项目组成员参与了培训,

有 30 名该校三、四年级中选出的同学一起参加了培训，还特聘了三名丽江的民间艺人及兰州大学的四名大学生参与了全部培训，培训的主要内容有：

传统知识的概念、白沙的传统知识类别、白沙的传统知识有哪些？谁拥有这些知识？到何处寻找这些知识？用什么方法获得这些知识？做调查时要注意的问题和提问的方法等内容。传授了询问、记录、绘制简易图谱、用纳西语拼音文字记录等调查方法，因此，专门对培训人员进行了纳西拼音文字记录的培训。

我们在培训时，分小组在培训班中进行实际操作演练，然后，学生们在老师的带领下到村中进行实地调查。项目人员陪同前往，发现问题，在培训班中再集体讨论，提出解决办法。

2005 年 3 月，项目进入校本教材的编写阶段，对项目参与师生第二次进行了培训。培训内容重点针对教材的分类，补充完善和加工。分摄影组、美术组、东巴文字组，由这三个组的师生共同为校本教材定稿、绘制插图和拍摄图片。

第一次培训结束后，就是学校暑期，暑假中，学生们按自然村共分为五个调查小组，各组都有辅导教师参加。调查小组采取集体调查和个别访谈相结合的方式。在调查过程中，谁问、谁记录、谁绘画都有明确的分工，他们调查了民间医生、退休干部、铜匠、皮匠、豆腐作坊工作人员、榨油坊工人、护林员、乡村歌手舞者等许多乡土知识的拥有者。有时，学生们又三三两两地进行协作式的调研，向祖父祖母和父母亲友进行访谈。

学生们把调查笔记整理成小故事，交辅导教师，从调查、记录、整理、写成小故事整个过程，学生们融入到乡土知识的大海洋中，锻炼极大，他们经历了寻找、发现、获得知识这样一些过程。在整个暑期及随后的调查中，每个同学交了五篇以上的调查小故事，老师们除辅导学生外，还完成了每人三篇的考察报告。

项目组成员对各调查组都进行了至少一次的随组观察，在过程中进行指导。阅读了师生们的调查故事，提出完善意见，不定期地组织了多次讨论会。

项目在整个实施的过程中，打破了过去那种集中几个专家和老师来编写教材的传统方式，自始至终采取了"参与式"的方式。项目一开始，就由学校的师生深入社区民间进行调研，走访当地的著名铜匠、草医、文化名人、民间艺人、还有很多掌握传统文化知识多的老人。学生回家后也和家长讨论，倾听他们对孩子所学乡土知识的意见，同时还采取把社区各个方面的代表请进课堂进行讨论的方式，由大家充分讨论我们到底要把哪些方面的传统文化知识写进教材中。在此基础上，进行参与式培训，参加项目的师生深入到村子里进行调研、采访，积累了大量的资料，在这种与社区民众互动的调研中，大家更加明确了首先应该把哪些传统文化内容写进课本中。深入民众进行调研也是一个学习乡土知识的过程，由于采取了可视性、参与性强的活泼生动的调研和编写方式，整个教材素材收集和编写的过程都情趣怡然，学生和老师在这个过程中都不断激发出浓厚的兴趣。

（3）将教材的内容集中在学校所在的社区

过去，乡土教材的编写也有笼统之弊，比如写一个民族，就不顾一个民族内部和各个地区有很大差别的事实，笼统地编写用于整个民族的教材，这样做的结果，一是忽略了在一个民族内部的传统文化差异性，二是忽略了让社区学校的师生充分了解他们生活的社区的自然和人文环境、知识的可能性。

比如，假设所有的纳西族小学都仅仅使用一种乡土教材，那么，由于区域文化的差异性，生活在古城的纳西族学生和生活在丽江金沙江上游的纳西族、生活在与大理州或藏区接壤地区的纳西族与生活在诸如白沙乡这样的丽江坝区、山区的纳西族学生，学的还是一种不是可以感同身受、可以自己去体验、了解的传统知识，与自己的生活环境和体验还是有较大差距的知识，这样就很难让学生充分地参与到教材素材收集调查的过程中，无法让学生在项目实施过程中对自己身边的自然和社会文化环境有充分的了解。

我们觉得，除了要让学生了解本民族一些宏观的本土乡土知识外，应该促进师生去关注他们学校所在社区的自然和人文环境、社会、家庭和各种具有本地特点的地方性知识、技艺，让他们从自己最熟悉的自己社区的乡土知识学起。这样也才容易使他们感觉到学习乡土知识的亲切和亲近感，在小学阶段这样做更为重要，所以，我们就试图突破目前有些地方所做的那种全县、全市乃至全省都学习一种乡土知识教材的做法，力图聚焦在学校所在的白沙乡的范围内，兼顾纳西族全民性的一些乡土知识。这样做的好处是，师生可以更好更方便地实践一种参与式的、关注自己的身旁的乡土知识的积累和学习，可以随时学习和调查自己休养生息其中的社区的各种乡土知识。

至于学习县情、市情、省情等层面上的教育，我们觉得，一个完小的学生，在已经有自己参与调研、编写和学习自己社区的乡土知识的这样一个实践的基础上，会在初中和高中乃至大学阶段，更好地自学其他更多的乡土知识。而我们的项目能在促成学生学习乡土知识的过程中，有一个参与式的启蒙、启迪的作用，就已经不错了。

无数乡土知识学习的实例和事实表明，童年和少年时期是接受乡土知识非常重要的一个时期，过去多靠家庭传承、自己在日常生活中耳闻目见、或有意无意地听大人讲述等方式，逐渐奠定了乡土知识的基础。而这些乡土知识的学习，更多的是在与自己出生地和生活地关系十分密切的环境中学习的，是一种感同身受、潜移默化的学习。我们立足于学校所在社区（乡）的乡土知识体系的做法，也考虑到了这种在特定年龄段的传统乡土知识学习的习惯。

我们按提纲选定了内容。摄影组按提纲共拍摄了500多张照片，将合适的照片用到课文中；插图组师生承担了课文的插图，他们共绘制了60多张图画；东巴文字组的同学亲自书写东巴文用到课本中。

白沙完小项目点的乡土知识教材，从调查开始到文章的完成，从插图到摄影图片，90%都来自师生们的劳动。学校还自筹经费，请专业人员制作了一张与自编教材相配套的VCD光盘，设置了一个常年的乡土知识展览室。

课题组所编写的这本乡土知识校本教材分为三章，第一章：我们的家园，其中包括以下内容：第1课：我们的房子；第2课：我们的院子；第3课：我们的房前屋后；第4课：我们的家谱（选学）；第5课：我的家人；第6课：我们的家畜；第7课：我们的服饰；第8课：我们的用具；第9课：我们的食物。第二章：历史、文化、人物，其中包括以下课程：第10课：我的家乡——白沙；第11课：玉龙雪山；第12课：北岳庙（三多郭）；第13课：万朵山茶；第14课：白沙壁画；第15课："白沙细乐"；第16课：东巴象形文字；第17课：在白沙生活了27年的洋博士洛克；第18课：无臂书法家和志刚；第19课：乡土名医和士秀；第20课：美籍白沙人和惠桢。第三章：社区与资源，其中包括以下课程：第21课：我们的村子；第22课：看图猜一猜；第23课：我们特有的食物；

第 24 课：我们的旅游资源；第 25 课：铜器是怎样制作出来的；第 26 课：水与水的利用；第 27 课：森林资源与管理；第 28 课：谁管理我们的村子；第 29 课："建房赛"；第 30 课：我们的农事历。

通过上述这些内容，使白沙完小的学生感受到了自己家乡（自己生活的这个乡）各种各样的乡土知识，师生们都觉得这种学习内容非常亲切。觉得对乡土知识的学习，这样地从自己最为熟悉的家乡学起，学习过程中有亲近感、容易产生情感上的共鸣和认同，非常有利于提起学生的浓厚的兴趣。

至于初中、高中乃至大学期间的乡土知识学习，我们觉得应该根据这个时期学生的知识结构、学习能力和学习环境的变迁，而采取与小学阶段不同的方式方法。

（4）项目鼓舞了白沙完小师生教学乡土知识的热情

从本书中所收的师生们的体会文章中，我们可以强烈地感受到这一点。白沙完小的老师和学生过去很少这么系统地对本地社区的传统文化做过深入的调查了解，通过参与项目的实践，激发起他们对本民族传统文化知识的热情，产生出强烈的作为纳西人的自豪感和作为纳西人应该学习和传承母亲文化的认同感、责任感。学校从校长到老师，都认为这个项目对师生和社区民众进一步认识乡土知识教育的重要性，对于学生热爱自己优秀的传统文化，都起了很大的作用。这个项目实施了两年后，学校打算借助这个项目的成功实施，多方努力，将乡土知识教育更加深入地做下去，通过他们的努力和积累的实践经验，为更多的纳西族地区开展乡土知识教育提供了一个做法独特、有创新性的范例。

（5）项目在实施过程中也发现了问题和面临的挑战

参与项目的学者和师生们在实施这个项目的过程中，也发现了不少在小学学习、传承本民族传统文化知识的困难和各种挑战，特别是目前在席卷全球的"全球一体化"和主流文化通过电视、报纸、学校教育、各种出版物等各种各样的途径深入渗透少数民族社会生活的方方面面；学生们今后面临着的在社会中的生存竞争等，都给少数民族传统文化知识的传承和学习带来了种种挑战。如果不是身体力行地参与这样的项目，就不会对这些问题有深切的感受。项目组成员和白沙完小的师生们在收在项目总结报告的文章中，深入地谈了这些问题，并提出了一些从实践中总结出的看法、经验和建议。这都相当有利于今后进一步探索和实践少数民族传统文化的教育和传承。

（6）由这个项目引发的思考

从白沙完小项目点的实践中，也向我们提出了这样值得深思的问题：在丽江这样主要靠自己的本土传统文化特色促进了旅游和文化产业的发展的区域，很多人可能都会想当然地认为人们保护已经作为自己重要的"饮食父母"的文化资源、传承传统文化应该已经是蔚然成风，事实不然，一方面，是旅游市场上一派传统文化热卖的繁荣景象，东巴文化、纳西古乐、民族歌舞、摩梭风情等等，都已经不断转化为各种文化商品；以文化资源为主要吸引力的丽江旅游热潮，成为丽江市的支柱产业，1995—2008 年，丽江游客接待量和旅游综合收入由 84.5 万人次和 3.3 亿元，增加到 625.5 万人次和 69.5 亿元，分别增长了 7.4 倍和 21.1 倍，旅游总收入占全市 GDP 的比重，从 1995 年的 18.3%增加到了 2008 年的 68.7%，来自旅游业的财税收入占全市财政收入的 70%以上。目前丽江旅游业直接从业人员达到 4 万人，间接从业人员超过了 10 万人。

而另一方面的情况是，作为重要旅游文化资源的东巴文化传承人中，真正掌握纳西族东巴文化博大精深内涵的东巴精英越来越少；民间传统文化的精英人物也在日益减少；小学、中学里对纳西族传统文化有深入了解、掌握较多知识的老师和学生也非常少。在丽江城区的不少学校里，甚至很多的纳西族学生已经不会流畅地讲自己的母语，绝大多数的家长都希望自己的孩子学好汉文化、学好英语，以便以后能考上大学、谋得一个好工作。至于本民族的传统文化，懂一点好，不懂也无所谓。这是丽江民众非常普遍的心理。尽管丽江人靠自己卓有个性的文化赢得了今日的辉煌，但传统文化的传承在学校里还是非常落寞和艰难的。

不知道有多少人想过，今后乡村的孩子们读完小学、中学后，考上大学的毕竟只会是少数，即使很多孩子们最终考上了大学，留在城市里的毕竟还是少数，更多的人将立足于自己的故土，在这块土地上休养生息。那么，知道和了解自己民族优秀的传统文化知识，知道自己的根，了解自己的祖先千百年创造、积累并传承下来的智慧和知识，并掌握一些本地传统知识的技艺，对于在这块土地上的长久生存，意味着是多么重要的事情。特别是对于一个民族的认同和凝聚力而言，文化是最为重要的因素。

这个项目在乡土知识的传承教育方面做了有益的尝试，这种实践，也许会给生活在丽江这块土地上的人们更多的启迪和思考，让更多有志于本土文化的教育和传承的人们能在本项目所做的这些事情的基础上，探索出更为有效的切合实际的经验，走出更为可持续和更为成功的道路。

三　培训妇女留住她们"手上的文化"和扶贫助学

在2004年，我有机会到德国去参加一个学术会议，有德国米苏尔（Misereor）社会发展基金会的人也来参加，我通过我的学术演讲，介绍云南特别是丽江丰富多彩的民族文化，引起了该基金会的人的重视，于是就促成了"少数民族贫困学生助学"和"少数民族妇女传统手工艺技术培训"这两个扶贫项目，于2004年在丽江实施，迄今已经实施了两期四年，云南省社科院丽江分院（丽江东巴文化研究院）则是我院此项目的地方合作单位。最近在丽江进行了阶段性的小结。

我在与米苏尔社会发展基金会谈项目的时候，达成的共识是通过这个项目进行帮助少数民族的年轻人提高个人能力的培养，并在此基础上传承优秀的本土文化，改善自己的生活，也力所能及做一些裨益于所在社区的实事。因此，"少数民族贫困学生助学"所资助的学生，应学社区最需要的专业，而且学成以后，要回到所在社区去做至少两年的为社区服务的工作。因此，两期项目从丽江的贫困山区选择了10个中学毕业生到丽江民族中专进行医学、兽医、旅游、园林等方面的技术培训，其宗旨在于资助贫困山区辍学的学生接受有利于个人发展和带动社区发展的技能培训。每期为期三年。

"少数民族妇女传统手工艺技术培训"的立项，起因于我在长期的民族学田野调查中，看到了少数民族地区传统的"手上的文化"的衰落和逐渐的失传，往往只有少数一些上年纪的老人尚娴熟地掌握，特别是有些典型的民间传统手工艺，是由妇女传承的。而现代日益发达的机器生产为人们赢得了效率和利益，却也成了传统手工艺的致命伤，那种凝聚在一针一线、一刀一凿中的古老的诗意和充满创造性和个性差异的美，消失在那千篇一律毫厘不差的图案和"一刀切"的制作模式中。

当各民族经千百年积累而形成的传统手工艺逐渐湮没在那朝夕善变而

生命力短暂的时尚潮流中时，我认为这不仅是民族文化遗产的悲剧，也是人类丰富多彩的创造力和审美观的悲剧。我在一些西方国家也领略过不少具有浓郁的怀旧情绪和追求个性化、地方特点的传统手工艺，可见西方社会也不是趋之若鹜地追求一种如过眼云烟的时尚。

另外，由于不少民族传统手工艺制品生产规模小，工艺制作过程费时费力，因此，难以抵挡如今市场上各种用机械和使用大量化工原料成批量生产的工艺品的冲击，于是，本来对人类的健康和生物多样性、资源可持续性利用都大有裨益的民族传统手工艺便逐渐地濒于衰落乃至消亡失传的危机。很多民族的中青年妇女，已经不会做本地的传统手工艺，如果不培养一些传人，那这卓有特点的少数民族"手上的文化"，就会逐渐失传。

再者，这个全部培养对象都是农村女性的项目，也体现了扶助农村妇女的社会性别理念。贫困山区的少数民族女性与男性相比受教育的机会是不平等的。女性受教育程度低，文盲和女童辍学的现象多。汉文化水平的贫乏，也使得外出务工的很多女性只能从事低收入的、技术性简单的工作，所以，利用本地的传统手工艺资源优势，学习一技之长，也将有助于本地少数民族妇女的就业和靠技术增加收入、改善生活的目的。

我申请的这个项目的宗旨是以丽江为项目点，从丽江的各个少数民族妇女中挑选年轻人，进行每次为期两年的培训，专门请了丽江毛纺厂善于制作本地传统手工艺的师傅和民间的手工艺师来传授技艺。目的是通过培训，使来学习的妇女掌握传统手工艺技能，学成后除了自己能继续在实践中提高外，如能带动其他妇女一起学，并借此获得一些经济效益，改善自己的生活，传统手工艺也就在惠及自己的过程中得到有效的传承。

这个项目实施到第二期，还起了一种项目的带动示范作用，开始发挥"示范项目"（Pilot Project）的作用，项目以白华培训中心带动乡村培训的方式，在丽江发展了三个乡村手工艺品制作点。如古城区西安街制作点，有三个学员；金山乡莲湾村制作点，有三个学员；玉龙县黄山镇白华文荣村制作点，有四个学员。白华培训中心从技能培训、生产工具等方面来支持她们在各自的村子里学习传统手工艺。通过这样的培训和实践，使丽江多个民族的一些传统手工艺在这些农村妇女的手上得以传承，并已在一定程度上初步地获得了经济效益，起到了文化扶贫的作用。这两个项目真正起到了扎扎实实为民族地区办实事、社会科学研究为地方服务的作用。

此外，通过这个项目的实施，我们也体会到，各民族传统的手工艺，除了那些已经被人们普遍喜爱而有了市场效益的产品，也还可以深入探讨如何在传统的基础上有所创新的问题，制作出当代人喜欢而又不失本土特色的手工艺产品。该项目的妇女们所生产的一些真丝围巾、花布等，也是在传统的工艺、图案等基础上有所创新，因而在市场上也受到了人们的青睐。

载陈刚主编《应用人类学最新发展和在中国的实践文集》，民族出版社2012年版

略论纳西族饮食习俗的文化意蕴

一 东巴古籍记载的饮食习俗和当代的延续

食物与人类生存、社会发展有着十分密切的关系。一个民族的饮食习俗，会随着时代和社会的变迁发生变化。而一个民族没有足够的文字和文献来记载它的饮食习俗，就只能靠口耳相传和老人的讲述来知道一些历史上的饮食传统。而纳西族作为一个创造了"斯究鲁究"（ser jiel lv jiel）这种图画象形文字，并且用这种文字书写了数以万计本土宗教东巴教古籍的民族，在其古籍中就记载了不少饮食习俗，而且这些饮食习俗可以与现代和当代的饮食习俗进行比较，看有哪些习俗传承下来，哪些习俗已经消失，哪些习俗已经发生了变迁。所以，研究纳西族的饮食文化，东巴教古籍就成为非常重要的文献资料。纳西族的饮食习俗是随着社会的发展、文化的融合和生态环境的改变而变化的，在汉文史书上记载不多，但在纳西族东巴教的图画象形文古籍中，则记录得比较多。

在东巴古籍中，有专门讲述饮食的来历的一本经书（有的也译成粮食的来历），讲述了饮食对人们的重要性，人们怎么种粮食，怎么收粮，晒粮，到山上寻找酒曲，酿酒等的详细过程。其中还讲到牧童发现了两种开白花的草，其中一棵是带苦味的可以当酒曲的草，牧童把这棵草交给了祖母，祖母和开美女子用这棵草当酒曲，酿出了美酒。各地纳西族在农历二月八普遍过牧童节，民间有不少关于牧童的歌谣和故事，民间常有牧童发现某种奇花异草好的传说，这本讲述饮食来历的经书讲牧童发现酒曲花草，与民间的牧童文化密切相关。

从东巴经书的记载中，我们知道纳西人古时有过以野兽肉为主要食物的狩猎生活，他们在火上烤烧公鹿肉，用鹿肉做汤，煮食，捕捉野猪、马鹿、岩羊、羚羊等。畜牧业发展起来后，纳西人又制作酥油、干酪。美籍奥地利学者洛克（Rock，J. F.）博士收集到的东巴古籍中还有挤母马奶的记载和相应的象形文字，这可能是早期纳西先民居住于西北草原地带时的饮食古俗。有的古籍中还讲到捕鱼和腌鱼的古俗，在东巴古籍《向战神献饭·供养战神》中，提到用肥美的鱼用于除秽仪式中。看来腌制鱼是纳西族古老的一种习俗，据笔者2016年在俄亚的调研，当地纳西族保留着腌鱼的古俗，他们将从附近河里捕来的鱼，用从山上采来的香料，加上酒和盐等腌制，晒干，当地人称为"俄亚臭鱼"，其实一点不臭，很好吃，是俄亚纳西人待客的一道美味。2016年笔者在位于泸沽湖畔、属于四川省盐源县的达祖纳西村调研时，也听本地村民讲到一种腌制鱼的方式，当地人称为酸腌鱼，方法是先把鱼捕来，用糌粑搅拌，然后挂在火塘上方，过几天晾干后，拿下来放上大蒜等佐料，放进罐子里腌制好，是当地人津津乐道的一道美味。

当山地农耕逐渐发展起来后，纳西人以荞麦、稗子、蔓菁等为主食，辅以奶制品、野菜及野兽肉，随着农业社会和生产技术的发展和吸收汉族的一些先进生产技术和新农作物，纳西族的饮食习俗也发生了很大变化，玉米、小麦、大米、稗子等变为主食，坝区农民逐渐种植蔬菜。东巴经中用象形文字记下了不少农作物及蔬菜。以及蒸、炒、煮、烧、捏面团、饭团、炒面等烹调方法及相应的炊具也在经书中有描述。

有些传统的食品在东巴古籍中有相应的故事，于是就演变成一种具有象征意义的神性食品，比如蔓菁是纳西族很早就种植的一种作物，在东巴教圣典《人类迁徙的来历》（又译为《创世纪》）中，说人类祖先崇仁利恩娶到了天神之女衬红褒白咪后，两个人从天上迁徙到人间来居住，他们生下了三个男孩，但都不会说话，于是他们派蝙蝠向天神打听，蝙蝠用计谋打听到了能说话的秘方，崇仁利恩夫妇照秘方行祭天之礼，有一天，三个儿子在蔓菁地里玩耍，有一匹马来吃蔓菁，三个儿子不约而同地用三种语言说出一句话："马吃蔓菁了！"这三种语言分别是藏语、纳西语和白族语，于是，说出藏语的大儿子成为藏族的祖先，说出纳语的二儿子成为纳西族的祖先，说出白语的三儿子成为白族的祖先。蔓菁一直是纳西族生活中一种重要的食品，在杀年猪之前两三个月，要每天喂猪吃煮熟的蔓菁。纳西人也将蔓菁切成一串串片状的蔓菁花，晒干后成为混合着肉汤吃的美味食品。人们还用蔓菁发出的嫩芽腌制成酸菜。蔓菁作为在神话史诗中一种启迪民族语言产生的食品媒介，也成为一种具有特定文化含义的食品，在很多东巴教仪式上，蔓菁作为一种供品，东巴祭司也将木牌画等插在蔓菁上供在神坛上。

东巴古籍中还有人用芦管在一个酒坛里汲酒喝的象形文字，这是纳西人围着酒坛以草管、芦管等吸酒喝的习俗，这个习俗在源于古羌人的民族的饮食习俗中普遍存在，至今也还保留在羌族的生活习俗中。此外，东巴经中还记载有诸如以小陶罐煨茶的习俗等，而这个习俗一直保留至今，在20世纪六七十年代的丽江古城居民中，保留着用小陶罐煮茶，用一块烧红的岩盐在火中烧红后在滚烫的茶水中飞快蘸一下再喝茶的习俗。在东巴经《饮食的来历》中，还详细叙述了种麦煮黄酒的过程。

二 饮食禁忌与民间信仰之关系

在东巴教中的仪式中，保留了纳西族历史上一些节日礼仪的饮食习俗。如在东巴教最大的仪式之一，也是纳西族传统最大的节日的"祭天"中，一直保持了古代敬老习俗的古规，在祭天坛设老人席敬待老人，用古老的分配方法来共同分享祭天坛的酒肉和饮食；首领和平民共同饮用金竹虹管或者芦管吸引自酿的大麦黄酒。纳西族除夕聚餐时首先将猪头肉喂狗的习俗，也来自东巴经《崇般图》（人类迁徙的来历）所记载的传说中，因为狗从天上的天神处给人间带来了各种谷种，因此有功于人类。纳西族民间对吃狗肉是非常禁忌的，说"××族是吃狗肉的族"，这是骂人的一句话。笔者听过这样的一个事例，有个走出家乡上大学的纳西人在外面入乡随俗地吃了狗肉，后来被人告知了他的村人，于是，这个大学生被村里禁止参加祭天仪式，要连续举行三次除秽仪式后，才能又参加祭天仪式。禁止参加祭天仪式，相当于是开除了你的"族籍"，要通过东巴教的除秽仪式后，才能恢复你的族内参加圣典的资格。纳西族也禁吃猫肉，这也来自圣典的解释，据说是狗和猫从天神那里给人类带来了五谷，所以纳西人善待猫，禁吃其肉。

一些饮食的禁忌，也源于东巴经所记载的神话传说，如禁食猴肉，因猴曾是纳西先民奉如始祖的图腾。忌食猫狗肉，因猫狗是天神赐给人类的动物，也为人类立过功；忌食青蛙，因青蛙在纳西族神话中是一神秘动物，是自然神"署"的重要象征物；纳西族的"雌雄八卦"源于一个"金黄大蛙"之体。禁忌吃马肉，因为马不仅帮助纳西人征战和迁徙，而且每个人死后，都要由马来帮助把灵魂驮回"祖先之地"。

各地的妇女怀孕期间也有一些食品禁忌，比如香格里拉市三坝乡的纳西妇女怀孕后，孕妇禁吃鸽子肉（因鸽子生蛋时四处飞奔乞食，怕生出儿女来亦如鸽子），禁吃兔子（因兔子豁嘴）；禁吃病畜；产妇举行洗头礼前禁出门见太阳，忌吃母猪和公鸡肉。

有些饮食禁忌则有突出的人性化的考虑，比如禁忌捕食怀孕的野生动物等，纳西人在立夏期间的三个月中，禁忌狩猎，因为这个时期是野生动物繁衍的时节，不宜狩猎。这与禁忌捕食怀孕的野生动物习俗是同理。此外，纳西人还禁食跑到家里来的野生动物。

另外，有些也有神性的动物则没有禁吃的禁忌，比如羊在纳西族文化中是一种神性动物，相传纳西族民族保护神三多的属相是羊，因此，作为他的化身的玉龙雪山这座圣山也属羊。在东巴经所记载的纳西古语中，"羊"也读如"尼"（neeq），是家畜的总称，也是财富的标志。人死后，羊亦是引导死者灵魂回归"祖先之地"的灵兽。羊也是引领逝者的灵魂回归祖先之地的灵兽，但纳西族没有禁吃羊肉的禁忌，羊也常常作为祭献给神的牺牲，东巴古籍中记载说，牦牛也是用来贡献给神祇的祭品。作为游牧民族的后裔，羊肉是纳西人过去比较常吃的家畜肉。牦牛是东巴教守护仪式之门和大门的神兽，与虎并列为门神，但老虎肉禁吃，而牦牛肉则可以吃。显然，羊和牦牛是纳西人有灵性的家畜和神兽，但没有禁食的禁忌。而马则是更多用于运载生活用品的家畜，但也是运载亡灵回归祖地的家畜，纳西族禁忌吃马肉。这些家畜不同的饮食禁忌中的文化蕴意，值得进一步深入研究。

在东巴教仪式上，也有一些特定的饮食禁忌习俗，比如在纳西族的祭地仪式上，所祭的是天神之妻地神"达"（dda），在祭地仪式上，点大香仪式后，妇女可进入祭场。然后为猪牲和鸟牲除秽，将鸟挂在代表地神的树枝上。生熟二祭后，把祭品拿到场外献食处，点火烟招引飞禽来啄食。飞鸟争食时，众人要说吉利话并磕头，然后集体聚餐，将未吃完的肉食平均分配，每人摘一片神树叶，列队回家。当晚各户用带回来的肉食祭祀祖先。正月十四日，各户来一人到祭地场行简单小祭，进行"清灶"，将神树安置于一特定地方，清理祭场。只有本家族和祭地群体的成员才能参加该仪式，忌禁外民族的人参加；从祭地场带回的肉食只能自己吃，不能给外人，违犯者视为对地神最大的不敬。

如上所说，有些饮食禁忌习俗源自纳西人的本土宗教东巴教，比如禁吃蛇与蛙，因为这两种动物被认为是司掌大自然的神祇"署"最重要的家族成员，所以禁吃。而有些区域性的饮食禁忌，则与具体区域的外来文化习俗相关，比如过去丽江古城和坝区的民众禁吃水源地黑龙潭里的无鳞鱼，民间称这些鱼为"面鱼"，因为这地区的纳西人认为黑龙潭是龙王的居住地，这些鱼都是龙王的水族，禁忌吃。而信仰一旦打破，相应的禁忌也就被打破了，比如在"文化大革命"中，黑龙潭的鱼不能吃的习俗被视为"迷信"，大破"四旧"的红卫兵很快就把黑龙潭的鱼捕捉完了。

三　食品祭祀和水土观念

纳西族在举行东巴教仪式和举行祭天祭祖等各种祭祀仪式时，也有不同的习俗。在大年三十吃年夜饭时，都要吃一个腌制的猪头，而且在吃之前要先供神和祖先，供时猪头上一般会插上几朵野山茶花。在传统新年（春节）的第一天，很多地方的纳西族要吃素，早上要吃纳西语称为"诺支"（no rher）的糯米粑粑，其次是纳西人称为"高勒"（ga leiq）的油炸粉皮，"高勒"有用麦粉或鸡豆粉做成的薄片两种，到时用香油煎熟，有的还加植物色素做成不同的颜色，这些食品用来祭祀祖先之灵，清明节上坟扫墓也要带上这些供品祭祀祖先和神祇。

在东巴教的仪式上，人们要祭祀神祇和安抚驱赶鬼怪，而食品无疑是重要的媒介。所以，以什么食品祭祀鬼神，也是很有讲究的。比如供奉给神祇的应该是纯净的头道酒、头道茶，是纯净的酥油、纯净的炒小麦、爆过的纯净米粒。而炒荞麦粒是要施舍给鬼的，是鬼粮；炒白米是祭献神的，是神粮。此外东巴古籍中还记载，人们用从岩石上采来的蜂蜜，还有猎到的岩羊等做祭神的供品。在东巴教仪式上，还常常用牛或羊奶来象征神药供奉给神，把牛奶与爆米花撒于泉水中，祭祀大自然神"署"。

为什么在仪式上将苦荞等作为祭鬼的食品，而将麦面、大米、玉米等作为祭神的"神粮"，主要的原因是在大多数纳西人居住地区，主粮是玉米、大麦和大米等，而荞麦是生长在海拔比较高的地方，食用的民众不多。纳西人自然地将自己常用的食品也推想为是神喜欢的食品，而爆炒的荞麦粒等则视为鬼粮。在安抚鬼怪的仪式上，要用羊牲的血染在木牌上血祭鬼怪。而在很多东巴古籍的记载中提到，献给鬼怪的食品也并非与献给神的食品有截然不同的区别，人们也用美食施舍给各种鬼怪，用美食好好地招待鬼。比如在属于小祭风仪式的《施食》中提到，用红麦酿酒，用麦面做馒头，做油煎的粑粑，摘来树上的核桃，石头上晒干的小柿子、水中的石花菜腌制的腌菜、琵琶肉、腊肉、百米饵块、肥肉和瘦肉坨坨，让鬼吃饱喝醉。

纳西族的成年礼也与食品密切相关，老东巴和即贵对笔者讲过，丽江县鸣音乡（今属玉龙县）的纳西族女子到13岁时举行"穿裙"礼，男孩在13岁时举行"穿裤"礼。举行这个成年礼的当天，家中请来一个与子女属相不相冲犯的人，男子成年礼请男子，反之请女子，此人家庭要三代健在，夫妻俱在，子女多而健康。当天还请东巴举行祭家神仪式。举行"穿裤"礼时，当请来的人给少年穿上事先准备好的新裤，当事的少年男子站在正房火塘的左边，双脚踩在猪膘肉上，一只手提着一个猪板油团，一只手托着一个放了米、麦、苞谷等的小木盒，这有希望以后生活富裕的意思。东巴念诵《迎请生命神经》，祈求家神赐予这个已成年的男子富裕和寿岁，然后东巴为这少年行"抹酥油"礼，表示祝吉，女子的"穿裙"礼过程也与此大致相同，只是穿裙时站在火塘右边。

在纳西人的东巴教信仰中，认为东巴教所祭祀的有些神祇和精灵也有饮食的差异，比如一般认为大自然之神（精灵）署是非常爱美和爱洁净的，非常讨厌人类污染他管辖的水源等，所以，祭祀署的供品也要干净，不能在靠近泉水的地方洗涤不洁的东西和食品。

此外，纳西人的饮食观念中也产生了特定食品与特定的区域或特定的水土相联系的观念，比如著名的丽江粑粑，是广受各地人士欢迎的名吃，1997年在昆明举办中国艺术节，同时举办配合艺术节的食品文化街，丽江粑粑也是其中销售的云南名吃之一，当时购买丽江粑粑的人排成长龙，笔者也去买，和做丽江粑粑的师傅闲聊，他们说丽江粑粑要用丽江的水才能做出正宗的味道，所以他们用汽车拉来了丽江的泉水到昆明做和面的水。过去，不少纳西人清晨都到丽江古城著名的水源地黑龙潭汲玉泉的水，一方面认为玉泉的水清澈洁净，同时还有灵性，对人的身心大有裨益。

丽江民间最普遍也最受欢迎的鸡豆凉粉，是无论尊卑长幼都喜欢的大众食品，人们认为来自玉龙县白沙的鸡豆最好，而石鼓的鸡豆凉粉则最有名；而玉龙县宝山乡的猪则是闻名遐迩的美食；玉龙县白沙镇玉龙村的松子也是远近闻名、以皮薄核多而闻名，所以除了日常百姓消费外，也常常是重要饮宴场合的瓜果小碟之一。

水土观念也反映在一些饮食习俗中，比如香格里拉市三坝乡白地是纳西族东巴教圣地，当地有这样的习俗，如果人要出去旅行，会在当地神圣的泉华台地捡几棵小石头随身带着，本地纳西人称之为"段吕吕"（dual liu liu），如果在外面有水土不适的感觉，本地纳人认为可以把这小石头捣碎合水喝下，身体的不适就会消失。这主要基于本地家乡水土的观念，就如有些地方的人们也有带上家乡的一小包土以防水土不适时和水喝下的习俗相类似。但不同的是白地纳西族取的小石头是在泉华台地上，不是其他随便找点土带走，其中还蕴含有灵地水土的观念，而且还讲究传统的数字观念，男为九而女为七的习俗，这是纳西人以九代表男而以七代表女的数字文化观念。

四 饮食中的民族文化融合

纳西族的饮食习俗随着与其他民族交流的增多，也逐渐变得丰富起来。比如玉米，纳西族称之为"卡增"（kaq zzei），直译意是"王的麦子"，纳西话中的"卡"（kaq）是"可汗"一词的变音，"可汗"是中国古代柔然、突厥、回纥、蒙古等族的君长的称号，《新唐书·突厥传上》："至吐门，遂强大，更号可汗，犹单于也。"从此，这个指称皇帝或王的"可汗"一词就进入纳西语词汇中，音变为"卡"（kaq），忽必烈率领的蒙古军在1253年攻打大理国时"革囊渡江"到丽江，玉米可能是那个历史时期由蒙古人传进来的。纳西族喜欢喝酥油茶，这个饮食习俗来自藏族，但纳西人在酥油茶中喜欢加上捣碎的核桃末等，使酥油茶的滋味更好些。此外，纳西族的祭祀仪式常常用到酥油，特别是在婚礼上要举行纳西语称为"报麻报"的抹酥油礼，东巴祭司要将一点酥油抹在新婚夫妇的额头上，然后祝福新婚夫妇抹酥油后得到尼与哦，尼与哦包括繁殖力。酥油在东巴教仪式中用的时候很多，是一种具有神秘意义的象征物，它有多育、吉祥、驱邪等多重象征意义，东巴教中有专门讲述这种"圣油"来历的经书。酥油在古印度文化和藏族文化中也有神秘的宗教含义。酥油在诸种文化中的神秘意蕴渊源甚远。

此外，过去丽江、鹤庆与剑川是三个接壤的县，曾经属于一个行政区域即丽江专区，长期以来，这三个县的主体民族白族和纳西族有各方面的相互交流，都有一些相同的饮食习俗，比如吹猪肝（把新鲜猪肝吹胀后晒干，食用时先煮熟然后加各种佐料凉拌吃）、猪肝渣（猪的肝和骨头用盐、辣椒、酒等作佐料搅拌后腌制），都是纳西和白族民众喜欢吃的，也是饮食相互影响后形成的共同食品。而纳西族擅长种红米，纳西族聚居区普遍种植红米。在明代，纳西族木氏土司还把种植红米的技术传播到了现在的迪庆州、甘孜州的巴塘和理塘等地。

明清时期，汉文化传入丽江纳西族中，于是纳西族的饮食又逐渐吸收了汉族的饮食文化，汉族的一些主食和菜肴花样被纳西族所吸收，同时融进了本土的特色。1638年，中国大旅行家徐霞客来到丽江，木氏土司木增（木生白）以纳西族的待客大礼招待徐霞客，用青松毛铺地，摆出81种菜肴，使徐霞客目不暇接。他在《徐霞客游记》中记载曰："大肴80品，罗列甚遥，不能辨其孰为异味也。"木增招待徐霞客的这80种菜肴，除了本土纳西人的饮食之外，应该也有从汉、藏、白等族中借鉴而来的菜肴。

徐霞客游记中，关于纳西饮食还有如下记载：

> 初三日，余以叙稿送进，复令大把事谢。所馈酒果，有白葡萄、龙眼、荔枝诸贵品，酥饼油线（细若发丝，中缠松子肉为片，甚松脆），发糖（白糖为丝，细过于发，千条万缕，合揉为一，以细面拌之，合而不腻），诸奇点。初五日……言明日有祭丁之兴趣，不得留以盘桓，特令大把事一人听候……是日，传致油酥面饼，甚巨而多，一日不能尽一枚也。初六日，余留解脱林校书。木公虽去，犹时遣人馈酒果，有生鸡大如鹅，通体皆油，色黄体圆，盖肥美之极也。余爱之，命顾仆腌咸为腊鸡。初九日……恳明日为其四子校文木家院，然后出关。院有山茶甚巨，以此当折柳也。……初十日……盖木公先使其子至院待余，而又屡令人来，示其款接之礼也……搭松棚于西庑之前，下籍以松毛，逸西重礼也。二把事亦设席坐阶下，每献酒则趋而上焉……肴味中有柔猪、牦牛舌，但（四子）为余言之，缕缕可听，柔猪乃五六斤小猪，以米喂成者，其骨柔脆，全体炙之，乃切片以食。牦牛舌似拔舌而大，甘脆有异味，昔余时已醉饱，不能多尝也。

从徐霞客在游记中的这些记载看，明末时的纳西饮食，已经有煌煌大观之势，其品种之多，花样之繁，可见当时丽江纳西族上层饮食的丰富。而其中提到的宴客时在地下铺青松毛的习俗也由来已久，取义为吉祥如意，如松柏常青。这个习俗至今还保留在部分纳西族地区和藏缅语族一些民族的当代饮宴习俗中。

纳西族引进汉族的饮食习俗后，产生了"六大碗"和"八大碗"等菜谱，而且还分婚事菜谱"八大碗"和丧事菜谱"八大碗"。"八大碗"其中大肉（用红色的可食植物染红）、酥肉、粉蒸这三大碗是最基本的大菜，此外还有酸辣鱼、凉拌猪肚、吹肝片等。

我们在上面提到纳西人的腌制鱼等饮食习俗。笔者小时候，在丽江城区和坝区，把鱼作为一种吉祥的食物，比如结婚时要用鱼这道菜，取义为鱼水和谐，显然这个象征意义是从汉文化传来的。这和在婚庆宴席上必须要有百合（象征百年好合），要有葱（象征生下聪明的孩子），有"聪明伶俐"寓意的凉藕，表示"长命百岁"的粉丝，表示"团圆吉利"的肉丸等，也是取义汉文化象征意义的食俗，以此增加婚宴的吉庆。

此外，纳西婚宴上不可或缺的是要用一盘"红瓜子"，是一种产自丽江金沙江边海拔低的大具乡的西瓜子，色彩是喜庆的红色，所以成为婚宴不可少的一道小碟。相传是忽必烈在1253年攻打大理国时"革囊渡江"到丽江时传来的。

随着广泛吸收汉藏白等族的饮食习俗，纳西族的饮食逐渐变得多样化和丰富多彩。在婚丧大事和建房子等所办的筵席上，就有了"六碗六碟""八大碗"等花样。六碗六碟是纳西族常见的筵席，内容包括各种蒸煮酥炸，甜点冷碟等。

"八碗八碟"是纳西族最普遍用的筵席，它是"六碗六碟"的变种，其菜肴花样随着时代的变迁而有改变，但一般不会缺少有本地腌制的腊肉或火腿、咸鸭蛋、大肉（用可食植物染成红色）、酸辣鱼、吹肝片等。在喜庆筵席上，在吃八大碗之前首先要上"八碟"，是各种自己做的各种瓜果蜜饯、有本地特色的如香橼蜜饯、梅子蜜饯等。

除了上述"六大碗""八大碗"之外，纳西族民间还产生了富裕家庭举办祝寿、春节或春季宴客时的特殊菜谱"三叠水"，所谓"三叠水"，主要是指用三种大小不同的碗具盛菜肴，称为"三叠"，有的用六个大碗、六个小碗、六个盘子，合计有18样菜。有的则花样更多，"一叠"

三叠都各用13冷热搭配的荤素菜，极尽本地的肉食和素菜野菜的品种搭配，显然是徐霞客所记明代木氏土司款待他的"大肴八十品"的流风余韵，有的解释13种是象征玉龙山13峰，13在纳西族的东巴文化和民间文化中是常见的一个吉祥数字，其意蕴与苯教也有关系。

纳西族汇融了多民族常用食材的铜火锅杂锅菜也是闻名遐迩，把纳西腊排骨、腌肉、火腿等作为肉食，加上各种各样的蔬菜，粉丝、鸡豆干凉粉、麦面粉皮、韭菜根、豆腐等，用炭火慢慢烹饪，非常受欢迎，多年前丽江搞过一个向外国人了解本地饮食的问卷调查，纳西火锅排在第一位。近年来，这个纳西铜火锅取名为"纳西腊排骨"火锅在市场上广泛受到欢迎，已经走进昆明等一些大城市和西藏等地。笔者2016年10月到西藏调研，发现在很多城镇，"丽江腊排骨"已经成为普遍受到欢迎的一个饮食品牌，火锅则不再是丽江传统的用炭火的铜火锅，而是换上了更便于烹饪的本地石锅和铁锅，开"丽江腊排骨火锅"的店主也多是来自丽江永胜县的汉族妇女，一道纳西人的家常菜肴，由丽江市永胜县的汉族妇女传播到了藏区，这也是当下民族餐饮及其烹饪角色的变迁，由此也可以看出丽江市永胜县的妇女更倾向于走出家门做烹调生意的民风，而相对来讲，也善于烹饪的纳西妇女走出家乡去做生意的就很少，大家还是乐于在家乡自得其乐地烹饪美食与亲朋好友共享。

饮食的种类和食材在社会的变迁中也在发生着变化，过去丽江最有名的红米，明代就传播到了藏区，但这种土著米因为其产量低，在后来产量至上的年月里，引进各种外来粮食品种，丽江的红米就慢慢绝迹了，反而在其他一些纳西族聚居区得以留存，现在宁蒗县永宁纳西族摩梭人居住地区的红米，在旅游市场上受到欢迎。按照过去纳西人的传统观念，荞面、苞谷、土豆等是贫穷人家吃的粮食，而大米、麦面等则是有身份的好食品。现在这个观念发生了变化，过去在筵席上一般不用的荞面、苞谷、燕麦面等已经被视为有益身体健康的"生态食品"。杀年猪后把整头猪腌制成琵琶状的琵琶肉（又称猪膘肉），是纳西族传统的腌制腊肉的方式，猪膘肉是将猪宰杀后用独特的本地工艺将整猪腌制而成的。猪膘肉因加工独特、香料丰富，可以存放几年。而后来在丽江的纳西族中，这个习俗逐渐式微，代之以把猪肉腌制成火腿和长条的腊肉，而在宁蒗县永宁等地的纳西族中则长期保留着，在纳西族藏族杂居的地方，这个习俗也传到了藏族民众中。这两年，丽江纳西族中有一些地方在恢复琵琶猪的腌制习俗。

纳西族的烹饪场所也在时代变迁中发生着变化，比如过去烹饪是在纳西族传统的母房火塘上，随着汉式灶的引进，就逐渐产生了居家饮食改在厨房汉式灶上烹饪，而母房的火塘更多地用于举行各种祭祀礼仪和人生礼仪等。饮食民俗中也增加了除了过去在火塘边祭祀祖先神、火神、五谷神、财神等，还增加了祭祀灶神的民俗。

五　饮食烹饪习俗中的社会性别和长幼观念

纳西族平时在家里的饮食习俗是尊重老人，老人一般都要在表示尊贵的位子，如果是在纳西族传统母房"吉美"（jji mei）的火塘边吃饭，男性家长的座位在北面最靠近神龛的地方。如果是围桌而坐，北面是尊位，因为北方是纳西远祖的居住地，所以以北面为尊。男性长者、辈分高的长者多在北面的座位上，笔者小时候，丽江古城的宴席习俗是坐在尊位的长者要首先举筷并开口请大家动筷吃，否则大家是不能动筷的。后来，这个习俗慢慢改变了，饭桌上更显出一种轻松的气氛。过去，在宴席上女性一般不和男性同桌吃饭，这个习俗现在在很多纳西族地区也改变了，女性和男性可以同桌吃饭。

男女社会性别在饮食习俗上的表现也因区域而有差别，在很多纳西族地区，女性很少有喝烈性酒的。但1989年和1991年我去玉龙县塔城乡巴甸村和署明村时，本地纳西人首先敬我本地酿的白酒而不是茶，妇女也可以和客人一起喝这种白酒。

在举行祭天仪式时，在祭天场分配食品，集体吃祭天饭，老人要坐在最重要的位置上。过去举办筵席，如果有老人长者因年老体衰不能来赴宴，办筵席的主人会送上一份饭菜，托老人的亲属带回，表示对老人的敬重。香格里拉市三坝乡吴树湾村纳西族举行祭天仪式时，妇女们在家中准备好肉、饵等食品后，相约来到祭天场，分发食品，用铜瓢从酒罐里舀酒，盛于碗中，每人敬一碗，小孩也不例外。

有些民俗也体现了纳西人对某些食物的生殖崇拜的神秘观念，如东巴经中记载，纳西族的阴阳五行也出自一个"金黄大蛙"。丽江有些地方的纳西族过去有在河沟里掬喝蝌蚪之俗，认为喝了蝌蚪后能增强生殖力，看来青蛙是纳西族生殖崇拜文化中一种神秘的象征物。有些地方有妇女喝了某个特定泉水的水就容易怀孕等生殖崇拜习俗，这样的水常被称为"伙吉"（hoq jjiq），指有神秘生殖力的活水。纳西人的饮食习俗中也有哪些食品对妇女有益，哪些对男子有益等的观念，有些与其他民族相似，比如韭菜和核桃有利于男子强壮，燕麦酒也能增强男人的性力等说法。

后来因为日本人来大量购买而升价飙升的松茸蘑菇，在纳西人的传统饮食中原来地位并不高，相反，纳西人认为这种蘑菇吃多了会"刮油"，意思是会把体内的脂肪吸走，在肉食相当缺乏的年代，"刮油"显然不利于身体健康，所以禁忌多吃。这个蘑菇的身价飙升，完全来自于日本方面对这个品种的酷爱和各种传说，所以纳西人的食谱中就提升了这道菜的地位，而且也吸收了芥末伴食生松茸片的食俗。而纳西人历史上非常喜欢吃的蕨菜，纳西民间有"青黄不接的缺粮季节，小哥上山捡蕨菜"。由于当代有些科研成果证明蕨菜不利于身体健康，现在市场上的蕨菜就不如过去那么普遍了。

随着吸收学习其他民族的饮食文化，纳西族的饮食文化日益变得多样化，同时也产生了不少闻名遐迩的烹饪高手，而这些烹饪高手大多是女性，这与烹饪一事主要是妇女为主的纳西族社会性别分工有关。比如丽江古城就产生了好几个善于烹饪非常受纳西和藏族马帮欢迎的火烤丽江粑粑的妇女。还有把丽江粑粑进行制作工艺和原料创新，民间誉为"粑粑司令"的纳西妇女李仲喜，还有以烹饪黄豆面条著称的当代古城纳西妇女阿妈六。1955年，丽江古城也开始了合作化运动，上级机关要求所有丽江古城里经营传统小吃的家户联合起来办合作社。笔者的祖母属于做丽江粑粑的家庭，也在应该参加"合作小食店"之列。因祖母要照顾刚生下不久的我，母亲就接替祖母参加了筹办合作小食店的活动，并被指派具体负责组织这个"大研镇合作小食店"。她牵头将大研古城各个著名的传统名小吃私家店铺联合起来，成立了"大研镇合作小食店"。成员除了一两个男性外，都是清一色的纳西族妇女，她们是丽江古城小吃界的"女大腕"。其中有"丽江粑粑司令"李仲兴的传人、她的儿媳妇阿妈凤仙、"面条女大王"阿妈六、丽江火烤粑粑高手阿五奶等。

集丽江古城烹调大成的是纳西名厨阿妈意，她原名蒋意意，1918年出生在丽江古城的一个厨师世家。她出生时，家道因为清同治咸丰年间的战乱，已经没落。阿妈意才十几岁，就不得不靠着家传的厨艺摆小食摊维持全家的生活，她勤奋而好学，传承了家传的烹调技艺并有创新，精湛的厨艺和待客之道很快受人称道，20岁就在大研古城开起了一个餐馆。当时丽江著名画家周霖，旅居丽江的美籍奥地利学者洛克，20世纪40年代受宋庆龄和艾黎委派在丽江推动"工合"（Gungho，工业合作社）的俄裔作家顾彼得等地方名流，都是阿妈意餐馆里的常客。据阿妈意的孙子和传人肖军回忆，他奶奶对他讲过，她有一个习惯，特别喜欢跟食客交流，听取食客对她的烹调的意见，不断提高和改进自己的技艺，成为深受本地人和外来客商欢迎的古城大厨师。与一帮古城纳西各种地方名吃的妇女传人，形成这个茶马古道重镇的一道饮食文化风景。阿妈意在烹调实践中，发挥家传的手艺，并不断融合纳西族的传统饮食文化，进行研发和创新，最终自成一家，奠定了近代丽江大研古城纳西族饮食文化的基础。阿妈意退休以后，在大研古城的一个花园开了一个饭店，饭店门面不大，但总是宾客盈门，这些宾客中，既有古城的邻里乡亲，也有到丽江视察的党和国家领导人以及来丽江的各方面著名人士。1983年胡耀邦总书记来丽江调研，1985年十世班禅大师来丽江访问，阿妈意为他们做过纳西宴席，受到很高的赞誉。

阿妈意老人去世后，她的烹调绝活传给了她的孙子肖军，他现在是第三代传人，现在是丽江市古城区非物质文化传人、纳西饮食文化研究会会长。肖军继承祖母绝技，弘扬家传纳西烹调之法，但又有创新，从食材到用料皆按纳西传统而精选，烹调佐料也选自自然的食材而不用诸多可现成购买的人工制作的配料。他在大研古城小石桥附近开了纳西餐馆，名字就是"阿妈意"。肖军成为纳西族传统中不多见的男性著名厨师，笔者曾访问过他，他对烹饪很有一些独到的见解，比如怎么选用本地的食材，除了坚守纳西烹饪传统，但又学习借鉴其他民族的烹调技艺，但又不能失却本土最本质的饮食文化精髓。而他谈得最多的是如何恪守家传的诚信声誉。多年来肖军恪守诚信，从不采取给回扣等经营方式，而更多采用了给顾客优惠的方式，这样做成本比较大，所以他开办"阿妈意"餐馆最初连续五年都没有赢利，但到后来，他恪守诚信为本的经营方式产生了社会信誉，加上他精湛的烹调技艺和地方特色，深受本地人和游客的欢迎，顾客不断增多，经营状况也越来越好。2015年他又创造了"纳西玫瑰花酒"品牌，用传统的蒸馏之法和粮食酿制，也开始受到市场的欢迎。

结　　语

纳西族的饮食文化源远流长，从东巴古籍中可以看到诸多后来已经消失了的饮食习俗，还有不少延续了古代食俗的饮食文化。随着社会的变迁和发展，纳西族的饮食文化也在不断地发生着较大的发展变化，各地纳西族的饮食有从古相沿下来的传统饮食习惯，而在接受外来文化比较多的纳西族聚居区比如丽江，饮食文化就变得日益丰富和多样化，融合了各民族的饮食精粹，并有结合本土的改造和创新，丰富了纳西人的饮食文化。而对饮食的理解，也更加多元化，无论从食材的品种、烹饪的花样、对食品营养的理解等，都在发生着变化。从传统饮食到当代饮食的日益多样化，反映了一个民族的饮食住行文化的互动发展。而今天在纳西族中，也有越来越多的人在关心当代饮食的安全性和健康性，越来越多的人关注消费健康饮食，如民间所称的"生态食品"，比如有条件的居民开始提前一年在农村里向农户交一笔预订金，订购喂养足一年且绝对不喂人工饲料，而是只喂家里的有机粮食、蔓菁等的年猪。打生态牌、不用化肥和人工饲料喂养等的"土鸡""土鸡蛋"、蔬菜、肉食等越来越受到民众的欢迎，丽江市玉龙县宝山乡的土猪"宝山猪"品种好，又多是放养，在市场上非常受欢迎，2015年12月21日，丽江猪被国家农业部列入畜禽遗传资源名录，由国家畜禽遗传资源委员会授予了证书。"丽江猪"正式成为国家级的一个畜禽遗传资源。一个崇尚健康食品和生态原味的饮食时尚，正在著名旅游地逐渐兴起。可以想见，这种变迁将会促使纳西人的饮食文化又产生新的变迁。

原载《民族学刊》2017年第2期

再论纳西族的"黑""白"观念

一

关于纳西族的"黑""白"观念，学者们发表过不同的观点，主要是围绕着纳西族是否是"尚"黑（纳）的民族来展开，主要的观点有以下几种：

一是从对纳西族自称族名的不同理解，方国瑜与和志武先生认为"纳西"之"纳"是"大"之意，"纳"在口语中取意为"大"，如bbi naq（比纳），大森林；heel naq（恨纳），大海；lv naq（鲁纳），大石；jjuq nal（居纳），大山；heeq nal（恒纳），大雨等①。纳西口语中，naq（纳）还有"黑"的意思，但"naq xi"（纳西）bushi 不是"黑人"的意思，按纳西语语序，"黑人"应为 xi naq（西纳），修饰语在被修饰语之后。②

和即仁先生则认为"纳西"的"纳"，其本意是"黑色"的意思，与彝族的自称"诺苏"（大凉山）等的"诺"的本意一样，本意为黑色。③在纳西语中，"纳"确实与黑色一词"纳"（naq，接近的汉语音译应该是"拿"）发音相同，除了这一点之外，和即仁先生没能举出更多的例证来论证"纳西"何以是"黑人"之意。而方国瑜、和志武先生所举证的，如果纳西语表述"黑人""黑衣"（"西纳""巴劳纳"或"机纳"）等意，修饰语形容词应该放在名词之后，这是有说服力的一个

---

① 在这篇文章中所用的纳西语记音，采用的是1957年设计、1981年修订的拉丁字母形式拼音文字《纳西文字方案》。
② 方国瑜、和志武：《纳西族的渊源、迁徙和分布》，《民族研究》1979年第1期。
③ 和即仁：《试论纳西族的自称族名》，《思想战线》1980年第4期。

例证。

笔者发表在《世界宗教研究》1986年第2期的文章《纳西族东巴经中的"黑""白"观念探讨》，是就纳西族东巴教中的"黑""白"观念专题探讨最早的一篇文章。我在那篇文章中首次比较系统地分析了纳西族东巴教中的"黑""白"观念。继此文发表后，陆续见到一些谈纳西族"黑""白"观念的文章，觉得有必要对这个问题做更为深入的辨析。

有的学者在原来"纳西"就是"黑族"观点的基础上，又做了一些发挥和修正，比如，白庚胜先生认为纳西族族称的"纳"基本含义就是"黑"，因此纳西族最早是"尚黑"的民族。"纳西族古代崇拜牦牛，故而牦牛之毛色黑色便受到人们的崇拜，并以黑命族，以黑为服色，以黑为帐篷色，以黑命名高山大川。"至于"尚白"的表现，他认为纳西族主要是受到了已被改造成崇尚白色的本教，以及藏传佛教中的白教派的影响。[①]

日本学者诹访哲郎也对纳西族的"黑""白"观念做了一些研究，他得出如下结论：纳西族创世神话《崇搬图》开头部分的黑白关系既是本教中的世界起源观念，也是纳西族固有的观念。纳西族神话中出现了一种黑白从对立转向统一的现象，证明了由北南下的畜牧民集团统治土著农耕民集团最终实现一体化、形成现今纳西族。[②]

我认为，尽管《崇般图》中有如诹访哲郎提到的白鹡鸰与黑乌鸦、白蝴蝶与黑蚂蚁合作为建筑神山出力等的一些描述，但从东巴教和纳西民俗整体的观念系统看，纳西族宗教和民俗中看不到"黑白的统一"，"白善黑恶"是始终存在于纳西宗教和民俗系统中的观念现象。

虽然纳西族的"纳"的发音与黑色"纳"（拿，naq）一样，但这只是语音的巧合而已，迄今没有什么证据证明纳西族从古至今有过"黑色崇拜"。但由于因为有彝族崇拜"黑色""以黑为贵"等的传统观点，加上对历史古籍中"乌蛮""白蛮"等从字面上简单的理解，因此，认为属于彝语支的纳西族也是"尚黑"的观点，在学术界还是比较流行，有必要加以进一步辨析和澄清。

说到纳西族的整体的色彩文化观念，与纳西族的"青蛙阴阳五行"

---

① 白庚胜：《纳西族色彩文化的基本特征》，《思想战线》2001年第5期
② ［日］诹访哲郎：《黑白的对立统一》，白庚胜、杨福泉编译《国际东巴文化研究集粹》，云南人民出版社1993年版。

也密切相关，纳西族东巴教中有独特的阴阳五生观念，它对纳西族传统文化和社会有深远的影响。青蛙阴阳五行在纳西语中称为"精我瓦徐"（zzi weq wa sieq），直译为"精我五种"，五种指五种物质，即木、火、土、金、水，其对应方位为：东、面、中、西、北，色彩为木（青），火（红），土（黄），铁（白），水（黑）。具体体现在一张称为"巴格"的图中。东巴经中记载"精我五生"是一个金黄大蛙的躯体化生的。因此，"巴格"图绘如一只箭镞穿过其身的金黄大蛙为中心，上北（水），下南（火），左西（铁），右东（木）。以北始按顺时针方向排列十二属相，木、火、土、金、水五种元素又各分阴阳，成十天干。①

在表示人生重大转折，承担起繁衍家庭新生命重任的婚礼上，祭司东巴要叫新婚夫妇把一束红、黄、蓝、白、黑五色丝线或布条系在象征生命神"素"的箭杆上，这五色布即代表构成生命的木、火、土、金、水五种元素。

纳西人认为人生于阴阳五行，生命由五种元素构成。人死时也复归于阴阳五行。因此，死者的寿衣上也寓有这种复归生命本原"精我五行"的观念内涵。男性死者的寿衣叫"阿汝培巴拉"，意即漂亮的麻布衣裳。长约四尺，织有一道道五彩丝线条纹花样，每五寸处织一道五色丝线花样；女性死者穿的寿衣叫"培干杆"，意即美丽而光滑的麻布衣。腰布用五色丝线织花样，脚套五色线黑面绣花白底布鞋。②

纳西族虽有如上与青蛙五行密切相关的色彩观念，但最基本的则是"黑白"对应的二元色彩观念，黑白色彩与纳西人的宇宙观、人生观、善恶观等密切相关。"黑""白"观念贯串于东巴象形文东巴经中。以白为善，以黑为恶的观念表现在经书中天地神鬼起源、天体物象、生态环境、服饰医疗、宗教法事及象形文本身。这个特点与本教的黑白二元对应观念有密切的联系。在苯教和东巴教的二元对立观中，最为突出的是关于"黑"与"白"的对立。

国外有的藏学家提出这种早期流行于西藏、青海等广大地区的古教没

---

① 参看杨福泉《原始生命神与生命观》，云南人民出版社 1995 年版，第四章。
② 和即贵讲述，牛耕勤整理《纳西丧葬古俗》，《丽江文史资料》第 8 辑，丽江县政协文史资料委员会编。

有特殊名称①，因此对此时期的藏族原始宗教不应称为"苯教""不能把敦煌写本中的古代苯教徒与晚期已进入正规的苯教相混淆"②。

我认为，喜马拉雅地区一直至我国"藏彝走廊"广袤地区的"本波"（本补、比摩、贝马、北布等等）信仰（或曰"苯教"信仰），有可能是这一广袤区域一种从萨满（shamanism）式的原始宗教信仰发展而来的民间信仰，在后期的本教渗透到丽江地区之前就早已经存在于尚未南迁的纳西先民以及"藏彝走廊"中的很多藏缅语族族群中，与藏族的苯教是同源异流的民间宗教现象。因此，我们分析纳西族的"黑白"二元对应的观念，也不能否认它的产生是纳西人的原始宗教观念一样很早的，不能如有的学者那样，完全把它归因于受了后期"雍仲苯教"的影响。③

二

探讨纳西族的"黑白"观念，应该探讨其源流，因此要追溯与其同源异流的族群及其宗教文化。关于纳西族的族源，学者多认为源于远古时期居住在我国西北河（黄河）湟（湟河）地带的古羌人，以后向南迁徙至岷江上游，又向西南方向迁徙至雅砻江流域，再西迁至金沙江上游东西地带。随着纳西族分布地区考古实物的不断发现，一些学者提出了纳西族是南迁的古羌人与现居住地土著融合而形成的观点。④

如果我们对纳西和羌人的宗教文化进行比较，就可以看出，崇白忌黑是纳西文化与古羌文化一脉相承的一种文化现象。

古羌人尚白，见于史书记载的很多。北宋杨仁（976—1030）在《淡苑》里说："羌人……以心顺为心白人，以心逆为心黑人。"《明史·四川土司茂州卫》条说："其俗以白为善，以黑为恶。"⑤ 白色旗帜乃和平象

---

① 学术界称为"苯教"的这种原始宗教也普遍流行于"藏彝走廊"诸多族群中。

② 参看［法］石泰安《敦煌写本中的吐蕃巫教和本教》，耿昇译，《国外藏学研究译文集》第十一辑，西藏人民出版社1994年版，第7页。

③ 参看杨福泉《纳西族与藏族历史关系研究》，民族出版社2006年版，第三章。

④ 参看杨福泉《纳西族文化史论》，云南大学出版社2007年版。

⑤ 《明武宗正德实录》卷30，转引自冉光荣、李绍明、周锡银《羌族史》，四川民族出版社1985年版，第331页。

征。如白草羌请降,"明赐白帜一幅,树寨中以为标志"。[1] 这与纳西族东巴经中所记载的"以白旗作为胜利神的标志"和仪式中以白色旗为神灵之旗的习俗同为一理,胜利神亦表示战后的和平。羌族崇拜的神很多,其典型特征是这些神都是以白石为代表,供奉在山上、屋顶、庙宇。[2] 以白石作为神灵象征也是纳西宗教的一个突出特征。如上述纳西族全民信仰的民族保护神"三多",其化身就是一块白石;经纳西族民间传说和东巴经中所记载的人类远祖美利董主及其妻(亦为阳神董和阴神色)在纳西族论中是很重要的两个角色;这一对神人同格体的化身用两个自然呈三角形的白色石头表示,称为"董鲁"(意为"董之石")纳西族家家户户把这两个"董鲁"立在大门外,视若家庭的守护神,每年腊月三十都要向它举行跪拜献祭礼。在香格里拉县三坝纳西族乡的很多村子,村民用白色石或白色土设立家庭的烧香灶和社区公用的烧香灶。

有非常丰富的民族志资料表明,近代和当代的羌族崇尚白色,这已是不争的事实。

分布在四川西南大渡河南北两岸,包括雅安地区的石棉、汉源;凉山州的甘洛、越西、冕宁和木里;以及甘孜州的九龙等地、属于藏缅语族羌语支的尔苏沙巴人创造了和纳西族东巴象形文字相类似但其形状更为原始古朴的一种象形文字,称之为"尔苏沙巴文字",在这种文字里,用黑色来表示暗淡和死亡等不吉祥的事情,而用白色来表示吉祥的事情。这与纳西族东巴象形文字"白善黑恶"的表示方式是一样的。

从一些丧葬习俗中也可看出羌人与纳西人尚白的共同文化特征。《汶川县志》卷五《风土》记载汶川县萝卜寨羌族的丧葬形式说:"如年过花甲而死,要给死人装殓白衣、白帕子、白绑腿,跳锅庄⋯⋯"羌族"死者装殓以白衣(麻布)为多"[3]。永宁纳西族死后"把尸体放在一个白色的麻布口袋里。该族认为,白色表示纯洁,清白,象征死者前途无阻"[4]。丽江和四川等地的纳西族,也有以白麻布为"桥"和"魂路"送死者回

---

[1] 《万历武功录·白草风村野猪窝羌列传》。转引自冉光荣、李绍明、周锡银《羌族史》,四川民族出版社 1985 年版,第 331 页。

[2] 钱安靖编:《中国原始宗教资料丛编·羌族卷》,上海人民出版社 1993 年版,第 460—461 页。

[3] 冉光荣、李绍明、周锡银:《羌族史》,四川民族出版社 1985 年版。

[4] 严汝娴、宋兆麟:《永宁纳西族的母系制》,云南人民出版社 1983 年版,第 171 页。

归祖居地的习俗。

在纳西族东巴经和各地纳西族的民俗中，都有大量以白为善、以黑为恶的反映。著名史诗《黑白争战》即是专门叙述代表善的白部落如何战胜代表恶的黑部落的鸿篇巨制。"黑"一词在纳西古语中有黑、毒、苦诸意，如象形文"巨毒"一词写如：在一朵黑花旁加一黑点，读"毒拿"（ddvq naq），直译即"黑毒"。又如"苦"字，写如嘴中吐一黑物出外之形，黑物示味苦，读"卡"（ka）。"毒鬼"写如人有黑而尖之头。"毒"写如一朵黑花，黑之花，毒也。又；黑道曰，不吉之日写如：于太阳中加入四个黑点，读"尼美拿"（nimei naq），直译即"黑太阳"。东巴经中说鬼地一切皆黑，天地日月星辰尽为黑色，故象形文亦有"黑太阳"之字，以与人间之白日白月相对。还有一象形字为三尖全黑之形，四面有震颤外射的线，全字读"美利次古拿路"（meeleelceeq gv naq lv），意为天下初出的黑色一团，是生恶之万物者。象形文"黑月亮"指鬼地之月亮；"黑月"指不吉的月份。在东巴象形文字中，如果表示一个人在起邪恶的念头，想坏主意，就绘一个三尖黑团从心中冒出之形；表示一个人坏，亦在表示其人的字符旁画一三尖黑团。至于在东巴教仪式中用黑色物象征鬼怪邪恶，用白色的东西象征神灵和善；东巴用绘着日月的白色旗镇压鬼怪，为人祈福；用白面粉涂脸以示用白色震慑鬼邪等等就更是不胜枚举。

纳西族所信奉的几种本民族主要神祇全为白色神，如纳西族全民信仰的民族保护神"三多"的形象是面如白雪，身穿白盔白甲，其化身为白石。四川木里县屋脚村纳西族供奉的女神"巴丁拉木"的偶像上身穿白上衣，背上披白羊皮，骑一匹白色的骡子。四川右所的纳西族把荣特拉特布山视为男神，并把他画成偶像，骑白马，有一只白犬和白鸡陪伴。[①] 而东巴经中的女魔司命麻左固松麻，则有一只黑狗陪伴。东巴举行仪式时以白毡铺地，主持开丧、超度仪式的东巴作法时要头戴白毡尖圆顶法帽。东巴经中说："白色的褥子是神的坐具，黑色的褥子是鬼的坐具。"[②] 在东巴教仪式中，以白旗表示胜利神的旗帜；永宁纳西族巫师达巴举行驱鬼仪式

[①] 严汝娴、宋兆麟：《永宁纳西族的母系制》，云南人民出版社1983年版，第199—200页。
[②] 《碧庖卦松》，东巴和正才讲述，李即善、周汝诚译，丽江县文化馆1963年石印本。

前要用白粉涂脸,他们认为恶鬼惧怕白色。①

我认为,"尚白"观念的出现是东巴教中日月星辰崇拜观念的升华和抽象化。日月星辰首先是具象化的光明的代表物,而"白"则是光明的象征。东巴经中,白与黑的观念始终围绕着日月星辰的升落有无,处处显现出人们崇尚光明和憎惧黑暗的心理。如说从白色的蛋中产生出吉祥明亮的白天,从黑色的蛋中产生出漆黑而邪恶的夜。纳西先民根据太阳等自然发光体呈白色这一自然现象,以"白"的观念代表"光明"这一抽象的概念,这与汉语"白天""白昼"等观念同为一理。纳西人并由此引申,以"白"概括善和美的东西,以"黑"概括恶和丑的东西。"白"与"黑"这一自然形式里积淀了观念性的内容,被赋予了纳西文化独有的符号象征意义。这种从功利经验得出的类比联想的方法是原始思维特征的反映,它实际上反映了大自然对人类社会生产生活的巨大影响,以至人们的善恶观念都依对自己有利弊的自然力和自然因素而萌生。

我们从汉字的"白"中也可以看到白色与太阳之间的关系,关于汉字"白"的本义,普遍为人所接受的是古文字学家商承祚所作的解释,他认为"白"字是"从日锐顶,象日始出地面,光闪耀如尖锐,天色已白,故曰白也"。②"皇"也与"白"的至尊地位有关,把"王"中之至尊者称为"皇"。"皇"字最初的构形是直接取象于火,但我以为火与白色崇拜也有内在的联系,传说中的炎帝既是太阳神、也是火神和灶神。③

在汉、英、德、法、俄等语言中,"白"都含有吉祥、清白、纯洁、美好等意义,汉语中有"心黑""黑心肠""黑帮""黑店"以及"清白"等词汇;如英语中"吉祥的日子"可称为"白色的日子"(White day),"黑"则有邪恶、丑恶、不吉等意。这种地域、人种不同的人们所具有的语言共性,我们都可溯源到原始初民基于日月星辰崇拜的功利性自然观。④

---

① 参看 J. F. Rock, *Contribution to the shamanism of the Tibeten Chinese borderland*, in Anthrops 54, 1959.

② 商承祚:《说文中之古文考》,转引自曾永成《羌族白色崇拜与汉字"白"的构形》,《文史杂志》1999 年第 3 期。

③ 杨福泉:《灶与灶神》,学苑出版社 1994 年版,第 35—40 页。

④ 参看杨福泉《纳西族东巴经中的"黑""白"观念探讨》,《世界宗教研究》1986 年第 2 期。

寓有深层自然崇拜因素的"尚白"升华为一个信仰和审美的范畴后，白色成为讴歌颂扬的对象。纳西族的许多神祇都有"白"这一特征，如民间最大的保护神"三多"身着白盔白甲，骑白马，面如白雪；具有神人同格体特征，既为创物神，又为人类始祖的阳神"董"与阴神"色"的本体亦是白色。所有神住的地方都是白色的，而鬼住的地方都是黑色的。东巴象形文字、文学作品乃至纳西语本身也都反映了这种以白色表示善、美、吉祥的观念，而以黑表示坏、丑、邪恶等，如对恶人就说其"哦拿丁志衣"（o naq ddee zherl yi），意思是"有一根黑骨头（的人）"，说坏人、恶人是"怒美拿"（nvl mei naq），即"心黑"，或"怒美垮"，意为"心坏"，而这"坏"字在象形文字中则用一个黑团来表示。这些词语与汉语词汇"黑心肠""黑了心"等异曲同义；不吉的年头称为"黑年"、不吉的月份称为"黑月"，不吉之日称为"黑日"。东巴教有个"黑暗祭"仪式，纳西语为"拿富本"（naq fvl biuq），这个仪式在太阳落山后举行，"拿富"意为黑暗，在这个仪式上，驱赶一个称为"内都此"（Nä-dtv-ts'u）的黑色鬼。

不少学者根据纳西之"纳"与"黑"同音，而且与纳西族属于同一语支的彝族自称"诺苏"，认为彝族是因为尚黑才以"黑"自称，唐《蛮书》中将纳西先民"麽些"与彝语支民族归类为"乌蛮"等，理由是认为"纳西"即是"黑人"之意，认为纳西族是崇拜黑色的民族或者是在"尚白"之前首先"尚黑"的民族。从纳西族东巴教教义和民间信仰、民俗、语言等现象看，此说是难以成立的。

语言学家戴庆厦和胡素华先生从彝族的多种自称、彝语的语序、彝族奴隶社会等级的名称等多方面详细论证了彝族自称"诺苏"并非"黑族"义。

在彝语里，凡是"黑"义修饰的名词时，都居于名词之后。他们列举了"黑裙""乌云""黑皮肤""黑土"等词汇来说明此点。[1]纳西语的语序也是这样的，形容词一般都在名词之后，"黑人"要说"西纳"（xi naq），"白人"就要说"西盘"（xi perq）。关于这一点，方国瑜先生在论到"纳西"的"纳"不是"黑族"时也说到了语序的问题，"黑人"应

---

[1] 戴庆厦、胡素华：《再论"诺苏"非"黑族"义》，《中央民族大学学报》1995年第2期。

是"西纳"而非"纳西"。①

彝族中"尚黑"的仅仅是凉山地区的一部分,而且这并不是从古就有的彝族观念习俗,而可能是后来随着生活生产环境的改变而形成的观念习俗。"从风俗习惯和语言遗迹来看,彝族先民崇尚的颜色并非黑而是白和黄。从宗教法事和丧葬习俗来看,彝族人民观念中白色是神圣的。"②

历史学的研究成果表明,彝族先民只有分布在川西南、滇东北、黔西一带的彝族先民才有"黑贵白贱"的"种姓制度",但其他地区的彝族中不存在"黑贵白贱"的观念和制度,很多"白罗罗"并未沦为"黑罗罗"的集体奴隶,彝族支系撒尼人和撒梅人等都是"白罗罗"先民"撒摩都"(即徙莫祇)的后裔,而他们从未有"黑贵白贱"的观念。③

戴庆厦先生等指出,从彝族现存的民俗民情中看到,彝族在历史上崇尚的颜色不是单一的。彝族精美的漆器,用红、黄、黑三种颜色作火镰鹰爪的花纹,反映了彝族先民对这三色的喜爱。黄色,意喻阳光下金灿灿的谷子,太阳和谷子给人类带来了光明和温饱,认为黄肤色最健康最美丽。但是到了近代,彝族又不再尚红黄,认为红黄招惹鬼魂。彝族祭祀、丧葬习俗中还反映出彝族尚白,而到了近现代彝族又尚黑,因此说颜色的象征意义是历时的。彝族尚黑和族称与"黑"同音有关,他提出,这种语言上的偶合增强了人们对黑色的感情。这是语言的一种魔力。语言"魔力"能增强甚至改变人们某些局部的观念。与彝族在渊源上最为亲近的怒族、傈僳族、哈尼族等,由于族称与"黑"不同音,就不见有"尚黑"的说法。而纳西族的族称与"黑"同音,于是也就有学者就认为纳西也有了"尚黑"的观念。④

"彝族族称'诺'指什么意思",戴庆厦先生说,我们的研究到现在还未能解释"诺"的其他意思,因而只能认为"诺"就是族名,不是形

---

① 方国瑜、和志武:《纳西象形文字谱》,云南人民出版社1995年版,第4页。
② 戴庆厦:《"诺苏"为"黑族"义质疑》,《中央民族学院学报》1993年第3期。
③ 参看尤中《中国西南民族史》,云南人民出版社1985年版,第543页。
④ 戴庆厦、胡素华:《再论"诺苏"非"黑族"义》,《中央民族大学学报》1995年第2期。

容词"黑"义,它是否有含义,是什么意思我们还有待于进一步研究探讨。不过有一点值得注意:一个民族的名称不一定都要由别的意义引申而来,有许多民族的名称至今尚难解释其意义。①

我认为,纳西、纳罕、纳恒、纳、纳木依等族群的"纳"也一样,现在只能证明是族名,而不是形容词"黑"义。而且,在纳西族民众和上层以及宗教专家中,尚没有如上所述的那种因语言上的偶合而萌生或增强的人们对"黑色"的感情,依然保持着"白善黑恶"的观念和习俗。

至于有的古代汉文献中将包括纳西、彝等在内的彝语支民族称为"乌蛮"一例,也无足说明这些民族是"尚黑"。从大量的历史学、民族学事例看,过去大民族统治者和一些儒生往往以"黑"来指称他们认为是比较落后,"不开化"的民族,因此在历史文献中就出现了很多类似以"黑"为贬义词、"白"为褒义词指称族群的记载。苯教是白色崇拜相当突出的宗教,而却被佛教教派和信徒贬称为"黑教",有指斥苯教是邪恶的宗教之义。此外,有时则是以该民族的服饰颜色来作为族名修饰语,如"黑""乌""花""青"等,而平时着黑色或颜色稍深的服饰并不能证明一个民族与宗教信仰密切相关的颜色崇拜,根据大量的人类学调查结果表明:寓有宗教观念的颜色崇拜更多地表现在与生和死有密切关系的宗教法事上,像喜欢黑色服饰的彝族,在丧葬仪式上则要用白布盖死者的脸,亲友送来祭悼的也大多是白布条幅。彝族妇女死时必须穿白色褶裙,鬓边插一支用白色羊毛线缠绕的羊毛坠子。哈尼、普米等族都有这种用白布或白绸盖或裹死者尸体的习俗。②

在包括藏、纳西、羌、哈尼、傈僳、尼泊尔的马嘉人等的喜马拉雅周边地区很多在族源和本土宗教信仰上有相关联系的民族中,用白色的布象征死者的"灵魂之桥",用白色之物为死者"照亮"灵魂之路,巫师祭司用象征日月和白色的法器、白旗、白面粉等震摄鬼怪是相当普遍的习俗。而这些"尚白"习俗,我以为最早都可以追溯到远古先民最初源于功利性的日月星辰和对光明的崇拜。

---

① 戴庆厦、胡素华:《再论"诺苏"非"黑族"义》,《中央民族大学学报》1995年第2期。

② 戴庆厦:《"诺苏"为"黑族"义质疑》,《中央民族学院学报》1993年第3期。

三

我在十多年的田野调查中采访了众多东巴和民歌手、老人，至今尚未碰到有哪一个认为纳西人曾经崇拜过黑色，认为"纳西"是"黑人"之意，如熟谙纳西东巴教和民俗的大东巴和士诚对我说：纳西的"纳"不是黑的意思，它与东巴教仪式中的"堕纳肯"（dol naq keel，放替身）、"窝纳本"（o naq biuq，祭口舌是非鬼）中的"纳"都是"大"的意思。他认为有一点是毫无疑问的，即纳西人自古属白，神属白，而鬼才属黑。他解"纳"为"大"的解释与著名历史学家方国瑜教授与和志武教授对"纳西"之"纳"的解释相一致。

我注意到一个现象，和士诚提到的上述几个东巴教仪式"堕纳肯"（dol naq keel，放替身祭"堕鬼"）、"窝纳本"（o naq biuq，祭口舌是非鬼"窝纳"），将"纳"（大）这个词用为"大"而指称东巴教仪式，一般都指的是安抚和驱赶恶鬼的仪式，比如："堕纳肯"是放替身祭"堕鬼"的一个规模很大的仪式，"窝纳本"也是一个祭口舌是非鬼的一个大仪式。这里都用以与"黑色"读音相同的"纳"（naq）来指称驱鬼镇邪的大仪式，而当同样是规模很大的一些祭祀神灵（精灵）的仪式时，却很少用"纳"这个词，比如祭祀司掌大自然的神（精灵）"署"（svq）的仪式，称之为"署迪古"（svq ddeeq ggv），"迪"（ddeeq）在这里是"大"的仪式，这个仪式翻译为汉语就是"大祭署仪式"。还有大祭天和小祭天的"大"，也不用"纳"这个词，而是用另一个表示"大"的词"迪"（ddeeq）。

纳西东巴教另外一个"大祭风"仪式，纳西语称为"哈拉里肯"（her la leeq keel），也没有用"纳"（naq）一词，因为所祭的"风"鬼里，有很多是有名字的各种殉情鬼（实际上也可理解为是精灵），而他（她）们不像在"堕纳肯"和"窝纳本"仪式里所驱赶的鬼怪一样，被视为是非常凶恶的。东巴经里对这些殉情精灵的描述有不少是充满人情味和同情意味的。可以看出，纳西人在只有祭比较凶恶的鬼怪的大仪式时，才用与"黑"同音的"纳"一词。像祭天、祭地、祭祖、求寿等这类规模很大祈福求吉的仪式，虽然规模很大，但更不用"纳"这个词来指称。从这个仪式的用词现象中，也可以看出纳西人一种憎惧黑色的心理，与纳西族原始宗教中"以白为善""以黑为恶"的观念是有内在联系的。因此，我们也可以推断，与族群之称的"纳"一词与黑色"纳"一词，纯粹是读音上的巧合，而没有什么"黑的族""黑的人"的意思。无论是丽江的纳西人、香格里拉县三坝的纳罕（naq hai）人，还是宁蒗县永宁的纳人（摩梭人）的本土宗教专家（祭司）东巴还是达巴，他们都有相同的一个习俗，即在有的仪式上，将白色的面粉或颜色涂在脸上，象征着将用象征神的白色去战胜象征鬼的黑色。这也是上述这种根深蒂固的"白善黑恶"的观念的表现。

最近看到王慧敏先生《试论"纳西"之"纳"是否表"黑"》一文，她在文中坚持认为纳西族是"尚黑"的民族。在东巴经和民间信仰中，凡是与鬼有关的事物都用"黑"来形容，凡是神和与神有关的事物都用"白"来形容。这也典型地反映了纳西族以白为善，以黑为恶观念的反映。而王慧敏先生认为，"笔者的观点刚好相反。纳西族从'乌蛮'分化出来之前是尚鬼的，对此曾有过详细的史料记载"。她引用《新唐书·南蛮传》说："夷人尚鬼，谓主祭为鬼主，每岁户出一牛或一羊，就其家祭之。送鬼迎鬼必有兵，因以复仇云。"她根据这一段记录就下结论说：既然纳西族的原始宗教是尚鬼的，那么用黑色形容和表示鬼和与鬼有关的事物正体现出纳西族人早期对黑色的敬畏与崇尚，证明了纳西族有过尚黑的历史。纳西族既然有过穿黑尚黑的历史，最初被称为"乌蛮"，后来又自称"纳西"意为"黑族"，也就不足为怪了。①

其实《新唐书·南蛮传》里所说的"尚鬼"，并没有"崇拜鬼"的意思，"尚"在这里是"喜欢做"，是指纳西人喜好祭鬼的法事，喜好举行祭祀鬼怪的仪式的意思。在纳西族的宗教信仰里，鬼与神是截然分开的，"鬼"有个总称是"此"（ceeq），神有个总称是"恒"（heiq），二者不可混淆，在东巴经古语、民间古语和现代纳西语中，"鬼"（此）这个词汇完全是贬义，是恶的，而"恒"（heiq）是神，是善的。早在唐代，纳西族就已经有善恶分明的鬼神观，有庞大的神与鬼的系统。在纳西人的鬼神队伍中，也有一些不能划归到"鬼"（此）和"神"（恒）这两类里的精灵，但不会将这些精灵划归到"此"（鬼）类里。《新唐书·南蛮

---

① 王慧敏：《试论"纳西"之"纳"是否表"黑"》，《闽西职业大学学报》2001年第1期。

传》的作者不可能对当时"夷"人的鬼神观念有细致的调研和分析，不会有准确的夷人"鬼神观"的知识，所以"尚鬼"，完全不足以作为我们推断当时包括纳西人在内的"夷人"是"崇拜（尚）鬼"的。

鉴于纳西人在历史上从来没有过"尚鬼"之俗，因此，王慧敏先生的以下结论也就显得没有说服力了："原来，尚神的白部落代表着受苯教和佛教影响产生的尚白的东巴教，尚黑的鬼部落代表着纳西族尚鬼尚黑的传统宗教，白与黑的斗争就是两种宗教的斗争与较量，白战胜黑的过程就是东巴教取代纳西族传统宗教占据统治地位的过程……纳西族传统宗教是尚鬼尚黑的，尚神尚白的观念是受后来占据了统治地位的东巴教的影响形成的。"①

过去有不少学者认为纳西人的服饰是"尚黑"的。这也没有什么根据。在服饰上，纳西人并非"尚黑"，主张纳西人"尚黑"一说的王慧敏先生说，"乌蛮""男女悉披牛羊皮"，牦牛等的黑色毛皮在"乌蛮"的生产生活中占据了重要的地位。因为当时中国南部还没有出现服装印染技术，"乌蛮"所穿的毛皮衣服是黑色的，汉人便称这些穿着黑色衣服的游牧民为"乌蛮"。她在文中还说，纳西族既然有过穿黑尚黑的历史，最初被称为"乌蛮"，后来又自称"纳西"意为"黑族"也就不足为怪了。②

此说是没有事实根据的，事实上，像保留传统习俗较多的香格里拉县（中甸县）三坝乡、丽江市玉龙县的塔城、宝山、奉科、鸣音以及四川木里县的俄亚乡等地，白麻布裙、白色披毡是最传统、典型的纳西服饰之一。塔城乡著名的老歌手和学簧（女）对笔者说，按传统习俗，纳西人最喜欢的是白色羊毛毡，黑色羊毛毡是在后来才发展起来的。这一点，在诸如香格里拉县三坝纳西族乡、四川省木里县俄亚纳西族乡这些保留纳西传统古俗最完整的地区的纳西人迄今依然习惯和喜欢穿用白麻布衣服、白羊毛制作的白色毡衣，人去世后，都要让死者穿上白色的麻布衣或白毡衣等的种种习俗中得到佐证。除了白色衣服，有些地方的纳西族也穿黑色或深色的衣服，但这也与"黑色崇拜"没有什么关系。

对纳西文化有相当深入研究的西方"纳西学之父"洛克

---

① 王慧敏：《试论"纳西"之"纳"是否表"黑"》，《闽西职业大学学报》2001年第1期。

② 同上。

（Rock. J. F.）博士则对纳西的"纳"有另一种看法，但也否定其为"黑"之意。他根据实地调查和对东巴教仪式、文献和藏等族的比较研究，特别反驳了认为"纳西"是"黑人"之意的观点，认为这与纳西的整个宗教观念体系格格不入。他认为"纳"之本意来源于过去纳西人曾住过黑色牦牛毛制作的毡棚，与住在白色牦牛毛制作的毡棚的 Hor（霍尔）部落和岭人（格萨尔之部落）相对应，因此纳西应该指"住在黑色毡棚中的人"。而"盘"（perq）人是指"住在白色毡棚中的人"。但"住在黑色毡棚中的人"与"黑人"是没有什么关系的。①

如果纳西族曾经是如一些学者认为的是崇拜过黑色的民族，那无论受外来文化多大的影响，也不至于把自己曾经崇拜过的黑色与所有邪恶、鬼怪、不吉的事物联系在一起；不至于在最为重要的东巴圣典《董埃述埃》《黑白之争》中也如此强烈地自我认同于白部落，讴歌白部落而贬斥黑部落，把黑部落说成是邪恶和鬼怪之部落。甚至在一般来说保留本土文化因素最为稳定的语言文字中都有那么多贬斥黑色的现象。种种事实表明，纳西的"纳"一词，无论它的语意与"大""伟大"或与"黑色"有无联系，都与"黑色崇拜"无关。只有清楚了这一点，我们才能更好地理解东巴教和纳西民俗文化中的"尚白忌黑"这一现象。

原载《西南民族大学学报》2009 年第 8 期

---

① Rock, J. F., *Studies in Na-khi Literature: Part 2, The Na-khi Ha-zhi-p'i. Bulletin de l'Ecole Francaise d'Extreme-Orient*, vol. xxxix, 1939.

论传统村落保护发展的问题与路径
——以云南丽江的几个传统村落为例

一 云南传统古村落研究述略

传统古村落的保护和发展是建设新时代中国特色社会主义国家的重要内容,中国共产党的十九大报告中首次提出"实施乡村振兴战略",要求坚持农业农村优先发展,建立健全城乡融合发展体制机制和政策体系等,为进一步做好"三农"工作指明了方向。

笔者和一些同事承担了国家哲学社会科学基金重大项目《藏羌彝走廊文化建设》的子项目《藏羌彝文化走廊少数民族传统村落的保护和发展研究》,少数民族传统村落是藏羌彝走廊最具魅力和具有多元文化价值的社区,在历史上创造了丰富多彩的人文历史和文化遗产,随着社会和文化的变迁,当下藏羌彝走廊各民族村落也面临着怎么保护好自己的文化,又能可持续地发展,营造美好的村落人居环境的问题。

笔者所做的传统村落保护发展的研究从上世纪90年代以来逐渐发展,各个省区都有调研古村落的研究项目和实施项目,最近几年来,我国各省区也广泛开展了"美丽乡村"建设项目,国家也对传统村落的调研和保护加强了资助力度,中国古村落保护与发展研讨会也连续举办。

而云南属于研究保护传统村落起步比较早的省份。云南大学人类学系系主任尹绍亭教授在1997年提出"建设民族文化生态村的设想和理念,生态、社会、经济的协调和可持续发展的乡村发展模式"。在福特基金会的资助下,尹绍亭实施了"民族文化生态村"的建设实践,提倡和强调社区整体力量参与建设和管理,先后建立了一种尝试用"村民主导、专家指导、政府领导"的互动机制。

云南省社会科学院牵头承担的云南省政府与美国大自然保护协会

(The Nature Conservancy，TNC）始于1999年开始合作的《滇西北保护与发展行动计划·文化的保护与发展》项目，动员了全省高校、研究机构和地方的几十个长期从事民族文化研究的专家学者，组织了丽江组、大理组、迪庆组、怒江组等调研队伍，在滇西北的怒江、大理、丽江、迪庆4地州的15个县市，就民族文化多样性的保护与发展问题，进行了为期两年的大规模调查研究，在此基础上，提出了为确保民族文化多样性实现不离本土的可持续保护与发展，应以社区为单位建立民族文化保护村（区）的构想。项目组在认真调研的基础上，作了在滇西北地区规划了60个民族文化保护村（区）的规划设想，写出了详细的每个"保护村"的调研报告。这60个村落在后期推进的各州市传统村落保护中，大都被列入重点的调研和保护名录中。

2001年开始，云南省社会科学院学者联合中国社会科学院、中国艺术研究院等方面的专家学者，直接向国家文化部提出"西部文化资源保护与文化产业开发云南试点"项目建议。后经云南省委、省政府批准上报国家文化部备案，在"天下奇观"石林县、"南域瑰宝"剑川县、"文献名邦"建水县、"腾越侨乡"腾冲县、"世外桃源"广南县、"孔雀故里"景洪市逐步实施。近年来，云南在进行民族团结进步示范区的建设中，也展开了传统古村落的系列调研。[①]

这之后，随着云南建设民族团结进步示范区的推进，加大了传统村落的保护力度，各个州市都出现了一批民族团结进步示范村。在传统村落、名村名镇等的建设中，也出现了不少新情况新问题。本文聚焦的就是这样一些当下出现的新问题。

二 文化名村玉湖的民宿发展和隐忧

在藏羌彝走廊旅游名胜地知名度较高的传统村落，目前民宿已经成为比较流行的一种旅游方式。民宿（Minshuku）一词源自日本语。是指居民利用自己宅子闲着的房间，结合本地的自然和人文景观以及各种生产活

---

① 杨福泉等：《云南名镇名村的保护和发展研究》，中国书籍出版社2010年版。杨福泉主编：《新定位 大团结——云南建设民族团结进步示范区纪实》，云南出版集团、云南人民出版社2018年版。

动，提供给旅客住宿房间，体验乡野生活。

这个定义指明了民宿有别于旅馆或饭店的特质，它与传统的饭店旅馆不同，更多的是让游客能体验当地人文风情、感受民宿主人的热情与服务、并体验新的生活。

现在国家在大力推进传统村落的保护，提出振兴乡村的一系列政策和举措。玉湖村先后获得了国家传统村落、"丽江市生态、文化、旅游、和谐示范村"、云南省首批50个乡村旅游特色村、云南省省级民族文化保护区等荣誉。是丽江市乃至云南省非常有突出特色的少数民族传统村落，在文化和旅游互动方面多年来取得了令人瞩目的成绩。

玉湖村在明代是木氏土司的"夏宫"所在地，村头悬崖上有清代丽江"改土归流"（1723年）第一任流官丽江知府杨馝写的"玉柱擎天"摩崖。20世纪20—40年代曾经是"美国云南探险队总部"所在地。它成为文化名村后，吸引了很多国内外游客，玉湖村的旅游方式是通过一种"党支部+村委会+合作社"的方式，村里整修了旅游线路，推出了旅游景点，修建了卫生厕所，修建了停车场、旅游管理房。紧接着全面整顿和建立了旅游秩序。根据"资源共享，利益共享，人人参与，户户受益"的原则，成立了玉湖旅游管理委员会，组建了玉湖旅游合作社。由村民提供马匹，牵马兼导游，以户口为准，按户轮流服务，维护旅游的良好秩序。其次是集体和个人利益兼顾，村里提取30%的旅游发展基金，主要用于村里的基础设施建设，剩余的资金则根据农户户头和每户的人口数分配。合作社还采取了发展村里的社会公益事业的一些做法，如从30%的发展基金中，提取5%作为村子的教育发展基金，玉湖小学过去的教育质量在白沙乡是很差的，现在有了飞跃的发展，而教学质量现在则跃居到白沙乡的前列，2008年有12个玉湖的中学生考大学，全部考上了。此外，合作社还从发展基金中提取5%作为老年活动基金，合作社还对村里的贫困户、受灾户、军烈属户等进行慰问。

2013年8月26日，住房城乡建设部、文化部、财政部日前联合公布了第二批列入中国传统村落名录的村落名单，玉龙县白沙镇玉湖村委会玉湖村名列榜单。2016年，玉湖村列入了云南省中央财政支持范围传统村落名单中。它还先后获得了"丽江市生态、文化、旅游、和谐示范村"、云南省首批50个乡村旅游特色村、云南省省级民族文化保护区等。

玉湖村的村民过去从旅游中受益主要是靠村里合作社的牵马旅游，只要是合作社的成员，都能分红。这两年，由于玉湖名声远扬，自然景观和人文景观俱佳，所以来这里租民宅开客栈的商户就逐渐多起来，租民房的合同按规定一般不超过 20 年，除了付租金之外，商户一般都承诺合同结束不再续约后，他们设计的民宿旅馆就原样还给村民。玉湖村到 2018 年，已经有 47 户村民把自己的家居出租给商户办民宿客栈。还有不少外来商户来与村民谈租房办客栈的事。现在开始经营待客的已经有"心宿迟留""墅家玉庐雪嵩院"等 6 家民宿，其他的还在装修房子和等待的阶段。

笔者两次参观了"墅家玉庐雪嵩院"，老板是个学建筑专业出身的，很懂得如何突出客栈建筑的地方特色与现代建筑相结合，所以房子从木构架到石材的使用和设计，都汲取了本地民居建筑风格的特色，看去使人赏心悦目，笔者特别欣赏的是他在别墅休憩的一个大堂挂了很多彩色照片，都选的是村里的老人，有油画一样的效果，这是很有创意的。笔者还是第一次见到在民宿客栈里张挂村里老人的系列彩色肖像，很有创意。笔者认为，这种文化名村中的民宿的艺术创意很重要，包括从外观到室内的艺术装饰，如何把本地的建筑特色和文化特点与当代的艺术审美情致相结合，是很关键的要素。"墅家玉庐雪嵩院"在这些方面确实下了很大的功夫。所以来住宿的游客也比较多，所以客栈的价格也不菲，最贵的一套别墅客房对外的牌价是一天 4288 元，据了解，淡旺季的差价也只是 400 元。

村委会对居民办客栈来增加收入改善生活也予以支持，只是严格地要求客栈的建设必须保留本地的民居特色，比如外墙必须采用本地极有特色的传统的蜂窝石来砌，来开客栈的很多商户也懂得突出地方特色这个道理，所以在改造原住民民宅时也认真注意，不破坏本地的人文景观。出租老宅办民宿的村民不仅获得租金，而且家人也可以在客栈里工作，据了解像"墅家玉庐雪嵩院"中当服务员每月的收入也不低于丽江成立的宾馆。所以村民也得到了可观的经济效益，如果这 47 家民宿客栈办起来，还会有更多的村民仿效走这条路。从丽江乡镇的情况看，原住民办客栈从客源、理念和营销等诸多方面与外来商户比较，都显得竞争力差距大，所以很多原住民就走了这种把住宅租给外来商户经营，自己收房租的方式。丽江大研古城、束河古镇等民宿开展得早的地方都是这样，丽江市宁蒗县泸沽湖畔的落水村，原来是原住民经营民宿，后来也逐渐走了如丽江古城和束河这样的承包给外来商户的路子。

外来商户办民宿客栈对村民的经济收入是很有益处的，这对尚贫困的玉湖村村民来讲是有利于脱贫的好事，这也是玉湖村村委会为什么支持村民走这条路的原因。但随之而来的一个问题就是随着越来越多的民宅办成客栈后，这个文化名村逐渐就将会成为一个"客栈村"，村民如果还住在村里，那还能保持村里原住民居住的人气和日常生活的特色，保留传统村落和文化名村的个性特色，还能通过好的设计和策划，由原住民做好保护和传承村落文化的工作。所以玉湖村村委会的思路是要求村民必须居住在玉湖村里，他们原来的设想是再利用村里非农业用地的荒坡荒地让每户村民再盖一个住宅，租老宅办民宿的先决条件就是该户村民必须居住在村里，村委会主任福星和笔者多次交谈过他的这个想法，他的目的很单纯，就是要把原住民留住村子里，不让玉湖村变成空壳村，最后变成如丽江大研古城那样民宅还在，但原住民却搬空了，变成了一个没有原住民的古城。

笔者在丽江村落调研时，了解到不少经济收入来源比较好的丽江乡村村民，不断在丽江城区的小区里购买新居，有的已经搬迁到新居居住，只是回村里经营一些生计方面的事。如果这样发展下去，村民的收入固然提高了，但村子也将逐渐变成空壳村。像玉湖这样头上戴着国家级传统古村落帽子的村子，没有预先的村落发展规划，开客栈的日益增多后，村民手头的钱多了，也会走上去城郊小区购房居住的路，从这点看，玉湖村委会想批给村民新的一块宅基地来留住村民的动机是很好的。

但这个计划却与当下玉湖村出现的无序建盖住宅的情况发生了冲突，因为有不少商户有在玉湖租赁宅院办民宿的要求，所以玉湖村村民就出现了违反规定建房的情况，截至2017年6月30日，玉湖村有60户有一户两宅的情况，一户三宅的有两家；已经圈地但还没有建房的有17家，共79家，而且还有不断增长的趋势。但以上乱建乱占大的地都是村里未利用地、自理地、菜地荒山荒坡上。主要问题就是未批先建，超面积圈建的问题突出。这种结果也导致了已经建房的农户和未建房农户之间的矛盾。村委会提出的解决方案是将玉湖村落核心区的老宅院收回集体统一管理，并要求发放整体土地使用权证。笔者2018年5月在玉湖村调研中看到了村委会制定的《玉湖村委会规范宅基地初步方案》，第一条就这样写着：为了保护好国家级传统古村落的原始风貌和民族文化，将玉湖古村落核心区的老宅集体收回并进行统一管理，并要求发放整体土地使用权证。其中还规定，对现有三宅以上的农户以村集体的名义收取相应的费用，对占地超面积的农户进行缩减占地面积，如农户拒绝交费和缩减占地面积的，一律依法依规进行拆除。村委会提出以村民小组为单位在玉湖古村落周围进行统一的宅基地规划，不乱占基本农田，充分利用荒坡和弃耕地，以新老宅面积补差的原则进行调配。新规划宅基地以户主名义确权发证。① 这个方案还得经过上级根据国家相关规定进行审核。

笔者今年在玉湖调研期间，也碰到来丽江出差到玉湖的云南省社会科学院农村发展研究所所长郑宝华研究员，和他讲到这个问题，他说，从今年起的中央关于农村宅基地的政策有所变化，只要一个村子整体的宅基地面积没有超过原来规定的数量，就可以在村内调整，即在原来的总面积中调整出村里要办民宿的部分，和村民用于居住的部分。玉湖村可以利用可行的政策来走村民与外来商户合作办民宿客栈的路。

笔者查了相关资料，看到 2018 年农村宅基地确权新政策：这四种情况允许"一户多宅"，其中之一是指：一户村民有两处或两处以上的宅基地，但各宅基地的面积总和加起来没有超过当地明文规定的"宅基地面积标准"，这样的情形是合法的，可以认定是一宅并可进行宅基地确权。②

根据 2018 年农村宅基地的新政策，玉湖看来是需要探讨如下的思路，先全面核算当下各个村民小组各户的住宅面积的总量，在多余的面积中进行民宿客栈和民宅的宅基地合理划分，利用村民合作社和与外来商户合作等方式，在可行的土地范围内发展民宿客栈。

如果玉湖核心区那些老宅能收回集体管理，那意味着最好的方式是在原来玉湖已经奠定的"党支部+合作社"的模式基础上都古村落核心的传统宅院进行统一的管理和经营，即使有外来的商户来进行合作，也纳入合作社的管理经营中。

三 丽江古镇和村落一些案例的启示和思考

大研古城、束河古镇和泸沽湖落水村

丽江大研古城迄今 90% 以上的原住民出租了自己的老宅，而在小区另外

---

① 根据玉湖村村委会提供的资料。
② 《2018 年农村宅基地确权新政策：这四种情况允许"一户多宅"》，土流网整理，https://www.tuliu.com

买房居住。这确实引发了学界、政府和旅游业界反思和思考世界文化遗产地、国家历史文化名城和传统古村落该走如何发展的路,也使联合国教科文组织面临新的问题,即遗产地的居民在旅游发展后因经济效益和其他各种原因外迁的事如何解决。世界文化遗产地丽江古城的组成部分束河古镇的发展方式曾引起学界的重视和讨论,束河古镇在旅游发展中走的是原住民依然住在原来的村里,而古镇的建设发展主要是在外围的新区域里,这种原住民没搬迁而古镇在古村落外围发展的方式被学界称之为"分区制",它的可贵之处是原住民没有像丽江大研古城的居民那样搬走。但据了解,促成这种原住民有另外的宅基地建盖新居的原因是束河古镇原来村落拥有的土地被国家征用后,经过协商,地方政府又返还给村里一定的土地份额,这些土地不是农业用地,可用于建盖民宅,所以集体就有了可以自己支配的一些土地,可以用于作为补偿分配给村民使用,这样也就产生了一户村民就有了拥有两套住宅的条件,而新宅的面积等都是符合当时规定的规则的。

　　束河村(今束河古镇)走了一条有创新的保护开发之路。2003年5月,丽江市政府本着"既有实力,又有文化层次,并愿意在丽江作中长期投资发展"的条件,选择了昆明鼎业集团为合作伙伴。鼎业集团在开发中本着这样的宗旨,即"保护它原有的四大文化:茶马文化、农耕文化、纳西文化和三生态文化,这是束河古镇的灵魂所在"。由于该公司采取了古村落(即老区)和按照传统建筑风格和村落风格开辟新区的方式,因此,古村落、菜园等田园风光等得到有效的保护,被国内专家赞誉为"分区制"的模式。走出了一条既将传统文化资源造福于民,又有效地保护历史文化遗产和民俗文化的路子。

　　束河成功的主因之一,是它坚持了一种发展模式,即依循本地村落传统建筑格局和民居特色进行拓展,建了不少小桥流水和青瓦白墙纳西民居式建筑,一方面又保留了田园风光,还有村民们传统的日常生活格局,游客可以看到真实的纳西农民的日常生活。这使束河具有一种更有吸引力的人文景观特色,这种发展方式被学界称之为"分区制"所以,束河古村落的文化保护和如何使之保持长久的魅力,关键在于如何留住原住民和农家田园生活情调。[①]

[①] 杨福泉:《略论云南名村名镇的保护》,《西南民族大学学报》(人文社会科学版)2008年第11期。

笔者从上世纪 90 年代初以来多次调研过旅游名胜之地丽江市宁蒗县永宁乡落水村，落水村在 1989 年有了第一个摩梭家庭旅社，共 8 间房 20 个床位。到 1993 年有有了第二家家庭客栈。上世纪 90 年代初，来落水村旅游的游客逐渐增加，但当时村里没有相应的管理的规章制度，情况混乱，有摩梭人为争夺游客而发生了矛盾，且价格混乱。1991 年 1 月格则次梳尔车（45 岁）当村长为起点。村委会兼顾村子集体利益和个人利益的基础上制定了村规民约，使落水村的旅游管理逐步走向规范。在 2000 年时，这个村落的旅游管理方式是统一由村委会统一来组织，比如每户每天派一个人来村里统一组织的牵马、划船和打跳等旅游服务工作，避免了一度产生的村内旅游服务的恶性竞争。从 1995 年开始，陆续有一些外地小伙子到摩梭人家里入赘，这些家庭计算过收益的分配，通过分家来增加参与旅游的家户人数，于是村里就逐渐增加了很多小家庭，村里村委会发现这样的结果，会促使村里的母系大家庭逐渐瓦解，不仅破坏了摩梭人传统的文化体系，也将失去本地吸引游客的一个重要人文资源，所以村委会通过乡规民约的方式规定每户派一人参与旅游服务活动的只认"一个火塘"，即母系大家庭的这个火塘。这样就控制了母系大家庭分家的趋势，保住了这个重要的传统文化资源。①

落水村的家庭客栈原来都是村民自己经营，后来，有些外来商户陆续来到落水村租民宅开客栈，由于他们给的租金高，村民就把客栈租给他们经营，此风逐渐蔓延。不少村民搬出自己的老宅客栈，另建新宅，于是就出现了后来比较突出的"违法用地"和"违法（章）建设行为"这"两违"行为。因此，泸沽湖"两违整治"和项目推进工作领导小组办公室在 2015 年 11 月 10 日发布了《关于泸沽湖景区停止一切建设行为的通告》。据媒体报道，这个通告的发布，是泸沽湖"两违"整治和项目推进工作领导小组的工作计划内容之一。②

据了解，近来玉龙县白沙镇也在大力治理"两违"的结局。而旅游资源丰富，旅游发展得比较好的村子出现的"两违"现象比较多，多见

---

① 杨福泉主编：《丽江市和迪庆州旅游与文化互动发展研究》，中国书籍出版社 2015 年版，第 13 章，第 509 页。
② 《泸沽湖景区 10 日起停止一切建设行为，啥情况?》，"丽江读本的博客"，http://blog.sina.com.cn/s/blog_ 3f9617d70102wlc0.html。

之于违规建盖民宿客栈等。

丽江古城文林村

2017年笔者在丽江调研，刚好丽江古城文林村在7月18日开始举办纳西火把节。属于大研街道办事处义尚社区的文林村与五一街相连。文林村迄今完整地保存这明清以来的纳西传统建筑格局和衣食住行传统习俗。该村现有165户人家，564人，全都是世居的纳西族。它是大研古城当下还比较完整地保持着纳西传统生态文化的一个古村落。

来参加火把节的本地人和游客都很多。到了文林村，看到节日的气氛很浓郁，古色古香的纳西民居庭院式建筑、一排排的火把与舞台演出的灯火交相辉映。摆放在村里街巷路上的火把上点缀着各种水果和鲜花。身着节日盛装的纳西姑娘、小朋友和大人、还有很多游客在欣赏火把，很多人选择在自己喜欢的火把旁留影。

在村里的传统戏台上正在上演着丰富多彩的文艺节目，文林村村民的节目有纳西古乐、纳西勒巴舞等，展现了这个社区深厚的文化底蕴。看演出的人很多，有不少人在用手机拍摄视频或照相。有很多人挤不进去，就在即将举行广场打跳的那个地方等着跳舞，文林村洋溢着一派"火树银花不夜天，弟兄姐妹舞蹁跹"的喜庆氛围。

现在文林村的火把节也有创新，比如增加了东巴祭司的祭火祈福仪式，还别开生面安排了"长街宴"，村民和客人们一起同乐共欢。2019年的火林村火把节，有不少游客也提前报名参加长街宴，意味着火把节从原来的政府辅助经费办节逐渐向旅游商业经济内容发展。

纳西话火把节称之为"串美生恩"，从农历六月二十五开始，连过三日。后来随着旅游的繁荣，丽江古城原住民逐渐迁出了古城，这个火把节就逐渐冷淡了，古城的很多民俗也随着原住民的外迁而逐渐消失了，很多文林村村民的老宅院也已出租给外来商户。村委会和村民针对现实情况充分讨论，大家决定利用文林村还有的集体土地，进行整村规划，整村发展，扩建村民可以集中居住的社区空间，新建的民宅都保持了纳西庭院民居的特色，并在原来的基础上延续了大研古城"小桥流水"的特色。在村里还建了戏台、石牌坊等有本地文化特色的建筑。村民乐舞协会逢年过节演奏纳西古乐、"勒巴蹉""仁美蹉"等传统乐舞，乡村文化氛围日益浓郁。文林村提出要传承和延续如今在古城大部分区域都已经消失了的常态的民俗文化，再现和传承大研古城的生态文化。他们在火把节期间还开展了诸如"花语东林纳西火把节非物质文化遗产项目邀请赛"等有意义的一系列活动。

笔者认为，文林村对当下丽江旅游的发展和文化的保护传承有如下几点启示：

首先，由于丽江古城原住民逐渐搬出了古城，延续古城原来以日常化的民俗生活情趣为主要特色的古城民俗文化，早已成为一个难题，尽管丽江古城管理者在通过一些院落展示纳西族各个门类的传统文化，但毕竟很难再现丽江古城充满活力的民俗生活情趣。文林村当下的实践，提供了如何活态传承和延续古城民俗文化的可行性。为游客提供了一个领略和认识原住民的居家文化和社区文化，通过一些举措，能延续丽江古城居民已经消失了的非物质文化遗产的生命，文林村民还可通过新的创意，让当下的村落焕发出与时俱进的生机与活力。其二，传统火把节和传统灯会能在今天的文林村这么红火，一个关键因素，是所有的居民都依然居住一起，聚落居住社区的格局没有变。而有的村镇的居民把民宅出租给商户后，居民得到了可观的经济效益，于是又在城里的小区购买新居，原来属于一个社区的居民都星落云散到各个小区去了，要传承和发展原有的社区文化就成了很难做到的事情。如今有些获得了各种传统名村荣誉的村子，名声传播出去后，外来客商也纷纷来租赁村民的宅院建盖客栈，这对提高村民的收入和生活质量的改善都很有好处，但外来的商户天长日久日益增多，村子也就自然会成为一个"客栈村"，传统村落的魅力也就逐渐消失了。加上收入大大提高后的村民再在城市或城郊另买新居，村民逐渐迁走，传统村落实际上就成了一个"空壳村"，没有原住民而只有漂亮豪华的客栈的村落是难以延续其文化魅力的，旅游是否能持续也成了问题，现在这种现象在丽江也不少。

丽江如何保持传统村落魅力和延续传承本土优秀传统文化，文林村的实践提供了一个很好的样本，它与受到联合国教科文组织和专家赞誉的原住民依旧生活在社区，外围发展新的商业区这种束河古镇的"分区制"有相似点。

其三，有了原住民聚居的社区，这为以后这个社区如何推进以保护村落自然和人文环境为前提的可持续发展，提供了非常有利的条件，比如保护水资源等重要的社区资源，促进环境友好型的村子建设；比如对旅游发展、客栈开发建设等制定一些必要的规定和制约等。[1]

2018年5月笔者又采访了文林村村子和耀文，谈到如何留住村民进行传承和再创纳西村落文化的问题，他认为最关键的一点还是要发展壮大集体经济，让村民得到实惠，才能安心定居村里进行文化的保护传承工作，文林村当下在积极推进在村里建立一个丽江东部游客集散中心，中心建成后集体管理，通过获得的商铺收入等，全村500多人估计可以获得1.5—1.6万元的收入，这样村民能安居乐业，留居村里创业。

四 传统村落文化与旅游融合推进保护的思考

如玉湖这样的传统文化名村在旅游与文化的共融互动中怎么发展，笔者觉得可以有多种选择，一种是如上所述，在符合国家土地政策规定的民宅建筑的总面积没有超过原来的标准的前提下，各村民小组进行民宅建设和民宿建设的合理调整，如果能以村民合作社的方式来组织民宿旅游的集体管理，可以请经营有方的外来商户具体经营管理。笔者与现任白沙镇镇长和峰先生也交流过，他也提出一个村里的老宅是否可以由集体通过合作社方式管理经营，以各户入股等方式（笔者们以前在白沙乡文海村就扶持过这种村民各户入股的生态旅游合作社），以此来推进民宿旅游的发展，而在符合国家政策的前提下，利用非农业用地的荒坡荒地或调整后的村民住宅用地建盖新宅，把村民留在村内。现在要保护好传统村落，村民是否住在村里是关键因素，原住民在村里，就有了传承和再创文化传统的条件，如果原住民都逐渐搬空了，比如去城郊新区去购房居住，那这个原来著名的传统村落也就成了客栈村，无论客栈建盖得怎么漂亮和有传统特色，无论村民获得了多少经济效益，村子还是成了没有原住民的空壳村，重蹈丽江大研古城的覆辙。这是笔者们最不愿看到的结局。

如果按目前的情况，玉湖村有个别家户已经出租了老宅，改造成了很有特色且生意也不错的民俗客栈，而更多的家户则还在期待着能仿效这些村民也能成功出租老宅做民宿客栈，但如果又不能建盖新的住宅，那也可能会出现去城郊新区买房或者不惜用假离婚等方式获得村里新宅基地等结局。像玉湖这样的村子，因为仅仅靠原来的牵马旅游等收入有限，年轻人

---

[1] 杨福泉：《丽江古城文林村火把节印象》，《中国民族报》2017年7月28日。

因为在村里收入有限,出去打工赚钱。这样,越来越多的村民会走出去,而村子则日益成为有一些精致个体民宿而原住民则日渐稀少的"空壳村",这对玉湖村的整体发展是不利的,对传统村落的保护发展和振兴乡村也是不利的。所以如何解决文化名村名镇既能通过发展民宿客栈等让村民从中受益,又避免变成村民逐渐搬迁出去的客栈村空壳村,这是藏羌彝走廊各民族村落在当下保护和发展中面临的一个重要问题。

从上述文林村的经验看,留住村民就要壮大集体经济,通过集体经济使村民受益脱贫,这样也就留住了村民。玉湖村的发展也可以思考如何壮大集体经济,使村民比较均衡地受益的方式,即使发展民宿,也需要一个集体经营管理的方式,如果本地欠缺懂经营的能手,也可以通过合作社与外来商户的合作来进行,现在存在的各户单独与外来商户合作的方式,就涉及与现在的国家土地政策难对接,拉大贫富差距,形成村民之间的矛盾等弊端。

笔者曾在2012年曾对泸沽湖周边的传统村落怎么发展旅游提过一个设想,即改变经营方式避免过多游客滞留村中,如果能做到欣赏观赏和家访等旅游活动完后,能留一片安静给村民,游客也集中在村外的民宿集中地居住,笔者觉得这应该也是一个可以思考的路径。当时笔者提出,可以考虑建设"摩梭家园",旨在保护生态环境和人文资源的双赢,处理好在大量游客的进入和外来文化日益影响的情况下如何应对,及早制定一些具体可行的措施,促成摩梭古村落的保护传承和创新。

笔者具体提出,鉴于大量的游客入住村中客栈,要保持传统村落的文化保护传承和可持续吸引人,如果再推广那种家家户户开客栈的方式来发展旅游,其结果肯定会形成大批游客滞留村中,影响村寨的日常生活。建议可以探讨另外的方式,比如"村外住宿村内游"。[①] 为充分考虑村民从旅游中得益,能否考虑建立诸如社区参与式、个体和集体、社区和公司利益共享的旅游开发模式,比如在村内一个具体地点通过村民入股参与建民宿客栈,聘请经营能手来具体经营民宿,民宿的经济效益与通过合作社经营的其他收入合理分配,并如玉湖村过去曾践行的那样留下合理部分用于村子的集体公益事业。笔者在上世纪90年代曾与国际友人合作,在当时

---

① 春城晚报原题:《泸沽湖民用机场开工专家建议泸沽湖村外住宿村内游》,2012年11月23日。

的白沙乡文海行政村的上村组织过村民入股参与,选举产生合作社理事会、监事会来运作的文海生态旅游合作社,在国内外还产生了较好的影响。最后因为公路修通后游客多不在文海村里住宿,还有欠缺有经营能力的人来经营,所以维持了几年后就难以为继了。但当时这种资源共享,村民入股参与,大家通过投票来选举合作社理事会成员和监事会成员等的做法,获得了国内外不少徒步旅游者和业界人士的好评。[1]

中国旅游报曾刊登一篇文章《民宿扶贫成为精准扶贫新模式》,文中提到一个案例,2013年"4·20"芦山地震后进行震后重建,在雅安宝兴县雪山村和戴维村等地,中国扶贫基金会开展"一乡一宿"的灾后重建和民宿扶贫工程,百分之八十以上的村民将自家空置房间拿出来,大家组建旅游合作社,村民参与民宿的日常经营和管理,收益可观。这种办民宿扶贫的方式,不仅让贫困户获得了可观的经济效益,促进了村民的自力更生脱贫。民宿发展为乡村带来的改变,还有很重要的一点,就是人的回归乡村。激发了一些城市里的人去农村建民宿的需求和意愿,其中不乏一些有情怀、有理想的建筑师、设计师、IT技术人才、投资者等来到乡村,充分发挥他们的特长造梦田园。他们的到来让乡村逐渐产生了活力,也陆续吸引了外出务工的不少年轻人返乡就业或创业。或开客栈,或搞餐饮,或办代销店,或从事生产工艺品和土特产等工作,逐渐成为乡村振兴的中坚力量。[2]

这个民宿案例的基本前提是村民有"空置的房间",而且做的是组织旅游合作社来进行"一乡一宿",显然不是家家户户出租自己的老宅做民宿的方式。这与笔者上面提出的乡村旅游合作社的方式是一致的。

国外的一些经验也值得借鉴,比如,在1979年,日本开始推进称为"一村一品"的运动,要求每一个乡村根据自身的条件和优势,发展一种或几种有特色的产品。由于实行了产品的错位竞争战略,提高了各村的竞争优势,促进了乡村的持续发展。1970年,韩国发起了"新村运动",目的在于缩小城乡发展的差距,将新村建设引导到一家一户办不成、私人不愿意办的公共产品建设上,修建了村民会馆、敬老院、读书室、运动场、

---

[1] 参看杨福泉主编《丽江市和迪庆州旅游与文化互动发展研究》,中国书籍出版社2015年版,第八章,第367页。

[2] 杨宏浩:《民宿发展是乡村振兴的重要力量》,《中国旅游报》2018年4月5日。

娱乐场、青少年活动中心等农村文化设施。经过几十年的"新村运动"，韩国基本实现了城乡经济的协调发展，城乡居民收入差距从1972年的3：1左右，缩小到2004年的1：0.84。① 显然通过合作社等集体治理进行公共建设产品的建设是上述案例比较统一的做法。

根据调查，像丽江束河古镇、文林村村民能保持这一个聚落，村民集中居住进行文化保护传承的活动，其中一个重要的原因是，村民在他们村的土地被国家征用后，通过协商，获得了国家返还给村子的一些土地补偿，这部分补偿归村集体掌握，村集体可以根据各户村民的住宅的情况予以新的宅基地补偿，让村民在新的宅基地上建房子，于是就形成了当下留住村民居住一起的新的聚落，这样就奠定了原住民进行文化传承和保护的重要基础。形成了学者们称道的村民居住区和发展分开的"分区制"等模式。

由此看来，像玉湖村这样在国内外都有较高知名度，又获得了国家荣誉的传统村落，在当下的发展中，会碰到民宿客栈发展和村民需要有住宅才能继续留在村里的矛盾，而它又没有像束河和文林村这样国家统一征用集体的土地后有部分集体用地返还的条件，所以如果外来商户来租用民居开客栈的人多了，就会出现因为出租房子有了受益后，就逐渐去城郊小区买房居住的情况，这样文化名村也就逐渐成为村民日益稀少的空壳村，它的魅力也就会逐渐丧失。这样的结局都有可能在很多名村名镇发生，所以如何进行各民族传统村落文化的保护和传承，需要从最根本的如何留住原住民，组织他们进行文化保护和传承的活动这一点来推进，如果能保持村民聚族而居的格局，就可以推进各种旨在保护传承村落文化的规划和因地制宜的措施，包括多样化地推进乡村民宿的发展。

束河古镇在建设和开发的过程中，坚持最大限度地让村民受益。投资3000多万元，"三线两管"全部入地，重修了总长6000米的古镇道路；恢复了古镇的本真特色；铺面开发、"庭院经济"应运而生，很多村民参与了民宿旅游经营。

如果村民留在村里的问题不解决，那像丽江古城和泸沽湖畔落水村那样外来资本和商户不断渗透进来，最终原住民就不再进行相关的经营，而成为可以不用再从事生产劳作和经营，坐吃租金过悠闲日子的房东，这样

---

① 张军：《乡村价值定位与乡村振兴》，《中国农村经济》2018年第1期。

显然是不利于笔者们建设文化名村和留住乡愁，振兴乡村的活动。

结　　论

综上所述，笔者认为，无论乡村的发展路径有什么不同，或是与有实力的外来公司与村社合作发展旅游（比如丽江束河古镇），还是通过村民自己开客栈办民宿（如泸沽湖畔落水村原来的模式），还是诸如通过党支部+村民委员会+合作社来经营旅游（比如玉湖村），还是推进集体经济让村民受益（如文林村），最重要的一点，是首先要留住村民，让村民作为主人翁参与其中，共同推进社区的文化和旅游的融合发展，延续本村文脉，在延续的基础上发展创新，而不能重蹈丽江大研古城那样的覆辙，民宿发展了，游客也大量增加，而原住民逐渐也走光了，失去了文化遗产保护发展的重要依托。

所以，国家在促进村寨的民宿旅游发展的同时，事先进行规划很重要，在制定规划中让村民参与讨论，选择合适的旅游发展方式，并应该有一个基本的前提，就是保证村民留居村里，防止村民获得丰厚的经济收入后，逐渐到条件更好的城里买房居住，而把自己的住宅出租给外地人经营，坐享房租，不再参与村子的日常生产生活，不参与文化延续和再生的活动。这个前瞻性的研究，需要有相应的法律和规章制度的制约，要由国家、集体和个人齐心协力来做。只有这样，才能避免一个个文化名村因为民宿旅游的快速发展而逐渐变成只见游客和漂亮房子的"客栈村"，缺少了村民生活其中的"空壳村"。[①]

至于对村落有形无形文化的保护传承和旅游如何能双赢发展，也有待我们汇集更多的个案，从理论上进行深度的探讨。

载《云南师范大学学报》（哲学社会科学版）2019 年第 5 期

[①] 我的一些相关观点，见张勇《名村古镇怎么就变成了"空壳村镇"》，《光明日报》2019 年 7 月 10 日。此文详细介绍了我的一些观点。

附录：深钻细研勤治学，中西融合辟蹊径
——杨福泉研究员学术研究访谈录

近日，院（云南社会科学院）门户网站编辑代丽围绕杨福泉研究员的学术研究经历、研究成果、治学理念、作为民族学人类学学者的责任和学术研究心得访谈了云南省社会科学院原副院长、二级研究员、博士生导师杨福泉研究员。此访谈录被"中国社会科学网"转载。

杨福泉，纳西族，丽江大研镇人，1978—1982年在云南大学中文系读书，获文学学士学位，2001年在云南大学获历史学博士学位。曾在美国加州大学戴维斯分校从事博士后研究。从2001年11月至2015年11月任云南社会科学院副院长、云南省东南亚南亚研究院副院长、党组成员，曾兼任云南省地方志办公室主任、云南省通志馆馆长。从2006年起聘为云南大学民族学博士导师；2016年当选为中国民族学学会副会长、连任中国西南民族研究会副会长、云南纳西学研究会会长。杨福泉曾任中国少数民族文学研究会副理事长。1996年获得云南省人民政府授予的"云南省有突出贡献的优秀专业技术人才"（一等奖）；1997年被评选为云南省跨世纪学术技术带头人第一层次人才；1998年入选由国家人事部、科学技术部、教育部、财政部、国家发展计划委员会、中国科学技术协会、国家自然科学基金委员会联合评选的"中国百千万人才工程"第一层次人才；2009年获得享受国务院特殊津贴专家；2011年入选"中国杰出人文社会科学家"（第三届"中国杰出人文社会科学家"）；2013年入选"云南省突出贡献社科专家"（全省八人之一）；2014年入选"国家社科基金学科规划评审组专家"。2016年入选"中国社会科学最有影响力学者排行榜"民族学50人中的第12名。

问题一：您能和我们分享下您的学术研究经历吗？

杨福泉研究员：我于1955年9月17日生于丽江大研古城一个纳西族家庭，在丽江大研古城兴仁小学（现在叫丽江兴仁方国瑜小学）读小学，

在丽江一中（现在的丽江市一中）读初中高中，然后上山下乡当了两年的"知青"，继而在丽江汽车运输总站当了一年的工人和一年的宣传干事。1977年高考制度恢复，我考上了云南大学中文系，因自己爱好文学，就读了汉语言文学专业。大学期间，看书日多，眼界渐宽，渐渐沉湎于诸多自己原来不熟悉的知识和学科中，对民族学、民俗学、宗教学和纳西学等逐渐产生浓厚的兴趣，除了选修文字学、语言学、宗教学、民俗学、民间文学等课程外，还登门向云南大学纳西族著名历史学家方国瑜、纳西学家和志武先生求教，学习纳西族东巴象形文字、纳西族历史、纳西拼音文字、国际音标等，1980年曾作为这两个前辈学人的助手，协助当时来云南大学进行有关纳西学学术交流的德国（西德）学者雅纳特（K. L. Janert）教授工作了半个月，和他一起研究纳西语和纳西语当代文本，用国际音标纪录纳西民间故事等。雅纳特教授在1961—1962年期间曾是应邀到西德进行纳西文献编目和研究的洛克（J. F. Rock）博士的助手，1962年洛克逝世后，雅纳特教授继续长期从事纳西文献研究。和他的这次初步合作，是促成我后来到德国进行纳西学研究的契机。

读大学期间，我利用假期回乡做过一些社会调查，完成了毕业论文《纳西族的古典神话与古代家庭》，还写了《论纳西族（殉情）长诗"游悲"》《纳西族人猴婚配神话刍议》等，这几篇论文后来在学术名刊《思想战线》《民间文学论坛》以及民间文学刊物《山茶》上先后发表了，这算是自己学术生涯的开始吧。

1982年1月大学毕业后，我在云南省人大常委会办公厅研究室工作了一年，有机会跑了云南的不少地方，增长了不少见识。1983年1月，我获得德国（西德）国家科学研究会（DFG）学术基金，应雅纳特教授之邀，到德国科隆大学与他进行合作研究，1985年1月返国，在1986年3月至1988年3月再度赴德国科隆，完成了"德国亚洲研究文丛"第七种《纳西研究》系列著作四种，《光明日报》《中国日报》等曾对此作了相关报道，说我是"中国改革开放后云南第一个走出国门与西方学者进行学术交流并取得丰硕成果的少数民族学者，"当时出国不易，看来我确实算是改革开放后云南第一个出国进行民族文化合作研究的少数民族学者。

在德国的四年治学岁月中，我深深地感到，一个从事民族学研究的学者的根和生命是在自己的故土，他的使命也是扎根在故土，与故土休戚与共。因此，我无心恋异国繁华，回到母亲之邦，开始了我走向田野，进行民族学、纳西学研究的漫漫治学路。我后来成为云南省社会科学院的研究员后，又在职攻读了云南大学的历史学博士学位。从2006年起，我被云南大学聘为民族学学科的博士导师，至今也有11个年头了，迄今带了14个博士研究生。

我在德国是做合作研究，因忙于研究工作，没能读学位。1995—1996年，我获得联合国大学博士后研究基金，到美国加州大学戴维斯（UC. Davis）分校进行了三个月的博士后研究。20世纪90年代初以来，我参加的国际合作交流项目比较多，先后和美国、加拿大等国学者进行过关于丽江玉龙雪山农村发展和生态保护的合作研究，关于抗日战争期间闻名遐迩的中国"工合"（Gungho，工业合作社）的历史和在新形势下重建农村合作社的研究，关于藏族和纳西族问候语的社会语言学研究等。

20世纪90年代以来，我应邀到国外访学和讲学也比较多，先后应邀到瑞士苏黎世大学民族学博物馆，瑞典隆德（Lund）大学东亚、东南亚研究中心、瑞典国立远东文物博物馆"（The National Museum of Far Eastern Antiquities）、斯德哥尔摩大学东方语言学系（The Department of Oriental Languages of Stockhome University），德国斯图加特巴德·伯尔科学院、德国帕绍大学（Passau），美国惠特曼（Whitman）学院、匹兹尔（Pitzer）学院、美国史密森博物馆协会（Smithsonian Institute）、康涅狄格学院（Conneticut College）、纽约联合学院（Union College）、加州大学戴维斯（UC Davis）分校，英国伦敦大学学院（University College London，简写UCL）、东安格利亚大学（University of East Anglia），意大利特兰托（Trento）大学、马切拉塔（Macerata）大学，日本京都大学、爱知大学以及埃及、泰国、越南、老挝、马来西亚、印度尼西亚等国大学和科研机构讲学访问。1999—2001年曾任当时与云南省政府合作进行滇西北大河流域保护与发展（含国家公园）的美国大自然保护协会（TNC）云南项目文化顾问。我还曾经到加拿大卑斯省的印第安人社区进行学术考察。2003年在美国惠特曼学院的首次"亚洲文化教育年"期间，为美国学生开设了一个学期的《中国西南的民族性与现代化》（Ethnicity and Modernity of Ethnic Groups of the Southwestern China）、《中国纳西族的文化艺术》（The Culture and Art of Naxi People of China）等课程，受到该校学生的好评。其间还与该校人类学系主任孟彻理（Chas Mckhann）教授合作，在美国出版了一本《图像及其变化——东巴艺术中的再想象》（Icon and Transformation：(Re) Imaginings in Dongha Art）。我在 20 多年来的国际学术交流中也开阔了自己的学术视野，汲取了不少国外同行的治学方法和经验。

问题二：长期以来，您在民族学人类学领域成果丰硕，是一位高产的学者，您能和我们分享下您主要的研究成果吗？

杨福泉研究员：到 2017 年，我从事民族学研究已经 34 个年头了，在这 34 年的学术生涯中，我从事民族学、人类学研究，而对纳西学所下的功夫最多。迄今，我在国内外已经出版了 33 部专著，在《民族研究》《世界宗教研究》《新华文摘》以及国内外学术刊物上发表了 200 多篇论文。其中 10 多种论著先后在联合国教科文组织、在美国、英国、德国、荷兰、日本、泰国等国著名的学术刊物和学术论文集中发表，如我 1988 年在德国波恩科学出版社出版了专著《现代纳西文稿语法分析和翻译》第一卷（是"德国亚洲研究文丛"第七种《纳西研究》系列之一）。1999 年，我和加拿大魁北克大学社会语言学家汉妮（Feuer Hanny）教授合作，在基于半年的田野调查基础上写成的长篇学术论文《云南藏族和纳西族的问候语研究》在国际著名的学术刊物《藏缅语研究》（美国伯克利大学主办）上发表。其他论文包括瑞士苏黎世大学出版的《纳西、摩梭民族志——亲属制、仪式、象形文字》、瑞士出版的《科学的准确性》、美国华盛顿州出版的《图像及其变化——东巴艺术中的再想象》、美国纽约鲁宾艺术博物馆出版的《噶玛巴十世和西藏动荡的 17 世纪》、德国伯尔·巴德（Ball Bod）科学院出版的《原住民传统知识体系研究》、英国赛奇跨国出版公司出版的《两性、技术和发展》、英国伦敦出版的《东亚文化遗产的重新思考》、日本京都大学综合地球环境学研究所编的《天地人》等。

我觉得在治学的过程中，了解国外学术界的研究状况和结果并与之对话很重要，所以，我还花了很大工夫，翻译了一些国外纳西学论著，主持审校和重译（部分）了美籍奥地利学者洛克博士研究纳西族的重要代表作《中国西南古纳西王国》，由于此书很多正文和注释需要核对大量汉、藏、纳西文献以及外文资料，还有不少植物学词会进行重译，因此，审校这本书所花费的工夫是相当大的。近年来，我还组织翻译了当代西方纳西学名著《纳西、摩梭民族志—亲属制、仪式、象形文字》。我的专著《东巴教通论》是在 2004 年立项的国家社科基金项目，2009 年结项时获得了优秀等级。2012 年入选"国家哲学社会科学成果文库"，由中华书局出版；2013 年被评为云南省第 17 次哲学社会科学优秀成果（著作）一等奖。全国哲学社会科学规划办公室网站对《东巴教通论》做了这样的简要评价：本书将东巴教和藏族本教、羌族原始宗教及藏传佛教、道教等做了比较研究，有意识地将东巴教置于社会经济文化的动态发展中进行考察，剖析了东巴教对纳西族社会、民俗等的影响以及二者互动的关系。本书首次较全面地论述了纳西族东巴教的内容，对今后东巴教及其与纳西族历史社会、东巴教与苯教、纳西族原始宗教与藏缅语族诸族群之间的关系，以及纳西族文化的多元性等方面的深入研究，将起到重要的奠基性作用；丰富了宗教学特别是中国少数民族宗教研究，对学术界展示了中国少数民族传统宗教的多样性和复杂性，对于准确解读东巴文化及其当代变迁，对于东巴文化在民间的传承、保护和开发等，都有着十分重要的意义。

我在博士论文基础上写成的专著《纳西族与藏族历史关系研究》，在 2009 年入选《中国人类学民族学百年重要著作提要》，2011 年入选了"当代云南社会科学百人百部优秀学术著作丛书"，此书获云南省第 10 届哲学社会科学优秀成果二等奖，这本专著受到国内著名藏学家王尧教授、历史学家尤中教授、何耀华教授、李绍明教授、何星亮教授和周智生教授等人较高的评价，著名藏学家王尧教授把此书有关藏传佛教与纳藏关系的章节收入了他主编的藏学论文集《贤者新宴》，《博览群书》《思想战线》等著名杂志发表了书评文章。《中国西藏网》《西藏图书》等网站都发布了关于本书出版的消息和内容提要等。这本书多次再版，迄今已经有三种版本。

我的另一本专著《走进图画象形文字的灵境》2003 年出版后，又于 2007 年再版。此书和这套书的其他三种获得云南省人民政府颁发的云南省哲学社会科学 2004 年度优秀成果一等奖。我的专著《玉龙情殇——纳西族的殉情研究》入选了"2014 书香中国" 300 位名人名家推荐 300 本好书中。个人专著《纳西族民族志田野调查实录》获云南省第十三次哲学社会科学优秀成果三等奖。2006 年，我 52 万字的学术专著《纳西族文化史论》由云南大学出版社出版，这本专著，是我集多年之劳的一个比较宏观的纳西学研究成果，其中汇聚了不少我多年的田野调查积累、学术观点和体会。该书获得了第十一届云南图书奖、云南省第十一次（2006 年度）哲学社会科学优秀成果三等奖。除了纳西学，我还做了一些有较大影响的专题基础研究，我的民俗学专著《灶与灶神》，是对中国的灶神信仰进行系统的梳理和全面研究的一本专著，在北京学苑出版社出版后，受到国内外学术界的好评，很快重印，后由台北汉扬出版社在 1996 年再版；台湾云龙出版社于 2000 年再版。《灶神研究》一共出了四种版本。

我主笔的《火塘文化录》是《灶神研究》的姐妹篇，此书从民俗、社会结构、宗教信仰等方面首次对过去无人论及的中国少数民族丰富多彩的火塘文化进行了比较全面的论析，应该算是一本以小见大的拓荒创新之作。《中国社会科学》曾发表了对该书的书评。由于此书受到学术界的广泛好评，曾两次重印，并于 2000 年再版。该书还在 1999 年被联合国粮农组织（FAO）译成英文。此专题系列论文之一《论火神》被《新华文摘》转载，并入选由中国科学院编的《中国八五科学技术优秀成果选（1990—1995 年）》一书中；该文亦获云南省人民政府颁发的 1993—1995 年度社会科学优秀科研成果奖。论文《略论纳西族东巴教的多元宗教因素》，2008 年被选入由中国宗教学权威专家选编、代表中国当代从事宗教学研究的老中青学者论文最高水平的《当代中国宗教研究精选丛书》，云南仅有五个学者的论文入选这套高水平的中国宗教论文集粹。学术论文《论火神》被《新华文摘》全文转载，被选入中国科学院编《中国八五科学技术成果选》。

我在阅读国内外敦煌学研究成果的过程中意外地发现敦煌文献中的吐蕃文书中有关于野马、马和牦牛等的传说中与东巴文献的惊人相似，于是进行了深入的研究，2006 年在《民族研究》上发表了我的研究成果《敦煌吐蕃文书〈马匹仪轨作用的起源〉与东巴经〈献冥马〉的比较研究》。这篇文章有很大反响，敦煌学界将它列为敦煌学研究中的一个新发现。一些敦煌学述评的文章都讲到了我的这个研究成果。

我在做基础研究的同时，也积极做应用性研究，1994 年在泰国举行的"生态旅游与少数民族"国际学术会议上宣读的论文《论生态旅游与云南的旅游资源保护》被国内外学术界公认是我国学者最早论述生态旅游的研究成果之一。《论生态旅游与云南的旅游资源保护》被国内外学术界公认是我国学者最早论述生态旅游的力作之一。此文中文本在《云南社会科学》1995年第1期发表后，被《中国人民大学报刊复印资料·旅游经济卷》全文转载，后又被"中国科学院科学技术文摘"《国土资源文摘》摘载。1999年由美国学者贝尔曼（M. L. Berman）博士全文翻译为英文并进入国际互联网。

我的时评文章《"文化焦虑"弥漫当前社会》在《人民日报》的《人民论坛》发表后，有中国共产党新闻网、中国社会学视野网等几十家媒体转载，学术网站"爱思想"转载为首页头条，有些省的中学把此文列为高中毕业考试卷的试题。《国学不应拘泥于陈年旧说》在《中国民族报》发表后，有"人民网""中国学术论坛"等十多家媒体转载，产生了较大的影响。《关于中华民族文化的定义和认同的思考》在《中国民族报》发表后，也被《人民论坛》等20多家媒体和网站转载，产生了较大的社会影响。

我主编的应用性研究成果《云南名镇名村的保护和发展研究》是较早的一本研究云南名村名镇的著作，获得云南省第十一次（2006年度）哲学社会科学优秀成果三等奖。《策划丽江——旅游与文化篇》在丽江受到各个阶层人士的欢迎。2016年出版了姐妹篇《丽江市和迪庆州旅游与文化互动发展研究》；2012年出编了《民族、宗教与云南的和谐发展》一书；2016年还与邓永进教授合作主编了《旅游产业与文化产业融合发展研究》一书。

我的一些著作多次再版、重印或翻译成英文，在中国大陆和港台地区以及国外都产生了一些影响，专著《灶与灶神》在大陆和台湾出了四种版本；专著《神奇的殉情》在香港三联书店出版后，又在台湾珠海出版公司再版，并被社会性别学专家、亚洲理工学院教授高文（Govind. K.）博士组织翻译成英文。

我在与学术界同仁严谨地切磋对话的同时，以雅俗共赏的方式写了一些比较通俗易读的田野纪实类图文长卷散文，力图将民族学家的调研研究以一种通俗的、大众能理解的方式"还之于民"，并让更多的非专业人士了解民族学人类学这门"以民为本"、叙述草根故事的内涵和旨趣。比如《寻找祖先的灵魂——融入纳西古王国》，先在台湾地区出版，后来在北京民族出版社又出了大陆版；还有上海人民出版社出版的《西行茶马古道——滇藏之路探秘》，上海锦绣文章出版社、上海故事会文化传媒有限公司版的《灵境丽江》后来还出了港台版《纳西凝古韵：山水丽江》；四川人民出版社 2002 年出版的《纳西文明》，教育部曾推荐为《历史》（高一年级第一学期）教学参考书。2017 年 8 月出版的"中华民族文化大系"《玉龙彩云：纳西族》，同该卷七本著作一起入选进入人民大会堂，提供中国共产党十九大代表阅读。

我迄今先后主持了五个国家哲学社会科学基金项目，其中一项是正在进行的国家重大项目的子课题，一项是重点项目。其中一项的最终成果《东巴教通论》入选"国家哲学社会科学成果文库"，一项成果《多元文化与纳西社会》获云南省 1996—1998 年度哲学社会科学优秀成果三等奖。

问题三：您之前在接受访谈时曾提到您在研究中一贯遵循"微观实证，小题大做"的治学理念，您能和我们分享下您治学理念吗？

杨福泉研究员：是的，回首自己的学术研究经历，觉得自己确实比较注重"微观实证，小题大做"的治学理念和方法，在先做大量微观研究的基础上做宏观研究。在德国与季羡林先生的师弟雅纳特教授进行的四年合作研究中，德国学者那种穷究底蕴，小题大做，"钻牛角尖"的治学精神对我影响很深，有时对一个语词和语法的研究，都会花上几天的时间，写几十个句子来分析比较进行深究。所以我回国后写论文很多是从非常微观的角度进行研究的，比如在 20 世纪八九十年代自己投稿被《世界宗教研究》和《民族研究》采用的几篇论文，其中有东巴教的黑白观念、箭在纳西信仰中的意蕴的研究，东巴经与敦煌文献的比较研究等，都是小题大做，可能因为钻得比较深，所以被权威期刊采用了。后来被《新华文摘》全文转载和列入中国科学院八五学术成果汇编的《论火神》也是微观实证研究。这样的研究积累多了，我对做比较大的宏观研究就觉得心里有底气，比如在 2012 年入选《国家哲学社会科学成果文库》70 万字的《东巴教通论》，因为做了 20 多年对东巴教的微观研究，就觉得写起来比较顺手，如果没有 20 多年微观研究的积累，是不敢写这样大部头的著作的。迄今已经出版三种版本，入选《中国人类学民族学百年重要著作提要》的《纳西族与藏族的历史关系研究》一书，也是由长期的微观研究积累而成的宏观研究之作。

我觉得，微观入手，小题大做的微观研究积累得越多，自己对研究对象的洞察也会更为细致入微，而且做宏观研究也就会更有底气和得心应手。我最早在民族学所工作，所里提出的一个宗旨（可以说是"所训"吧）是很有道理的，即熟悉一个民族，联系一个地区，研究一个专题。

要做宏观研究，也应该扎扎实实地这样做起，没有积累，一来就做宏观研究，容易流于浮泛空洞。我院老一辈民族学家杜玉亭、何耀华老师等从基诺族、彝族的微观到宏观的研究历程，都给我们很多启发。德国著名人类学家奥皮茨（M. Oppitz）最近写了一本专门研究喜马拉雅地区萨满鼓（民间宗教仪式鼓）的巨著，他最初是从研究东巴教仪式鼓开始做这个研究的，都是见微知著的学术力作。我的研究成果中除了一些宏观的研究之外，所做的关于纳西宗教、民俗等的研究，开口都很小，有的就是考释一幅仪式中用的画，比如巫师桑尼（桑帕）所用的神像图、东巴用于丧葬仪式的神路图；对东巴口诵经《还树债》等的详细考试与研究；我的有些论文就是考释一两个宗教术语，比如我曾写了将近2万字的文章考释东巴教和苯教的祭司称谓"本波"与"东巴"。我曾花很大的工夫写过一本专门探究东巴教中很独特的"生命神"的专著《生命神与生命观》，书中有的章节被国外学术著作选载。我后来主笔的《火塘文化录》（与郑晓云合作）、专著《灶神研究》这两本书，也是微观专题研究。我觉得，如果有更多的学者这样深钻细研穷究底蕴的研究做得多了，我们研究中华民族文化就有了扎扎实实的根基和积累，学术大厦都是这样一砖一瓦建设起来的。我迄今带了14个博士研究生，我都要求他们的博士论文要小题大做，深钻细研，不主张做很大的题目，他们应该先这样通过微观研究来进行学术积累，以后做宏观研究也就会逐渐得心应手和把握得准。

当然在做微观实证的研究时，对本学科和本专题密切相关的宏观理论，必须认真钻研和理解透，比如我在写《东巴经通论》时，列举国内外对原始宗教（或称原生性宗教）的定义，提出了不同于这些观点的看法，后来也在《宗教学研究》上专文论述过，对东巴教的性质做了论析，根据其丰富内容阐释了它与"原始宗教""原生性宗教""民俗宗教""制度性宗教"等概念之间的关系。我提出，以作为学术界称之为"普化宗教"（diffused religion，或译为"分散性的宗教"）的民间宗教的一些定义来衡量东巴教，可以看出它与汉族和其他民族民间宗教的很多不同之处。用欧美学者和日本学者所用的"民俗宗教"定义的内容来比照东巴教，也可以看出它并不能涵盖东巴教的全部内容。我认为，从东巴教可看出我国各民族宗教形态的多元化和丰富性，我们需要根据各民族各种宗教形态来做更认真的钩沉考证、发微阐幽的实证研究，来具体分析其性质和功能，弥补原有的宗教学学术概念之不足，而不是照搬某种概念将其划定在某类现成的"宗教学范畴"中。写这样的文章,就必须认真学习相关宗教学的理论。研究火神灶神与火塘神等,就必须了解人类用火的历史以及火信仰、家屋制度与文化关系等理论。因此,其实可以说,没有一种微观研究不需要宏观的理论视野,二者是相辅相成的。

微观实证与宏观的理论视野结合得好,对比较宏大的文化现象和理论进行阐述时,也就会有自己的把握,我也写过论中华民族文化精神、中华道德文明等方面的宏观文章,写过研究云南文化遗产保护和旅游等方面的专著与合著,也多次接受《人民日报》《光明日报》新华社、人民网等重要媒体谈当代社会宏观问题的采访。我觉得,一个社会科学工作者,应该努力做到立足自己的专业、微观与宏观相结合、钩沉比勘文献资料与田野调查实证相结合,基础理论与现实问题研究相结合。

问题四:20世纪80年代初,您就开始出国进行民族文化合作研究,频繁应邀参与国际组织的合作研究,到国外高校和研究机构进行学术交流和学术研究,产出了不少优质的学术成果。中西学术研究经历(或者视角)对您的学术研究产生了怎样的影响?

杨福泉研究员:我出国访学和讲学比较多,比较长的几次是:1983年1月—1988年两次在德国科隆大学做了四年的访学,做合作研究;1996年在美国加州大学戴维斯分校做了四个月的博士后研究;1992年还曾经到加拿大卑斯省的印第安人社区进行学术考察。2003年在美国惠特曼学院首次"亚洲文化教育年"期间,为美国学生开设了一个学期的《中国西南的民族性与现代化》(Ethnicity and Modernity of Ethnic Groups of the Southwestern China)、《中国纳西族的文化艺术》(The Culture and Art of Naxi People of China)等课程,受到美国学生的好评。其间还和美国学者一起组织了在美国几个城市和大学巡回进行东巴文化艺术展览。2014年我应邀到法国巴黎访学一个多月,讲学和完成一个学术研究。其他短期的出国学术访问也比较多。

出国进行学术交流,就必须有对话的基础和话题,彼此的了解与共鸣。在交流的过程中有合作研究、有独立的讲课和讲演等,面对各个国家同行提出的不同问题。在这些过程中,自己常常扮演一个文化使者的角色,把自己的文化介绍给对方,也和提问者一起深度探讨。同时,也学习国外同仁的研究方法、学术视角等。比如我去德国,与德国学者一起进行研究,与雅纳特教授一起创制了一套可以在打字机上全部打出的拼音文字符号，雅纳特称之为"科隆文字"（Koen script），他的基本观点认为，这个"科隆文字"（Koen script）不是用来记音，但是可以方便书写，尤其可以在打字机上全部打出，而不是如国际音标一样用来记音的，我认为这和当下我国在使用的"纳西语拼音方案"有些一样，后者也不是用来记音，而是一种用来书写的拼音文字。雅纳特是目前西方学者中为数不多的从语言文献学角度研究纳西学的学者之一，其研究方法继承了德国传统的语言文本研究方法，以文稿为本，逐字逐句分析解剖，求其真意，翻译过程即是一个语音、词汇、语法的研究过程。方法以其严谨细腻、对实词虚词逐词逐句穷究文本底蕴的特点饮誉于世界学术界（如德国的梵文和印度其他语种文本的研究），它除了能保留民族语言文化的本来面目和真实性之外，也为从多种角度进行研究的学者提供了真实可靠的资料。同时，在这种深钻穷究、以语言、词汇、语法剖析为本的研究中，也能探究出不少有关民族历史、语言演变、民族关系、民俗宗教等方面的很多问题。我国著名语言学家傅懋勣先生早年研究东巴古籍的方法与此有相似之点。

德国学者的治学方法和精神对我产生了深刻的影响，我回国后进行田野调查，养成了用国际音标记录讲述人所叙述的习惯，特别是向东巴采访一些比较复杂的问题时，常常找不到确切的汉语来记录，必须先记下来，然后再慢慢琢磨可翻译成汉语的词汇。我后来的很多研究都是从基本的语词和概念的考释出发来深入进行，比如对东巴教鬼神系统的研究，对东巴文字经书和口诵经的研究等。德国人类学家奥皮茨将云南东巴文化与喜马拉雅区域其他族群进行比较研究的方法和视角，也对我有不少启发，促使我利用能找到的中外文资料，对苯教与东巴教的关系进行了初步的探讨。当然，对这个问题的深入研究，还有待于对古藏文有较深造诣的学者对本教有更多深入的研究，方能在东巴教与本教的比较研究方面做得更深入。

20世纪90年代期间，我参与各种国际合作科研项目比较多，包括与加拿大学者合作从社会语言学角度研究纳西与香格里拉藏族的问候语；与美国加州大学戴维斯分校学者们合作做的关于玉龙雪山区域生态和农村发展调查；与加拿大西蒙·弗雷泽（Simon Frazer）大学国际交流中心合作在丽江实施《丽江工合的历史演变及其发展前景》项目；与美国大自然保护协会（TNC）关于"滇西北保护与发展行动计划（含大河流域国家公园）等，还当了较长一段时间美国大自然保护协会云南项目的文化顾问。长期以来我与国外的学者交流很多，也了解了更多他们的研究方法和理念，这对拓宽自己的学术眼界、了解国际学术理论和动向等都很重要。

问题五：作为一个优秀的民族学人类学家，您除了致力于推动民族学、人类学研究的发展外，还长期致力于推动民族地区经济、文化发展，如积极争取资金和项目支持帮助少数民族文化传承人的培养和乡土知识技能培训、扶助少数民族贫困学生接受教育等，您能和我们分享一下您在这些方面的工作吗？

杨福泉研究员：除了学术研究，我看重自己作为一个民族学者与社区民众之间的那种血肉相连的情感维系和学者对社区民众的道义、良知和责任感；看重作为一个民族学者对社区民众的"回报"情结。因此，除了致力于民族文化基础理论的研究，我也积极参与关于民族地区经济、旅游和文化等现实问题的研究，尽己所能为当地社区民众办一些实事。多年来致力于推动各种国际合作的社区发展研究，长期在边远贫困地区作田野调查，与当地老百姓同吃同住，与国内外同事一起促成了丽江纳西族农村的一些合作经济实体；争取国际资金进行少数民族文化传人培养和乡土知识技能培训、在乡村小学里进行参与式的乡土知识教育等方面的项目；完成了"丽江纳西族民间文化传人培养的实践和研究""丽江市玉龙纳西族自治县白沙乡白沙完小乡土知识教育的实践""少数民族妇女传统手工艺培训""扶助少数民族贫困学生就学"，在丽江民族中学读书等项目；2015年我还主编了云南少数民族乡土读物进校园的一本书《听"云之南"的故事——云南民间故事中小学读本》，产生了很好的社会影响。

问题六：您能和我们分享一下您的研究方法和研究心得吗？

杨福泉研究员：简单说，我的研究方法和心得主要有以下几点。

第一，微观实证，小题大做。这是我多年来保持的一个基本学术追求，我认为如果没有细致入微的微观研究的调查积累，一砖一瓦地努力，就建构不起中国人文社会科学大厦，容易流于空疏浮泛。这一点在上文里也说过，这里不赘述。小题大做的研究做多后，也就可以做一些宏观研究，从微观进入宏观的思考，要广泛涉猎理论知识和相关学科的知识，不受制于单一的学科。比如我研究纳西族比较多，内容涉及各种宗教、历史、民族、民俗、语言文字、文学艺术、当代发展问题等等。进入与纳西族同源的藏缅语族的比较研究，或者藏羌彝走廊民族的比较研究，如果不具备相关学科知识和对这个民族深入的了解，就很难做好，我对纳西学的研究涉及宗教、历史、文学艺术等，很多成果基本得到同行的认可，觉得与自己平时努力学习相关学科知识有密切关系。

第二，做自己熟悉乃至自己所属的民族，一定要保持客观性和理性，避免如有些学者就把自己的民族历史和文化过分拔高和理想化，形成自我中心主义。一定要广采博纳，了解他者的研究眼光和视角，他者的理论观点。既要能充分自己熟悉该族语言文化等优势深入进去深钻细研，又要能跳得出来做鸟瞰和旁观者清的审视。这样才会有理性客观的研究结果。

第三，读书既要广读博览，但更要精研细读。我常常对我的博士学生们讲，书籍浩如烟海，永无止境，人一生都要不倦地读书以充实自己，但在读博士期间，一定要围绕自己的研究主题精读国内外的相关的重要文章和著作。这和我们做某项研究时应该集中聚焦读书是一个道理。比如我写《东巴教通论》，就集中读了很多关于宗教理论、国内外学术界关于原始宗教、民间宗教、原住民宗教、苯教等诸多宗教理论的探讨和实际调研的论著，在写《纳西族与藏族历史关系研究》时，也读了中国民族史、明清史、滇川藏历史地理、滇藏贸易与文化交流史、苯教、藏传佛教各个教派等的论著，国内外的都读，阅读量很大，但都是围绕着我正在做的研究主题，所以收获就比较大。现在青年学者外语好，更应多多涉猎国外的研究成果，因为中文的记录和研究很重要，但还是会有局限的。

第四，注重田野调查，做基础研究比较多的，最好学习掌握一下能以国际音标记音的技能，以求准确理解和解读受采访人的原意。如有条件，最好也学习一点调查对象的语言。我在做田野调查时，对采访者习惯用录音和记录相结合的方式，下来再认真琢磨思考。我有个习惯，想到什么问题或有什么灵感都随时记录，以免忘记，现在有了手机，这个更为方便。我有一次和著名学者汪宁生一起去瑞典访学，看到他也有这个习惯，而且比我认真，随时在记录，我后来看到他出版的国外访学记，很多是日记体，由此可见他有记日记的好习惯。

第五，我做过不少国际合作项目，一般会有些调研方法的培训与学习。我是中国首批接受 PRA（Participatory Rural Appraisal，参与式农村评估，简称 PRA）培训的学员，由 PAR 的创世人罗伯特先生亲自授课。这个方法强调的是深入调研点参与式访谈、观察，其中有结构访谈、半结构访谈、开放式访谈、村民讲述、村民绘社区图、以简单的文字写在小纸上表达自己的意见等多种多样的方式，应该说受益匪浅，也常常在调研中用，拉近了和社区各个阶层人士的对话与同堂共商，比如记得在德钦县进行讨论卡瓦格博登山问题的国际会议上，村民、活佛、不同学科的外国学者、中国学者、政府官员等同堂讨论，各种观点和看法很多样，各种观点各种表述都非常有利于对问题的清醒认知。但另一方面，我觉得也不能死板地全部照搬，要灵活运用。比如有几次在乡村调研，同行的国外学者恪守 PRA 的做法与程序，一定要村民绘图，但有些村民不喜欢绘图而喜欢讲述，一刻板就难有好结果，我觉得这就需要灵活地根据对象的喜好来抉择。又如，调研的场合也应审时度势察言观色来调整，有时候你会发现对一群人访谈时，有些妇女就不太说话，欲言又止，原因就是有些话不好当着在旁边的一些村头、长者或男性村民讲，那就需要单独和他们对话。

第六，调研之前要提前收集相关资料，认真做好调查提纲。做好调研前的案头工作很重要，我多次见过有备而去和无备而去调研者的差异，前者收获满满，因为他做了认真的准备，知道应该调查了解什么，怎么提问题，怎么从对话中发现新问题等，而无备而去的人则常常得不到多少信息。每天调研回来，应及时整理，并发现新问题，我与国外学者和我院同事们就多次有过白天调研，晚上整理资料，对第二天应该调研的问题等的深入讨论，调研中的及时整理和讨论是非常必要的。

第七，对于一个要经常进行社会调查的学者而言，培养能很快和调查对象拉近距离，打成一片的个性很重要，一定要让调查对象感觉你这个人好相处，没有架子，不摆谱。在调研过程中不能过分拘谨和刻板。我自己在调研过程中基本做到了和村民同吃同住，一起喝酒说笑话，一起歌舞等。一个人有天生的个性，但也是可以在生活中磨炼出让人感觉容易亲近和无拘谨的脾性的，做人类学民族学的田野调查，这一点很重要。

（云南省社会科学院 代丽 整理）